Photoshop 5.5 & ImageReady 2.0

Helmut Kraus

Photoshop 5.5 & ImageReady 2.0

Perfekte Bildbearbeitung für Print- und Screendesign

ADDISON-WESLEY

An imprint of Pearson Education

München • Boston • San Francisco • Harlow, England • Don Mills, Ontario
Sydney • Mexico City • Madrid • Amsterdam

Die Deutsche Bibliothek – CIP-Einheitsaufnahme

Ein Titeldatensatz für diese Publikation ist bei der Deutschen Bibliothek erhältlich.

Redaktion und Satz: Rainer Dorau, Düsseldorf. Gesetzt aus der Myriad.
Lektorat: Susanne Spitzer, sspitzer@pearson.de
Produktion: Anna Plenk, aplenk@pearson.de
Belichtung, Druck und Bindung: Kösel Druck, Kempten
Umschlaggestaltung: Helmut Kraus, Düsseldorf

Das verwendete Papier ist aus chlorfrei gebleichten Rohstoffen hergestellt und alterungsbeständig. Die Produktion erfolgt mit Hilfe umweltschonender Technologien und unter strengsten Auflagen in einem geschlossenen Wasserkreislauf unter Wiederverwendung unbedruckter, zurückgeführter Papiere.

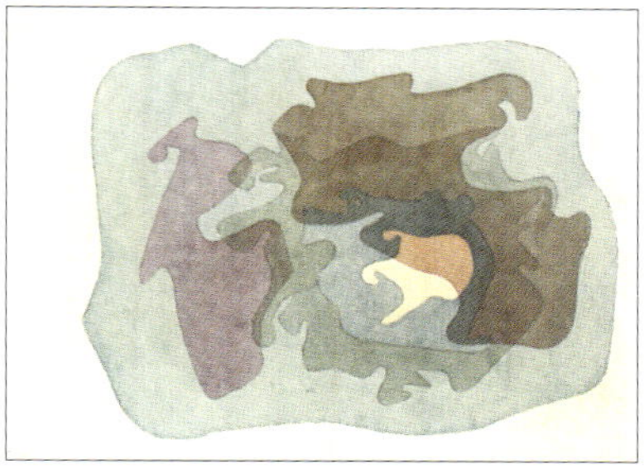

»Nur der Schein trügt nicht.«

Paul Klee

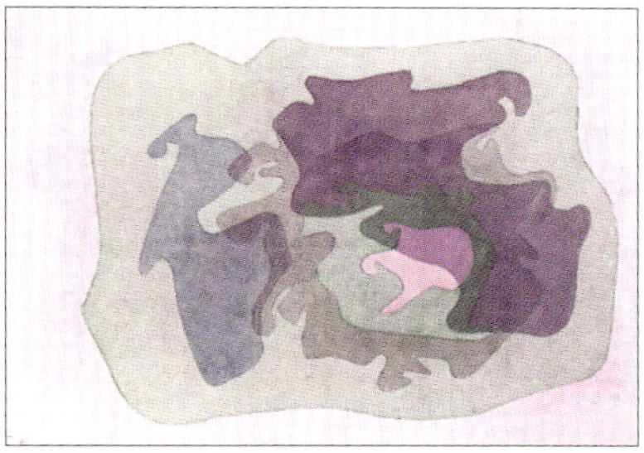

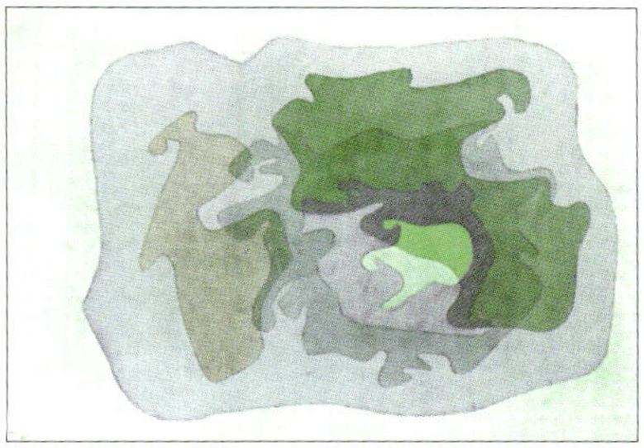

QuickFinder

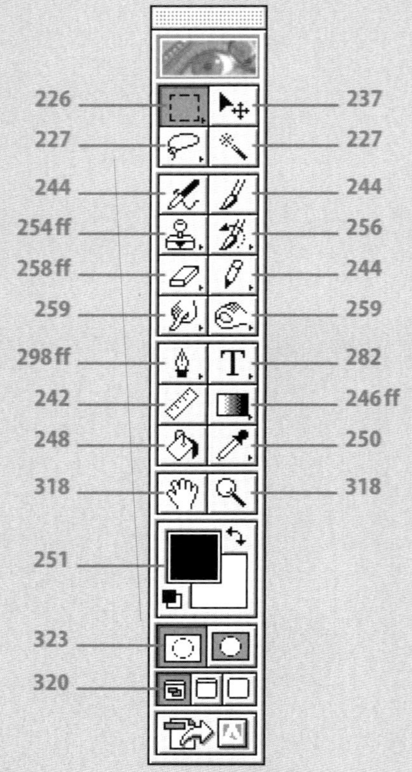

Ebene

Slices

Auswahl

Alles auswählen	230
Auswahl aufheben	230
Slices abwählen*	287
Erneut auswählen	230
Auswahl umkehren	230
Auswahl aus Slice erstellen	287
Farbbereich auswählen …	230
Weiche Auswahlkante …	230
Auswahl verändern	231
Auswahl vergrößern	231
Ähnliches auswählen	231
Auswahl transformieren	229
Auswahl laden …	228
Auswahl speichern …	228

* nur und

Filter

Letzten Filter anwenden	306
Letzter Filter	306
Verblassen	272, 306
Kunstfilter, Malfilter, Renderingfilter, Scharfzeichnungsfilter, Stilisierungsfilter, Störungsfilter, Strukturierungsfilter, Vergröberungsfilter, Verzerrungsfilter, Videofilter, Weichzeichnungsfilter, Zeichenfilter, Sonstige Filter	306

Ansicht

Neue Ansicht	320
Optimiert-Version anzeigen	322
Farbumfangwarnung	31
Einzoomen	318
Auszoomen	318
Fenstergröße anpassen	318
Ganzes Bild	320
Tatsächliche Pixel	320
Ausgabegröße	320
Begrenzung ausblenden	230
Pfade ausblenden	298
Lineale einblenden	243
Hilfslinien erstellen …	239
Hilfslinien einblenden	239
An Hilfslinien ausrichten	239
Hilfslinien fixieren	239
Hilfslinien löschen	239
Raster einblenden	240
Am Raster ausrichten	240

Fenster

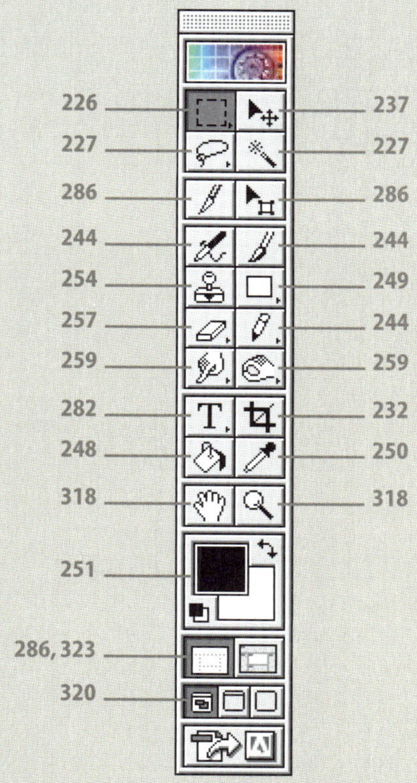

226
237
227
227
286
286
244
244
254
249
257
244
259
259
282
232
248
250
318
318
251
286, 323
320

Inhalt

Grundlagen

Praxis

Anwendungen

Visuelle Referenz

Appendix

Grundlagen

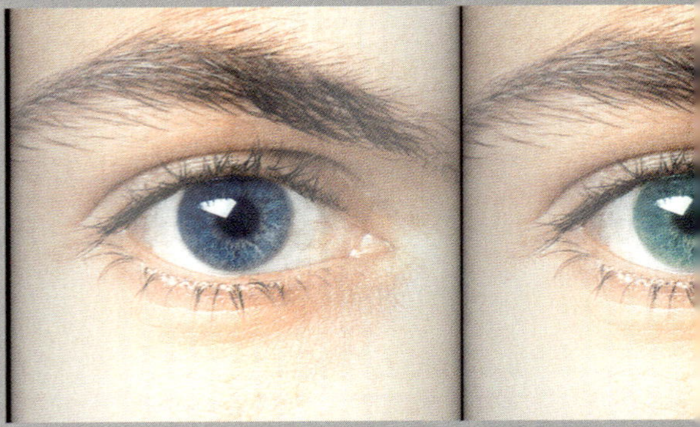

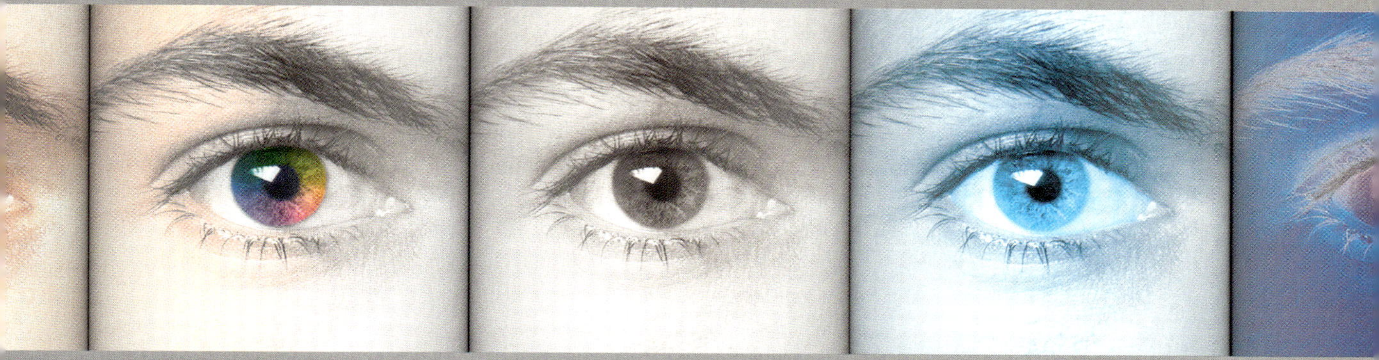

Das Auge des Autors

Anstelle eines Vor- und Nachwortes, eines Vor- und Nachspanns

»**Das Auge,** das dominante Organ mit den tausend Verantwortlichkeiten, regiert das Individuum mehr als je zuvor.« Soweit stimmt der Autor mit Fernand Léger überein. Ja, er möchte sogar weit darüber hinausgehen. Das Auge ist, wenn es auch im Vergleich mit den übrigen Sinnen des Menschen immer ein wenig überbewertet scheint, das wichtigste Sinnesorgan für den Kommunikationsprozeß geworden. Saßen in den dreißiger Jahren noch die Menschen im Kreis der Familie oder versammelt mit guten Freunden um den Radioempfänger, ist das ausgehende Jahrhundert von einem primär visuellen Informationsträger beherrscht: vom Fernsehen. Die visuelle Macht des Mediums Fernsehen beeinflußt nachhaltig unseren Gebrauch der anderen Medien – und das nicht unbedingt negativ. So konnte das Fernsehen beispielsweise der Musikbranche zu neuen Rekorden verhelfen, weil über Videoclips eine noch stärkere Bindung zwischen den Produzenten und den Konsumenten zu erzielen ist als über die reinen Audio-Medien wie Rundfunk, Schallplatte und CD.

Auch andere Bereiche werden mehr und mehr durch visuelle Medien beherrscht. In der Geschäftswelt ist das Faxgerät zum wichtigsten Träger des Informationsaustauschs geworden, weil es über das gesprochene Wort hinaus eine visuelle Verbindlichkeit zu schaffen vermag. Für weniger verbindliche Absprachen wird immer seltener zum Telefon gegriffen, sondern statt dessen auf die stille Zurückhaltung von E-Mails gebaut. Wir arbeiten heute fast selbstverständlich mit grafischen, also visuell orientierten Benutzeroberflächen – ob mit Betriebssystemen und Computerprogrammen, Webangeboten und Info-Terminals, Pagern, Palmtops oder sogar Handys mit ihren visuellen Zusatzfunktionen. Wir bereiten Informationen optisch so auf, daß beispielsweise unübersichtliche Zahlenkolonnen ihre Bedeutung in übersichtlichen Charts offenbaren.

Natürlich sind wir durch diese immer schneller fortschreitende Entwicklung gefordert, unsere Informationen, die wir an andere weitergeben wollen, bestmöglich aufzubereiten. Wir wollen ja verstanden werden.

»Nie zuvor ist der Fortschritt der Geschichte so atemlos gewesen wie seit der Erfindung der bildermachenden Apparate. Denn endlich hat die Geschichte ein konkretes Ziel, dem entgegen sie läuft, das Ziel, ins Bild gesetzt zu werden.« Der Kulturphilosoph Vilém Flusser bringt die Notwendigkeit der Entwicklung der Menschheit zu einer visuell dominierten Informationsgesellschaft in brillanter Klarheit auf den Punkt. Dem ist eigentlich nichts mehr hinzuzufügen.

So bleibt dem Autor nur noch, die Erkenntnisse über die Macht der visuellen Information in Beziehung zum vorliegenden Buch zu setzen. Photoshop und ImageReady zählen, obwohl es sich »nur« um Software handelt, zu den »bildermachenden Apparaten«. Das nun brennende Interesse an der Bildbearbeitung erscheint als logische Konsequenz der Entwicklung aller Computeranwendungen – von den reinen Rechenanwendungen zur Textverarbeitung und weiter zur Grafik- und Bildbearbeitung. Dieses Buch zu Photoshop und ImageReady soll helfen, die Programme in ihren möglichen Anwendungskontexten von Print- bis Screendesign sinn- und wirkungsvoll einzusetzen. Dazu wird keine langweilige Beschreibung der zahllosen Funktionen wiedergegeben, sondern die Programme werden im praktischen Einsatz gezeigt. Der Leser des Buches schaut dem Photoshop-Operator und Webdesigner bei seiner Arbeit über die Schulter. Er sieht dabei, wie Arbeiten mit Photoshop oder ImageReady entstehen, und lernt, wie die Funktionen von Photoshop und ImageReady eingesetzt werden. Dieses Konzept wird im Praxis- und im Anwendungsteil des Buches praktiziert. Der Grundlagenteil stellt gewissermaßen die Vorspeise dar, so daß sich der Leser auf ein insgesamt dreigängiges Menü freuen darf. Die darauffolgende visuelle Referenz darf als kleines Kochbuch angesehen werden, das beim Nachkochen der Gerichte helfen kann. Darin sind kurz und knapp die grundlegenden Handgriffe erklärt, um sich in der Küche von Photoshop und ImageReady zurechtzufinden. Die beigefügte CD wird ein Weiteres dazu beitragen, es nicht allein beim Schlemmen zu belassen, sondern selbst Hand anzulegen.

All dies ist in der Absicht aufbereitet, das behandelte Thema so interessant und übersichtlich wie möglich darzustellen. Als Idealfall wäre dazu sicher ein multimediales »Etwas« vonnöten: Text, Bild, Ton, Animation. Beim Medium Buch müssen Autor und Leser hinsichtlich der Vertonung und der Animation gewisse Einbußen hinnehmen. Trotzdem versucht dieses Buch, über die üblichen Ausdrucksformen eines gedruckten Mediums hinauszugelangen. So ist das Buch nicht in einem Textprogramm geschrieben und anschließend von einem Setzer für den Druck aufbereitet worden, sondern es wurde (vollkommen zeitgemäß) in einem Layoutprogramm Seite für Seite erarbeitet. Genaugenommen müßte es heißen: Doppelseite für Doppelseite. Dies ist aus der Einsicht geboren, daß sich die natürliche Einheit eines Buches nicht aus der Einzelseite, sondern vielmehr aus der Doppelseite ableitet. Denn sie liegt bei aufgeschlagenem Buch vor dem Leser, und auf ihr allein kann sich der Leser, ohne umblättern zu müssen, informieren. Es wurde daher versucht, jedes Thema auf einer oder mehreren Doppelseiten abzuschließen.

Dieses Buch ist als Versuch zu werten, dem Medium Buch, das sich in Zukunft in einem verstärkten Konkurrenzkampf gegen die neuen computergestützten »Multi-Medien« zu behaupten hat, einen zeitgemäßeren Anstrich zu geben. Natürlich ist dieser Versuch durch die ganz persönliche Sichtweise des Autors geprägt, eben durch das Auge des Autors.

»Nie zuvor ist der Fortschritt der Geschichte so atemlos gewesen wie seit der Erfindung der bildermachenden Apparate. Denn endlich hat die Geschichte ein konkretes Ziel, dem entgegen sie läuft, das Ziel, ins Bild gesetzt zu werden.«

Vilém Flusser

Wozu Bildbearbeitung?

Eine Frage, die sich schon nach kurzer Arbeitszeit mit Photoshop und ImageReady gar nicht mehr stellt – trotzdem werden elf Antworten gegeben

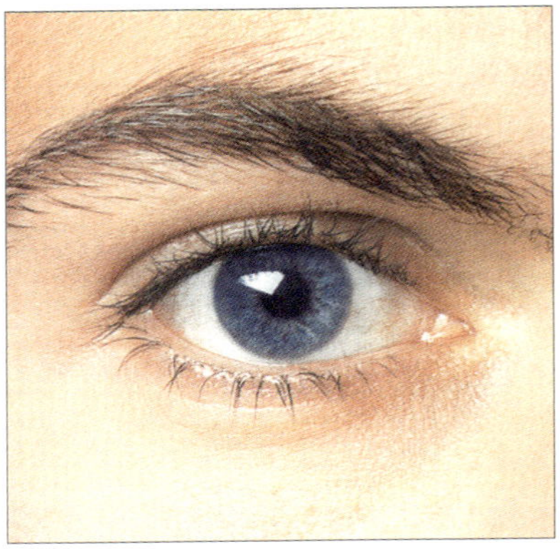

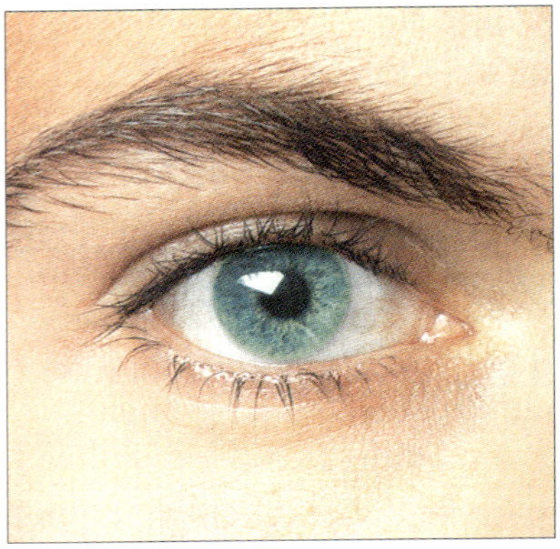

▸ Druckwiedergabe

Eine der primären Anwendungen von Photoshop ist es, gescannte Bilder und Digitalfotos für die Druckwiedergabe vorzubereiten. Dazu zählt im einfachsten Fall das Scannen eines Bildes (die Steuerung des Scanners kann über ein Plug-in auch von Photoshop aus abgewickelt werden) oder das Öffnen eines Digitalfotos oder eines bereits gescannten Bildes. Darauf folgt die Umwandlung in ein Bildformat, das für eine Separation aus Photoshop oder aus einem Layoutprogramm heraus geeignet ist. Photoshop kann zahlreiche Bildformate öffnen und die Bilder in ebenso vielen Formaten wieder abspeichern, unabhängig davon, in welchem Bildformat das Bild ursprünglich vorlag.

Die Standardarbeitsschritte für die Druckvorbereitung eines Bildes mit Photoshop werden im Praxisteil dieses Buches erläutert, so daß jeder Leser ohne Probleme seine Bilder aufbereiten kann.

▸ Bildkorrektur

Oftmals weisen die Bildvorlagen Unzulänglichkeiten hinsichtlich der Bildqualität und des Bildausschnitts auf. Diese technischen Mängel lassen sich mit den Werkzeugen von Photoshop leicht korrigieren. Bilder können in Helligkeit, Kontrast, Farbgebung, Schärfe, Auflösung, Bildgröße und Proportionen frei korrigiert werden. Außerdem lassen sich Bildinhalte durch Ausschnitte oder durch Freistellen konzentrieren, um die Wirkung des Bildes zu verstärken.

Die Mängelbeseitigung einer Bildvorlage ist neben der Separation die vielleicht wichtigste Anwendung von Photoshop. Den Mängeln von Vorlagen und deren Beseitigung wurde daher im Praxisteil ausreichend Platz eingeräumt, um auch kniffelige Korrekturen zeitsparend vornehmen zu können.

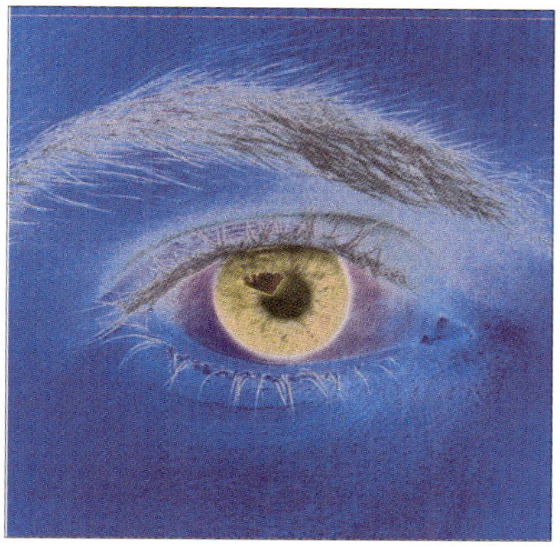

Verfremdungseffekte

Schon immer war die Verfremdung ein künstlerisches Element der Fotografie. Mit Photoshop verlagern sich die Möglichkeiten der Verfremdung von der Arbeit mit der Kamera und der Arbeit im Fotolabor hin zur Arbeit am Bildschirm. Das ist nicht nur umweltfreundlicher (jeder mißglückte Versuch kostet neben einem Lächeln nur den Aufruf der Widerrufen-Funktion), sondern macht bei weitem auch mehr Spaß als langwierige Experimente On-location bzw. in der Dunkelheit des Fotolabors. Nicht zuletzt stehen weit mehr digitale Verfremdungstechniken zur Verfügung, und sie lassen sich auch feinfühliger steuern als ihre analogen Vorbilder aus der klassischen Foto- und Lithographie. Photoshop-Zusätze wie Kai's Power Tools erweitern die Verfremdungsmöglichkeiten mit Photoshop um ein Weiteres.

Auch hierzu wird der Praxisteil die ein oder andere Anregung bieten.

Kolorieren von S/W-Bildern

Wenn nur Schwarzweißvorlagen verfügbar sind und dennoch ein farbiges Layout verlangt wird, hilft Photoshop auf einfache, unkomplizierte, jedoch recht wirkungsvolle Weise, Farbe ins triste Grau der Schwarzweißbilder zu bringen. Der Schlüssel dazu liegt unter anderem auch in den Malfunktionen von Photoshop, die im Praxis- und Anwendungsteil an unterschiedlichen Beispielen vorgestellt werden.

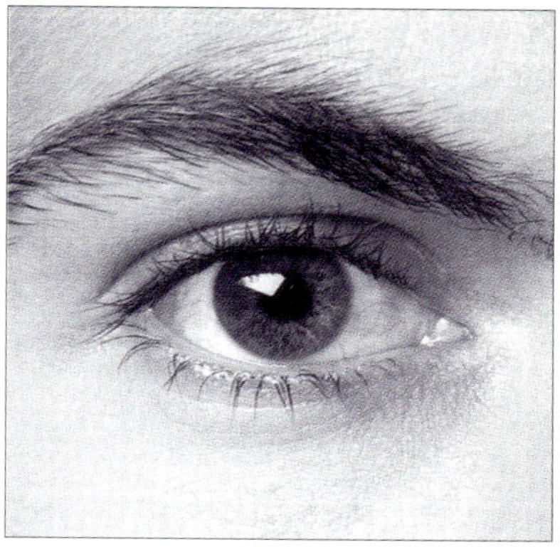

Duplexdruck

Kosten einsparen, das ist ein wichtiger Aspekt bei der Gestaltung von Druckvorlagen. Und es ist ein Aspekt, der von vielen Gestaltern übersehen wird. Durch geschickten Einsatz von nur zwei Schmuckfarben läßt sich teilweise auf eine erstaunliche Palette von Zwischentönen zugreifen, die insgesamt einen Farbeindruck hervorrufen, der nicht nach »billigem« Zweifarbdruck aussieht.

Neben dem Kostenaspekt kommt bei Duplexbildern auch oft eine Konzentration der Bildaussage zum Tragen. Auf jeden Fall ist ein technisch gutes Duplexbild einer mittelmäßigen Vierfarbreproduktion vorzuziehen.

Im Praxis- wie im Anwendungsteil werden mehrere Beispiele diskutiert, die auf die besondere Verfahrensweise beim Erstellen von Duplexbildern eingehen.

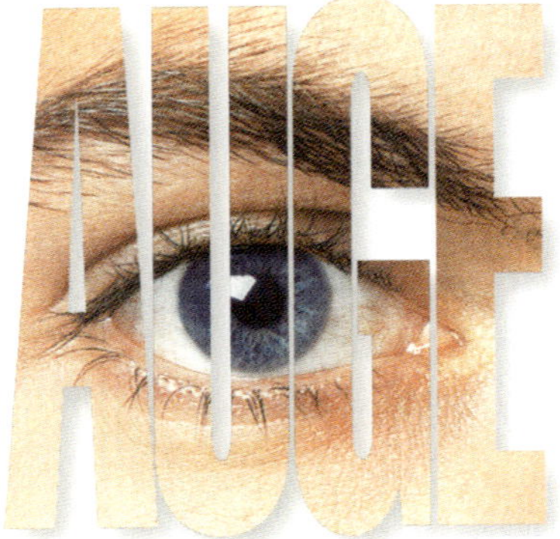

Text-Bild-Integration

Die Integration von Text- und Bildelementen ist nicht ohne Grund die wohl am meisten eingesetzte Kommunikationsform. Wir begegnen ihr in Zeitungen, Zeitschriften und Büchern, auf Plakaten und im Fernsehen – und natürlich in den modernsten aller Kommunikationsmedien: Internet und Multimedia.

Daß sich mit Photoshop dank TrueType bzw. ATM eine perfekte Text-Bild-Integration erzielen läßt, mag manchen reinen Bildbearbeiter vielleicht verwundern. Layouter werden diese Möglichkeiten jedoch schnell schätzen lernen und nicht wieder darauf verzichten wollen.

Sowohl im Praxis- als auch im Anwendungsteil wird immer wieder auf die verschiedenen Verfahren, Texte in Bilder zu integrieren, eingegangen.

Vorlage für Maleffekte

Besonders Menschen ohne jede Erfahrung mit Computern sind ziemlich überrascht, wenn sie erleben, wie durch die datenverarbeitenden Maschinen Effekte erzielt werden, die perfekt mechanische Arbeitstechniken simulieren. Auch Photoshop hat in seiner Filterpalette einige erstaunliche Effekte zu bieten. Mit MetaCreations Painter, das gern als Ergänzung zu Photoshop eingesetzt wird, lassen sich die Mal- und sonstigen künstlerischen Effekte in geradezu wahnwitziger Weise fortsetzen. Die Bildbearbeitung mit Computern erreicht auf diese Weise ein neues Niveau.

Der Anwendungsteil zeigt einige interessante Projekte, die, auch wenn es nicht so aussieht, vollständig am Computer entstanden sind.

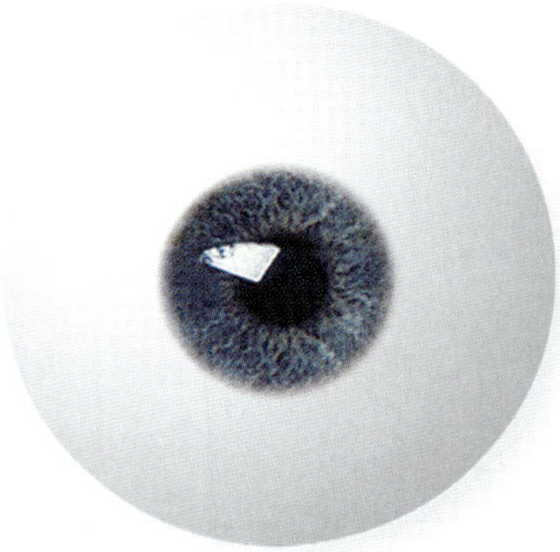

Vorlage für Illustrationen

Das Bildbearbeitungsprogramm als Illustrationswerkzeug – das mag auf den ersten Blick abwegig erscheinen, besonders im Hinblick auf die vielen vektororientierten Spezialprogramme zum Illustrieren und Präsentieren.

Fotorealistische Illustrationen, die naheliegenderweise mit Photoshop entstehen können, wirken wesentlich lebendiger und überzeugender als die fast langweilig glatten Charts und Zeichnungen der Illustrators, FreiHänder und CorelZeichner. Trotz wunderbarer »Pixeleffekte« braucht jedoch niemand auf den Konstruktionskomfort der Vektorprogramme zu verzichten. Photoshop läßt sich auch als letzte Veredelungsinstanz für Vektorgrafiken heranziehen. Mehr dazu im Praxisteil.

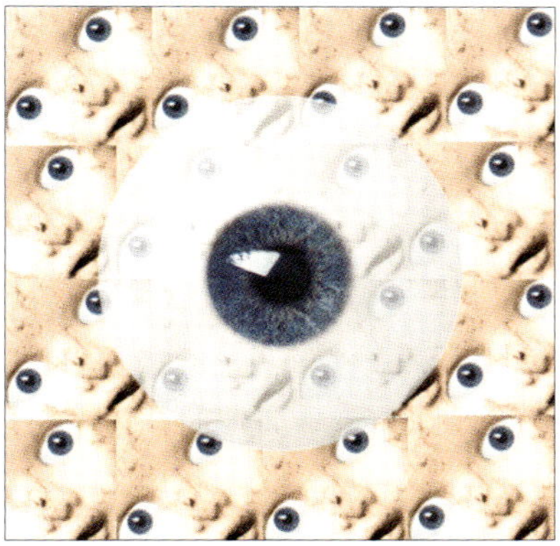

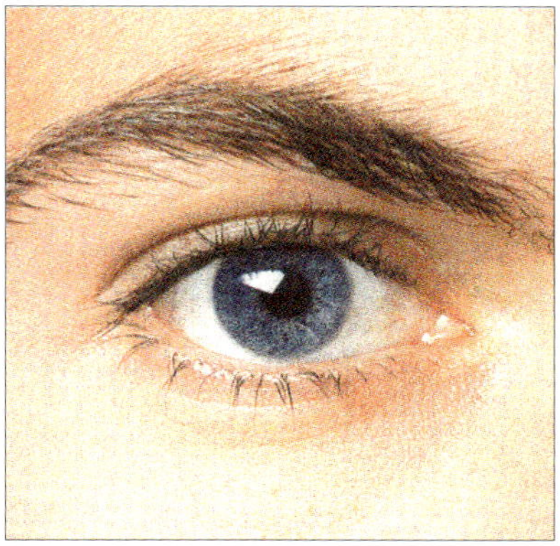

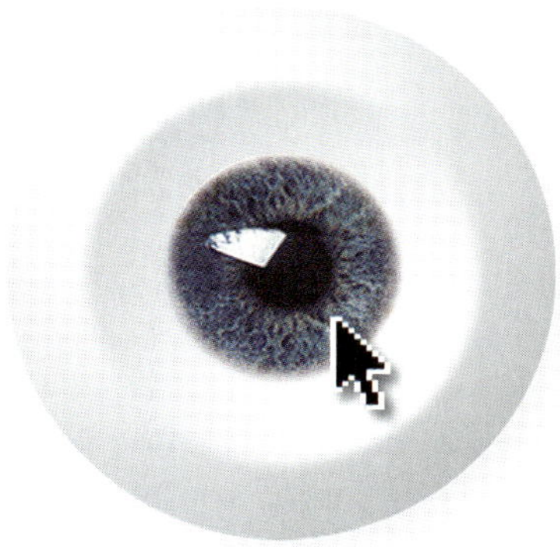

▸ Fotomontage

Eine Fotomontage ist im digitalen Zeitalter so einfach auszuführen, daß man sich schon bald bremsen muß, um nicht in eine Montagemanie zu verfallen.

Photoshop eignet sich aufgrund seiner vielen Montagemöglichkeiten selbst für ein Bildcomposing, wie es bis vor kurzem nur auf EBV-Anlagen des High-end-Bereichs (beispielsweise Quantels PaintBox) möglich war. Hinsichtlich der resultierenden Bildqualität braucht sich Photoshop auch nicht hinter diesen professionellen Vorbildern zu verstecken. Lediglich die Rechengeschwindigkeiten der Macs und PCs setzen noch eine Grenze.

Montagen werden sowohl im Praxisteil als auch im Anwendungsteil immer wieder innerhalb der vorgestellten Beispiele auftauchen, weil sie das vielleicht wichtigste Mittel zur visuellen Kommunikation sind.

▸ Optimierung fürs Web

Der Shooting-Star unter den neuen Medien, das Internet, unterliegt (noch?) besonderen technischen Einschränkungen. Das größte Problem sind die Übertragungsgeschwindigkeiten, die die Geduld der Internetnutzer immer wieder aufs neue auf die Probe stellen. Auch wenn Zukunftsprognosen höhere Bandbreiten versprechen, lassen sich Download-Zeiten jetzt schon durch eine Reduzierung der Datenmenge verkürzen. Ein zweiter Punkt: Heutige Webangebote richten sich an ein möglichst großes Publikum und müssen daher den kleinsten gemeinsamen Nenner auf seiten der Benutzer berücksichtigen – und das sind eben Monitore (oder Monitorauflösungen), die nicht mehr als 256 Farben darstellen können.

Beide Punkte lassen sich durch eine Umwandlung des Bildmaterials in Indizierte Farben und eine Komprimierung lösen. Die Weboptimierung wird weiter hinten im Grundlagenteil ausführlicher behandelt und konkret in den Webbeispielen des Praxis- und Anwendungsteils beschrieben.

▸ Interaktive Strukturen

Screenanwendungen unterscheiden sich von den Printmedien durch den Mehrwert der Interaktivität. Hyperlinks, Rollover-Effekte und Animationen sind einfache, aber effektive Elemente zur Navigation durch ein Webangebot. Mit den Slice-Funktionen von ImageReady lassen sich Webseiten in rechteckige Bereiche aufteilen, von denen einzelne auf Mausberührung mit einem Rollover-Effekt, einer Animation oder dem Sprung zu einer anderen Webseite reagieren können. Mit Image-Maps lassen sich diese interaktiven Steuerungsmöglichkeiten sogar auf beliebig geformte Bildbereiche anwenden.

Das Arbeiten mit Slices und Image-Maps ist einer der Schwerpunkte in den Webdesign-Beispielen des Anwendungsteils.

Alles eine Frage der Perspektive

Über die Unterschiede eineiiger Zwillinge; oder in welchen Punkten die Arbeitsweisen von Photoshop und ImageReady unter Windows und unter dem Mac OS voneinander abweichen

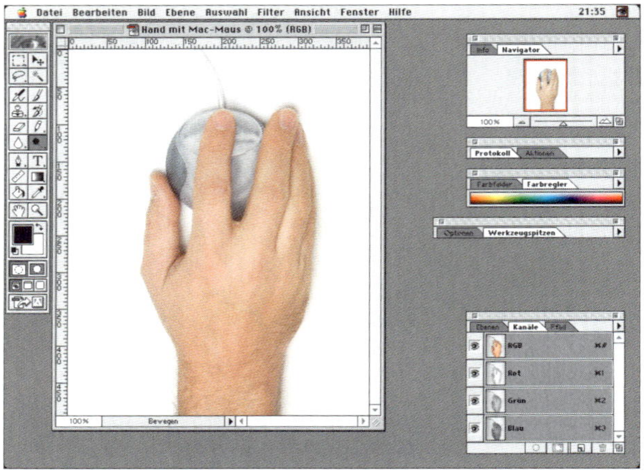

So präsentiert sich Photoshop 5.5 unter dem Mac OS. Die Aufnahme zeigt einen 17-Zoll-Monitor mit einer Auflösung von 832 mal 624 Pixel.

Im Jahr 1990 hätte man sicher kaum jemanden dazu verleiten können, sich in bezug auf die Zukunft der Bildverarbeitung mit den kleinen, »persönlichen« Computern hoffnungsvoll zu äußern – vielleicht mit Ausnahme einiger Visionäre aus dem Hause Adobe. Denn 1990, der Macintosh war gerade sechs Jahre alt geworden, hatten die kleinen Computer immer noch gegen zahlreiche Vorurteile zu kämpfen. Beinahe ketzerisch mußte den Lithographen an ihren erst kürzlich zu siebenstelligen Summen erworbenen High-end-Scannern mit angeschlossenen EBV-Anlagen die Idee vorkommen, Bildbearbeitung und Retusche auf den kleinen Kreativ-Computern zu erledigen.

Doch wie bei den Kollegen vom altehrwürdigen Setzerhandwerk verstummte die Kritik mehr und mehr und wich einer interessierten Beobachtung der ernstzunehmenden Konkurrenz aus dem Lager der Desktop-Computer.

Noch viel mehr als die Veränderungen der Software Photoshop von der ersten bis hin zur aktuellen Version kamen die Veränderungen der Hardware zum Tragen. Die Computerleistungen haben sich seit 1990 in einem Maße gesteigert, daß die Unterschiede zwischen EBV und Desktop-Bildbearbeitung nahezu völlig zusammengeschrumpft sind. Desktop-Computer sind zu Werkzeugen herangereift, mit denen sich praxistauglich und konkurrenzfähig vierfarbig produzieren läßt. Photoshop konnte zur Schlüsselapplikation für Bildbearbeitung mit Desktop-Computern aufsteigen.

Acht Jahre nach der Einführung von Photoshop – das Internet gewann als »neues Medium« zunehmend an Bedeutung – stellte sich Adobe auf die »zweite Revolution« im Publishing ein: Mit ImageReady präsentierte die Firma eine Software zur Aufbereitung und Optimierung von Bildmaterial für das Web. Bei der Entwicklung von ImageReady nahm sich die Firma aus Seattle ganz bewußt Photoshop mit seinen bewährten Funktionen und seiner einfachen Bedienung zum Vorbild. ImageReady kann daher als kleiner Bruder von Photoshop angesehen werden. Das nunmehr mit Photoshop gebundelte Programm beschränkt sich auf die Webfunktionalität und bietet zahlreiche Funktionen, die Photoshop fehlen. Eine Möglichkeit, Bilder für den Druck aufzubereiten (z.B. Vierfarbseparation), sucht man in ImageReady hingegen vergebens.

Schon früh bemühte sich Adobe um eine einheitliche Gestaltung der Benutzeroberflächen für die eigenen Programme. Dies betrifft nicht nur die Vereinheitlichungen bei der Bedienung von Photoshop und ImageReady, sondern auch die plattformübergreifende Kompatibilität der Programme. Die Kompatibilität zwischen den Mac-OS- und den Windows-Versionen ist so ausgeprägt, daß man von identischen Versionen sprechen kann. Die wenigen Unterschiede, mit denen »Weltenbummler« zu rechnen haben, sind im folgenden kurz zusammengefaßt.

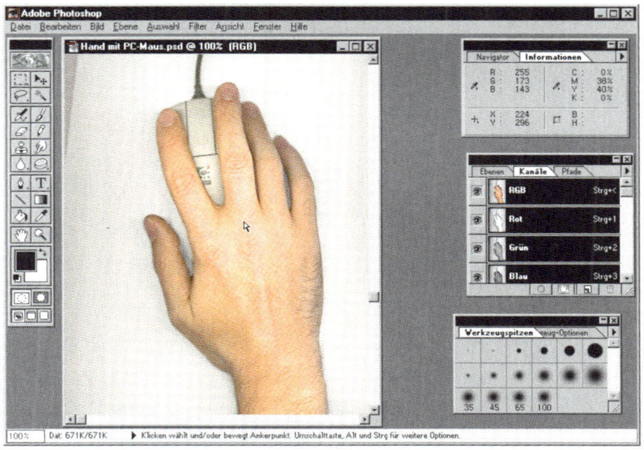

So präsentiert sich Photoshop 5.5 unter Windows. Die Aufnahme zeigt einen Monitor mit einer Auflösung von 800 mal 600 Pixel.

Fenster-Handling unter dem Mac OS

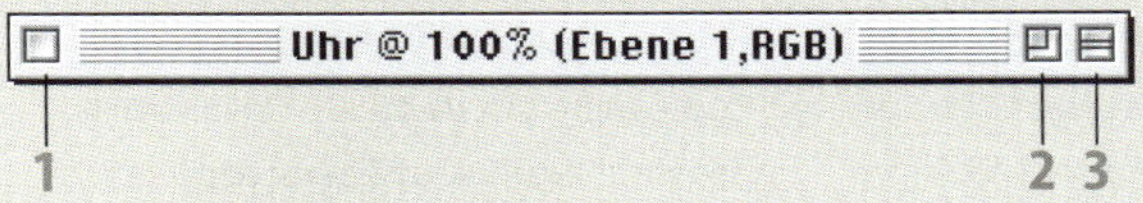

1. Datei schließen

Das Schließfeld schließt die geöffnete Datei.

2. Fenstergröße anpassen

Das Erweiterungsfeld paßt das Fenster der gewählten Darstellungsgröße an.

- Ein erneuter Mausklick auf das Feld wechselt zur vorherigen Fenstergröße.

(Zu diesem Feld gibt es unter Windows keine direkte Entsprechung. Das Anpassen der Fenstergröße an die Darstellungsgröße kann aber auch durch einen Doppelklick auf das Symbol der Hand in der Werkzeugpalette erreicht werden.)

3. Fenster auf Titelleiste verkleinern

Das Feld Fensterinhalt Ein/Aus reduziert das Dateifenster auf die Titelleiste.

- Ein erneuter Mausklick auf das Feld blendet wieder das gesamte Fenster ein.

Fenster-Handling unter Windows

1. Datei schließen

Das Schließfeld schließt die geöffnete Datei.

2. Vollschirmmodus aktivieren

Das Maximieren-Feld stellt die Vollschirmansicht ein, die auch mit dem Symbol in der Werkzeugpalette aktiviert werden kann (letztere jedoch ohne Programmtitelleiste).

- Ein erneuter Mausklick auf das Feld – jetzt zeigt es das Wiederherstellen-Symbol ( ) – aktiviert die Fensterdarstellung.

3. Fenster auf Titelleiste verkleinern

Das Minimieren-Feld verkleinert das Dateifenster auf die Titelleiste und legt sie links unten im Programmfenster ab.

- Ein erneuter Mausklick auf das Feld – jetzt zeigt es das Wiederherstellen-Symbol ( ) – wechselt zur vorherigen Darstellung (Fenster oder Vollschirm).

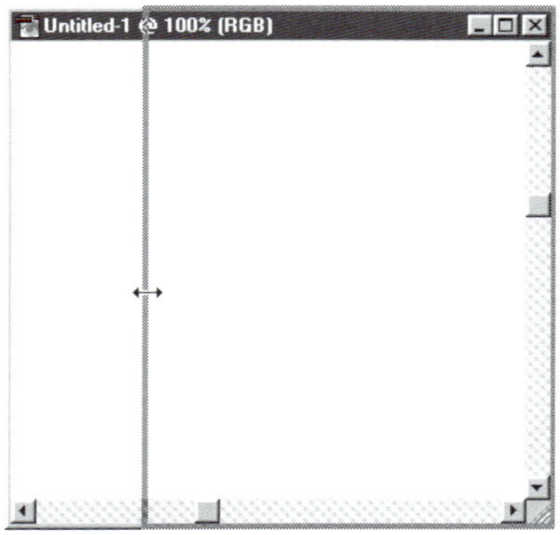

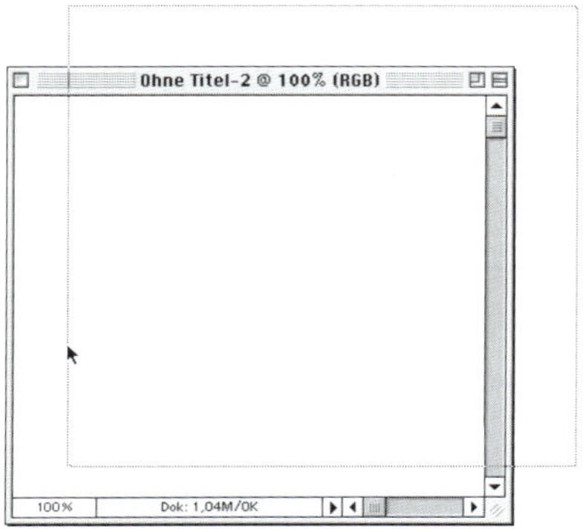

Fensterrahmen

Wird unter Windows eine Seite des Fensterrahmens bewegt, verändern sich dadurch die Proportionen des Fensters. Unter dem Mac OS wird beim Bewegen einer Rahmenseite das gesamte Fenster verschoben, ohne daß sich dessen Größe ändert.

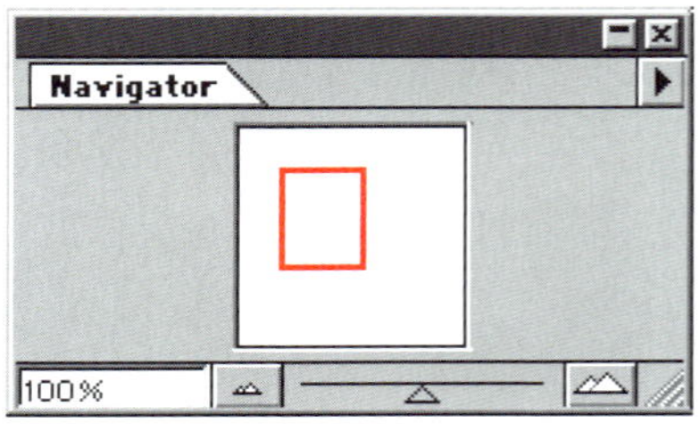

Darstellungsgröße eingeben

Ein weiterer kleiner Unterschied in der Benutzeroberfläche besteht darin, daß in der Mac-OS-Version von Photoshop die Darstellungsgröße in der linken unteren Ecke jedes Bildfensters angezeigt oder eingegeben wird und daher auch für nicht aktive Bilder sichtbar ist. In der Windows-Version dagegen ist das kombinierte Anzeige-Eingabe-Feld am linken Ende der Informationsleiste untergebracht, die sich am unteren Rand des Programmfensters befindet (Fenster, Info-Leiste einblenden). Es zeigt immer nur die Darstellungsgröße der aktiven Datei.

Ein weiteres Zoomfeld – und hier sind Mac- und Windows-Photoshop wieder vereinheitlicht – befindet sich in der linken unteren Ecke der Navigatorpalette.

Tastenbelegung

Eine PC-Tastatur besitzt drei Zusatztasten, die in Photoshop zur Schnellauswahl von Menüfunktionen oder für andere Operationen genutzt werden können: Alt-, Steuerung- (Strg) und Umschalttaste (⇧). Auf einer Mac-Tastatur befinden sich insgesamt vier Zusatztasten: Wahltaste (⌥), Befehlstaste (⌘), Control- (Ctrl) und Umschalttaste (⇧).

Dennoch lassen sich alle Photoshop- und ImageReady-Tastaturkürzel ganz einfach zwischen Mac und Windows übertragen. Die »Übersetzung« ist der Tabelle unten zu entnehmen.

Kontextmenü öffnen

Unter Windows wird das Kontextmenü mit der rechten Maustaste eingeblendet. Im Gegensatz zu PC-Mäusen verfügt eine Apple-Maus nur über eine Taste. Um das Kontextmenü aufzurufen, muß zusätzlich zur Maustaste die Ctrl-Taste gedrückt werden.

Tastenentsprechungen

Mac OS	Windows
Befehlstaste (⌘)	Strg-Taste
Wahltaste (⌥)	Alt-Taste
Umschalttaste (⇧)	Umschalttaste (⇧)
Ctrl-Taste	rechte Maustaste

Verwendete Kurzschreibweisen für Tastenkürzel

Um in möglichst kurzer Form Tastenkürzel für beide Betriebssystemplattformen anzugeben, werden im Buch folgende Schreibweisen verwendet:

Strg/⌘-Taste	unter **Windows** die Strg-Taste drücken, unter dem **Mac OS** die Befehlstaste (⌘)
Alt/⌥-Taste	unter **Windows** die Alt-Taste drücken, unter dem **Mac OS** die Wahltaste (⌥)

Speichermanagement unter dem Mac OS

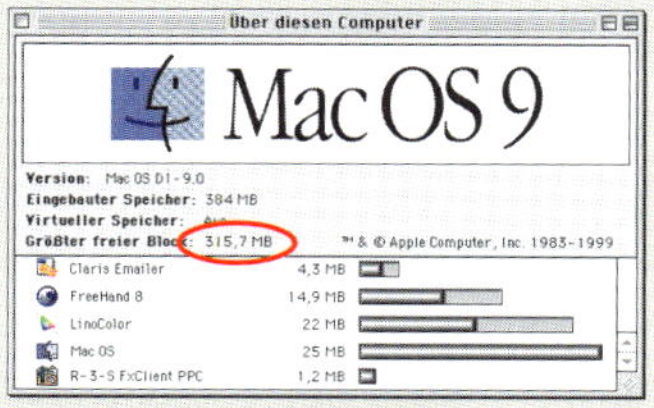

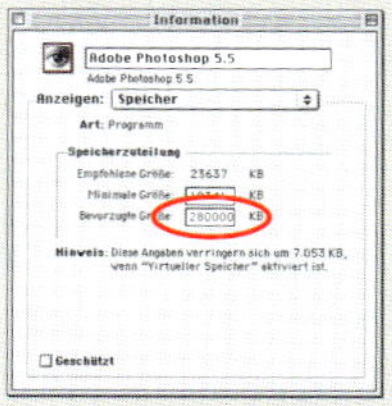

1. Reservieren von Arbeitsspeicher

Für effektives Arbeiten mit großen Bilddateien sollte Photoshop im Finder-Dialog Information so viel Arbeitsspeicher wie möglich zugewiesen werden. Auch ImageReady profitiert von großzügigem Arbeitsspeicher. Die Höhe der Speicherzuteilung hängt davon ab, wieviel Speicher insgesamt zur Verfügung steht und wieviel davon für andere Programme benötigt wird.

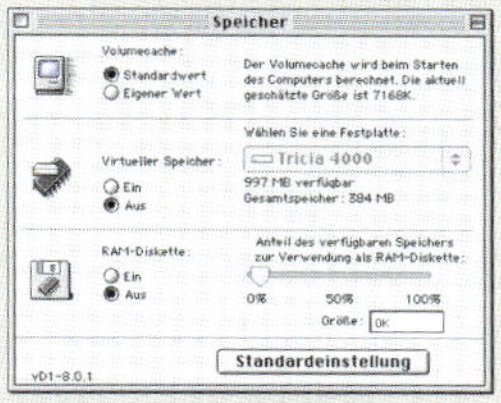

2. Virtuellen Speicher des Systems ausschalten

Wenn der Rechner über genügend Arbeitsspeicher verfügt, sollte der virtuelle Arbeitsspeicher des Systems (Kontrollfeld Speicher) ausgeschaltet werden. Dadurch erhöht sich die Arbeitsgeschwindigkeit der Programme.

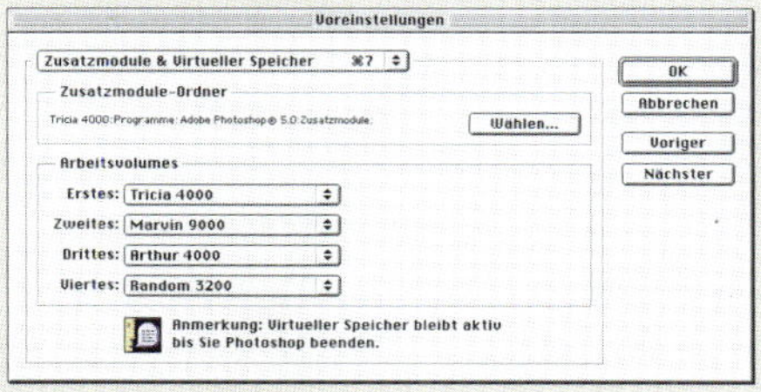

3. Virtuellen Speicher von Photoshop und ImageReady einrichten

Zum Auslagern von Bilddaten, die nicht im Arbeitsspeicher verwaltet werden können, verwenden Photoshop und ImageReady je eigenen virtuellen Speicher. Welche Festplatten dafür verwendet werden sollen, kann im Dialog Datei, Voreinstellungen, Zusatzmodule & Virtueller Speicher festgelegt werden.

Speichermanagement unter Windows

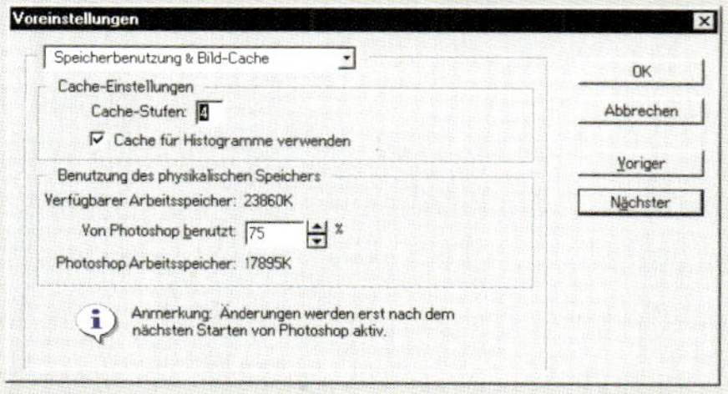

1. Reservieren von Arbeitsspeicher

Unter Windows wird der vom Programm verwendete Arbeitsspeicher im Dialog des Befehls Datei, Voreinstellungen, Speicherbenutzung & Bild-Cache eingestellt. Dabei kann ein prozentualer Wert gewählt werden. Dieser muß unter 100 % liegen, da sonst keine weiteren Programme mehr geöffnet werden können.

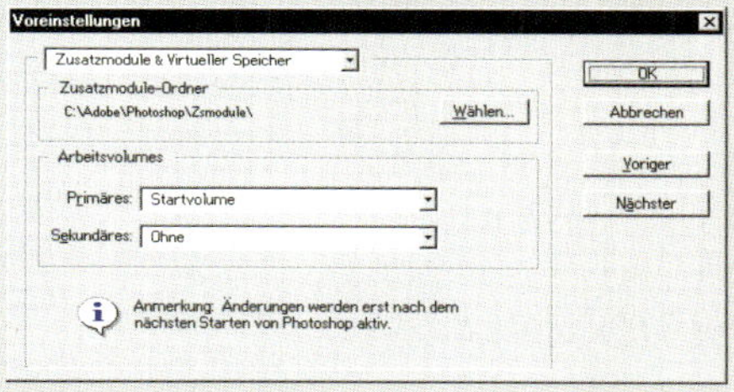

2. Virtuellen Speicher von Photoshop und ImageReady einrichten

Photoshop und ImageReady legen zur Auslagerung von Bilddaten eine eigene Auslagerungsdatei an, deren Ort im Dialog Datei, Voreinstellungen, Zusatzmodule & Virtueller Speicher bestimmt werden kann. Der dafür verfügbare Festplattenspeicher sollte mindestens dreimal so groß wie die bearbeitete Datei sein.

Erleuchtend: Screenfarben

Warum es mehrere Farbmodi für die Wiedergabe von Bildern auf Webseiten oder in Multimediaanwendungen gibt

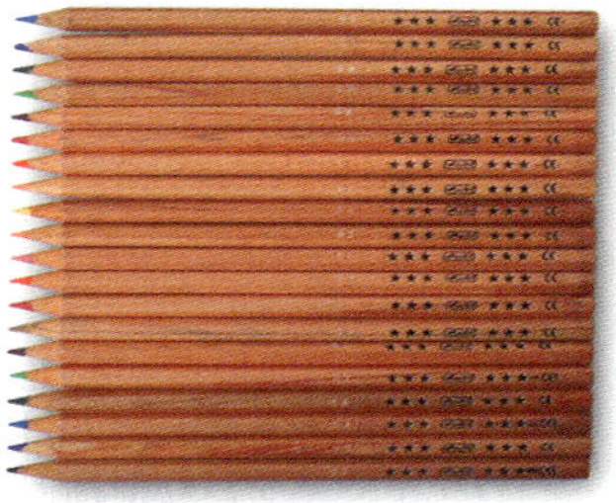

Im RGB-Modus stehen 16,7 Millionen Farben zur Verfügung. Eine unvorstellbare Menge? Ein Bildschirm, der alle RGB-Farben auf einmal anzeigen kann, müßte eine Bildschirmdiagonale von 64 Zoll besitzen. Oder ein anderes Beispiel: Buntstifte, eng aneinandergelegt, würden eine Strecke von 117 Kilometern beanspruchen, wenn jeder in einer der 16,7 Millionen Farben malen soll.

Die Aufbereitung von Bildern für ein Webangebot oder für eine Multimedia-Anwendung muß sich an den technischen Bedingungen des Wiedergabesystems orientieren. Da man davon ausgehen kann, daß flächendeckend Farbmonitore und Grafikkarten mit einer Farbauflösung von 24 Bit (TrueColor) zum Einsatz kommen, unterliegt die Darstellung von Webseiten oder Multimediascreens auf einem Computermonitor heute hinsichtlich der Farbreproduktion nicht mehr einer quantitativen Einschränkung durch das Wiedergabesystem. Farbige Abbildungen können so beim End-User auf dem Bildschirm erscheinen, wie der Bildbearbeiter oder Webdesigner sie angelegt hat – zumindest in der Theorie. Denn da unterschiedliche Monitore und unterschiedliche Betriebssysteme Farben nicht in gleicher Weise wiedergeben, besteht das Problem einer korrekten und objektiven Farbabstimmung. Die Abhängigkeit von bestimmten Wiedergabegeräten oder Betriebssystemen soll durch ein Farbmanagementsystem überwunden werden – was in der Praxis auch teilweise gelingt, teilweise aber auch an Kleinigkeiten scheitert (mehr dazu im Kapitel »An Profil gewonnen«).

Anders sieht es im Markt mobiler Kommunikationsgeräte wie Handys und Organizern aus, die Daten aus dem Internet empfangen können. Hier bestehen aufgrund der kleinen Displays nicht nur massive Einschränkungen hinsichtlich der Darstellungsgröße, diese Geräte begrenzen die Bildwiedergabe zudem auf nur wenige Farben. Während Handheld-Computer mit Windows CE immerhin noch 256 Farben anzeigen können, sind die Displays von PDAs (Personal Digital Assistant) und Handys auf 16, vier oder nur eine Graustufe (Schwarz) beschränkt. Wer für diese Geräte downloadbare Bilddateien bereithalten möchte, muß sie in jeder Farbvariante anbieten.

Da Computerbildschirme nach dem RGB-Farbsystem arbeiten, können sie nur RGB-Daten anzeigen. Nichts läge also näher, als Bildmaterial, das für die Bildschirmwiedergabe vorgesehen ist, im RGB-Modus anzubieten. RGB-Dateien sind jedoch recht speicherintensiv, da für jede der drei Farbkomponenten Rot, Grün und Blau ein Farbwert gespeichert werden muß. Die dabei entstehende Informationsmenge kann bei Übertragungen aus dem Internet bereits zu unangenehm langen Wartezeiten führen. Einen Ausweg bietet die Datenkomprimierung, die die RGB-Daten ökonomischer organisiert und zu einer besseren Speicherausnutzung (und somit kürzeren Ladezeit) führt. Eine andere Lösung sind Dateiformate wie GIF oder PNG-8, die Bilder in den Modus Indizierte Farben umwandeln und die Farbtiefe dadurch auf 256 oder weniger Farben reduzieren. Die RGB-Definitionen der indizierten Farben sind in einer Farbtabelle festgehalten. Nun muß nicht mehr für jedes Pixel die RGB-Definition gespeichert werden, sondern nur noch ein Verweis auf die entsprechende Farbe in der Tabelle.

▸ RGB

Der RGB-Modus ist den technischen Bedingungen lichtaussendender Wiedergabesysteme wie Computerbildschirmen angepaßt. Ein Monitor baut farbige Bilder aus den Grundfarben des RGB-Systems **R**ot, **G**rün und **B**lau auf. Auch Bilder, die von einem Desktop-Scanner oder einer Digitalkamera stammen, liegen in der Regel als RGB-Daten vor.

Der RGB-Farbraum ist der Arbeitsfarbraum von ImageReady. Graustufen- und Indizierte-Farben-Bilder werden beim Öffnen in ImageReady automatisch in RGB-Farben konvertiert. Alle Farbkorrekturen werden im RGB-Farbraum durchgeführt. Erst das Dateiformat, das beim Speichern einer Optimiert-Version gewählt wird, entscheidet, ob der RGB-Farbraum als Farbmodus für das Bild bzw. Slice beibehalten wird oder ob es in Indizierte Farben mit eingeschränkter Farbtabelle umgewandelt wird.

Auch in Photoshop ist der RGB-Farbraum der bevorzugte Farbmodus für die Bildbearbeitung. Bei Bildern, die für Bildschirmpräsentationen mit hoher Farbtiefe vorgesehen sind, muß nicht einmal in einen anderen Modus konvertiert werden.

Im RGB-Modus können bis zu 16,7 Millionen unterschiedliche Farben dargestellt werden. Jeder der drei Farbkanäle hat eine Farbtiefe von 8 Bit pro Pixel. Somit hat das gesamte Bild eine Farbtiefe von 24 Bit. Die Farbmischung im RGB-Modus ist additiv, das heißt, eine Mischung aller drei Grundfarben zu 100 % ergibt Weiß; Schwarz ist die Abwesenheit von Farbe.

Die rechts dargestellten Kanäle des RGB-Modus zeigen, da sie im Vierfarbdruck reproduziert sind, nur eine Umsetzung der RGB-Farben in den CMYK-Farbraum.

Bild im RGB-Modus (hier als Simulation in CMYK)

Die additive Farbmischung des RGB-Farbraums

Die Farbauszüge des RGB-Modus: Rot, Grün und Blau. (Die exakten RGB-Farben lassen sich im Vierfarbdruck naturgemäß nicht wiedergeben.)

World-Wide-Web-Palette mit Diffusion-Dither

World-Wide-Web-Palette ohne Dither

▸ Indizierte Farben

Bilder im Modus Indizierte Farben enthalten eine reduzierte Anzahl an Farben. In ImageReady werden alle Bilder (oder Slices), die im GIF- oder PNG-8-Format gespeichert werden, automatisch in Indizierte Farben umgewandelt. Wie viele Farben ein Indizierte-Farben-Bild darstellen kann, hängt von der Anzahl der Farben in der zugewiesenen Farbtabelle ab. Bei einer Farbtiefe von 8 Bit enthält das Bild maximal 256 Farben. Dies ist die höchstmögliche Anzahl Farben im Modus Indizierte Farben. Bei einer geringeren Farbtiefe umfassen Farbtabelle und Bild entsprechend weniger Farben.

Der Vorteil eines eingeschränkten Farbumfangs liegt in der geringeren Dateigröße. Beim Webpublishing bedeutet eine geringere Dateigröße kürzere Ladezeiten, und kürzere Ladezeiten führen zu einer höheren Akzeptanz beim Webbesucher.

Beim Reduzieren der 16,7 Millionen möglichen Farben eines RGB-Bildes auf nur 256 oder weniger Farben (in Photoshop müssen CMYK- und Lab-Bilder vorher in RGB umgewandelt werden) wird jeder Farbe eine möglichst ähnliche Farbe aus einer bestimmten Farbtabelle zugeordnet. Wie nah die indizierte Farbe an der Ursprungsfarbe liegt, hängt nicht nur vom Umfang der Farbtabelle, sondern auch von der gewählten Umwandlungsmethode ab.

Bei der Aufbereitung von Bildern für eine Webseite kann die Webfarbtabelle zugewiesen werden – eine Farbtabelle aus 216 standardisierten Farben, die auf allen Browsern eine unverfälschte Wiedergabe garantiert.

Da die Umwandlung eines RGB-Bildes in Indizierte Farben oft mit einem sichtbaren Qualitätsverlust verbunden ist, wird versucht, fehlende Farben durch geschicktes Dithering zu simulieren. Dabei werden die Farben der Farbtabelle so miteinander kombiniert, daß sich optisch Mischfarben ergeben, die gar nicht in der Tabelle enthalten sind.

Flexible Palette mit 8 Bit (256 Farben)

Flexible Palette mit 4 Bit (16 Farben)

Gleichmäßige Palette mit 4 Bit (16 Farben)

Graustufen

Da der Graustufenmodus im Web nicht als eigener Farbmodus unterstützt wird – das Web kennt nur RGB und Indizierte Farben –, wird bei der Darstellung von reinen Schwarzweißbildern auf den Modus Indizierte Farben zurückgegriffen und eine Farbtabelle zugewiesen, die aus 256 Graustufen besteht. Photoshop geht bei der Umwandlung eines Graustufenbildes in Indizierte Farben davon aus, daß alle 256 Graustufen erhalten bleiben sollen, und stellt keinerlei Umwandlungsoptionen zur Auswahl. ImageReady konvertiert Graustufendateien beim Öffnen automatisch in den RGB-Modus und ermöglicht so die Anwendung aller zur Verfügung stehenden Optimierungseinstellungen.

Mit zunehmender Verbreitung von internetfähigen Handys, Organizern und Hand-held-Computern gewinnt die Bilddarstellung mit nur vier oder 16 Graustufen wieder an Bedeutung, obwohl die Übertragung von Fotos an mobile Geräte derzeit noch mit der geringen Bandbreite und entsprechend langen Ladezeiten zu kämpfen hat. Über die Darstellungsqualität von dermaßen reduzierten Graustufenbildern entscheidet dann vor allem die Dithering-Methode, die die grauen Pixel nach einem zufälligen oder geordneten Muster verteilt.

Bitmap

Das Bildformat aus der Gründerzeit der »persönlichen« Computer erlebt nun dank WAP-Handys und internetfähigen PDAs eine ungeahnte Renaissance. Wenn erst die Übertragungsgeschwindigkeiten in akzeptable Bereiche vorstoßen, werden Webanbieter auch Bildmaterial im 1-Bit-Format an die Vertreter der mobilen Gesellschaft übermitteln. Bis dahin aber bleibt das Betätigungsfeld für kreative Screendesigner auf das Erstellen von Symbolen beschränkt, die die Betriebssystemfunktionen der mobilen Geräte nichtsprachlich visualisieren. Man darf gespannt sein, wie lange der »zweite Frühling« der pixeligen Symbole währt und wann 24-Bit-Farbmonitore bei Handys und anderen mobilen Kommunikationsgeräten so selbstverständlich sein werden wie für den Computeranwender die Maustaste am Zeigefinger.

Das Bitmap-Format reduziert Bilder auf ausschließlich schwarze und weiße Pixel. In Photoshop müssen Farbbilder erst in Graustufen umgewandelt werden, bevor sie in den Bitmap-Modus konvertiert werden können. In ImageReady kann der Bitmap-Modus durch Anwendung einer Farbtabelle aus nur zwei Farben – Schwarz und Weiß – simuliert werden. Um 1-Bit-Dateien WAP-tauglich zu machen, müssen sie in einem speziellen Dateiformat – dem WBMP-Format – gespeichert werden. Weder Photoshop noch ImageReady unterstützen derzeit dieses Format.

Was bedeutet »WAP«?

WAP (Wireless Application Protocol) ist ein Übertragungsprotokoll für internetfähige mobile Geräte, auf das sich die Mobilfunkbetreiber der D-Netze geeinigt haben.

Indizierte-Farben-Bild in der Darstellung mit einer Farbtabelle aus 256 Graustufen

Indizierte-Farben-Bild in der Darstellung mit einer Farbtabelle aus vier Graustufen (einschließlich Schwarz und Weiß)

Umwandlung eines Bildes in ein Bitmap-Symbol mit einer Farbtiefe von einem Bit und einer Größe von 32 mal 32 Pixeln

Beleuchtet: Printfarben

Warum viele Farbmodi von Photoshop die Voraussetzung für die Wiedergabe mit bestimmten Druckverfahren bilden

Wenn auch die Vielzahl der Farbsysteme von Photoshop auf den ersten Blick unüberschaubar scheint, so wird sich bei der Arbeit mit dem Programm nach und nach zeigen, daß jeder Modus aus dem Menü Bild, Modus seine Berechtigung hat. Teilweise sind die Modi als Arbeitshilfe anzusehen, teilweise begründen sie sich durch technische Notwendigkeiten, die bei der Wiedergabe der bearbeiteten Bilder zu beachten sind.

»Farbräume sind Farbträume.« Dieses nette Wortspiel weist auf eine Problematik hin, mit der sich jeder Photoshop-Anwender auseinandersetzen muß, wenn er unnötige Qualitätsverluste vermeiden möchte. Den Farbmodi von Photoshop liegt jeweils ein eigener Farbraum zugrunde, der alle im Modus darstellbaren Farben enthält. Die Farbräume der Modelle sind leider ziemlich inkompatibel zueinander. Dadurch, daß sich beispielsweise die Farbräume RGB und CMYK nur teilweise überlappen, sind Farben des einen Farbraums im anderen nur näherungsweise darstellbar und umgekehrt. Die auf dem Bildschirm im RGB-Modus dargestellten Farben lassen sich zum Teil nicht im Vierfarbdruck drucken. Und selbst die im CMYK-Modus dargestellten Farben sind nur eine mehr oder weniger gute Vorschau der später tatsächlich gedruckten Farben. Ein selbstleuchtender Bildschirm kann rein physikalisch nicht dieselben Farben anzeigen, wie sie durch die Reflexion von Licht auf bedrucktem Papier entstehen.

Trotz dieser technisch-physikalischen Misere lassen sich Farben auch am Bildschirm kontrollieren, wenn das Anzeigegerät für die beabsichtigte Anwendung kalibriert wird und die richtigen Farbmanagementeinstellungen vorgenommen werden. Wie eine Kalibrierung am besten durchgeführt wird, ist Gegenstand des Kapitels »What you see is what you get?«. Das Thema Farbmanagement wird in den Kapiteln »An Profil gewonnen« und »Von Raum zu Raum« behandelt.

Wichtig für die Arbeit mit Photoshop ist die Kenntnis darüber, welche Arbeiten in welchem Modus vorgenommen werden sollten. Der RGB-Modus ist sowohl für Bilder, die für eine Bildschirmpräsentation aufbereitet oder im Web publiziert, als auch für Bilder, die gedruckt werden sollen, der Arbeitsfarbraum erster Wahl. Der RGB-Farbraum hat auch den Vorteil, daß man sich nicht vorzeitig auf das eine oder andere Ausgabemedium festlegt. (Näheres zum RGB-Farbraum und den Farbmodi für weboptimierte Bilder im Kapitel »Erleuchtend: Screenfarben«.) Das anvisierte Druckverfahren entscheidet aber darüber, ob und in welchem Farbmodus abschließende Arbeiten durchgeführt werden sollen. Für alle gängigen Druckverfahren stellt Photoshop Farbmodi zur Verfügung: Vierfarbdruck, Druck mit einer oder mehreren Sonderfarben sowie Vierfarbdruck mit Sonderfarben.

Die nachfolgenden Seiten stellen die für die Druckvorstufe relevanten Farbmodi von Photoshop vor und erklären, für welche Druckverfahren sie benötigt werden.

Die Farbumfangwarnung (Menü Ansicht) versieht bei RGB- und Lab-Bildern alle Farben, die im Vierfarbdruck nicht exakt reproduziert werden können und durch ähnliche Farben ersetzt werden müssen, mit einer grauen Kennzeichnungsfarbe.

Keine unnötigen Moduskonvertierungen vornehmen

Bei der Umwandlung eines Bildes in einen anderen Farbmodus gehen oft Farbinformationen verloren, beispielsweise bei der Konvertierung von RGB nach CMYK. In diesem Fall stellt eine Rückumwandlung in den Ursprungsmodus nicht die ursprünglichen Farben wieder her. Um die Farbwirkung eines Bildes im Vierfarbdruck zu beurteilen, kann – ohne tatsächlich eine Konvertierung durchzuführen – die CMYK-Vorschau aktiviert werden (Menü Ansicht, Vorschau, CMYK).

Unproblematisch hingegen ist die Konvertierung von RGB oder von CMYK in den Lab-Modus und zurück in den Ausgangsmodus, da der Lab-Farbraum alle anderen Photoshop-Farbräume enthält.

Umwandeln von und nach RGB, CMYK oder Graustufen

Bei der Umwandlung aus einem der Modi RGB, CMYK oder Graustufen in einen anderen Farbmodus und bei der Umwandlung in den RGB-, CMYK- oder Graustufenmodus spielen die Vorgaben in den Farbeinstellungsdialogen (Menü Datei, Farbeinstellungen) eine wesentliche Rolle. Die Farbeinstellungen ändern zwar nicht direkt die Farben der Pixel im Bild, sondern passen zunächst nur die Bildschirmanzeige an, sie werden aber bei der Umrechnung von einem in einen anderen Farbraum berücksichtigt und beeinflussen so das Umwandlungsergebnis.

Welche Einstellungen zu erwünschten Ergebnissen führen, ist im Kapitel »An Profil gewonnen« beschrieben.

Bearbeitungen im Modus mit dem größten Farbraum vornehmen

Farb- und Helligkeitskorrekturen sollten in einem sehr großen Farbraum vorgenommen werden, um nicht von vornherein den Beschränkungen eines Ausgabeprozesses (beispielsweise Vierfarbdruck oder Webfarbpalette) zu unterliegen. Der größte Farbraum in Photoshop ist der Lab-Farbraum, der zweitgrößte der RGB-Farbraum.

Die meisten Scanner und Digitalkameras liefern ihre Bilder als RGB-Daten. Eine Umwandlung in Lab macht hier keinen Sinn, da sich der Farbumfang dadurch nur theoretisch erhöht. Da einige Photoshop-Funktionen wie Filter im Lab-Modus nicht anwendbar sind, geht dieses Buch vom RGB-Farbraum als Standardarbeitsfarbraum aus.

Eine verfrühte Konvertierung in den CMYK-Modus beispielsweise würde zu einer unnötigen Einschränkung des Farbspektrums führen. Erst wenn alle Arbeiten abgeschlossen sind, sollte in CMYK konvertiert werden.

Über Farbkanäle

Jedem Farbmodus liegt ein eigenes Farbmodell zugrunde, das die Farben in unterschiedliche Komponenten aufschlüsselt. Die Farbkanäle sind die technische Repräsentation dieser Komponenten. Jeder Farbkanal besitzt eine Farbtiefe von 8 Bit (Ausnahme: Bitmap mit einem Bit), das ermöglicht 256 Abstufungen innerhalb einer Komponente. Graustufen-, RGB- und CMYK-Bilder können auch auf 16 Bit pro Farbkanal (bis zu 65.536 Tonwerte) umgestellt werden, wodurch eine feinere Differenzierung zwischen den Abstufungen erreicht wird. Bei der höheren Farbtiefe sind jedoch nicht alle Photoshop-Funktionen verwendbar.

Bild im CMYK-Modus

Bei einem CMYK-Bild wurde die Helligkeit verändert. Dies beeinflußt auch – im Gegensatz zum Beispiel im Lab-Modus – den Farbwert der einzelnen Farben.

Die subtraktive Farbmischung des CMYK-Farbraums

Die Farbauszüge des CMYK-Modus: Cyan, Magenta, Gelb und Schwarz

▸ CMYK

Der CMYK-Modus ist die erste Wahl für den Farbdruck. Er speichert die gesamte Farbinformation eines Bildes in den vier Kanälen **C**yan, **M**agenta, Gelb (**Y**ellow) und Schwarz. Diese Trennung entspricht der für den Vierfarbdruck nötigen Farbtrennung (Separation). (Der Buchstabe **K** stammt von der englischen Bezeichnung »key« für »Tiefe«.) Wenn im CMYK-Modus gearbeitet wird, ist das Bild bereits vierfarbsepariert. Beim Moduswechsel nach CMYK werden die Vorgaben im Dialog CMYK einrichten (Datei, Farbeinstellungen) berücksichtigt, deshalb müssen die Separationseinstellungen dem beabsichtigten Druckverfahren entsprechen. Wird von RGB nach CMYK konvertiert, beeinflussen auch die Vorgaben im Dialog RGB einrichten das Separationsergebnis.

Jeder der vier Farbkanäle besitzt einen möglichen Tonwertumfang von 256 Tonwerten (8 Bit). Ein CMYK-Bild kommt damit auf eine Datentiefe von 32 Bit und beansprucht dadurch mehr Speicherplatz als im RGB-Modus. Dem Vierfarbmodus liegt die subtraktive Farbmischung zugrunde: Eine Mischung aller vier Grundfarben zu 100 % ergibt Schwarz. Weiß ist die Abwesenheit von Farbe. Der CMYK-Farbraum ist kleiner als der RGB-Farbraum, so daß sich nicht alle Farben aus dem RGB-Modus 1:1 übertragen lassen. Das Separationsergebnis sollte deshalb vor dem Drucken auf einem gut kalibrierten Bildschirm überprüft werden.

Wenn in der CMYK-Datei ein oder mehrere zusätzliche Sonderfarbenkanäle angelegt sind, muß sie im Format **Photoshop DCS 2.0** gesichert werden, damit die Sonderfarbkanäle erhalten bleiben und vom Layoutprogramm ordnungsgemäß separiert werden.

▸ Graustufen

Im Farbmodus Graustufen enthält das Bild bis zu 256 Tonwerte zwischen Schwarz (mit einem Helligkeitswert von 0) und Weiß (mit einem Helligkeitswert von 255). Für die Darstellung der Helligkeitsabstufungen werden also 8 Bit pro Pixel benötigt.

Graustufenbilder entstehen beim Scannen mit Graustufeneinstellung oder durch Umwandeln eines Farbbildes in den Modus Graustufen. Beim Umwandeln von Farbbildern in Graustufenbilder gehen alle Farbinformationen verloren. Die Konvertierung ist aus jedem Farbmodus möglich. Die Grauwerte der konvertierten Pixel entsprechen dabei der Luminanz der Ausgangspixel. Das Ergebnis ist dasselbe wie beim Fotografieren einer farbigen Vorlage mit einem panchromatischen Schwarzweißfilm.

Graustufenbilder, die in ein Layoutdokument eingebunden werden, das im Vierfarbdruck reproduziert werden soll, erscheinen bei der Separation automatisch im Schwarzauszug und werden dementsprechend mit Prozeßschwarz gedruckt. Sie können aber auch mit einer **Sonderfarbe** ausgegeben werden, wenn sie in dem Layoutprogramm entsprechend eingefärbt und separiert werden.

Im Graustufenmodus stehen alle Bearbeitungswerkzeuge von Photoshop zur Verfügung. Da viele Werkzeuge und Menübefehle für den Bitmap-Modus nicht zur Verfügung stehen, empfiehlt es sich häufig, ein Bitmap-Bild für die Bearbeitung in ein Graustufenbild umzuwandeln. Dabei entsteht ein Schwarzweißbild mit nur einer Graustufe (Schwarz). Nach Abschluß aller Bearbeitungen kann dann wieder in den Modus Bitmap zurückgewandelt werden.

Bild im Graustufenmodus

Graustufenbild mit Sonderfarbe gedruckt (Pantone 485 C)

Graustufenbild mit Sonderfarbe gedruckt (Pantone 534 C)

Ein im Vierfarbdruck wiedergegebenes Graustufenbild wird normalerweise nur im Schwarzauszug ausgegeben. Die Anzahl der darstellbaren bzw. druckbaren Halbtöne (Graustufen) läßt sich erheblich vergrößern, wenn das Bild vorher in den CMYK-Modus konvertiert wird. Zwar behält das Bild seine monochrome Anmutung bei, vierfarbig gedruckte Schwarzweißbilder weisen aber eine wesentlich bessere Halbtonwiedergabe und Detailzeichnung auf als einfarbig gedruckte. Wenn das Budget für einen Vierfarbdruck nicht ausreicht, hilft auch schon eine zusätzliche Druckfarbe weiter (Duplexdruck). Doch Farbe um jeden Preis – das muß nicht sein. An dieser Stelle soll daher auch einmal auf die ästhetische Wirkung von Schwarzweißbildern hingewiesen werden.

Duplexbild mit den vier CMYK-Farben als Sonderfarben (Quadruplex)

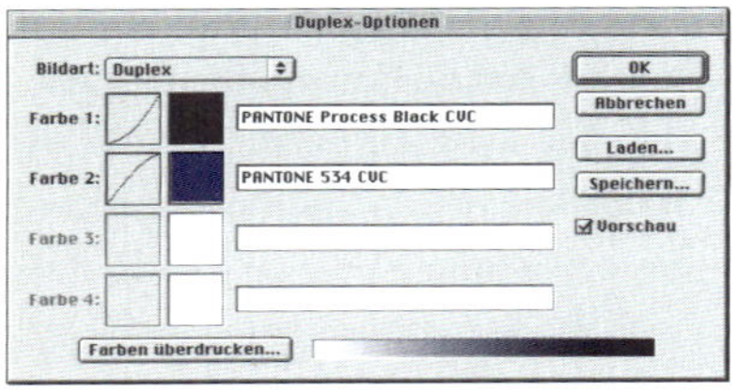

Der Dialog Duplex-Optionen zur Auswahl der Sonderfarben

▸ Duplex

Der Modus Duplex ist ein spezielles Farbformat, durch den sich Bilder mehrfarbig mit bis zu vier Sonderfarben drucken lassen. Duplexbilder sind eigentlich Graustufenbilder, die zusätzlich Informationen für Sonderfarben beinhalten. Jede Sonderfarbe wird dabei mit Hilfe von Gradationskurven einem Tonwertbereich des Graustufenbildes zugeordnet. Die Gradationskurve bestimmt dabei automatisch die Aufrasterung der Druckfarbe.

Duplexbilder lassen sich nur aus Graustufenbildern erzeugen. Farbbilder müssen zuerst in den Graustufenmodus umgewandelt werden. Möglich sind dann eine, zwei (Duplex), drei (Triplex) oder vier Sonderfarben (Quadruplex). Damit die Duplexeinstellungen von einem Layoutprogramm erkannt und bei der Separation der Sonderfarben berücksichtigt werden können, müssen Duplexdateien im Format **Photoshop EPS** gespeichert werden.

Wenn bei der Duplexeinstellung (Zweifarbendruck) als Sonderfarbe für die Mitteltöne des Bildes eine bunte Druckfarbe verwendet wird, erhält das Bild eine leichte bis kräftige Farbtönung, die dem Bild ein für den Duplexdruck charakteristisches Aussehen verleiht. Duplexbilder unterscheiden sich deutlich von einfarbigen Reproduktionen und erzeugen da, wo der Kostenrahmen für einen Vierfarbdruck nicht ausreicht oder bewußt auf das Zusammenspiel nur zweier Druckfarben gesetzt wird, eine besondere »Farbigkeit«.

Mit dezent gewählten Duplexfarben, etwa einem Grauton für die hellen Bereiche (die Mitteltöne und Lichter) und Schwarz für die Tiefen, läßt sich die Graustufenwirkung eines Bildes betonen und dessen Tonwertumfang erweitern. Beim einfarbigen Drucken von Graustufenbildern mit einer Druckmaschine lassen sich von den 256 möglichen Graustufen nur etwa 50 wiedergeben. Wenn nun anstelle einer Druckfarbe (in der Regel Schwarz) zwei oder mehrere Druckfarben übereinandergelegt werden, erhöht sich die Anzahl der darstellbaren Graustufen, denn nun können von jeder Sonderfarbe bis zu 50 Graustufen gedruckt werden.

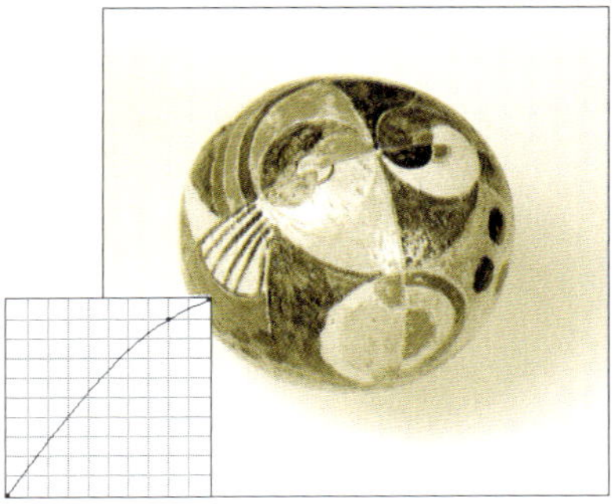

Duplexbild mit Schwarz und Orange (Pantone 117 C) als Sonderfarbe

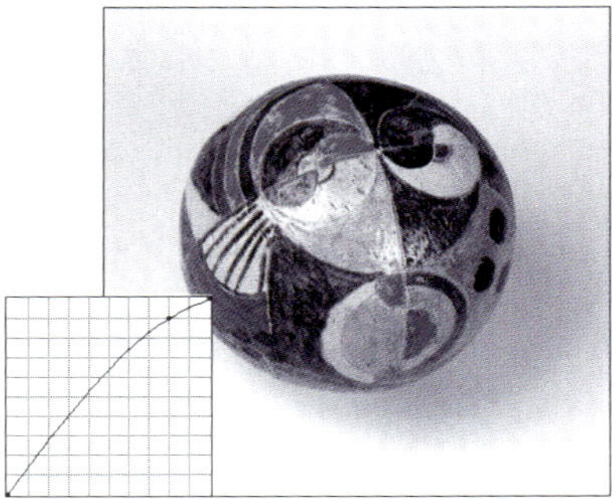

Duplexbild mit Schwarz und Blau (Pantone 534 C) als Sonderfarbe

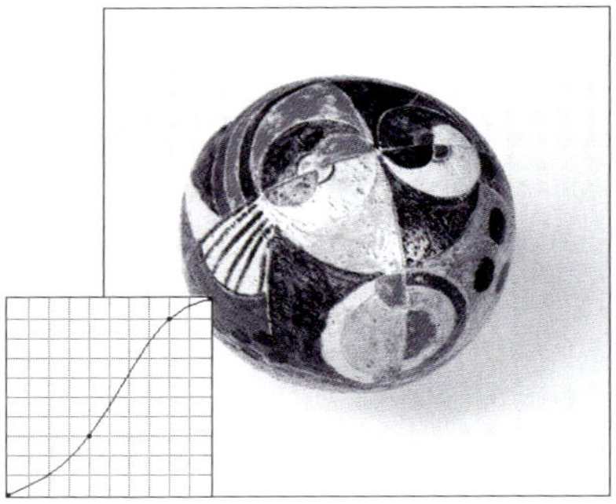

Dasselbe Duplexbild mit geänderter Gradationskurve für das Pantone-Blau

▸ Mehrkanal

Mehrkanalbilder enthalten ausschließlich Volltonfarbkanäle. Der Mehrkanalmodus ist eine Alternative zum Duplexmodus und bietet sich dann an, wenn die Duplexkanäle manuell nachbearbeitet werden sollen. Um Mehrkanalbilder mit Volltonfarben in Layoutprogrammen ordnungsgemäß in Sonderfarben separieren zu können, müssen sie im Format **Photoshop DCS 2.0** gesichert werden.

Neben Duplexbildern lassen sich auch CMYK-, RGB- und Lab-Dateien in den Mehrkanalmodus umwandeln. Bei CMYK-Dateien wird aus jedem Farbkanal ein Volltonfarbkanal; der Gesamtkanal entfällt naturgemäß. Die Tonwertumfänge der Farbkanäle bleiben dabei exakt erhalten, auch wenn sich die Bildschirmdarstellung nach der Moduskonvertierung ändert (Volltonfarbkanäle gestatten nur eine angenäherte Wiedergabe am Bildschirm).

Die Kanäle von RGB-Dateien werden bei der Konvertierung in den Mehrkanalmodus in druckbare CMY-Volltonfarbkanäle umgewandelt.

Eine Ausnahme bilden Lab-Dateien: Lab-Kanäle werden nicht in Volltonfarbkanäle, sondern in Alphakanäle umgewandelt, da es für Lab kein korrespondierendes Druckverfahren gibt und eine Schmuckfarbenwiedergabe keinen Sinn machen würde.

Wenn einer der Farbkanäle eines RGB-, CMYK- oder Lab-Bildes gelöscht wird, wandelt Photoshop die Datei automatisch in den Mehrkanalmodus um.

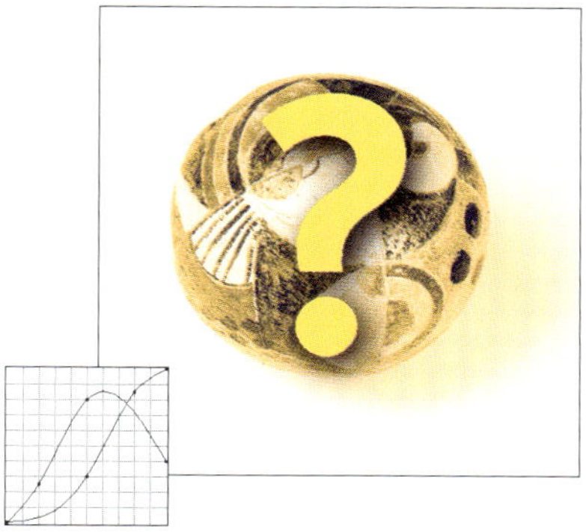

Der Mehrkanalmodus ermöglicht es, in Duplexbildern, bei denen sich die Duplexfarben in allen Tonwertbereichen mischen, mit reinen Farben zu arbeiten.

Die Kanäle des Mehrkanalbildes: Pantone 2748 und Pantone 116

Ein RGB-Bild wird in die Volltonfarben Cyan, Magenta und Gelb umgewandelt.

Umwandlung eines Graustufenbildes in den Bitmap-Modus mit der Umwandlungsmethode Diffusion-Dither

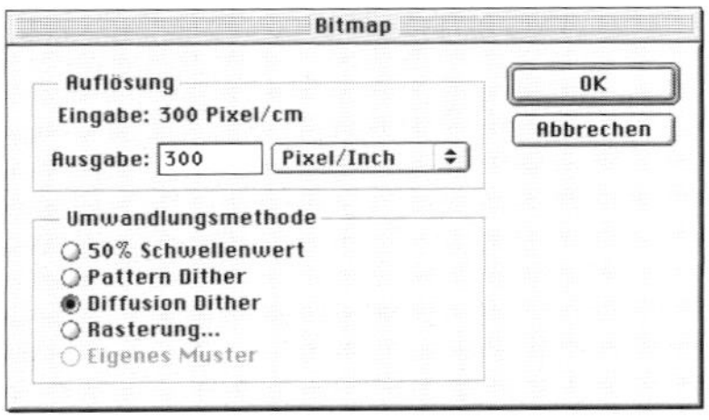

Der Dialog Bitmap stellt mehrere unterschiedliche Umwandlungsmethoden zur Auswahl.

Bitmap mit Sonderfarbe gedruckt (Pantone 534 C)

50 % Schwellenwert

Pattern-Dither

Diffusion-Dither

Rasterung, Punkt, 53

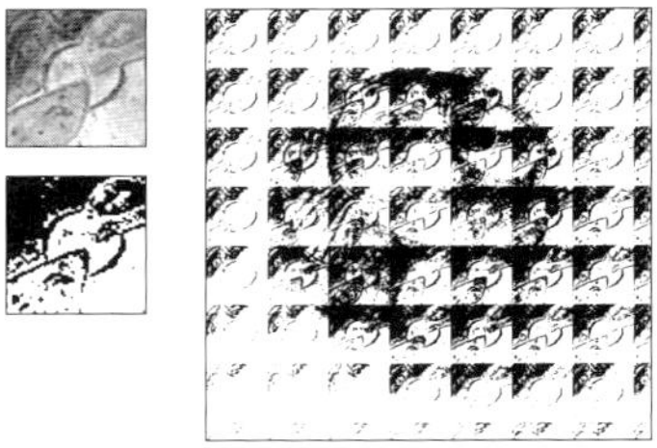

Eigenes Muster

▸ Bitmap

Macintosh-Pioniere wie April Greiman haben den monochromen Bitmaps einst zum Durchbruch in der grafischen Gestaltung verholfen. Die groben Pixelstrukturen rauhen den ansonsten so glatten Datenbestand in den Computern auf und verhelfen zu neuen, interessanten Ansichten über das so Dargestellte.

Das Bitmap-Format speichert genau zwei Farbwerte: Schwarz und Weiß. Das kompakteste aller Bildformate von Photoshop ist primär für Strichzeichnungen gedacht, die ja lediglich aus schwarzen Linien auf hellem Papier bestehen. Da Photoshop auch Graustufenbilder in gerasterte Bitmaps übertragen kann (Farbbilder müssen zuerst in Graustufen umgewandelt werden), sind auch Anwendungen denkbar, die über einfache Strichzeichnungen weit hinausgehen. Dabei ist nicht daran gedacht, daß monochrome Bitmaps auch mit einer **Sonderfarbe** gedruckt werden können, wenn sie in einem Layoutprogramm entsprechend eingefärbt und separiert werden.

Durch die unterschiedlichen Dithering-Methoden des Bitmap-Modus können Graustufenbilder optimal für die Ausgabe auf niedrigauflösenden Schwarzweißlaserdruckern vorbereitet werden. Bitmap-Dateien werden bei der Ausgabe nicht mehr gerastert. Wenn die Graustufendatei bei der Umwandlung in den Bitmap-Modus mit Diffusion-Dither gerastert und dabei gleichzeitig die Auflösung auf die Auflösung des Druckers umgerechnet wird, erscheint im Druck anstelle des sonst üblichen, relativ groben Punktrasters, das feine Details zum Verschwinden bringt, ein quasi-stochastisches Raster, in dem viele Bilddetails noch zu erkennen sind.

Lab

Der Farbmodus Lab wird von Photoshop intern für alle Farbumrechnungen benutzt (so wird beispielsweise bei der Umwandlung von RGB in CMYK zuerst in Lab konvertiert). Lab ist geräteunabhängig und arbeitet nach einem Farbmodell, das 1931 vom Centre Internationale d'Eclairage (CIE) als Richtlinie für alle kolorimetrischen Messungen eingeführt wurde. Der Lab-Farbraum umfaßt alle RGB- und alle CMYK-Farben, so daß verlustfrei zwischen den beiden Modi und Lab umgerechnet werden kann.

Lab wird insbesondere für den Austausch von Bildern zwischen unterschiedlichen Systemen empfohlen. So basiert das von Photoshop verwendete ICC-Farbmanagementsystem auf dem Lab-Farbmodell. Drucker ab PostScript Level 2 können Lab-Bilder auch direkt verarbeiten. In einem Workflow mit funktionierendem Farbmanagement ist es deshalb nicht mehr nötig, Bilder für den Vierfarbdruck vorzuseparieren (in den CMYK-Modus umzuwandeln). Die Bilder werden als Lab-Bilder in das Layoutdokument eingebunden; die Separation erfolgt dann automatisch bei der PostScript-Ausgabe.

Lab-Bilder setzen sich aus drei Komponenten zusammen: einem Kanal für die Helligkeit (**L** für Lightness), einem Kanal mit den Buntheitskomponenten von Grün bis Magenta **(a)** und einem von Blau bis Gelb **(b).** Da jeder Kanal eine Farbtiefe von 8 Bit besitzt, ergibt sich wie bei RGB-Bildern eine gesamte Datentiefe von 24 Bit. Der Lab-Modus bietet auch für die Bearbeitung Vorteile, wenn die Helligkeit unabhängig von den Farbwerten eines Bildes geändert werden soll, da die Helligkeitskomponente bereits als getrennter L-Kanal vorliegt.

Bild im Lab-Modus (hier als Simulation in CMYK)

Bei einem Lab-Bild wurde nur der Helligkeitskanal bearbeitet, die Farben blieben unverändert.

Die Kanäle des Lab-Modus: Lightness, a, b

Wild Wild Web

Welche Möglichkeiten ImageReady und Photoshop zur Optimierung von Bildern für das Web bieten und welche Vorteile mit den unterschiedlichen Dateiformaten verbunden sind

Mit der Ausrichtung auf das Webpublishing haben Photoshop und ImageReady die Unterscheidung zwischen Original- und Optimiert-Version eingeführt. Alle Bearbeitungen an Bildern, die im Web publiziert werden sollen, werden im RGB-Farbraum (Originalversion) vorgenommen. Nach Abschluß aller Arbeiten werden die Bilder in einem Dateiformat gespeichert, das in die HTML-Struktur einer Website eingebettet werden kann (Optimiert-Version). Hinter dem positiv klingenden Wort »Optimiert« verbirgt sich aber auch eine negative Komponente: Die Aufbereitung von Bildern für das Web geht meist nicht ohne Qualitätsverlust vonstatten, denn das Web erlegt dem Webdesigner einige Einschränkungen auf. »Optimierung« heißt vielmehr, ein vernünftiges Verhältnis zwischen akzeptabler Bildqualität und möglichst kurzer Ladezeit zu finden. Auf diese Formel reduzieren sich alle Bemühungen des Webdesigners bei der Weboptimierung.

Photoshop und ImageReady stellen drei webtaugliche Dateiformate zur Auswahl, die jeweils ihre Vor- und Nachteile haben und für unterschiedliche Bilder oder Anwendungszwecke geeignet sind. Vor- und Nachteile der Webdateiformate lassen sich anhand folgender Eigenschaften vergleichen:

- **Farbtiefe:** Obwohl alle Arbeiten im RGB-Farbraum mit potentiell 16,7 Millionen Farben vorgenommen werden, wandeln einige Dateiformate die Bilder in den Farbmodus Indizierte Farben um. Dieser Farbmodus erlaubt maximal 256 Farben. Um welche Farben es sich dabei handelt, hängt von der gewählten Farbtabelle oder Farbumwandlungsmethode ab.
- **Farbumwandlungsmethode:** Mit der Farbumwandlungsmethode bestimmt der Webdesigner, ob die erzeugte Farbtabelle möglichst viele Originalfarben erhalten oder ein möglichst großes Spektrum abdecken soll.
- **Komprimierung:** Um den Speicherbedarf (und somit die Ladezeiten) einer Bilddatei möglichst gering zu halten, werden die Daten komprimiert. Beim JPEG-Format beispielsweise ist dies mit einem effektiven Verlust der Farbtiefe verbunden, obwohl als Farbformat 24 Bit beibehalten wird. PNG-24 hingegen verwendet eine verlustfreie Komprimierung.
- **Dithering-Methode:** Die Dithering-Methode steuert, wie die verbleibenden Farben der Farbtabelle im Bild verteilt werden. Das Dithering soll zwei Aufgaben erfüllen: **1.** Es soll eine flächige Verteilung mit harten Farbabrissen vermeiden. **2.** Farben, die nicht in der Farbtabelle enthalten sind, können durch »Mischen« vorhandener Farben simuliert werden.
- **Bildaufbaumethode:** Bilder, die einen sequentiellen Bildaufbau ermöglichen, werden beim Download bereits in niedriger Auflösung angezeigt, obwohl noch nicht alle Daten übertragen sind.
- **Transparenz:** Bilder mit transparenten Bereichen können als Freisteller auf einer Webseite plaziert werden. Echte Transparenz wird nur von den Formaten GIF und PNG unterstützt.
- **Animation:** Mit ImageReady lassen sich Rollover- und Animationseffekte erstellen und als animierte Bilddatei abspeichern. Solche Effekte bleiben nur in GIF und PNG erhalten.

In ImageReady entscheidet die Einstellung in der Optimieren-Palette darüber, in welchem Dateiformat ein Bild oder Slice gespeichert wird (für jedes Slice können individuelle Einstellungen festgelegt werden). Photoshop bietet dieselben Optionen im

Dialog Für Web speichern an, erlaubt aber nur die Anwendung auf das gesamte Bild. Darüber hinaus besitzt Photoshop auch eigene Formatoptionen, die wie in früheren Programmversionen über die klassischen Befehle Speichern unter oder Kopie speichern unter erreichbar sind.

Die Dateiformate JPEG, GIF und PNG werden auf den nachfolgenden Seiten näher vorgestellt. Doch zunächst ein paar Bemerkungen zur Webfarbtabelle.

Die Webfarbtabelle

RGB-Dateien differenzieren in jedem der drei Farbkanäle bis zu 256 Tonwertabstufungen. Jede Farbe stellt eine Kombination aus einem Rot-, Grün- und Blauanteil dar. Somit ergibt sich im RGB-Farbmodell eine Gesamtzahl von 16,7 Millionen möglichen Farben (256 x 256 x 256 = 16,7 Mio.). Die Webfarbpalette ist eine stark reduzierte Teilmenge des RGB-Farbraums. Anstelle von 256 Abstufungen pro Farbkanal unterscheidet die Webfarbpalette nur sechs Tonwerte pro Farbkomponente. Aus dieser Einschränkung ergibt sich die Gesamtzahl von 216 Webfarben (6 x 6 x 6 = 216). Diese 216 standardisierten Webfarben sind der kleinste gemeinsame Nenner für die plattformübergreifende Farbdarstellung, denn sie sind in den Farbpaletten der Betriebssysteme Mac OS und Windows vollständig enthalten. (Die Betriebssystempaletten enthalten darüber hinaus noch jeweils weitere 40 spezifische Farben.) Aus diesem Grund werden Bilder, die in die Webfarbtabelle umgerechnet wurden, unter dem Mac OS und unter Windows immer farbrichtig angezeigt.

Die exakten Farbwerte der Webfarben werden in der Hexadezimalschreibweise angegeben. Was aber bedeutet »hexadezimal«? RGB-Farben werden als ganze Zahlen

128 Webfarben

Kein Dither

64 Webfarben

Diffusion-Dither

32 Webfarben

Pattern-Dither (Muster)

16 Webfarben

Störungsfilter

Selektive Farben

Adaptive Farben

Webkompatible Farben

Windows-Farben

Progressiver Bildaufbau mit drei Durchgängen: Erster Durchgang, ...

... zweiter Durchgang ...

... und dritter Durchgang.

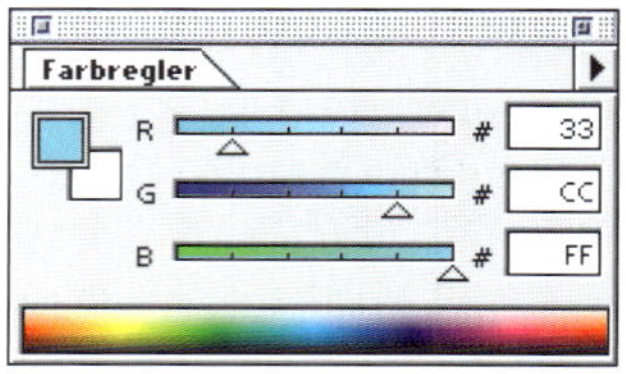

Wenn in der Palette Farbregler die Webfarben-Anzeige aktiviert ist, rasten die Regler an den Webpositionen ein. Nur diese Farben sind webkompatibel.

aus dem Dezimalsystem mit Werten zwischen 0 und 255 für jedem Farbkanal definiert. Das Dezimalsystem basiert auf den Ziffern von 0 bis 9 und ist unser gebräuchlichstes Zahlensystem. Der Computeranwender kennt noch ein weiteres Zahlensystem: Bei der Informationsverarbeitung in Computern kommt das Binärsystem mit den Ziffern 0 und 1 zur Anwendung. Das Hexadezimalsystem hingegen basiert auf 16 Ziffern. Da man keine neuen Ziffern »erfinden« wollte, werden die fehlenden Ziffernsymbole durch die Buchstaben A bis F ersetzt. Die Dezimalzahl 10 entspricht somit der Hexadezimalzahl A, die Dezimalzahlen 15, 100, 200 und 255 den Hexadezimalzahlen F, 64, C8 und FF. Dieses auf den ersten Blick wenig intuitive Zahlensystem eignet sich deshalb für Webfarben so gut, weil die RGB-Werte der Webfarben in der Hexadezimalschreibweise aus jeweils zwei gleichen Ziffern bestehen: die sechs Abstufungen sind 00, 33, 66, 99, CC und FF. Die Farbe Weiß wird hexadezimal als 000000 und die Farbe Schwarz als FFFFFF geschrieben. Die Palette Farbregler von Photoshop oder ImageReady ist ein gutes Werkzeug, das Prinzip der Hexadezimalschreibweise von Webfarben zu verstehen.

Darstellung in RGB

Darstellung mit JPEG-Komprimierung (höchste Qualität 100)

Darstellung mit JPEG-Komprimierung (niedrigste Qualität 0)

▸ JPEG

JPEG (sprich: dschäy-peg) wurde von einer Expertenkommission namens Joint Photographic Experts Group als »naturgetreue« Komprimierungsart für fotografische Farb- und Graustufenbilder entwickelt, um die Dateigröße wesentlich reduzieren zu können, ohne den Gesamteindruck eines Fotos zu schmälern.

JPEG ist nicht im eigentlichen Sinne ein Dateiformat, sondern ein Komprimierungsverfahren – hinter dem JPEG-Format versteckt sich tatsächlich eine TIFF-Variante. Das Speichern im JPEG-Format ist durch den Komprimierungsalgorithmus immer mit einem kaum bis deutlich wahrnehmbaren Verlust an Bildinformationen verbunden. Der Vorteil von JPEG liegt aber in einer zum Teil enormen Reduzierung der Dateigröße. Deshalb eignet es sich vor allem für die Übertragung auf Kanälen mit schmaler Bandbreite und ist für das Internet prädestiniert. JPEG-Dateien lassen sich auch als »progressiv« speichern. Ein »progressives« JPEG wird, während es aus dem Internet heruntergeladen wird, zuerst in niedrigauflösender Version, dafür aber sehr schnell, auf den Rechner des Websurfers übertragen und anschließend in mehreren Durchgängen bis zur höchsten Auflösung aufgebaut.

Obwohl Photoshop im Dialog JPEG-Optionen nur zwölf, im Dialog Für Web Speichern hingegen 100 Stufen – wie auch in ImageReady – zur Auswahl stellt, decken beide Alternativen ungefähr denselben Bereich ab. Bei den 100 Stufen handelt es sich um feinere Abstufungen.

JPEG (Joint Photographic Experts Group)	
Farbtiefe	24 Bit (Farbbilder) und 8 Bit (Graustufenbilder)
Komprimierung	mit Verlust
Dithering	nein
Bildaufbau	1 oder 3 bis 5 Durchgänge
Transparenz	nein (aber Einfärben des Hintergrunds möglich)
Animation	nein

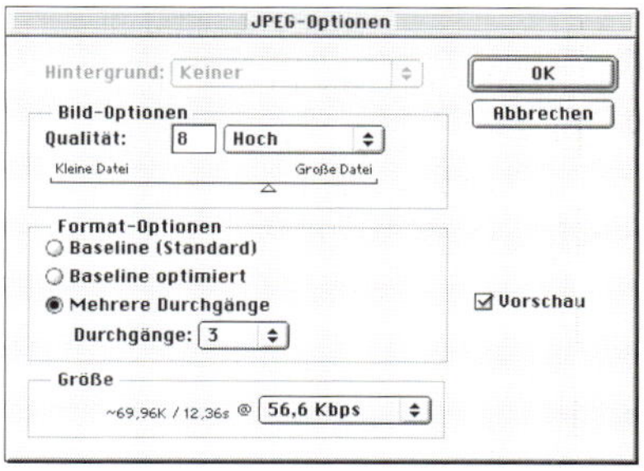

Der Dialog JPEG-Optionen in Photoshop stellt zwölf Bildqualitäten mit entsprechenden Komprimierungsraten zur Auswahl und erlaubt die Wahl der Bildaufbaumethode und der Anzahl der Durchgänge.

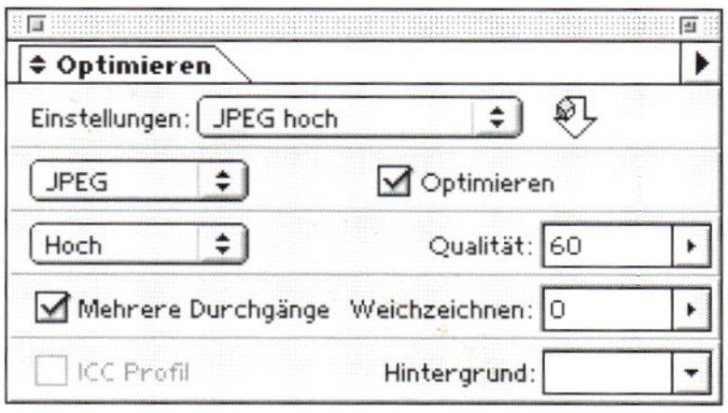

In ImageReady oder dem Photoshop-Dialog Für Web speichern kann eine von 100 JPEG-Qualitätsstufen gewählt werden. Die Anzahl der Durchgänge ist jedoch auf einen fixen Wert eingestellt.

▶ GIF

Darstellung in RGB

Darstellung als GIF mit 128 Farben (selektiv, Diffusion-Dither)

Darstellung als GIF mit 32 Farben (adaptiv, Diffusion-Dither)

Das ursprünglich von CompuServe entwikkelte Dateiformat GIF (sprich: dschif) arbeitet mit einer reduzierten Farbtiefe von maximal acht Bit (256 Farben) und wandelt Bilder automatisch in den Farbmodus Indizierte Farben um. Mit der Reduktion der Farbtiefe einerseits und der eingebauten LZW-Komprimierung andererseits sind beste Voraussetzungen für sehr kleine Dateigrößen gegeben. Bei Farbbildern ist die Umwandlung ins GIF-Format stets mit einem Verlust an Farbinformationen verbunden – auch wenn die Option Lossy in der ImageReady-Palette Optimieren oder im Photoshop-Dialog Für Web speichern suggeriert, die ursprüngliche Farbqualität könne erhalten bleiben. Man stelle sich jedoch vor, daß von den potentiell möglichen 16,7 Millionen RGB-Farben nur 256 übrig bleiben (die tatsächliche Anzahl Farben in einem Bild ist natürlich durch die Anzahl der Pixel begrenzt). Eine verlustfreie Umwandlung ist jedoch nur für Graustufenbilder möglich, die ja bereits eine Farbtiefe von 8 Bit besitzen. Durch eine geschickte Kombination von Farbumwandlungsmethode und Dithering-Methode kann auch bei sehr geringen Farbtiefen noch eine verhältnismäßig gute Farbdarstellung erreicht werden – wenngleich die Farbreduktion im Bild erkennbar ist.

Das besondere am GIF-Format ist, daß es mehrere Zustände in einer Datei speichern kann. So lassen sich beispielsweise Rollover-Effekte, die auf eine Mausaktion durch den Anwender reagieren, oder echte Animationen mit einer Sequenz aus mehreren Einzelbildern als GIF-Datei abspeichern. GIF-Bilder, die Rollover-Effekte oder Animationen enthalten, werden auch als Animated GIF bezeichnet.

GIF (Graphics Interchange Format)	
Farbtiefe	max. 8 Bit
Komprimierung	mit Verlust
Dithering	Diffusion-Dither, Pattern-Dither oder Störungsfilter
Bildaufbau	1 oder mehrere Durchgänge
Transparenz	ja
Animation	ja

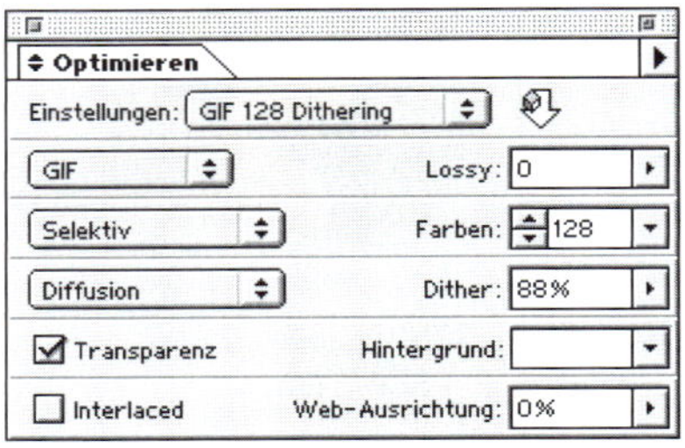

Das GIF-Format erlaubt umfangreiche Einstellungen, um eine bestmögliche Farbwiedergabe und Einbettung in eine Webseite zu erreichen.

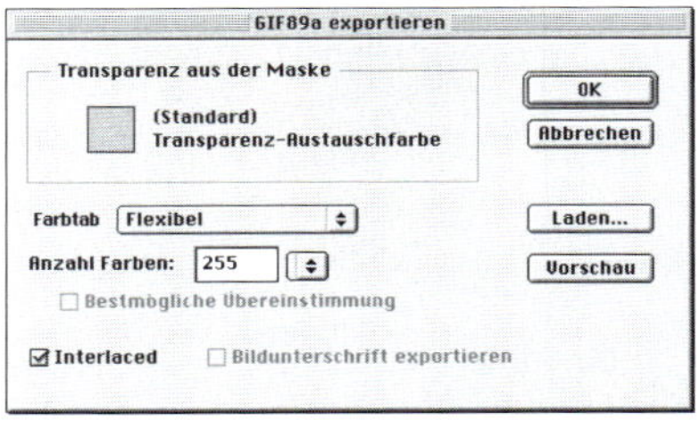

Das Photoshop-Exportmodul GIF89a exportieren speichert ebenfalls GIF-Bilder, stellt jedoch weniger Optionen zur Auswahl als die neuen Photoshop- und ImageReady-Funktionen.

▸ PNG

Darstellung in RGB

Darstellung als PNG mit 128 Farben (selektiv, Diffusion-Dither)

Darstellung als PNG mit 32 Farben (adaptiv, Diffusion-Dither)

Weil es beim GIF-Format in der Vergangenheit zu Streitigkeiten um zu entrichtende Lizenzgebühren für den integrierten LZW-Algorithmus kam, wurde von einem losen Zusammenschluß mehrerer Software-Entwickler – die Entwicklergruppe ist aus einer Internet-Newsgroup heraus entstanden – als Alternative zu GIF das Format PNG (sprich: ping) entwickelt. PNG sollte ursprünglich nur die Eigenschaften von GIF besitzen, wurde dann aber noch um zusätzliche Merkmale erweitert. So unterstützt PNG auch Bilder mit einer Farbtiefe von 24 Bit (PNG-24) sowie einen Alphakanal, der von Browsern als Maske interpretiert werden kann. Das impliziert eine 8-Bit-Transparenz, bei der beliebige Konturen geglättet oder weich mit bis zu 256 Abstufungen in eine Hintergrundfarbe überblenden können. Außerdem ermöglicht PNG einen wesentlich schnelleren Bildaufbau in der ersten Anzeigephase als GIF. Im Unterschied zu GIF sollte PNG Bilder auch verlustfrei speichern können. Dies ist bei Farbbildern mit dem Format PNG-24 und bei Graustufenbildern mit dem Format PNG-8 gegeben. Werden Farbbilder jedoch im Format PNG-8 gespeichert, ist wie bei GIF ein Farbverlust unvermeidlich. In Photoshop und ImageReady entsprechen die Farbumwandlungs- und Dithering-Methoden denen von GIF.

Bei PNG handelt es sich um ein relativ junges Format, das bei Software-Entwicklern auf große Anerkennung stößt. Dennoch wird es noch nicht von allen Browsern unterstützt. Selbst im Netscape Navigator und im Microsoft Internet Explorer ist die PNG-Spezifikation nur halbherzig implementiert, deshalb kann es auch bei diesen Browsern zu Darstellungsproblemen kommen.

PNG (Portable Network Graphics)	
Farbtiefe	24 Bit (PNG-24) oder 8 Bit (PNG-8)
Komprimierung	verlustfrei
Dithering	nur PNG-8: Diffusion-Dither, Pattern-Dither oder Störungsfilter
Bildaufbau	1 oder mehrere Durchgänge
Transparenz	ja (8 Bit bei PNG-24)
Animation	ja

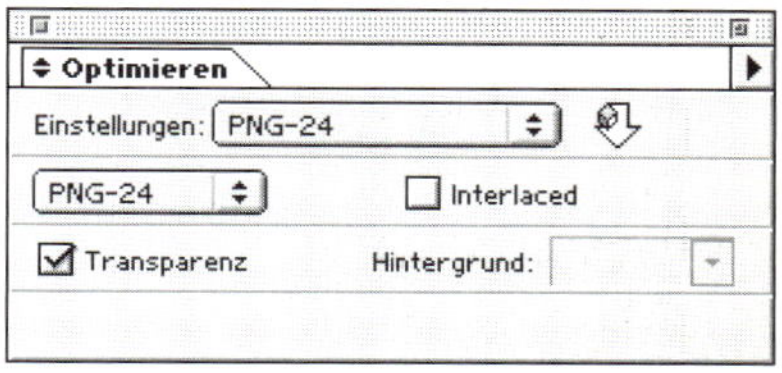

Das PNG-24-Format erlaubt eine relativ hohe Komprimierung ohne Verlust an Farbinformationen.

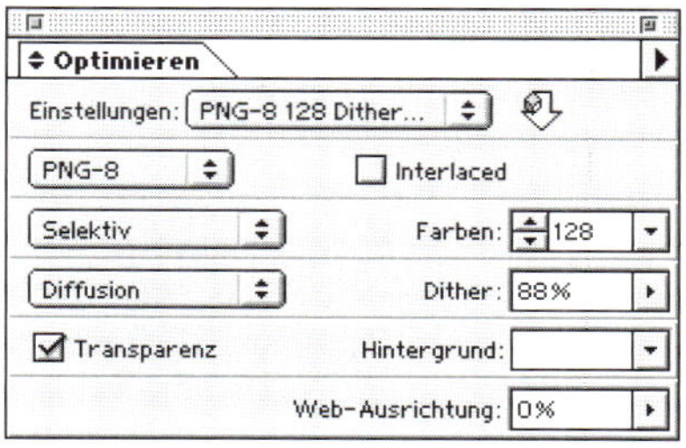

Das Format PNG-8 stellt dieselben Farbumwandlungs- und Dithering-Methoden zur Auswahl wie das GIF-Format. Dennoch sind PNG-Dateien aufgrund des komplizierteren Komprimierungsalgorithmus in der Mehrzahl der Fälle kleiner.

An Profil gewonnen

Warum Farbmanagement in Photoshop keine Fiktion mehr, sondern Realität geworden ist und wie es funktioniert

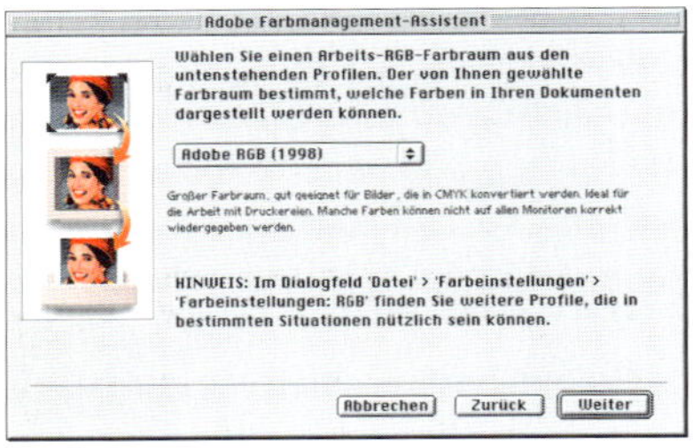

Dem ungeübten Anwender hilft der Farbmanagement-Assistent (Menü Hilfe) bei der Wahl der richtigen Farbmanagement-Einstellungen. Allerdings bietet der Assistent nur eine Teilmenge der möglichen Einstellungen an. Das RGB-Profil Apple-RGB beispielsweise, das insbesondere für die Druckvorstufe interessant ist, steht in den Dialogen des Assistenten nicht zur Auswahl. In diesem Fall muß der Anwender doch in die entsprechenden Farbeinstellungsdialoge wechseln.

Ein funktionierendes Farbmanagement über Programm- und Betriebssystemgrenzen hinweg ist eines der Ziele, dem das grafische und bildverarbeitende Gewerbe entgegenfiebert. Wie in den Kapiteln »Erleuchtend: Screenfarben« und »Beleuchtet: Printfarben« gezeigt, liegt jedem Farbmodus von Photoshop ein eigener Farbraum zugrunde. So basiert der RGB-Modus auf dem RGB-Modell mit den Grundfarben Rot, Grün und Blau, das etwa bei Monitoren, Scannern und Digitalkameras Anwendung findet. Der CMYK-Modus berücksichtigt das für den Vierfarbdruck geltende Farbsystem mit den Druckfarben Cyan, Magenta, Gelb und Schwarz. Der Lab-Modus, dem kein direktes Reproduktionsverfahren entspricht, bildet die Grundlage für alle internen Farbumrechnungen in Photoshop.

Soviel zur Theorie.

In der Praxis jedoch erweist sich die Farbbildverarbeitung als viel komplizierter. Ein Scanner beispielsweise besitzt aufgrund der technischen Unterschiede einen anderen Farbumfang als ein Monitor, auch wenn beide nach dem RGB-Prinzip funktionieren. Nimmt man eine Digitalkamera hinzu, ergeben sich weitere Abweichungen im Farbumfang. Und vergleicht man die Monitore verschiedener Hersteller, so zeigt sich auch hier, daß alle innerhalb ihres eigenen RGB-Farbraums arbeiten.

Bei der Druckausgabe sieht es nicht viel anders aus. Glücklicherweise hat sich im europäischen Druckereigewerbe mit der Euroskalanorm ein einheitlicher Qualitätsstandard durchgesetzt. Nach Euroskala separierte Druckvorlagen – also belichtete Farbauszüge – können von jeder Offsetdruckerei angenommen und auf jeder Offsetdruckmaschine in gleicher Qualität gedruckt werden. Jedoch gilt die Euroskalanorm nur für den Offsetdruck. Bei der Ausgabe einer vierfarbseparierten Datei auf einem hochwertigen Tintenstrahldrucker, der ebenfalls mit den Farben Cyan, Magenta, Gelb und Schwarz druckt, kann man nicht nur sein sprichwörtliches blaues Wunder erleben: Die Farben des Tintenstrahlausdrucks entsprechen nicht den Farben im Offsetdruck.

Das Ziel beim Farbmanagement ist es, die gesamte Produktionskette von der Bilderfassung mit einem Scanner (oder einer Digitalkamera) über die Bildbearbeitung mit einem Programm wie Photoshop bis hin zur Druckausgabe so zu standardisieren, daß die Weitergabe von Farbdaten nicht von den (eingeschränkten) Farbräumen der beteiligten Geräte beeinflußt wird.

Die Voraussetzungen für ein geräteunabhängiges, aber auch programm- und plattformunabhängiges Farbmanagement sind mit dem 1993 eingeführten ICC-Standard geschaffen worden. Das International Color Consortium, das den ICC-Standard entwickelte, ist ein Zusammenschluß von Betriebssystemanbietern (Apple, Microsoft und Sun) und führenden Herstellern aus dem grafischen Gewerbe (u.a. Adobe und Linotype). Das ICC-Farbmanagement ist mittlerweile fester Bestandteil des Mac OS (ColorSync 2.0 und höher) und von Windows (Image Color Matching, ICM). Die Scan- und Separationssoftware LinoColor von Linotype war das erste Programm, das Farbanalysen und -korrekturen nach dem ICC-Standard durchführte. Seit der Photoshop-Version 5.0 hat sich das ICC-Farbmanagement nun auch im kreativen Bereich der Bildbearbeitung etabliert.

Der Schlüssel zu einem funktionierenden Farbmanagement sind die **Farbprofile.** Da alle am Produktionsprozeß beteiligten Geräte mit eigenen Farbräumen arbeiten, dienen die Farbprofile als »Schnittstellen«, um Farben aus dem einen Farbraum mit minimalem Verlust in einen anderen umzurechnen. Ein Farbverlust tritt beispielsweise dann auf, wenn der Quellfarbraum größer als der Zielfarbraum ist. Die in den Profilen enthaltenen Farbraum-Beschreibungstabellen sorgen aber dafür, daß der Farbeindruck so weit wie möglich erhalten bleibt. Als Referenzfarbraum dient im ICC-Farbmanagement stets der Lab-Farbraum.

Ein Scanner beispielsweise liest die Farben einer Vorlage im eigenen, geräteabhängigen Farbraum. Die spezifische Farbwahrnehmung des Scanners hat der Hersteller in dessen RGB-Profil niedergelegt. Die Scansoftware schreibt die Profildaten mit in die RGB-Bilddatei, damit andere am ICC-Farbmanagement beteiligte Komponenten sie auslesen können. Wird der Scan dann etwa in Photoshop geöffnet, erkennt das Farbmanagementmodul nicht nur das vom Scanner mitgelieferte Profil, sondern auch dessen spezifische, vom »idealen« Lab-Farbraum abweichende Charakteristik. Die Scandaten werden – unter Berücksichtigung der ermittelten Abweichung, das heißt mit der entsprechenden Korrektur – in den Lab-Farbraum übertragen und anschließend in den eingestellten RGB-Arbeitsfarbraum (Zielprofil) konvertiert.

Der Vorteil eines Farbmanagements liegt darin, mehrere Farbprofile gleichzeitig berücksichtigen zu können. Tatsächlich werden bei der Arbeit in Photoshop bis zu vier Profile »simultan« miteinander verrechnet:

- Das in die geöffnete Datei **eingebettete Profil.** Bei Scans handelt es sich um das Scannerprofil, bei Photoshop-Dateien um das Profil des Farbraums, in dem die Datei erstellt wurde.
- Das Profil des aktuellen **Arbeitsfarbraums,** den Photoshop für die Bearbeitung im RGB-Modus zugrunde legt.
- Das **Monitorprofil,** das benötigt wird, um die Farben des geräteunabhängigen Arbeitsfarbraums akkurat auf dem Bildschirm darzustellen.
- Das **Druckprofil,** das die Farbverluste eines Druckprozesses (im Regelfall der Vierfarbdruck) am Bildschirm simuliert.

Der allererste Schritt bei der Arbeit mit Photoshop besteht darin, die Farbmanagementfunktionen so einzurichten, daß jeweils die richtigen Profile berücksichtigt werden und sich nicht unbemerkt Fehler einschleichen können. Ist dieser erste Schritt getan, läuft das Farbmanagement weitgehend automatisiert ab.

Die dazu nötigen Vorgaben nimmt der Anwender in den Farbeinstellungsdialogen für die Farbmodi RGB, CMYK und Graustufen vor (Menü Datei, Farbeinstellungen). Photoshop besitzt aber nicht nur die Fähigkeit, ICC-Profile, die in Dateien eingebettet sind, zu erkennen, sondern kann solche Profile auch selbst in Bilder integrieren. Für welche Farbmodi Photoshop das aktuelle Farbraumprofil beim Sichern einbetten soll, wird im Dialog Profile einrichten (Datei, Farbeinstellungen) festgelegt. Sinnvoll ist das Einbetten eines Profils, wenn die Datei innerhalb eines ICC-Farbmanagements weiterverarbeitet werden soll (beispielsweise die Ausgabe eines im sRGB-Farbraum erstellten Bildes auf einem Proofdrucker). Lab-Bilder sind grundsätzlich auch ohne eingebettetes Profil ICC-kompatibel.

Warum eine anfängliche Überprüfung und Änderung der Farbmanagement-Einstellungen außerordentlich wichtig ist, wird auf den folgenden Seiten beschrieben.

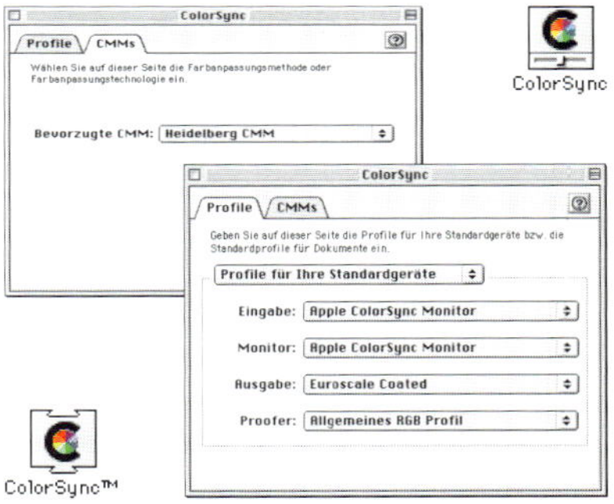

Die Voraussetzungen für das ICC-Farbmanagement sind unter dem Mac OS mit ColorSync ab Version 2.0 gegeben. Photoshop benötigt mindestens die Version 2.1.2 (die Abbildung zeigt ColorSync 3.0). Die ColorSync-Profile liegen im Ordner ColorSync-Profile innerhalb des Systemordners (vor Version 2.5 innerhalb des Preferences-Ordners).

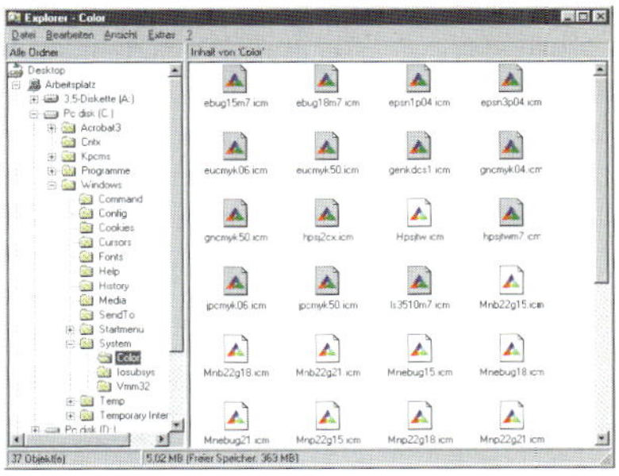

Unter Windows ist das ICC-Farbmanagement unter dem Namen Image Color Matching implementiert. Photoshop 5.5 setzt ICM ab der Version 2.0 voraus. Die ICM-Profildateien liegen im Ordner Windows\System\Color.

Foto: MACup Verlag

Darstellung der Lab-Referenzvorlage

Darstellung eines Lab-Bildes nach der Umwandlung in sRGB

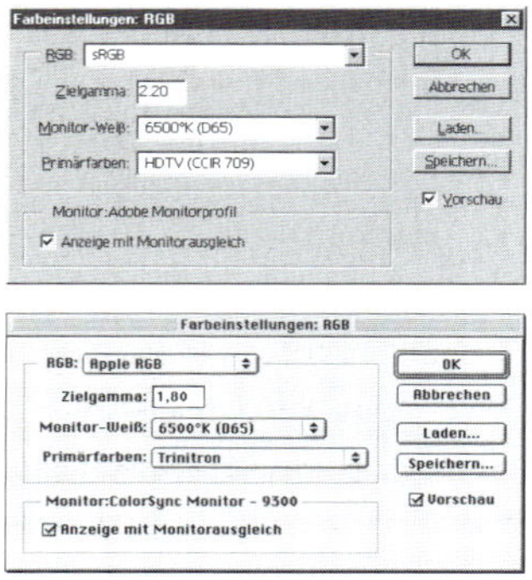

Zwei sinnvolle Einstellungen für die Arbeit im RGB-Farbraum

RGB einrichten

Unter dem Menüpunkt Datei, Farbeinstellungen, RGB einrichten wird der **RGB-Arbeitsfarbraum** festgelegt. Im Gegensatz zu früheren Photoshop-Versionen arbeitet das Programm nicht mehr automatisch im Farbraum des angeschlossenen Monitors, sondern ermöglicht eine konsistente Farbbildbearbeitung in einem geräteunabhängigen RGB-Farbraum.

Die RGB-Einstellungen sind in zweifacher Hinsicht wichtig:

- **Bildschirmanzeige:** Abhängig von anderen Farbmanagement-Einstellungen beeinflussen die RGB-Einstellungen die Farbdarstellung von RGB-, CMYK- und Graustufenbildern auf dem Bildschirm (näheres dazu weiter unten).
- **Modus- und Profilkonvertierung:** Die RGB-Einstellungen werden bei jeder Modus- oder Profilkonvertierung von und nach RGB herangezogen. Hier wird der Umfang des RGB-Farbraums definiert, aus dem oder in den konvertiert wird.

Einstellen des Arbeitsfarbraums für RGB-Bilder

Im Dialog RGB-Einstellungen werden die Einstellungen für den RGB-Arbeitsfarbraum vorgenommen. Im oberen Einblendmenü des Dialogs stehen die Namen einer Reihe vordefinierter Farbraumprofile zur Auswahl. Die in den Profilen festgelegten Einstellungen werden mit den drei Optionen darunter angezeigt. Bei der Standardvorgabe **sRGB** handelt es sich um einen geräteunabhängigen RGB-Farbraum, der nicht den Einschränkungen eines bestimmten Monitortyps unterliegt. Dieser Farbraum entspricht dem Farbraum von Windows und ist dann zu empfehlen, wenn Bilder in Photoshop für Windows bearbeitet werden. Der etwas größere Farbraum **Apple-RGB** ist der vom Mac OS verwendete Farbraum und sollte dann gewählt werden, wenn unter dem Mac OS gearbeitet wird. Teilweise unterstützen auch einige DTP-Programme in der Windows-Welt den Apple-RGB-Farbraum. Sein Farbumfang ist auf den Vierfarbdruck abgestimmt; er reicht aber auch für die Bearbeitung von Bildern, die im Web publiziert oder in Multimediaanwendungen integriert werden sollen, vollkommen aus. Das Mac OS und Windows arbeiten mit unterschiedlichen Gammawerten, deshalb sollte nicht das Profil eines fremden Betriebssystems ausgewählt werden – es sei denn, es wird ausschließlich für das andere System produziert. Die übrigen Farbräume spielen eher eine untergeordnete bis gar keine Rolle.

Photoshop erlaubt es zwar, die Optionen der voreingestellten Profile (Zielgamma, Monitor-Weiß und Primärfarben) zu ändern. Dies ist aber nur dann zu empfehlen, wenn gewichtige Gründe vorliegen. Wenn die Optionen geändert werden – dadurch wird ein neuer Farbraum definiert –, kann das neue Profil nicht automatisch bei einer Profilkonvertierung berücksichtigt werden. Damit es bei einer Profilkonvertierung als Quelle berücksichtigt werden kann, müssen die Optionen als ICC-Profil gesichert (Schaltfläche Speichern) und in den Profileordner gelegt werden. Unter dem Mac OS liegen die ICC-Profile im Ordner ColorSync-Profile innerhalb des Systemordners (vor ColorSync 2.5 innerhalb des Preferences-Ordners) und unter Windows im Ordner Windows\System \Color. Damit Photoshop die neuen Profile erkennt, muß das Programm geschlossen und neu gestartet werden.

Aktivieren der RGB-Vorschau

Der Farbumfang des eingestellten RGB-Arbeitsfarbraums wird nur dann auf dem Bildschirm wiedergegeben, wenn im Dialog RGB-Einstellungen die unscheinbare Option Anzeige mit Monitorausgleich aktiviert ist. Da Bilder letztendlich nur im (eingeschränkten) Farbraum des Monitors dargestellt werden können, auch wenn sie einen größeren Farbumfang besitzen, stellt die RGB-Vorschau meist nur eine Näherung dar. (In welches Monitorprofil der RGB-Arbeitsfarbraum umgerechnet wird, wird über der Option angezeigt. Dies ist das Profil, das mit Adobe Gamma gesichert wurde.) Wenn die Option Anzeige mit Monitorausgleich jedoch ausgeschaltet ist, entspricht die Bildschirmanzeige keiner Vorschau auf den Farbumfang des RGB-Arbeitsfarbraums. Zwar werden alle Korrekturen im eingestellten Farbraum durchgeführt, die Anzeige entspricht jedoch nicht den tatsächlichen Farben.

Einfluß auf die Darstellung von CMYK- und Graustufenbildern

Wenn im Dialog RGB-Einstellungen die Option Anzeige mit Monitorausgleich deaktiviert ist, werden Bilder so wie in einem nicht-ICC-kompatiblen Programm angezeigt. Stark gewöhnungsbedürftig ist, daß sich in diesem Fall die Dialog-Einstellungen auch auf die Wiedergabe von CMYK- und Graustufenbildern auswirken (bei letzteren nur, wenn im Dialog Graustufen einrichten die Option RGB aktiviert ist). Hier wird quasi das Ergebnis einer Konvertierung nach RGB vorweggenommen. Die veränderte Anzeige von CMYK-Bildern ist aber sicherlich nicht im Sinne eines Farbmanagements. Adobe empfiehlt deshalb, die Option Anzeige mit Monitorausgleich grundsätzlich einzuschalten.

Photoshop-Kompensierung in ImageReady

ImageReady verfügt über keine dezidierten Farbmanagementeinstellungen, kann die Monitoranzeige aber an die von Photoshop anpassen. Dies gilt jedoch nur für Bilder, die im Photoshop-Format und mit RGB-Profil gesichert wurden. Außerdem muß die Datei im RGB- oder Graustufenmodus vorliegen. Um RGB-Profile in Dateien einzubetten, muß in Photoshop im Dialog Profile einrichten (Menü Datei, Farbeinstellungen) im Bereich Profile einbetten die Option RGB aktiviert sein. In ImageReady ist dann noch die Option **Photoshop-Kompensierung** im Menü Ansicht, Vorschau zu aktivieren. ImageReady zeigt das Bild dann unter Berücksichtigung des eingebetteten Profils an. Eine Übereinstimmung in der Anzeige beider Programme wird jedoch nur dann erzielt, wenn in Photoshop im Dialog RGB-Einstellungen die Option Anzeige mit Monitorausgleich aktiviert ist. Ist die Option Anzeige mit Monitorausgleich in Photoshop ausgeschaltet ist, sollte auch die Option Photoshop-Kompensierung in ImageReady deaktiviert werden.

Farbmanagement im Web

Wichtig werden RGB-Profile auch, wenn Bilder, die im Web publiziert werden, farbverbindlich im Browser des Internet-Users angezeigt werden sollen. Tatsächlich können die in JPEG-Dateien eingebetteten RGB-Profile von einigen Webbrowsern gelesen und für eine farbrichtige Wiedergabe ausgewertet werden (z.B. Internet Explorer). Allerdings ergibt sich dann eine Abweichung gegenüber Browsern, die das ICC-Farbmanagement nicht unterstützen.

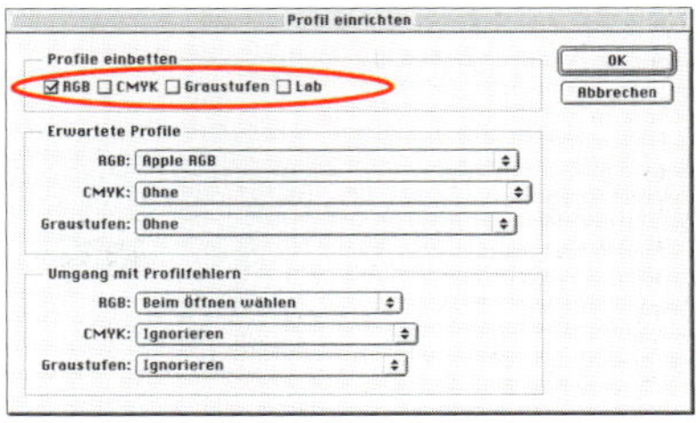

Im Feld Profile einbetten des Dialogs Profile einrichten wird festgelegt, für welche Farbmodi Photoshop beim Speichern von Dateien das aktuelle Profil integrieren soll.

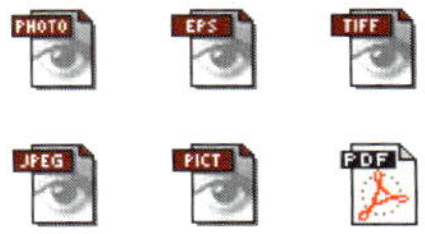

ICC-Profile lassen sich in alle wichtigen Dateiformate einbinden: Photoshop, EPS, TIFF, JPEG, PICT, TIFF und PDF (letzteres nur für RGB- und Graustufenbilder).

Die Darstellung in ImageReady ohne Photoshop-Kompensierung (oben) gibt eine Vorschau auf Browser, die das ICC-Farbmanagement nicht unterstützen. Die Photoshop-Kompensierung (unten) zeigt, wie die Bilder in ICC-fähigen Browsern dargestellt werden – vorausgesetzt, in die Datei ist ein RGB-Profil eingebettet.

Foto: Adobe Systems

Einstellung für 9 % Tonwertzuwachs (gedruckt mit 9 %)

Einstellung für 0 % Tonwertzuwachs (gedruckt mit 9 %)

Einstellung für 15 % Tonwertzuwachs (gedruckt mit 9 %)

CMYK einrichten

Eines der häufigsten Druckverfahren für Farbbilder ist der Vierfarbdruck mit den Druckfarben Cyan, Magenta, Gelb und Schwarz. Der Vierfarbdruck simuliert eine große Bandbreite an Farben durch Übereinanderdrucken der vier Druckfarbraster. Um Bilder im Vierfarbdruck reproduzieren zu können, müssen die darin vorkommenden Farben bezüglich ihrer Anteile an den Druckfarben Cyan, Magenta, Gelb und Schwarz aufgeschlüsselt, sprich: in einzelne Farbkanäle separiert, werden. Diese Aufgabe übernimmt in Photoshop der Befehl CMYK-Farbe im Menü Bild, Modus.

Alle Farbbilder, die in einem anderen als dem CMYK-Farbmodus vorliegen, müssen für den Vierfarbdruck konvertiert werden. Gescannte Fotos und in einem Malprogramm hergestellte Bilder liegen meist als RGB-Bilder vor. Die Umrechnung der RGB-Daten in CMYK-Daten entscheidet wesentlich über die Qualität der separierten Datei.

Unter dem Menüpunkt CMYK einrichten (Datei, Farbeinstellungen) werden die Separationsparameter für die Umwandlung in den CMYK-Modus festgelegt. Photoshop stellt drei unterschiedliche CMYK-Module für die Festlegung der Separationseinstellungen zur Auswahl. Mit der Option **ICC** wird die Vierfarbseparation fest in den ICC-Workflow eingebunden. Anstatt die Separationsparameter selbst bestimmen zu müssen, muß dann nur ein ICC-kompatibles Druckprofil des verwendeten Ausgabegeräts ausgewählt werden – den Rest erledigt dann das Farbmanagement. Solche Profile liegen bereits für eine Reihe von digitalen Proofdruckern vor; einige Hersteller stellen die neuesten Versionen der Profildateien im Internet zum Download bereit.

Das Modul **Tabellen** stellt die Kompatibilität zu Photoshop 4 her. Mit diesem Modul können die mit älteren Photoshop-Versionen erstellten Separationstabellen geladen und angewendet werden. Photoshop 5.5 bietet jedoch keine Möglichkeit, diese Separationstabellen zu editieren, sie können aber als ICC-Profil gesichert werden.

Während für digitale Druckmaschinen ICC-kompatible Profile zur Verfügung stehen, gestaltet sich die Charakterisierung des Offsetdruckprozesses – also das Erstellen von Umrechnungstabellen, die das Ergebnis im Druck getreu abbilden – weitaus schwieriger. Deshalb ist beim Offsetdruck (von Tiefdruck und Siebdruck ganz zu schweigen) oft noch etwas »Handarbeit« beim Einrichten der richtigen Separationseinstellungen gefordert. Die nötigen Einstellungen nimmt der Anwender im Modul **Eingebaut** vor. Hier werden die Druckfarbennorm und die Separationsart bestimmt.

Bei geöffneten CMYK-Bildern hat eine Änderung der CMYK-Einstellungen nur Einfluß auf die Bildschirmanzeige, nicht aber auf die Bilddaten selbst; die Anzeige entspricht dann nicht mehr dem Druckergebnis. Liegt das Bild aber im RGB- oder einem anderen Modus vor und wird dann in den CMYK-Modus umgewandelt, bestimmen die Einstellungen, wie die Farben in den CMYK-Farbraum umgerechnet werden.

Druckfarben und Tonwertzuwachs

Die Standardvorgabe für die Druckfarben SWOP (Coated) muß, wenn im europäischen Raum produziert wird, auf **Euroskala (Gestrichen)** [Eurostandard (Coated)] abgeändert werden, ansonsten würde falsch separiert. Der SWOP-Standard ist in Europa nicht gebräuchlich.

Beim Druck auf ungestrichenem, Recycling- oder Zeitungspapier kann eine Änderung des Tonwertzuwachses notwendig sein. **Tonwertzuwachs** bedeutet, daß die Rasterpunkte beim Drucken größer werden, als von ihrem Farb- oder Helligkeitswert her optimal wäre, und das gedruckte Bild dadurch dunkler wirkt. Die Druckpunktvergrößerung ist einerseits durch die Viskosität der Druckfarben und andererseits durch die Saugfähigkeit des Papiers bedingt. Die Folge: Die Farben verlaufen geringfügig. Über den Wert für den Tonwertzuwachs führt Photoshop das »Ausbluten« der Druckfarben bereits am Bildschirm vor Augen.

Der Wert für den Tonwertzuwachs sollte nicht leichtfertig oder »auf gut Glück« gewählt werden. Für eine optimale Separation ist eine genaue Absprache mit der Druckerei unabdingbar. Die Profis der Druckereibetriebe können wertvolle Ratschläge geben und wissen, welche Einstellungen für die verwendeten Druckverfahren und Papiersorten zu wählen sind.

Separationsart und Schwarzaufbau

Obwohl sich Farbbilder theoretisch auch mit nur drei Grundfarben, Cyan, Magenta und Gelb, reproduzieren lassen, wird im Vierfarbdruck Schwarz zur Verbesserung der

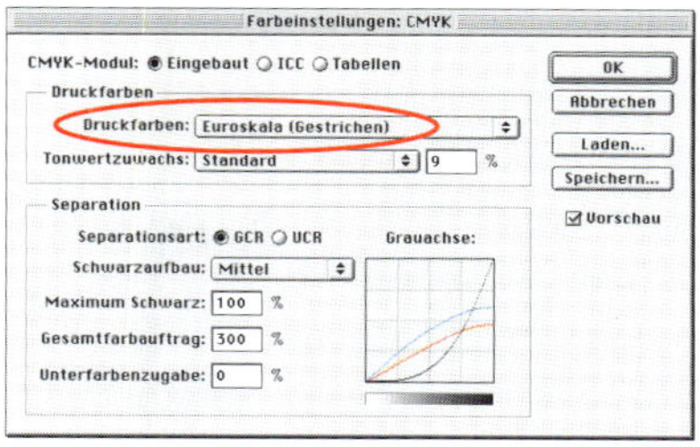

SWOP-Druckfarben sind in Europa nicht gebräuchlich, deshalb muß die Standardvorgabe auf die in Europa geltende Norm Euroskala geändert werden. Im Regelfall ist davon auszugehen, daß für gestrichene Papiere produziert wird (9 % Tonwertzuwachs). Nur wenn der Druckereibetrieb einen anderen Wert empfiehlt, ist dieser zu ändern.

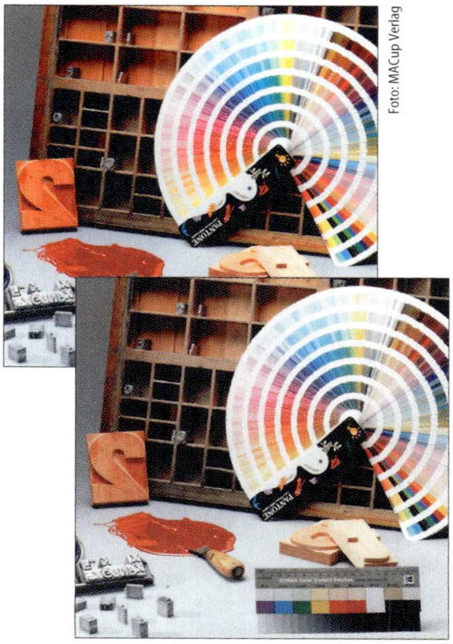

Foto: MACup Verlag

Die CMYK-Vorschau (oben) berücksichtigt nur die Standardwerte für den Tonwertzuwachs. Der tatsächliche Druck mit manuell geändertem Wert (unten) kann daher von der Vorschau abweichen.

Beim Sichern im Format Photoshop DCS 1.0 – einer EPS-Variante – zerlegt Photoshop CMYK-Dateien in fünf Einzeldateien: je eine für die vier Farbauszüge und einen niedrigauflösenden Header für die Bildschirmvorschau.

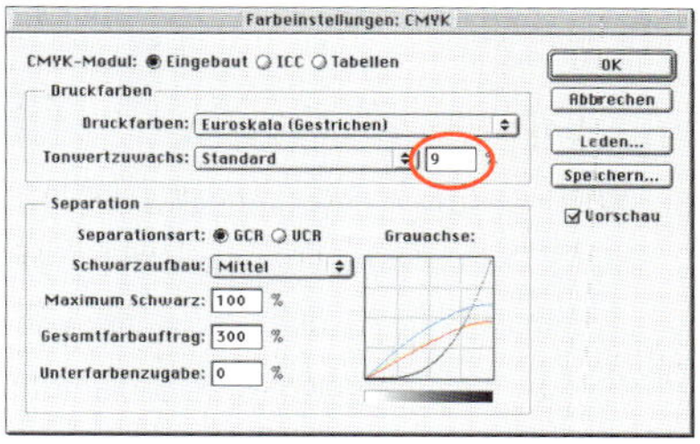

Die CMYK-Vorschau berücksichtigt eine manuelle Änderung des Wertes für den Tonwertzuwachs nicht. Statt dessen legt sie den Standardwert zugrunde, der mit einer Option unter Druckfarben automatisch eingestellt wird – bei Euroskala (Gestrichen) beispielsweise immer 9 %.

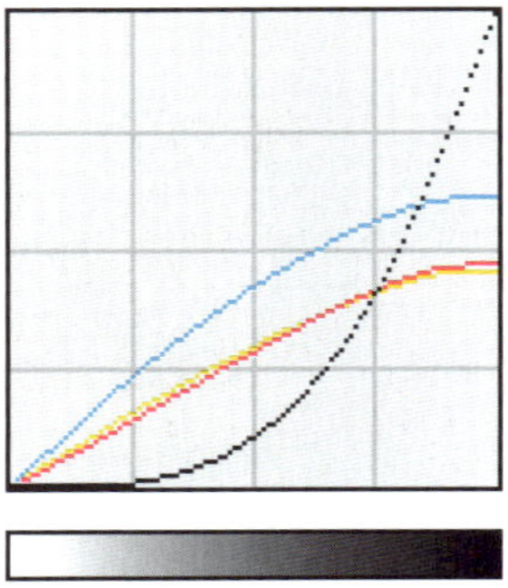

Das Grauachsendiagramm gibt für jede Schwarzaufbaumethode an, aus welchen Druckfarbenanteilen sich ein neutrales, also nicht farbstichiges Grau zusammensetzt, wenn es vierfarbig gedruckt wird. Die waagerechte Achse repräsentiert die Grauwerte von Weiß bis Schwarz (siehe Graukeil). An der senkrechten Achse läßt sich der Farbauftrag der jeweiligen Druckfarbe in % ablesen.

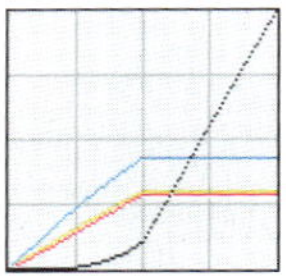

Eine Reduzierung des Gesamtfarbauftrags (hier 200 %) wirkt sich nur in den tiefen Tönen aus. Die Farbanteile werden ab einer bestimmten Grenze »abgeschnitten«.

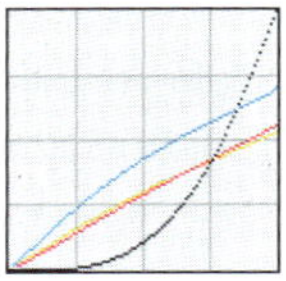

Eine Unterfarbenzugabe (hier 20 %) erhöht die Farbanteile der Buntfarben in den tiefen Tönen, um ein satteres Schwarz zu erhalten. Damit steigt auch der Gesamtfarbauftrag.

Tiefe als vierte Farbe eingesetzt. Das Übereinanderdrucken der Druckfarben Cyan, Magenta und Gelb ergibt infolge von Verunreinigungen in den Druckfarben nicht, wie vom subtraktiven Farbsystem erwartet, die Farbe Schwarz, sondern nur einen an Schwarz angenäherten Braunton. Durch den Einsatz von Schwarz können aber nicht nur völlig schwarze Bildpartien besser wiedergegeben werden – er kann auch zu einer Einsparung der übrigen drei Druckfarben führen, was nicht nur ökonomischer und ökologischer ist, sondern auch eine Verbesserung der Druckqualität bedeutet, da sich der Gesamtfarbauftrag dadurch deutlich reduziert.

Photoshop bietet zwei unterschiedliche Methoden für die Berechnung des Verhältnisses zwischen den Buntfarben (Cyan, Magenta und Gelb) und dem Schwarzanteil an: UCR und GCR.

Das Verfahren der **Unterfarbenentfernung UCR** (Under color removal) ersetzt alle grauen Bildbereiche, in denen die drei Druckfarben Cyan, Magenta und Gelb gleiche Anteile besitzen, durch auf Schwarz basierende Grautöne. In nichtgrauen Bereichen bewirkt diese Methode aber keine Ersetzung und somit keine Verminderung des Gesamtfarbauftrags.

Beim **Unbuntaufbau GCR** (Grey component replacement) werden die Cyan-, Magenta- und Gelbanteile in allen Farbbereichen um ein gewisses Maß verringert, das heißt auch in den Partien, in denen die Farben unterschiedliche Anteile besitzen. Die Verminderung wird durch eine entsprechende Zugabe von Schwarz ausgeglichen. Photoshop erlaubt für die GCR-Methode eine präzise Steuerung hinsichtlich der Stärke des Schwarzaufbaus. Neben den fünf im Dialog Separation auswählbaren Vorgaben – von keinem Schwarzaufbau bis zu größtmöglichem Schwarzaufbau – kann der kundige Photoshopper auch eigene GCR-Separationskurven kreieren (Option Eigene Werte im Schwarzaufbau-Einblendmenü).

Die Option **Gesamtfarbauftrag** beschränkt die maximal zulässige Druckfarbendichte. Bei vier Druckfarben wären in schwarzen Bereichen theoretisch 400 % möglich. Bei einem so hohen Wert ist aber keine ausreichende Haftung auf dem Papier mehr gegeben – die Farbe verschmiert. Bei einer GCR-Separation mit der Schwarzaufbaumethode Ohne können in schwarzen Bereichen maximal 300 % Farbauftrag entstehen. Bei den übrigen GCR-Schwarzaufbaumethoden wird die Standardvorgabe sogar unterschritten.

Die auf der gegenüberliegenden Seite abgebildeten Separationsbeispiele zeigen die Auswirkungen der unterschiedlichen Schwarzaufbaumethoden (UCR und GCR). Während die Unterschiede im Schwarzkanal auf der einen Seite und in den Buntkanälen (Cyan, Magenta und Gelb) auf der anderen sehr stark hervortreten, sind die Differenzen zwischen den resultierenden Separationsbildern (CMYK) erstaunlicherweise erst bei genauerem Hinsehen erkennbar.

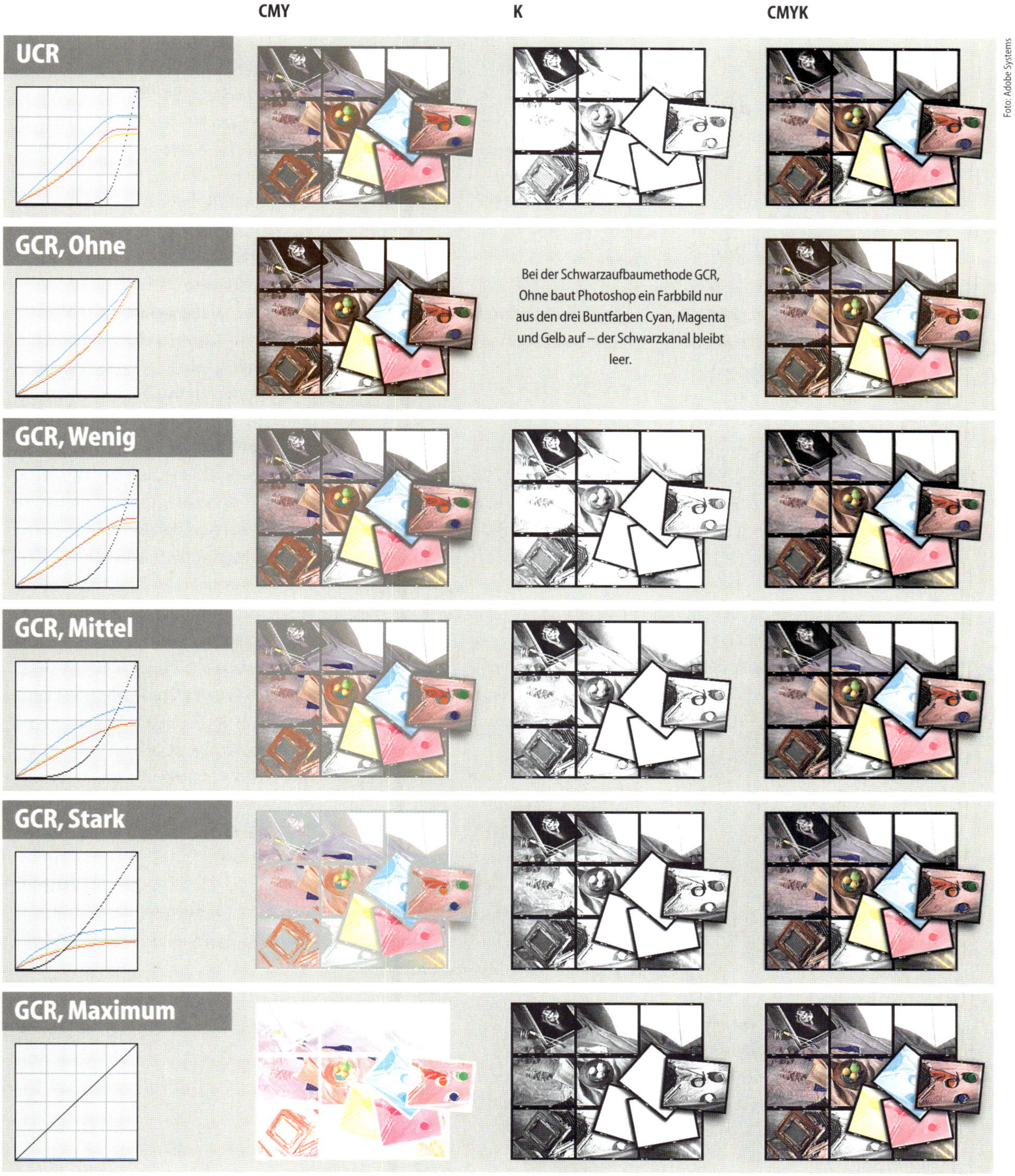

Bei der Schwarzaufbaumethode GCR, Ohne baut Photoshop ein Farbbild nur aus den drei Buntfarben Cyan, Magenta und Gelb auf – der Schwarzkanal bleibt leer.

Einstellung für RGB, aber gedruckt (mit 9 % Tonwertzuwachs)

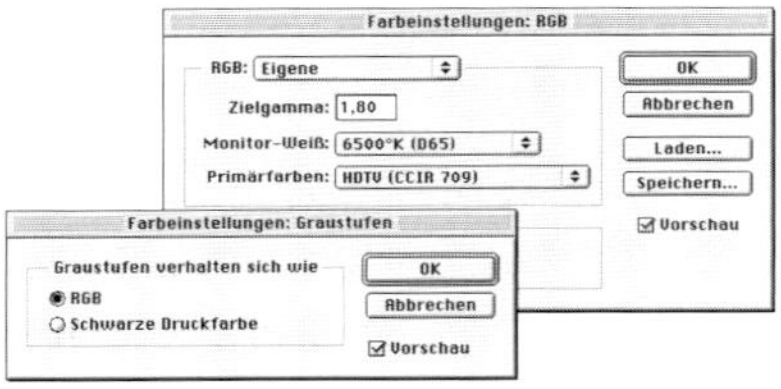

Ist die Option RGB gewählt, steuern die RGB-Einstellungen die Helligkeitswiedergabe der Graustufenbilder auf dem Bildschirm.

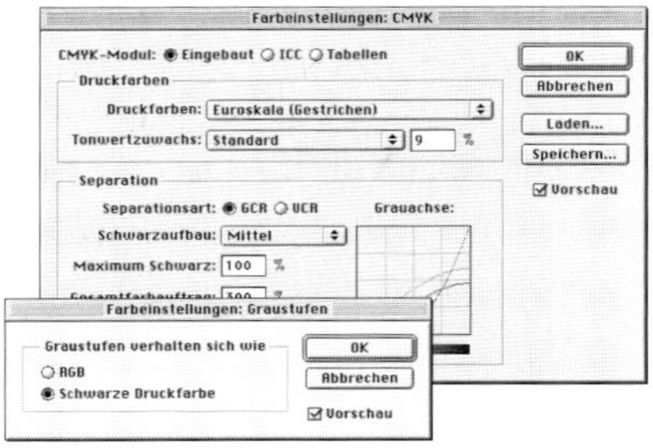

Ist die Option Schwarze Druckfarbe aktiviert, berücksichtigt Photoshop bei der Helligkeitswiedergabe von Graustufenbildern den unter CMYK einrichten eingestellten Tonwertzuwachs im Druck.

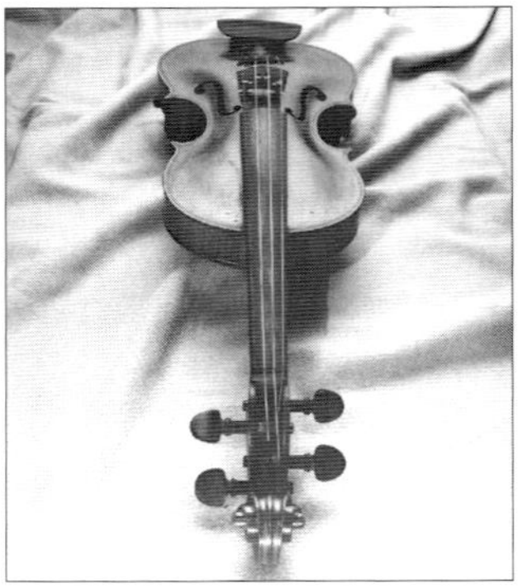

Einstellung Schwarze Druckfarbe und 9 % Tonwertzuwachs (gedruckt mit 9 %)

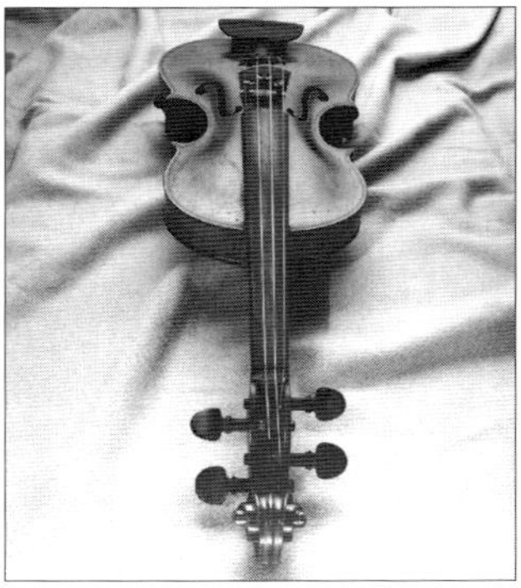

Einstellung Schwarze Druckfarbe und 0 % Tonwertzuwachs (gedruckt mit 9 %)

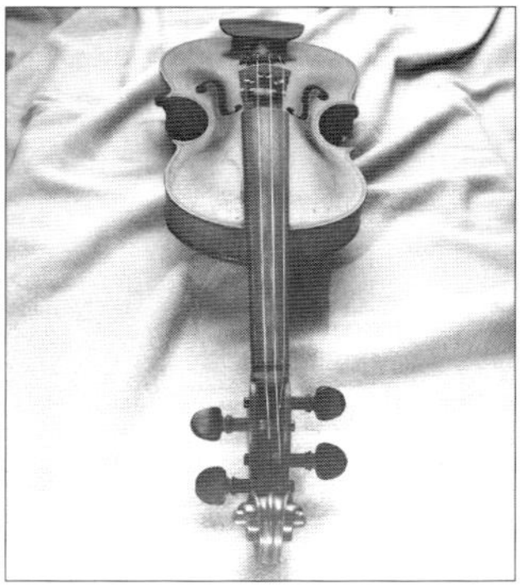

Einstellung Schwarze Druckfarbe und 15 % Tonwertzuwachs (gedruckt mit 9 %)

Graustufen einrichten

Die Vorgaben unter Datei, Farbeinstellungen, Graustufen einrichten steuern, wie Photoshop bei der Umwandlung eines Farbbildes in ein Graustufenbild (Bild, Modus, Graustufen) die Farbwerte in Helligkeitswerte umrechnet. Umgekehrt sind die Vorgaben auch maßgeblich bei einer Konvertierung von Graustufen in einen Farbmodus (z.B RGB, Lab oder CMYK) sowie bei jeder Profilkonvertierung aus einem nicht standardisierten Tonwertumfang in eine standardisierte Grauskala.

Die Option **Graustufen verhalten sich wie RGB** behandelt Graustufenbilder wie entfärbte RGB-Bilder. Deshalb wirken sich bei dieser Einstellung auch die Vorgaben unter RGB einrichten auf die Helligkeitswiedergabe und eine Modus- oder Profilkonvertierung aus. Die RGB-Option ist für Bilder sinnvoll, die nur für die Bildschirmwiedergabe vorgesehen sind (beispielsweise Multimedia oder Webpublishing).

Die Einstellung **Graustufen verhalten sich wie schwarze Druckfarbe** ist für Graubilder gedacht, deren Ziel die Druckausgabe ist. Mit dieser Option berücksichtigt Photoshop auch den unter CMYK einrichten eingestellten Tonwertzuwachs, der ja auch für einfarbig gedruckte Bilder gilt.

Probleme mit dem Farbmanagement

Das mit Version 5.0 eingeführte Farbmanagement von Photoshop hat unter den Anwendern zu viel Mißmut geführt. Viele Photoshop-User verzweifeln angesichts der überwältigenden Anzahl von Optionen und Einstellmöglichkeiten. Einige meinen sogar, der Aufwand, konsistente Farben zu erhalten, sei mit Farbmanagement größer als ohne – und das, wo das Farbmanagement doch eingeführt wurde, um die Umrechnung von Farbräumen zu vereinfachen und zu standardisieren.

Die Kritik am Farbmanagement von Photoshop ist teilweise berechtigt. Das Wissen um die Probleme kann jedoch helfen, Fehler zu vermeiden. Im folgenden werden die hauptsächlichsten Problemfälle kurz vorgestellt.

Unterschiedliche Separationen sind nicht gemeinsam darstellbar

Einer der Hauptkritikpunkte beim Photoshop-Farbmanagement ist, daß die Farbmanagement-Einstellungen programmweit gelten und nicht individuell auf einzelne Dateien angewendet werden können. Wenn beispielsweise zwei CMYK-Dateien, die mit unterschiedlichen Separationseinstellungen vierfarbsepariert wurden, gleichzeitig in Photoshop geöffnet sind, ist es nicht möglich, für beide eine korrekte Darstellung einzustellen. Für eine korrekte Darstellung müssen die bei der Separation angewendeten Einstellungen im Dialog CMYK einrichten aktiv sein. Diese wirken sich dann aber auf die Anzeige beider Bilder aus.

Das Problem der fehlenden individuellen Darstellung gilt übrigens auch für RGB- und Graustufendateien, die mit unterschiedlichen Einstellungen bearbeitet wurden.

RGB-Einstellungen beeinflussen die CMYK-Darstellung

Wenn im Dialog RGB-Einstellungen die Option Anzeige mit Monitorausgleich deaktiviert ist, beeinflußt eine Änderung der RGB-Einstellungen auch die Darstellung von CMYK-Dateien, obwohl diese Einstellungen nur den RGB-Arbeitsfarbraum beschreiben, der ausschließlich für RGB-Bilder gelten sollte. Offenbar rechnet Photoshop das CMYK-Profil dann nicht in das Profil des Monitors – wie es eigentlich richtig wäre –, sondern in das Profil des aktuellen RGB-Arbeitsfarbraums um. Den RGB-Einstellungen kommt daher auch bei der Bearbeitung von CMYK-Dateien große Bedeutung zu.

CMYK-Vorschau ist nicht exakt

Mit aktiver CMYK-Vorschau (Ansicht, Vorschau, CMYK) läßt sich das Ergebnis einer Separation bereits für RGB-Bilder am Bildschirm vorwegnehmen, nicht jedoch für Lab-Bilder. Die CMYK-Vorschau ist aber nur bedingt aussagekräftig, denn sie zeigt möglicherweise nur die Schwarzaufbaumethode. Der Wert für den Tonwertzuwachs wird nur dann einbezogen, wenn er über das Einblendmenü Druckfarben automatisch geändert wird; eine direkte Änderung im Eingabefeld wirkt sich nicht aus.

Falsche Konvertierung beim Öffnen oder Bearbeiten einer Datei

Fehler können auch dann entstehen, wenn beim Öffnen einer Datei eine falsche Profilkonvertierung durchgeführt wird oder die Farbmanagement-Einstellungen während der Bearbeitung der Datei geändert werden. Was dabei zu beachten ist, wird im nächsten Kapitel ausführlich beschrieben.

Die mit einem hochwertigen ICC-Profil der Firma Heidelberg separierte Datei (oben) erscheint bei einer anderen Separationseinstellung (unten) zu hell und zu flau (hier Eingebaut, Mittel). Die gemeinsame Anzeige mit Bildern, die mit dem Modul Eingebaut separiert wurden, läßt daher keinen Qualitätsvergleich zu. Auch ist die falsche Darstellung nicht für Nachbearbeitungen im CMYK-Farbraum zu empfehlen. Eine Profilkonvertierung würde zwar das Anzeigeproblem beheben, zugleich aber die hochwertige Separation der Datei zunichte machen.

Von Raum zu Raum

Wann Bilder durch eine Profilkonvertierung in einen anderen Farbraum umgerechnet werden sollen und welche Besonderheiten dabei zu berücksichtigen sind

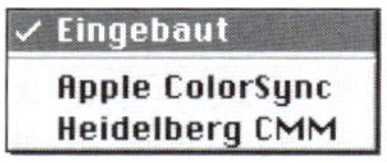

Photoshop verwendet bei allen Modusumwandlungen sein eigenes Farbmanagementmodul (CMM). Dieses Modul enthält alle nötigen Algorithmen zur Umrechnung zwischen ICC-Profilen – mithin also die »Intelligenz« des ICC-Farbmanagements – und arbeitet weitgehend unbemerkt im Hintergrund. Bei einer Profilkonvertierung besteht jedoch die Möglichkeit, ein anderes Modul für die Umrechnung auszuwählen, sofern entsprechende Software installiert ist.

Die Arbeit mit ICC-Profilen bietet große Chancen in einem farbmanagementgestützten Workflow, birgt aber auch Risiken in sich. Werden die falschen Profile miteinander verknüpft, kann es zu unvorhersehbaren Farbverfälschungen kommen, die die gute Absicht des Farbmanagements zunichte machen. Deshalb muß der Photoshop-Anwender stets darauf achten, daß Dateien mit den richtigen Profileinstellungen geöffnet und gesichert werden.

Mit den Einstellungen im Dialog Profile einrichten wird vorgegeben, wie mit Dateien zu verfahren ist, die kein Profil enthalten oder deren eingebettetes Profil nicht mit dem aktuell eingestellten Profil übereinstimmt. Die drei Fälle, die dabei zu unterscheiden sind, werden auf der nächsten Doppelseite ausführlich besprochen. Doch zunächst ein paar wichtige Ratschläge vorweg:

- **RGB-Bilder,** die in Photoshop in CMYK (oder einen anderen Farbraum) konvertiert werden sollen, sollten beim Öffnen in den aktuellen RGB-Farbraum umgerechnet werden, weil sonst bei der Separation ein Farbraum zugrunde gelegt wird, der nicht dem Farbumfang des Bildes entspricht. Anders ausgedrückt: Es wird sonst eine Profilkonvertierung mit falschem Quellprofil durchgeführt.
- **CMYK-Dateien,** die mit Photoshop oder einem hochwertigen Separationsprogramm wie LinoColor erstellt wurden, dürfen nicht in den Farbraum eines anderen CMYK-Druckprozesses konvertiert werden, weil sonst alle Separationsparameter wie etwa der Schwarzaufbau und die Berücksichtigung des Tonwertzuwachses verlorengehen. Sinn und Zweck der Vierfarbseparation ist es ja, die Wiedergabequalität im Vierfarbdruck exakt vorherbestimmen zu können. Eine Profilkonvertierung würde zu nicht erwünschten Ergebnissen führen.
- **Graustufenbilder** sind entweder wie CMYK-Dateien auf ein Druckverfahren oder für die Bildschirmwiedergabe optimiert. Auch hier ist eine Konvertierung beim Öffnen generell nicht zu empfehlen.

Farbumrechnungsmethode

Bei der Profilkonvertierung kann je nach Bildbeschaffenheit die passende Farbumrechnungsmethode gewählt werden:

- **Wahrnehmung (Bilder):** Diese Einstellung eignet sich für fotografische Abbildungen, da sie die relativen Abstände der Farben beibehält. Es können jedoch geringfügige Farbverschiebungen auftreten.
- **Sättigung (Grafiken):** Optimale Einstellung für Grafiken, da die relativen Sättigungsunterschiede beibehalten werden. Farben, die außerhalb des Zielfarbraums liegen, werden in ähnliche Farben gleicher Sättigung umgewandelt.
- **Relativ farbmetrisch:** Diese Einstellung ist zu wählen, wenn bestimmte Farbdefinitionen (z.B. für CI-Farben) beibehalten werden sollen. Es werden nur die Farben, die sich außerhalb des Zielfarbraums befinden, in ähnliche Farben gleicher Helligkeit konvertiert.
- **Absolut farbmetrisch:** Diese Einstellung deaktiviert die Abstimmung des Monitor-Weiß bei der Profilkonvertierung und ist in der Regel nicht zu empfehlen.

Die Option **Tiefenkompensierung** ordnet die dunkelsten Farben des Quellfarbraums den dunkelsten Tönen des Zielfarbraums zu. Sie ist keine Farbmanagementfunktion im eigentlichen Sinne und sollte grundsätzlich nicht aktiviert sein.

Nachträgliche Profilkonvertierung

Die Funktion Profilkonvertierung aus dem Menü Bild, Modus bietet die Möglichkeit, eine geöffnete Datei in den Farbraum eines anderen Farbprofils zu konvertieren – und zwar sowohl innerhalb eines Farbmodus (z.B. von AppleRGB zu sRGB) als auch farbmodusübergreifend (z.B. von sRGB zu Generic CMYK). Eine manuelle Profilkonvertierung ist in zwei Fällen notwendig:

1. Wenn die Farbeinstellungen (Menü Datei, Farbeinstellungen) während der Arbeit an einem Bild geändert wurden. Normalerweise ist dies strikt zu vermeiden, es kann jedoch nötig sein, wenn man die ganze Zeit im falschen Farbraum gearbeitet hat und nicht wieder von vorn anfangen möchte.

2. Wenn ein Bild ohne Konvertierung geöffnet wurde und dann festgestellt wird, daß es doch hätte konvertiert werden müssen. Dieser Fall kann durch folgende Aktionen eintreten:

- wenn im Dialog Profile einrichten für den Farbmodus der geöffneten Datei die Option **Ignorieren** gewählt war
- wenn im Dialog Profile einrichten für den Farbmodus der geöffneten Datei die Option **Beim öffnen wählen** eingestellt war und im Abfragedialog die Schaltfläche **Nicht konvertieren** gewählt wurde
- wenn die Datei kein Profil enthält und das **erwartete Profil** mit dem aktuellen Profil übereinstimmt
- wenn das Bild aus einem anderen Programm über die **Zwischenablage** eingefügt wurde

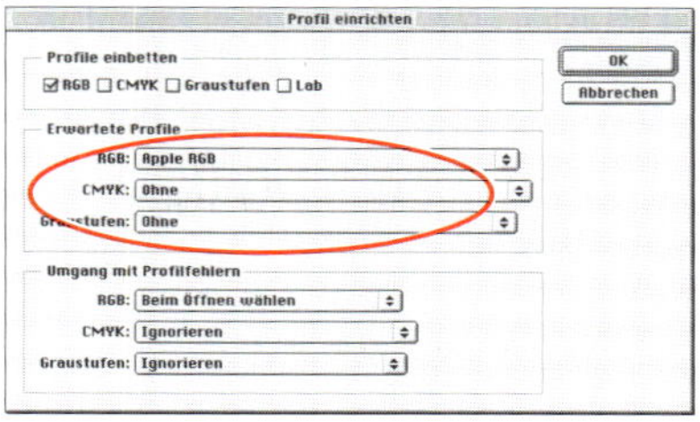

Die Einstellungen für Erwartete Profile betreffen nur Dateien, in die kein Profil eingebettet ist.

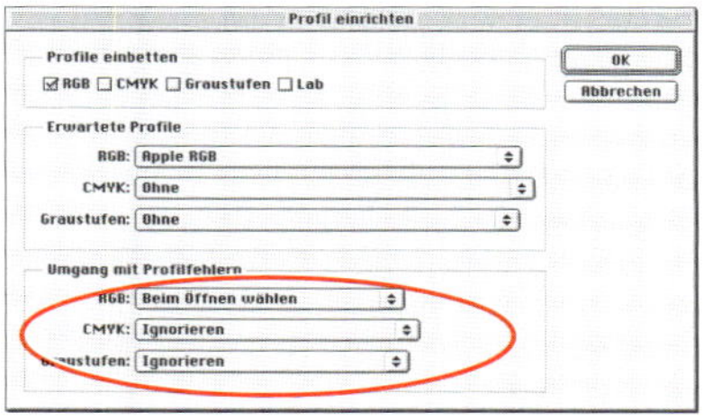

Die Einstellungen für den Umgang mit Profilfehlern betreffen nur Dateien, in die ein Profil eingebettet ist, das aber nicht mit den aktuellen Vorgaben in einem der Farbeinstellungsdialoge übereinstimmt.

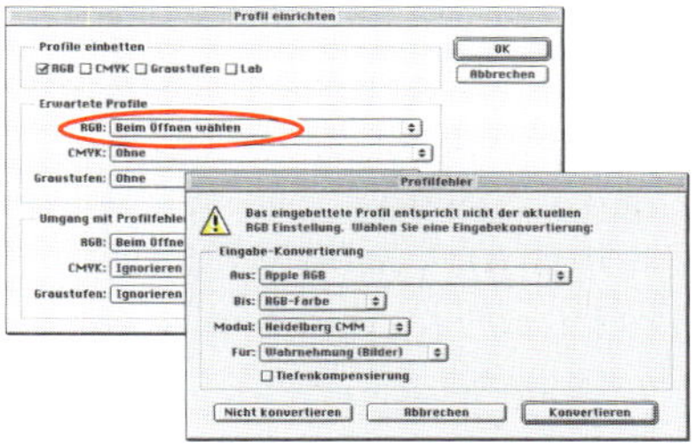

Die Option Beim Öffnen wählen gibt dem Anwender die Möglichkeit, jeweils im Einzelfall zu wählen, ob eine Konvertierung durchgeführt werden soll oder nicht. Wenn ja, können das richtige Quell- und Zielprofil ausgewählt werden.

Foto: MACup Verlag

Wird während der Arbeit an einem RGB-Bild der RGB-Farbraum gewechselt und das Bild anschließend mit Bild, Modus, CMYK-Farbe vierfarbsepariert, wendet Photoshop bei der Umrechnung ein falsches Quellprofil an. Dieses Bild enthält ein sRGB-Profil. Nach der Umstellung auf Wide Gamut RGB und einer Moduskonvertierung nach CMYK sind die Farben viel zu stark gesättigt.

Die richtige Vorgehensweise besteht in einem solchen Fall darin, keine einfache Modus-, sondern eine Profilkonvertierung (Bild, Modus, Profilkonvertierung) durchzuführen. Als Quellprofil wird dann der Ursprungsfarbraum sRGB angegeben, Zielprofil ist wie oben CMYK-Farbe.

Fall 1

Das eingebettete Profil stimmt mit den aktuellen Profileinstellungen überein

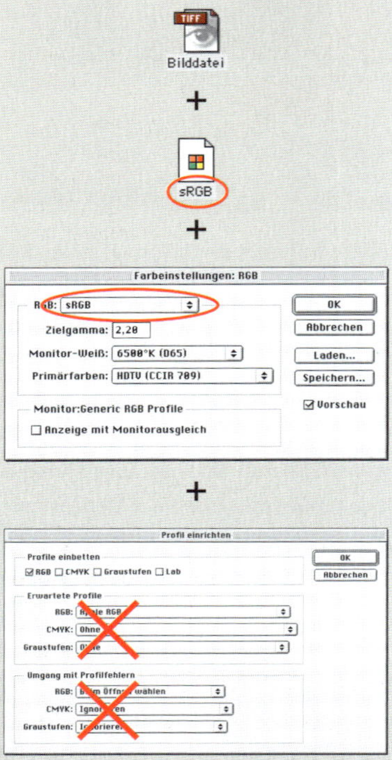

Angenommen, eine RGB-Datei wurde im sRGB-Farbraum erstellt (Datei, Farbeinstellungen, RGB einrichten) und mit Profil gesichert (Datei, Farbeinstellungen, Profile einrichten, RGB). Wenn diese Datei auf dem gleichen oder einem anderen Rechner mit Photoshop geöffnet wird, bei dem die RGB-Einstellung ebenfalls sRGB lautet, wird die Datei ohne Konvertierung geöffnet (Quell- und Zielprofil sind ja identisch).

Die Einstellungen in den Feldern Erwartete Profile und Umgang mit Profilfehlern im Dialog Profile einrichten sind für diesen Fall ohne Bedeutung.

Fall 2

Das eingebettete Profil weicht von den aktuellen Profileinstellungen ab

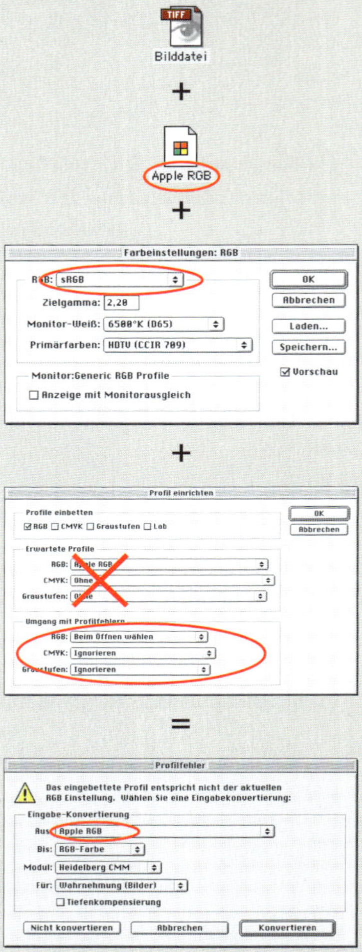

Sind Quell- und Zielprofil nicht identisch – etwa wenn eine mit Apple-RGB-Profil gesicherte Datei im sRGB-Farbraum geöffnet werden soll –, tritt ein sogenannter »Profilfehler« auf. Ob Photoshop die Datei dann in den aktuellen Farbraum konvertiert oder nicht, hängt von den Einstellungen im Feld **Umgang mit Profilfehlern** im Dialog Profile einrichten ab. Die Option **Ignorieren** beläßt es bei der Nichtübereinstimmung und öffnet die Datei ohne Konvertierung (diese Option ist für CMYK- und Graustufendateien sinnvoll). Die Option **Konvertieren** wandelt die Datei automatisch in den aktuellen Farbraum um, also beispielsweise von Apple-RGB in sRGB (diese Option ist für RGB-Bilder sinnvoll). Für CMYK-Dateien besteht die Möglichkeit, automatisch auch in RGB oder Lab zu konvertieren, was normalerweise jedoch keinen Sinn macht. Mit der Option **Beim Öffnen wählen** blendet Photoshop jedesmal, wenn beim Öffnen einer Datei ein Profilfehler auftritt, einen Dialog ein, in dem die Profile für den Quell- und Zielfarbraum explizit gewählt werden können. Im oberen Einblendmenü (Aus) wird der Name des in die Datei eingebetteten Profils angezeigt; diese Einstellung darf nicht geändert werden. Im zweiten Menü (Bis) wird dann das Zielprofil gewählt. Die allgemeinen Farbmodi wie RGB-Farbe konvertieren immer in den aktuell eingestellten Farbraum.

Die gewählten Optionen im Feld **Erwartete Profile** im Dialog Profile einrichten sind für Dateien mit eingebettetem Profil bedeutungslos.

Fall 3

Die Datei enthält kein Profil

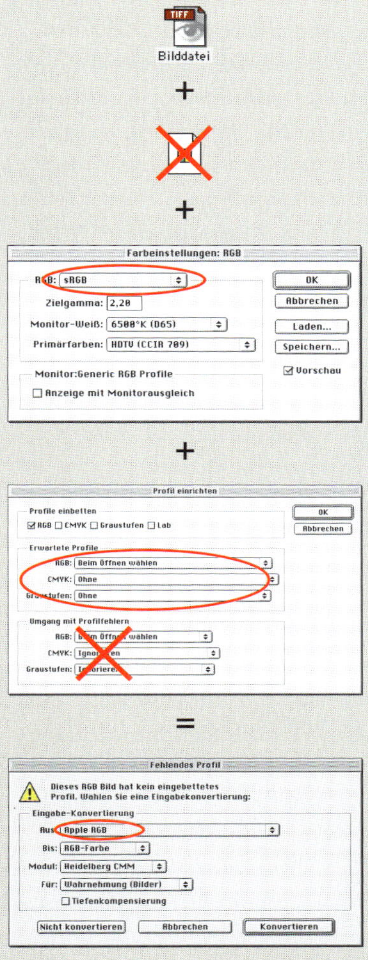

Der dritte Fall trifft auf alle Altdatenbestände zu, also beispielsweise auf alle mit **Photoshop 4** gesicherten Bilder. Wie bei Dateien mit eingebetteten Profilen gibt es auch hier zwei Möglichkeiten: die Datei entweder mit oder ohne Konvertierung zu öffnen. Da es aus den oben beschriebenen Gründen bei RGB-Dateien empfehlenswert ist, sie in den aktuellen RGB-Farbraum zu konvertieren, steht Photoshop vor einem kleinen Problem: Um eine Konvertierung durchführen zu können, benötigt das Programm Angaben über den Quellfarbraum – Photoshop kann schließlich nicht aus dem Nichts heraus umwandeln. Da Photoshop-4-Dateien aber kein Profil enthalten, fehlen diese Angaben. Im Dialog Profile einrichten muß deshalb im Feld **Erwartete Profile** eingestellt werden, welches Farbraumprofil Photoshop für eine Konvertierung zugrunde legen soll. Die Option **Ohne** ignoriert die Tatsache des fehlenden Profils und öffnet die Datei ohne Konvertierung. Aber bei Auswahl eines der in den Menüs angebotenen Profile nimmt Photoshop die Profilkonvertierung aus diesem Farbraum heraus vor. Bei Photoshop-4-Dateien empfiehlt es sich, das Profil **Monitor-RGB** auszuwählen, da dies der Arbeitsfarbraum der 4er Version war (vorausgesetzt, es wird derselbe Monitortyp verwendet, ansonsten ist Apple-RGB zu wählen). Die Option **Beim Öffnen wählen** bietet sich dann an, wenn die profillosen Dateien aus unterschiedlichen Quellen stammen (Photoshop 4, Digitalkamera, Scanner etc.). Dann kann für jedes Bild der richtige Quellfarbraum ausgewählt werden, sofern er bekannt ist.

Die Einstellungen im Feld **Umgang mit Profilfehlern** im Dialog Profile einrichten sind für Dateien ohne Profil nicht von Relevanz.

Eine Ausnahme in der Gruppe der profillosen Bilder stellen **Photoshop-5.x-Dateien** dar: Bilder, die mit Photoshop 5.x ohne Profil gesichert werden (einzustellen unter Profile einbetten im Dialog Profile einrichten), ignorieren die Einstellungen im Feld Erwartete Profile und werden grundsätzlich ohne Konvertierung geöffnet. Adobe geht davon aus, daß die Nicht-Einbettung eines Profils auf einer bewußten Entscheidung beruht und beim Öffnen generell keine Konvertierung gewünscht ist.

What you see is what you get?

Wie die Monitordarstellung auf die Farben im Druck abgestimmt wird

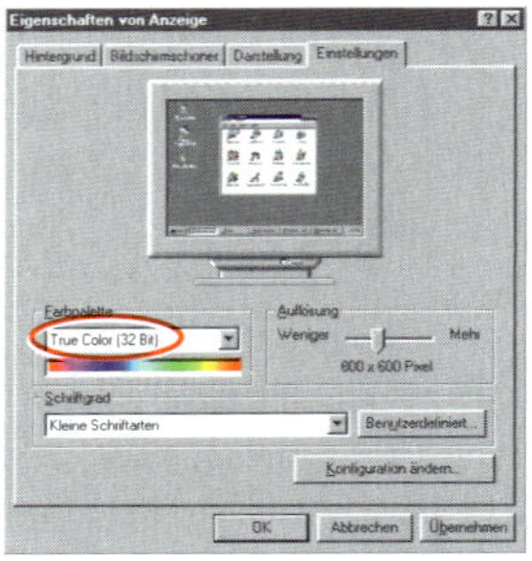

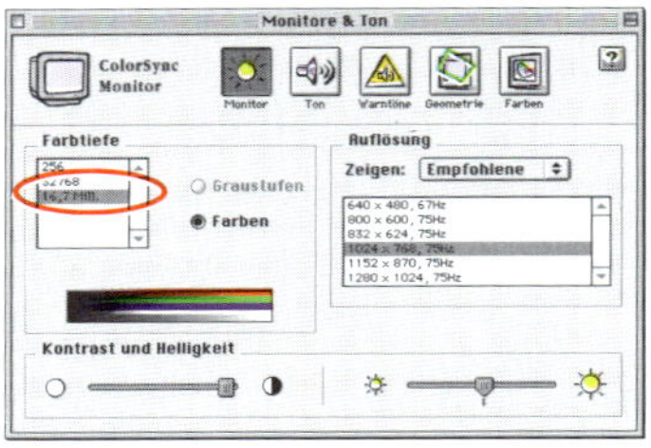

Je mehr Farben auf dem Bildschirm angezeigt werden können, desto besser ist die Farbwiedergabe. Für echte Farbbildbearbeitungen sind eine 24-Bit-Grafikkarte und ein ausreichend bestückter Videospeicher unbedingte Voraussetzung.

Ein sinnvolles und effizientes Arbeiten mit Photoshop ist nur möglich, wenn die auf dem Bildschirm angezeigten Farben möglichst genau den Farben in der späteren Endausgabe entsprechen. Das Ergebnis einer Bearbeitung muß direkt am Bildschirm zuverlässig beurteilt werden können, ohne daß jedesmal ein zeit- und kostenintensiver Farbproof notwendig ist. Wie ist es nun bei Photoshop, inwieweit trifft das Schlagwort »What you see is what you get« zu?

Dank der vollen Unterstützung des ICC-Farbmanagements ist die Farbwiedergabe in Photoshop so zuverlässig wie nie zuvor. Voraussetzung dafür ist, daß für alle am Farbmanagement beteiligten Komponenten – Scanner, Monitor und Proofdrucker – die aktuellsten ICC-Profile verwendet werden. Denn mit dem Einsatz von Farbprofilen kalibriert sich der Workflow fast wie von selbst. Probleme entstehen meist erst dann, wenn für ein Gerät kein ICC-Profil vorliegt oder unbemerkt ein falsches Profil verwendet wurde. Vor allem bei älteren Geräten kann es sein, daß der Hersteller kein Profil beigelegt hat. Viele Druckerhersteller bieten solche Profile aber nachträglich oder in aktualisierter Fassung auf ihrer Website zum Download an.

Ein paar Dinge muß der Photoshop-Anwender aber auch bei »vollautomatisiertem« Farbmanagement beachten: Alle Faktoren, die die Bildschirmansicht betreffen, aber außerhalb des Einflusses von ICC-Profilen liegen, fallen unter seine Verantwortung. Dazu zählen beispielsweise die Reglerstellungen für Helligkeit und Kontrast am Monitor oder die Beleuchtung am Arbeitsplatz. Deshalb muß auch in einem Farbmanagement-Workflow eine Monitorkalibrierung durchgeführt werden.

Des weiteren erweist sich das ICC-Farbmanagement in der Praxis als problematischer, als zu vermuten wäre. Das Zusammenspiel der am Farbmanagement beteiligten Komponenten funktioniert noch nicht so reibungslos, wie es der Idealzustand vorsieht. Deshalb ist es im Rahmen einer vernünftigen Qualitätssicherung nötig, das System manuell zu kalibrieren und die auf dem Bildschirm angezeigten Farben mit einem Probedruck abzugleichen, dessen Farben den echten Farben im Auflagendruck entsprechen.

Die Kalibrierung der Bildschirmdarstellung gliedert sich in zwei Phasen:

- **Kalibrierung des Monitors:** Der Monitor ist ein RGB-Gerät, das die angezeigten Farben aus den Grundkomponenten Rot, Grün und Blau zusammensetzt. Für eine getreue Farbwiedergabe kommt es auf eine richtig justierte Farb- und Graubalance der drei Monitorgrundfarben an. Dies ist die Aufgabe einer Monitorkalibrierung. Sie sorgt für eine in sich stimmige Farbdarstellung auf dem Bildschirm.
- **Abstimmen der Bildschirmdarstellung auf einen Proof:** Bei der Anzeige von CMYK-Bildern spielt auch die gewählte Druckfarbeneinstellung ein Rolle: Sie sorgt für eine adäquate Vorschau der Bildhelligkeit durch eine Tonwertzunahme im Druck. Dabei ist es wichtig, die CMYK-Darstellung nicht durch RGB-Einstellungen zu beeinflussen. Deshalb muß im Dialog RGB-Einstellungen die Option Anzeige mit Monitorausgleich aktiviert sein. Andernfalls böte die Bildschirmanzeige keine verbindliche Voraussage auf die dargestellten CMYK-Farben.

▸ Kalibrierung des Monitors

Die Kalibrierung des Monitors kann mit dem Programm Adobe Gamma oder jedem beliebigen anderen Kalibrierungsprogramm vorgenommen werden. Wichtig ist, daß immer nur ein Kalibrierungswerkzeug verwendet wird, also entweder das von Adobe oder das eines anderen Herstellers. Die gleichzeitige Verwendung zweier Kalibrierungsprogramme kann zu falschen Ergebnissen führen. Wenn beispielsweise unter dem Mac OS bereits eine Monitorkalibrierung mit dem Kontrollfeld Monitore & Ton durchgeführt wurde, ist eine Kalibrierung mit dem Adobe-Programm nicht mehr nötig – ja sie kann sogar zu einer Aufhebung der sorgfältig eingerichteten Kalibrierungseinstellungen führen, da Adobe Gamma die Einstellungen im gleichen ICC-Profil speichert wie Monitore & Ton.

1. Vorwärmphase des Monitors beachten

Vor Beginn der Kalibrierung sollte der Monitor mindestens eine halbe Stunde eingeschaltet sein, da sonst noch Schwankungen in der Anzeige auftreten können.

2. Raumbeleuchtung standardisieren

Da Änderungen des Umgebungslichts die Farbwahrnehmung deutlich beeinflussen, sollte während der Arbeit mit Photoshop auf gleichbleibende Lichtverhältnisse geachtet werden. Diese Lichtverhältnisse müssen auch bei der Kalibrierung vorherrschen.

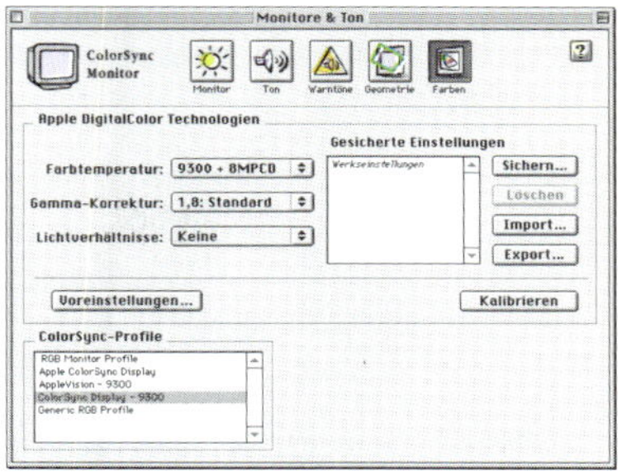

Die Monitorkalibrierung kann unter dem Mac OS auch mit dem Kontrollfeld Monitore & Ton durchgeführt werden. Wenn es zu dem angeschlossenen Monitor ein ColorSync-Profil gibt, wird es in der Liste ausgewählt (dazu muß es sich im Ordner ColorSync befinden) – weitere Einstellungen sind dann nicht erforderlich.

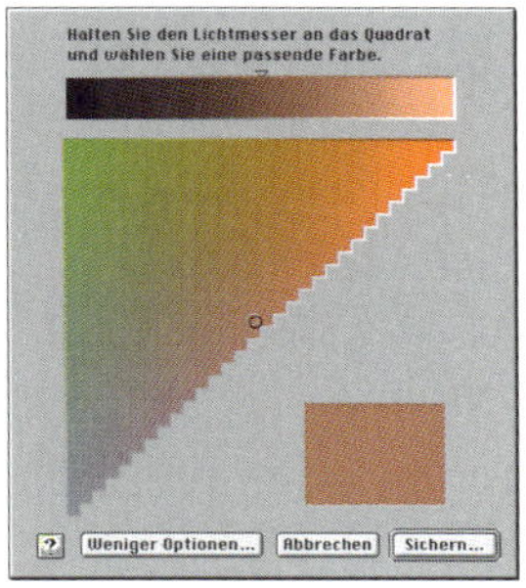

Die kalibrierbaren ColorSync-Monitore von Apple werden mit Kalibrierungssoftware geliefert, die den Funktionsumfang des Kontrollfeldes Monitore & Ton erweitert. Falls die Werkseinstellungen für die Beleuchtung am Arbeitsplatz nicht optimal sind, kann entsprechend gegengesteuert werden. Dabei wird das Farbfeld im Kalibrierungsdialog auf die Reflexion einer (mitgelieferten) neutralgrauen Scheibe, die an den Bildschirm gehalten werden muß, abgeglichen. So lassen sich mehrere unterschiedliche Lichtverhältnisse speichern und wieder laden.

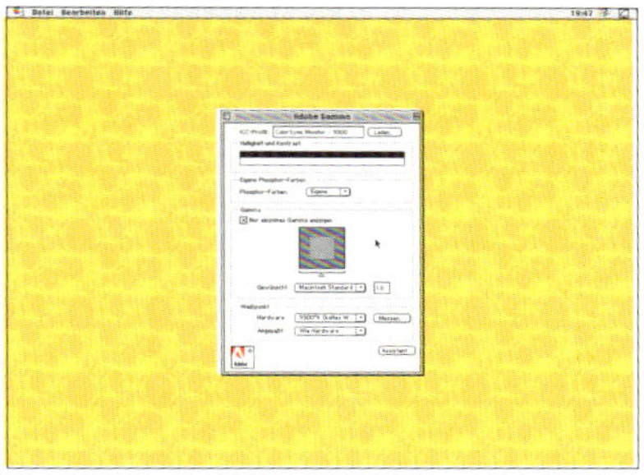

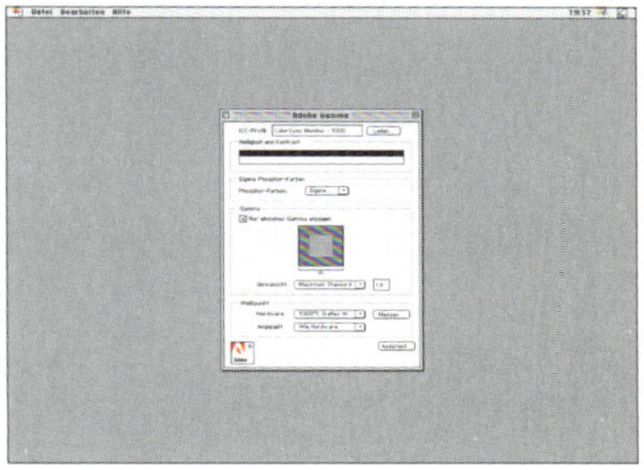

Da die menschliche Farbwahrnehmung stark von Umgebungsfarben beeinflußt wird, sollte auch bei einer so trivial scheinenden Angelegenheit wie der Monitorkalibrierung mit dem Gamma-Kontrollfeld auf einen neutralgrauen Schreibtischhintergrund geachtet werden.

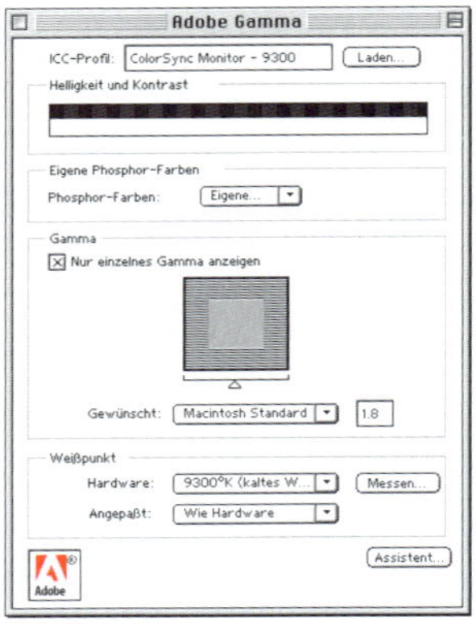

Das Gamma-Kontrollfeld stellt alle für die Monitorkalibrierung nötigen Optionen in einem Fenster zur Auswahl.

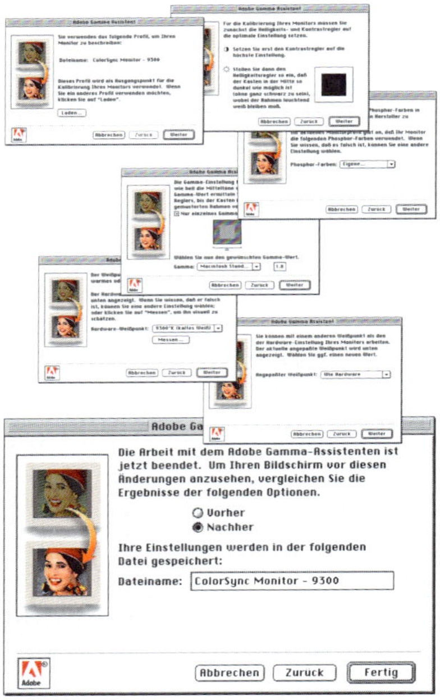

Der Adobe-Gamma-Assistent leitet schrittweise durch die Kalibrierungsprozedur. Im letzten Schritt können die Einstellungen anhand eines Vorher-Nachher-Vergleichs überprüft werden.

Ist der Monitor zu hell eingestellt, heben sich die grauen Quadrate deutlich von den schwarzen ab.

Bei einem zu dunklen Monitor wirkt der untere Balken gräulich.

Die optimale Einstellung: Im oberen Balken sind keine (oder fast keine) Unterschiede zwischen grauen und schwarzen Quadraten zu erkennen, und der untere Balken ist immer noch strahlend weiß.

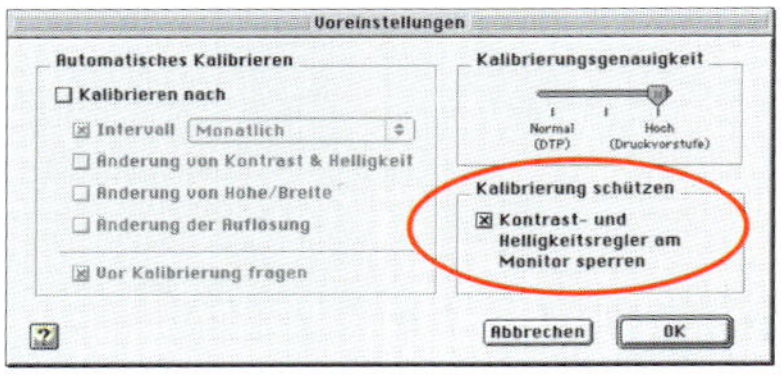

Für ColorSync-Monitore bietet das Kontrollfeld Monitore & Ton des Mac OS die Möglichkeit, die Regler für Helligkeit und Kontrast am Monitor softwareseitig zu sperren. Die Regler lassen sich dann nicht versehentlich verstellen. Diese Option kann auch genutzt werden, wenn die Kalibrierung mit Adobe Gamma vorgenommen wird.

3. Neutrale Hintergrundfarbe einstellen

Als Desktop-Hintergrund wird ein neutrales Grau mittlerer Helligkeit gewählt. Andere Farben oder gar gemusterte Hintergrundbilder könnten die Farbwahrnehmung bei der Kalibrierung negativ beeinflussen.

4. Adobe Gamma starten

Wenn nicht mit einem anderen Kalibrierungsprogramm gearbeitet wird (in diesem Fall befolgen Sie bitte die Anweisungen des Herstellers), wird die Monitorkalibrierung mit dem Programm Adobe Gamma durchgeführt. Das Programm befindet sich unter dem Mac OS im Ordner Kontrollfelder und unter Windows in der Systemsteuerung. (Das frühere Gamma-Kontrollfeld wird von Photoshop 5.5 nicht mehr unterstützt.) Am schnellsten erfolgt die Kalibrierung ohne Assistenten, also in der Kontrollfeldversion.

5. Helligkeit und Kontrast einstellen

Mit den Reglern am Monitor werden die Helligkeit und der Kontrast auf die maximalen Einstellungen gesetzt. Anschließend wird die Helligkeit so weit verringert, bis im Feld Helligkeit und Kontrast des Adobe-Gamma-Fensters kein Unterschied mehr zwischen den grauen und schwarzen Quadraten erkennbar ist. Der weiße Balken darunter muß allerdings strahlend weiß bleiben und darf nicht gräulich wirken. Die Reglerstellungen dürfen nach dem Kalibrieren nicht mehr verändert werden, da auch sie die exakte Farb- und Helligkeitswiedergabe der Bilder beeinflussen (mit Klebestreifen fixieren oder per Software sperren).

6. ICC-Profil laden

Falls Adobe Gamma den angeschlossenen Monitor nicht schon selbst erkannt hat, wird mit der Schaltfläche Laden das ICC-Profil des Monitors geladen. Die übrigen Einstellungen in Adobe Gamma werden dann automatisch gemäß den Profildaten aktualisiert.

Sollte kein ICC-Profil vorliegen, müssen die Einstellungen, wie in den nachfolgenden Schritten beschrieben, manuell vorgenommen werden.

7. Monitortyp auswählen

Unter Phosphorfarben wird der Monitortyp ausgewählt. Falls der Monitor nicht in der Liste enthalten ist, können über die Option Eigene die Chromatizitätswerte gemäß den Herstellerangaben eingegeben werden.

8. Graubalance einstellen

Unter Gamma befindet sich ein Anzeigefeld aus schwarzen und weißen Linien und einer grauen Fläche in der Mitte. Bei einer korrekten Graubalance erscheint das graue Feld genauso hell wie das schwarzweiße Linienmuster. Wenn das Feld heller oder dunkler erscheint, muß mit dem Regler entsprechend nachjustiert werden. Um die Helligkeit besser prüfen zu können, sollte das Anzeigefeld aus etwas weiterer Entfernung betrachtet werden, so daß das Linienmuster nicht mehr als solches zu erkennen ist.

9. Farbbalance überprüfen

Sobald eine korrekte Graubalance eingestellt ist, wird die Option Nur einzelnes Gamma anzeigen ausgeschaltet. Adobe Gamma zeigt dann drei Anzeigefelder für die Komponenten Rot, Grün und Blau. Auch hier muß die Helligkeit der mittleren Farbflächen mit den umgebenden Linienmustern übereinstimmen. Wenn dem nicht so ist, erfolgt die Korrektur über die Regler.

10. Zielgamma einstellen

Unter Gewünscht wird nun der Zielgammawert für das System eingestellt. Der Standardwert des Mac OS ist 1,8; Windows arbeitet mit einem Zielgamma von 2,2. Unter Windows steht diese Option nur bei entsprechender Systemkonfiguration zur Verfügung.

11. Weißpunkt bestimmen

Unter Hardware wird das Monitor-Weiß des Monitors gemäß den Angaben des Herstellers festgelegt. Falls der Wert nicht bekannt ist, kann er über die Schaltfläche Messen optisch ermittelt werden.

Unter Angepaßt wird die Option Wie Hardware gewählt. Ein von der Hardwareeinstellung abweichender Wert, also ein angepaßter Weißpunkt, ist nur in dem Fall zu wählen, wenn die fertigen Bilder unter besonderen Lichtverhältnissen präsentiert werden. Unter Windows steht diese Option nur bei entsprechender Systemkonfiguration zur Verfügung.

12. Einstellungen als ICC-Profil sichern

Mit einem Klick auf OK oder das Schließfeld ist die Kalibrierung abgeschlossen. Adobe Gamma speichert die Einstellungen im gewählten ICC-Profil. Wenn kein Profil geladen war, legt das Programm ein neues Profil an.

Für andere Ausgabeverfahren muß das System erneut kalibriert werden. Wenn die vorgenommenen Kalibrierungen jeweils unter einem anderen Namen gespeichert werden, können sie jederzeit nach Bedarf abgerufen werden.

Bei einer falsch eingestellten Graubalance hebt sich der monochrome Bereich als helle oder dunkle Fläche gegenüber dem Linienmuster ab.

Eine optimale Graubalance ist erreicht, wenn das mittlere Feld nicht mehr vom äußeren Linienmuster zu unterscheiden ist.

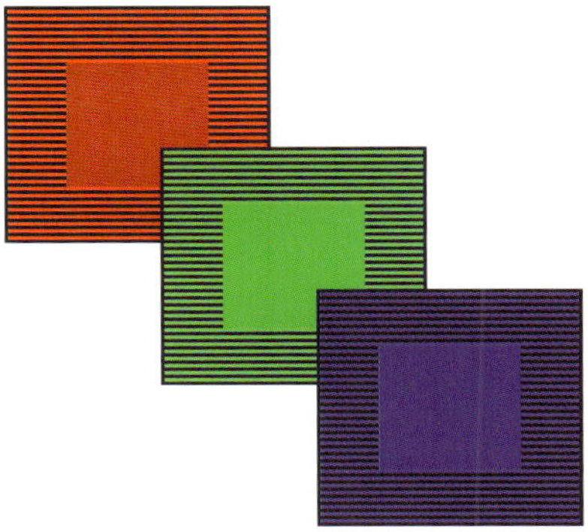

Die Einstellung der Farbbalance gleicht im Prinzip einer Graubalancekorrektur – sie wird nur für jede Grundfarbe separat vorgenommen, um eine eventuelle Farbstichigkeit des Monitors zu kompensieren.

▸ Abstimmen der Bildschirmdarstellung auf einen Proof

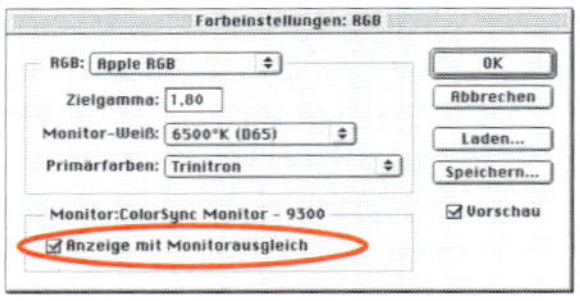

Die Option Anzeige mit Monitorausgleich im Dialog RGB-Einstellungen (Datei, Farbeinstellungen) verhindert, daß die CMYK-Farben am Bildschirm durch RGB-Einstellungen verfälscht werden.

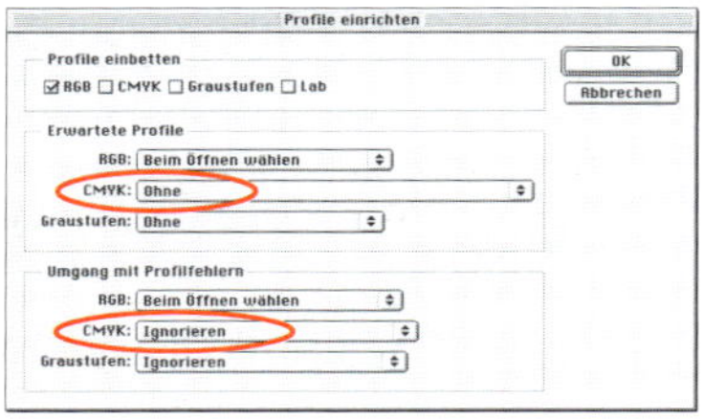

Vor dem Öffnen des Referenzbildes sollten im Dialog Profile einrichten (Datei, Farbeinstellungen) für CMYK die Optionen Ohne und Ignorieren gewählt werden, damit die Konvertierung in einen anderen Farbraum ausgeschlossen ist.

Zeigt der Proof im Vergleich mit dem Monitorbild eine abweichende Farbgebung, muß die Kalibrierung wiederholt werden. In diesem Fall werden die Einstellungen im Gamma-Kontrollfeld direkt am Testbild auf dem Monitor überprüft und an den Proof angepaßt.

Ob die Bildschirmeinstellungen eine gute Vorschau auf die Farben im Druck geben, kann anhand eines Analogproofs überprüft werden. Dazu wird ein Referenzbild, das bereits fertig separiert vorliegen muß, auf demselben Produktionsweg verarbeitet, den später auch die mit Photoshop bearbeiteten Bilder durchlaufen sollen. Beim Vierfarbdruck umfaßt der Proofprozeß die Belichtung der vier Farbauszüge auf Film und die Anfertigung eines Andrucks auf dem später verwendeten Auflagenpapier.

Im Lieferumfang von Photoshop ist ein speziell für den Proofprozeß vorbereitetes Testbild enthalten. Auf dem Mac trägt es den Namen Olé No Moiré und ist im Ordner Weitere Zugaben, Kalibrierung gespeichert. Windows-Anwender finden das Testbild unter dem Namen Testpict.tif im Ordner Goodies auf der Photoshop-Installations-CD.

Damit der Proof als farbverbindliches Muster genutzt werden kann, müssen folgende Punkte unbedingt beachtet werden:

- **Keine Moduskonvertierung durchführen:** Das Referenzbild muß als CMYK-Bild vorliegen und darf nicht durch Umwandlung eines RGB-Bildes entstanden sein, da die Bilddaten sonst durch die Profileinstellungen und Separationsparameter verändert wurden.

  Wer sich eine eigene Testvorlage erstellen möchte, arbeitet direkt im CMYK-Modus. Auch sollte er daran denken, daß für einen optimalen Vergleich Farbfelder mit den reinen Druckfarben (100 % Cyan, 100 % Magenta, 100 % Gelb und 100 % Schwarz) und mit den drei Farbmischungen, die sich aus jeweils zwei Grundfarben zu 100 % ergeben (100 % Cyan und 100 % Magenta usw.) enthalten sein sollten.
- **Einfluß der RGB-Einstellungen ausschließen:** Wenn im Dialog RGB-Einstellungen (Datei, Farbeinstellungen) die Option Anzeige mit Monitorausgleich deaktiviert ist, wird die Wiedergabe von CMYK-Farben möglicherweise verfälscht, weil sie dann für die Bildschirmanzeige in (möglicherweise gesättigtere) Farben des RGB-Arbeitsfarbraums konvertiert werden. Deshalb muß die Option Anzeige mit Monitorausgleich eingeschaltet sein.
- **Profilkonvertierung in Photoshop ausschließen:** Um die vorseparierte Referenzdatei nicht in einen anderen CMYK-Farbraum zu konvertieren, muß vor dem Öffnen im Dialog Profile einrichten (Datei, Farbeinstellungen) im Feld Umgang mit Profilfehlern für CMYK die Option Ignorieren eingestellt werden. Ansonsten würde es zu einer verfälschten Farbdarstellung auf dem Bildschirm kommen. (Nach der Kalibrierung kann die Grundeinstellung auf die vorherige Einstellung zurückgesetzt werden.)
- **Richtiges Quellprofil für den Druck auswählen:** Falls das Testbild aus Photoshop heraus belichtet oder gedruckt werden soll, wird im Druckdialog als Quellprofil das Profil des CMYK-Farbraums ausgewählt, in dem die Datei erstellt wurde.
- **Profilkonvertierung im Workflow ausschließen:** Wird die Druckdatei innerhalb eines Farbmanagement-Workflows verarbeitet, muß sichergestellt sein, daß keine weitere Komponente zwischen Photoshop und dem Drucker (z.B. ein RIP) eine Umrechnung der Farbdaten durchführt.

Die Abstimmung der Bildschirmanzeige auf den Proof wird bei optimaler, das heißt repräsentativer Beleuchtung durchgeführt.

1. Beleuchtungseinstellung laden
Wenn für mehrere Beleuchtungssituationen eine Monitorkalibrierung durchgeführt wurde, muß im Programm Adobe Gamma (oder in der bei der Kalibrierung benutzten Software) die den momentanen Lichtverhältnissen entsprechende Profileinstellung geladen werden.

2. Einfluß der RGB-Einstellungen ausschließen.
Im Dialog RGB-Einstellungen (Datei, Farbeinstellungen) wird die Option Anzeige mit Monitorausgleich aktiviert. Die Option verhindert, daß die Anzeige der CMYK-Farben durch RGB-Einstellungen verfälscht wird.

3. Profilkonvertierung ausschließen
Im Dialog Profile einrichten (Datei, Farbeinstellungen) wird für den Umgang mit Profilfehlern bei CMYK-Dateien die Option Ignorieren gewählt. Damit wird ausgeschlossen, daß das Testbild in einen anderen CMYK-Farbraum konvertiert wird, was eine falsche Bildschirmdarstellung zur Folge hätte.

4. Testbild öffnen
Das Testbild wird in Photoshop geöffnet und mit dem Proof verglichen. Sowohl die Farbfelder als auch das fotografische Motiv sollten auf dem Bildschirm getreu wiedergegeben sein.

5. System neu kalibrieren
Farbabweichungen lassen sich durch Feinjustierungen im Programm Adobe Gamma (oder der verwendeten Kalibrierungssoftware) beseitigen. Dazu wird die gesamte Prozedur der Monitorkalibrierung wiederholt – diesmal jedoch so, daß jeder Schritt in Einklang mit dem Proof erfolgt. Falls sich die reinen Farben und das Bild nicht gleichzeitig optimal wiedergeben lassen, ist der exakten Bildwiedergabe der Vorzug zu geben.

Das im Lieferumfang von Photoshop enthaltene Testbild mit Farbfeldern und fotografischem Motiv

Foto: Adobe Systems

Falsch eingestellte Graubalance: Das Bild wird zu hell angezeigt.

Farbstich durch zuviel Rot

Farbstich durch zuviel Grün

Farbstich durch zuwenig Rot und zuviel Grün

Farbstich durch zuviel Grün und zuwenig Blau

Woher kommen die Bilder?

Wie die Bilder, die mit Photoshop weiterbearbeitet werden, ihren Weg vom Film, Videoband oder anderen Quellen in den Datenspeicher des Computers finden

Vermutlich ist es immer noch so, daß die meisten Bilder, die mit Photoshop verarbeitet werden, mit konventionellen Kameras auf konventionelles Filmmaterial aufgenommen, im Fotolabor auf chemischem Wege entwickelt und schlußendlich als Dia oder Fotoabzug mit einem Flachbett-, Trommel- oder Photo-CD-Scanner digitalisiert werden.

Aber nicht nur Fotos lassen sich digitalisieren, auch Einzelbilder aus Videofilmen oder einer TV-Ausstrahlung können mit geeigneter Zusatz-Hard- und -Software in die Welt der Pixel überführt werden. Zudem wächst der Anteil der Fotografen, die direkt mit Digitalkameras arbeiten, stetig, und auch andere Quellen, wie die zahlreichen Fotosammlungen von Bildagenturen oder aus dem Internet, werden immer stärker genutzt.

In diesem Kapitel werden alle wichtigen Bildquellen kurz vorgestellt. Aus welcher Quelle ein Bild stammt, entscheidet oft nicht nur über die Professionalität der Aufnahme (bei Fotos), auch die Bildgröße und das Farbformat hängen unter Umständen von der Bezugsquelle ab. Während professionelle CD-ROM-Archive Bilder in sehr hoher Auflösung und bereits fertig separiert anbieten, besitzen die aus dem Internet heruntergeladenen Bilder oft nur die niedrige Bildschirmauflösung und je nach Speichermethode auch nur eine geringe Farbauflösung.

Foto: Macup Verlag

Nur zu Testzwecken.
Scan mit Dainippon Trommelscanner.
Bildgröße weitgehend beliebig.
CMYK

▸ Scanner

Für allerhöchste Qualität immer noch unverzichtbar: der Scan mit einem Trommelscanner mit Photomultiplier-Technik. Aber auch Desktop-Flachbettscanner der gehobeneren Preisklasse bieten eine Scanqualität, die für den größten Teil anfallender Druckaufträge vollkommen ausreichend ist. Im DTP-Alltag bewährt sich noch immer die Kombination aus Self-made-Scans mit dem eigenen Flachbettscanner für Bilder in niedriger Auflösung und qualitativ hochwertig reproduzierten Scans vom Dienstleister.

Photoshop ist nicht nur für die Bildbearbeitung ein zentrales Werkzeug. Viele Scanner-Hersteller bieten für die Steuerung ihrer Geräte ein Plug-in zu Photoshop an. Der Vorteil einer solchen Lösung ist, daß das gescannte Bild direkt für die Weiterbearbeitung in Photoshop geöffnet wird.

Foto und Gemälde: Renate Spiering

Kunstvoll.
Kodak DCS 420.
Bildgröße 1.524 mal 1.012 Pixel.
RGB

Foto: Helmut Bechtel

Beautiful World.
Photo-CD-Scan.
Bildgröße bis 6.144 mal 4.096 Pixel.
RGB

Unendliche Weiten.
Hochwertiger Scan.
Bildgröße weitgehend beliebig.
RGB oder CMYK

▸ Digitalkamera

Die digitale Fotografie verbindet in geradezu idealer Weise die fotografische Technik mit der Computertechnik. Digital zu fotografieren bedeutet nicht bloß, Foto und Scan in einem Arbeitsgang zu verschmelzen. Die Digitalfotografie eröffnet in vielen Bereichen neue Horizonte. Projekte, die mit konventioneller Fotografie aus Kostengründen scheitern, sehen bei einer Kalkulation mit digitalem Equipment durchaus profitabel aus (Beispiel Katalogfotografie). Oder das Thema Geschwindigkeit: Mit einer Film-Fotokamera geht wertvolle Zeit bei der chemischen Entwicklung und der anschließenden Digitalisierung des Dias oder Fotoabzugs mit einem Scanner verloren. Nur Digitalkameras in Anbindung an die mobile Datenübertragung bringen den Abschlußtreffer einer Fußballbegegnung noch rechtzeitig in die Redaktion, um in der nächsten Zeitungsausgabe zu erscheinen.

▸ Photo CD

Die Photo CD ist ein einfaches, unkompliziertes und kostengünstiges Medium für Bilddateien. Die Qualität besonders der Professional Photo CD ist beinahe für alle Anwendungen ausreichend. Der Hauptvorteil der Photo CD ist der, daß das Speichermedium für die Scans gleich mitgeliefert wird. Es werden also weder Wechselplattenmedien noch sonstige teure Datenspeicher für den Transport vom Scan-Service zum Layout-Studio benötigt. Ein Nachteil der Photo CD ist, daß die Bilder im unseparierten, Kodak-eigenen Farbformat vorliegen. Zum Archivieren der zum Drucken aufbereiteten und überarbeiteten Bilder müssen also doch konventionelle Speichermedien verwendet werden.

▸ Bildarchiv

Digitale Bildarchive werden von zahlreichen kommerziellen Anbietern zu ganz unterschiedlichen Preisen angeboten. Datenmedium für digitale Fotosammlungen ist die CD-ROM mit bis zu 650 Megabyte Fassungsvermögen.

Der Zugriff auf vorgefertigtes Material ist vor allem dann von Vorteil, wenn kurzfristig ein Bild zu einem bestimmten Thema benötigt wird, aber keine Zeit bleibt, um einen Fototermin zu organisieren. Die »Bilder von der Stange« können aber keine Exklusivverwertung garantieren, es wäre also möglich, daß das ausgesuchte Bild auch in anderen Kontexten auftaucht.

Taxi, bitte!
Bilddatei.
Bildgröße weitgehend beliebig.
RGB oder CMYK

Water World.
Bilddatei.
Bildgröße weitgehend beliebig.
RGB

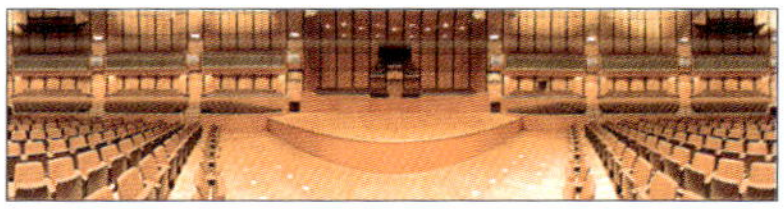

Rundumsicht.
Bilddatei im PICT-Format.
Bildbreite maximal 4.095 Pixel.
RGB

▸ Malprogramm

Malprogramme wie Painter sind das digitale Pendant zur Künstlerwerkstatt. Hier stehen dem ambitionierten Digitalkünstler alle bekannten Werkzeuge und Hilfsmittel zur Auswahl, um Aquarelle, Ölgemälde, Kohlezeichnungen usw. anzufertigen. Die Eigenschaften der Malwerkzeuge und Malgründe stehen ihren »materiellen« Vorbildern in nichts nach.

Die Malwerkzeuge von Photoshop können im Vergleich mit ausgewachsenen Malprogrammen als Schmalspurversionen gelten. Sie lassen erahnen, welche phantastischen Möglichkeiten im digitalen Künstleratelier offenstehen. Zur fotorealistischen Aufbereitung von Bildern sind Malprogramme jedoch ungeeignet.

▸ Rendering-Software

Rendering-Programme berechnen perspektivische Ansichten von dreidimensionalen Objekten oder Szenen. Hinter den Computergrafiken, die unter dem Schlagwort »Virtuelle Realität« gefaßt werden, steht immer eine Rendering-Software. Umfangreiche Programme bieten Modelling-Funktionen zum Konstruieren der 3-D-Objekte, Renderingalgorithmen zur Berechnung der Oberflächen (Struktur und Farbe) und der Beleuchtung sowie Animationsfunktionen zum Erstellen von Videosequenzen. Die Qualität einer virtuellen Szene ist vom verwendeten Renderalgorithmus abhängig. Mit guten Algorithmen erstellte Bilder berücksichtigen nicht nur realistische Beleuchtungseffekte wie Lichtreflexe und Schattenwurf, die Szene (oder die Objekte) spiegelt sich auch in reflektierenden Oberflächen.

▸ QuickTime VR

QuickTime VR ist eine Technologie zum Erstellen und Abspielen von interaktiven Filmsequenzen. Unterschieden werden Panoramen und Objekte. In einem QuickTime-VR-Panorama kann der Benutzer durch Ziehen mit der Maus seinen Blickwinkel verändern (nach oben, unten, rechts oder links, mithin also auch nach hinten schauen), wobei wie beim Blick durch ein Objektiv die typischen perspektivischen Verzerrungen berechnet werden (in Echtzeit).

Darstellungsgrundlage eines QuickTime-VR-Panoramas ist ein (aus mehreren Einzelbildern errechnetes) Panoramabild, das der QuickTime-VR-Benutzer jedoch nie in voller Größe und in dieser Perspektive zu sehen bekommt. Dieses Quellbild, das in Photoshop geöffnet werden kann, besitzt eine ganz besondere Ästhetik – man sieht die Welt fortan mit anderen Augen.

Tagesthemen.
Frame-grabbing mit Video Mashine.
Bildgröße 768 mal 576 Pixel.
RGB

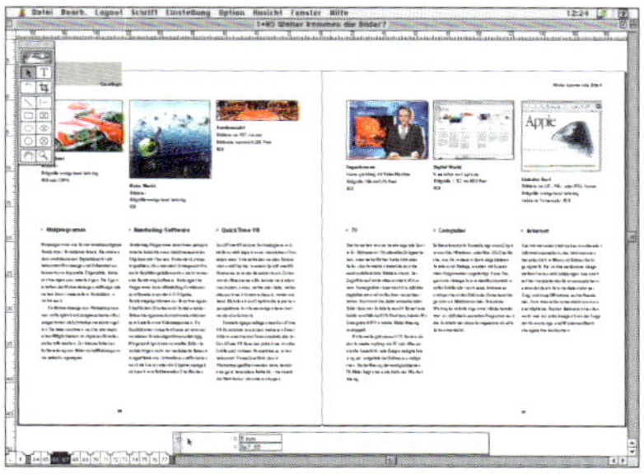

Digital World.
Screenshot mit Captivate.
Bildgröße 1.152 mal 870 Pixel.
RGB

Globales Dorf.
Bilddatei im GIF-, PNG- oder JPEG-Format.
Bildgröße weitgehend beliebig.
Indizierte Farben oder RGB

▸ TV

Das Fernsehen ist eine hervorragende Quelle für Bildmaterial. Ob aktuelles Zeitgeschehen, wissenschaftlicher Fortschritt oder Kultur, das Fernsehen bietet derzeit die wohl ausführlichste Bilddatenbank. Der Zugriff darauf ist denkbar einfach. Mit einem Framegrabber lassen sich Standbilder digitalisieren und im Rechner weiterbearbeiten. Noch sind die dabei entstehenden Bilder bei einer Farbtiefe von 24 Bit auf eine Größe von 768 mal 576 Pixel beschränkt. Mit Einzug des HDTV wird die Bildauflösung verdoppelt.

Mittlerweile gibt es auch TV-Karten, die den Fernsehempfang mit PC oder Mac sowie die Einzelbild- oder Sequenzdigitalisierung per mitgelieferter Software ermöglichen. Die Auflösung der so digitalisierten TV-Bilder liegt aber unterhalb der PAL-Auflösung.

▸ Computer

Selbstreferentielle Darstellungen von Objekten auf der Windows- oder Mac-OS-Oberfläche, wie die in diesem Buch abgebildeten Fenster und Dialoge, werden mit Screenshot-Programmen angefertigt. Diese Programme »fotografieren« das Monitorbild in voller Größe oder auch ausschnittsweise und speichern das Bild in der Zwischenablage oder als Bilddatei auf der Festplatte. Wichtig beim Anfertigen von »Bildschirmfotos« ist, daß das Screenshot-Programm auch die Farbtiefe der aktuell eingesetzten Grafikkarte unterstützt.

▸ Internet

Das Internet entwickelt sich zum weltweiten Informationsmedium, das Informationen hauptsächlich in Wort und Bild zur Verfügung stellt. Die im Internetbrowser dargestellten Texte und Abbildungen lassen sich auf der Festplatte des Benutzers speichern – entweder durch Herunterladen oder per Drag-and-drop (Windows: rechte Maustaste). Dem Internetbenutzer steht so ein unerschöpflicher Pool an Bildmaterial zur Auswahl, was ihn jedoch sogleich mit der Frage der Verwertungs- und Wiederveröffentlichungsrechte konfrontiert.

Passepartout

Über den Zusammenhang von Bildgröße und Auflösung und das Verhältnis von Arbeitsfläche und Bildüberhang

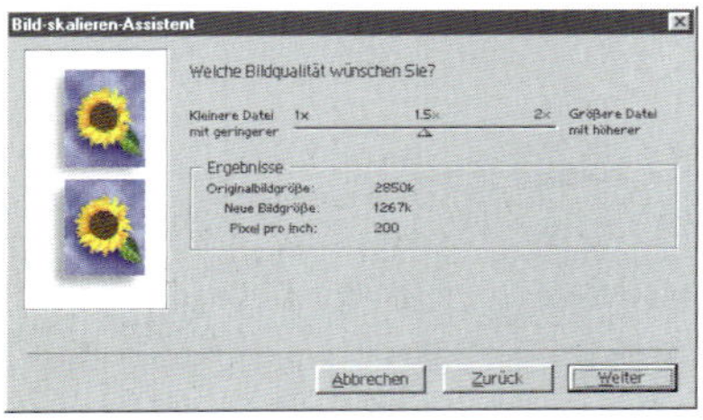

Der Assistent Bild skalieren aus dem Menü Hilfe leitet Schritt für Schritt durch die Prozedur einer Bildgrößenänderung. Der Assistent legt eine Dateikopie mit den geänderten Maßen an; das Ursprungsbild bleibt im Originalzustand erhalten.

Pixel – das sind die Bausteine, aus denen digitale Bilder gemacht sind. Wie die Steinchen eines Mosaiks fügen sie sich zu einem Gesamtbild zusammen. Digitale Bilder können schnell aus Tausenden oder Millionen solcher Mosaiksteinchen bestehen. Jedes Pixel hat eine eigene Farbe, und weil die Pixel nicht als quadratische Flächen, die sie ja eigentlich sind, wahrgenommen werden, sehen wir digitale Bilder mit kontinuierlichen Farbübergängen. Natürlich nur, weil Pixel so klein sind ...

Wie groß sind aber Pixel? Läßt sich diese Frage beantworten – ja, macht eine solche Frage überhaupt Sinn? Die Antwort ist: ja und nein.

Ja, weil bei Bildern, die im Druck reproduziert werden, ihre Auflösung darüber entscheidet, wie groß die Pixel erscheinen. Besitzt ein Bild eine zu geringe Auflösung, werden die Pixel als quadratische Flächen im Druck sichtbar. Das Geheimnis der richtigen Bildgröße besteht also darin, eine ausreichende Anzahl von Pixeln für eine optimale Detailauflösung zur Verfügung zu haben, bei der keine Pixel sichtbar werden. Verkompliziert wird die Sache dadurch, daß sich Bilder mit festgelegtem Format und optimaler Auflösung im Layoutprogramm skalieren lassen. Gewöhnlich ist eine solche Skalierung nicht empfehlenswert, zumal sich Format und Auflösung für den Druck ja in Photoshop exakt definieren lassen. Wenn es aber dennoch einmal nötig sein sollte, die Größe eines Bildes im Layout zu ändern, so ist dabei zu bedenken, daß sich dadurch auch die faktische Auflösung ändert. Wird ein Bild zu groß skaliert, erreichen auch die Pixel möglicherweise wieder eine wahrnehmbare Größe.

Nein, weil Bilder, die im Web publiziert werden, im Browser in einer vordefinierten Größe angezeigt werden, die nicht geändert werden kann. Jedes Monitorpixel entspricht dann einem Bildpixel.

So weit, so gut. Aber wie steht es mit Photoshop und ImageReady, den Werkzeugen, mit denen Bilder bearbeitet und für den Druck oder das Web aufbereitet werden? Nun, hier wird es ein wenig komplizierter, weil hier spezifiziert werden muß, was unter Bildgröße zu verstehen ist, weil in Photoshop festgelegt werden kann (und sollte), wie groß die Pixel im Druck erscheinen, und weil die Größe, mit der ein Bild in Photoshop oder ImageReady angezeigt wird, nicht automatisch der Größe im Druck oder in einem Webbrowser entspricht.

Dieses Kapitel erklärt fundamentale Begriffe wie Bildgröße und Auflösung oder Arbeitsfläche und Bildüberhang. Ein Bildbearbeiter – ganz gleich, ob er für Printmedien oder Screenanwendungen produziert – sollte sich über den Unterschied der Werkzeuge, die diese Bildparameter ändern, im klaren sein. Die zentrale Funktion für Bildgrößenänderungen ist der Dialog Bildgröße aus dem Menü Bild. In Photoshop erlaubt dieser Dialog sowohl eine verlustfreie Größenänderung, bei der eine neue Auflösung oder ein neues Bildformat eingegeben wird, die Pixelmaße sich aber nicht ändern, als auch eine »echte« Größenänderung, bei der die Pixelmenge zu- oder abnimmt.

Bildgröße und Auflösung

Die Größe eines Bildes ergibt sich aus der Anzahl der Pixel in horizontaler und in vertikaler Richtung. Je mehr Pixel ein Bild enthält, desto größer ist es. Die Pixelgröße ist für die Bildschirmdarstellung bereits ein hinreichend aussagekräftiger Wert, da beispielsweise bei der Darstellung in einem Webbrowser ein Monitorpixel genau einem Bildpixel entspricht – die Darstellungsgröße hängt hier von der aktuellen Monitorauflösung ab. Bei der Darstellung in Photoshop und ImageReady hingegen ist zu berücksichtigen, daß diese Programme Bilder in unterschiedlichen Vergrößerungen anzeigen können. Wenn ein Bild gedruckt werden soll, bestimmt noch ein weiterer Faktor – die Auflösung –, wie groß das Bild im Druck erscheint. Da diese Zusammenhänge sehr wichtig für eine erfolgreiche Bildbearbeitung sind, sollen hier die wichtigsten Begriffe erklärt werden.

Darstellungsgröße auf dem Bildschirm

Ganz wichtig ist, daß die Bildgröße nicht mit der Darstellungsgröße des Bildes in Photoshop oder ImageReady verwechselt wird. Photoshop und ImageReady können Bilder in unterschiedlichen Vergrößerungen anzeigen, ohne daß sich dadurch die Anzahl der Pixel im Bild verändert. Die unterschiedlichen Ansichten sind Arbeitshilfen, um den Überblick über ein großes Bild behalten oder ein winziges Detail näher betrachten zu können. Die aktuelle Vergrößerungsstufe wird in der Titelzeile des Bildfensters als Prozentwert angegeben. Um die Größe zweier Bilder vergleichen zu können, ist es deshalb wichtig, für beide Bilder dieselbe Darstellungsgröße einzustellen. Die Befehle zum Ändern der Vergrößerungsstufe befinden sich im Menü Ansicht.

Dateigröße

Die Bildgröße, genauer gesagt: die Pixelmenge, steht in direktem Verhältnis zur Dateigröße. Für unkomprimierte RGB-Bilder gilt: Jedes Bildpixel belegt drei Byte Speicherplatz. Je mehr Pixel ein Bild enthält, desto größer ist auch sein Speicherbedarf. Durch eine Komprimierung (beispielsweise TIFF mit LZW-Komprimierung oder JPEG) läßt sich die Dateigröße zum Teil stark reduzieren, ohne daß dadurch die Bildgröße beeinflußt wird. Wenn ein Bild aber in Photoshop oder ImageReady geöffnet wird, wird es dekomprimiert und belegt wieder pro Bildpixel drei Byte des Arbeitsspeichers.

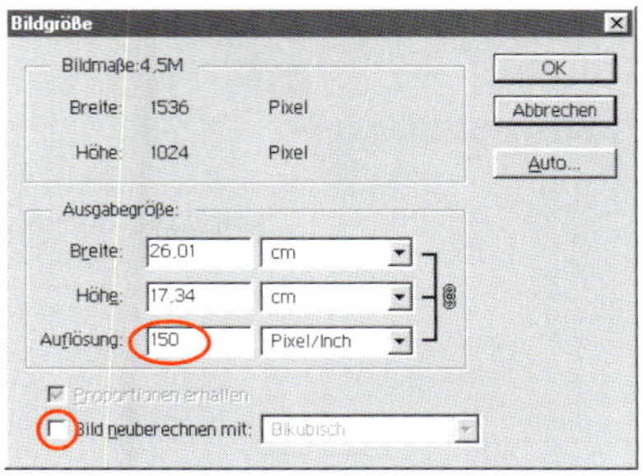

Eine feststehende Dateigröße – hierzu wird die Option Bild neuberechnen deaktiviert – behält die Anzahl der Pixel im Bild bei und erlaubt nur, das Verhältnis zwischen Bildformat und Auflösung zu verschieben. Wird das Bild auf ein größeres Bildformat gebracht, verringert sich automatisch die Auflösung. Eine Erhöhung der Auflösung verkleinert umgekehrt das Bildformat.

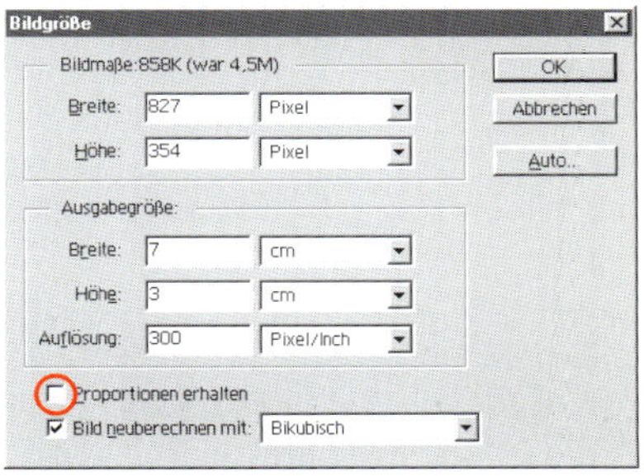

Die Option Proportionen erhalten im Dialog Bildgröße (neben den Werten für Breite und Höhe erscheint ein Verkettungssymbol) gewährleistet eine proportionale Änderung der Bildgröße. Bei der Eingabe eines Wertes für die Bildbreite ermittelt Photoshop den entsprechenden Wert für die Höhe automatisch und umgekehrt. Bei deaktivierter Option kann das Bild gestaucht oder gedehnt werden.

Bikubische Interpolation

Bilineare Interpolation

Pixelwiederholung

Foto: Helmut Bechtel

Wird das Infofeld – es zeigt normalerweise die Dateigröße, die Effizienz, das Timing oder das aktuell gewählte Werkzeug an – mit gedrückter Alt/⌥-Taste angeklickt, blendet Photoshop Informationen über die Abmessungen und die Auflösung des aktuellen Bildes ein. Unter dem Mac OS befindet sich dieses Feld links unten im Bildfenster, unter Windows am linken Ende der Informationsleiste.

Bildformat und Auflösung

Die Größe eines Bildes im Druck hängt davon ab, wie groß es in der Satzdatei plaziert wurde; sie wird aber im Normalfall bereits in Photoshop mit den Werten für Höhe, Breite und Auflösung vorgegeben. Höhe und Breite können in Zentimeter definiert werden. Die Auflösung bestimmt, wie viele Pixel auf der Länge eines Zentimeters oder Inch gedruckt werden. Bei einer Auflösung von 254 ppi (= 100 Pixel pro Zentimeter) – der Standardauflösung für die Bilder in diesem Buch – mißt ein 5,1 Zentimeter breites Bild in der Waagerechten 510 Pixel. Eine Änderung dieser Werte bedeutet in der Regel eine Neuberechnung der Bildgröße. Wird etwa das Format (Höhe x Breite) geändert, aber die Auflösung beibehalten, führt Photoshop eine Interpolation durch. Wird umgekehrt die Auflösung geändert, aber das Format beibehalten, ist ebenfalls eine Interpolation nötig. Photoshop interpoliert also immer dann, wenn sich aus dem Verhältnis von Bildformat zu Auflösung eine neue Anzahl von Bildpixeln ergibt. Jeder Druckprozeß setzt eine Mindestauflösung voraus, die nicht unterschritten werden darf, wenn nicht einzelne Pixel sichtbar werden sollen.

Interpolation

Die Standardvorgabe für die Interpolationsmethode im Dialog Bildgröße (und für alle anderen größenändernden Funktionen wie Transformieren oder Freistellen) wird unter Datei, Voreinstellungen, Allgemeine eingestellt. Sie läßt sich im Dialog Bildgröße aber bei Bedarf für eine einzelne Bildgrößenberechnung abändern.

Die **bikubische Interpolation** bietet die getreueste und schärfste Umsetzung der ursprünglichen Farbinformationen und sollte deshalb vorzugsweise eingesetzt werden.

Die **bilineare Interpolation** (nur Photoshop) liefert schon recht passable Ergebnisse und benötigt eine deutlich kürzere Rechenzeit als die bikubische Interpolation. Da diese Methode aber weniger Umgebungsfarben berücksichtigt, kommt sie für qualitativ hochwertige Bildgrößenänderungen nicht in Frage.

Die Interpolation **Pixelwiederholung** fügt durch Verdoppelung identische Pixelreihen und -spalten hinzu und entfernt Reihen und Spalten bei einer Bildverkleinerung. Sie wird für einige spezielle Verfahren eingesetzt, die auch in diesem Buch dargestellt werden.

Bildformat und Auflösung ändern

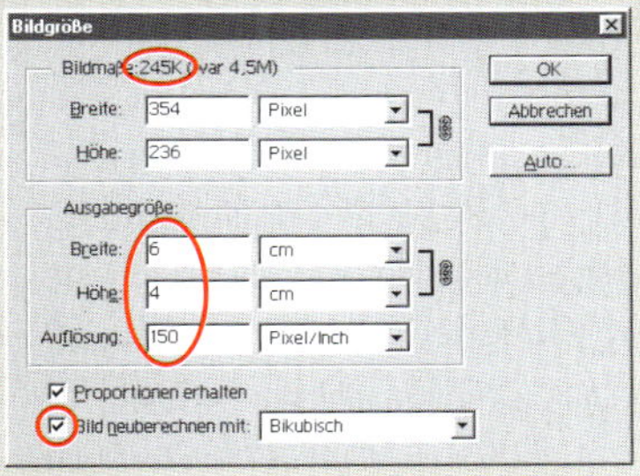

Wenn die Option Bild neuberechnen im Dialog Bildgröße aktiviert ist, kann das Bild prinzipiell auf beliebige Verhältnisse von Bildformat und Auflösung umgerechnet werden. Hierbei wird automatisch interpoliert, das heißt, die Pixelanzahl verändert sich.

Vorsicht ist geboten, wenn das Bild effektiv vergrößert wird. Denn wenn neue Pixel im Bild entstehen, müssen die ursprünglichen Pixelfarben über eine größere Fläche neu verteilt werden. Die Interpolation erhöht zwar die Datenmenge, sie kann dem Bild jedoch keine neuen Detailinformationen hinzufügen. Mit der Vergrößerung wird also keine Verbesserung der Bildqualität erreicht, sondern das Bild nur »aufgeblasen«. Eine Vergrößerung macht nur in wenigen Fällen Sinn, beispielsweise wenn sonst die einzelnen Pixel im Druck sichtbar würden oder wenn ein kleines Bild für ein Screendesign auf ein größeres Format gebracht werden muß.

Im oberen Teil des Dialogs erscheint, basierend auf den aktuellen Werten in den Eingabefeldern, die neue Dateigröße. In Klammern wird auch die ursprüngliche Größe angezeigt.

Auflösung ändern, aber Bildformat beibehalten

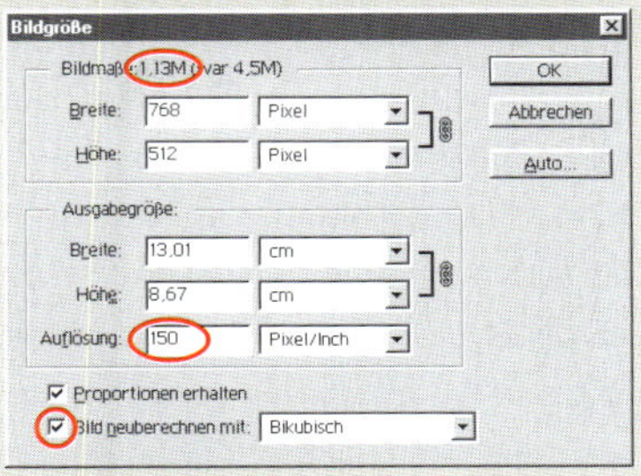

Gelegentlich kann es vorkommen, daß ein Bild in einer Auflösung vorliegt, die viel zu hoch für die im Layout vorgesehene Größe ist. In diesem Fall wird die Auflösung durch Eingabe eines niedrigeren Wertes verringert, während das Bildformat unverändert bleibt. Die Option Bild neuberechnen muß aktiviert sein, unter Ausgabegröße für Höhe und Breite darf jedoch nicht die Einheit Prozent ausgewählt sein. Photoshop reduziert dann die Gesamtanzahl der Pixel im Bild. Eine Erhöhung der Auflösung bei gleichbleibendem Bildformat sollte vermieden werden, da dadurch dem Bild keine neuen Farbinformationen hinzugefügt werden und die Dateigröße unnötig zunimmt.

Bildformat ändern, aber Auflösung beibehalten

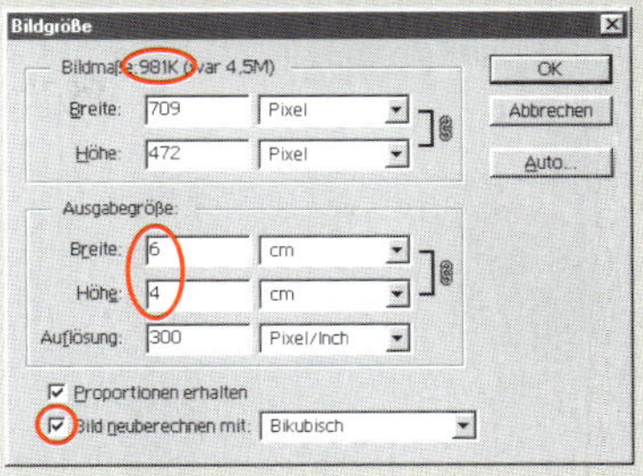

Soll ein Bild, das bereits die optimale Auflösung hat, kleiner gedruckt werden, wird unter Höhe und Breite ein neues Bildformat eingegeben. Der Wert für die Bildauflösung bleibt in diesem Fall unverändert. Damit Photoshop das Bildformat wie gewünscht ändert, muß die Option Bild neuberechnen aktiviert sein. Außerdem sollte auch die Option Proportionen erhalten aktiviert sein, sonst wird das Bild bei der Größenänderung möglicherweise verzerrt. Wenn diese Option aktiviert ist, muß nur eine der beiden Abmessungen eingegeben werden, Photoshop berechnet den anderen Wert dann automatisch.

Praktisch ist auch die Möglichkeit, das Bild auf einen vorgegebenen Prozentwert zu verkleinern.

▸ Arbeitsfläche und Bildüberhang

Besitzt ein Bild einen Bildüberhang, ist dieser, auch wenn das Bild vollständig im Bildfenster angezeigt wird, nicht sichtbar. Er kann jedoch jederzeit durch Bewegen der Ebene in den sichtbaren Bereich verschoben werden.

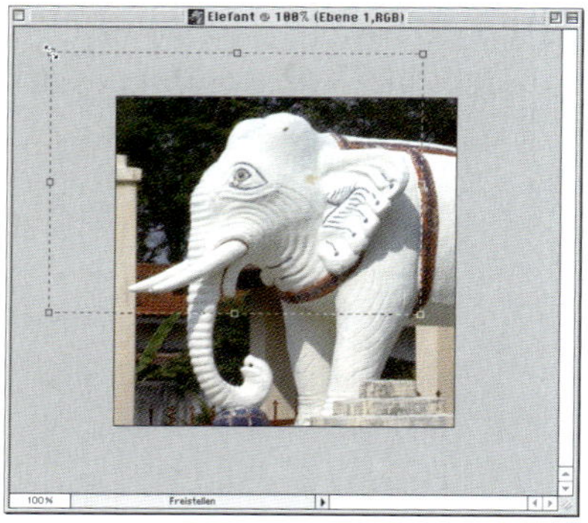

Einige Werkzeuge wie die Transformieren-Funktionen oder das Freistellungswerkzeug beziehen auch den Bildüberhang in die Umrechnung ein.

Als Arbeitsfläche wird der Bereich bezeichnet, der vom Bildfenster eingegrenzt wird. Aber aufgepaßt: Wenn das Bild in einer Darstellungsgröße angezeigt wird, in der nur ein Ausschnitt im Fenster sichtbar ist, ist eben auch nur ein Teil der Arbeitsfläche zu sehen. Nach dieser Definition ist die Arbeitsfläche gleichbedeutend mit der Bildfläche. Es gibt aber einen Fall, bei dem das Bild größer ist als die Arbeitsfläche, und zwar dann, wenn es einen Bildüberhang besitzt. Bildüberhang werden solche Bildteile genannt, die über die sichtbaren Bildbegrenzungen hinausragen. Ein Bildüberhang ist deshalb im Bildfenster nicht zu sehen und wird auch nicht mitgedruckt. Überhängende Bereiche können sich in einer oder mehreren Ebenen befinden. Die Hintergrundebene ist die einzige Ebene, die keinen Bildüberhang besitzen kann. Wenn eine Ebene mit Bildüberhang in die Hintergrundebene eingerechnet wird, geht der Bildüberhang dabei verloren.

Ein Bildüberhang kann bei folgenden Aktionen entstehen:

- **Verschieben** von Ebeneninhalten über die Arbeitsfläche hinaus
- **Skalieren** von Ebeneninhalten über die Arbeitsfläche hinaus
- **Einfügen** von Inhalten, die höher oder breiter als die Arbeitsfläche sind
- **Verkleinern der Arbeitsfläche,** ohne freizustellen (nur ImageReady)
- **Freistellen** einer Auswahl, ohne zu löschen (nur ImageReady)

Warum wird ein Bildüberhang überhaupt zugelassen? Schließlich erhöht sich mit dem Bildüberhang auch die Dateigröße, weil die überhängenden Pixel ebenfalls Speicherplatz belegen. Der Vorteil zeigt sich vor allem bei der Bildmontage: Die Montageelemente lassen sich beliebig hin- und herschieben. Würden sie beim Bewegen über die Arbeitsfläche hinaus direkt abgeschnitten, würde das eine starke Einschränkung bei der Ausrichtung der Elemente bedeuten.

Viele Funktionen wirken sich auch auf den Bildüberhang aus. Während die Auswahlwerkzeuge nur Bereiche der Arbeitsfläche zur Bearbeitung auswählen können, werden überhängende Bereiche immer mit verändert, wenn keine Auswahl besteht. Das gilt beispielsweise für alle Farb- und Tonwertkorrekturen oder für die Transformieren-Funktionen, sofern sie auf den gesamten Ebeneninhalt angewendet werden. Mal- und Retuschewerkzeuge wirken sich nur innerhalb der Arbeitsfläche aus. Wird jedoch mit dem Freistellwerkzeug ein Bereich außerhalb der Arbeitsfläche eingegrenzt (in diesem Fall muß mindestens ein Rahmenanfasser auf die Montagefläche gezogen werden), stellt das Werkzeug auch überhängende Bereiche frei – das heißt, diese erscheinen anschließend auf der Arbeitsfläche.

Freistellen und Erweitern

Wenn das Bild um das eigentliche Motiv herum unnötig viele Hintergrundbereiche enthält oder einfach nur ein Ausschnitt aus dem Gesamtbild benötigt wird, kann das Bild beschnitten werden. Photoshop und ImageReady bieten dafür unterschiedliche Methoden, die die Arbeitsfläche des Bildes verkleinern. Da ein Freistellen immer mit einer Änderung der Bildgröße einhergeht, stellt sich für den Bildbearbeiter die Frage, welches Bildformat und welche Auflösung der freigestellte Ausschnitt erhalten soll. Denn je nachdem, mit welcher Methode freigestellt wird, kann hierauf Einfluß genommen werden. Auch muß der Bildbearbeiter entscheiden, ob die äußeren Bereiche gelöscht oder als Bildüberhang beibehalten werden sollen. Folgende Werkzeuge kommen für das Freistellen in Frage:

- **Freistellungswerkzeug:** Das Freistellungswerkzeug kann einen beliebigen Bildausschnitt freistellen und dabei auch überhängende Bereiche berücksichtigen. In der Optionen-Palette des Werkzeugs lassen sich mit der Option Feste Zielgröße gleichzeitig auch das Bildformat und die Auflösung für den gewählten Ausschnitt vorgeben. Ergibt das Verhältnis von Bildformat zu Auflösung eine neue Pixelanzahl im gewählten Bereich, führt Photoshop eine Interpolation durch.

  Es kann aber auch nur das Bildformat oder nur die Auflösung voreingestellt werden. In diesem Fall sind die Werte in nicht benötigten Eingabefeldern mit der Rückschrittaste zu löschen. Bei einer solchen Umrechnung wird nicht interpoliert.
- **Freistellen-Befehl:** Der Befehl Freistellen aus dem Menü Bild dient zum Freistellen eines Bereichs, der zuvor mit einem der Auswahlwerkzeuge markiert wurde (in Photoshop nur Auswahlrechteck). In ImageReady kann dabei gewählt werden, ob die äußeren Bereiche gelöscht oder als Bildüberhang bestehen bleiben sollen.
- **Arbeitsfläche-Befehl:** Der Befehl Arbeitsfläche aus dem Menü Bild beschneidet ein Bild an einer oder mehreren Seiten um einen bestimmten Pixelwert. In ImageReady kann die Breite der überflüssigen Ränder direkt eingegeben werden, in Photoshop wird dazu ein Taschenrechner benötigt, weil hier nur die Zielgröße vorgegeben werden kann.

Natürlich ist auch der umgekehrte Fall denkbar, daß kein Ausschnitt freigestellt, sondern die Arbeitsfläche erweitert werden soll, um neue Ränder hinzuzufügen oder Teile des Bildüberhangs zur Arbeitsfläche zu machen. Wenn ein Bild einen Bildüberhang besitzt, wird dieser bei einer Vergrößerung der Arbeitsfläche automatisch sichtbar. Obwohl die Arbeitsfläche theoretisch auch mit dem Freistellungswerkzeug erweitert werden kann, ist dafür der Befehl Arbeitsfläche aus dem Menü Bild die richtige Funktion. Dieser Befehl erhöht, wenn unter Höhe und Breite größere Werte eingegeben werden, zwar auch die Anzahl der Pixel im Bild, nimmt aber im Gegensatz zur Funktion Bildgröße keine Neuverteilung der Farben vor. Ob nur an einer oder an mehreren Seiten neue Ränder entstehen, hängt von der gewählten Fixposition ab. In der Hintergrundebene wird den neuen Rändern die Hintergrundfarbe zugewiesen. In allen übrigen Ebenen werden sie transparent, oder es erscheint der Bildüberhang, sofern das Bild an dieser Seite einen Bildüberhang besitzt.

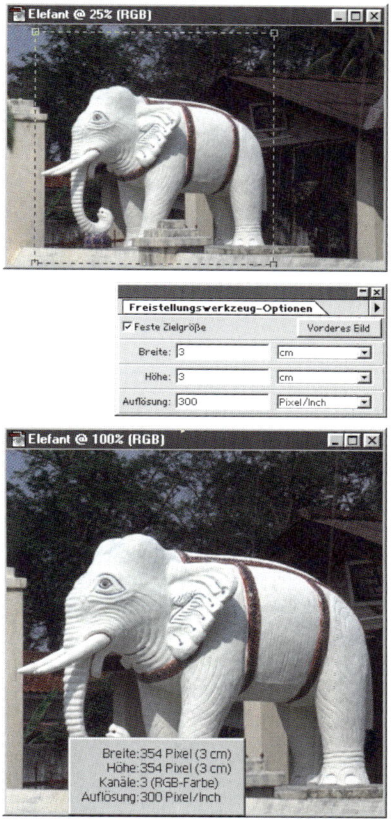

Das Freistellungswerkzeug kann den gewählten Bildausschnitt direkt auf die gewünschte Bildgröße umrechnen. Damit kombiniert es sozusagen die Befehle Freistellen und Bildgröße.

Pixel für Pixel Qualität

Wie mit der geeigneten Scanauflösung eine maximale Bildqualität bei minimalem Datenumfang erzielt werden kann

Belichtungsdienstleister haben oft genug mit Datenmengen zu kämpfen, die unnötig das Netzwerk und nicht zuletzt den RIP belasten, obwohl meistens schon die Hälfte der Daten ausgereicht hätte, um mit derselben Qualität zu belichten. Umgekehrt kommt es auch vor, daß Bilder, die auf dem Bildschirm gut aussehen, durch die Belichtung plötzlich grob pixelig und mit stufigen Konturen erscheinen. Beide Fälle lassen sich vermeiden, wenn mit den richtigen Bildauflösungen gearbeitet wird.

Bildvorlagen stammen meistens von einem der üblichen Filmformate ab. Als verbreitete Filmformate dürfen das Kleinbildformat mit 24 mal 36 mm, das Mittelformat mit 56 mal 56 mm und schließlich das Großformat, das bei 9 mal 12 cm beginnt, gelten. Es gibt daneben noch zwei rechteckige Mittelformate, die besser auf die üblichen DIN-Papierformate abgestimmt sind, jedoch ist keines dieser Formate exakt deckungsgleich mit den DIN-Größen. Die Abbildungen auf der rechten Seite zeigen den für den Druck in DIN-Formaten nutzbaren Bildausschnitt unterschiedlicher Filmformate.

Bildvorlagen werden in der Regel direkt als Dia (Durchsichtsvorlage) oder als Abzug auf Fotopapier (Aufsichtsvorlage) angeliefert. Zwar lassen sich Dias auch mit Flachbettscannern, die mit einer Durchlichteinheit ausgestattet sind, in recht guter Qualität scannen, zu empfehlen ist jedoch die Digitalisierung mit einem Diascanner, der die Besonderheiten des Filmträgermaterials besser berücksichtigt und brillantere Scans liefert.

Eine Alternative, die stets in Betracht gezogen werden sollte, ist der Scan vom Dienstleister. Vor allem wenn vom Kleinbilddia ein hochauflösendes Digitalbild angefertigt werden soll, ist der mit einem Trommelscanner eingelesene Scan allen anderen Lösungen vorzuziehen. Die gute Reproduktionsqualität wiegt dann die Scankosten auf. Bei Aufsichtsvorlagen reicht die Qualität und Auflösung vieler Flachbettscanner meist aus.

Seit dem Erscheinen der Photo CD gewinnt dieses digitale Bildmedium auch immer mehr an Bedeutung für die DTP-Produktion. Neben der normalen Photo CD, die sich nur zum Erfassen von Kleinbilddias und -negativen eignet, gibt es auch die Professional Photo CD, die eine noch höhere Auflösung bietet und auch für alle Filmformate bis 4 mal 5 Inch geeignet ist.

Neben der richtigen Bildauflösung beim Erfassen der Vorlagen – ob sie nun mit Desktop-Flachbettscannern, High-end-Scannern oder im Photo-CD-Verfahren gescannt werden – sind die jeweils anfallenden Kosten ein wichtiger Gesichtspunkt. Für den High-end-Scan sind etwa zwischen 40 und 150 Mark zu veranschlagen. Der Transfer auf die Professional Photo CD kostet rund 40 Mark pro Bild, während die Preise bei der normalen Photo CD mit ein bis sechs Mark deutlich niedriger ausfallen. Dagegen steht der Abzug vom Dia oder Negativ mit zehn bis 25 Mark. Neben der Photo CD ist demnach der Scan mit dem eigenen Flachbettscanner die preiswerteste Möglichkeit der Bilderfassung.

Die rot umgrenzten Bereiche markieren den maximal nutzbaren Ausschnitt in bezug auf die DIN-Formate.

Foto: Helmut Bechtel

Kleinbild: 24 mal 36 mm

Mittelformat I: 42 mal 56 mm

Foto: IWC

Mittelformat II: 56 mal 68 mm

Fotografisch erstellte Bildvorlagen überwiegen auch im Color Publishing noch immer gegenüber den rein digitalen Fotografien. So sind auch fast alle Bilder in diesem Buch konventionell mit einer Kamera auf chemischen Film aufgenommen. Die Digitalisierung erfolgte mit Desktop-Flachbettscannern, Desktop-Diascannern, Trommelscannern oder per Transfer auf Photo CD.

Foto: Mercedes Benz AG

Großformat: ab 84 mal 114 mm

Ermitteln der richtigen Bildgröße			
	Bildformat (in cm)	Bildpunkte* (in Mio.)	Speicherplatz* (in MByte)
DIN A7	7,4 x 10,5	1,1	**4,2**
DIN A6	10,5 x 14,8	2,2	**8,5**
DIN A5	14,8 x 21	4,5	**17,0**
DIN A4	21 x 29,7	9,0	**33,0**
DIN A3	29,7 x 42	17,9	**65,0**
DIN A2	42 x 59,4	35,9	**130,0**

*) Die Werte für die Anzahl der Bildpunkte und den Speicherplatz lassen sich bis zu einem Drittel verringern, wenn nicht unbedingt höchste Bildqualität gefordert ist.

Bildgrößen der Photo CD		
Photo CD	Auflösung (in Pixel)	Bildpunkte* (in Mio.)
Base / 16	128 x 192	**0,02**
Base / 4	256 x 384	**0,1**
Base	512 x 768	**0,4**
4Base	1.024 x 1.536	**1,6**
16Base	2.048 x 3.072	**6,3**
64Base	4.096 x 6.144	**25,1**

*) Theoretisch reichen die Auflösungen der Photo CD für Druckgrößen bis A4, die der Professional Photo CD sogar bis zur Postergröße A2.

Viele Anwender von Desktop-Scannern sind anfangs ziemlich verwirrt, wenn in den begleitenden Handbüchern zum Scanner oder auch in der Fachliteratur Formeln zum Ermitteln der richtigen Scanauflösung auftauchen.

Aus diesem Grund wird im folgenden versucht, ganz ohne Mathematik und Formeln und ohne die Verwirrung um dpi den Weg zur richtigen Bildauflösung zu finden. Bei den Tabellen zum Ermitteln der geeigneten Bildauflösung werden unter anderem die unterschiedlichen Papierformate der DIN-Reihe berücksichtigt und in Beziehung zu den Filmformaten bei unterschiedlicher Art der Bilderfassung gesetzt.

Die **Tabelle der Bildformate** (links oben) gibt an, wie viele Bildpunkte für eine optimale Druckqualität benötigt werden. Als Druckparameter wird ein 60er Raster im Vierfarbdruck angenommen. Der dort angegebene Speicherplatz bezieht sich auf eine separierte Bilddatei im CMYK-Modus.

Der Tabelle liegt folgende Überlegung zugrunde: Für ein 60er Raster (60 Linien pro Zentimeter) werden 120 Bildpunkte pro Zentimeter benötigt, um zwei benachbarte Linien voneinander unterscheiden zu können. Dies bedeutet, daß beispielsweise für ein Bild von 5 mal 5 Zentimetern Größe 5 mal 120 mal 5 mal 120 Bildpunkte benötigt werden: also 360.000 Bildpunkte. Die so ermittelte Anzahl von nötigen Bildpunkten ist auf den ziemlich ungünstigen Fall abgestimmt, eine Linienstruktur verlustfrei abzubilden. Für Fotografien wie Portraits, Landschaftsaufnahmen und auch viele Produktfotos (wenn sie keine Schrift enthalten) kann auch mit bis zu einem Drittel weniger Bildpunkten gearbeitet werden, ohne daß die Bildqualität sichtbar leidet.

Wenn nun die Anzahl der Bildpunkte bei einem bereits gescannten Bild bekannt ist (sie ergibt sich aus der Anzahl der Pixel in horizontaler Richtung multipliziert mit der Anzahl der Pixel in vertikaler Richtung), kann mit Hilfe der Tabelle leicht abgeschätzt werden, bis zu welcher Größe das Bild gedruckt werden darf. So kann beispielsweise ein Bild mit 1,5 Millionen Bildpunkten gut im Format DIN A7 und zur Not noch im Format A6 gedruckt werden.

Die drei Tabellen auf der rechten Seite zeigen die Scanauflösungen für die üblichen Filmformate Kleinbild, Mittel- und Großformat, das heißt, wie viele Bildpunkte je nach Vorlagenformat erfaßt werden. Dabei ist berücksichtigt, daß die Filmformate nicht unbedingt optimal auf die DIN-Formate abgestimmt sind. So ist jeweils nur die im DIN-Format maximal nutzbare Bildfläche angegeben.

Beispiel: Die Vergrößerung eines Kleinbilddias im Format 20 mal 28 wird bei 300 dpi mit einem Desktop-Scanner digitalisiert. Dabei werden rund acht Millionen Bildpunkte erfaßt. Die Tabelle links oben zeigt, daß dies gut für A5 und noch knapp für A4 ausreicht. Dank des Spielraums von einem Drittel wird man das Bild fast immer größer als A4 drucken können, ohne daß mit sichtbaren Bildmängeln zu rechnen ist.

Scanauflösung: Kleinbild		
Kleinbild 24 x 34 mm	Bildauflösung (in Pixel)	Bildpunkte (in Mio.)
Kleinbilddia	2.400 x 3.400	**8,2**
Photo CD 4/1	1.024 x 1.448	**1,5**
Photo CD 16/1	2.048 x 2.896	**5,9**
Vergrößerung*	1.240 x 1.754	**2,1**
Vergrößerung**	2.362 x 3.340	**7,9**
High-end-Scan***	2.400 x 3.400	**8,2**

*) 300-dpi-Scan von 10,5 x 14,8 cm
**) 300-dpi-Scan von 20 x 28 cm
***) 2.540-dpi-Scan von Kleinbilddia

Scanauflösung: Mittelformat		
Mittelformat I 56 x 40 mm II 56 x 68 mm	Bildauflösung (in Pixel)	Bildpunkte (in Mio.)
MF-Dia I	4.000 x 5.600	**22,4**
MF-Dia II	4.800 x 6.800	**32,6**
Photo CD 64/1	4.096 x 5.792	**23,7**
High-end-Scan*	4.000 x 5.600	**22,4**

*) 2.540-dpi-Scan von Mittelformat I

Scanauflösung: Großformat		
Großformat 81 x 115 mm	Bildauflösung (in Pixel)	Bildpunkte (in Mio.)
GF-Dia	8.100 x 11.400	**92,3**
Photo CD 64/1	4.096 x 5.792	**23,7**
High-end-Scan*	8.100 x 11.500	**93,2**

*) 2.540-dpi-Scan von Großformat

Tips für den korrekten Scan

- Immer in der physikalischen Auflösung des Scanners scannen. So wird eine maximale Informationsdichte erreicht. Die Auflösung kann später in Photoshop mit Bild, Bildgröße nach oben oder unten angepaßt werden.
- Auch für Graustufenscans in Farbe scannen. So werden mehr Helligkeitsinformationen erfaßt. Der Farbmodus kann später mit Bild, Modus, Graustufen geändert werden.
- Wenn die Scansoftware es erlaubt, kann die nötige Gammakurve schon beim Scannen berücksichtigt werden. Wenn der Scanner mit einer höheren Farbtiefe als 8 Bit scannt (z.B 10 Bit oder 12 Bit), können die Daten auch unkorrigiert an Photoshop übergeben werden, da das Programm Farbtiefen bis zu 16 Bit unterstützt. Die nötigen Gradationskurven können dann in Photoshop angewendet werden, ohne einen Tonwertverlust einkalkulieren zu müssen.
- Alle Bildkorrekturen wie beispielsweise Schärfen sollten nicht in der Scansoftware vorgenommen werden, sondern besser in Photoshop, weil bis auf wenige Ausnahmen die Korrekturen in Photoshop zu besseren Resultaten führen.
- Nach einer Änderung der Bildgröße bzw. Bildauflösung, bei der sich die Gesamtzahl der Pixel im Bild ändert, sollte in der Regel eine Unschärfemaskierung erfolgen.

Foto: Macup Verlag

Das Testdia der Page in unzureichenden 100 dpi (knapp 60.000 Bildpunkte) ...

... mit ausreichenden 200 dpi (200.000 Bildpunkte) ...

... und mit unnötigen 400 dpi (1 Million Bildpunkte)

Praxis

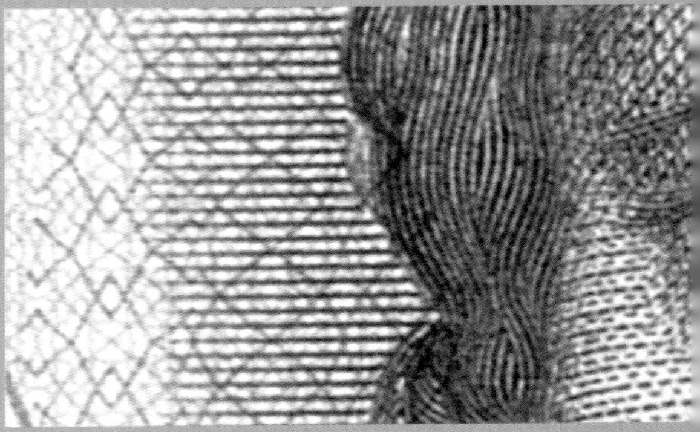

Auf Montage

Über die Ebenenoptionen und ihre wunderbaren Auswirkungen auf die Arbeit mit mehreren Bildern oder Bildausschnitten

→ Übungsmaterial auf der CD:
Auf Montage
Bildvorlagen, Endfassung

Unerwarteter Besuch eines Fisches am Arbeitsplatz eines Schweißers. Arbeitet der Schweißer unter Wasser (in Jeansjacke?) oder kann der Fisch fliegen? Zudem ist es recht wagemutig von dem Schuppentier, so gemächlich mitten durch die sprühenden Funken zu gleiten ... Die Herstellung solcher und ähnlicher Effekte macht ausgiebig von der Ebenenverwaltung von Photoshop Gebrauch.

Die Bildmontage gehört zu den wichtigsten Aufgaben bei der Arbeit mit Photoshop. Die zentralen Werkzeuge für die Regulierung, auf welche Art und Weise sich unterschiedliche Elemente oder Bildausschnitte zu einem Montagebild vereinigen, sind die Ebenenpalette und die dazugehörigen Funktionen aus dem Palettenmenü bzw. dem Menü Ebene. Damit die Vorteile der Ebenenverwaltung genutzt werden können, sollten alle Elemente, die unabhängig voneinander bearbeitet werden sollen, in separate Ebenen gelegt und erst ganz zum Schluß zu einer Ebene zusammengefaßt werden.

Die Elemente in einer Ebene verdecken alle Pixel der darunterliegenden Ebenen, ohne sie zu ersetzen. Photoshop und ImageReady als Werkzeuge der digitalen Bildbearbeitung gehen aber über das bloße »Einkleben« von Motiven in ein neues Bild weit hinaus: Die Pixel der unterschiedlichen Ebenen können miteinander »interagieren«. In der Ebenenpalette läßt sich beispielsweise die Deckkraft reduzieren, um das Motiv transparent zu überblenden. Die verschiedenen Deckmodi des Einblendmenüs erlauben zudem die Vereinigung der aktuellen Ebene mit dem darunterliegenden Bild nach einer bestimmten mathematischen Operation. Im Modus Aufhellen beispielsweise gehen nur die helleren, im Modus Abdunkeln nur die dunkleren Pixel in die Montage ein. Einige Modi wie Multiplizieren und Negativ multiplizieren sind der Überlagerung von fotografischen Negativen bzw. Dias nachempfunden.

Als weitere Montageoption kann der Farbwertbereich für die aktuelle Ebene und auch für das darunterliegende Bild eingeschränkt werden. Bei RGB-Bildern entspricht ein Farbwert von 0 der Farbe Schwarz und der Wert 255 dem reinen Farbton des jeweiligen Farbkanals. Durch eine Einschränkung des Farbwertbereichs der aktuellen Ebene auf 0 bis 100 beispielsweise besitzen nur die dunklen Ebenenpixel die Fähigkeit, Pixel der darunterliegenden Ebenen zu ersetzen. Wird hingegen der Farbwertbereich des darunterliegenden Bildes auf den Bereich von 200 bis 255 reduziert, erlauben nur die hellen Pixel des darunterliegenden Bildes eine Ersetzung durch Pixel der aktuellen Ebene. Und nur, wenn beide Bedingungen erfüllt sind, findet eine Ersetzung statt. Das Teilen der Regler mit Hilfe der Alt/⌥-Taste macht aus den abrupten Übergängen weiche Übergänge. Das kommt einer Reduzierung der Deckkraft für Pixel mit Farbwerten aus den Übergangsbereichen gleich.

1. Zunächst wurden passende **Bildvorlagen** ausgesucht. Die Bilder mußten hinsichtlich ihrer Bildgröße und der Lichtgebung übereinstimmen. Da der Fisch von unten beleuchtet wird, eignete er sich hervorragend für eine Positionierung über der Schweißstelle.

2. Der Fisch wurde mit dem Zeichenstift konturiert und der entstandene Pfad in eine Auswahl umgewandelt (Pfadetikett in der Pfadpalette auswählen und **Auswahl erstellen** aus dem Palettenmenü wählen oder die Enter-Taste des Ziffernblocks drücken). Die Funktion Frei transformieren aus dem Menü Bearbeiten drehte den Fisch in die gewünschte Horizontale.

3. Am einfachsten ließ sich der Fisch per Drag-and-drop in das Schweißerbild kopieren: Das noch ausgewählte Unterwassertier brauchte lediglich mit dem **Bewegen-Werkzeug** in das Fenster des Schweißers gezogen zu werden. Photoshop setzt Objekte, die per Drag-and-drop bewegt werden, beim Einfügen automatisch in eine neue Ebene ein. Um den Übergang zwischen Fisch- und Hintergrundebene zu glätten und störende Randpixel zu beseitigen, war eine Randbehandlung mit der Funktion **Rand entfernen** aus dem Menü Ebene, Hintergrund nötig.

4. Das Bewegen-Werkzeug stellte den Fisch an die vorgesehene Stelle. Damit der Fisch nicht aus dem Bild herausschwimmt, sondern sich auf den Schweißer zu bewegt, empfahl sich eine **horizontale Spiegelung** (Menü Bearbeiten, Transformieren, Horizontal spiegeln).

5. Die eigentliche kompositorische Integration erfolgte im **Dialog Ebenen-Optionen** (Doppelklick auf das Etikett der Fischebene oder Funktion Ebenen-Optionen aus dem Menü der Ebenenpalette). Für die farbliche Anpassung wurde der Modus Luminanz gewählt und für die räumliche Wirkung eine Farbbereichseinschränkung vorgenommen. Dazu wurde der weiße Regler für Darunterliegendes mit der Alt/⌥-Taste geteilt (Alt/⌥-Taste drücken, auf Regler klicken und ziehen) und der linke Teilregler auf den Wert 110 und der rechte auf den Wert 140 gesetzt. Diese Farbbereichseinschränkung schützte die hellen Funkenbereiche.

6. Nach einer Reduzierung der beiden Ebenen auf die Hintergrundebene (Menü Ebene, **Auf Hintergrundebene reduzieren**) waren die Montagearbeiten abgeschlossen.

1

3

4

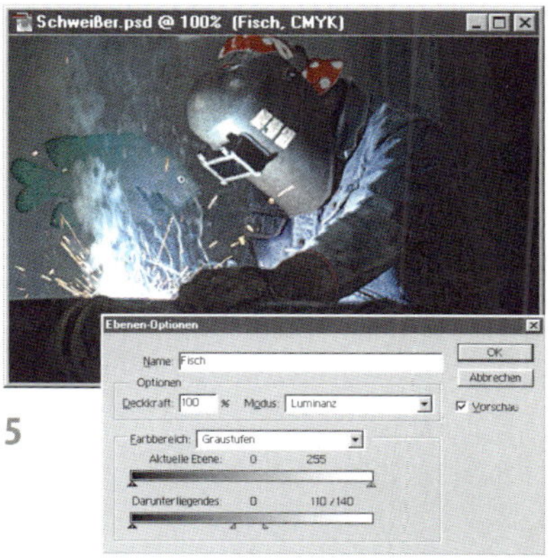

5

ARTificial Reality

Warum künstliche Kunst dank Photoshop keine Kunst ist

→ ***Übungsmaterial auf der CD:***
Artificial Reality
Bildvorlage, Endfassung

Eines der Hauptanwendungsgebiete von Photoshop ist die Korrektur technisch und inhaltlich mangelhafter Bildvorlagen. Unter die technischen Mängel von Fotos fallen beispielsweise Unschärfe, falsche Belichtung und Farbstichigkeit. Als inhaltlich mangelhaft können Bilder gelten, bei denen ein Teil des darzustellenden Motivs abgeschnitten ist oder durch andere Objekte verdeckt wird.

Die Möglichkeiten zur technischen und inhaltlichen Bildkorrektur mit Photoshop sollen an zwei Beispielen vorgestellt werden. Ausgangsbild für das erste Beispiel war das Foto eines Graffiti-Bildes aus einer Straßenunterführung. Zum Zeitpunkt der Aufnahme war das Bild bereits teilweise von einem wenig Respekt zollenden Sprayerkollegen übersprüht worden und mußte rekonstruiert werden. Auch ließ die räumliche Enge der Unterführung nicht zu, einen größeren Bildausschnitt zu erfassen (man hätte sonst die bei Weitwinkelobjektiven üblichen Verzerrungen in Kauf nehmen müssen). Der untere Bereich des Bildes ist deshalb nicht vollständig erhalten.

Hinzu kam auch noch, daß nur ein Teil des Bildes, der wißbegierige Sprayer mit seinem Handbuch, benötigt wurde. Mit Bildbearbeitung läßt sich aus einer solchen, nicht ganz zufriedenstellenden Vorlage ganz einfach das Bild machen, das der Fotograf mit seinen Mitteln nicht anfertigen konnte: künstliche Wirklichkeit.

1. Die Schirmmütze der Graffiti-Figur war leider von einem respektlosen Sprayer auf wenig kunstvolle Weise übersprüht worden. Diese »Verunstaltung« sollte nun in Photoshop beseitigt werden.

Für diese Arbeiten eignen sich besonders der **Wischfinger** und der **Stempel.** Der Wischfinger wird immer dann verwendet, wenn Farbübergänge erhalten bleiben sollen. Er wirkt ähnlich wie ein Finger, der durch nasse Farbe gezogen wird. Das Werkzeug übernimmt dabei die Farbe bzw. das Farbmuster von der Stelle, an der mit dem Wischen begonnen wird. Es sollte möglichst immer nur in eine Richtung entlang der zu bearbeitenden Linie bewegt werden. Entscheidend für das Ergebnis ist, an welcher Stelle mit dem Wischen begonnen wird, welche Breite der Wischfinger hat und wie genau die zu rekonstruierende Linie nachgezogen wird. Ein zu breiter Wischfinger kann zu einer unerwünschten Farbübertragung führen.

Im Beispiel wurde in der Palette Werkzeugspitzen eine kleine, weiche **Werkzeugspitze** gewählt, deren Durchmesser etwa der Breite der zu retuschierenden Linien entsprach. Sie wurde mit geringfügig verringertem Druck (90 %) angewendet.

2. Die unvollständige schwarze Kontur um die Figur wurde mit dem **Pinsel** nachgezeichnet. Eine stark vergrößerte Bildschirmdarstellung erleichtert die Rekonstruktion. Nicht benötigte Hintergrundbereiche ließen sich ebenfalls mit dem Pinsel oder durch Auswählen und Füllen mit der Vordergrundfarbe schwärzen.

1a

1d

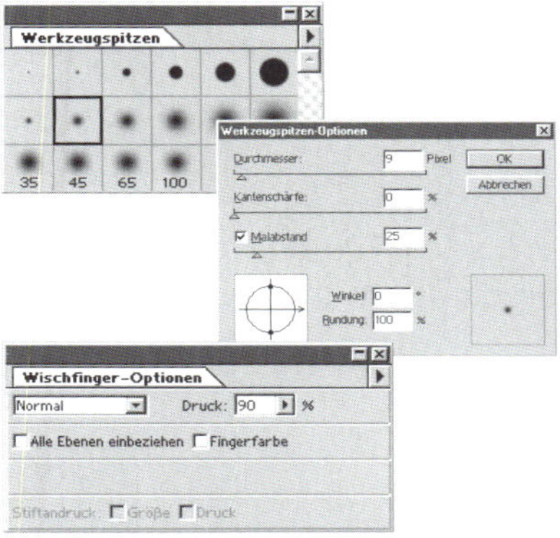

1b

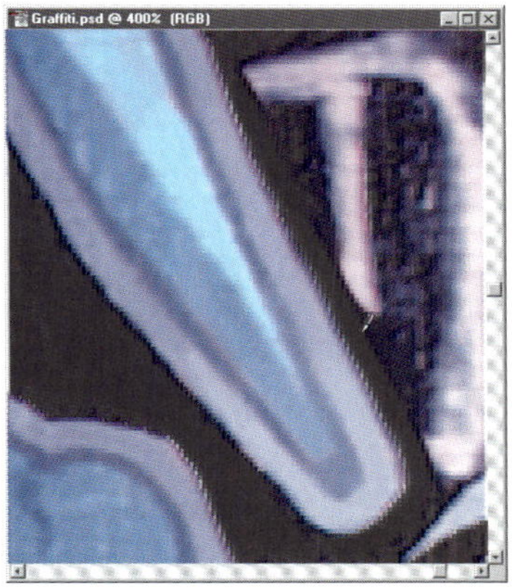

2a

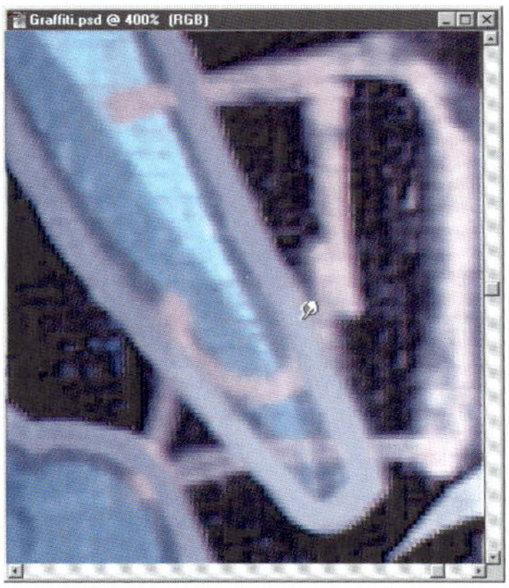

1c

2b

3

6

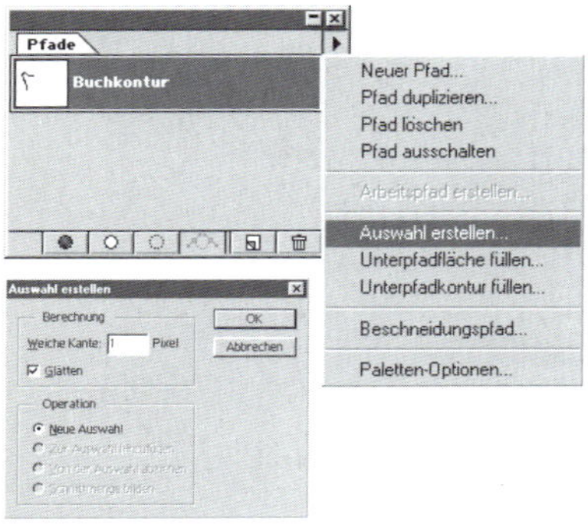

4

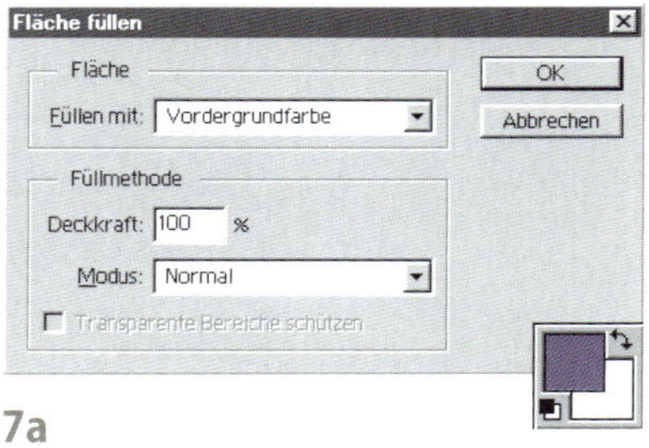

7a

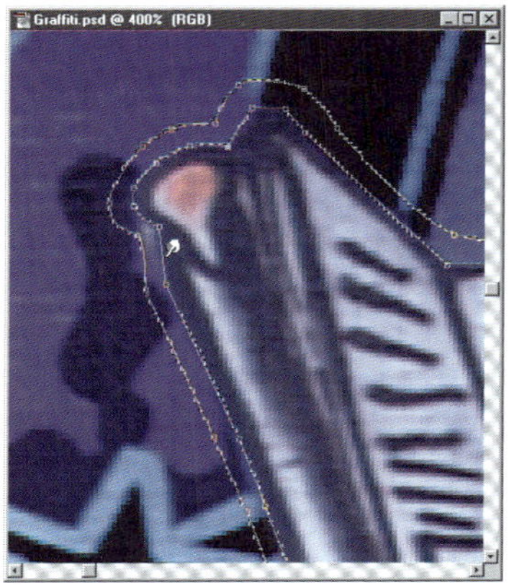

5

7b

3. Die nächsten Schritte hatten zum Ziel, das Buch mit einer schwarzen Kontur zu versehen, die angrenzenden Elemente zu löschen und die Figur restlos vor schwarzem Hintergrund freizustellen. Dazu waren mehrere Arbeitsgänge nötig.

Eine Kontur um ein unregelmäßig geformtes Objekt sollte nicht direkt mit einem Zeichenwerkzeug wie dem Buntstift oder Pinsel gezeichnet werden. Ein besseres Ergebnis läßt sich immer erzielen, wenn zuerst der betroffene Bereich ausgewählt wird. Ein weiterer Vorteil einer Auswahl ist, daß auch der außerhalb der Kontur liegende Bereich problemlos bearbeitet werden kann – die Auswahl muß dazu nur umgekehrt werden. Diese Auswahl kann entweder mit dem Lasso oder dem **Zeichenstift** vorgenommen werden.

Der Zeichenstift bietet den Vorteil, daß der Verlauf des erstellten Pfads beliebig korrigiert werden kann, bevor er in eine Auswahl umgewandelt wird. Es ist also möglich, den Pfad um die Objektkontur zunächst nur grob zu zeichnen und anschließend die Ankerpunkte exakt an die gewünschte Stelle zu verschieben, gegebenenfalls auch weitere Kurvenpunkte einzufügen. Über die zu jedem Ankerpunkt gehörenden Griffe läßt sich die Krümmung genau der Form des Objekts anpassen.

4. Der Befehl **Auswahl erstellen** aus dem Menü der Pfadepalette wandelte den Pfad dann in eine Auswahl um. Im Dialog sollte, um Ungenauigkeiten auszugleichen, die Option **Glätten** eingeschaltet und eine **weiche Kante** von 1 Pixel Breite ausgewählt werden.

5. Nachdem die Auswahl mit Auswahl umkehren aus dem Auswahl-Menü invertiert worden war, konnte mit dem **Wischfinger** der Rand des Buches gleichmäßig bis an den Pfad heran nachgezogen werden.

6. Ein großer, schwarzer **Pinsel** löschte die angrenzenden Bildpartien auf der anderen Seite der Kontur.

7. Zum Füllen der Konturlinie mußte die Auswahl wieder umgekehrt werden. Mit der Pipette wurde ein typischer Farbton aus der Konturlinie aufgenommen und die Auswahl mit Bearbeiten, **Fläche füllen** mit der Vordergrundfarbe gefüllt. Manchmal ist es nach dieser Operation notwendig, die Füllung mit dem Wischfinger nachzubearbeiten.

8. Die am unteren Rand des Bildes abgeschnittenen Tropfenspuren ließen sich mit einem feinen **Pinsel** und schwarzer Farbe abrunden.

9. Zuletzt wurden alle übrigen, nicht mehr benötigten Hintergrundelemente mit dem **Pinsel** übermalt und die Spritzer aus der linken oberen Bildecke näher an das Buch heran verschoben. Dazu brauchten die Spritzer nur mit dem **Auswahlrechteck** ausgewählt und mit dem **Bewegen-Werkzeug** an die gewünschte Position bewegt zu werden. Photoshop setzt in den freigewordenen Bereich der Hintergrundebene automatisch die Hintergrundfarbe ein, sie wurde deshalb vorher auf Schwarz eingestellt. Da im Dialog Verblassen (Menü Filter) der Deckmodus **Aufhellen** gewählt wurde, blieb die vom Auswahlbereich überdeckte Konturlinie des Buchs unverändert.

8a

9a

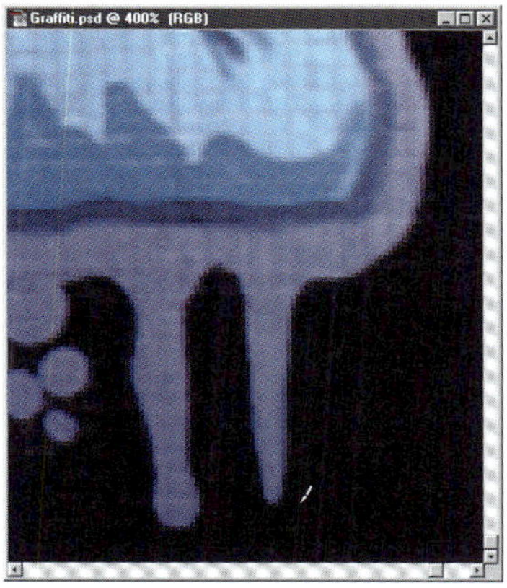

8b

9b

Real Reality, Virtual Reality

Über Möglichkeiten zur Korrektur technisch und inhaltlich mangelhafter Bildvorlagen

→ ***Übungsmaterial auf der CD:***
Real Reality
Bildvorlage, Endfassung

Ein wohlbekanntes Problem: Für den Verkauf eines Hauses wird kurzfristig ein Foto für das Exposé benötigt. Nichts leichter als das, denkt sich der Makler und bittet den Hausbesitzer, mal eben schnell ein Foto vom Haus zu machen.

Dies erweist sich aber als gar nicht so trivial. Wie so oft stehen vor dem Haus mehrere Autos geparkt, die den unteren Teil des Hauses fast vollständig verdecken. Leider reicht die Zeit nicht mehr, einen anderen Zeitpunkt abzupassen, zu dem das Haus ungehindert zu sehen ist.

Also wird das Foto gemacht und in einem Schnellabor ein Abzug in Auftrag gegeben. Das nebenstehende Bild zeigt das enttäuschende Ergebnis einer solchen Blitzaktion. Zu allem Übel hat der Abzug nun auch noch einen Farbfehler, mit dem das Haus nicht gerade besonders ansprechend wirkt.

Hier hilft Photoshop weiter. Mit ein wenig Erfahrung und Fingerspitzengefühl könnte das Foto für das Exposé so aussehen, wie oben gezeigt. Zu hoffen ist, daß dies in Zukunft öfter Anwendung findet.

Vorbereitungen (Bilder 1. Spalte)

1. Als erstes wurden die Farben, die Sättigung und die Helligkeit des Bildes im Dialog **Variationen** (Bild, Einstellen) nach Augenmaß justiert.

2. Das Maklerbild sollte nur das Haus selbst zeigen und möglichst wenig Umgebung. Mit dem **Freistellungswerkzeug** wurde dazu der Ausschnitt festgelegt und das Bild beschnitten. Von der Hintergrundebene wurde eine Kopie angelegt (Ebene, Ebene duplizieren) und alle Korrekturen in dieser zweiten Ebene ausgeführt. Durch Ein- und Ausblenden der Korrekturebene war jederzeit ein Vergleich mit der Ursprungsebene möglich.

Entfernen der Autos (Bilder 2. Spalte)

1. Zum Entfernen des mittleren Autos vor der Garagenzufahrt wurde ein kleiner Bildausschnitt mit Garagentor und Straßenpflaster mit dem Auswahlrechteck umgrenzt und bei gedrückter Strg/⌘- und Alt/⌥-Taste als **Kopie** links neben dem Original angesetzt (Strg/⌘-Taste aktiviert das Bewegen-Werkzeug, Alt/⌥-Taste erzeugt die Kopie). Weitere Ausschnitte wurden nach dem gleichen Verfahren links fortlaufend angefügt.

2. Die durch das Ansetzen entstandenen Übergänge ließen sich mit dem **Stempel** bei aktiver Option Ausgerichtet (Palette Stempeloptionen) beseitigen, indem jeweils eine Latte ohne Ansatz kopiert wurde. Um möglichst wenige retuschierbedürftige Übergänge zu erhalten, wurde nun dieser korrigierte Bereich des Garagentors kopiert und wieder angesetzt.

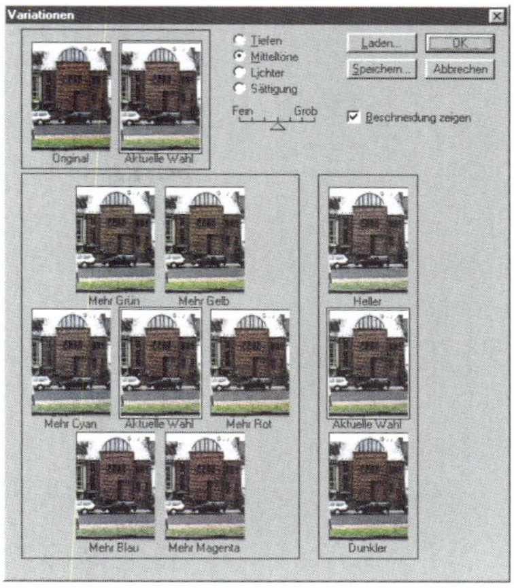

1

1

2a

2a

2b

2b

3

5

4a

6

4b

7

3. Auch die Mauer hinter der Motorhaube ließ sich mit dem **Stempel** rekonstruieren. Dazu wurde das Werkzeug exakt an eine linke obere Ecke eines Steins gesetzt und mit einem Mausklick bei gedrückter Alt/⌥-Taste der Aufnahmeursprung bestimmt. Das Nachzeichnen mußte dann ebenfalls an der linken oberen Ecke eines halb verdeckten Steins beginnen. Wichtig war, die gesamte Fläche möglichst in einem Arbeitszug zu rekonstruieren bzw. beim nächsten Ansetzen wieder an einer linken oberen Steinecke zu beginnen.

4. Um die rechte runde Ecke der Mauer zu erhalten, wurde der obere Teil der rechten Rundung mit dem **Stempel** nach unten übertragen.

5. Auch das Straßenpflaster konnte mit dem **Stempel** ergänzt werden.

6. Im Bereich zwischen Mauer und Garagentor mußte eine Holzbrüstung rekonstruiert werden, von der nur die obere Kante hinter dem Auto sichtbar war. Es empfahl sich, den wiederherzustellenden Bereich mit dem **Auswahlrechteck** auszuwählen, damit bereits erstellte Partien nicht versehentlich übermalt wurden. Eine sorgfältige Kopieraktion mit dem **Stempel** baute die Holzlatten nacheinander auf.

7. Gemäß der Licht- und Schattenwirkung wurde das Garagentor mit dem Auswahlrechteck ausgewählt und im linken Bereich mit dem **Nachbelichter** in mehreren Durchgängen abgedunkelt. Jedesmal, bevor das Werkzeug neu ansetzte, wurde in der Optionenpalette ein höherer Belichtungswert eingestellt.

8. Der Bereich unter der Holzbrüstung wurde mit dem **Lasso** ausgewählt und dann das Straßenpflaster mit dem **Stempel** ergänzt.

9. Da die untere Kante der Holzbrüstung noch zu scharf und abrupt erschien, dehnte der **Wischfinger** den grünlichen Streifen von der Mauerunterkante nach rechts hin aus.

10. Zuletzt mußten noch die Reste des Autodachs entfernt werden. Dazu wurde der Bereich zwischen dem Tor und der Backsteinfassade ausgewählt und mit dem **Stempel** der Schatten von links oberhalb des Gartentors kopiert.

11. Nach dem gleichen Verfahren ließen sich auch die beiden anderen Autos entfernen.

Entfernen der Verzerrung

1. Da das Haus mit einem Weitwinkelobjektiv fotografiert worden war, verliefen die Fluchten nicht exakt parallel. Das »Geradestellen« der Gebäudefront erledigte die Funktion **Perspektivisch verzerren** aus dem Menü Bearbeiten, Transformieren. Indem einerder oberen Eckanfasser des Transformationsrahmens waagerecht nach außen gezogen wurde, ließ sich die Hausfront »entzerren«. Damit die Eckanfasser beim Ziehen über die Bildbegrenzungen hinaus nicht »verschwanden«, wurde eine verkleinerte Ansicht mit genügend Montagefläche um das Bild gewählt.

2. Den letzten Schliff erhielt das Bild durch Nachschärfen mit dem Filter **Unscharf maskieren** (Filter, Scharfzeichnungsfilter; Stärke 100 %, Radius 1 Pixel, Schwellenwert 5 Stufen).

8

1

9

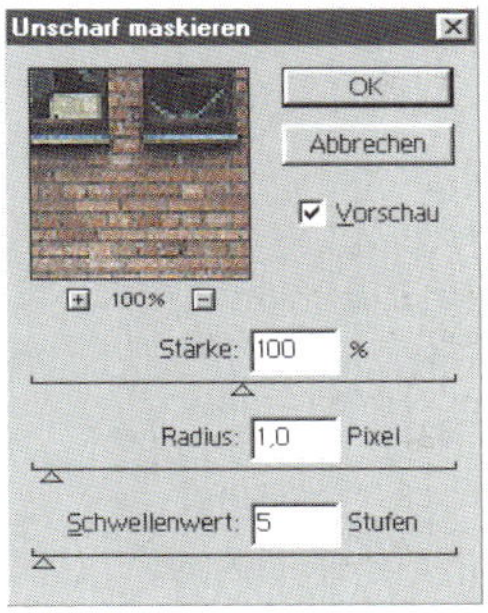

2

10

Schön schattig

Wie Schatten auf recht einfache Weise räumliche Tiefe schaffen

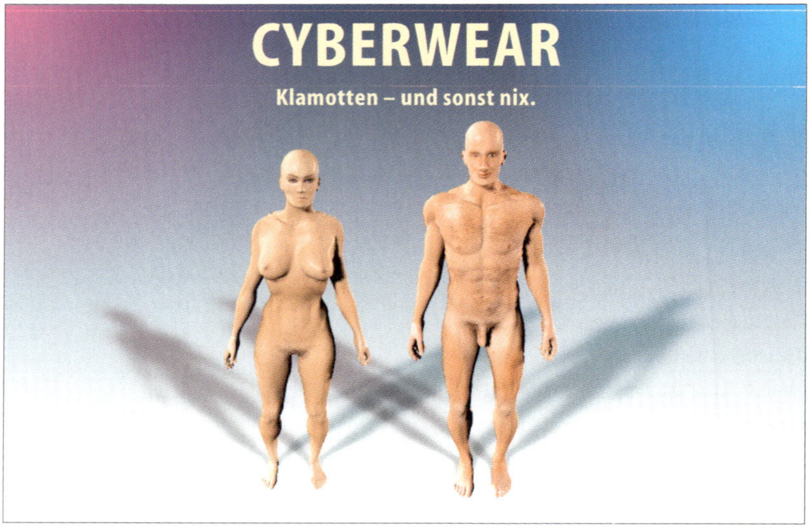

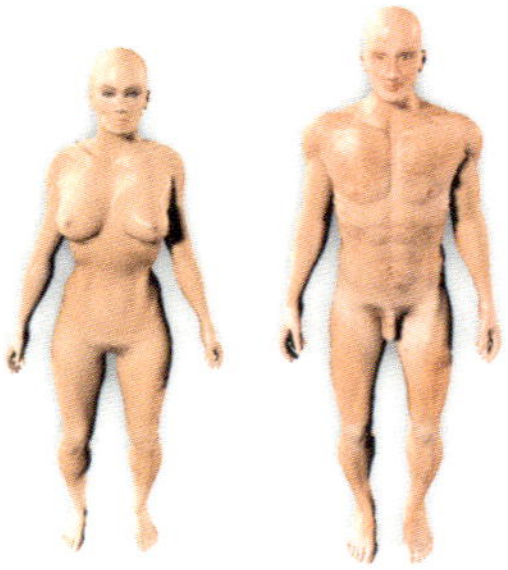

→ ***Übungsmaterial auf der CD:***

Schön schattig

Bildvorlage, Ebenendatei, Endfassung

Wo Licht ist, da ist auch Schatten, sagt ein bekanntes Sprichwort, und wo Schatten ist, so ließe sich frei ergänzen, entsteht ein dreidimensionaler Raum. Möglichkeiten, Schatten zu projizieren, gibt es viele, und jeder Schattenwurf zeigt dem Betrachter die Lage der Projektionsfläche. So machen die Schlagschatten in diesem Beispiel aus einem einfachen Farbverlauf eine perspektivische Fläche –eine Qualität, die dem Farbverlauf ohne die Schatten niemals zugesprochen werden könnte.

Auf eine flache Ebene geworfene Schlagschatten besitzen – anders als bei einer senkrecht hinter dem Objekt befindlichen Wand – eine besondere Eigenschaft. Sie verjüngen sich zunehmend in der Ferne. Hier treffen zwei Phänomene aufeinander: Zum einen wirken die ferner liegenden Schattenpartien gegenüber den näherstehenden aufgrund der Perspektive des Betrachters kleiner. Zum anderen macht sich bei größerer Entfernung des Schattens vom schattenwerfenden Objekt eine stärkere Diffusion an den Schattenkonturen bemerkbar: Sie verwischen mehr und wirken heller. Der Photoshop-Anwender kann beiden Phänomenen mit der Verzerren-Funktion, dem Gaußschen Weichzeichner und einer Tonwertkorrektur Rechnung tragen.

Unverzichtbar bei komplizierten Schattenproblemen ist die Montage in mehreren Ebenen. So kann die Weichzeichnung der Schatten, ihre Helligkeit und Farbe, die Farbe des Hintergrundes und der Spotlights und vieles andere unabhängig voneinander bearbeitet werden, ohne andere Elemente zu verändern. Nicht geglückte Ergebnisse lassen sich im schlimmsten Fall auch nach mehreren Bearbeitungsschritten durch Löschen der jeweiligen Ebene verwerfen. So kann der Anwender viele Schattenformen ausprobieren, bevor er sich für die Integration »seines« Schattens entscheidet.

Schatten erzeugen

1. Als Motiv dienten zwei künstliche Figuren, die mit dem Renderprogramm **Poser** richtig in Pose gesetzt wurden.

2. In Photoshop wurden die beiden Figuren als Freisteller benötigt. Nach dem Öffnen der Bilddatei wurde der Hintergrund durch einen Doppelklick auf sein Etikett in der Ebenenpalette in eine transparente Ebene mit dem Namen »Adam und Eva« umgewandelt. Trotz dieser Aktion waren die Bereiche um die Figuren noch nicht wirklich transparent, sondern weiß gefüllt. Der **Magische Radiergummi** löschte die weißen Umgebungsbereiche mit einer Toleranz von 8 Pixeln und eingeschalteter Glätten-Option.

3. Um unsauberen Übergängen vorzubeugen, wurde die Funktion **Rand entfernen** (Ebene, Hintergrund) angewendet.

4. Von der Ebene »Adam und Eva« wurde mit der Funktion Ebene duplizieren aus dem Menü Ebene eine Kopie mit dem Namen »Schatten links« angelegt und hinter die Ebene »Adam und Eva« gestellt. Dann wurde die Funktion **Fläche füllen** aus dem Menü Bearbeiten aufgerufen, die Optionen Füllen mit Schwarz und Transparente Bereiche schützen ausgewählt bzw. aktiviert und die Einstellungen angewendet. Letztere Option bewirkte, daß nur die Farbe der Pixel, deren Deckkraft größer als 0 % war, durch Schwarz ersetzt wurde, ohne jedoch die Deckkraft zu verändern. (Vollständige Transparenz ist in Photoshop gleichbedeutend mit 0 % Deckkraft.) Anschließend wurde im Einblendmenü der Ebenenpalette der Deckmodus **Multiplizieren** gewählt.

5. Getreu der Wirklichkeit sollte der Schatten an den Konturen etwas weichgezeichnet werden. Damit die Weichzeichnung aber an den Schattenköpfen stärker ausfiel als an den Füßen, mußte zuerst eine Verlaufsmaske mit 100 % Deckkraft an den Köpfen und 0 % Deckkraft an den Füßen erstellt werden. Dazu wurde in der Werkzeugpalette der **Maskierungsmodus** aktiviert und das Verlaufswerkzeug gewählt. Der Maskierungsmodus stellt Vorder- und Hintergrundfarbe automatisch auf Weiß und Schwarz ein. Das **Verlaufswerkzeug** zog einen exakt senkrechten Verlauf (dazu die Umschalttaste drücken) vom obersten Punkt am Kopf der männlichen Figur bis zu den Fußspitzen auf. Der Wechsel zurück in den Standardmodus wandelte die Verlaufsmaske in eine Verlaufsauswahl um.

6. Nun erfolgte die Weichzeichnung des Schattens mit dem **Gaußschen Weichzeichner** (Filter, Weichzeichnungsfilter). Doch anstatt den Filter einmal mit voller Stärke anzuwenden, wurde er mehrmals mit kleineren Radien angewendet – das Ergebnis fiel deutlich besser aus. Beginnend mit einem Radius von 1 Pixel wurde der Wert bei jedem Durchgang um 1 Pixel erhöht, bis der Weichzeichnungseffekt wie gewünscht ausfiel (letzter Wert: 10 Pixel). Um nicht jedesmal mit der Maus ins Filteruntermenü navigieren zu müssen, kann der Filterdialog ab dem zweiten Aufruf mit der Tastenkombination Strg/⌘ + Alt/⌥ + F geöffnet werden.

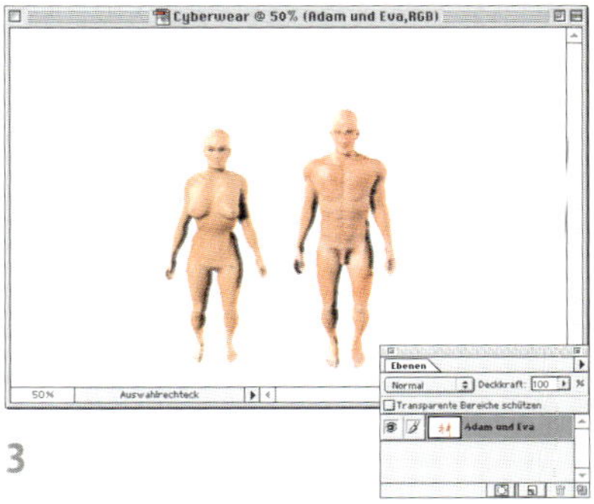

3

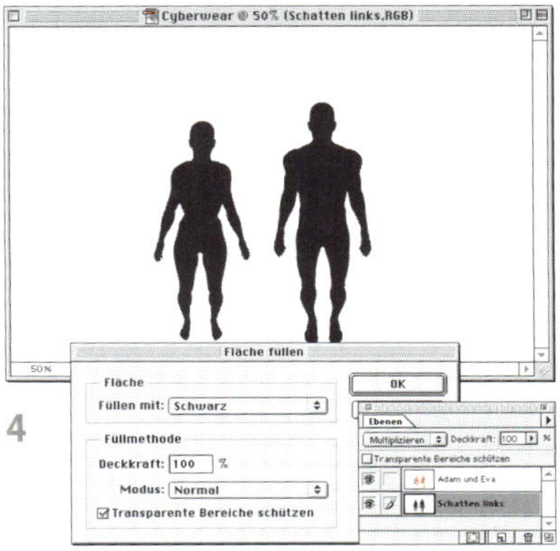

4

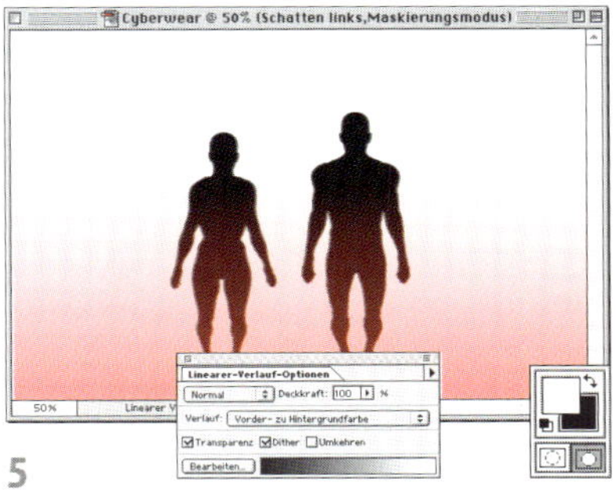

5

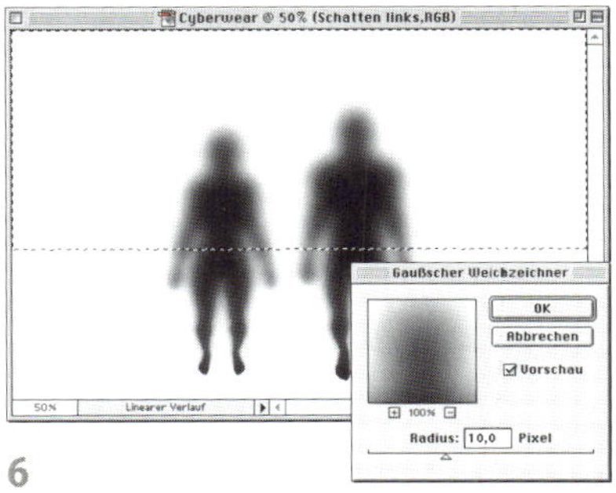

6

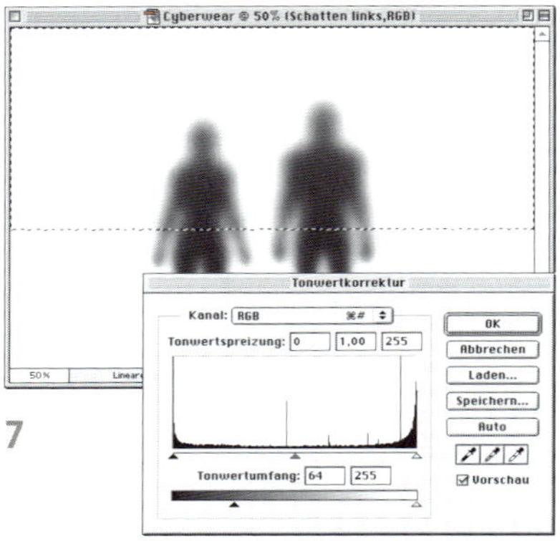

7

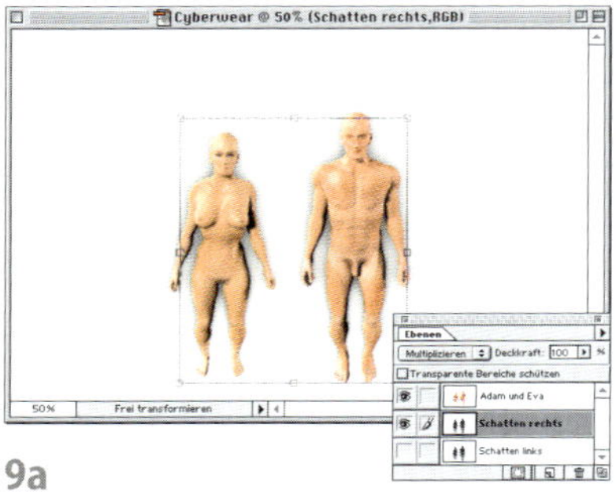

9a

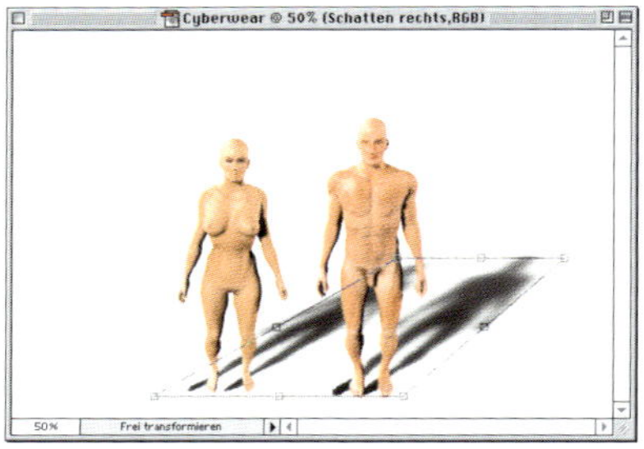

9b

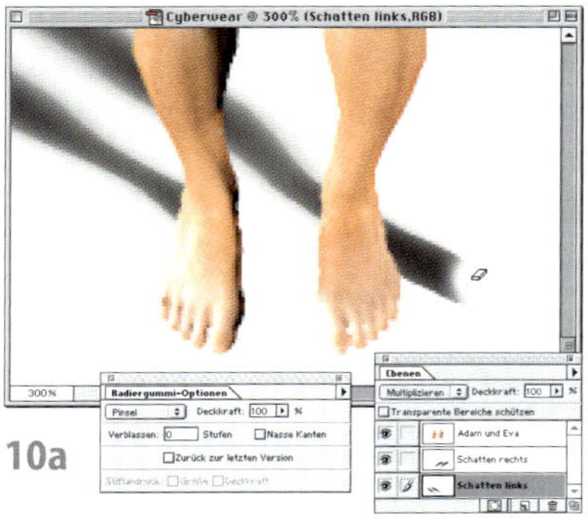

10a

7. Um den räumlichen Eindruck noch etwas zu verstärken, wurde, während die Verlaufsauswahl noch bestand, der obere Bereich des Schattens mit dem Dialog **Tonwertkorrektur** (Bild, Einstellen) ungefähr um 25 % aufgehellt (schwarzer Regler des Tonwertumfangs auf Tonwert 64).

8. Da im Beispiel zwei Spotlights Schatten auf die virtuelle Fläche werfen, wurde für jede Lichtquelle eine separate Schattenebene benötigt. Zu diesem Zweck wurde von der Ebene »Schatten links« eine Kopie mit dem Namen »Schatten rechts« angelegt (Ebene, **Ebene duplizieren**).

9. Die noch bestehende Verlaufsauswahl mußte für die nächsten Schritte aufgehoben werden (Auswahl, Auswahl aufheben). Nun ging es darum, die Schatten perspektivisch zu verzerren. Die Arbeiten begannen in der aktiven Ebene »Schatten rechts«, die Ebene »Schatten links« wurde währenddessen ausgeblendet (Mausklick auf das Augensymbol neben dem Etikett in der Ebenenpalette).

Die Funktion **Verzerren** (Bearbeiten, Transformieren) legte einen rechteckigen Rahmen um den Ebeneninhalt. Durch Ziehen des mittleren Griffs der oberen Rahmenseite nach rechts unten konnte der Ebeneninhalt in einem Schritt gestaucht und nach rechts geneigt werden. Im Beispiel betrug die vertikale Kompression 50 % und der Neigungswinkel –48° (diese Werte können in der Informationenpalette abgelesen werden). Nun mußte nur noch der linke obere Anfasser etwas näher an den rechten oberen herangeführt werden, um der Fluchtpunktperspektive zu genügen (Neigungswinkel –58°). Da die Rahmenecke nur horizontal bewegt werden sollte, war beim Ziehen die Umschalttaste zu drücken.

Durch die Transformation hatten sich die Schatten zu weit von den Füßen der Figuren entfernt. In der Mitte angefaßt, konnte der Rahmen aber noch an die richtige Stelle zurückbewegt werden. Zusätzlich war eine geringfügige Spreizung der unteren Rahmenseite nötig, um Distanzabweichungen an den Schattenbeinen auszugleichen. Wichtig war, die Schatten an die Fersen der Figuren, nicht an ihre Fußspitzen, zu »kleben«. Mit einem Doppelklick ins Rahmeninnere wurde die Transformation in die Ebene eingerechnet.

Die gleiche Transformation wurde anschließend auf die Ebene »Schatten links« angewendet. Dazu wurde diese Ebene mit einem Mausklick auf ihr Etikett in der Ebenenpalette aktiviert und gleichzeitig eingeblendet, die Ebene »Schatten rechts« durch einen Mausklick auf ihr Augensymbol ausgeblendet. Im Unterschied zur Ebene »Schatten rechts« erfolgte die Verzerrung allerdings nach links geneigt (positive Neigungswinkel).

10. Die Unordnung an den Füßen konnte leicht per Hand retuschiert werden. Die überstehenden Schattenfüße wurden mit dem **Radiergummi** gelöscht und die fehlenden Schatten links und rechts neben den Füßen mit dem **Wischfinger** in den jeweiligen Schattenebenen ergänzt.

11. Da die Schatten zu dunkel wirkten, wurde ihre **Deckkraft** in der Ebenenpalette auf 40 % reduziert.

12. Bei weißen Lichtquellen wären die Schatten nun fertiggestellt. Im Beispiel war die Sache aber durch zwei farbige Spots – der eine cyan-, der andere magentafarben – komplizierter: Die Schatten mußten eine Färbung erhalten. Dieser Effekt ist in der Realität tatsächlich zu beobachten. Bei zwei Lichtquellen erscheint ein Schatten nicht in der Farbe des den Schatten verursachenden Scheinwerfers, sondern in der Farbe des anderen, der den Schatten beleuchtet.

Dazu wurden für die Ebenen »Schatten links« und »Schatten rechts« jeweils eigene Einstellungsebenem angelegt (Ebene, Neu, Einstellungsebene). Im Dialog **Neue Einstellungsebene** mußte die Option Mit darunterliegender Ebene gruppieren aktiviert werden, damit sich die Einfärbung nur auf die darunterliegende Ebene auswirkt. Als Werkzeug zur Farbkorrektur wurde unter Art der Dialog **Farbton/Sättigung** gewählt und in diesem die Option **Färben** (Kolorieren) aktiviert. Für die Ebene »Schatten links« wurden alle übrigen Dialogvorgaben ohne Änderung übernommen, für die Ebene »Schatten rechts« war eine Änderung des Farbtons auf 180° nötig. Falls der Kolorierungseffekt nicht wunschgemäß ausgefallen wäre, hätten die Einstellungen durch einen Doppelklick auf das Etikett der jeweiligen Einstellungsebene jederzeit ohne Qualitätsverlust geändert werden können.

Spots und Hintergrund

1. Für den Verlauf im Hintergrund wurde eine neue Ebene angelegt und hinter alle übrigen Ebenen gestellt. In der Werkzeugpalette mußte eine neue Vordergrundfarbe eingestellt werden (Mausklick auf das Farbfeld). Nun konnte das **lineare Verlaufswerkzeug** einen vertikalen Verlauf über die gesamte Bildhöhe spannen. In der Optionenpalette des Verlaufswerkzeugs mußte dazu die Einstellung Vorder- zu Hintergrundfarbe gewählt sein. Damit der Verlauf exakt senkrecht verlief, wurde beim Ziehen die Umschalttaste gedrückt.

2. Bei den Lichtkegeln links und rechts oben handelt es sich um radiale Verläufe, die mit dem **radialen Verlaufswerkzeug** in einer neuen Ebene aufgezogen wurden. Die jeweilige Lichtfarbe wurde in der Werkzeugpalette als Vordergrundfarbe definiert. In der Optionenpalette des Verlaufswerkzeugs wurde die Einstellung Vordergrundfarbe zu Transparent gewählt. Der Ansatzpunkt für das Verlaufswerkzeug (= Mittelpunkt der Radialverläufe) lag genau in den Bildecken. Die Distanz betrug jeweils 400 Pixel. Um die »Leuchtkraft« der Spots zu verstärken, fiel die Wahl des Ebenenmodus auf **Negativ multiplizieren**.

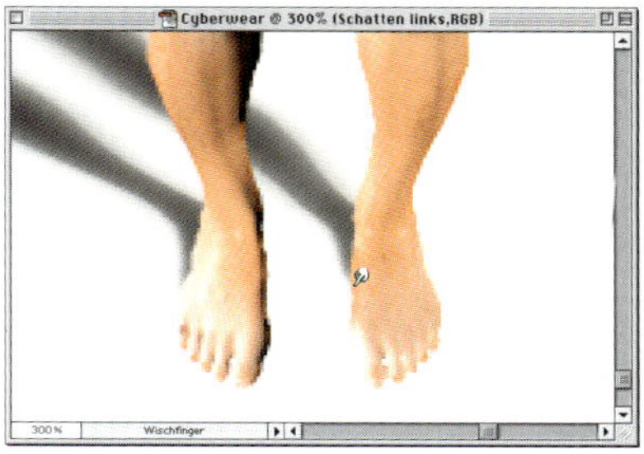

10b

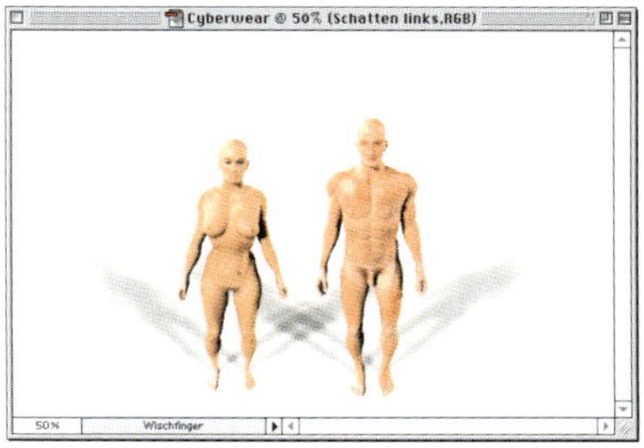

11

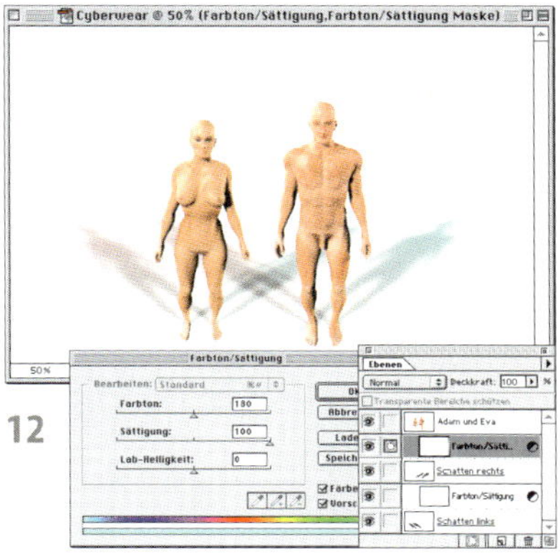

12

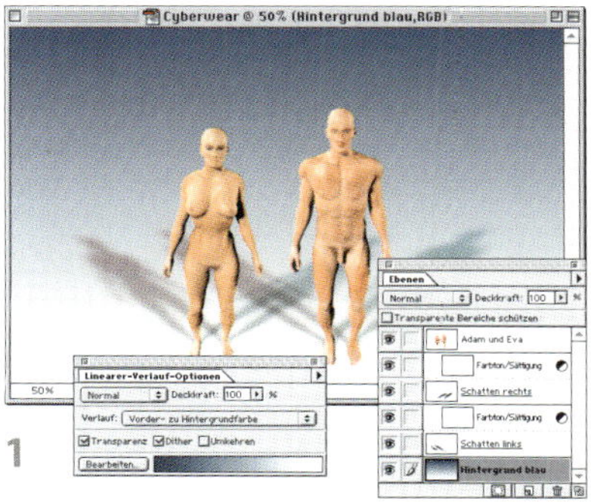

1

Unschärfe-relation

David Hamilton hat das Weichzeichnen zum Stil erklärt – Photoshop kann auch ohne das legendäre Imagon weich, weicher, am weichesten zeichnen

→ ***Übungsmaterial auf der CD:***
Unschärferelation
Bildvorlage, Ebenendateien, Endfassung

Hamilton-Bilder erwecken den Eindruck, als ob zwischen der Kamera und dem Motiv ein nebliger Dunst in der Luft läge. Dieser Effekt kann von den Filtern Weichzeichnen oder Stark weichzeichnen nicht simuliert werden, da ihre Wirkung zu schwach ist – nur der Gaußsche Weichzeichner garantiert einen auffälligen Schleiereffekt. Weil der Gaußsche Weichzeichner aber die Bilddetails rigoros verwischt, darf er nur auf eine Ebenenkopie angewendet werden, die mit verminderter Deckkraft in das Ursprungsbild überblendet. Dies ist sozusagen das Geheimnis der professionellen Weichzeichnung, wie sie auch fotografisch in der Kamera entsteht. Spezielle Portraitobjektive wie beispielsweise das Rodenstock-Imagon arbeiten mit einem »eingebauten« Linsenfehler, der dem eigentlichen Bild ein oder mehrere unscharfe Bilder überlagert. Aus dieser Überlagerung aus scharfen und unscharfen Bildern entsteht ein perfekt weichgezeichnetes Bild, das zwar eine ausreichende Konturenschärfe aufweist, aber nur noch eine geringe Detailzeichnung.

Verstärkt wird der Weichzeichnungseffekt, wenn die weichgezeichnete Ebene aufgehellt wird – dadurch erscheinen Lichtquellen und Reflexe weicher als dunklere Partien. Für das sparsam ausgeleuchtete Portrait wurde eine Maske verwendet, die nicht nur das Gesicht vor einer übermäßigen Weichzeichnung schützt, sondern eine zu den Bildrändern hin zunehmende Verwischung der Konturen erlaubt.

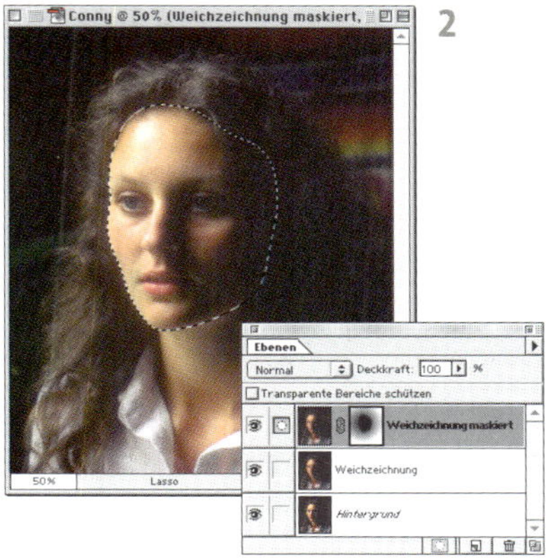

2

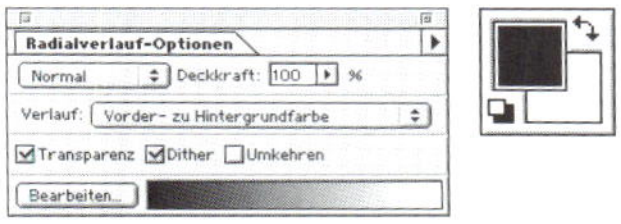

3a

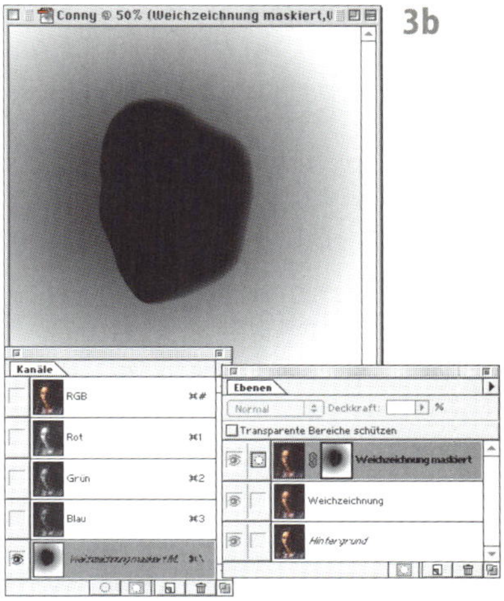

3b

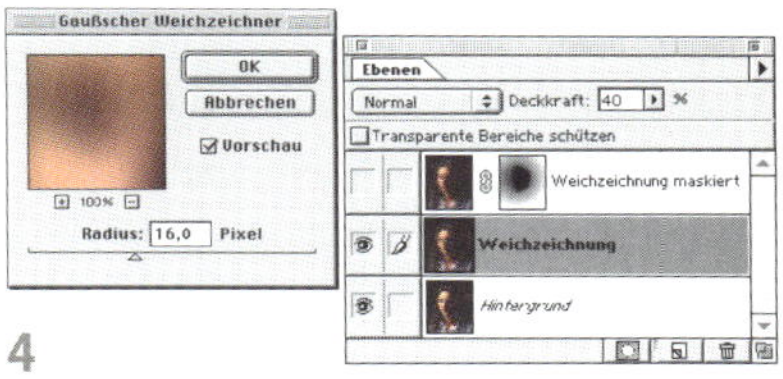

4

1. Von der Hintergrundebene, die das Originalportrait enthielt, wurden **zwei Kopien** mit den Namen »Weichzeichnung« und »Weichzeichnung maskiert« erstellt (Ebene, Ebene duplizieren).

2. In der Ebene »Weichzeichnung maskiert«, die die vorderste Ebene bildete, wählte das **Lasso** die Gesichtskonturen mit einer 2 Pixel breiten weichen Kante aus (Palette Lasso-Optionen). Nach Fertigstellung der Auswahl wurde sie als Ebenenmaske gesichert (Ebene, Ebenenmaske hinzufügen, Auswahl maskieren).

3. In der Ebenenmaske zog das **radiale Verlaufswerkzeug**, ausgehend vom Nasenbein, einen kreisförmigen Verlauf von Schwarz nach Weiß auf, der bis an den nächstgelegenen Bildrand reichte. Damit der Verlauf die zuvor gesicherte Auswahl nicht ersetzte, sondern sich mit ihr mischte, wurde vorher in der Optionenpalette des Verlaufswerkzeugs der Modus **Abdunkeln** eingestellt. Ob die Ebenenmaske gelungen war, ließ sich durch einen Mausklick bei gedrückter Alt/⌥-Taste auf das Ebenenmasken-Thumbnail direkt überprüfen: Diese Tasten-Maus-Aktion blendete die Ebenenmaske ein und gleichzeitig alle übrigen Ebenen und Kanäle aus.

4. Nachdem die Ebene »Weichzeichnung« aktiviert war, wurde die Ebene »Weichzeichnung maskiert« kurzzeitig ausgeblendet. Der **Gaußsche Weichzeichner** (Filter, Weichzeichnungsfilter) zeichnete den Ebeneninhalt ordentlich weich. Die Reduzierung der **Ebenendeckkraft** auf 40 % gewährleistete, daß das scharfe Hintergrundbild durch die Weichzeichnung hindurch sichtbar blieb. (Gleiches gelingt auch mit der Funktion Verblassen aus dem Menü Filter. Im Gegensatz zur Ebenendeckkraft läßt sich der Verblassen-Effekt jedoch nachträglich nicht mehr korrigieren.)

5. Eine zweite Anwendung des **Gaußschen Weichzeichners** mit gleichem Radius erfolgte danach in der Ebene »Weichzeichnung maskiert«. Da das Verbindungssymbol zwischen den beiden Thumbnails aktiviert war, wurde auch die Ebenenmaske weichgezeichnet. Für diese Ebene wurde die **Deckkraft** auf 70 % vermindert.

6. Von den Ebenen »Weichzeichnung« und »Weichzeichnung maskiert« wurde jeweils eine Kopie angelegt (Ebene, **Ebene duplizieren**). Der Deckmodus beider Ebenenkopien wurde auf **Negativ multiplizieren** geändert. Durch eine Nachregulierung der Deckkraft aller angelegten Ebenen konnte der Effekt verfeinert werden.

5

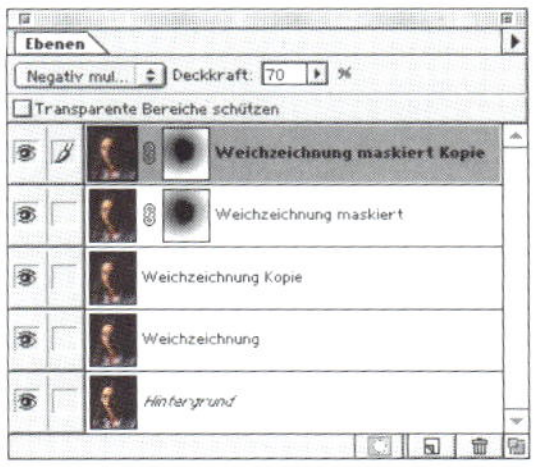

6

▸ Zoom

Beim Zoom-Effekt wirkt das Motiv so, als hätte es sich während der Belichtungszeit auf die Kamera zu bewegt bzw. als hätte der Fotograf an der Kamerabrennweite gedreht. Diese besondere Art eines Weichzeichnungseffekts gelingt mit dem Filter **Radialer Weichzeichner** (Filter, Weichzeichnungsfilter) in einem Schritt. Im Filterdialog muß die Option **Strahlenförmig** gewählt werden. Da die Wirkung der strahlenförmigen Weichzeichnung wie bei jeder anderen Weichzeichnung auch von der Bildgröße abhängt, kann die richtige Stärke nur durch Probieren ermittelt werden. Wenn der Mittelpunkt der radialen Weichzeichnung wie im Beispiel nicht in der Bildmitte liegt, muß er im Justierfeld des Dialogs verschoben werden.

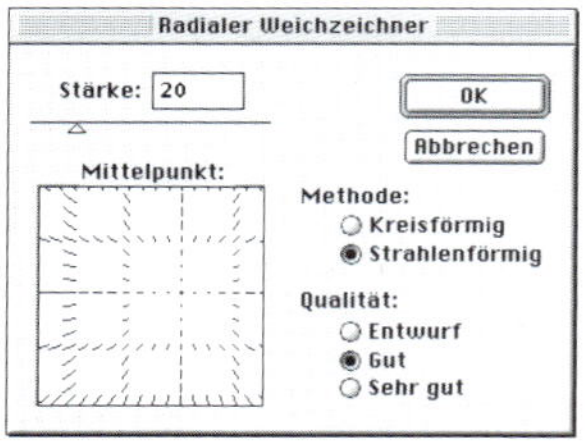

▸ Karussell

Den rotierenden Hintergrund erzeugt der Filter **Radialer Weichzeichner** (Filter, Weichzeichnungsfilter) mit der Option **Kreisförmig.** Wenn das Gesicht maskiert wird, bleibt es auch bei größerer Entfernung vom Zentrum der Rotation unbewegt.

Der Mittelpunkt der simulierten Drehbewegung kann im Justierfeld des Filterdialogs an die gewünschte Stelle verschoben werden. Leider zeigt der Dialog keine Bildvorschau, daher muß gegebenenfalls mehrere Male probiert werden, bis die richtige Mittelpunktstellung gefunden ist.

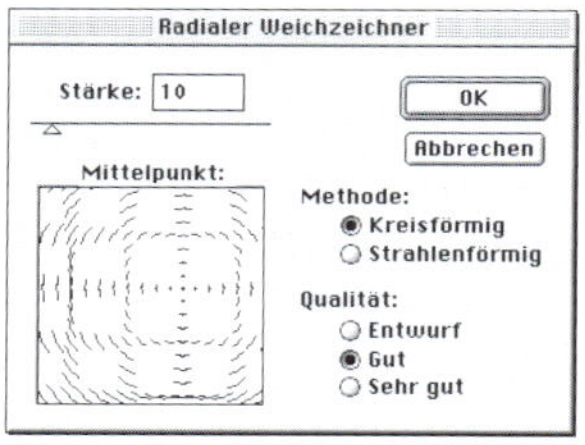

▸ Intercity

Als Alternative zur Zoom- und Drehbewegung bleibt noch die einfache Bewegungsunschärfe. In diesem Beispiel wurde der Filter **Bewegungsunschärfe** (Filter, Weichzeichnungsfilter) mit einem Winkel von 0° angewendet. Die Verwischung verläuft daher exakt waagerecht.

Wie bei den übrigen Beispielen wurde das Gesicht der Puppe maskiert, um dessen Details sichtbar zu lassen.

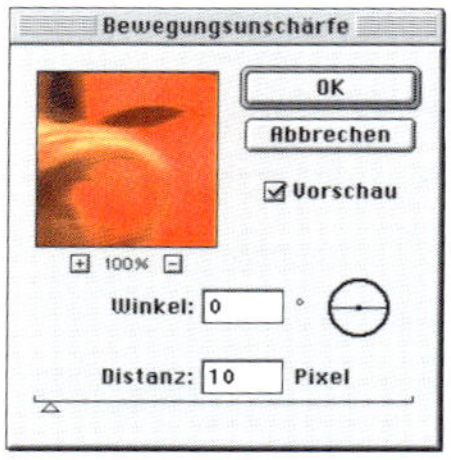

▸ Web-Art

Auch in den Filtersammlungen von Drittanbietern, die nicht im Lieferumfang von Photoshop enthalten sind, finden sich interessante Weichzeichnungsfilter. In den Kai's Power Tools 5 beispielsweise ist ein Filter namens **KPT Blurrrr** enthalten, der eine ganze Reihe unterschiedlicher Weichzeichnungseffekte zur Auswahl stellt, von denen einige den Photoshop-Weichzeichnungsfiltern ähneln. Die Weichzeichnungsart **Gaussian Weave** erzielt eine besonders schöne Wirkung. Im Gegensatz zum Gaußschen Weichzeichner von Photoshop zeichnet Gaussian Weave in horizontaler und vertikaler Richtung weich, wodurch sich an Lichtreflexen Sterne bilden und das Bild einen seidenen oder gewebeartigen Touch erhält.

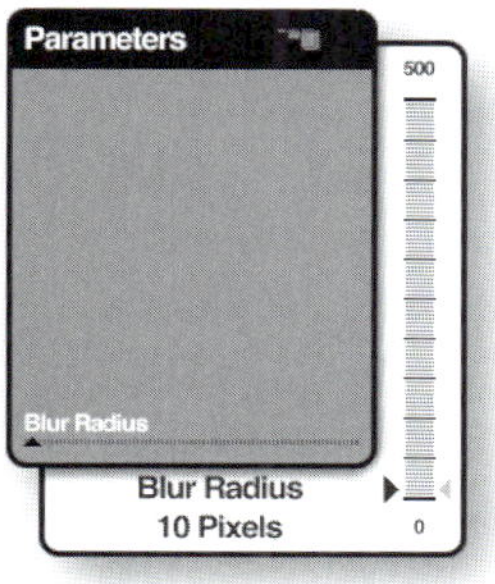

▸ Schwindel

Eine andere Spielart des Filters **KPT Blurrrr** überlagert spiralförmig verlaufende »Strähnen« und ergibt so einen Weichzeichnungseffekt, dessen Richtung bei schwacher Anwendung nicht auf Anhieb erkennbar ist. **Spiral Weave** erlaubt neben der Einstellung der Filterstärke auch die Vorgabe des »Spiralwinkels«, womit der Austrittswinkel der Spiralarme aus dem Rotationszentrum heraus gemeint ist.

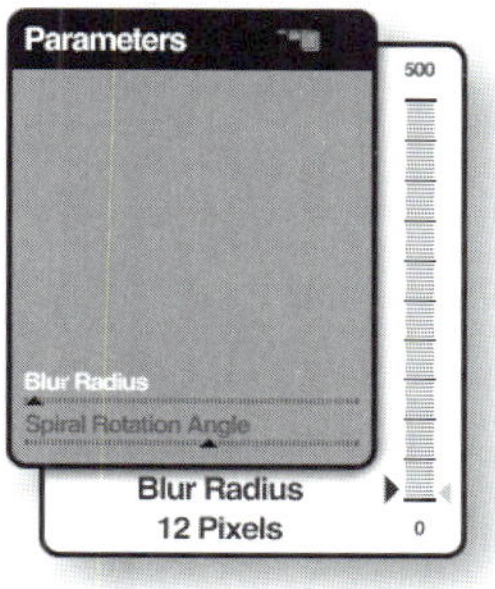

▸ Fein-Tuning

Ein Weichzeichnungsfilter ganz besonderer Art ist der Filter **KPT Equalizer.** Eigentlich ist dieser Filter ein Scharfzeichnungsfilter, der in Anlehnung an einen neunbandigen Equalizer mit mehreren Pixelradien gleichzeitig arbeitet. Für jeden Pixelradius kann über einen Schieberegler eine andere Filterstärke eingestellt werden. Je höher der eingestellte Wert, desto stärker die Scharfzeichnung. Und nun kommt der Clou: Bewegt man die Regler in den negativen Bereich, zeichnet der Filter weich statt scharf. Das bedeutet nicht nur, daß unterschiedliche Stärken gleichzeitig angewendet werden können, sondern Weichzeichnung und Scharfzeichnung in einer Filteroperation miteinander kombiniert werden können. So könnte ein Bild beispielsweise im Mikrobereich (kleine Radien) weichgezeichnet und im Makrobereich (große Radien) scharfgezeichnet werden.

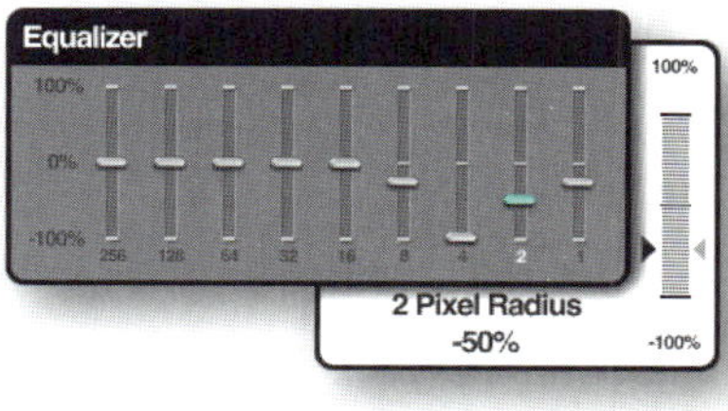

Wirklich einleuchtend

Über die visuelle Anziehungskraft des Mondes und ein einleuchtendes Verfahren, sein Leuchten ins rechte Licht zu rücken

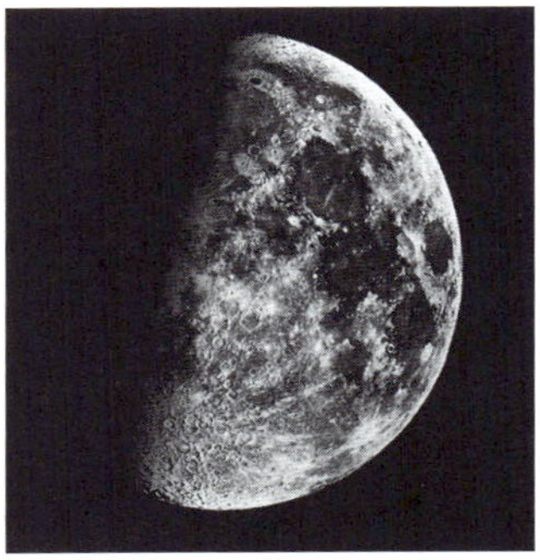

→ ***Übungsmaterial auf der CD:***
Wirklich einleuchtend
Bildvorlage, Ebenendatei, Endfassung

Eine vom Motiv abstrahlende »Aura« hat beinahe etwas Poetisches an sich. Sie unterstreicht die Leuchtkraft des Objekts, auch wenn wie in diesem Fall der Mondkörper nicht selbst leuchtet, sondern nur das Sonnenlicht reflektiert.

Das Verfahren, dem Mond ein Leuchten anzudichten, ähnelt sehr stark dem Weichzeichnungsverfahren. Die Aura wird durch eine sehr starke Weichzeichnung des Mondes erzeugt, die hinter eine unbehandelte Version des Erdbegleiters gestellt wird.

Bei diesem Effekt muß dafür Sorge getragen werden, daß der Übergang von der Tages- zur Nachtseite des Mondes ohne Aura bestehen bleibt, da der Mond, auch wenn er nur halb zu sehen ist, gleichwohl rund ist und ein Leuchten nur an den Konturen zu beobachten wäre. Dies wurde im Beispiel durch eine Ebenenmaske gelöst, die den gesamten Mondkörper kreisrund und scharfkantig maskierte, so daß die weichgezeichneten Partien nur außerhalb der Kreisform sichtbar waren.

1. Als Ausgangsbild für diesen Leuchteffekt diente ein Schwarzweißfoto des Erdtrabanten, das nach dem Öffnen in Photoshop in den **RGB-Modus** konvertiert wurde (Bild, Modus, RGB-Farbe).

2. Das Einfärben des Erdtrabanten erfolgte nicht mit der Färben-Funktion aus dem Dialog Farbton/Sättigung, sondern mit dem Dialog **Farbbalance** (Bild, Einstellen) – letzterer produzierte eine bessere Farbwirkung. Um das Kolorieren möglichst flexibel handhaben zu können, wurde eine Einstellungsebene angelegt (Ebene, Neu, Einstellungsebene) und im Dialog unter Art Farbbalance gewählt. Die Einstellungen im Dialog Farbbalance erfolgten mit unterschiedlichen Farbtonwerten in den Tiefen (100, 0, –33), den Mitteltönen (66, 0, –66) und den Lichtern (33, 0, –100). Die Option Luminanz erhalten mußte in diesem Fall ausgeschaltet sein. Andere Motive verlangen nach anderen Werten; mit einem Doppelklick auf das Etikett der Einstellungsebene lassen sich die Farbwerte jederzeit ändern. Wenn die Einfärbung zufriedenstellend ausfällt, wird die Einstellungsebene in die Hintergrundebene eingerechnet (Ebene, Mit darunterliegender auf eine Ebene reduzieren).

3. Damit die goldene Farbe noch kräftiger erscheint, erfuhr das Bild im Dialog **Farbton/Sättigung** (Bild, Einstellen) eine Erhöhung der Sättigung um 25 %.

4. Von der Hintergrundebene wurde eine Kopie mit dem Namen »Mond« erzeugt (Ebene, **Ebene duplizieren**).

5. Nachdem der Mond mit dem **Auswahloval** kreisrund eingegrenzt wurde, konnte die Auswahl als **Ebenenmaske** gesichert werden (Ebene, Ebenenmaske hinzufügen, Außerhalb der Auswahl maskieren; oder Symbol der Ebenenpalette). Für eine kreisrunde Auswahl muß beim Aufziehen die Umschalttaste gedrückt werden. Im Beispiel war es leichter, die Auswahl vom Mittelpunkt des Himmelskörpers aus aufzuziehen, deshalb war zusätzlich die Alt/⌥-Taste zu drücken. Falls eine Auswahl nicht exakt positioniert wird, läßt sie sich – noch während sie aufgezogen wird – bei gedrückter Leertaste an die gewünschte Stelle verschieben. Oder sie wird anschließend mit dem Auswahlwerkzeug an die richtige Stelle verschoben. Wichtig war, daß die Auswahl auch die Schattenhälfte des Mondes mit einschloß.

6. Anschließend erfolgte die Weichzeichnung der Hintergrundebene mit dem **Gaußschen Weichzeichner** (Filter, Weichzeichnungsfilter). Die Stärke der Weichzeichnung bestimmte den Radius der Aura.

7. Ein kleiner Trick erhöhte die Leuchtkraft der Aura. Dazu wurde die Hintergrundebene dupliziert und für die Ebenenkopie der Deckmodus **Negativ multiplizieren** (Einblendmenü der Ebenenpalette) eingestellt.

8. Nachdem alle Ebenen zusammengefaßt waren (Ebene, Auf Hintergrundebene reduzieren), kam der Filter **Blendenflecke** (Filter, Renderingfilter) zur Anwendung, was den Eindruck erweckt, als ginge hinter dem Mond ein heller Stern auf. Als Mittelpunkt der Lichtbrechung wurde die hellste Stelle an der Kontur des Mondes gewählt. Objektivart war ein 105-mm-Okular, die Helligkeit blieb bei 100 %.

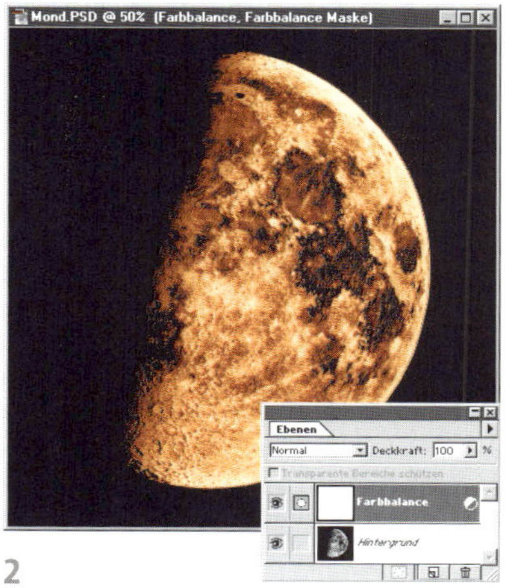

2

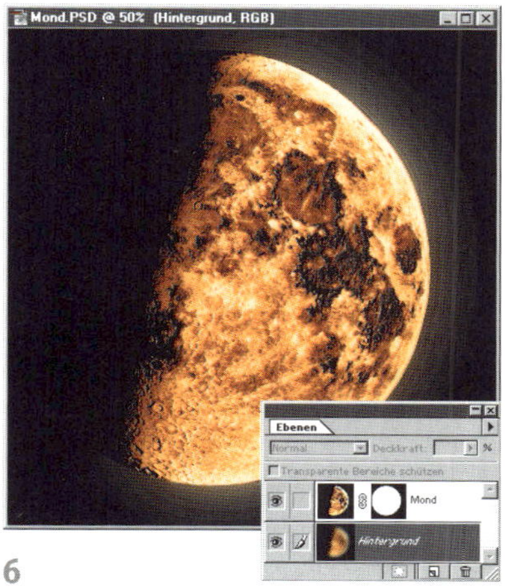

6

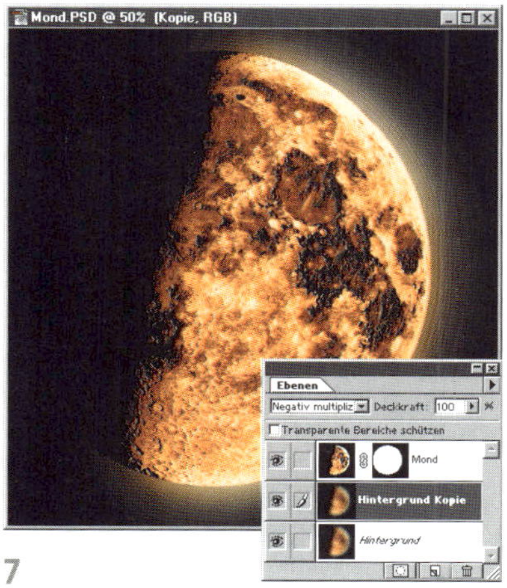

7

Globalisierung

Eine Hommage an Antoine de Saint-Exupéry oder wie sich Panoramen zu kleinen Planeten »rundbiegen« lassen

→ *Übungsmaterial auf der CD:*
Globalisierung
Bildvorlagen, Ebenendatei, Endfassung

Daß Panoramabilder keine statische Angelegenheit sein müssen, hat Apple mit der QuickTime-VR-Technologie bewiesen. Eine andere Form des dynamischen Umgangs mit Panoramen bietet in Photoshop der Filter Polarkoordinaten, der die Rundumsicht nicht wie bei QuickTime VR zu einem Zylinder zusammenfügt, sondern gemäß einer polaren Projektion so auf einer Fläche abbildet, daß eine kleine, in sich abgeschlossene Welt entsteht.

Das Ausgangspanorama wurde für ein QuickTime-VR-Projekt angelegt. Bevor es in Photoshop mit dem 360°-Bild losgehen konnte, mußte es mit der Morphing-Software des Apple QuickTime VR Authoring Studio – dem Panorama Stitcher – aus zwölf Einzelbildern errechnet werden. Die Einzelbilder waren mit einer herkömmlichen Spiegelreflexkamera und einem 15-mm-Objektiv aufgenommen worden.

1. Da das Panorama für diesen Effekt einer massiven Verzerrung durch den Filter Polarkoordinaten unterzogen werden mußte, wurde in der höchsten Auflösung gearbeitet, um möglichst wenig Details zu verlieren. Das Panorama besaß eine Größe von 4.416 mal 1.412 Pixeln. Da der Filter Polarkoordinaten Bilder aber nur bis zu einer Größe von 4.096 mal 4.096 Pixeln verarbeitet (bei größeren Bildern beginnt der Filter zu kacheln), wurde das Panorama auf diese Größe umgerechnet. Das quadratische Format ist Voraussetzung, damit der Filter eine kreisrunde und keine ovale Verzerrung ausführt. Die neuen Bildmaße wurden im Dialog **Bildgröße** (Menü Bild) eingegeben; die Option Proportionen erhalten wurde ausgeschaltet.

Photoshop benötigt bei so hoch aufgelösten Bildern sehr viel Arbeitsspeicher, deshalb wurde dem Programm so viel Arbeitsspeicher wie möglich zugewiesen.

2. Die Funktion Bild, **Arbeitsfläche drehen, 180°** stellte das Bild auf den Kopf. (Wenn die Datenmenge durch die Bildgrößenänderung in Schritt 1 stark zunimmt, kann das Bild auch bereits vor Schritt 1 gedreht werden – das spart Rechenzeit.) Ohne die 180°-Drehung entstünde kein Planet, sondern ein Fish-eye-Effekt, der aber nicht weniger interessant wirkt.

3. Nun kam der Filter **Polarkoordinaten** (Filter, Verzerrungsfilter) mit der Option Rechteckig → Polar zur Anwendung.

4. Im Beispiel wurde das Bild (verlustfrei) mit der Funktion Bild, **Arbeitsfläche drehen, 90° gegen UZS** so gedreht, daß der Schloßturm oben auf dem »Globus« stand. Bei anderen Motiven kann ein anderer Drehwinkel erforderlich sein.

5. Um den Mittelpunkt des Bildes herum scheint sich die Szene nach innen zu stülpen – einer der unerwünschten Nebeneffekte des Filters Polarkoordinaten. Zunächst wurden eine waagerechte und eine senkrechte **Hilfslinie** jeweils an der 2.048-Pixel-Position angelegt, um den Mittelpunkt des Bildes zu markieren (Ansicht, Lineale einblenden; Hilfslinien aus den Linealen herausziehen und Position in der Informationenpalette ablesen). Anschließend zog das **Auswahloval** vom Kreuzungspunkt der Hilfslinien aus eine kreisrunde Auswahl auf, deren Durchmesser ungefähr einem Drittel der Bildbreite bzw. -höhe entsprach. Damit die Auswahl kreisrund ausfällt und vom Mittelpunkt aus aufgezogen werden kann, müssen Umschalt- und Alt/⌥-Taste gleichzeitig gedrückt werden.

Der Filter **Distorsion** (Filter, Verzerrungsfilter) machte die Einstülpung bei einer Anwendungsstärke von etwa –50 % teilweise wieder rückgängig.

6. Der unschöne Effekt im unmittelbaren Bildmittelpunkt konnte nur durch Retuschieren und Einsetzen von intakten Bereichen der Pflastersteintextur korrigiert werden. Der **Stempel** kopierte intakte Bildstellen in den »Nabel«. Im Ursprungspanorama wurden Pflastersteinbereiche mit dem **Lasso** umgrenzt und in die Zwischenablage kopiert, im Polarbild eingefügt und mit der Funktion **Frei transformieren** skaliert, perspektivisch verzerrt und gedreht.

7. Eine Kopie des fertig retuschierten Bildes wurde im Dialog **Bildgröße** auf die für die Wiedergabe in diesem Buch benötigte Größe von 927 mal 927 Pixeln gebracht (Option Proportionen erhalten wieder einschalten).

8. Ein abschließendes Scharfzeichnen mit dem Filter **Unscharf maskieren** (Filter, Scharfzeichnungsfilter; Stärke 100 %, Radius 1,2 Pixel, Schwellenwert 5) gab dem Bild mehr »Biß«.

9. Für die Weltraumszene wurde die Hintergrundebene dupliziert und die Kopie mit einer **Ebenenmaske** versehen, die nicht nur den »Schmutz« in den Bildecken, sondern auch den Himmel maskierte. Die Lichtpunkte entstanden mit dem Filter **Blendenflecke** (Filter, Renderingfilter) in überlagerten Ebenen mit schwarzer Füllung. Diese Ebenen erhielten den Deckmodus Negativ multiplizieren und wurden auf unterschiedliche Größe skaliert (Frei transformieren).

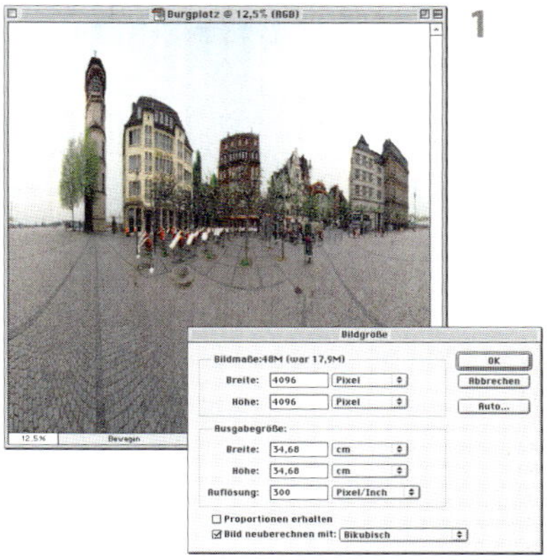

1

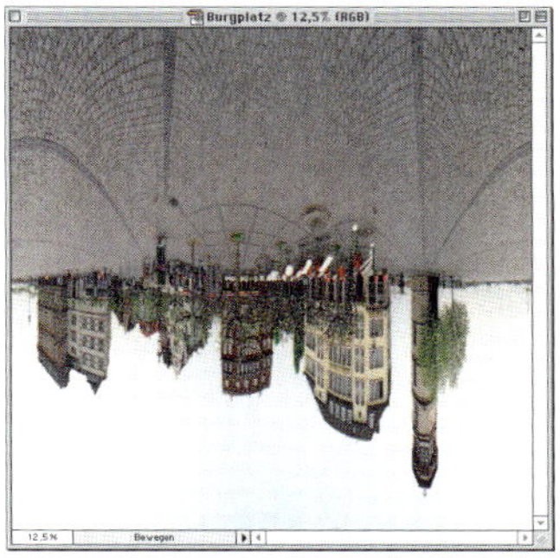

2

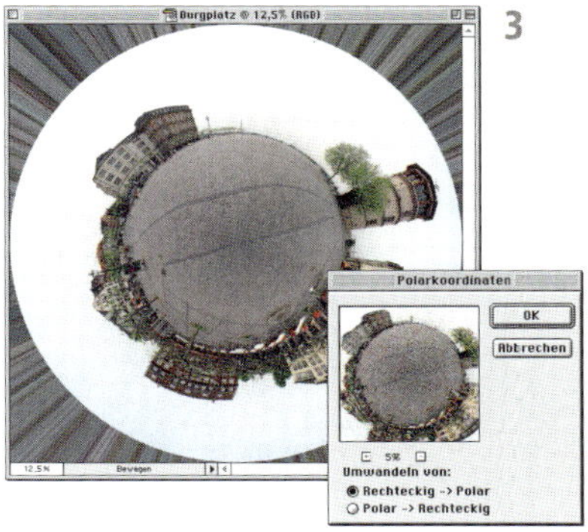

3

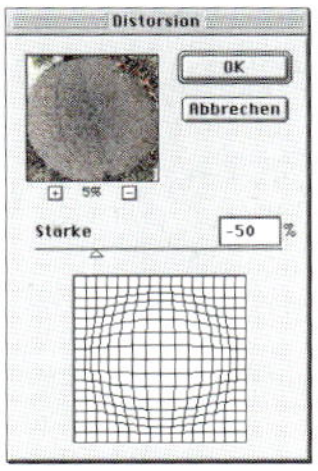

5

Schnell, schneller, am schnellsten

Wie mit Bewegungsunschärfe eine undynamische Fotografie in ein dynamisches Foto umgewandelt werden kann

→ *Übungsmaterial auf der CD:*
Schnell, schneller
Bildvorlage, Endfassung

Als Ausgangsbild diente das Foto eines Sportwagens auf einer Straße mit einer eindrucksvollen Landschaft im Hintergrund. Das Foto würde wesentlich dynamischer wirken und besser zu dem flotten Flitzer passen, wenn dieser fahrend erscheinen würde. Dies läßt sich in Photoshop ganz einfach durch nachträglich erzeugte Bewegungsunschärfe simulieren. Dabei wird lediglich der Hintergrund unscharf gemacht, das Auto selbst bleibt scharf, als ob der Fotograf die Kamera bei der Aufnahme mitgezogen hätte. Wichtig ist, daß anschließend auch noch die Räder eine Bewegungsunschärfe erhalten, da sie sich während der Belichtungszeit weiter um ihre Achse drehen.

Der aufmerksame Beobachter kann die nachträgliche (und unvollständige) Bearbeitung von Fotos in Zeitschriften und Werbeprospekten oft daran erkennen, daß das Verwischen der Reifen und Felgen vergessen wurde – fahrende Autos mit stehenden Rädern.

1. Im ersten Arbeitsgang wurde der Sportwagen, der keine Bewegungsunschärfe erhalten durfte, mit dem **Zeichenstift** konturiert. Der Pfad schloß auch die Schattenbereiche direkt unterhalb des Wagens mit ein.

Mit ein wenig Geduld kann der Umriß eines Objekts mit dem Zeichenstift sehr exakt nachgezogen werden. Zuerst wird nur ein grober, geschlossener Pfad um das Objekt gelegt. Dann werden die Ankerpunkte mit dem Direktauswahlwerkzeug bei ausreichender Vergrößerung genau auf die Kontur verschoben. Wo es nötig erscheint, werden mit dem Plus-Zeichenstift neue Ankerpunkte eingefügt. Über die Griffe an den Enden der Tangenten läßt sich die Krümmung der Kurve genau dem Umriß des Objekts anpassen.

2. Ein von der Hintergrundebene erstelltes Duplikat (Ebene, **Ebene duplizieren**) erhielt den Namen »Maserati«.

3. Aus dem angelegten Pfad wurde mit Auswahl erstellen aus dem Menü der Pfadepalette eine geglättete Auswahl mit einer 1 Pixel breiten weichen Kante erstellt. Die Funktion Ebene, Ebenenmaske hinzufügen, Außerhalb der Auswahl maskieren sicherte die Auswahl in der Ebene »Maserati« als **Ebenenmaske**.

4. Nun wurde auf die Hintergrundebene der Filter **Bewegungsunschärfe** (Filter, Weichzeichnungsfilter) mit einem Winkel angewendet, der der Richtung der Kamerabewegung entsprach.

5. Am hinteren und vorderen Teil der Fahrzeugkontur mußten noch mit dem **Stempel** im Modus Ausgerichtet die Verwischungen in den Hintergrund wegretuschiert werden, da das Fahrzeug ja scharf abgebildet sein sollte.

6. Nach der Rückkehr zur Ebene »Maserati« erhielten noch die Räder eine Unschärfe, um den Eindruck von Bewegung zu verstärken. Vorder- und Hinterrad mußten dabei einzeln bearbeitet werden. Um die erste Radfelge auszuwählen, wurde sie grob mit dem Auswahloval umrissen. Die Funktion **Auswahl transformieren** aus dem Menü Auswahl paßte die Auswahlbegrenzung durch Drehen, Dehnen und Stauchen exakt der Radfelgenform an – dabei wurde nur die Auswahlbegrenzung, nicht ihr Inhalt transformiert. Die Rotationsunschärfe der Räder entstand durch Anwendung des Filters **Radialer Weichzeichner** (Filter, Weichzeichnungsfilter).

Die letzten Schritte – ovale Auswahl erstellen, frei transformieren und weichzeichnen – wurden für die zweite Radfelge wiederholt.

Hinweis: In Photoshop 5.0 waren die Namen der Befehle Auswahl verändern und Auswahl transformieren aus dem Menü Auswahl vertauscht. Seit Photoshop 5.5 heißen die Befehle wieder richtig, das heißt ihrer Funktion gemäß.

1

5

2

3

4

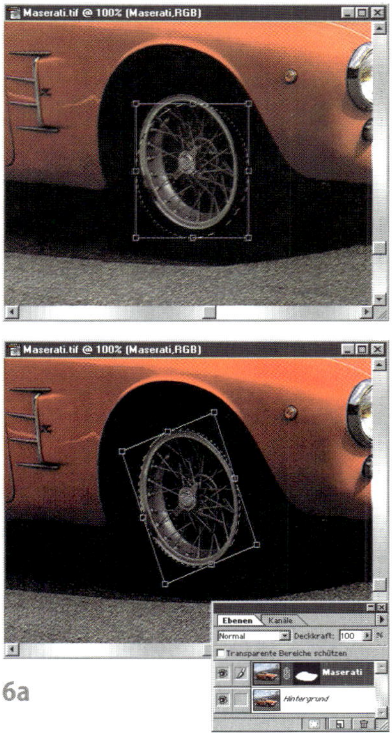

6a

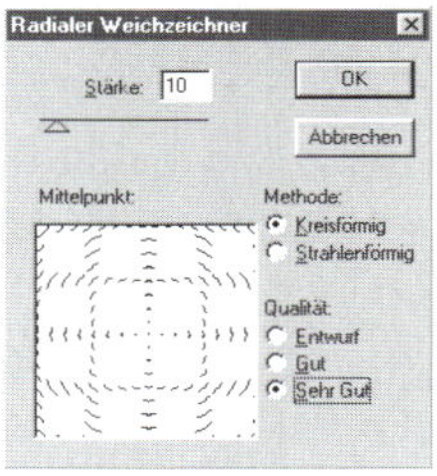

6b

Bewegend

Wie Unschärfe oder eine Weichzeichnung Bewegung simulieren kann

→ ***Übungsmaterial auf der CD:***
Bewegend
Bildvorlage, Endfassung

Technische Abbildungen wirken im Vergleich zum dargestellten Objekt teilweise recht langweilig. Im Gegensatz zur Ansicht des Originals ist die Sicht auf eine vorgegebene Perspektive festgelegt, und natürlich sind bewegliche Teile weder auf einer Fotografie noch auf einer Grafik zu erkennen. Photoshop kann helfen, technischen Darstellungen, Fotografien oder auch Zeichnungen bzw. Gemälden etwas Leben einzuhauchen und sie somit interessanter und informativer zu gestalten.

Im Beispiel soll die Zeichnung eines alten Kunstflugzeuges für einen Katalog aufgefrischt werden. Die Idee, die Luftschraube zu »animieren«, liegt natürlich besonders nahe. Ein Flugzeug mit laufendem Motor sieht sicherlich interessanter aus als dasselbe Flugzeug, in trister Museumsmanier zur ewigen Bewegungslosigkeit verdammt.

Ausgangsmaterial war eine Abbildung in dem neu zu gestaltenden Flugzeugkatalog, die mit ausreichender Auflösung mit einem Flachbettscanner digitalisiert wurde.

1. Mit dem **Auswahloval** wurde um den Propeller eine kreisrunde Auswahl mit einer weichen Kante von 2 Pixeln aufgezogen. Anschließend nahm die Pipette an einer Stelle der Propellerflügel deren Farbe als Vordergrundfarbe auf. Mit **Neue Ebene** aus dem Menü der Ebenenpalette wurde eine neue Ebene mit dem Namen »Rotorebene« angelegt und die Kreisauswahl in dieser Ebene mit Bearbeiten, **Fläche füllen,** Füllen mit Vordergrundfarbe mit der aufgenommenen Farbe eingefärbt. Unter Füllmethode wurde eine Deckkraft von 15 % eingestellt, damit die Farbe nur schwach überblendet.

2. Ein Mausklick auf das Symbol **Auswahl sichern** in der Kanälepalette sicherte die Auswahl in einem neuen Alphakanal (»Alpha 1«).

3. Nachdem wieder die Hintergrundebene aktiviert war, wählte der **Zeichenstift** die Propellerflügel aus. Der erstellte Arbeitspfad wurde ganz einfach mit der Enter-Taste des Ziffernblocks in eine Auswahl umgewandelt.

4. Die Funktion **Ebene durch Kopieren** (Ebene, Neu) kopierte den Inhalt der Auswahl automatisch in eine neue Ebene, ohne seine Position zu verändern. In der Ebenenpalette wurde die Ebene an die oberste Position verschoben.

5. Ein Mausklick bei gedrückter Strg/⌘-Taste auf das Etikett des Alphakanals (»Alpha 1«) in der Kanälepalette lud den Kanal als Auswahl. Anschließend wurde mit Filter, Weichzeichnungsfilter, **Radialer Weichzeichner** ein Dialog aufgerufen, der die Einstellungen für die »Bewegungsunschärfe« des Propellers ermöglichte. Nach einigen Versuchen fiel das Ergebnis des Filters wie gewünscht aus (Stärke 60, Methode Kreisförmig, Qualität Sehr gut). Anschließend wurde die Ebene mit der darunterliegenden zusammengefaßt (Ebene, **Mit darunterliegender auf eine Ebene reduzieren**).

6. Der »Propellerschweif« wirkte aufgrund seiner kreisrunden Form unnatürlich, deshalb sollte er gemäß der Betrachterperspektive verzerrt werden. Das Werkzeug für die perspektivische Verzerrung war die Funktion **Frei transformieren** aus dem Menü Bearbeiten. Wenn dieses Werkzeug gewählt ist, können alle Funktionen aus dem Transformieren-Untermenü weiterhin ausgewählt (oder durch Tasten aktiviert) werden. Auf diese Weise lassen sich unterschiedlichste Transformationen in nur einem Arbeitsschritt (das heißt mit nur einer Interpolation) ausführen. Im Beispiel wurde die noch bestehende Kreisauswahl in der Ebene »Rotorebene« geneigt (Neigen), in der Horizontalen gestaucht (Skalieren) und noch rautenförmig verzerrt (Verzerren), bis die angedeutete Drehbewegung zur Perspektive des Flugzeugs paßte. Ein Doppelklick ins Innere des Transformationsrahmens rechnete die Verzerrung in die Ebene ein.

7. Um die Schweifbewegung in der Mitte etwas aufzuhellen, löschte der **Radiergummi** mit der Eigenschaft Airbrush und mittelgroßer Werkzeugspitze die Bereiche um die Propellernabe.

8. Am nun vorliegenden Bild störten noch die scharfen Konturen der Propellerflügel in der Hintergrundebene. Um den Eindruck der Bewegung perfekt zu machen, sollten die Rotorblätter mit Filter, Weichzeichnungsfilter, **Bewegungsunschärfe** noch verwischt werden. Im Dialog mußte der Winkel der gewünschten Propellerbewegung (im rechten Winkel zum Flügel) und die Stärke der Bewegung angegeben werden. Die Rotorblätter ließen sich am einfachsten mit dem **Lasso** auswählen, wobei darauf zu achten war, für das Verwischen genügend Fläche auszuwählen. Daß beim oberen Rotorblatt auch Bereiche des Flugzeugkörpers mit verwischt wurden, war notgedrungen in Kauf zu nehmen.

9. Zum Schluß wurde noch die Propellernabe nachbearbeitet, da sie im Vergleich zur simulierten Bewegung der Rotorblätter zu scharf wirkte. Im Modus Aufhellen verwischte der **Weichzeichner** auch hier die Konturen.

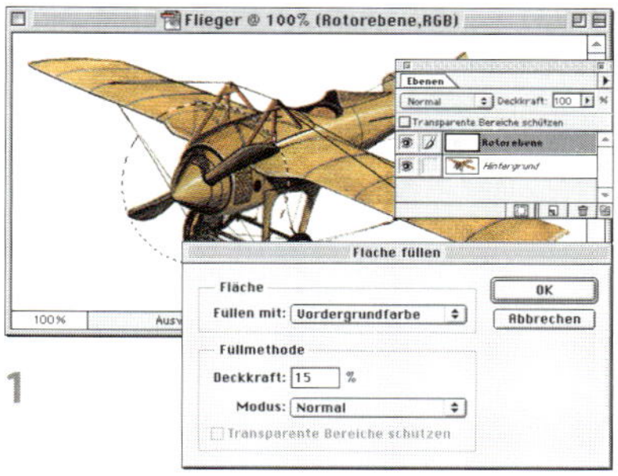

1

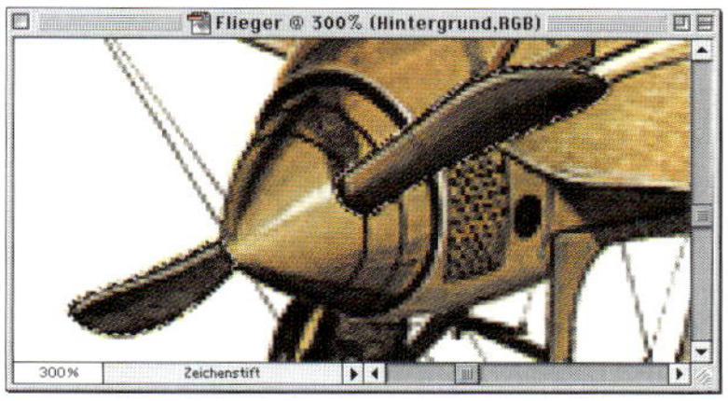

3

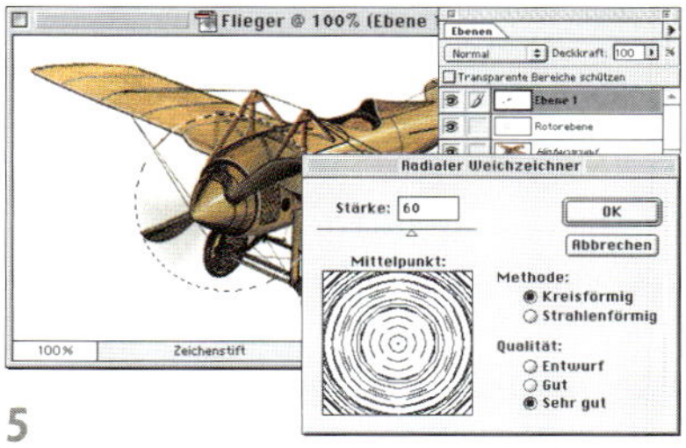

5

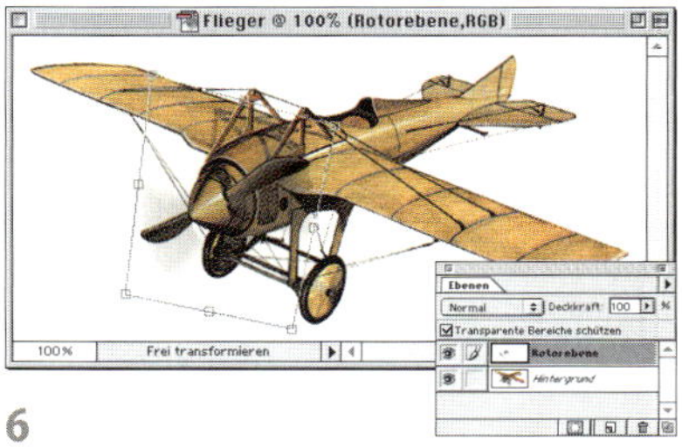

6

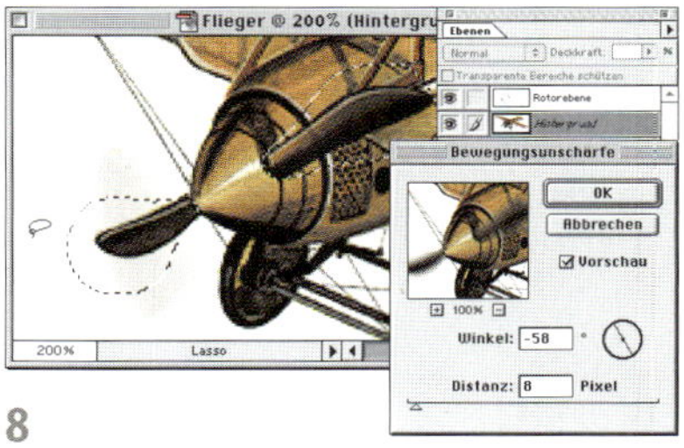

8

Zeitraffer

Wie ein Winkelverlauf eine - Drehbewegung vortäuschen kann

→ ***Übungsmaterial auf der CD:***

Zeitraffer

Bildvorlage, Ebenendatei, Verlaufsdatei, Endfassung

Nicht das schnelle Rotieren eines Gegenstandes, wie beim Flugzeugpropeller im vorigen Beispiel, sondern die kaum wahrnehmbare Bewegung des Minutenzeigers einer Uhr sollte dieses Bild visualisieren, indem es den Ablauf einer Viertelstunde zu einem Augenblick verdichtet. Dazu wurde der entsprechende Bereich des Zifferblatts mit einem Winkelverlauf überlagert.

1. Ausgangsbild war das wenig vielversprechende Foto einer Taschenuhr ohne Zeiger. Nachdem der Chronometer freigestellt und gerade gedreht war (Bearbeiten, Transformieren, Drehen), wurde mit Ebene, Neu, Ebene eine neue, leere Ebene mit dem Namen »Verlauf« angelegt. Das **Auswahloval** zog nun vom Mittelpunkt des Zifferblatts eine kreisrunde Auswahl auf (Umschalt- und Alt/⌥-Taste drücken). Der Radius entsprach exakt der Länge des Minutenzeigers, der zusammen mit dem Stundenzeiger in einem späteren Schritt ergänzt wurde. Die Auswahl wurde als Ebenenmaske gesichert (Ebene, **Ebenenmaske hinzufügen,** Außerhalb der Auswahl maskieren).

2. Anschließend wurde das **Winkelverlaufswerkzeug** gewählt und in dessen Optionenpalette (Doppelklick auf das Werkzeugsymbol in der Werkzeugpalette) auf die Schaltfläche Bearbeiten geklickt, um den Dialog **Verläufe bearbeiten** zu öffnen. In der Liste der Verläufe wurde die Verlaufsart Vordergrundfarbe zu Transparent gewählt und mit einem Mausklick auf die Schaltfläche Duplizieren von dieser Verlaufsart eine Kopie mit dem Namen »Verlauf für Uhr« erstellt. Unter der Option **Transparenz** wurde der weiße Regler (für Transparenz) auf die 25%-Position verschoben. Dadurch wurde gewährleistet, daß die schwarze Vordergrundfarbe bereits nach einem Viertelkreis vollständig zu Transparent überblendete. (Diese Verlaufseinstellung kann auch von der CD geladen werden.)

3. Mit einem Mausklick auf ihr Thumbnail wurde wieder die Ebene ausgewählt. In der Werkzeugpalette wurden die Standardfarben eingestellt (Symbol ■) und in der Optionenpalette des **Winkelverlaufswerkzeugs** die Optionen Transparenz und Um-

kehren aktiviert (erstere sorgt dafür, daß die transparenten Bereiche tatsächlich transparent werden, zweitere erzeugt den Verlauf nicht im, sondern gegen den Uhrzeigersinn). Das Winkelverlaufswerkzeug spannte den selbstdefinierten Verlauf, ausgehend vom Mittelpunkt des Zifferblatts, exakt waagerecht nach rechts auf (Umschalttaste drücken). Bei einem Winkelverlauf spielt es keine Rolle, wie weit der Verlauf aufgezogen wird. Die **Ebenendeckkraft** wurde auf 50 % verringert.

4. Nun war nur noch ein kleiner, kaum sichtbarer Fehler zu korrigieren: Der Verlauf lag auch über dem Achsenstift und dem ihn umschließenden Metallring. Das **Auswahloval** zog (bei gleichzeitig gedrückter Umschalt- und Alt/⌥-Taste) wieder ausgehend vom Mittelpunkt des Achsenstifts eine kreisrunde Auswahl in der Größe des Rings auf. Nachdem wieder die Ebenenmaske aktiviert war, konnte die Auswahl in der Maske mit der Rückschrittaste schwarz gefüllt werden – so war auch dieser Bereich maskiert.

5. Zur Vervollständigung der Uhr wurden über die **Plazieren**-Funktion aus dem Menü Datei noch die in Macromedia FreeHand als Vektorgrafik vorbereiteten Zeiger in das Zifferblatt montiert.

6. Die Vervielfältigung der Uhr geschah durch mehrfaches Duplizieren. In der ersten Ebenenkopie wurde der das Uhrgehäuse umgebende Bereich gelöscht. Diese Ebene erhielt einen **Schlagschatten** (Ebene, Effekte, Schlagschatten). Alle weiteren Ebenen waren Duplikate dieser ersten Kopie, die mit der Funktion **Frei transformieren** (Menü Bearbeiten) skaliert wurden.

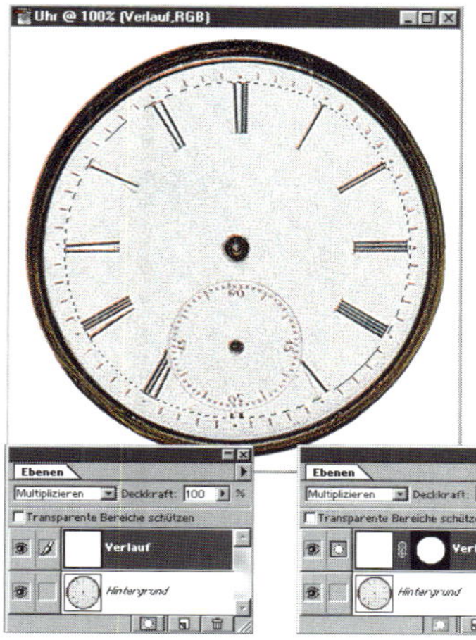

1

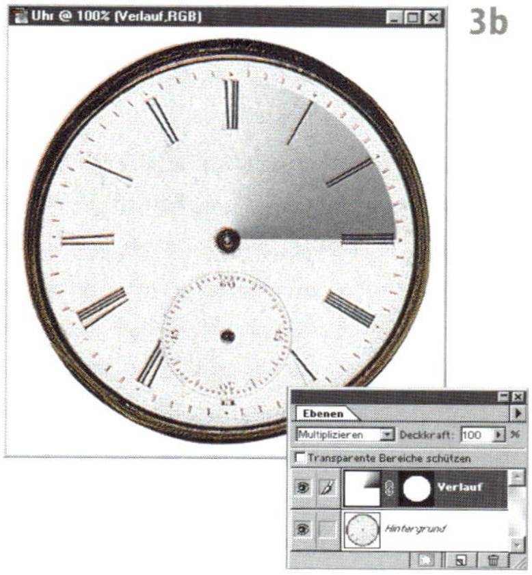

3b

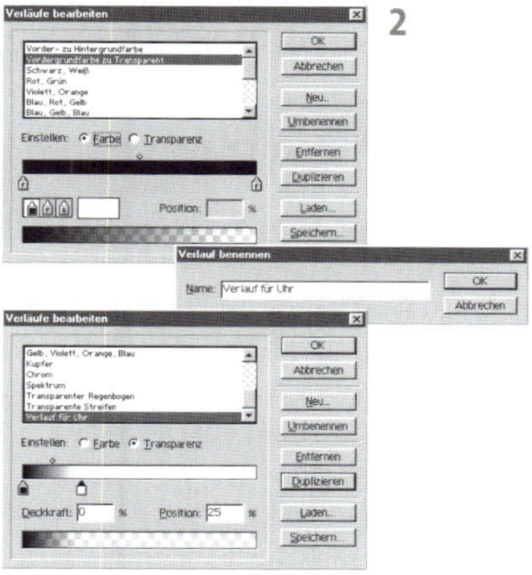

2

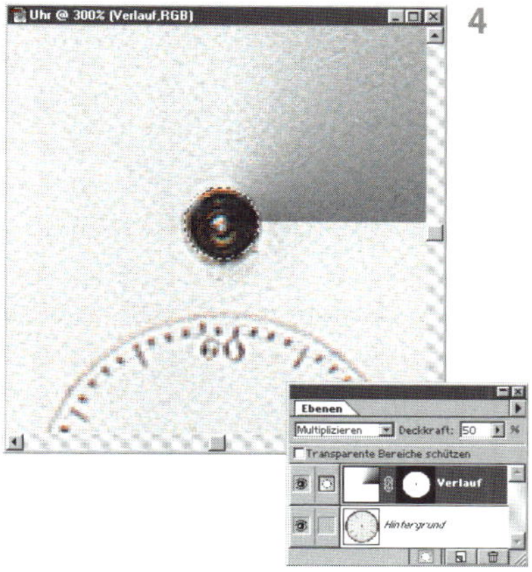

4

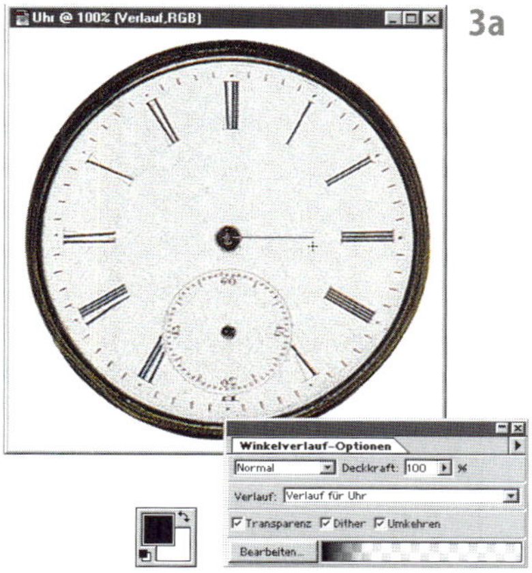

3a

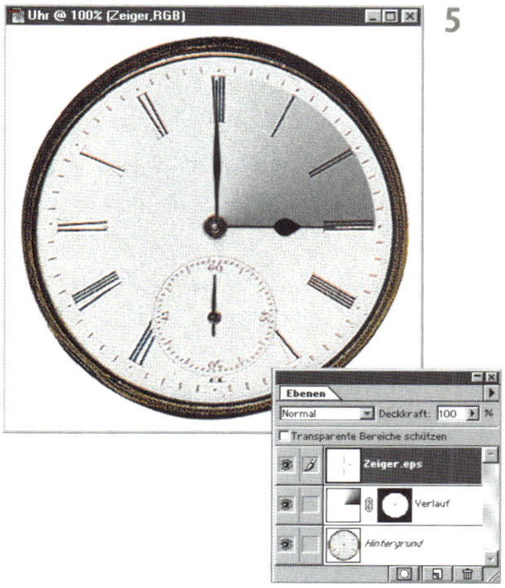

5

Offensichtlich

Wie zwei Fotos zu einer Schnittfotografie verschmelzen, die ohne Photoshop das Gehäuse einer Espressomaschine gekostet hätte

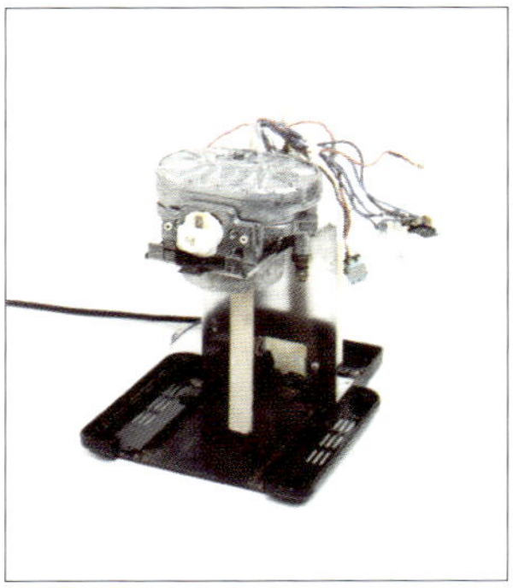

→ ***Übungsmaterial auf der CD:***
Offensichtlich
Bildvorlagen, Ebenendatei, Endfassung

Eine Espressomaschine, deren Gehäuse teilweise aufgeschnitten ist, gibt den Blick auf ihr Innenleben frei. Ohne der Maschine Gewalt anzutun, gelingt eine solche Schnittfotografie durch eine Ebenenmontage in Photoshop. Ausgangsbilder waren zwei Fotos der Espressomaschine: einmal komplett zusammengebaut und einmal ohne Gehäuse. Wichtige Voraussetzung für solche Bildmontagen ist, daß beide Bilder unter denselben Aufnahmebedingungen fotografiert werden, also die gleiche Perspektive, die gleiche Brennweite und der gleiche Abstand der Kamera zum Objekt eingehalten wird. Einheitliche Aufnahmebedingungen lassen sich am besten im Studio realisieren, wo die Kamera fest auf einem Stativ steht und für gleichbleibende Beleuchtung gesorgt werden kann. Da die Espressomaschine vom Studioaufbau entfernt werden mußte, um sie für die zweite Aufnahme auseinanderzumontieren, wurden die Positionen der Füße mit einem Stift markiert. So konnte das »nackte« Innere exakt an denselben Platz gestellt werden. Der »Kopf« der entkleideten Maschine mußte mit einem Hölzchen gestützt werden, da ohne das Gehäuse keine ausreichende Stabilität vorhanden war. Dieses Hölzchen ist aber aufgrund der späteren Maskierung in Photoshop nicht mehr zu sehen.

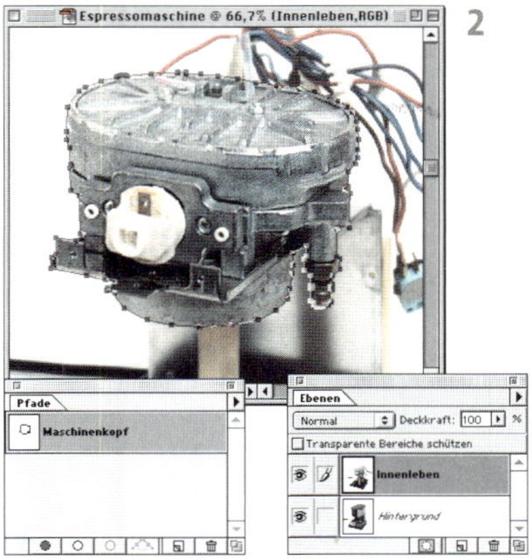

2

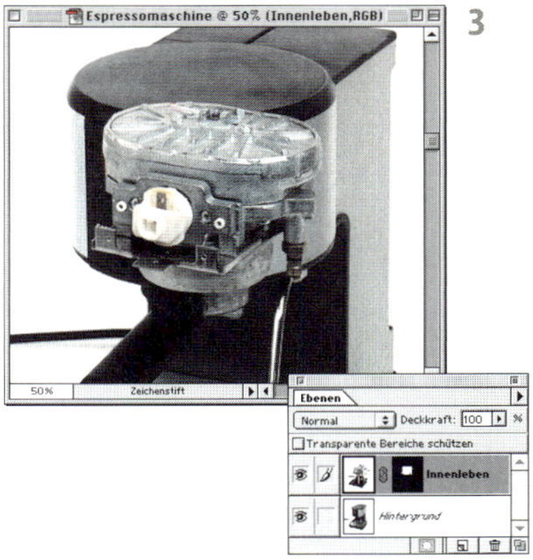

3

1. Die Scans der beiden Fotos wurden in Photoshop übereinandergelagert. Dazu wurde das Foto vom Innenleben der Espressomaschine mit dem **Bewegen-Werkzeug** in das Foto vom Gehäuse gezogen. Da die mit einem Diascanner eingelesenen Bilder dieselben Abmessungen besaßen, konnte beim Bewegen die **Umschalttaste** gedrückt werden, so daß das Foto vom Innenleben automatisch deckungsgleich als neue Ebene über dem Gehäusebild eingesetzt wurde.

2. In der Ebene mit dem Innenleben der Espressomaschine wurde mit dem **Zeichenstift** ein Pfad um den Teil gezogen, der später durch den aus dem Gehäuse geschnittenen Teil sichtbar sein sollte. Da mit mehreren Schnitten experimentiert werden sollte, war es wichtig, den gesamten Maschinenkopf entlang seiner Kontur akkurat zu umpfaden, auch wenn später nur ein Teil davon sichtbar war.

3. Mit einem Mausklick bei gedrückter Strg/⌘-Taste auf das Pfadetikett in der Pfadepalette wurde die Pfadkontur in eine Auswahl umgewandelt. Diese Kurzmethode zum Umwandeln eines Pfades in eine Auswahl legt die im Dialog **Auswahl erstellen** (Menü der Pfadepalette) aktuell eingestellten Werte für weiche Kante und Glätten zugrunde, umgeht aber den Dialog. Die Auswahl wurde als **Ebenenmaske** gesichert (Symbol ◘ in der Ebenenpalette).

4. Die Ebene »Innenleben« wurde vorübergehend ausgeblendet (Augensymbol ausschalten) und die Hintergrundebene, die das Gehäusebild enthielt, aktiviert (Mausklick auf das Ebenenetikett). In der Pfadepalette legte das Symbol ◘ einen neuen, aber noch leeren Pfad an. Da beim Anklicken des Symbols die Alt/⌥-Taste gedrückt wurde, konnte dem neuen Pfad ein Name gegeben werden (»Schnitt«). Der **Zeichenstift** umgrenzte nun – noch recht grob – den Gehäusebereich, der für den Schnitt vorgesehen war. Nachdem die Ebene »Innenleben« wieder eingeblendet war, wurde die Pfadform besser an den Maschinenkopf angepaßt.

5. Als eine zufriedenstellende Schnittform gefunden war, wurde der Pfad »Schnitt« in eine Auswahl umgewandelt, die Auswahl umgekehrt (Umschalt + Strg/⌘ + I), die **Ebenenmaske** der Ebene »Innenleben« aktiviert (Mausklick auf das Ebenenmasken-Thumbnail) und die Auswahl darin schwarz gefüllt (Rückschrittaste). So war der Maschinenkopf nur innerhalb des Schnittbereichs sichtbar. Anschließend wurde die Auswahl aufgehoben.

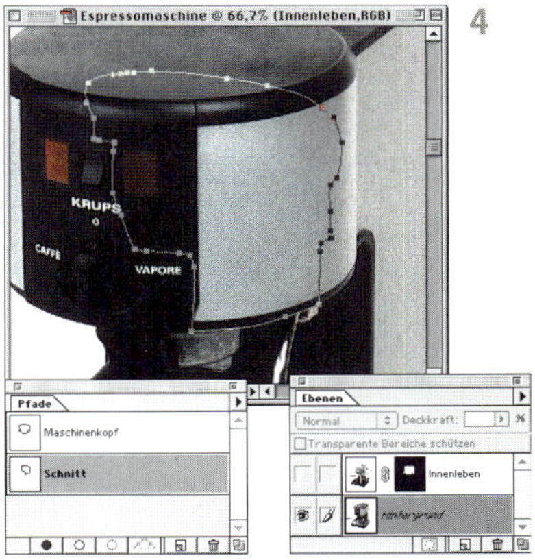

4

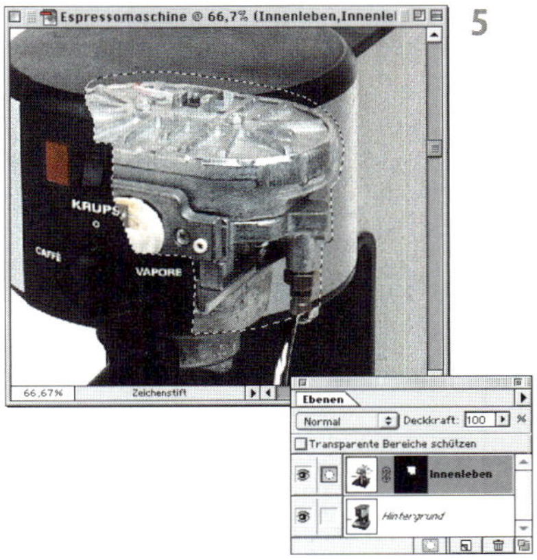

5

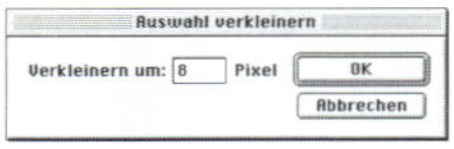

6a

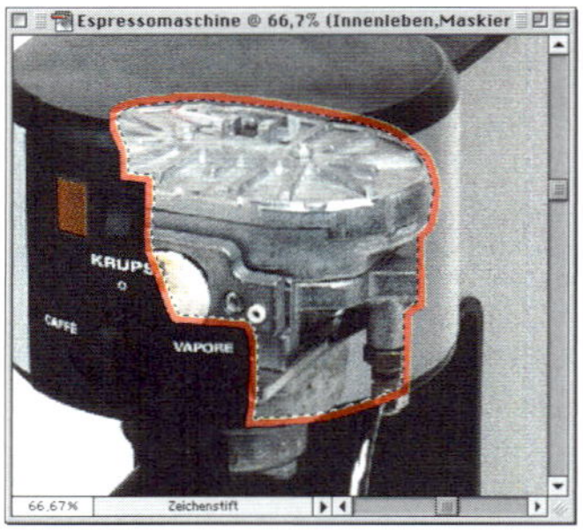

6b

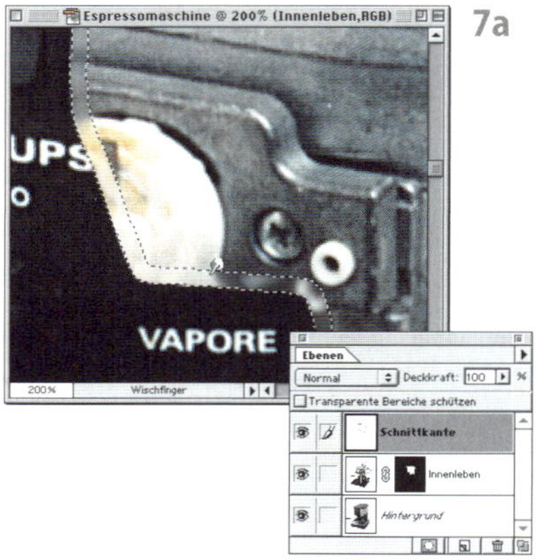

7a

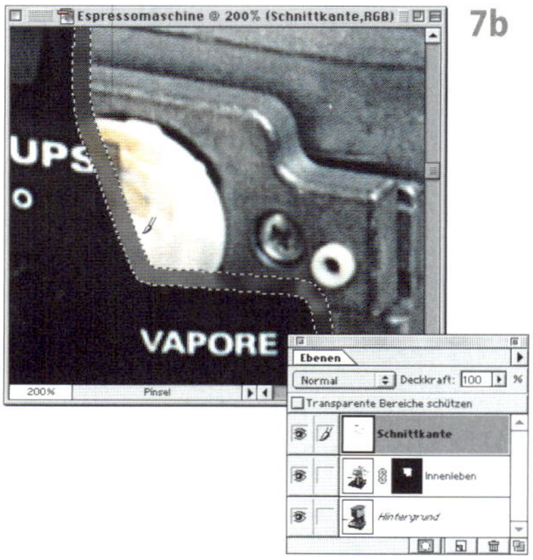

7b

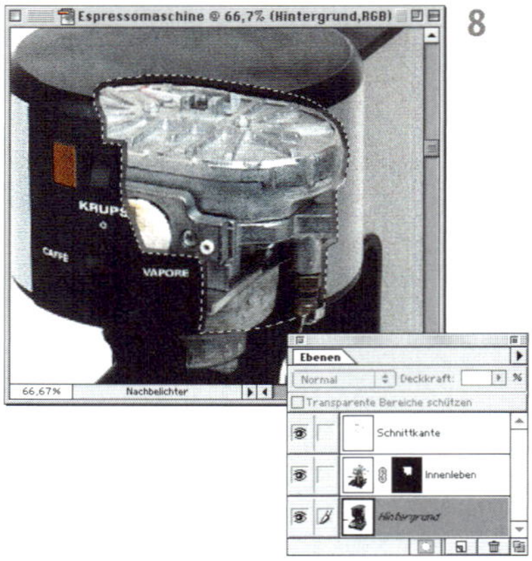

8

6. Nun stand der schwierigste Teil der Operation bevor: die Rekonstruktion der Schnittkante am Kunststoffgehäuse. Diese Kante war ja das einzige, das nicht fotografiert werden konnte (dafür hätte das Gehäuse tatsächlich aufgeschnitten oder aufgesägt werden müssen). An oberster Stelle in der Ebenenreihenfolge wurde eine neue Ebene mit dem Namen »Schnittkante« angelegt. Die äußere Kontur der Schnittkante war ja bereits durch den Pfad »Schnitt« fertiggestellt. Es fehlte also nur noch eine Begrenzung für die innere Kontur. Diese hätte mit einem weiteren Pfad realisiert werden können, was größtmögliche Flexibilität hinsichtlich der Kantenbreite geboten hätte. Im Beispiel wurde aber ein einfacheres Verfahren gewählt: Der vorhandene Pfad wurde verkleinert. Dazu wurde in den Maskierungsmodus gewechselt (Symbol ◘ in der Werkzeugpalette), der Pfad »Schnitt« als Auswahl geladen und schwarz gefüllt. (Eine schwarze Füllung erscheint im Maskierungsmodus in roter Maskenfarbe.) Anschließend wurde die noch bestehende Auswahl um 8 Pixel verkleinert (Auswahl, Auswahl verändern, **Verkleinern**) und weiß gefüllt. Durch die Rückkehr in den Standardmodus wurde die Maske in eine Auswahl umgewandelt, die die Form der Schnittkante besaß. Die Auswahl mußte nun nur noch umgekehrt werden (Umschalt + Strg/⌘ + I).

7. Lichtreflexe, Schatten und Spiegelungen auf der Kante wurden mit Mal- und Retuschewerkzeugen erzeugt. Der **Stempel** kopierte zunächst die Farben benachbarter Bereiche in die Schnittkantenauswahl: im hinteren Bereich das Grau oder Schwarz des Gehäuses, im vorderen Teil Partien des Inneren (als »Spiegelungen«). Der **Weichzeichner** machte die Spiegelungen etwas unscharf. Der **Wischfinger** versuchte, der richtigen Perspektive der Spiegelungen Rechnung zu tragen. Der **Pinsel** trug auf dem Bereich der Schnittkante, die durch den schwarzen Kunststoff führt, schwarze Farbe mit geringer Deckkraft auf und dunkelte die Spiegelungen dadurch ab. Der **Abwedler** erzeugte die hellen Lichtreflexe und der **Nachbelichter** die dunklen Schattenpartien.

8. Um noch die Teile des Gehäuses abzudecken, die neben und hinter dem Inneren sichtbar waren, wurde der Pfad »Schnitt« erneut als Auswahl geladen und die Auswahl in der **Hintergrundebene** schwarz gefüllt.

9. Um eine bessere räumliche Wirkung zu erreichen, ergänzte der **Nachbelichter** in der Ebene »Innenleben« Schatten auf dem inneren Maschinenkopf, die ein aufgeschnittenes Gehäuse gemäß dem Lichteinfall auch in der Realität auf ihn werfen würde.

Eine Offenbarung

Unsichtbares sichtbar machen: mit Bildbearbeitung ganz einfach

→ Übungsmaterial auf der CD:

Eine Offenbarung

Bildvorlagen, Ebenendatei, Endfassung

Wie für eine technische Darstellung das eigentlich unsichtbare mechanische Werk einer Uhr sichtbar gemacht werden kann, zeigt dieses Beispiel.

1. Ausgangsbilder waren zwei Fotos von der Vorderansicht einer Uhr und ihres Räderwerks. Das Uhrwerk wurde mit dem Bewegen-Werkzeug automatisch als **neue Ebene** über dem Zifferblatt eingesetzt. Für den Überblendungseffekt wurde der Deckmodus in der Ebenenpalette auf **Multiplizieren** geändert.

2. Das Uhrwerk sollte nur in der rechten Hälfte sichtbar sein. Deshalb wurde zuerst mit dem **Auswahloval** ausgehend von der Zeigerachse eine kreisrunde Auswahl aufgezogen (Umschalt- und Alt/⌥-Taste drükken) und von dieser Auswahl anschließend mit dem **Auswahlrechteck** der linke Teil abgezogen (nur Alt/⌥-Taste drücken). Nachdem die Auswahl eine weiche Kante von 3 Pixeln Breite erhalten hatte (Auswahl, Weiche Auswahlkante), wurde sie als **Ebenenmaske** gesichert (Symbol ◻ in der Ebenenpalette). Die Deckkraft der Ebene wurde auf 80 % reduziert.

1

2

Farbe ohne Farbfilm

Wie Schwarzweißbildern die fehlende Komponente hinzugefügt werden kann

→ ***Übungsmaterial auf der CD:***
Farbe ohne Farbfilm
Bildvorlage, Endfassung

Mit dem Pinsel lassen sich Schwarzweißfotos auf einfache Weise nachträglich von Hand kolorieren. Im Modus Farbton & Sättigung überträgt das Malwerkzeug nur den Farbton und die Farbsättigung der gewählten Vordergrundfarbe auf die übermalten Bildpartien. Deren Helligkeit wird hingegen nicht verändert, so daß Strukturen und Schattierungen erhalten bleiben.

1. Als Voraussetzung für alle weiteren Bearbeitungen mußte das Graustufenbild in den Modus **RGB-Farbe** (Bild, Modus) umgewandelt werden.

2. Um die Felskanten wurde mit dem Zeichenstift ein Pfad gelegt, aus dem dann eine **Auswahl** erstellt werden konnte (Auswahl erstellen aus dem Menü der Pfadepalette oder Enter-Taste des Ziffernblocks). Diese Auswahl erleichterte das Kolorieren sehr, da es einfacher war, die Form der Felsen mit einem Pfad als mit dem Pinsel nachzuzeichnen. Durch eine Umkehr der Auswahl (Auswahl, Auswahl umkehren) konnte das Gestein gleichzeitig vor Veränderungen geschützt werden.

3. In der Werkzeugpalette wurde als Vordergrundfarbe ein Blauton für den Himmel definiert (Mausklick auf das Farbfeld). Ein weicher **Pinsel** malte diesen Ton anschließend im Modus **Farbton & Sättigung** (Palette Pinsel-Optionen) ins Bild. Für einen nahtlosen Übergang zwischen Bäumen und Himmel mußten die Baumkronen so weit übermalt werden, wie der Himmel zwischen den Blättern hindurchscheint. Damit die Farbe auch später direkt zur Verfügung steht, wurde sie in einem Farbfeld der Palette Farbfelder abgelegt.

4. Die gleiche Prozedur wurde für das Laubwerk mit einem Grünton wiederholt. In den Bereichen, in denen der Himmel durch die Blätter hindurch zu sehen ist, erfolgte

2

3

5a

die Kolorierung mit einem sehr **feinen Pinsel**, um die Himmelspartien nicht wieder zu übermalen. Um eine bessere Kontrolle über das Ergebnis zu erhalten, bot sich eine vergrößerte Darstellung des Bildes an (Ansicht, Einzoomen). Auch diese Farbe – wie im übrigen auch alle weiteren – wurde in einem Farbfeld der Palette Farbfelder gespeichert.

5. Auch beim Einfärben des Gartentors mit einem Braunton erwies sich die Pfadauswahl als hilfreich, da der obere Teil der Hölzer grob übermalt werden konnte und die Konturen nicht penibel nachgezeichnet werden mußten. Im unteren Bereich war jedoch zu beachten, daß zwischen den Hölzern Himmel und Bäume sichtbar sind. Diese wurden – wie zuvor die Blätter der Bäume am Übergang zum Himmel – mit einem **feinen Pinsel** bei ausreichender Vergrößerung koloriert.

6. Damit das Bild wie ein altes Farbfoto mit gedämpften Farben wirkt, wurde – nachdem eventuell bestehende Auswahlen aufgehoben waren (Auswahl, Auswahl aufheben) – im Dialog **Farbton/Sättigung** (Bild, Einstellen) die Sättigung reduziert.

4a

5b

4b

5c

4c

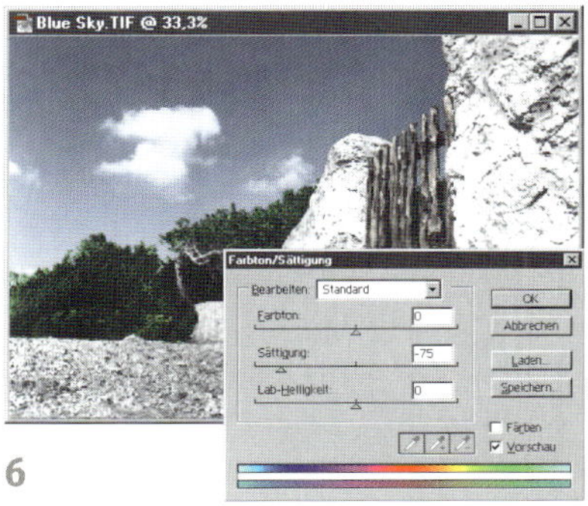

6

Vom Winde verweht

Wie sich mit Hilfe der Verlaufsfunktion von Photoshop auf erstaunlich einfache Weise Duplexeffekte in RGB oder CMYK simulieren lassen

→ ***Übungsmaterial auf der CD:***
Vom Winde verweht
Bildvorlage, Verlaufsdatei, Gradationskurven, Endfassung

Die reizvolle Wirkung von Duplexbildern ist nicht allein dem Zweifarbdruck vorbehalten. Oft wird die reduzierte Farbgebung von Duplexbildern auch im Vierfarbdruck oder in Screenanwendungen eingesetzt – Duplexdateien lassen sich ja auch in RGB oder CMYK konvertieren. Ist der Einsatz von Duplexbildern nicht von der Not einer Kostenersparnis durch die Beschränkung auf nur zwei oder drei Druckfarben motiviert, gibt es auch Alternativen zu den diffizilen Duplexeinstellungen – die Duplexgradationskurven müssen schließlich sehr mit Bedacht gewählt werden, damit das Ergebnis zufriedenstellend ausfällt. Eine Alternative für duplexähnliche Effekte bietet die Option Färben im Dialog Farbton/Sättigung (Bild, Einstellen). Kolorierte Bilder haben aber den Nachteil, daß sie nur aus zwei Farben bestehen (Schwarz und Buntfarbe, Weiß zählt als Papierfarbe nicht mit) und mehrfarbige Effekte nicht simuliert werden können.

Das nachfolgend vorgestellte Verfahren hebt diese Beschränkung auf und zeigt einen in RGB simulierten Triplexeffekt mit Schwarz, einem dunklen Grün und einem hellen Ockerton. Dabei wird ein Farbverlauf angelegt, der die Tonwertskala eines entfärbten RGB-Bildes ersetzt, die korrespondierenden Tonwertbereiche also mit den Verlaufsfarben koloriert.

1. Der RGB-Scan einer Windmühle wurde in Photoshop geöffnet, in den **Graustufenmodus** (Bild, Modus, Graustufen) umgewandelt und direkt wieder in RGB zurückgewandelt (Bild, Modus, RGB-Farbe). Das Ergebnis war ein entfärbtes RGB-Bild.

2. Mit einem Doppelklick auf das in der Werkzeugpalette sichtbare **Verlaufswerkzeug** wurde die Palette Verlauf-Optionen eingeblendet. Die Schaltfläche Bearbeiten in der Palette öffnet den Dialog Verläufe bearbeiten, in dem die vorhandenen Verläufe modifiziert und neue Verläufe definiert werden können. Um keinen der vorhandenen Verläufe zu verändern, wurde mit einem Klick auf Neu ein **neuer Verlauf** mit dem Namen »Triplex-Simulation« in die Liste aufgenommen. Der neue Verlauf bestand zunächst nur aus zwei Farben (jeweils Schwarz).

3. Das linke Ende des Verlaufs ersetzte später die dunklen, das rechte Ende die hellen Töne des Bildes. Deshalb wurde für das rechte Ende Weiß eingestellt. Dazu wurde der Farbregler unter dem Verlaufsbalken ausgewählt und auf das Farbfeld geklickt. Photoshop öffnet daraufhin den Dialog **Farbwähler;** hier wurde ein Weiß definiert (RGB: 255/255/255). Nach dem Schließen des Farbwählers mit OK zeigte der Dialog Verläufe bearbeiten einen Verlauf von Schwarz nach Weiß.

4. Um eine dritte Farbe in den Verlauf einzufügen, wurde mit einem Mausklick unterhalb des Verlaufsbalkens ein neuer Regler an die 33%-Position gesetzt (der Wert kann auch in das Eingabefeld getippt werden). Wieder wurde mit einem Mausklick auf das Farbfeld der Dialog Farbwähler geöffnet. Da die Triplex-Farben vorher anhand eines Pantone-Fächers bestimmt wurden, wurde die **Pantone-Farbbibliothek** geöffnet (Schaltfläche Eigene) und die gesuchte Schmuckfarbe – Pantone 5477 – ausgewählt (die Farbnummer kann auch über die Zifferntasten eingegeben werden). **Achtung:** Mit diesem Verfahren werden jedoch keine Volltonfarbkanäle erstellt; die Pantone-Farben werden nur in RGB simuliert.

5. Für die **vierte Farbe** wurden die vorherigen Schritte wiederholt. Der Regler wurde im Verlauf an der 67%-Position eingefügt und erhielt als Farbe Pantone 4525.

6. Nachdem der Verlauf eine zufriedenstellende Grauwertverteilung zeigte (ggf. Reglerpositionen korrigieren), wurde er als Effektkurven gespeichert. Dazu wird unter dem Mac OS mit gedrückter **⌘-Taste** auf die Schaltfläche Speichern im Dialog Verläufe bearbeiten geklickt. Unter Windows müssen beim Klicken auf die Schaltfläche die **Strg- und Umschalttaste** gedrückt sein. (Ohne Zusatztasten wird der Verlauf nicht als Effektkurven, sondern lediglich als Verlaufsdatei gesichert.) Um den angelegten Verlauf in der Liste der Verläufe zu behalten, muß auch der Dialog Verläufe bearbeiten mit OK geschlossen werden. (Der im Beispiel verwendete Verlauf und die Effektkurven sind auf der CD als Einstellungsdateien enthalten.)

7. Die graue RGB-Datei wurde nun mit den Verlaufsgradationskurven eingefärbt. Dazu wurde der **Dialog Gradationskurven** aufgerufen (Bild, Einstellen) und die gesicherten Kurven mit der Schaltfläche Laden geöffnet. Unter Windows muß im Öffnen-Dialog der richtige Dateityp (*.amp) ausgewählt werden. OK wendete die Kurven auf das Bild an. (Vorher lassen sich im Dialog durch Auswahl einzelner Farbkanäle auch noch Feinkorrekturen an den Gradationskurven vornehmen.)

1a

1b

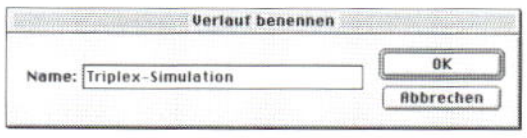

2

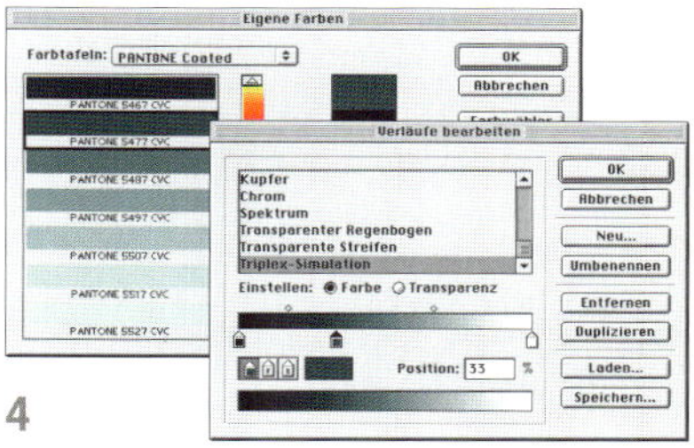

4

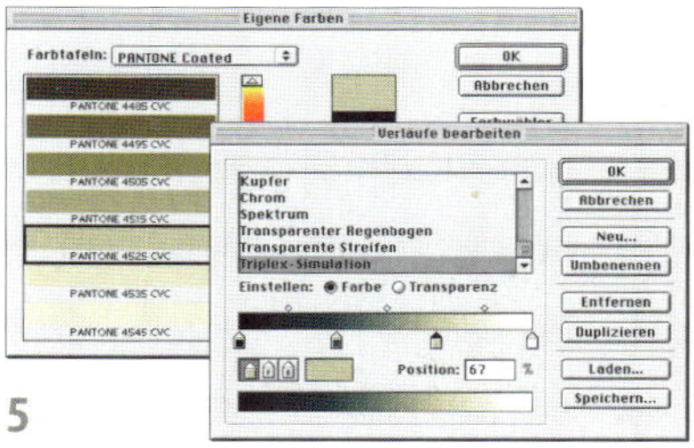

5

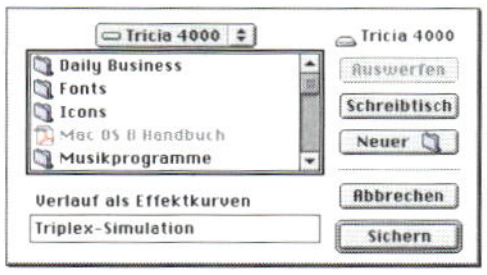

6

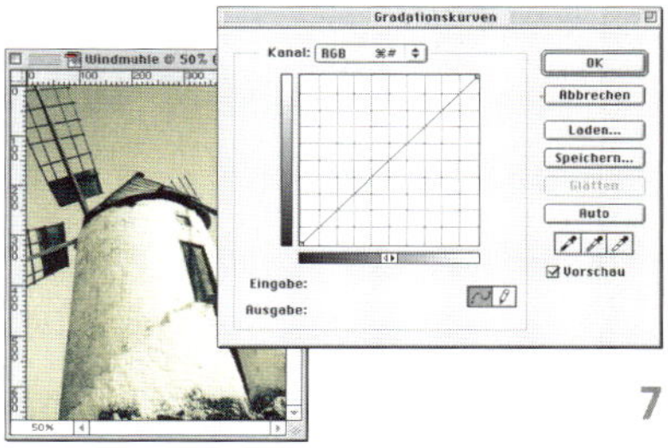

7

Ohne Grenzen

Über den sanften Übergang mehrerer Bilder ineinander

→ Übungsmaterial auf der CD:

Ohne Grenzen

Bildvorlagen, Ebenendatei, Endfassung

Interessante Fotomontagen lassen sich durch Überblenden zweier oder mehrerer Bilder erreichen. Dabei wird ein Bild so über ein anderes Bild gelegt, daß seine Intensität linear nach außen hin abnimmt. Der dabei erzeugte Effekt kommt einem Verschmelzen der Bilder an den überlappenden Partien gleich.

Im vorliegenden Beispiel sollte das Titelbild einer CD mit Texturen unterschiedlichster Art gestaltet werden. Aufgabe war es, schon über das Titelbild zu visualisieren, daß die CD eine Vielfalt unterschiedlichster Texturen enthält.

1. Der erste Arbeitsschritt bestand im Anlegen einer **neuen Datei** in ausreichender Größe. Nachdem alle benötigten Dateien in Photoshop geöffnet waren, wurden sie nacheinander in die Montagedatei kopiert. Am einfachsten gelang dies, indem das Etikett der jeweiligen Texturdatei aus der Ebenenpalette auf das Fenster der Montagedatei gezogen wurde. Jedes Bild erschien automatisch in einer eigenen Ebene. Die einzelnen Komponenten mußten nur noch mit dem Bewegen-Werkzeug an die richtige Position geschoben werden.

2. Um den Überblick in der Montagedatei zu behalten, erhielten alle Ebenen einen **Namen**, der auf ihren Inhalt hinwies (Doppelklick auf das jeweilige Ebenenetikett).

3. Für die Überblendungsbereiche wurde der mittleren Textur in der obersten Ebene (»Fraktal«) eine **Ebenenmaske** hinzugefügt (Ebene, Ebenenmaske hinzufügen, Nichts maskieren).

4. Anschließend erfolgte die **Auswahl der Überschneidungsbereiche**. Mit einem Mausklick bei gedrückter Strg/⌘-Taste auf das Thumbnail der Ebene »Fraktal« in der Ebenenpalette wurde deren Transparenzmaske als Auswahl geladen. (Das Ebenen-Thumbnail ist die linke Miniatur im Ebenenetikett und darf nicht mit dem Thumbnail der Ebenenmaske verwechselt werden.) Ein weiterer Mausklick bei gedrückter Umschalt-, Strg/⌘- und Alt/⌥-Taste auf das Thumbnail der nächsten Ebene bildete die Schnittmengenauswahl beider Transparenzmasken. Diese Schnittmenge entsprach genau dem Überschneidungsbereich.

Ein interessanter Effekt entsteht auch, wenn der Verlauf nicht von innen nach außen, sondern von außen nach innen aufgezogen wird.

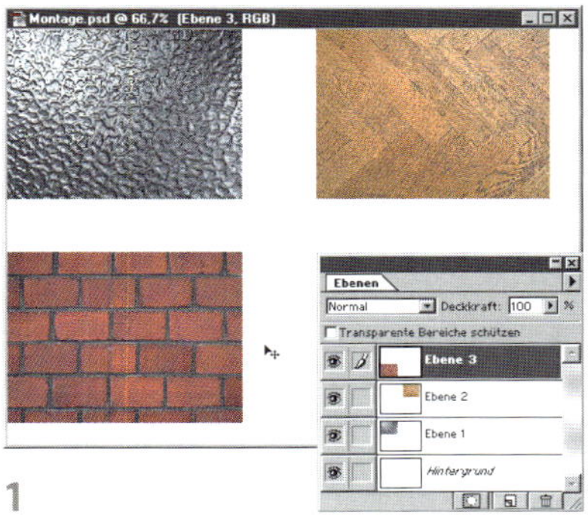

1

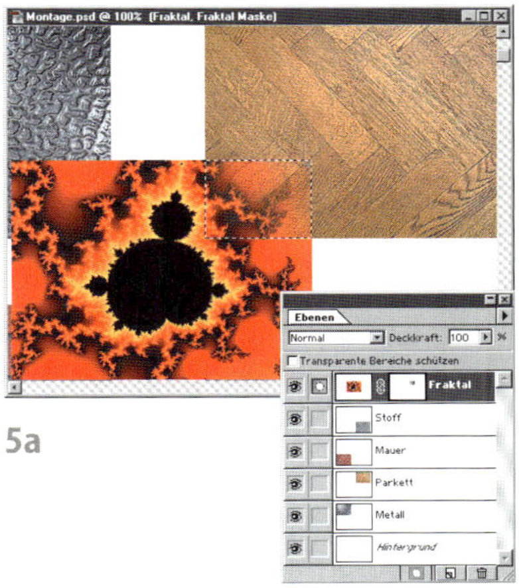

5a

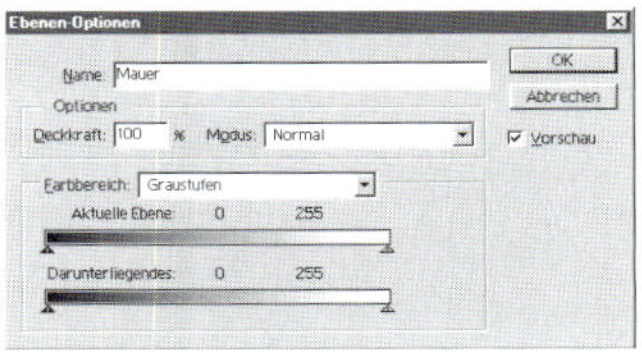

2

5. Da immer noch die Ebenenmaske der Ebene »Fraktal« aktiv war, konnte sie direkt mit einem Verlauf gefüllt werden. In der Optionenpalette des **linearen Verlaufswerkzeugs** wurde dazu die Option Vorder- zu Hintergrundfarbe gewählt. Das Verlaufswerkzeug zog von einer Ecke der Auswahl zur gegenüberliegenden einen diagonalen Verlauf auf, wobei Weiß (Vordergrundfarbe bei Ebenenmasken) zur Bildmitte und Schwarz (Hintergrundfarbe) nach außen zeigte.

6. Die übrigen drei Bereiche wurden auf die gleiche Weise ausgewählt: Erst wurde die Transparenzmaske der Ebene »Fraktal« geladen, dann die **Schnittmenge** mit der Transparenzmaske der nächsten Ebene gebildet und mit einem diagonalen Verlauf gefüllt (Wiederholung der Schritte 4 und 5).

7. Die **Reduktion der Ebenendatei** auf die Hintergrundebene verringert nicht nur den Speicherplatz, sondern stellt auch die Voraussetzung dafür dar, die Datei in einem Format sichern zu können, das von Layoutprogrammen akzeptiert wird (z.B. TIFF oder EPS).

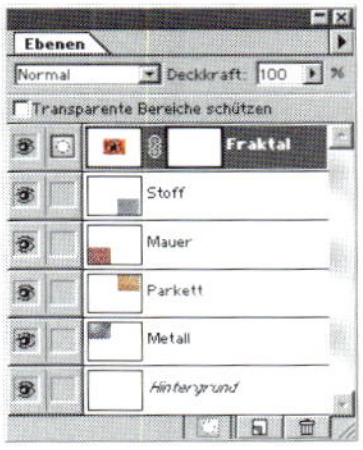

3

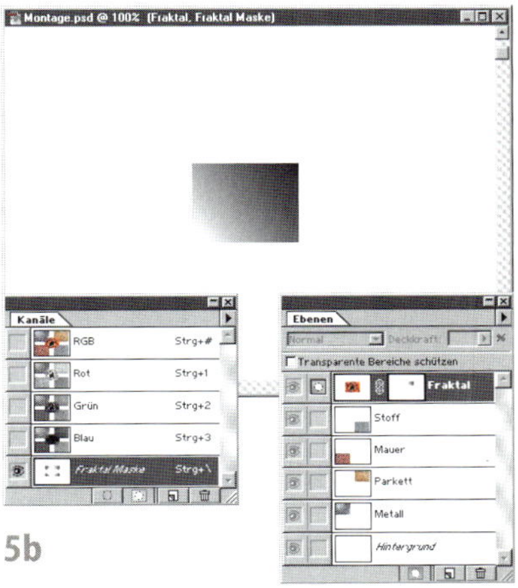

5b

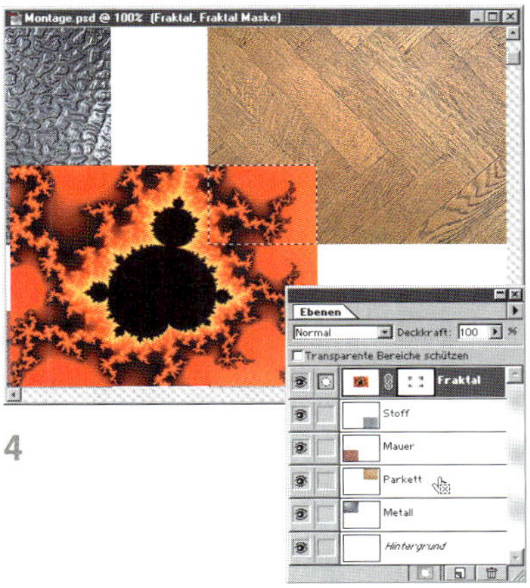

4

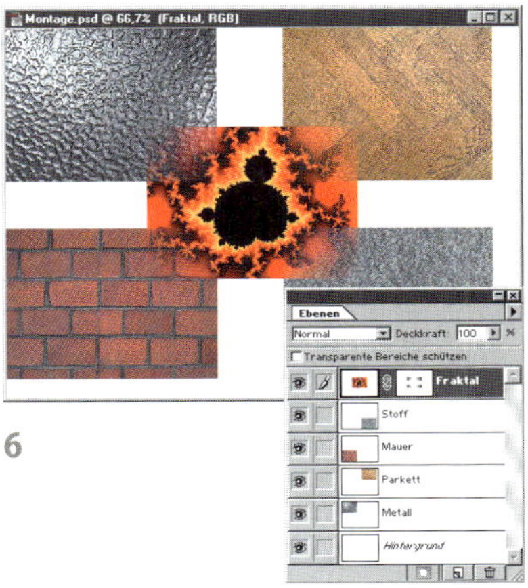

6

Gut in Form

Wie sich die Form eines Motivs in eine Schablone für neue Hintergründe verwandeln läßt

→ Übungsmaterial auf der CD:
Gut in Form
Bildvorlagen, Ebenendatei, Endfassung

Das wohl augenfälligste Merkmal dieses Konzertplakats ist die hervorgehobene Violinenform. Während die ersten Arbeitsschritte zum Ziel hatten, die Form des Instruments in einer Maske nachzubilden, ging es in den nachfolgenden Schritten darum, durch die wohlüberlegte Wahl von Motivfüllung und Motivhintergrund die Instrumentenform ihrem Charakter gemäß überhaupt erst zur Geltung zu bringen. Diese und andere Formen lassen sich nicht nur wie hier mit einer (noten-)typografischen Anlage, sondern auch mit fotografischen Bildern oder etwa Mustern kombinieren.

Nachbildung der Geigenform

1. Als Ausgangsmaterial lag ein niedrigaufgelöster RGB-Scan einer Violine vor, der zunächst mit Bild, Arbeitsfläche drehen, 90° im UZS senkrecht gestellt wurde. Da nur die Form der Violine interessierte, bot sich die Konturierung mit dem **Zeichenstift** an. Auch die Resonanzlöcher waren mit dem Zeichenstift zu umgrenzen. Der fertiggestellte Pfad wurde unter dem Namen »Violinenform« gesichert (**Pfad sichern** aus dem Menü der Pfadepalette oder Doppelklick auf das Etikett des Arbeitspfads).

2. Der Pfad mußte nun in den hochaufgelösten Notenblattscan, der für alle weiteren Schritte als Montagedatei verwendet wurde, übertragen werden. Zum Kopieren eines Pfades in eine andere Datei gibt es mehrere Möglichkeiten: Der Pfad kann mit dem Direktauswahlwerkzeug ausgewählt, in die Zwischenablage kopiert und im neuen Bild als neuer Pfad eingefügt werden. Diese Methode hat jedoch den Nachteil, daß der Pfad als Arbeitspfad eingesetzt wird. Schneller geht es, wenn das **Direktauswahlwerkzeug** den Pfad bei gedrückter Alt/⌥-Taste in das andere Fenster zieht (Kopie-Modus) oder wenn das Pfadetikett aus der Pfadepalette in das Fenster gezogen wird.

3. Da der Notenblattscan viel größer als das kleine Violinenbild war, mußte der Pfad auf die Höhe des Notenblatts skaliert werden. Damit der Pfad besser sichtbar war und weil der unruhige Notenhintergrund beim Skalieren nur störte, wurde die Hintergrundebene mit einem Doppelklick auf ihr Etikett in der Ebenenpalette in eine **transparente Ebene** umgewandelt. Die Ebene erhielt den Namen »Noten«. Ein Mausklick auf das Augensymbol blendete sie vorübergehend aus.

4. Bei noch aktivem Pfad und gewähltem Pfadwerkzeug wurde die Funktion **Pfad frei transformieren** aus dem Menü Bearbeiten aufgerufen. (Falls der Befehl Punkte frei transformieren lautet, ist der Arbeitspfad nicht gesichert worden, oder es sind einzelne Punkte des Pfads ausgewählt. Heißt der Befehl nur Frei transformieren oder ist er grau dargestellt, ist entweder der Pfad nicht ausgewählt, oder es ist kein Pfadwerkzeug aktiv.) Durch Ziehen bei gedrückter Umschalttaste an den Eckgriffen des Transformationsrahmens wurde der Pfad proportional skaliert. Photoshop vergrößert dabei nur den Pfad, nicht den Inhalt der Bildebene. Als der Pfad die gewünschte Größe erreicht hatte und mittig ausgerichtet war (Transformationsrahmen verschieben), wurde die Skalierung mit einem Doppelklick ins Rahmeninnere bestätigt.

Montage (Bilder nächste Seite)

1. Da das Notenbild als Graustufendatei vorlag, war für die weiteren Schritte zunächst eine Umwandlung in den RGB-Modus erforderlich (Bild, Modus, **RGB-Farbe**). Von der Ebene »Noten« wurden für die Überlagerung insgesamt vier Kopien angelegt (Ebene, **Ebene duplizieren**).

2. Mit Ebene, **Neu,** Ebene kam zu den insgesamt fünf Ebenen eine weitere mit dem Namen »Basis« hinzu. Nun wurde wieder der Pfad durch einen Mausklick auf sein Etikett ausgewählt und in eine Auswahl umgewandelt (**Auswahl erstellen** aus dem Menü der Pfadepalette). Die Auswahl wurde mit Weiß gefüllt (Bearbeiten, Fläche füllen; Füllen mit Weiß). Diese Ebene zeigte die Form der Violine als weißen Scherenschnitt; sie wurde in der Ebenenpalette an die zweite Position verschoben.

3. Die Ebene »Basis« sollte die Basisebene einer **Maskierungsgruppe** bilden, deshalb wurden die Ebenen »Noten Kopie 1« bis »Noten Kopie 4« mit der jeweils darunterliegenden Ebene gruppiert. Das Gruppieren einer Ebene mit der darunterliegenden erfolgt, indem mit gedrückter Alt/⌥-Taste auf die Trennlinie zwischen beiden Ebenen geklickt wird. In die Maskierungsgruppe aufgenommene Ebenen erscheinen gegenüber der Basisebene eingerückt.

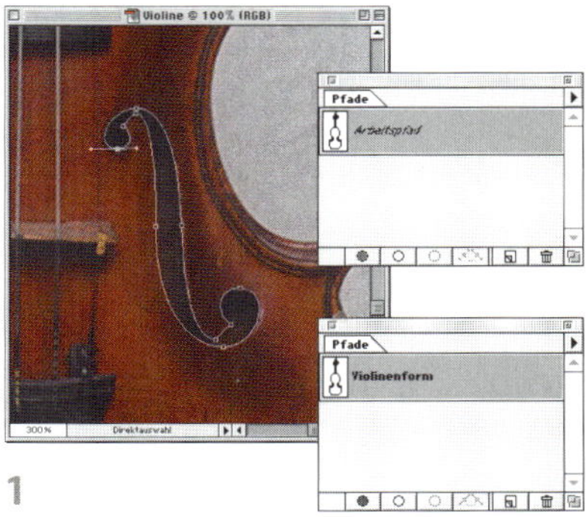

1

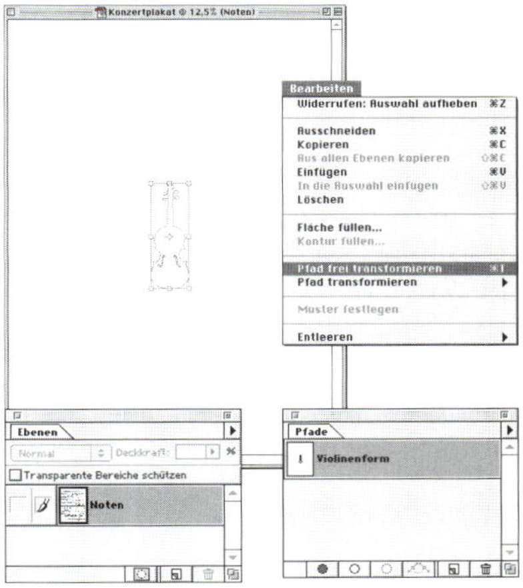

4a

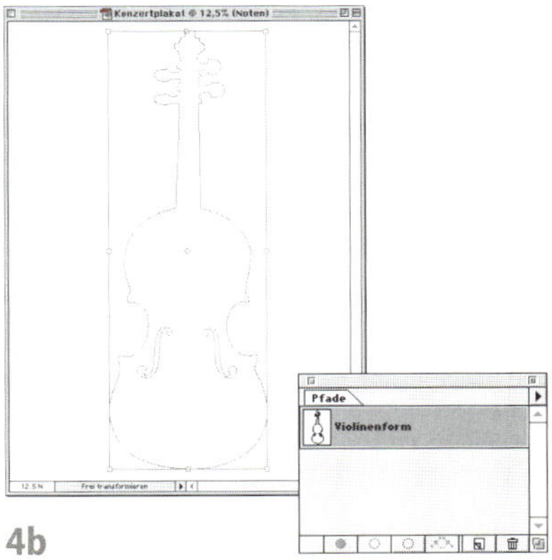

4b

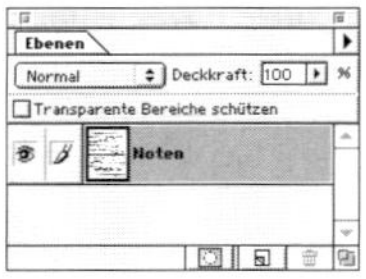

1a

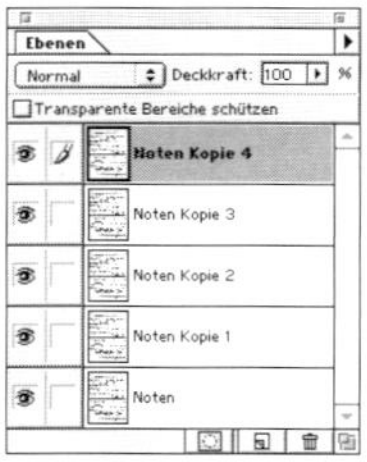

1b

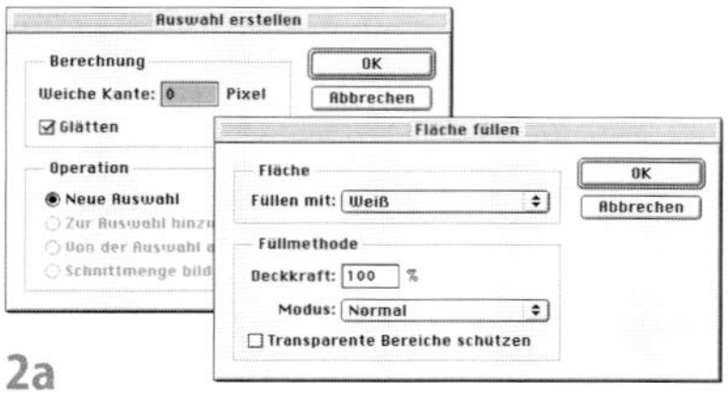

2a

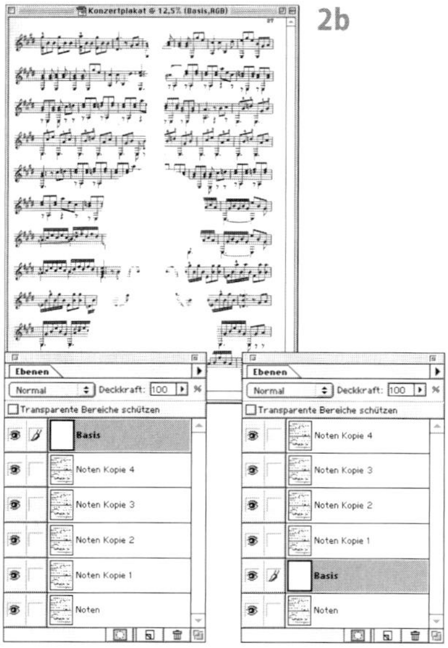

2b

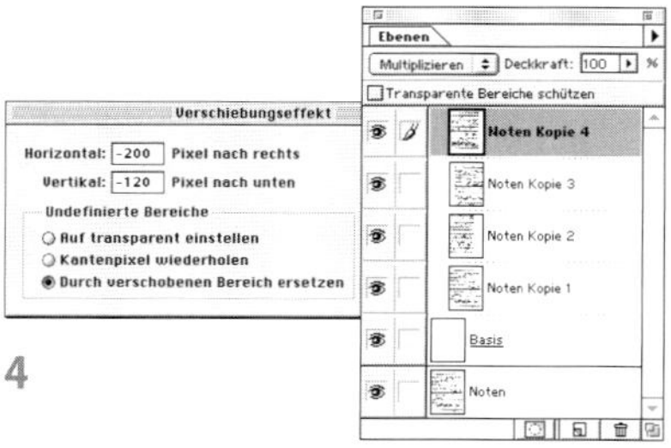

4

4. Die Notentextur innerhalb der Violinenform entstand durch Überlagerung der gegeneinander versetzten Ebenen der Maskierungsgruppe. Die Ebenen »Noten Kopie 2«, »Noten Kopie 3« und »Noten Kopie 4« wurden jeweils unterschiedlich gegenüber der unverändert gelassenen Ebene »Noten Kopie 1« verschoben und mit dem Ebenenmodus **Multiplizieren** versehen. Das Versetzen von Ebeneninhalten kann manuell mit dem Bewegen-Werkzeug oder mit dem Filter **Verschiebungseffekt** (Filter, Sonstige Filter) erreicht werden. Der Filter bietet gegenüber der manuellen Methode den Vorteil, daß die Verschiebung mit genau ausgerechneten Abständen erfolgen kann. Außerdem sorgt die Option Durch verschobenen Bereich ersetzen im Filterdialog dafür, daß die über den Bildrand hinausgeschobenen Bildpartien nicht zu einem Bildüberhang werden, sondern auf der gegenüberliegenden Seite wieder zum Vorschein kommen.

5. Da der Überlagerungseffekt wie gewünscht ausfiel, konnten, nachdem die Ebene »Basis« aktiviert wurde, die gesamten Ebenen der Maskierungsgruppe mit der Funktion **Gruppe auf eine Ebene reduzieren** aus dem Menü Ebene zusammengerechnet werden. Das Ergebnis war nicht nur eine übersichtlichere Ebenenpalette, auch wertvoller Arbeitsspeicher wurde frei.

6. Der Inhalt der Violinenform und der umgebende Hintergrund sollten unabhängig voneinander koloriert werden. Deshalb wurde über der Ebene »Noten« eine Einstellungsebene mit der Farbkorrekturart Farbton/Sättigung angelegt (Ebene »Noten« aktivieren und **Neue Einstellungsebene** aus dem Menü der Ebenenpalette wählen). Im Dialog Neue Einstellungsebene wurde die Option Mit darunterliegender Ebene gruppieren aktiviert. Die Option **Färben** im Dialog Farbton/Sättigung gewährleistete, daß das Schwarzweißfoto der Noten eingefärbt werden konnte. Als Kolorierungsfarbe wurde ein schwach gesättigter, braungelblich wirkender Ton gewählt, der an vergilbtes Papier erinnerte.

7. Da die Ebene »Noten« auch mit Kolorierungseffekt insgesamt noch zu dunkel erschien, wurde ihre **Deckkraft** auf 40 % herabgesenkt (nicht die Deckkraft der Einstellungsebene).

8. Da für die Ebene »Basis« eine **zweite Einstellungsebene** mit ähnlicher Farbwirkung (auch Farbton/Sättigung) vorgesehen war, wurde die Einstellungsebene dupliziert (Etikett auf das Symbol ⧉ ziehen) und die Kopie in der Ebenenreihenfolge über die Ebene »Basis« gestellt. Sie wurde mit der Ebene »Basis« gruppiert, damit sich die Kolorierung nur auf sie auswirkte. Die Werte für Farbton und Sättigung im Dialog **Farbton/Sättigung** (Doppelklick auf das Etikett der Einstellungsebene) wurden identisch mit der unteren Einstellungsebene gesetzt, die Lab-Helligkeit wurde jedoch drastisch erhöht.

9. Der dreidimensionale Eindruck des Konzertplakats wurde durch einen hinter die Violinenform gelegten Schatten erreicht.

Der Schatten wäre eine ideale Anwendungsmöglichkeit für die Funktion Ebene, Effekte, Schlagschatten gewesen. Der maximale Weichzeichnungsradius dieser Funktion erwies sich jedoch für die Größe eines Plakats als nicht ausreichend. Deshalb wurde hinter der Ebene »Basis« eine **neue Ebene** mit dem Namen »Schatten« angelegt (untere Einstellungsebene wählen, mit gedrückter Alt/⌥-Taste auf das Symbol ◲ in der Ebenenpalette klicken und im Dialog einen Namen vergeben). Der Pfad »Violinenform« erneut als Auswahl geladen und die Auswahl schwarz gefüllt. Anschließend wurde die Ebene mit dem **Gaußschen Weichzeichner** (Filter, Weichzeichnungsfilter) verwischt. Ein Radius von 80 Pixeln ergab den gewünschten Effekt. Eine dezentere Schattenwirkung erreichte eine Verringerung der **Ebenendeckkraft** auf 50 %. (Im CMYK-Modus sollten Schatten den Ebenenmodus Multiplizieren erhalten.)

10. Um den räumlichen Eindruck zu verstärken, wurde die Ebene »Noten« ausgewählt und mit dem **Gaußschen Weichzeichner** (Filter, Weichzeichnungsfilter) unscharf gezeichnet.

11. Die Überlagerung des Plakats mit Schrift wurde im **Layoutprogramm** vorgenommen. So ließ sich randscharfe Schrift verwenden, ohne daß die Bildauflösung zu steigern gewesen wäre. Auch blieb auf diese Weise ein weitgehende Flexibilität hinsichtlich der Typografie, der Schriftfarbe und des Konzerttermins gewahrt.

5

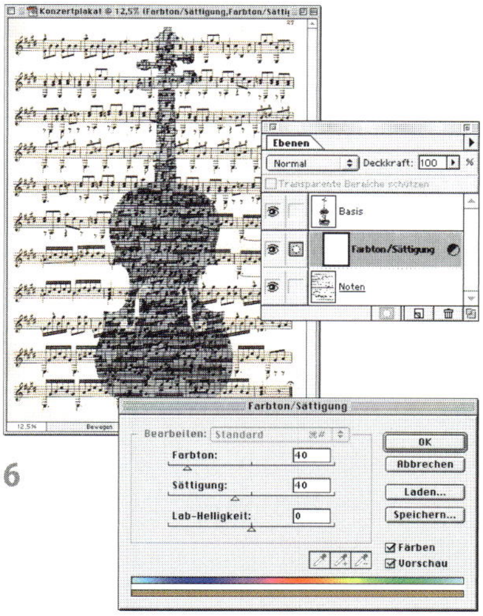

6

7

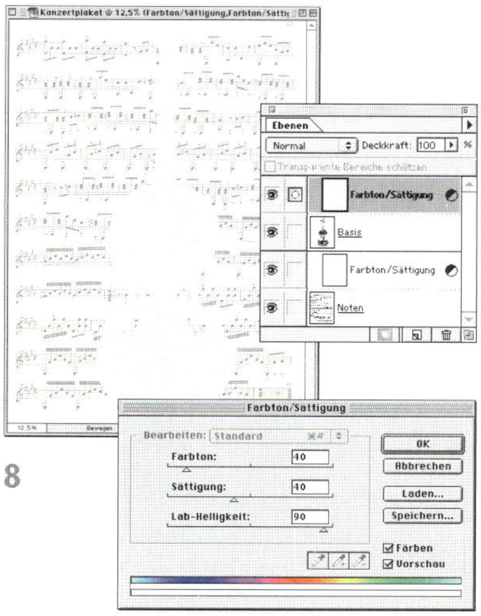

8

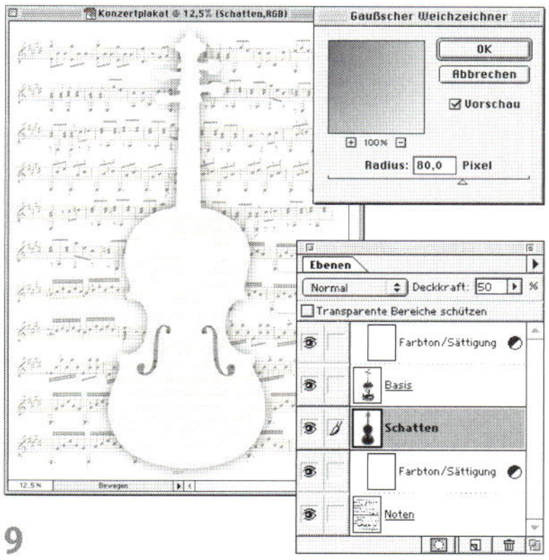

9

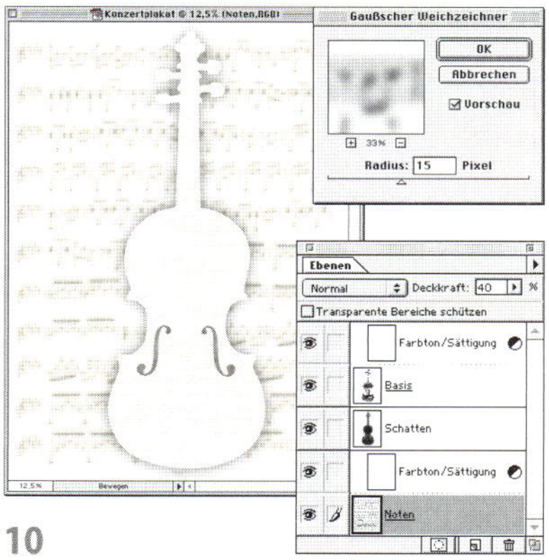

10

Aus dem Rahmen gefallen

Wenn ein Bild seines Rahmens überdrüssig wird und einfach auszieht

Plastik: David Gerstein, Kunstagentur Doron

→ Übungsmaterial auf der CD:
Aus dem Rahmen gefallen
Vektorgrafik

Nichts ist unmöglich – auch nicht eine solch verrückte Montage, die so nicht hätte fotografiert werden können. Bei der Bildvorlage handelt es sich um das Foto einer Plastik des israelischen Künstlers David Gerstein. Drei ausgeschnittene und bemalte Edelstahlplatten mit laufenden Figuren liegen – kraft zwischengeschraubter Distanzhülsen – in drei räumlichen Ebenen. Alle zusammen wahren einen ebenso großen Abstand zur Wand, an der die 3-D-Plastik aufgehängt wird. Da sich die räumliche Erfahrung der Plastik in einem Foto nur vage erahnen läßt, sollte Gersteins außergewöhnliche Kompositionstechnik durch eine Montage in Photoshop hervorgehoben werden. Ein Mittelformat-Diarahmen schiebt sich halb hinter die erste Figurenebene und führt so den Versuch ad absurdum, die Plastik per Projektion auf die Fläche der dritten Dimension zu berauben und sie in enge Grenzen einzusperren.

1. Das allerwichtigste bei dieser Fotomontage war – wie bei vielen anderen Montagearbeiten auch – die sorgfältige Vorarbeit. Die vorderste Figurenebene der Plastik wurde vollständig mit dem **Zeichenstift** konturiert. Dabei waren nicht nur die äußeren, sondern auch die inneren, eingeschlossenen Konturen zu umgrenzen. Alle Pfadsegmente waren Unterpfade eines einzigen Pfades (Pfadepalette).

Für das Beispiel hätte es ausgereicht, nur die Bereiche auszuwählen, hinter denen die obere Kante des Diarahmens verläuft. Da jedoch unterschiedliche Rahmenstellungen ausprobiert werden sollten, wurde der Mehraufwand in Kauf genommen, alle Figuren der vorderen Edelstahlplatte zu konturieren.

2. Als der Pfad fertiggestellt war, wurde er mit **Auswahl erstellen** aus dem Menü der Pfadepalette in eine Auswahl umgewandelt (Weiche Kante 1 Pixel; Glätten).

3. Die Funktion **Ebene durch Kopieren** (Ebene, Neu) kopierte die ausgewählten Figuren in eine neue Ebene, wobei sie ihre Position exakt beibehielten. Die neue Ebene wurde in »Figuren« umbenannt (Ebenen-Optionen aus dem Menü der Ebenenpalette). Um eventuelle Ungenauigkeiten bei der Pfadauswahl, die störende Randpixel verursachen können, zu korrigieren, wurde die Funktion **Rand entfernen** (Ebene, Hintergrund) angewendet.

4. Um ausreichend Platz für den Diarahmen zu schaffen, wurde die **Arbeitsfläche** des Bildes entsprechend vergrößert (Bild, Arbeitsfläche).

5. Der Mittelformat-Diarahmen wurde in einem Vektorgrafikprogramm gezeichnet und als EPS-Grafik gesichert. Den Import der Vektorgrafik in Photoshop erledigte die Funktion **Plazieren** aus dem Menü Datei. Diese Funktion setzt eine EPS-Grafik zunächst mit einem Transformationsrahmen ein, der ein Drehen, Skalieren und Verschieben erlaubt, bevor die Grafik »gerastert«, das heißt in Pixel umgewandelt wird. Im Beispiel wurde von allen drei möglichen Transformationen Gebrauch gemacht: Die Grafik wurde gedreht, etwas vergrößert und an die gewünschte Stelle verschoben. Ein Doppelklick in das Innere des Transformationsrahmens setzte den Diarahmen als neue Ebene ein. Die Ebene erhielt automatisch den Namen der Quelldatei (»Mittelformat.eps«). Die neue Ebene wurde in der Ebenenpalette an die mittlere Position verschoben.

6. Als zusätzliches Gimmick sollte der Diarahmen einen Schatten auf den weißen Hintergrund werfen, der mit der Schattenwirkung der fotografierten Plastik harmonierte. Dazu wählte der **Zauberstab** mit einer Toleranz von 32 Pixeln und eingeschalteter Glätten-Option (beides in der Palette Zauberstab-Optionen) den äußeren Bereich um den Diarahmen aus. Als die Auswahl umgekehrt war (Auswahl, Auswahl umkehren), wurde eine **neue Ebene** mit dem Namen »Schatten« und dem Deckmodus Multiplizieren angelegt (Ebene, Neu, Ebene).

7. Die Funktion **Fläche füllen** aus dem Menü Bearbeiten füllte die Auswahl in der Ebene »Schatten« mit schwarzer Farbe (Füllen mit Schwarz). Die noch bestehende Auswahl wurde sodann als Ebenenmaske gesichert (Ebene, **Ebenenmaske hinzufügen**, Auswahl maskieren).

8. Nachdem das Verbindungssymbol zwischen den Thumbnails von Ebene und Ebenenmaske ausgeschaltet und wieder die Ebene aktiviert war, konnte ihr Inhalt unabhängig von der Ebenenmaske mit dem **Gaußschen Weichzeichner** weichgezeichnet werden.

9. Eine Verringerung der **Ebenendeckkraft** auf 80 % paßte die Helligkeit des Schattens der Plastik an.

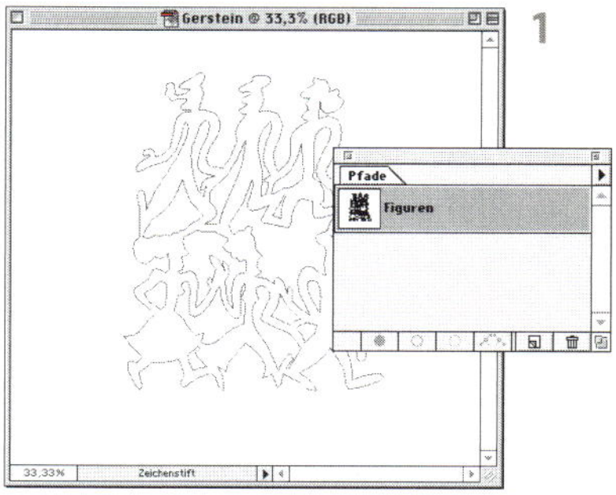

1

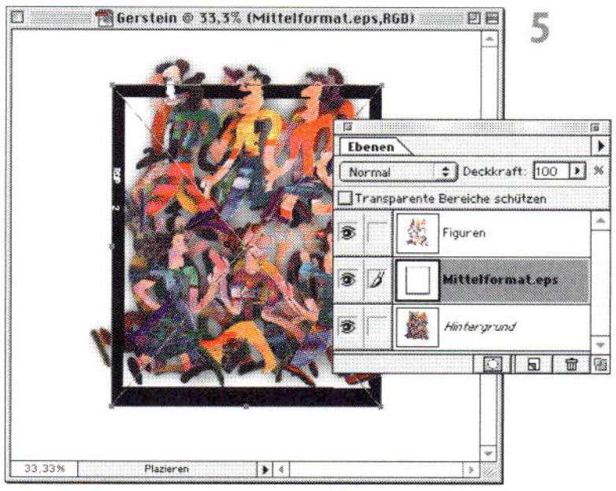

5

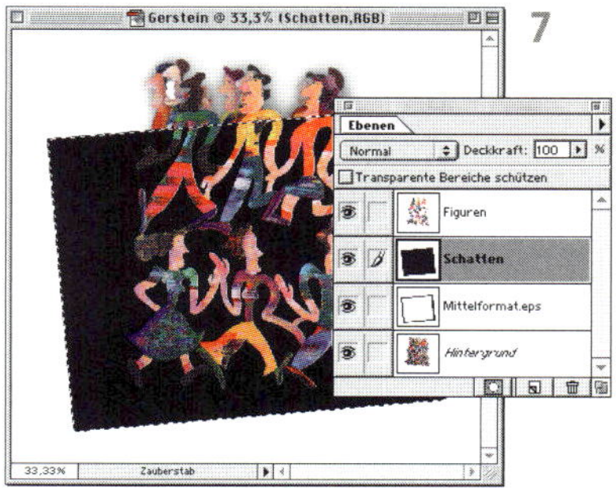

7

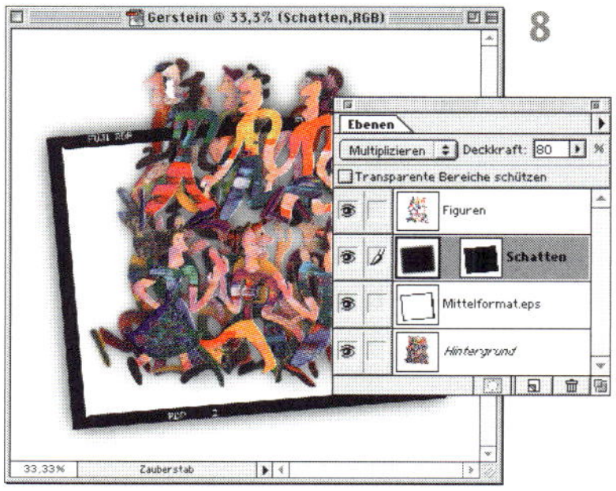

8

3-D-Effekt

Wie sich durch Übereinanderlegen zweier Bilder mit Photoshop ein räumlicher Effekt erzeugen läßt

Foto: Helmut Bechtel

→ ***Übungsmaterial auf der CD:***
3-D-Effekt
Bildvorlagen, Ebenendatei, Endfassung

Ein interessanter 3-D-Effekt läßt sich mit Photoshop erzeugen, wenn ein Bild mit einem Relief überlagert wird. Dabei erhält das Bild die räumliche Struktur des Reliefs. Das Beispiel zeigt, wie sich auch mit ganz einfachen Bildvorlagen – einem freigestellten Fisch und einer Steintextur – interessante Illustrationen gestalten lassen.

1. Als Hintergrundtextur wurde das Bild einer verwitterten Steinoberfläche geöffnet. Da die Textur sehr kontrastreich ausfiel, wurde die Hintergrundebene mit einem Doppelklick auf ihr Etikett in der Ebenenpalette direkt in eine **transparente Ebene** umgewandelt. Im Dialog Ebenen-Optionen, der dabei geöffnet wurde, konnte ein sinnvoller Name (»Textur«) und zugleich eine verringerte Deckkraft vorgegeben werden.

2. Nachdem das Bild des Fisches geöffnet und der Fisch ausgewählt war, wurde er mit dem **Bewegen-Werkzeug** in das Fenster der Textur gezogen. Photoshop legt bei solchen Aktionen automatisch eine neue Ebene für das kopierte Motiv an. Die Ebene wurde in »Fisch« umbenannt. Das Bewegen-Werkzeug verschob den Fisch an die vorgesehene Stelle.

3. Der Filter **Basrelief** (Filter, Zeichenfilter) erstellte aus dem Fisch ein graues Flachrelief. Im Filterdialog wurde ein sehr hoher Wert für die Details und ein sehr niedriger für die Glättung vorgegeben. Als Position der Lichtquelle wurde Unten rechts eingestellt.

Trotz dieser Beleuchtungseinstellung scheint das Licht im Beispiel von links oben zu kommen. Das liegt zum Teil daran, daß das menschliche Auge daran gewöhnt ist, daß das Licht in der Regel von oben und nicht von unten scheint. Gegenüberliegende Lichtpositionen (beispielsweise Oben links und Unten rechts) entscheiden deshalb darüber, ob der fossile Abdruck eingedrückt oder erhaben erscheint.

Die Reliefart – Vertiefung oder Erhöhung – läßt sich auch noch nachträglich wechseln, wenn der Inhalt der Ebene invertiert wird (Bild, Einstellen, Umkehren).

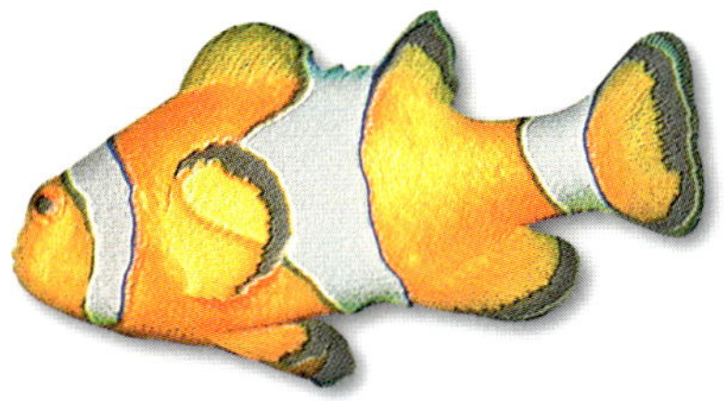

Eine interessante Variante entsteht, wenn das Relief ins Ursprungsbild überblendet.

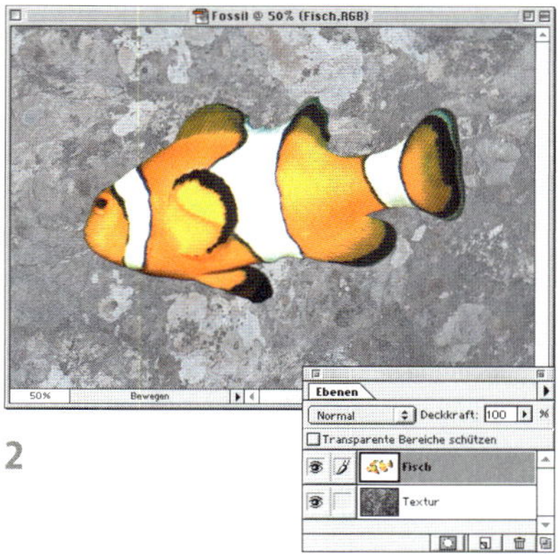

2

5a

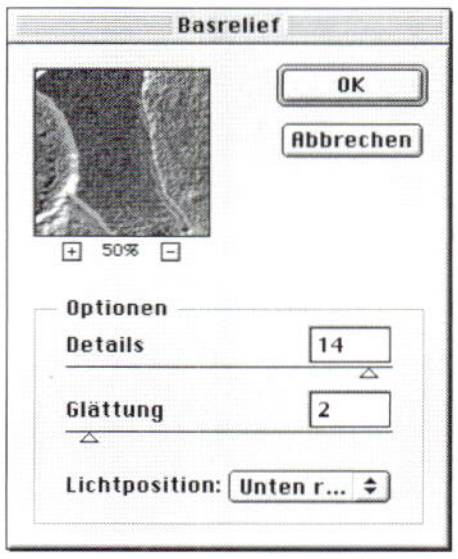

3

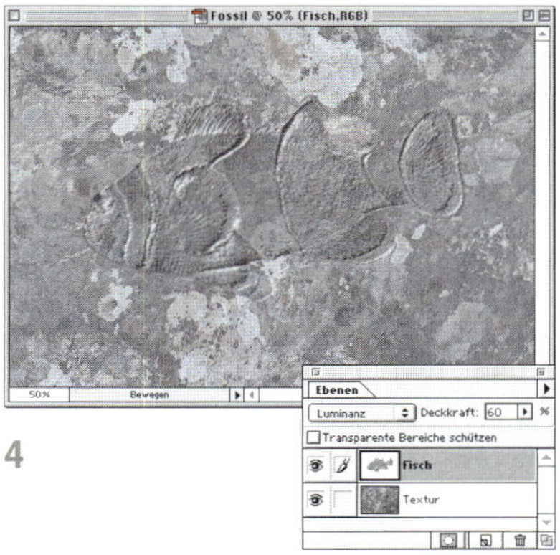

4

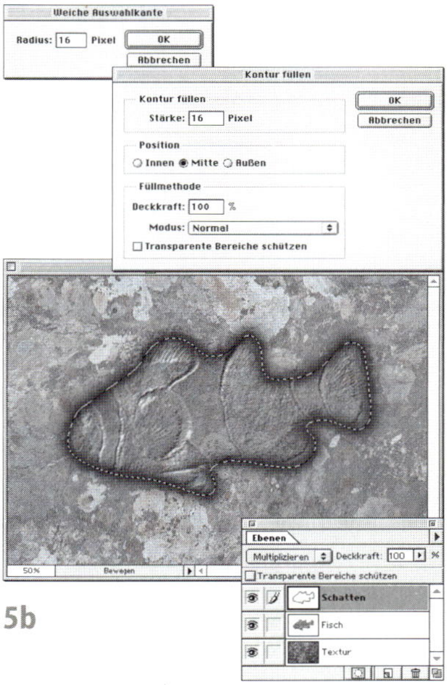

5b

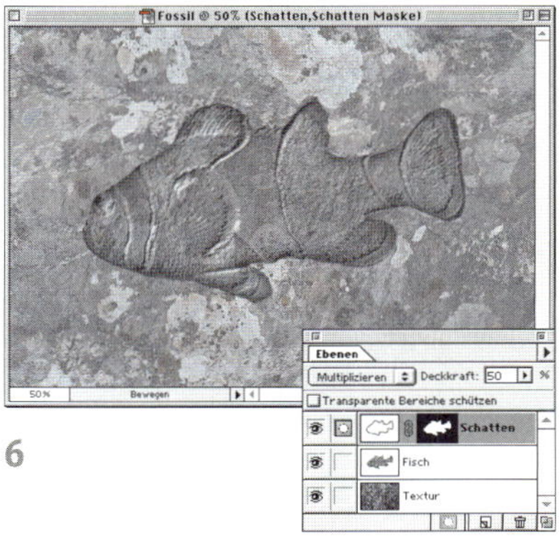

6

4. Als Deckmodus für die Ebene »Fisch« wurde **Luminanz** gewählt, damit nur die Helligkeitswerte des Reliefs, die Licht und Schatten und somit Dreidimensionalität vortäuschen, in die Texturebene eingerechnet werden, deren Farbgebung aber beibehalten wird. Die Ebenendeckkraft wurde auf 60 % vermindert.

5. Das Relief wirkte nach der Überblendung in die Hintergrundtextur noch zu flach. Ein leichter Schatten im Inneren der Fischkontur sorgte für mehr Plastizität. Dazu wurde eine **neue Ebene** mit dem Namen »Schatten« erstellt (Ebene, Neu, Ebene) und mit einem Mausklick bei gedrückter Strg/⌘-Taste auf das Thumbnail der Ebene »Fisch« deren Transparenzmaske als Auswahl geladen. Die Auswahl erhielt eine weiche Kante (Auswahl, **Weiche Auswahlkante**) und wurde anschließend mit schwarzer Farbe gefüllt (Bearbeiten, **Kontur füllen**; Mitte). Als Stärke der Kontur wurde der gleiche Wert wie für die weiche Kante verwendet.

6. Die Transparenzmaske der Ebene »Fisch« wurde erneut als Auswahl geladen (um die scharfe Auswahl wiederherzustellen) und als Ebenenmaske gesichert (Ebene, **Ebenenmaske hinzufügen,** Außerhalb der Auswahl maskieren). Eine Halbierung der Ebenendeckkraft machte die Montage perfekt.

Photoshop als Typoshop

Text-Bild-Integration: Nicht erst seit Multimedia ist Photoshop neben Layout- und Grafikprogrammen ein wichtiges Werkzeug für die typografische Arbeit

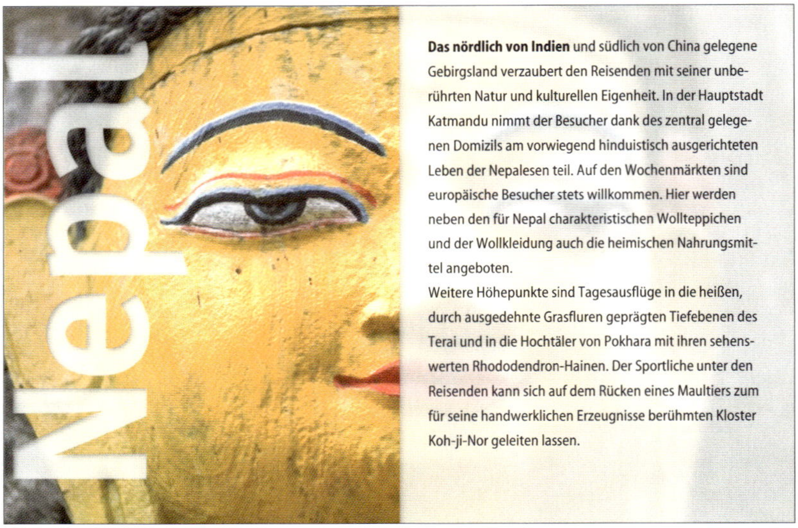

Foto: Helmut Bechtel

*→ **Übungsmaterial auf der CD:***
Photoshop als Typoshop
Bildvorlage, Ebenendatei, Endfassungen

Die Montage von Bildern und Text in einem Layoutprogramm gehört zu den alltäglichen Aufgaben beim Erstellen von Publikationen. Sobald es bei der Kombination der beiden unterschiedlichen Informationsträger aber um mehr geht, als nur um ein bloßes Nebeneinander, also um eine Integration von Text im Bild, muß die Vorbereitung der Bilder in Photoshop typografischen Erfordernissen gerecht werden.

Bei der Text-Bild-Integration lassen sich zwei grundsätzliche Verfahrensweisen unterscheiden. Im ersten Verfahren dient das Bild als Untergrund für den Text, der erst bei der Montage im Layoutprogramm über das Bild gelegt wird. Der unschätzbare Vorteil dieses Verfahrens liegt in der Nutzbarkeit aller typografischen Einstellmöglichkeiten des Layoutprogramms und der gestochen scharfen Wiedergabe der Schriftzeichen. Es bietet sich daher besonders für längere Lesetexte an. Die Rolle von Photoshop beschränkt sich in solchen Fällen auf die Vorbereitung des Untergrundes, um eine gute Lesbarkeit des Textes zu gewährleisten.

Die Integration von Text in Photoshop selbst kann insbesondere die Möglichkeiten der Bildbearbeitung nutzen, etwa um die Schriftzeichen mit unterschiedlichen Füllungen zu versehen. Der Schwerpunkt der Textbehandlung in Photoshop liegt auf der Gestaltung von Headlines und Aufmachern, weniger auf dem Satz von Fließtextpassagen.

Für den Prospekt eines Reiseveranstalters wurde der fotografische Textuntergrund in Photoshop aufgehellt und der Text im Layoutprogramm Adobe PageMaker über das Bild gelegt.

1. Um die Größe des aufzuhellenden Bildbereichs zu ermitteln, mußte der Text zuerst in **PageMaker** fertig formatiert und wie gewünscht gesetzt werden. Nach Fertigstellung des Textblocks wurde der Nullpunkt auf die linke obere Ecke des Bildes verschoben und Hilfslinien für den Aufhellbereich gesetzt. Die Position der Hilfslinien wurde in der PageMaker-Kontrollpalette abgelesen und notiert.

2. Wichtig für alle weiteren Arbeitsschritte war, daß die Auflösung des Bildes bereits auf den endgültigen Wert von 300 Pixel pro Inch festgelegt war (Bild, **Bildgröße**; Ausgabegröße).

3. Um im Photoshop-Bild Hilfslinien ziehen zu können, mußten zuerst die Lineale eingeblendet werden (Ansicht, **Lineale einblenden**). Ein Doppelklick auf eines der Lineale öffnet den Dialog Voreinstellungen: Maßeinheiten & Lineale, in dem die gleiche Maßeinheit wie in PageMaker (Zentimeter) gewählt wurde. Da der gesamte rechte Bildbereich aufgehellt werden sollte, mußte nur eine Hilfslinie an die in PageMaker notierte Position gezogen werden. Bei Ausschnitten, die nicht an den Bildrand stoßen, sind vier Hilfslinien nötig.

4. Das **Auswahlrechteck** zog im rechten Bildbereich eine rechteckige Auswahl auf. Die Auswahlbegrenzung schnappte automatisch an der Hilfslinie ein.

5. Anschließend wurde eine **neue Einstellungsebene** (Ebene, Neu, Einstellungsebene) mit der Korrekturart **Tonwertkorrektur** über der Hintergrundebene angelegt. Durch Verschieben des schwarzen Reglers für den Tonwertumfang auf den Wert 160 hellte der Textfond auf. Die bestehende Auswahl wurde dabei automatisch als Einstellungsmaske gesichert.

6. Mit dem **Textwerkzeug** wurde der Schriftzug »Nepal« eingegeben und die Textebene in eine Bildebene umgewandelt (Ebene, Text, Ebene rendern). Der Schriftzug wurde gedreht (Bearbeiten, Transformieren, **90° gegen UZS drehen**) und mit dem Bewegen-Werkzeug an die gewünschte Position verschoben.

7. Ein Mausklick auf das Thumbnail der Ebene »Nepal« lud ihre Transparenzmaske als Auswahl. Nachdem die Einstellungsebene gewählt war, konnte die Auswahl mit Weiß gefüllt werden (Bearbeiten, **Fläche füllen**; Füllen mit Weiß). Anschließend wurde die nicht mehr benötigte Textebene gelöscht.

8. Als die Hintergrundebene gewählt und die Maske der Einstellungsebene durch einen Mausklick auf deren Thumbnail als Auswahl geladen war, kopierte die Funktion **Ebene durch Kopieren** (Ebene, Neu) den ausgewählten Bildbereich in eine neue Ebene. Die Ebene wurde in »Weichzeichnung« umbenannt (Ebene, Ebenen-Optionen).

9. Bei eingeschalteter Option Transparente Bereiche schützen (Ebenenpalette) zeichnete der **Gaußsche Weichzeichner** (Filter, Weichzeichnungsfilter) den Ebeneninhalt weich, ohne weiche Kanten zu erzeugen.

10. Nachdem das Bild durch entsprechende Schatten ergänzt war, wurde es für den Import in PageMaker auf die Hintergrundebene reduziert (Ebene, **Auf Hintergrundebene reduzieren**), in den CMYK-Modus umgewandelt (Bild, Modus, CMYK-Farbe) und im TIFF-Format gespeichert.

1

3

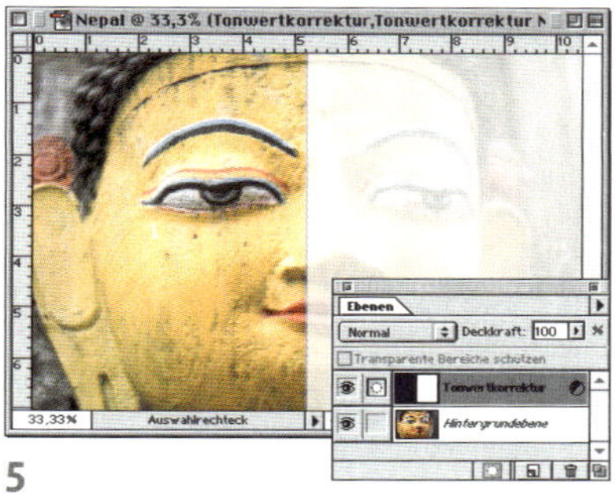

5

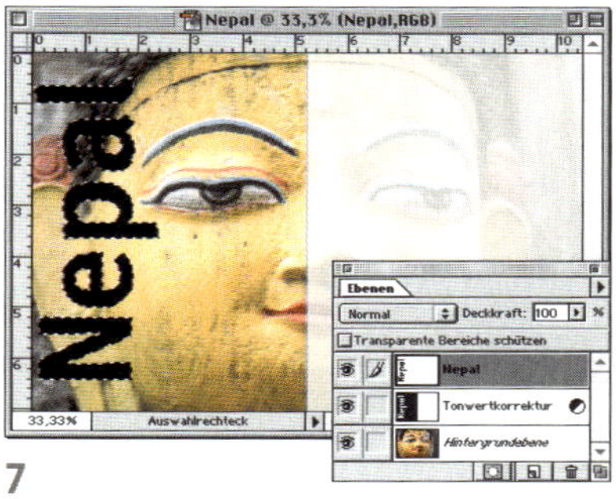

7

9

Kolorieren

Anstatt den Textuntergrund lediglich aufzuhellen, wurde er für diesen Farbeffekt im Dialog **Farbton/Sättigung** (Bild, Einstellen) gleichzeitig koloriert. Dazu war im Dialog die Option Färben zu aktivieren (Häkchen sichtbar) und ein zur Farbgebung des Bildes passender Farbton zu wählen. Die Farbsättigung konnte unverändert beibehalten werden.

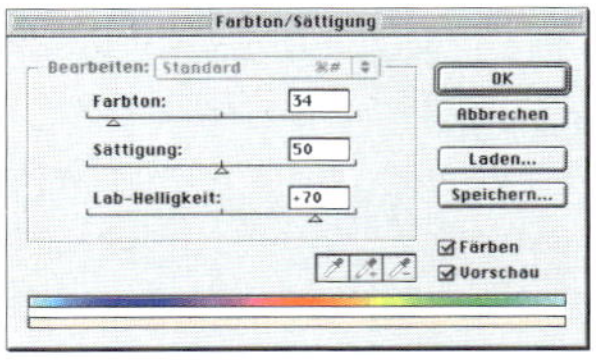

Farben auswaschen

Hier ein Beispiel, wie aus dem Textfond die Farbe herausgezogen wurde und ein schwarzweißer Ausschnitt zurückblieb. Das »Auswaschen« der Farbe erfolgte im Dialog **Farbton/Sättigung** (Bild, Einstellen) mit einer Einstellung von –100 für die Sättigung. Zusätzlich wurde der Textfond mit dem Regler für die Lab-Helligkeit aufgehellt.

Die Umwandlung in ein Schwarzweißbild hätte auch mit der Funktion Entfärben (Bild, Einstellen) vorgenommen werden können. Anschließend hätte man wie gewohnt mit Schritt 5 fortfahren können.

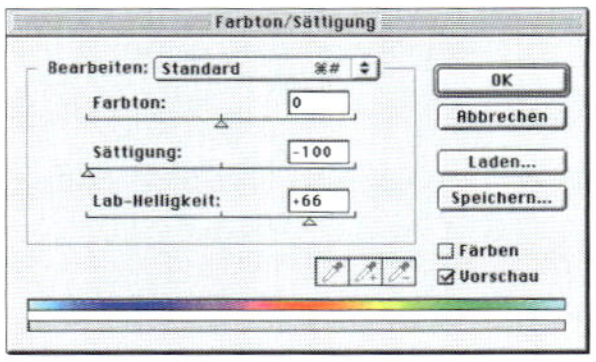

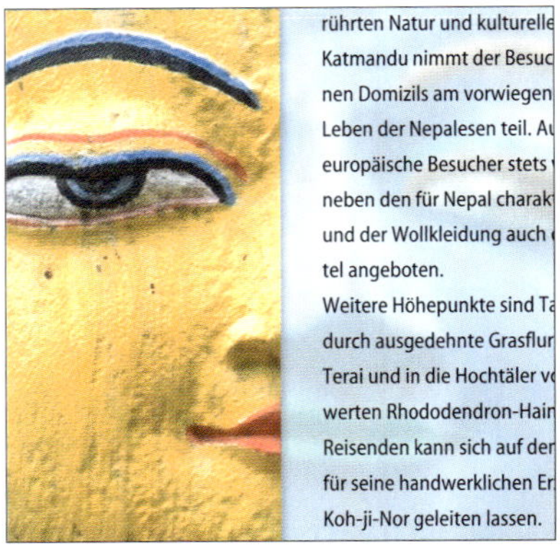

Koloreffekt

Dieser Farbeffekt unterscheidet sich vom Eingangsbeispiel nur durch eine Verschiebung des Farbtons im Dialog **Farbton/Sättigung** (Bild, Einstellen). Hier wurde zur Verstärkung des Farbkontrasts genau die Komplementärfarbe eingestellt (Farbton: 180°). Damit es schneller ging, wurde der Textfond nicht im Dialog Tonwertkorrektur, sondern gleich im Dialog Farbton/Sättigung mit dem Regler für die Lab-Helligkeit aufgehellt.

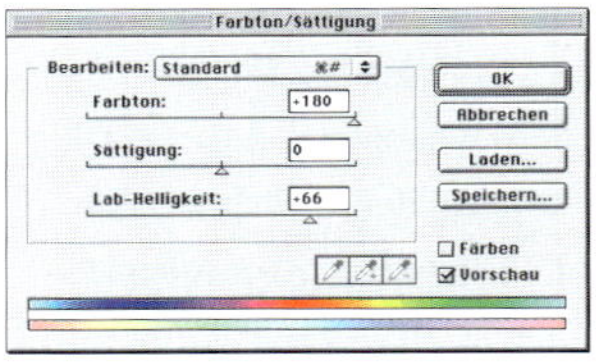

▸ Helles Negativ

Dieses Beispiel zeigt den Texthintergrund negativ und aufgehellt. Dazu wurde im Dialog **Tonwertkorrektur** (Bild, Einstellen) der schwarze Regler für den Tonwertumfang ganz nach rechts an das andere Ende des Graustufenbalkens auf den Wert 0 verschoben und der weiße Regler auf den Wert 160 eingestellt. Zusätzlich zum Negativeffekt kam der Koloreffekt zur Anwendung: Im Dialog **Farbton/Sättigung** (Bild, Einstellen) wurden die Farben um 180° durch das gesamte Farbspektrum verschoben.

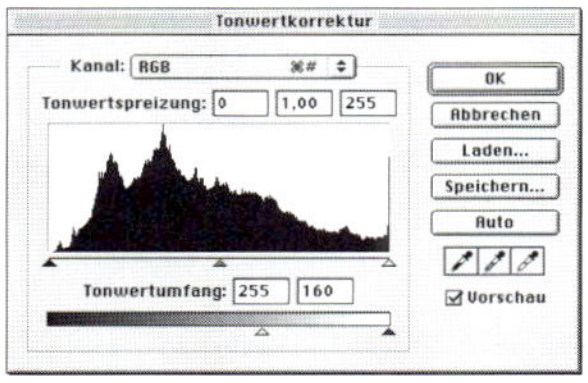

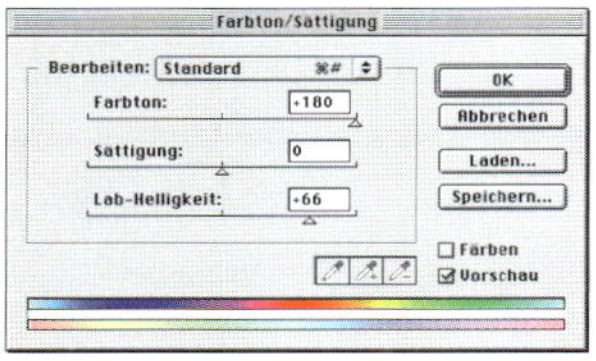

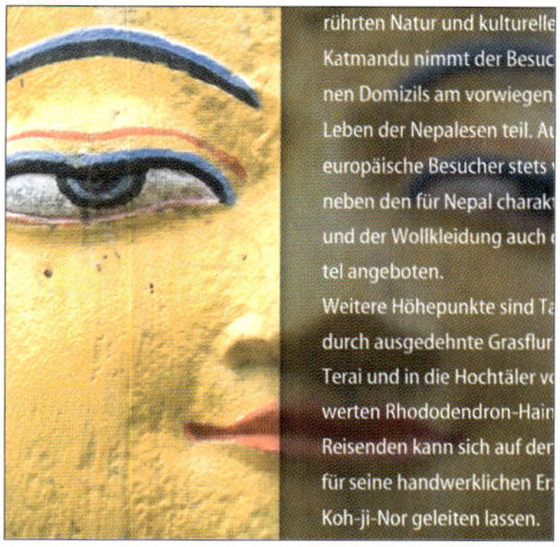

▸ Getöntes Glas

Dieses Beispiel zeigt keinen aufgehellten, sondern einen abgedunkelten Textfond. Damit der Text noch lesbar bleibt, sollte er die Farbe Weiß erhalten (oder eine ähnlich helle Farbe). Zum Abdunkeln wurde im Dialog **Tonwertkorrektur** (Bild, Einstellen) der weiße Regler für den Tonwertumfang auf den Wert 128 verschoben.

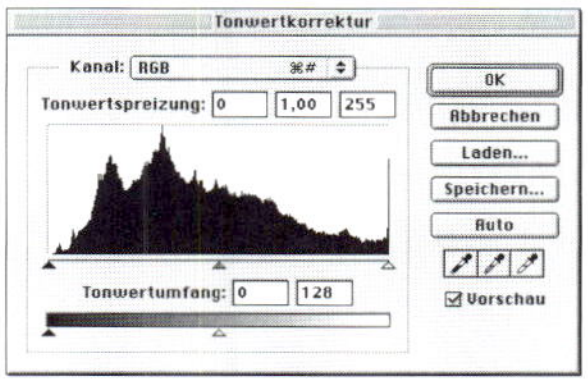

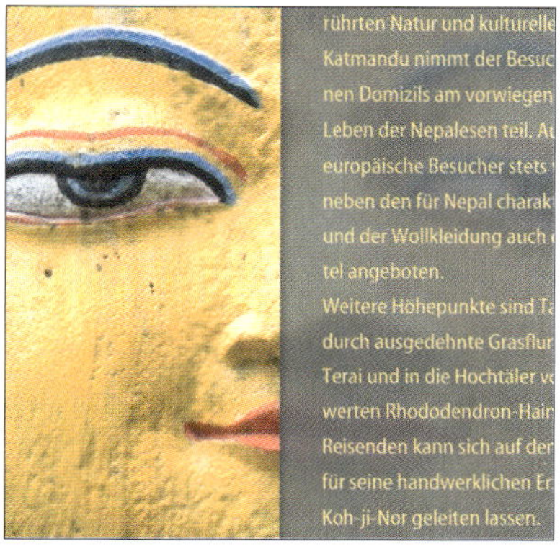

▸ Mattes Glas

Dieser Textfond fällt im Unterschied zum »getönten Glas« kontrastärmer aus. Erreicht wurde die Kontrastverminderung hier im Dialog **Tonwertkorrektur** (Bild, Einstellen), indem der Tonwertumfang nicht nur in den Lichtern, sondern auch in den Tiefen beschnitten wurde (dadurch hellte sich das Bild wieder etwas auf).

Damit sich der Text besser vom dunkelgrauen Untergrund abhebt, erhielt er die gelbe Gesichtsfarbe der bemalten Steinfigur. Die CMYK-Definition des Gelbtons wurde mit dem **Farbaufnehmer** (Aufnahmebereich: 3 x 3 Pixel) ermittelt und in der Informationenpalette abgelesen. In PageMaker wurde eine neue CMYK-Farbe mit genau diesen Werten gemischt und als Schriftfarbe verwendet.

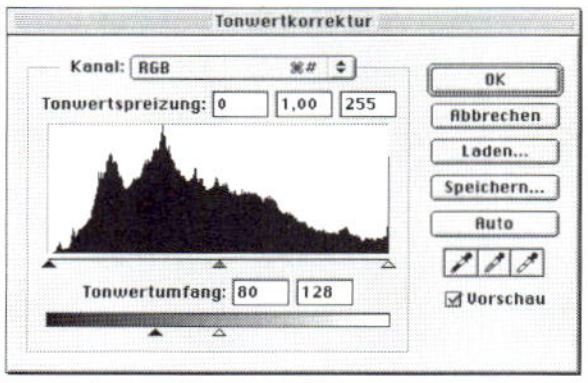

Gespaltene Persönlichkeit

Wie man auch wertvolle Bildvorlagen preiswert zerreißen kann

Bildvorlage: Deutsche Bundesbank

→ Übungsmaterial auf der CD:
Gespaltene Persönlichkeit
Bildvorlagen, Ebenendatei, Endfassung

Photoshop-Bilder auf dem Bildschirm zu zerreißen, stellt eine der Unmöglichkeiten dar, die die digitale Bildverarbeitung so mit sich bringt. Der Effekt von zerrissenem Papier läßt sich am einfachsten simulieren, indem die betreffende Materialstruktur fotografiert oder besser gleich gescannt wird. (Simulieren läßt sich allerdings nicht das haptische und akustische Vergnügen, das beim Zerreißen von Papier empfunden werden kann.) Für den hier gezeigten Riß wurde ein Papierbogen der Länge nach durchgerissen, auf den Scanner gelegt und noch mit einer schwarzen Pappe abgedeckt, um die Rißkante deutlich hervorzuheben.

1. Nachdem das Portrait der Clara Schumann im Scan der 100-DM-Banknote mit dem **Freistellungswerkzeug** freigestellt war, wurde der Papierrißscan als **neue Ebene** eingefügt, indem sein Ebenenetikett aus der Ebenenpalette in das Fenster der Montagedatei gezogen wurde. Bei kurzzeitiger Reduzierung der Deckkraft wurde der Riß so lange verschoben, bis er das Gesicht in vorteilhafter Weise teilte. Anschließend wurde die Ebenendeckkraft wieder auf 100 % zurückgesetzt und die Ebene in »Riß« umbenannt.

2. Der schwarze Bereich links vom Riß war von grauen und weißen Stellen zu befreien. Dazu wurden Bereiche mit dem **Auswahlrechteck** großflächig ausgewählt und mit Schwarz gefüllt, die übrigen Stellen mit dem **Pinsel** übermalt. Mit der weißen Fläche rechts vom Riß war ebenso zu verfahren, mit dem Unterschied, daß diese weiß gefüllt wurde. Es mußte aber darauf geachtet werden, daß die grauen Bereiche, die dem Riß seine charakteristische Struktur geben, erhalten blieben.

3. Der **Zauberstab** wählte die schwarze Fläche mit einer Toleranz von 0 Tonwertstufen aus. Mit der Rückschrittaste wurde der Inhalt der Auswahl gelöscht, so daß die linke Hälfte der Clara Schumann zum Vorschein kam.

4. Bei noch bestehender Auswahl legte die Funktion **Neue Einstellungsebene** aus dem Menü der Ebenenpalette eine Einstellungsebene mit der Korrekturart Farbton/Sättigung an. Im Dialog Farbton/Sättigung wurde die Sättigung auf den niedrigsten Wert (−100) gesenkt, was dem Schumann-Portrait die Farbe entzog. Die zuvor bestehende Auswahl wurde von der Einstellungsebene automatisch als Maske verwendet. Die Einstellungsebene mußte danach nur noch in der Ebenenpalette an die mittlere Position verschoben werden.

5. Da die Auswahl beim Anlegen der Einstellungsebene aufgehoben wurde, mußte sie mit der Funktion Auswahl, **Erneut wählen** wiederhergestellt werden. Anschließend wurde die Auswahl umgekehrt (Auswahl, Auswahl umkehren), eine **neue Ebene** mit dem Namen »Schatten« und dem Deckmodus Multiplizieren angelegt (Ebene, Neu, Ebene) und die Auswahl in dieser neuen Ebene mit Schwarz gefüllt.

6. Nachdem wieder die Ebene »Riß« aktiviert war, wählte der **Zauberstab** (Toleranz 0) den rechten, weißen Bereich aus, so daß er mit der Rückschrittaste gelöscht werden konnte. Anschließend wurde die Ebene »Schatten« aktiviert und die noch bestehende Auswahl als Ebenenmaske gesichert (Ebene, **Ebenenmaske hinzufügen**, Auswahl maskieren). Dadurch wurde nun auch die andere Hälfte des Portraits wieder sichtbar.

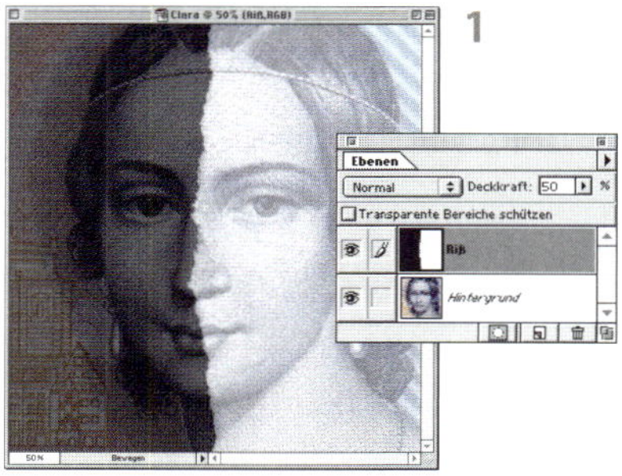

1

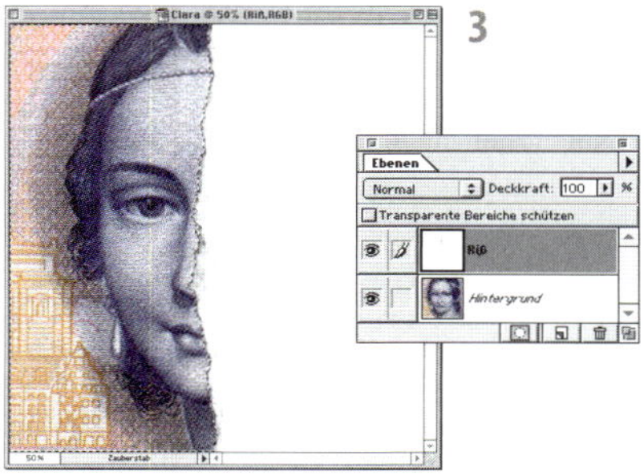

3

7. In der Ebenenpalette wurde das Verbindungssymbol zwischen dem Ebenen-Thumbnail und dem Ebenenmasken-Thumbnail der Ebene »Schatten« ausgeschaltet, um den Ebeneninhalt unabhängig von der Ebenenmaske bearbeiten zu können. Ein weiterer Mausklick auf das Ebenen-Thumbnail wechselte von der Ebenenmaske zur Ebene. Nun zeichnete der **Gaußsche Weichzeichner** (Filter, Weichzeichnungsfilter) den gesamten Ebeneninhalt weich.

8. Das **Bewegen-Werkzeug** versetzte den Schatten bei gedrückter Umschalttaste exakt waagerecht in der gewünschten Schattenbreite nach links.

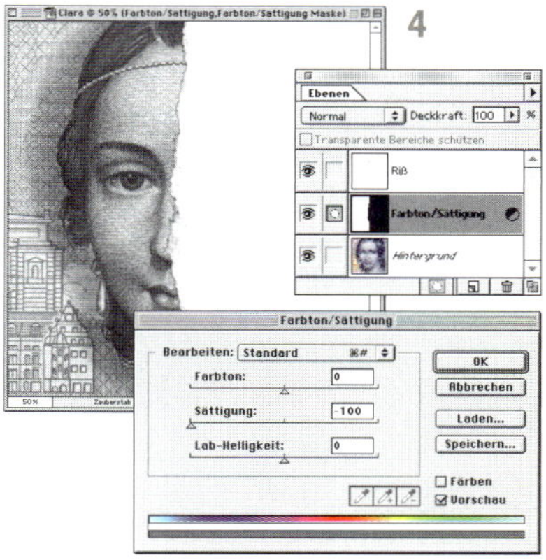

4

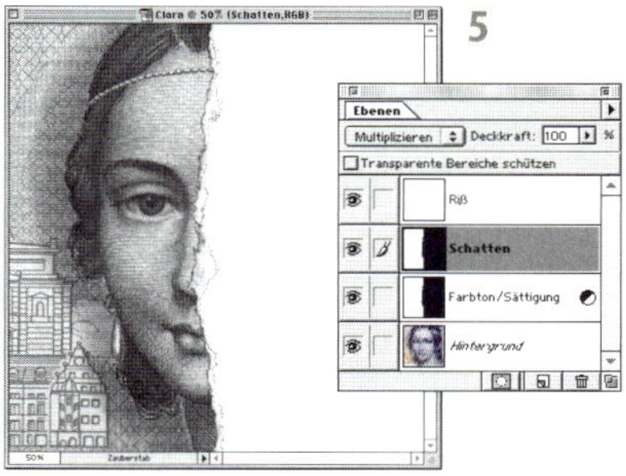

5

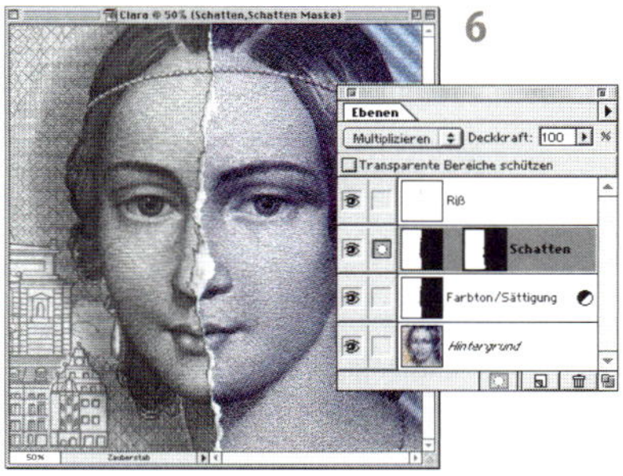

6

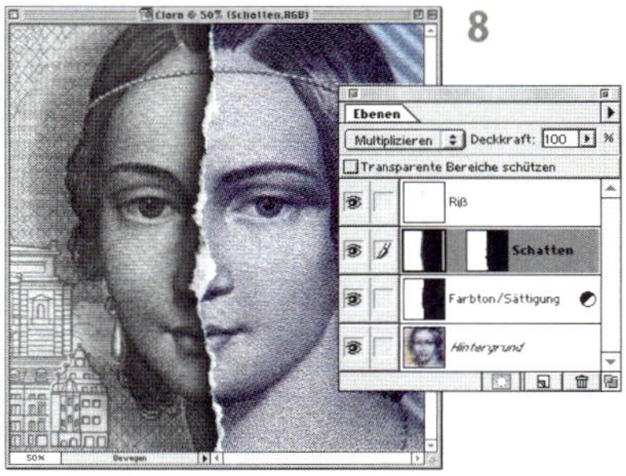

8

Vierfarbwunder

Wie sich Vierfarbauszüge in einem CMYK-Bild visualisieren lassen

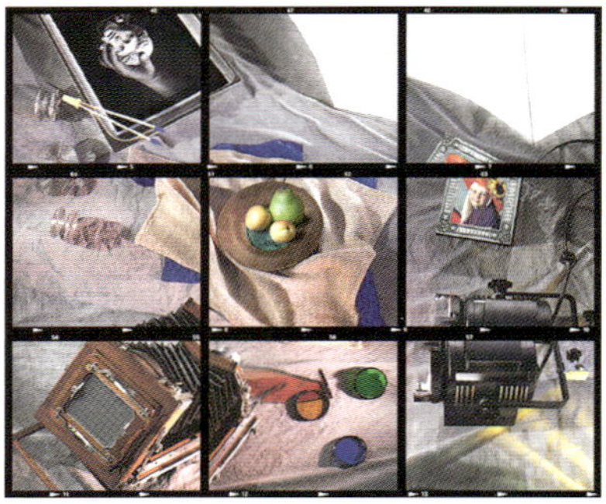

Foto: Adobe Systems

→ Übungsmaterial auf der CD:
Vierfarbwunder
Ebenendatei, Endfassung

Der Umgang mit Vierfarbauszügen gehört zu der täglichen Arbeit eines Bildbearbeiters oder eines Belichtungsbüros. Bei der Vierfarbseparation wird die CMYK-Datei in ihre einzelnen Farbkanäle »zerlegt«, so daß diese nacheinander auf Film belichtet werden können. Die vier Filme dienen anschließend dem Drucker als Vorlagen für seine Druckplatten, die, in den vier Farbwerken der Druckmaschine einmontiert, die vier Druckfarben Cyan, Magenta, Gelb und Schwarz so übereinander drucken, daß wieder ein normaler Farbeindruck von zigtausend Farben entsteht.

Was aber, wenn die Vierfarbseparation selbst in einem Photoshop-Bild visualisiert werden soll und echte Farbauszüge miteinander zu kombinieren sind? In solchen Fällen darf der vom Farbauszug eingenommene Bildbereich nur im entsprechenden Farbkanal vorhanden sein.

Darüber hinaus läßt sich an dem Beispiel zeigen, wie Schatten zu konstruieren sind, die von Objekten auf unterschiedliche optische Ebenen geworfen werden. Das oberste CMYK-Dia beispielsweise wirft nur einen kleinen Schatten auf das direkt unter ihm liegende Dia, einen etwas größeren auf das nächste Dia und einen großen Schatten auf den Hintergrund.

Erstellen der »Farbauszüge«

1. Zunächst wurde das RGB-Bild mit Bild, Modus, **CMYK-Farbe** in den Vierfarbmodus umgewandelt.

2. Da die einzelnen Farbauszugdias in separate Ebenen gelegt werden mußten, wurde eines der Dias samt umgebenden Rahmen mit dem Auswahlrechteck ausgewählt. Dann wurde vom ausgewählten Bereich mit Ebene, Neu, **Ebene durch Kopieren** eine

Kopie in eine neue Ebene übertragen und diese Ebene weitere drei Male dupliziert (Ebene, **Ebene duplizieren**). Die Ebenen erhielten jeweils den Namen der gezeigten Auszugsfarbe (»CMYK«, »Cyan«, »Magenta« und »Gelb«).

3. Nun wurde das Innere des Diarahmens mit dem **Auswahlrechteck** ausgewählt, in der Ebenenpalette die Ebene »Cyan« aktiviert und die Ebene »CMYK« ausgeblendet. In der Kanälepalette wurde der Cyankanal durch einen Mausklick bei gedrückter Umschalttaste auf sein Kanaletikett abgewählt, so daß nur noch die Kanäle Magenta, Gelb und Schwarz ausgewählt waren. Ein Druck auf die **Rückschrittaste** löschte die Auswahl in den aktivierten Kanälen, übrig blieben die Cyananteile des ausgewählten Bereichs. Damit das Ergebnis direkt zu sehen war, wurde der Cyankanal eingeblendet.

In gleicher Weise wurde mit den übrigen Ebenen und Kanälen verfahren. Zuerst wurde der Gesamtkanal gewählt und dann der Kanal, dessen Inhalt nicht gelöscht werden durfte, mit einem Mausklick bei gedrückter Umschalttaste auf sein Etikett abgewählt (dieselbe Aktion aktiviert ihn auch wieder). Anschließend wurde die Auswahl in den übrigen drei Kanälen gelöscht.

4. Die das Hintergrundbild überlagernden Einzeldias wurden mit dem **Bewegen-Werkzeug** grob an die vorgesehene Position verschoben und anschließend mit der Funktion **Frei transformieren** (Menü Bearbeiten) gedreht und gleichzeitig an die definitive Position gesetzt. Erst ein Doppelklick in den Transformationsrahmen rechnete die Drehung in die jeweilige Bildebene ein.

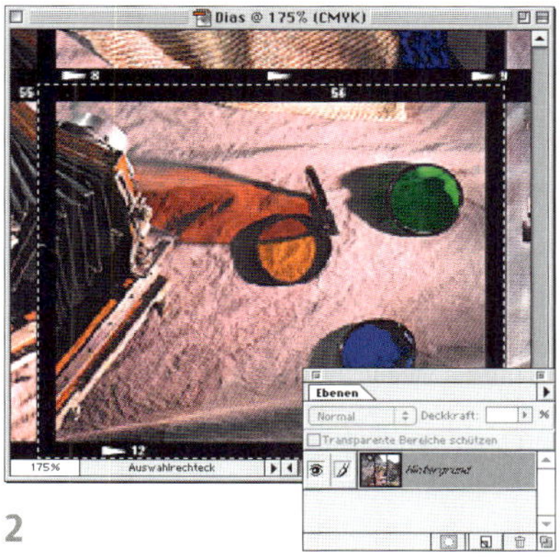

2

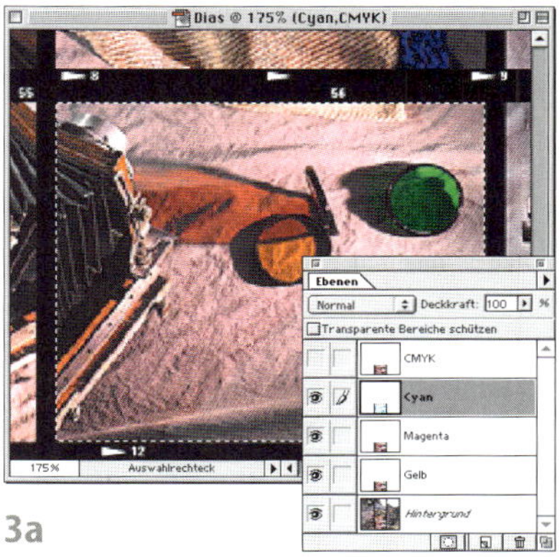

3a

3b

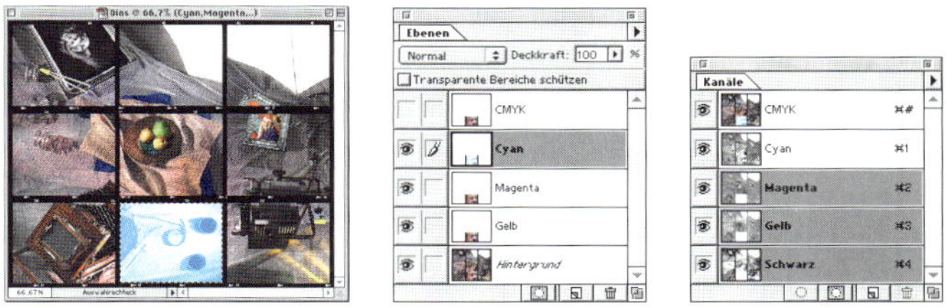

3c

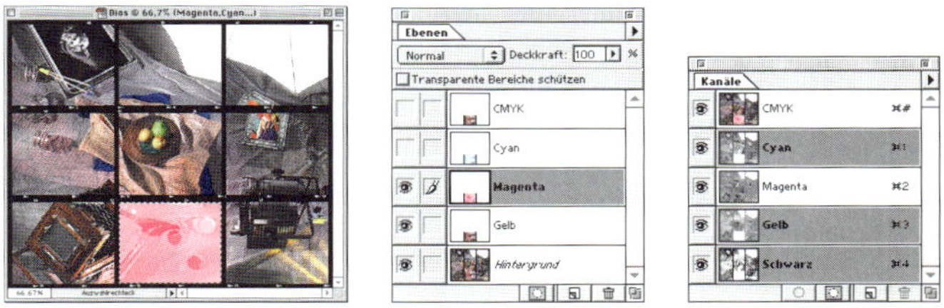

3d

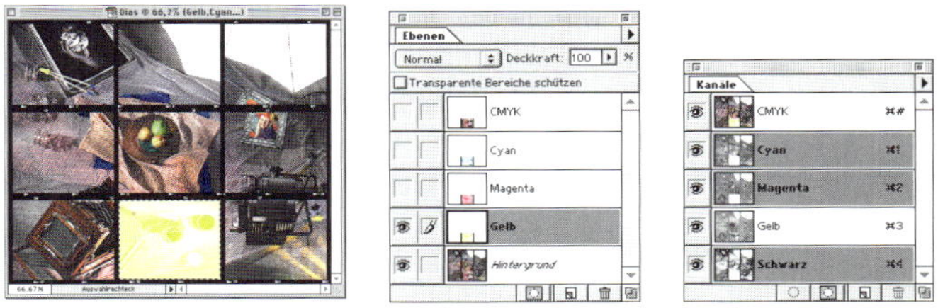

3e

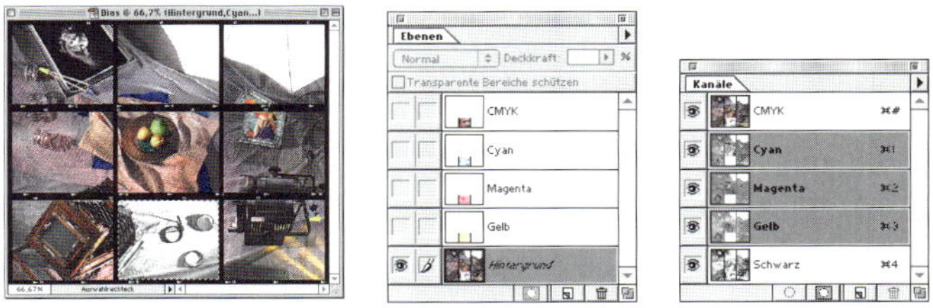

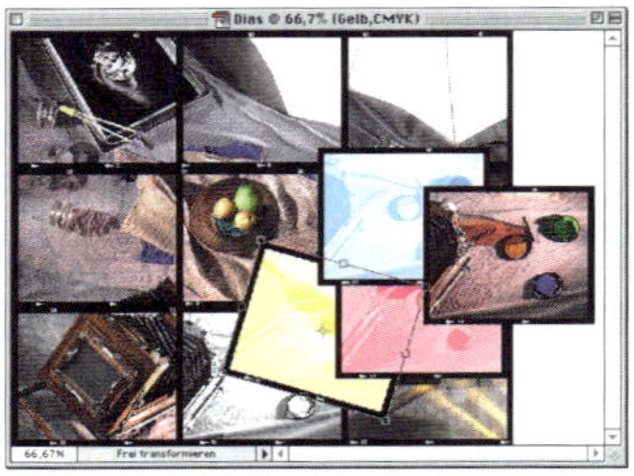

4a

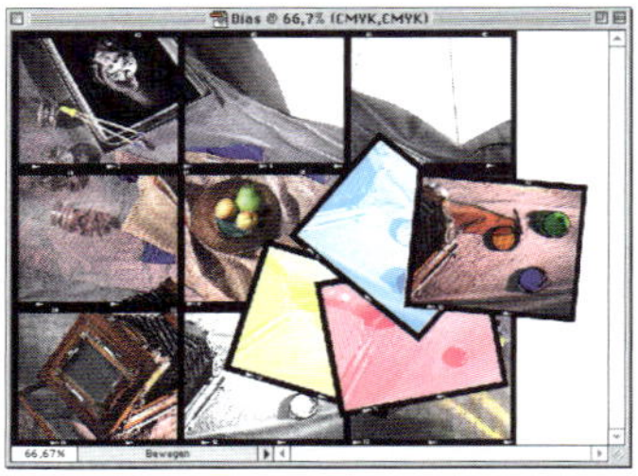

4b

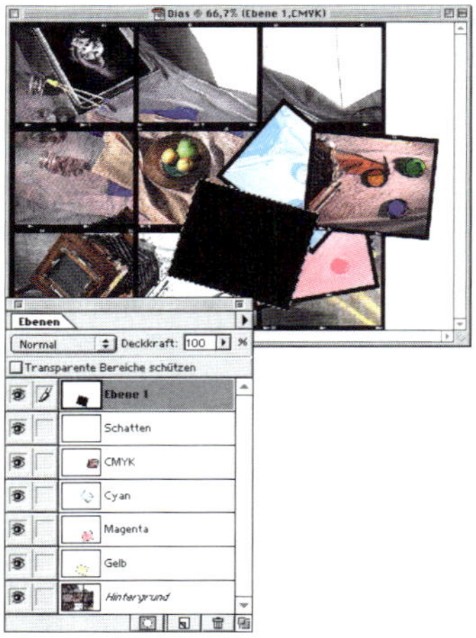

2

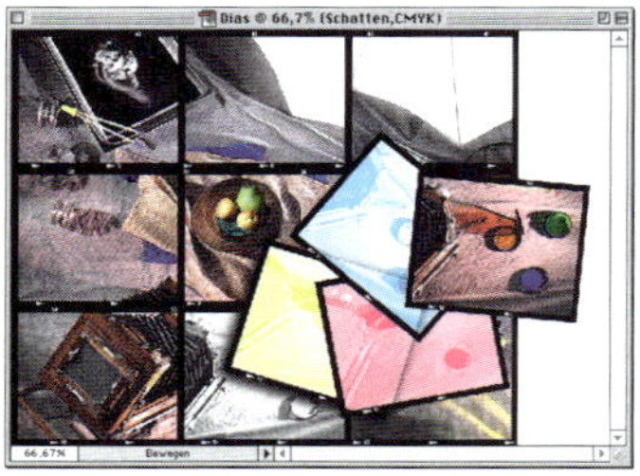

4

Anlegen der Schatten (Bilder links unten)

1. Für die Schatten wurde über der Ebene »CMYK« eine neue Ebene mit dem Namen »Schatten« angelegt. Deckmodus der Schattenebene war **Multiplizieren.** In diese Ebene wurden nach und nach die einzelnen Teilstücke des Schattens integriert – insgesamt ist der Schatten im Beispiel aus neun Teilsegmenten aufgebaut, für die jeweils die nachfolgenden Schritte 2 bis 6 neu zu durchlaufen waren. (Der sukzessive Aufbau der Teilsegmente ist auf der rechten Seite abgebildet.)

2. Das Symbol ◱ der Ebenenpalette fügte über der Ebene »Schatten« eine neue Ebene ein (»Ebene 1«). Mit einem Mausklick bei gedrückter Strg/⌘-Taste auf das Thumbnail der Ebene »Gelb« (bzw. in späteren Schritten »Magenta«, »Cyan« und »CMYK«) wurde deren **Transparenzmaske** als Auswahl geladen und die Auswahl anschließend in der Ebene »Schatten« schwarz gefüllt (Taste D; Alt/⌥ + Rückschrittaste).

3. Nachdem die Auswahl aufgehoben war (Strg/⌘ + D), zeichnete der **Gaußsche Weichzeichner** (Filter, Weichzeichnungsfilter) die schwarze Fläche weich. Als Radius wurden die Werte 4, 8, 12 oder 16 verwendet, je nachdem, ob der Schatten auf die nächsttiefere Ebene, die übernächste oder die überübernächste usw. fallen sollte.

4. Anschließend wurde in der Werkzeugpalette das **Bewegen-Werkzeug** gewählt und die weichgezeichnete Fläche mit den Richtungstasten nach links unten versetzt. Jeder Druck auf eine Richtungstaste verschiebt den Ebeneninhalt um ein Bildschirmpixel (damit die Distanz einem Bildpixel entspricht, muß in der 100%-Ansicht gearbeitet werden). Der Versatz wurde jeweils halb so groß wie der Radius für die vorangegangene Weichzeichnung gewählt. Bei einem Weichzeichnungsradius von 4 Pixeln beispielsweise verschoben die Richtungstasten den Ebeneninhalt um 2 Pixel nach unten sowie um 2 Pixel nach links.

5. Nun mußten noch die Bereiche in der Ebene gelöscht werden, auf die kein Schatten oder kein Schatten in dieser Stärke (siehe Schritt 2) fallen durfte. Dazu wurden die entsprechenden Bereiche ausgewählt und mit der **Rückschrittaste** gelöscht. Eine große Hilfe beim Auswählen waren die **Transparenzmasken** der Diaebenen, die sich mit einem Mausklick bei gedrückter Strg/⌘-Taste als Auswahl laden ließen. Wird zusätzlich die Umschalttaste gedrückt, kann zur bestehenden Auswahl die Transparenzmaske einer anderen Ebene hinzugefügt werden. Das zusätzliche Drücken der Alt/⌥-Taste zieht die Transparenzmaske der angeklickten Ebene von der bestehenden Auswahl ab. Manchmal war es günstiger, eine Auswahl einfach umzukehren (Strg/⌘ + I), als komplizierte Auswahlen vorzunehmen. Nicht vergessen werden durfte auch, die Transparenzmaske der Ebene, die diesen Schatten werfen sollte, zu laden und die Auswahl zu löschen – ansonsten würde die schwarze Fläche das darunterliegende Dia verdecken.

6. Die Funktion Ebene, **Mit darunterliegender auf eine Ebene reduzieren** rechnete das fertiggestellte Teilsegment in die Ebene »Schatten« ein.

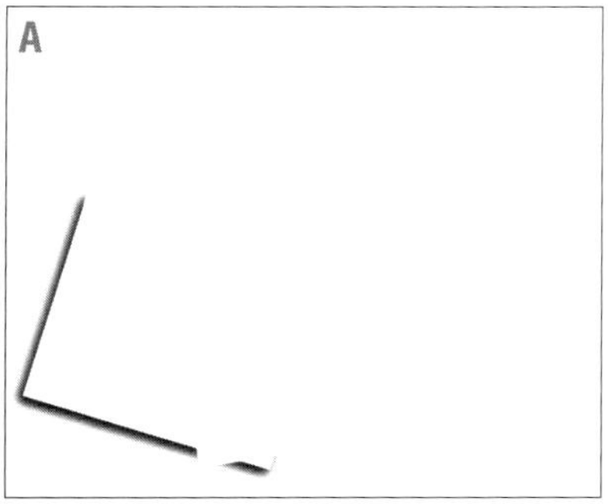

Gaußscher Weichzeichner: 4 Pixel
Versatz: 2 Pixel

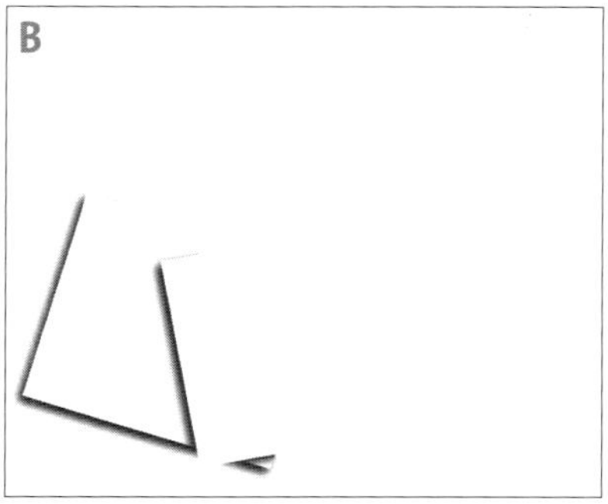

Gaußscher Weichzeichner: 4 Pixel
Versatz: 2 Pixel

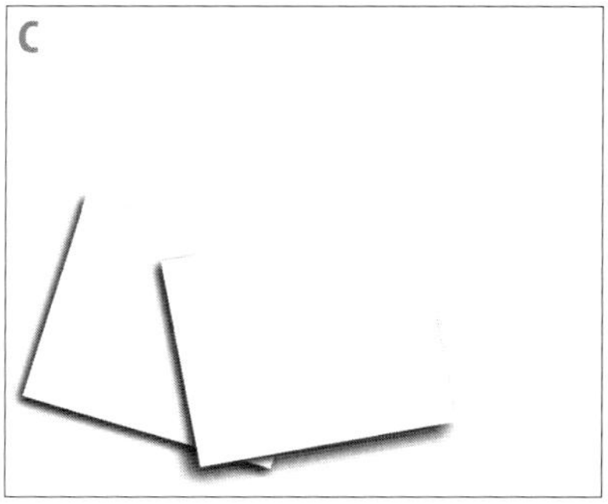

Gaußscher Weichzeichner: 8 Pixel
Versatz: 4 Pixel

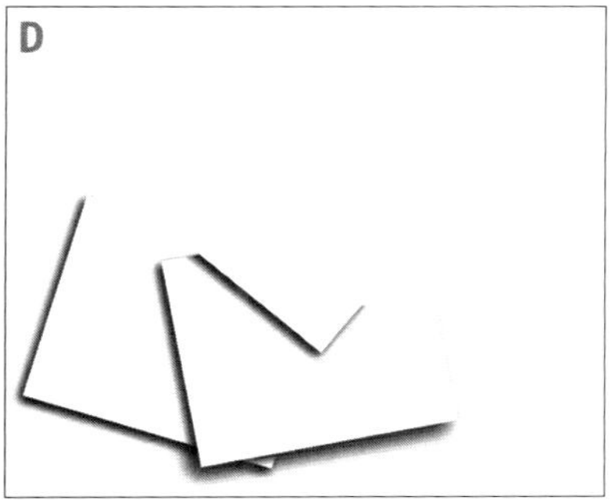

Gaußscher Weichzeichner: 4 Pixel
Versatz: 2 Pixel

Gaußscher Weichzeichner: 8 Pixel
Versatz: 4 Pixel

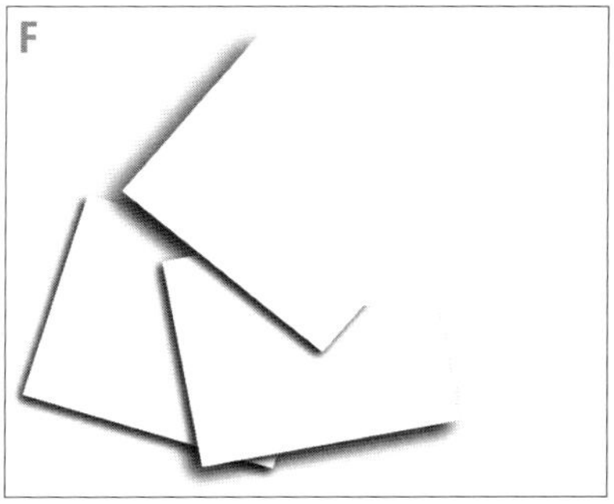

Gaußscher Weichzeichner: 12 Pixel
Versatz: 6 Pixel

Gaußscher Weichzeichner: 4 Pixel
Versatz: 2 Pixel

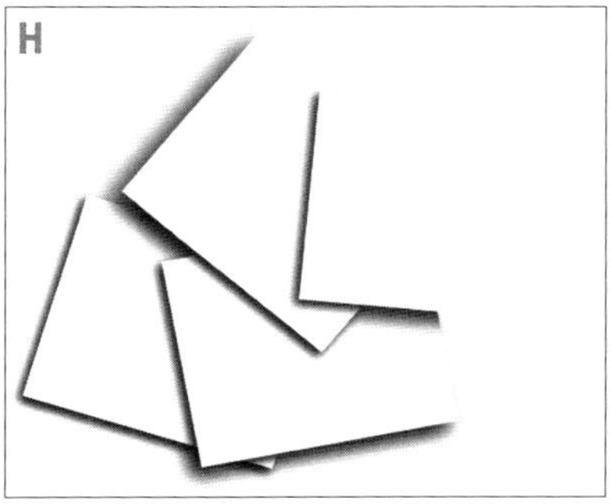

Gaußscher Weichzeichner: 8 Pixel
Versatz: 4 Pixel

Gaußscher Weichzeichner: 16 Pixel
Versatz: 8 Pixel

Wie im Studio

Wie man sich den Transport einer Studiokamera nach Fuerteventura sparen kann

→ Übungsmaterial auf der CD:
Wie im Studio
Bildvorlagen, Endfassung

Das Foto zeigt eine Großformat-Studiokamera, auf deren Mattscheibe die anvisierte Landschaft verkleinert zu sehen ist. Was für einen Fotografen einen erheblichen Aufwand bedeuten würde, läßt sich in Photoshop mit einfachen Mitteln und vor allem in sehr viel kürzerer Zeit erledigen.

Freistellen der Kamera

1. Das wichtigste bei dieser Fotomontage war die sorgfältige Auswahl der Kamera. Die Wahl fiel auf den Zeichenstift, da er wie kein anderes Werkzeug in der Lage ist, die Form eines Objekts exakt nachzuzeichnen. Um sich die Arbeit ein wenig zu erleichtern, wurde zunächst aber eine grobe Auswahl mit dem **Zauberstab** vorgenommen. Bei gedrückter Umschalttaste konnten der Zauberstabauswahl nach und nach alle Hintergrundbereiche hinzugefügt werden. Nicht vergessen werden durften auch die Spalten und Ritzen an der Kamera, durch die der Hintergrund hindurch sichtbar ist.

2. Nachdem alle Bereiche ausgewählt waren, wurde die Auswahl umgekehrt (Auswahl, Auswahl umkehren). Für die weitere Feinarbeit an der Auswahlbegrenzung wandelte die Funktion **Pfad erstellen** aus dem Menü der Pfadepalette die grobe Auswahl in einen Pfad um, dessen Kontur und Kurvenverläufe mit dem **Direktauswahlwerkzeug** präzise angepaßt werden konnten.

3. Nach seiner Fertigstellung wurde der Pfad wieder in eine Auswahl zurückverwandelt (**Auswahl erstellen** aus dem Menü der Pfadepalette).

Montage

1. Das **Bewegen-Werkzeug** zog die ausgewählte Kamera in das Fenster des Landschaftsbildes, wo sie automatisch als neue Ebene eingesetzt wurde. Da die Kamera im Verhältnis zur Landschaftsaufnahme zu groß erschien, wurde sie mit der Funktion **Frei transformieren** aus dem Menü Bearbeiten auf die passende Größe gebracht und ausgerichtet. Damit die Kamera beim Skalieren nicht disproportional verkleinert wurde, mußte beim Ziehen an den Eckgriffen des Transformationsrahmens die Umschalttaste gedrückt werden. Ein Doppelklick ins Rahmeninnere startete die Größenumrechnung. Die Ebene wurde anschließend in »Kamera« umbenannt (**Ebenen-Optionen** aus dem Menü der Ebenenpalette).

2. Die Funktion **Rand entfernen** (Ebene, Hintergrund; Breite 1 Pixel) sorgte für einen farblich einwandfreien Übergang zur Hintergrundebene.

3. Eine Kopie der Hintergrundebene (Ebene, **Ebene duplizieren**) mit dem Namen »Mattscheibenbild« wurde an die oberste Position in der Ebenenpalette verschoben, um sie in den Vordergrund zu stellen. Da das Bild auf der Mattscheibe einer Großformatkamera auf dem Kopf steht, wurde die Ebene um 180° gedreht (Bearbeiten, Transformieren, **180° drehen**). Für den nächsten Schritt wurde die Ebene ausgeblendet (Mausklick auf das Augensymbol neben dem Ebenenetikett), blieb aber weiterhin ausgewählt.

4. Das **Auswahlrechteck** umriß die Mattscheibe der Studiokamera möglichst genau; eventuelle Ungenauigkeiten bei der Positionierung ließen sich nachträglich durch Verschieben der Auswahlbegrenzung korrigieren. Diese Auswahl wurde in der ausgeblendeten, aber weiterhin aktiven Ebene »Mattscheibenbild« als **Ebenenmaske** gesichert (Ebene, Ebenenmaske hinzufügen, Außerhalb der Auswahl maskieren).

5. Nun wurde wieder die Ebene »Mattscheibenbild« eingeblendet, mit einem Mausklick auf das Ebenen-Thumbnail von der Ebenenmaske zur Ebene gewechselt und mit einem weiteren Klick auf das Kettensymbol die Verbindung von Ebene und Ebenenmaske gelöst. Die Funktion **Frei transformieren** (Menü Bearbeiten) verkleinerte den Ebeneninhalt proportional (beim Ziehen an den Eckgriffen die Umschalttaste drücken), so daß auf der Mattscheibe nahezu die vollständige Breite des Bildes zu sehen war. Nachdem die Position des Bildes noch leicht korrigiert worden war, konnte ein Doppelklick ins Rahmeninnere die Größenumrechnung ausführen.

6. Mit dem Deckmodus **Multiplizieren** (Einblendmenü in der Ebenenpalette) blendete das verkleinerte Landschaftsbild so in die Mattscheibe über, daß deren Struktur nicht verloren ging. Die Senkung der **Ebenendeckkraft** auf 60 % machte die Illusion schließlich perfekt.

7. Trotz Skalierung (Schritt 1), die immer ein wenig unscharf zeichnet, wirkte die Kamera vor der Landschaft noch unnatürlich scharf. Die dem allgemeinen Schärfeeindruck angemessene Unschärfe erhielt die Ebene »Kamera« mit dem Filter **Stark weichzeichnen** (Filter, Weichzeichnungsfilter).

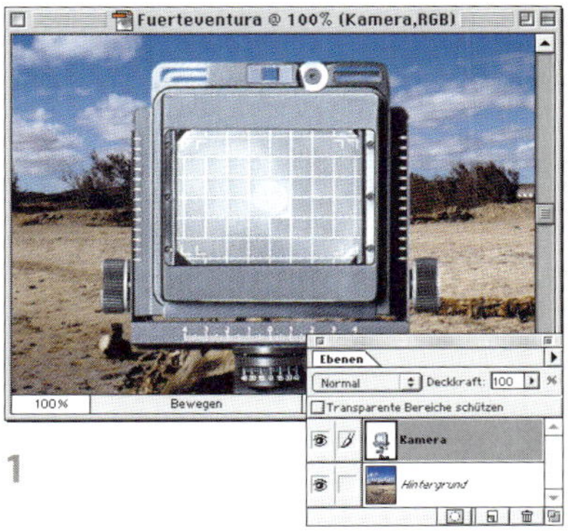

1

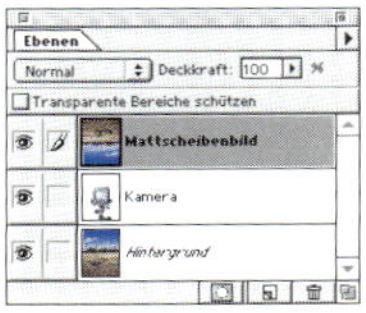

3

4

5

6

Leuchtendes Beispiel

Über das Leuchten von Leuchtreklame und die Faszination des Lichts

»Wenn du heute morgen schon sechs unmögliche Dinge getan hast, warum dann nicht als siebentes zum Frühstück ins Milliways, das Restaurant am Ende des Universums?«
Douglas Adams

»Das Ende des Universums ist sehr beliebt.«
Zaphod Beeblebrox

→ *Übungsmaterial auf der CD:*
Leuchtendes Beispiel
Endfassung

Bei dieser Image-Postkarte einer beliebten Szenekneipe kamen zwei Effekte zur Anwendung. Der Schriftzug »Milliway's« simuliert Leuchtbuchstaben aus gelbem Kunststoff, die ein wenig von einer hinter ihnen liegenden Wand abstehen. Die in der Verkleidung befindlichen weißen Neonröhren strahlen daher auch die Wand an, und es entsteht ein ähnlicher Diffusionseffekt wie beim Leuchten des Mondes. Da sich das weiße Licht der nicht sichtbaren Neonröhren mit dem von den gelben Kunststoffbuchstaben reflektierten Licht mischt, ist der Schein heller als die Buchstaben selbst.

Der andere Effekt ahmt freiliegende Neonröhren unterschiedlicher Farbe nach. Wer diesen Effekt einmal an realen Neonröhren beobachtet hat, weiß, daß sie im Innern heller, ja fast weiß erscheinen, während erst die äußeren Bereiche die jeweilige Farbe der Leuchtstoffröhre wiedergeben. Auch dieser besonderen Eigenschaft konnte bei der Photoshop-Simulation Rechnung getragen werden.

1. Die neu in der Größe einer Postkarte angelegte RGB-Datei erhielt für den dunklen Hintergrund eine schwarze Füllung (Bearbeiten, Fläche füllen; Füllen mit Schwarz). In der Werkzeugpalette wurde dann als **Vordergrundfarbe** ein heller Gelbton ausgewählt, der hinter den Schriftzeichen leuchten sollte.

2. Das **Textwerkzeug** ermöglichte die Eingabe des Schriftzugs, den Photoshop automatisch in eine neue Ebene einsetzte. Noch während der Dialog Textwerkzeug geöffnet war, ließ sich der Text mit dem **Bewegen-Werkzeug** wie gewünscht etwas oberhalb der Bildmitte positionieren. Im Dialog Ebenen-Optionen (Menü der Ebenenpalette) wurde der Ebene der Name »Milliway's« zugewiesen.

3. Der Schriftzug sollte aber nicht nur in der Ebene »Milliway's«, sondern auch im schwarzen Hintergrund erscheinen. Dazu wurde der Inhalt der Ebene »Milliway's« in

die Hintergrundebene eingerechnet, ohne die Ebene »Milliway's« zu löschen: Die Hintergrundebene wurde ausgewählt und die Funktion **Sichtbare auf eine Ebene reduzieren** aus dem Menü Ebene bei gedrückter Alt/⌥-Taste aufgerufen. Ohne die Zusatztaste würde Photoshop die Ebene nach dem Einrechnen löschen.

4. Anschließend erfolgte eine Weichzeichnung der Hintergrundebene mit dem **Gaußschen Weichzeichner.** Um die Farbintensität der Weichzeichnung zu verstärken, wurde die Hintergrundebene dupliziert (Ebene, Ebene duplizieren), für die Ebenenkopie der Deckmodus **Negativ multiplizieren** eingestellt und die Ebene wieder in die Hintergrundebene eingerechnet (Ebene, Mit darunterliegender auf eine Ebene reduzieren).

5. In der Palette Zauberstab-Optionen (Doppelklick auf das Symbol des Zauberstabs in der Werkzeugpalette) wurde der Toleranzwert auf 0 festgesetzt und die Option Glätten aktiviert. In der Hintergrundebene wählte der **Zauberstab** dann mit einem Mausklick in eine der Bildecken alle äußeren Pixel mit exakt schwarzer Farbe aus.

6. Nachdem die Auswahl umgekehrt war (Auswahl, Auswahl umkehren), wurde sie mit **Pfad erstellen** aus dem Menü der Pfadepalette in einen Pfad umgewandelt. Als Toleranz genügte 1 Pixel.

7. Nun waren mehrere Einstellungen vorzunehmen: In der Werkzeugpalette fiel die Wahl auf den **Airbrush**, in der Werkzeugspitzenpalette wurde ihm eine große, weiche Spitze zugewiesen, und in der Palette Airbrush-Optionen wurde der Modus Normal bei 100%igem Druck gewählt. Als Vordergrundfarbe gefiel ein leuchtendes Violett. Nach dem Aufruf von **Pfadkontur füllen** aus dem Menü der Pfadepalette (oder einem Druck auf die Enter-Taste des Ziffernblocks) erschien unter dem Pfad eine Airbrush-Spur mit den eingestellten Eigenschaften.

8. Anschließend zeichnete der Befehl **Pfadkontur füllen** ein zweites Mal eine Airbrush-Spur, jedoch mit geänderten Einstellungen: Weiß für die Vordergrundfarbe, eine kleinere, aber immer noch weiche Werkzeugspitze und eine Druckeinstellung von 35 %. Auf diese Weise erhielt die Neonröhre einen hellen Schein in der Mitte.

9. Schließlich wurde in der Ebene »Milliway's« die Farbe des Schriftzugs angepaßt; sie mußte vorher in der Werkzeugpalette als Vordergrundfarbe eingestellt werden. Da bei Textebenen die Option **Transparente Bereiche schützen** automatisch aktiviert ist, konnte der Schriftzug mit der Kombination aus Alt/⌥- und Rückschrittaste mit einem kräftigen Gelb gefüllt werden. Das Füllen kann beliebig oft mit anderen Farben wiederholt werden, ohne daß der Schriftzug »verschmutzt« und unbrauchbar wird.

10. Die Sterne entstammen dem Zeichensatz FF Dingbats. Nach der Eingabe mit dem **Textauswahlwerkzeug** in eine neue Ebene wurden ihre Konturen in Pfade verwandelt, als Neonröhren, wie in Schritt 7 und 8 beschrieben, eingefärbt und danach gedreht (Bearbeiten, Frei transformieren).

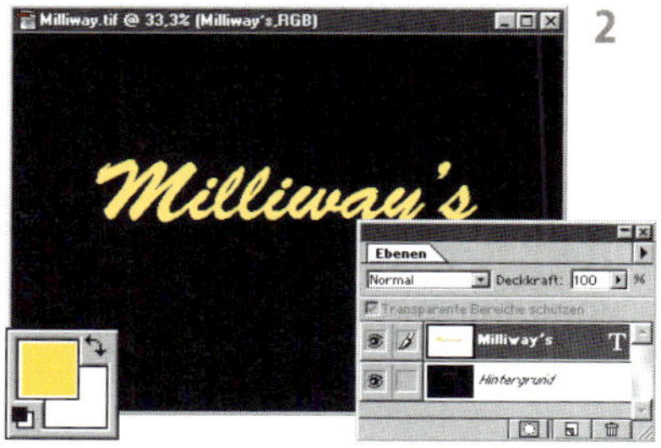

2

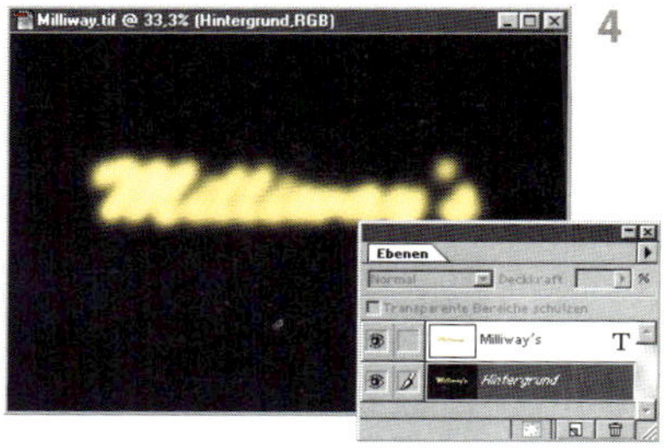

4

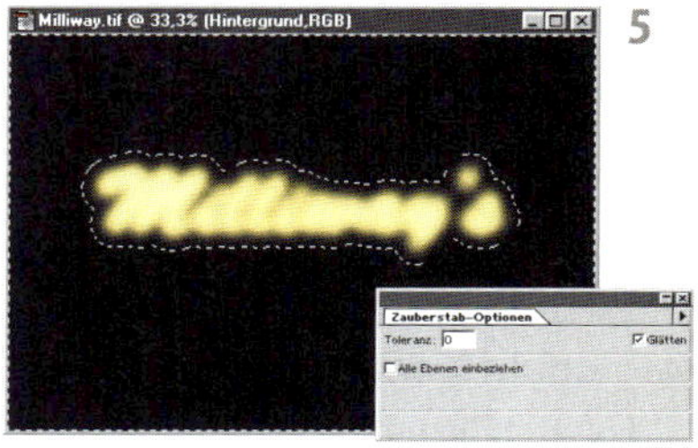

5

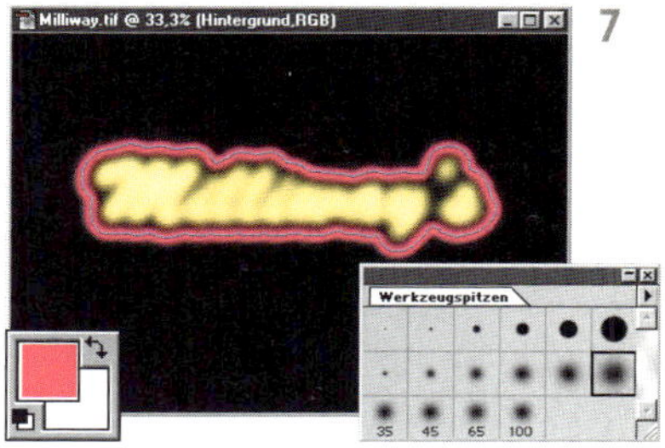

7

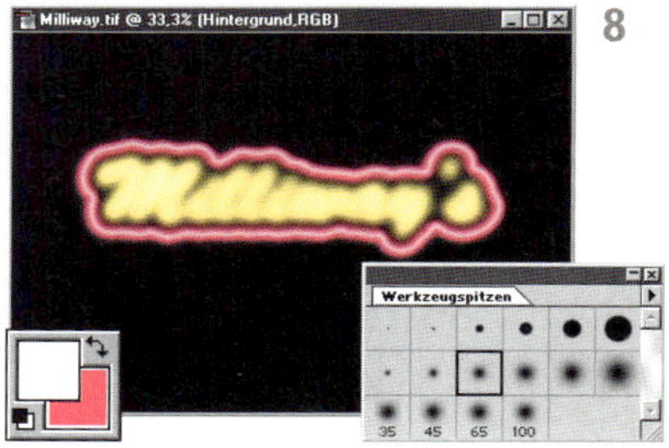

8

Unter die Lupe genommen

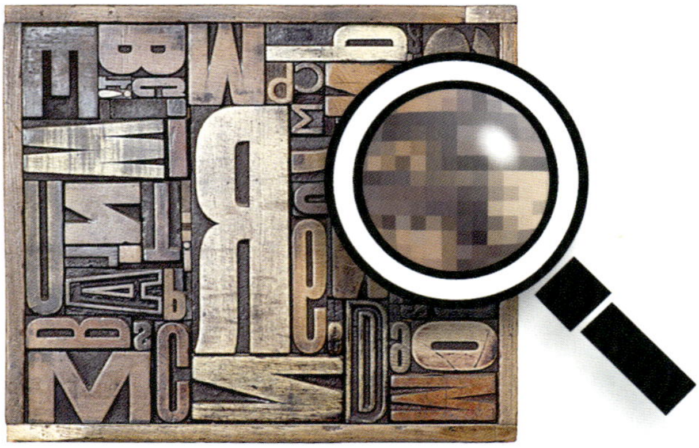

Wie sich in einem Bild zwei unterschiedliche Auflösungen kombinieren lassen

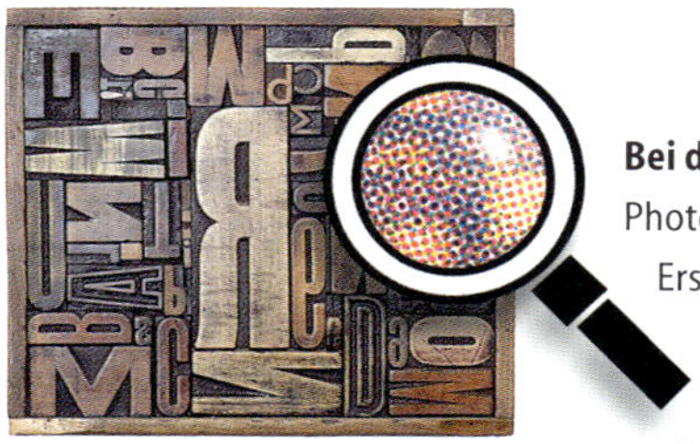

Anstelle eines Pixelmosaiks kann auch ein Vierfarbraster mikroskopiert werden. Dazu wird nach der Anwendung des Mosaikfilters der Vergröberungsfilter Farbraster angewendet. Dazu muß die Datei in den CMYK-Modus umgewandelt werden – Photoshop generiert sonst nur ein Dreifarbraster mit den Farben Cyan, Magenta und Gelb.

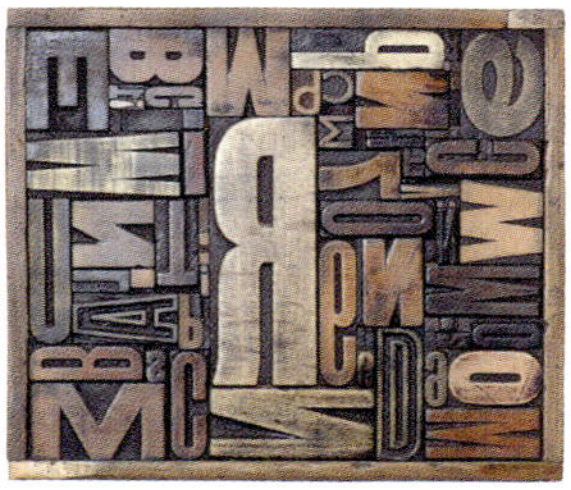

→ ***Übungsmaterial auf der CD:***
🗀 ***Unter die Lupe genommen***
Bildvorlage, Ebenendateien, Endfassungen

Bei der Montage zweier Bilder mit Photoshop wird stets eine pixelgleiche Ersetzung vorgenommen, das heißt ein Pixel ersetzt immer genau ein Pixel, ganz gleich, welche Auflösung die Bilder besitzen. Dieses Grundgesetz gilt auch bei der hier gezeigten Montage eines hochaufgelösten mit einem vergrößerten Ausschnitt. Bei den unter die Lupe genommenen »Pixeln« handelt es sich deshalb um Quadrate aus vielen kleinen Bildpunkten gleicher Farbe.

1. Als Lupe diente ein entsprechendes Symbol aus dem Zeichensatz FF Dingbats, das mit dem **Textwerkzeug** in eine neue Ebene eingegeben wurde. Die neue Ebene erhielt den Namen »Lupe« (Doppelklick auf das Ebenenetikett).

2. Der **Zauberstab** wählte die »Glasfassung« zwischen den beiden schwarzen Kreisen mit einer Toleranz von 128 Tonwertstufen und eingeschalteter Glätten-Option (Palette Zauberstab-Optionen) aus. Die Auswahl wurde anschließend weiß gefüllt (Bearbeiten, Fläche füllen; Füllen mit Weiß).

3. Nachdem von der Hintergrundebene eine Kopie mit dem Namen »Mosaik« erstellt wurde (Ebene, Ebene duplizieren), wählte der **Zauberstab** mit unveränderten Einstellungen das »Lupenglas« aus, um die Auswahl in der neuen Ebene als **Ebenenmaske** zu sichern.

4. Anschließend wurde mit einem Mausklick auf das Ebenen-Thumbnail in der Ebenenpalette wieder von der Ebenenmaske zur Ebene gewechselt und das **Verbindungssymbol** zwischen Ebenen- und Ebenenmasken-Thumbnail deaktiviert. Dies war die Voraussetzung, um die Ebene unabhängig von der Ebenenmaske bearbeiten zu können.

5. Nach dem Aufruf des Filters **Mosaikeffekt** (Filter, Vergröberungsfilter) wurde unter Zellengröße der gewünschte Vergrößerungsfaktor eingegeben. Um beispielsweise mit der Lupe eine 20fache Vergrößerung zu zeigen, werden 20 Quadratpixel eingegeben.

Der Filter Mosaikeffekt zeigt selbstverständlich keinen vergrößerten Ausschnitt, er vergröbert nur die feinen Bildstrukturen zu großen Pixelblöcken, indem er die durchschnittliche Farbe und Helligkeit der Ursprungspixel ermittelt.

Alternative: Für einen »authentischen« Vergrößerungseffekt muß man anders vorgehen: Die Größe des in Schritt 3 ausgewählten Lupenglases wird in der Informationenpalette abgelesen, und die Werte (B und H) werden durch den beabsichtigten Vergrößerungsfaktor geteilt. Den Ergebnissen sind sicherheitshalber jeweils 2 Pixel hinzuzufügen und die Resultate in der Palette Auswahl-Optionen als feste Größe vorzugeben. Das Auswahlrechteck wählt anschließend einen Bereich dieser Größe in der Hintergrundebene aus, so daß dieser mit Bearbeiten, Kopieren in die Zwischenablage übertragen werden kann. Mit der Funktion Neu aus dem Menü Datei wird dann eine neue Datei mit den Maßen des in der Zwischenablage befindlichen Ausschnitts angelegt und der Ausschnitt mit Bearbeiten, Einfügen eingesetzt. Die Vergrößerung des Ausschnitts erfolgt im Dialog **Bildgröße** (Menü Bild) durch Eingabe eines dem Vergrößerungsfaktor entsprechenden Prozentwerts. Es ist darauf zu achten, die Option Bild neuberechnen einzuschalten und die Interpolationsmethode auf **Pixelwiederholung** zu ändern. Der so »aufgepumpte« Ausschnitt wird ausgewählt (Auswahl, Alles auswählen), in die Zwischenablage kopiert (Bearbeiten, Kopieren) und wieder in die Montagedatei eingefügt (Bearbeiten, In die Auswahl einsetzen), nachdem vorher wie in Schritt 3 das Lupenglas ausgewählt wird.

6. Nach der Filteranwendung wurde der Inhalt der Ebene »Mosaik« mit dem **Bewegen-Werkzeug** nur noch so weit verschoben, bis die Lupe vollständig vom Mosaikmuster ausgefüllt war.

7. Mit einem Mausklick bei gedrückter Strg/⌘-Taste auf das Thumbnail der Ebenenmaske wurde die Maske als Auswahl geladen. Der auf die Auswahl angewendete Filter **Wölben** (Filter, Verzerrungsfilter) simulierte einen leichten Linseneffekt.

8. In einer neuen Ebene (Ebene, Neu, Ebene) über der Ebene »Mosaik« wurde die Auswahl mit einem 50%igen Grauton gefüllt (Bearbeiten, Fläche füllen; Füllen mit 50 % Grau). Anschließend wurde der KPT-Filter **Glaslinse** (KPT 3.0) angewendet. Die Ebene erhielt den Deckmodus Negativ multiplizieren. Im Dialog Tonwertkorrektur (Bild, Einstellen) wurde die Auswahl so weit abgedunkelt, bis der Lichtreflex zufriedenstellend erschien.

Wer nicht im Besitz der KPT-3.0-Filter ist, kann den Lichtreflex auch mit dem **radialen Verlaufswerkzeug** realisieren. Dazu wird als Vordergrundfarbe Weiß gewählt und in der Optionenpalette des Verlaufswerkzeugs die Einstellung Vordergrundfarbe zu Transparent gewählt. Die Option Transparenz muß aktiviert sein, damit der Verlauf tatsächlich zu Transparent überblendet. Der Ansatzpunkt des Radialverlaufs stellt den Mittelpunkt des Lichtreflexes dar. Anschließend kann der Verlauf mit der Funktion Filter, Verblassen abgeschwächt werden.

9. Ein leichter Schatten unter der Lupe verbesserte die optische Wirkung.

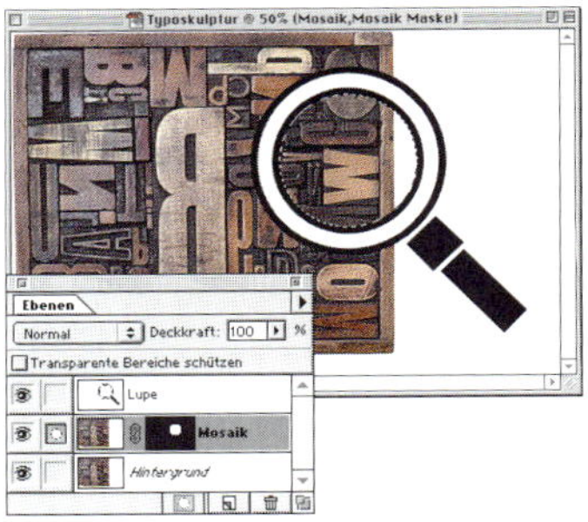

3

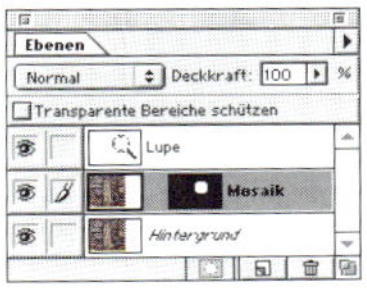

4

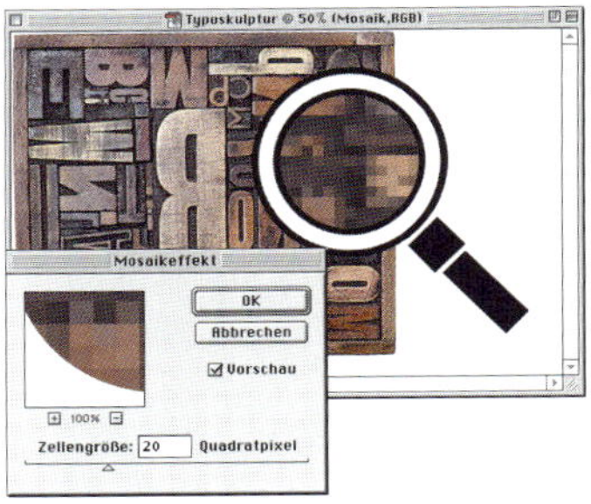

5

8a

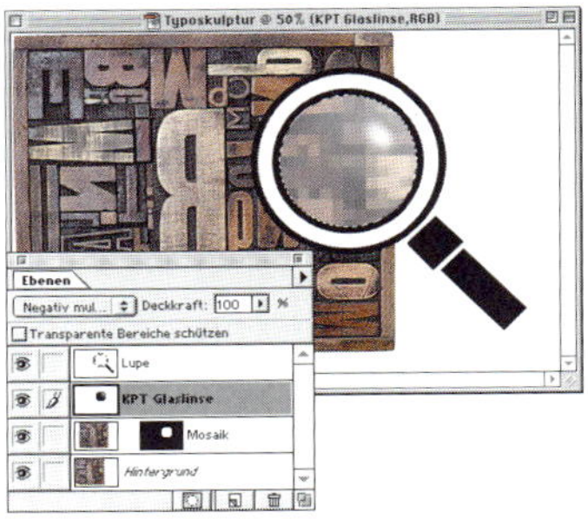

8b

Spieglein, Spieglein ...

Eine nicht ganz wirkliche Spiegelung auf dem Wasser, mit Photoshop erzeugt

Foto: Helmut Bechtel

→ ***Übungsmaterial auf der CD:***
Spieglein, Spieglein
Bildvorlagen, Ebenendatei, Endfassung

Spiegelungen zu erzeugen ist in Photoshop keine unlösbare, ja nicht einmal besonders schwierige Aufgabe – es genügt meist jedoch nicht, bloß eine der Spiegelungsfunktionen auf eine Kopie des Motivs anzuwenden. Wenn, wie im Beispiel, eine »authentische« Spiegelung eines Schmetterlings auf einer welligen Wasseroberfläche simuliert werden soll, sind ein paar zusätzliche Arbeitsschritte nötig. Eine wirklich realistische Spiegelung kann zwar mit Photoshop nicht erzeugt werden, da der Blickwinkel auf die Spiegelung nicht stimmt, das Auge läßt sich mit ein paar Tricks jedoch so täuschen, daß es die falsche Perspektive nicht sofort bemerkt.

Vorbereitung des Hintergrundes

1. Die Funktion **Neu** aus dem Menü Datei legte eine neue RGB-Datei mit einer Größe von 1.050 x 1.050 Pixeln und transparentem Hintergrund an (die Option Transparent im Dialog bewirkt, daß die neue Datei keine Hintergrundebene besitzt). Die Horizontlinie sollte das Bild genau im Verhältnis 2:1 teilen, daher wurde mit dem **Auswahlrechteck** eine 1.050 x 350 Pixel große Auswahl im unteren Bereich erstellt. Die Abmessungen der Auswahl wurden vorher in der Palette Auswahl-Optionen als feste Größe vorgegeben.

2. Der hochauflösende Scan von einer Wasseroberfläche wurde auf die erforderliche Breite von 1.050 Pixeln skaliert (Bild, Bildgröße) und anschließend auf die Höhe von 350 Pixeln beschnitten. Dazu wurde mit dem **Auswahlrechteck** ein passender Bereich umgrenzt (da noch die feste Größe eingestellt war, hatte die Auswahl direkt die passende Höhe) und in den noch ausgewählten Wasserbereich der Montagedatei eingesetzt, indem das **Bewegen-Werkzeug** die Auswahl bei gedrückter Umschalttaste in das Fenster der Montagedatei zog. Photoshop setzte das Wasserbild automatisch in die Auswahl der transparenten Ebene ein. Die Ebene erhielt den Namen »Wasser« (Ebenen-Optionen aus dem Menü der Ebenenpalette).

3. Auf die gleiche Weise wurde das Foto von einem leicht bewölkten Himmel in der Größe verkleinert, ausgewählt und in die Montagedatei kopiert. Im Unterschied zum Wasserausschnitt besaß das Himmelsbild jedoch die doppelte Höhe (700 Pixel), darum mußte der Wert für die Auswahlhöhe in der Palette Auswahl-Optionen vorher korrigiert werden. In der Montagedatei wurde die bestehende Auswahl vor dem Kopieren umgekehrt (Auswahl, **Auswahl umkehren**), damit das Himmelsbild paßgenau an die vorgesehene Stelle eingesetzt werden konnte. Die automatisch neu generierte Ebene wurde in »Himmel« umbenannt.

4. Das Blau des Himmels und das Blau des Wassers harmonierten noch nicht richtig miteinander. Deshalb wurde wieder die Ebene »Wasser« ausgewählt, mit der **Pipette** bei einem Aufnahmebereich von 3 x 3 Pixeln (Palette Pipette-Optionen) ein Blauton von einer repräsentativen Stelle des Himmels aufgenommen, die Transparenzmaske der Ebene »Wasser« als Auswahl geladen (bei gedrückter Strg/⌘-Taste auf das Ebenen-Thumbnail klicken) und die Auswahl mit der aufgenommenen Farbe gefüllt (Bearbeiten, Fläche füllen; Füllen mit Vordergrundfarbe). Im Füllen-Dialog war darauf zu achten, den Deckmodus **Farbton & Sättigung** auszuwählen, damit die Vordergrundfarbe nicht den gesamten Ebeneninhalt ersetzt, sondern nur deren Farbton und deren Sättigung auf das Wasserbild appliziert wird.

5. Dem Bild fehlte nun noch die richtige Tiefenwirkung. Bei einem in der Natur häufig zu beobachtenden Effekt werden Himmel und Meeresoberfläche zum Horizont hin heller, ja blenden nahezu zu Weiß über, so daß die tatsächliche Grenze zwischen Himmel und Erde nur zu erahnen ist. Dieser Effekt konnte mit einem **Verlauf** von Weiß zu Transparent simuliert werden, für den eine neue Ebene mit dem Namen »Aufhellung« über der Ebene »Himmel« anzulegen war (Ebene, Neu, Ebene). Der Verlauf durfte aber nicht gleichmäßig von Weiß zu Transparent überblenden, sondern nur einen kleinen Bereich weiß einfärben, während der größere Teil des Himmels bzw. Wassers zu sehen sein sollte.

Nachdem Weiß als Vordergrundfarbe eingestellt war, wurde in der Optionenpalette des **linearen Verlaufswerkzeugs** die Verlaufsart Vordergrundfarbe zu Transparent gewählt und anschließend mit der Schaltfläche Bearbeiten der Dialog **Verläufe bearbeiten** geöffnet. Unter der Option Transparenz wurde der Verlaufsmittelpunkt

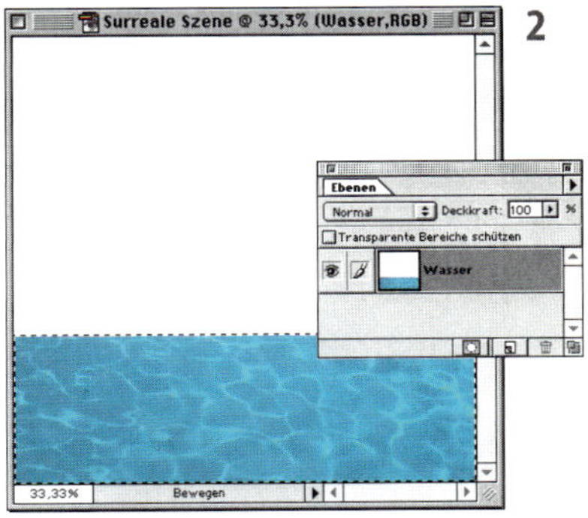

2

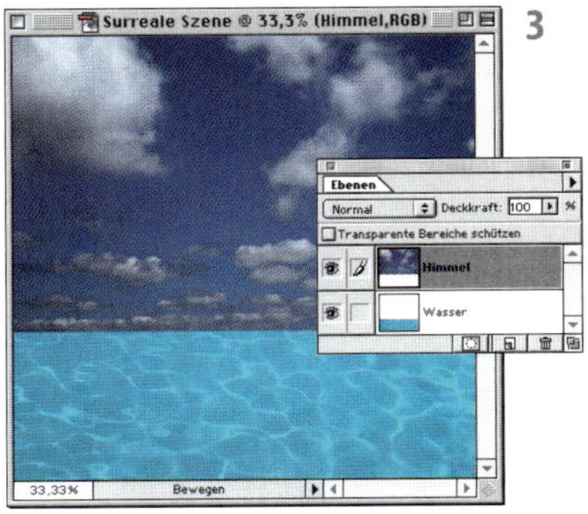

3

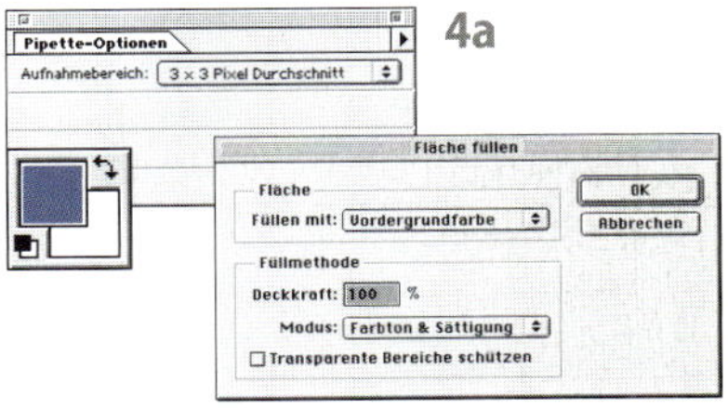

4a

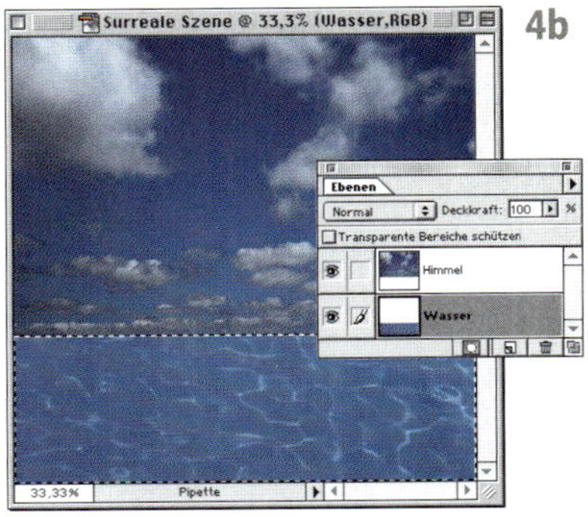

4b

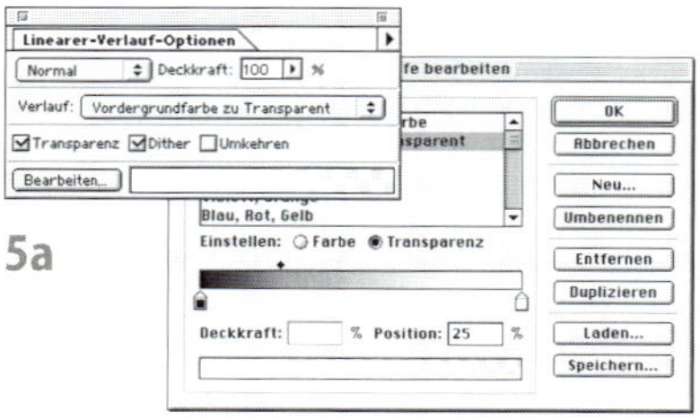

5a

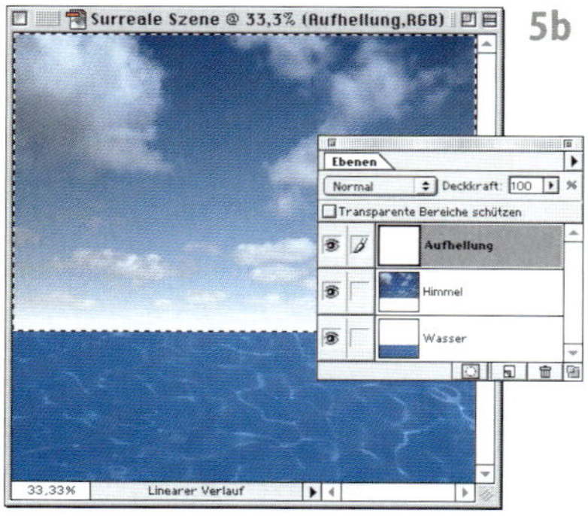

5b

5c

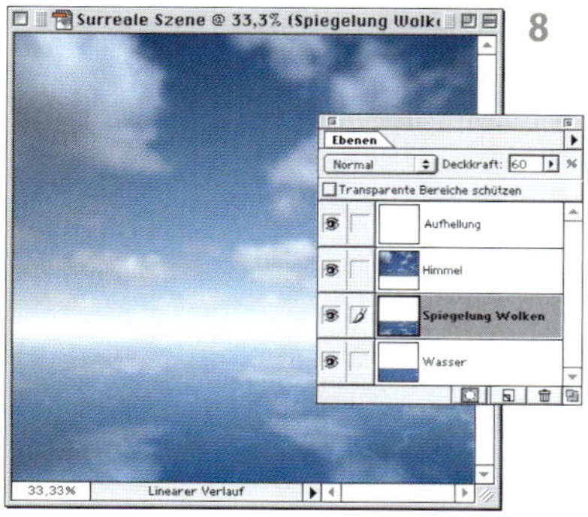

8

auf die 25%-Marke verschoben. Nachdem der Dialog mit OK geschlossen war, wurde mit einem Mausklick bei gedrückter Strg/⌘-Taste auf das Thumbnail der Ebene »Himmel« deren Transparenzmaske als Auswahl geladen und in der Ebene »Aufhellung« mit dem **Verlaufswerkzeug** der gewünschte Verlauf von der unteren Kante bis zur oberen Kante der Auswahl aufgezogen. Damit der Verlauf exakt senkrecht verlief, wurde dabei die Umschalttaste gedrückt.

Nun wurde die Auswahl umgekehrt (Auswahl, Auswahl umkehren) und ein **zweiter Verlauf** von der oberen bis zur unteren Kante der Auswahl erstellt.

6. Um die räumliche Wirkung weiter zu verstärken, bot es sich an, die Tiefenschärfe des Bildes künstlich zu verringern. Dazu wurde die Ebene »Himmel« ausgewählt und mit dem **Gaußschen Weichzeichner** (Filter, Weichzeichnungsfilter) weichgezeichnet.

7. Da sich nicht nur der Schmetterling, sondern auch der Himmel im Wasser spiegeln sollte, mußte von der Ebene »Himmel« eine Kopie mit dem Namen »Spiegelung Wolken« angelegt (Ebene, Ebene duplizieren) und diese in der Ebenenpalette hinter die Ebene »Himmel« gestellt werden. Der Inhalt der neuen Ebene wurde, nachdem die Auswahl aufgehoben war (Auswahl, Auswahl aufheben), mit der Funktion **Frei transformieren** (Menü Bearbeiten) vertikal gespiegelt und dabei ein wenig in der Höhe gestaucht (mittleren Griff der oberen Rahmenseite über die untere Seite hinaus ziehen). Die nun obere Seite des Transformationsrahmens wurde ein Stück nach oben über die Horizontlinie hinaus gezogen, um einen kleinen Spielraum für eine spätere Filteranwendung zu bekommen. Ein Doppelklick in den Rahmen rechnete die Transformation in die Ebene ein.

8. Anschließend mußte nur noch die **Deckkraft** der Ebene »Spiegelung Wolken« auf 60 % verringert werden.

Spiegelung erzeugen
(Bilder rechte Seite)

1. Zuerst wurde der Schmetterling im Ausgangsbild mit dem Zeichenstift freigestellt, der Pfad in eine Auswahl umgewandelt und der ausgewählte Bereich mit dem **Bewegen-Werkzeug** in das Fenster des vorbereiteten Hintergrundbildes kopiert. In der Montagedatei erschien der Schmetterling automatisch in einer neuen Ebene, die in »Schmetterling« umbenannt (Ebenen-Optionen aus dem Menü der Ebenenpalette) und in der Ebenenpalette an die oberste Position gestellt wurde. Um einen sauberen Übergang an den Konturen zu gewährleisten, wurde die Funktion **Rand entfernen** (Ebene, Hintergrund) auf die neue Ebene angewendet.

2. Für die sich im Wasser spiegelnde Fassung des Schmetterlings wurde von der Ebene »Schmetterling« eine Kopie mit dem Namen »Spiegelung Schmetterling« erstellt (Ebene, **Ebene duplizieren**).

3. Mit der Funktion **Frei transformieren** aus dem Menü Ebene lassen sich mehrere Verzerrungsoperationen in einem Rechenschritt ausführen. Wenn diese Funktion akti-

viert wird, können die Transformationsarten im Menü Bearbeiten, Transformieren weiterhin ausgewählt (oder über Tastenkombinationen zugeschaltet) werden. Zunächst wurde die Schmetterlingskopie über die Vertikale gespiegelt, indem der mittlere Griff der oberen Rahmenseite über die untere Seite hinaus gezogen wurde. Bei dieser Gelegenheit konnte der Schmetterling gleichzeitig in der Höhe gestaucht werden (was bei einer realen Spiegelung zwar nicht der Fall ist, die Wirkung des Bildes aber verbesserte – die Spiegelung wirkte dadurch »dynamischer«).

Insgesamt ließ sich der Rahmen **frei verschieben**, indem er einfach in der Mitte angefaßt und mit der Maus an eine andere Stelle gezogen wurde. Da der Rahmen exakt senkrecht nach unten verschoben werden sollte, wurde beim Ziehen mit der Maus gleichzeitig die Umschalttaste gedrückt.

Als die Funktion **Perspektivisch verzerren** (Bearbeiten, Transformieren) aufgerufen war, konnte die untere Seite des Transformationsrahmens gedehnt werden, indem der rechte Eckgriff nach rechts gezogen wurde. An der oberen Seite wurde in die umgekehrte Richtung gezogen, um den Rahmen am oberen Ende zusammenzustauchen. Die Winkel der rechten und linken Seite entsprachen dabei ungefähr der Fluchtpunktperspektive (dies zwar gegen die Regeln der Optik, das Ergebnis sah aber gut aus).

Als letzten Arbeitsgang an der Transformation wurde noch einmal die Höhe des Rahmens angepaßt, nachdem die **Skalieren**-Funktion (Bearbeiten, Transformieren) aktiviert worden war. Ein Doppelklick ins Innere des Rahmens bewirkte, daß alle Verzerrungen in einem Rechenschritt in die Bildebene eingerechnet wurden.

4. Nun mußte der auf die Wasseroberfläche projizierte Schmetterling noch mit dem Filter **Schwingungen** (Filter, Verzerrungsfilter) wellenförmig verzerrt werden, um der scheinbaren Wellenbewegung Rechnung zu tragen.

5. Eine anschließende Reduzierung der **Ebenendeckkraft** auf 60 % blendete den Schmetterling realistischer in den Hintergrund über.

Abschließende Arbeitsschritte
(Bild rechts unten)

1. Um die Wellen noch ein wenig zu betonen, wurde der Filter **Schwingungen** auch auf die Ebene »Spiegelung Wolken« angewendet. Es kamen dieselben Einstellungen wie beim Schmetterling zur Anwendung – mit Ausnahme der Skalierungswerte: Sie wurden auf die Hälfte gesenkt, um den Effekt etwas abzuschwächen.

2. Da im Bereich der Schmetterlingsspiegelung keine Wolken zu sehen sein durften, mußte dieser Bereich maskiert werden. Dazu wurde die Transparenzmaske der Ebene »Spiegelung Schmetterling« als Auswahl geladen (Mausklick bei gedrückter Strg/⌘-Taste auf das Ebenen-Thumbnail) und die Auswahl in der Ebene »Spiegelung Wolken« als **Ebenenmaske** gesichert (Ebene, Ebenenmaske hinzufügen, Auswahl maskieren).

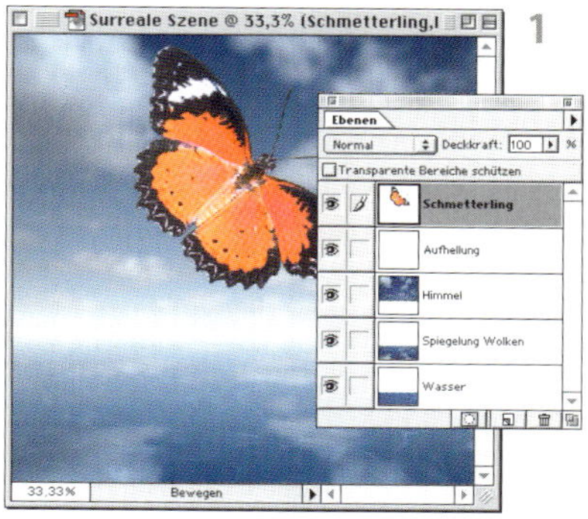

1

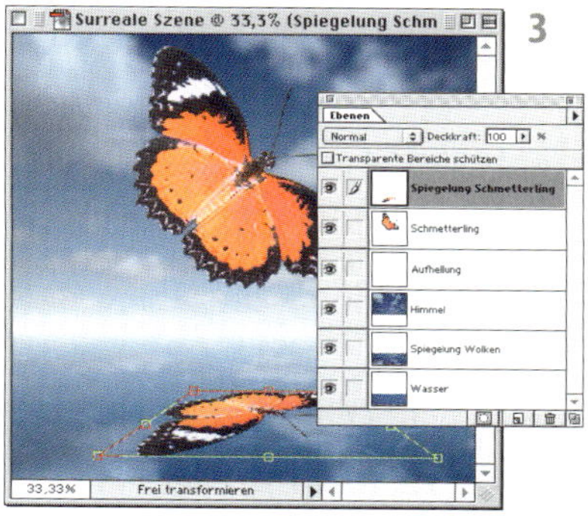

3

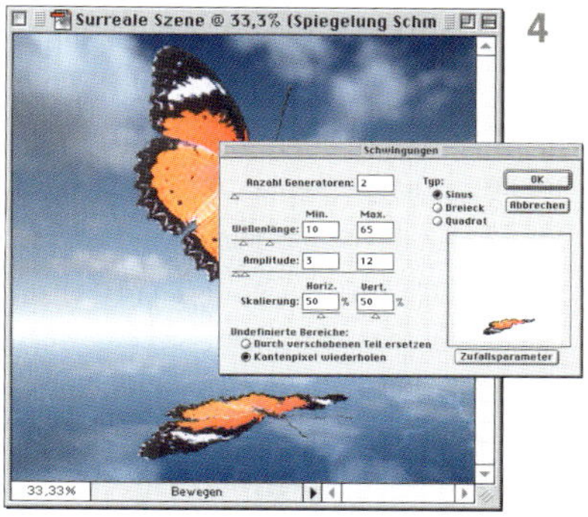

4

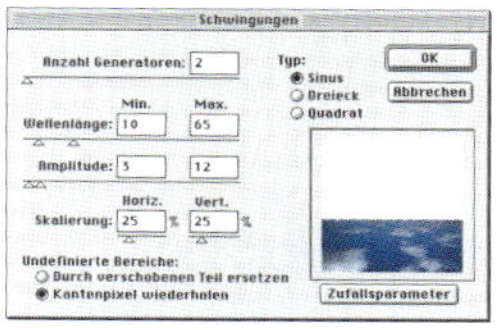

1

Rundherum

Wie sich mit Photoshop Bild und Bildrahmen verschmelzen lassen

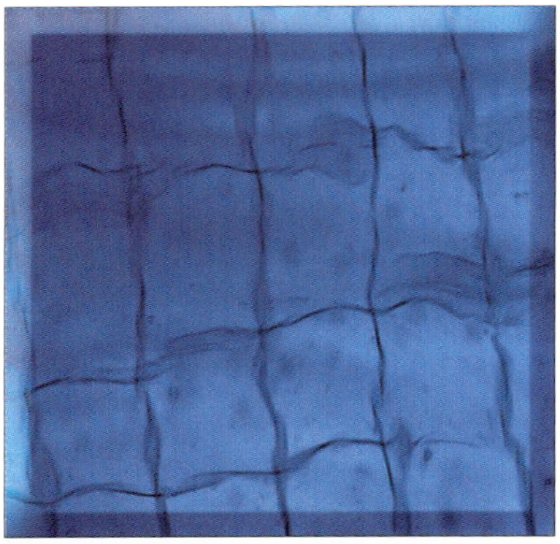

Das Beispiel zeigt einen einfachen Rand, durch den der Hintergrund wie eine vorstehende Taste wirkt. Diese Form wird beispielsweise für Tasten von Benutzeroberflächen verwendet. Durch einfaches Vertauschen von Licht- und Schattenpartien lassen sich aus erhabenen Objektbereichen auch Vertiefungen anfertigen.

→ Übungsmaterial auf der CD:
Rundherum
Endfassungen

▸ Pooleffekt

1. Von der Hintergrundebene wurde eine Kopie erstellt (Ebene, **Ebene duplizieren**) und in der neuen Ebene eine Rechteckauswahl für das Poolinnere getroffen. Ein Mausklick auf das Symbol ⬚ in der Ebenenpalette sicherte die Auswahl als Ebenenmaske.

2. Die Funktion **Schlagschatten nach innen** (Ebene, Effekte) fügte der Ebene einen Schatten hinzu, der nur innerhalb des von der Ebenenmaske begrenzten Bereichs sichtbar war. Damit der Schatten an allen vier Seiten gleich breit erschien, wurde die Distanz auf Null gesetzt.

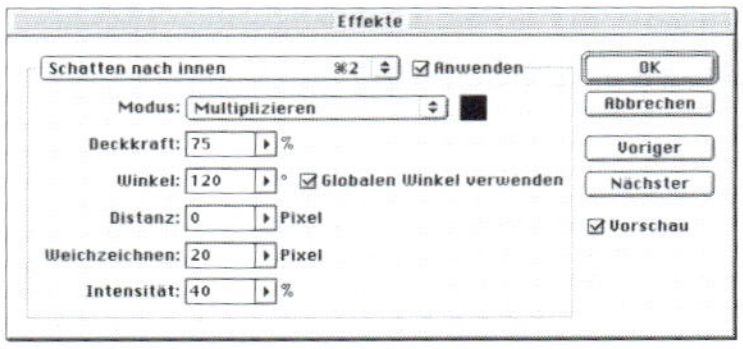

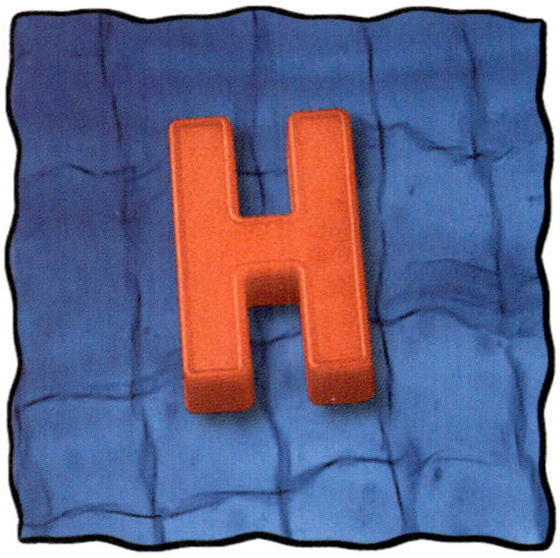

▸ Schwingungskontur

1. Ein Doppelklick auf das Etikett der Hintergrundebene in der Ebenenpalette wandelte sie in eine **transparente Ebene** um. Das Auswahlrechteck zog eine Auswahl in der gewünschten Rahmengröße auf; diese wurde als **Ebenenmaske** gesichert (Symbol ⬚ in der Ebenenpalette).

2. Der Filter **Schwingungen** (Filter, Verzerrungsfilter) verzerrte die Form der Ebenenmaske mit einer Sinus-Schwingung, 3 Generatoren, langen Wellen und niedrigen Amplituden.

3. In einer neuen Ebene, die nach hinten gestellt wurde, wurde die Ebenenmaske als **Auswahl** geladen (Mausklick mit gedrückter Strg/⌘-Taste auf deren Thumbnail) und die Auswahl schwarz gefüllt (Bearbeiten, **Fläche füllen**; Füllen mit Schwarz).

4. Nachdem die Auswahl aufgehoben war, vergrößerte der Filter **Dunkle Bereiche vergrößern** (Filter, Sonstige Filter) die schwarze Fläche um wenige Pixel.

▸ Ausgefranst

1. Die Vorgehensweise beim Franseneffekt entspricht der bei der Schwingungskontur. Anstelle des Filters Schwingungen kam hier jedoch der Filter **Verwackelte Striche** (Filter, Malfilter) in der Ebenenmaske zur Anwendung (Strichlänge 11, Radius 18, Richtung Links oben).

2. Bei der Anwendung des Filters **Dunkle Bereiche vergrößern** (Filter, Sonstige Filter) in der neuen Ebene unterhalb der Wasserebene wurde aber nur ein halb so großer Radius vorgegeben.

▸ Wasserkante

1. Die Wasserkante ist – wie schon der Franseneffekt – eine Abwandlung der Schwingungskontur. Verantwortlich für den Effekt ist der Filter **Ozeanwellen** (Filter, Verzerrungsfilter), der mit einem Wellenabstand von 5 Pixeln und einer Wellenhöhe von 11 Pixeln auf die Ebenenmaske angewendet wurde.

2. Nachdem die Ebenenmaske als Auswahl geladen war und diese in einer neuen Ebene unterhalb der Wasserebene mit Schwarz gefüllt wurde, zeichnete sie der **Gaußsche Weichzeichner** mit geringem Radius weich.

3. Zum Schluß verschob das **Bewegen-Werkzeug** den Schatten ein wenig nach rechts unten.

▸ Nicht reißfest

1. Auch dieses Beispiel zeigt den Variantenreichtum, der durch die Anwendung von Effektfiltern auf eine Ebenenmaske gegeben ist. Die Vorgehensweise entsprach im Kern wieder der bei der Schwingungskontur. Nachdem die Ebenenmaske erstellt war, fiel die Wahl diesmal jedoch auf den Filter **Gerissene Kanten** (Filter, Zeichenfilter; Farbverhältnis 15, Glättung 2, Kontrast 19).

2. In der neuen Ebene unterhalb der Wasserebene wurde die aus der Ebenenmaske erstellte Auswahl mit nur zu 20 % deckendem Schwarz gefüllt (Bearbeiten, **Fläche füllen**; Füllen mit Schwarz, Deckkraft 20 %).

3. Der Filter **Störungen hinzufügen** (Filter, Störungsfilter; Menge 40, Gaußsche Normalverteilung, Monochrom) sorgte anschließend für leichte Unregelmäßigkeiten in der Helligkeit.

4. Anschließend wurde wieder die Ebenenmaske aktiviert und der Filter **Schwingungen** (Filter, Verzerrungsfilter) auf sie angewendet (Sinus, 3 Generatoren, Wellenlänge 1/116, Amplitude 1/12).

Güteklasse A

Photoshop für Autodesigner und designorientierte Autofahrer

Foto: Mercedes Benz AG

→ ***Übungsmaterial auf der CD:***
Güteklasse A
Bildvorlage, Ebenendatei, Endfassungen

Besondere Autokonzepte erfordern auch besondere Konzepte bei der Produktdokumentation. Eine konzeptionell schwache Farbmusterkarte aus rechteckigen Farbtäfelchen bietet zwar einen recht guten Eindruck von den reinen Farben, der Kunde wird jedoch selten in der Lage sein, sich das Auto in seiner Wunschfarbe vorstellen zu können – außer er hat es schon so auf der Straße oder im Laden gesehen.

Das Problem dabei ist, daß durch die Rundungen und Kanten des Autos das Licht ständig gebrochen wird und die wahrgenommene Farbe nur an wenigen Stellen in reiner Form zu sehen ist. Vorstellbar wären neuartige Farbkarten, die anstelle der rechteckigen Farbfelder das Fahrzeug in jeder angebotenen Farbe zeigen. Grundsätzlich wäre dies natürlich auch ohne Bildbearbeitung möglich, wenn bei gleichbleibender Beleuchtung Autos in den unterschiedlichen Farben fotografiert werden. Diese Lösung ist jedoch sehr kostenintensiv und bei einem neuen Auto auch produktionstechnisch aufwendig. Die Prospekte müssen zudem oft schon vor der Produktion des Fahrzeugs fertiggestellt sein.

Um die Farbkarte mit einer Bildverarbeitung zu erstellen, genügt ein einziges Foto. In Photoshop kann dann die Farbe des Autos ganz einfach über den Farbton und die Sättigung geändert werden. Dabei bleiben alle durch die Beleuchtung und die Lichtbrechung hervorgerufenen Farbschattierungen erhalten.

1. Da im Foto die Farbe der lackierten Karosserieteile unabhängig vom Hintergrund und anderen Elementen geändert werden sollte, waren zunächst die entsprechenden Auswahlen vorzubereiten. Mit dem **Zeichenstift** wurde um die wichtigsten Bereiche jeweils ein Pfad gezeichnet. Dies waren die Kontur des Fahrzeugs (um den Hintergrund einfärben zu können), die Karosserie, die Fenster und die Radkappen.

2. In der Pfadepalette wurde der Pfad »Karosserie« mit einem Mausklick bei gedrückter Strg/⌘-Taste auf sein Etikett als **Auswahl** geladen.

Alternative: Zur Umwandlung des Pfades in eine Auswahl kann auch das Pfadetikett aktiviert und auf das Symbol ◌ in der Pfadepalette geklickt werden. Um den Dialog Auswahl erstellen einzublenden und darin eine weiche Kante vorzugeben, wird das Symbol ◌ mit gedrückter Alt/⌥-Taste angeklickt oder der Befehl Auswahl erstellen aus dem Menü der Pfadepalette gewählt.

3. Die Funktion **Neue Einstellungsebene** aus dem Menü der Ebenenpalette legte über dem Hintergrundbild eine Einstellungsebene mit der Korrekturart **Farbton/Sättigung** an. Die bestehende Auswahl wurde dabei automatisch in eine Maske für die Einstellungsebene umgewandelt.

Im Dialog Farbton/Sättigung wurde die Option **Färben** eingeschaltet, der Regler für den Farbton bis zur neuen Farbe verschoben und sowohl die Sättigung als auch die Lab-Helligkeit angepaßt.

4. Für **Metallicfarben** war eine weitere Einstellungsebene erforderlich, denn solche Speziallackierungen intensivieren die Lichtreflexe auf der Außenhaut des Fahrzeugs. Technisch gesprochen heißt das: Metallicfarben verstärken den Kontrast.

Zuerst wurde wieder der Pfad »Karosserie« in der Pfadepalette aktiviert und wie in Schritt 2 in eine Auswahl umgewandelt. Anschließend legte die Funktion **Neue Einstellungsebene** aus dem Menü der Ebenenpalette eine zweite Einstellungsebene mit der Korrekturart **Tonwertkorrektur** an, wobei die Auswahl automatisch in eine Einstellungsmaske umgewandelt wurde.

Die Kontrasterhöhung erfolgt im Dialog Tonwertkorrektur durch Verschieben des Schwarzpunkt- und des Weißpunktreglers (Tonwertspreizung) nach innen. Für eine Silbermetalliclackierung muß die Farbe außerdem im Dialog Tonwertkorrektur mit dem grauen Gamma-Regler aufgehellt und die Sättigung in der Farbton/Sättigung-Einstellungsebene reduziert werden, um dem Fahrzeug die Farbe zu entziehen.

5. Nach der Farbkorrektur wurde das veränderte Bild mit **Kopie sichern unter** aus dem Menü Datei unter dem Namen der jeweiligen Farbstudie gespeichert. Im Dialog war die Option Auf Hintergrundebene reduzieren einzuschalten, um nicht unnötig Speicherplatz durch Einstellungsebenen zu verschwenden.

6. Für jeden neuen Farbton mußten nur die Einstellungen in den Einstellungsebenen angepaßt werden. Mit einem Doppelklick auf das Etikett der jeweiligen **Einstellungsebene** wurde der entsprechende Korrekturdialog (Farbton/Sättigung oder Tonwertkorrektur) aufgerufen, so daß nur die Werte geändert werden brauchten. (Die Einstellungen beziehen sich immer relativ auf die Originalfarben in der Hintergrundebene, nicht auf die zuvor eingestellte Farbe.) Die neue Farbversion wurde wie in Schritt 5 unter einem neuen Namen gesichert.

2

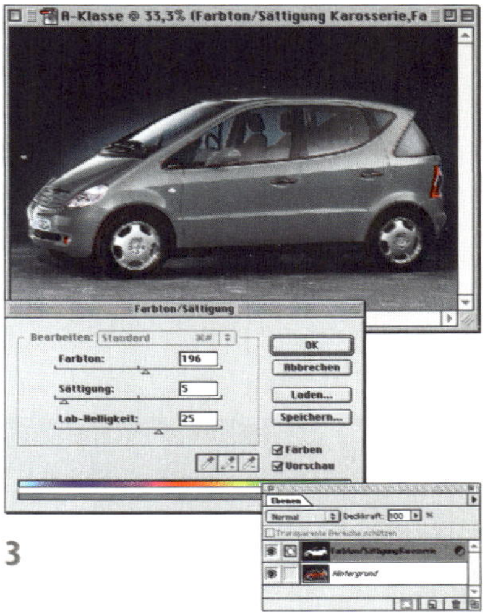

3

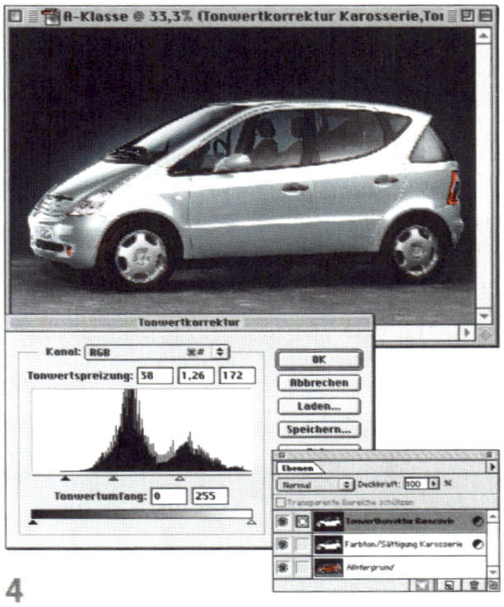

4

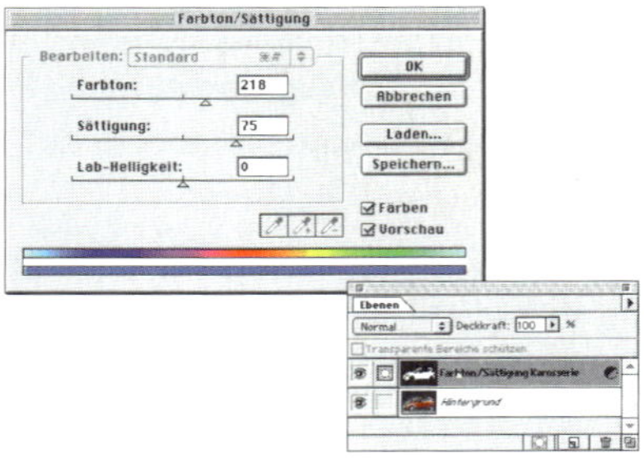

Farbstudie »WaterWorld«

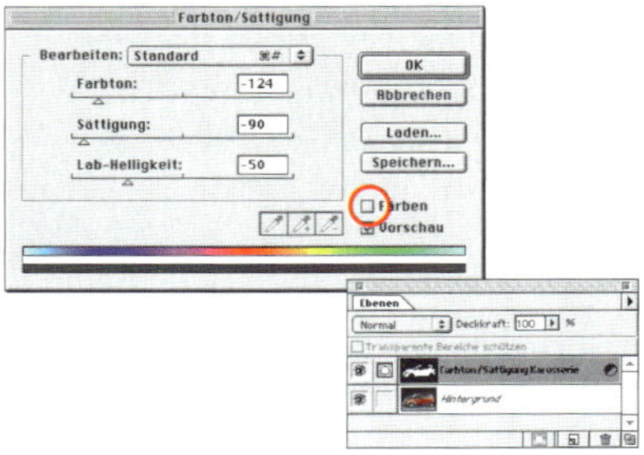

Farbstudie »BlackMagic«

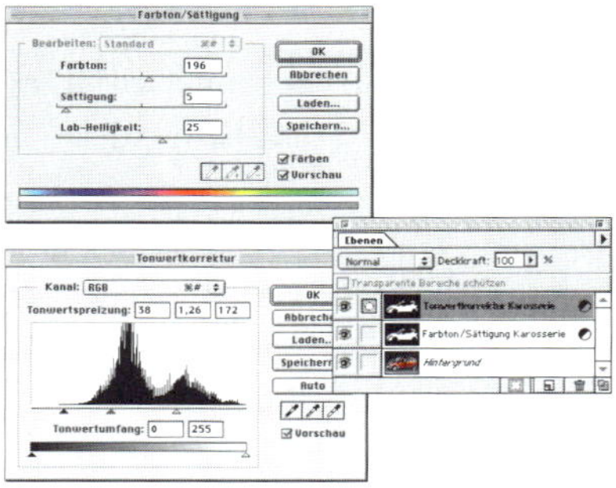

Farbstudie »SpaceCraft«

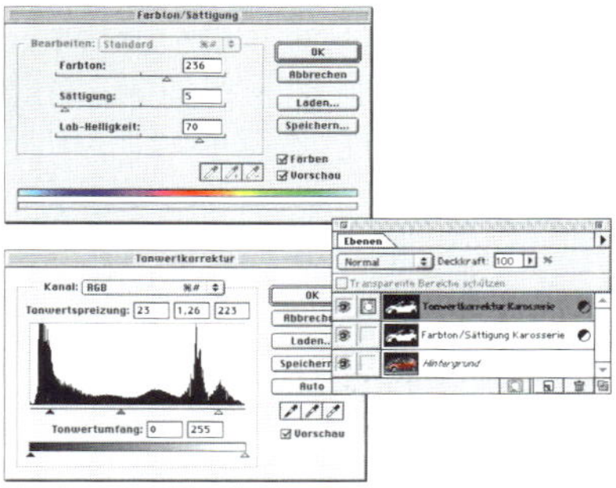

Farbstudie »SnowWhite«

Alternative 1

Die Option Färben im Dialog Farbton/Sättigung färbt den ausgewählten Bereich vollständig mit der eingestellten Farbe ein, so daß auch andersfarbige Spiegelungen in der Kolorierungsfarbe erscheinen. Die gleichmäßige Färbung der Fahrzeugkarosserie kann dadurch aber in bezug zu ihrer Umgebung zu perfekt und unnatürlich wirken, denn außer der Kolorierungsfarbe selbst und ihren Abstufungen zu Weiß und Schwarz sind keine anderen Farbtöne im Karosseriebereich enthalten. Bei geeigneten Motiven kann die Option Kolorieren auch ausgeschaltet bleiben, so daß der Farbtonregler mit mehreren vorhandenen Farbtönen spielen kann.

Das Foto der A-Klasse kam für eine Einfärbung ohne Färben-Option nicht in Frage. Die farbigen Lichtreflexe auf der Motorhaube, die nicht mit der Lackfarbe übereinstimmten, erschienen sonst beim Verschieben des Farbtons in unerwünschten Falschfarben.

Alternative 2

Autokarosserien lassen sich digital nicht nur einfärben, sondern auch mit Strukturen versehen, die man bisher im Autodesign vermißt. Dazu muß die Hintergrundebene nur mit einer geeigneten Textur überlagert werden. Wichtig dabei ist, die Texturebene mit einer Ebenenmaske zu versehen, die den Ebeneninhalt nur auf die Karosserie überblendet. Bei hellen Texturen und dunkler Wagenfarbe ist für die Texturebene der Deckmodus Negativ multiplizieren zu wählen, bei dunklen Texturen und heller Lackierung erzielt der Modus Multiplizieren bessere Ergebnisse. Die Texturebene kann getrost zusätzlich zu einer Einstellungsebene angelegt werden. Die Marmorversion der A-Klasse rechts unten ist auf diese Weise entstanden.

Alternative 3

Im Dialog Farbton/Sättigung besteht keine Möglichkeit, eine Farbe mit exakten CMYK- oder RGB-Werten zu definieren, geschweige denn eine Farbe aus einer genormten Farbskala wie beispielsweise der Pantone-Skala auszuwählen – die Farbbestimmung erfolgt rein intuitiv. Wenn anstelle der Einstellungsebene mit einer normalen Ebene gearbeitet wird, die mit der exakt vordefinierten Farbe gefüllt wird, läßt sich das Problem umgehen. Als Ebenenmodus ist dann Farbton & Sättigung zu wählen, damit die Originalfarbe durch den Farbton und die Sättigung der Wunschfarbe ersetzt, deren ursprüngliche Helligkeit aber beibehalten wird. Die Auswahl der Karosserie muß in der Farbebene als Ebenenmaske gesichert werden, damit nicht auch der Hintergrund, Lampen und Fenster koloriert werden.

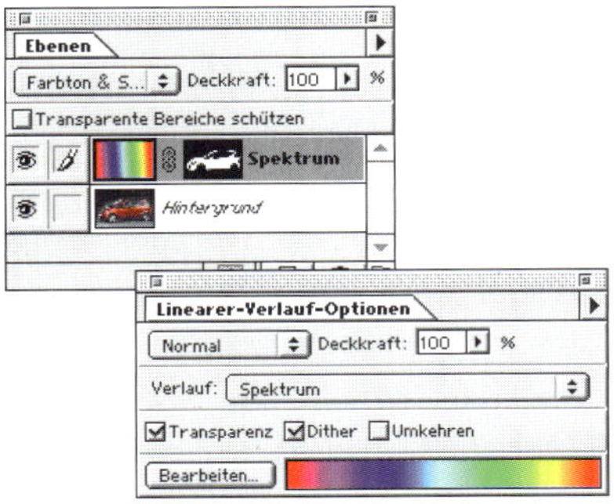

Diese Kolorierungsmethode läßt sich noch weiter verfeinern: Wird anstelle einer Farbe beispielsweise ein Spektralverlauf in die Ebene gelegt, ergibt sich eine bisher noch nie dagewesene Lackierung (siehe Eingangsbeispiel).

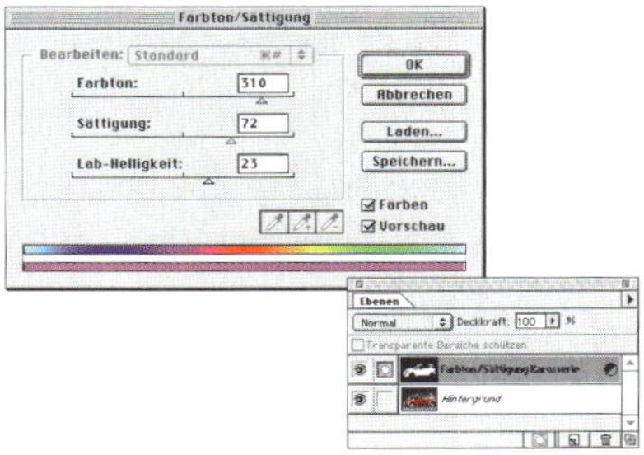

Farbstudie »PinkPanther«

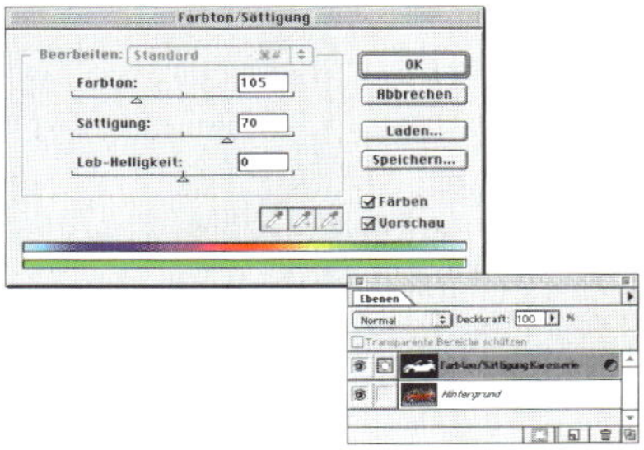

Farbstudie »RainForest«

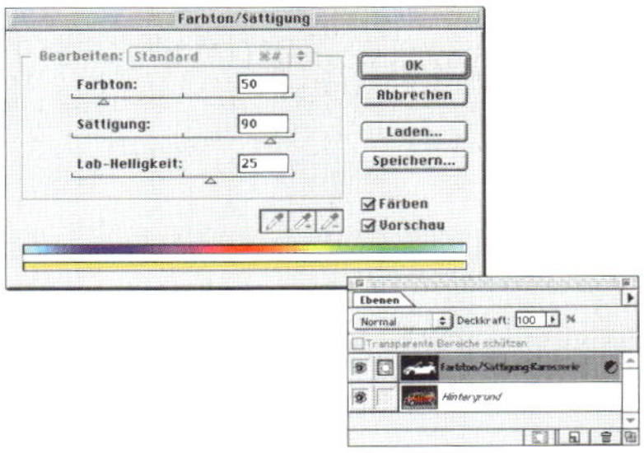

Farbstudie »YellowSubmarine«

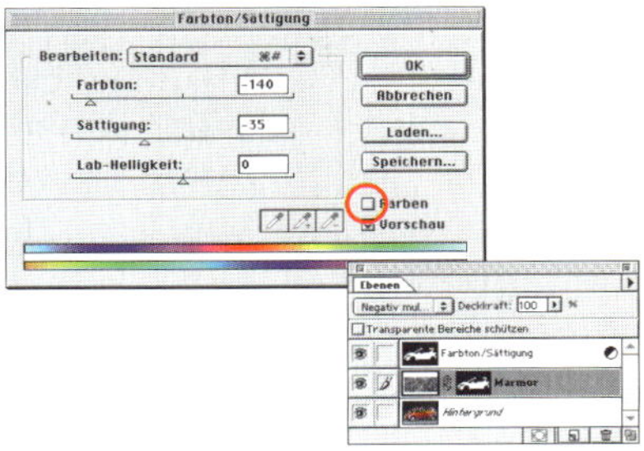

Farbstudie »HaleBopp«

Naßgemacht

Wie mit Photoshop ein fotografisch trockengedockter Fisch wieder seinem Element zugeführt werden kann

Über Kanalberechnungen läßt sich ein Effekt erzeugen, der Wassertropfen auf einer Fotografie simuliert. Die Tropfenkonturen, die das Licht einer hellen Lichtquelle brechen, werden mit Hilfe mehrerer Alphakanäle erstellt und dann in eine neue Ebene des Fischbildes montiert.

1. Für die Tropfen wurde in der Arbeitsdatei zuerst ein Alphakanal mit dem Namen »Tropfenformen« angelegt. Der **Pinsel** malte weiße Punkte in Tropfenform in den schwarz gefüllten Kanal. Dabei durften die Tropfenformen nicht zu klein und ihre Ränder nicht zu weich ausfallen.

2. Die Funktion **Kanal duplizieren** aus dem Menü der Kanälepalette legte eine Kopie des Kanals »Tropfenformen« mit dem Namen »Versatz« an. Dessen Inhalt wurde mit dem Filter **Verschiebungseffekt** (Filter, Sonstige Filter) um wenige Pixel nach links oben verschoben.

3. Mit dem Dialog **Kanalberechnungen** aus dem Menü Bild wurde nun die Differenz aus den Kanälen »Tropfenformen« und »Versatz« berechnet und das Ergebnis in einen neuen Alphakanal eingefügt. Der neue Kanal wurde in »Lichtkonturen« umbenannt.

4. Der Kanal »Lichtkonturen« mußte nun noch etwas mit dem **Gaußschen Weichzeichner** (Filter, Weichzeichnungsfilter) weichgezeichnet und anschließend mit der Funktion **Auto-Tonwertkorrektur** (Bild, Einstellen) aufgehellt werden.

5. Ein Mausklick bei gedrückter Strg/⌘-Taste auf das Etikett des Kanals »Tropfenformen« lud ihn im Kanal »Lichtkonturen« als Auswahl. Nachdem die Auswahl umgekehrt war (Auswahl, Auswahl umkehren), konnte sie mit der **Rückschrittaste** mit Schwarz – der Hintergrundfarbe – gefüllt werden.

→ ***Übungsmaterial auf der CD:***
Naßgemacht
Bildvorlage, Ebenendatei, Endfassung

6. Der Kanal »Lichtkonturen« wurde vollständig ausgewählt (Auswahl, Alles auswählen), in die Zwischenablage kopiert (Bearbeiten, Kopieren) und, nachdem wieder der RGB-Kanal aktiviert war, als **neue Ebene** über der Hintergrundebene eingesetzt (Bearbeiten, Einfügen). Im Dialog Ebenen-Optionen aus dem Menü der Ebenenpalette wurde die Ebene in »Lichtkonturen« umbenannt und der Deckmodus auf **Negativ multiplizieren** geändert.

7. Von der Hintergrundebene wurde eine Kopie mit dem Namen »Versatz« angelegt (Ebene, **Ebene duplizieren**). Anschließend lud ein Mausklick bei gedrückter Strg/⌘-Taste auf das Etikett des Kanals »Tropfenformen« dessen Inhalt als Auswahl, die sogleich als **Ebenenmaske** gesichert wurde (Ebene, Ebenenmaske hinzufügen, Außerhalb der Auswahl maskieren). Nachdem wieder die Ebene aktiviert und das Verbindungssymbol zwischen Ebenen- und Ebenenmasken-Thumbnail gelöst war, wurde der Ebeneninhalt mit dem **Bewegen-Werkzeug** ein wenig nach rechts versetzt.

8. Über der Ebene »Versatz« wurde eine **neue Ebene** mit dem Namen »Schatten« angelegt (Ebene, Neu, Ebene) und ihr Deckmodus auf Multiplizieren gestellt. Der Kanal »Tropfenformen« wurde erneut in eine Auswahl umgewandelt. Nachdem die Auswahl schwarz gefüllt (Bearbeiten, Fläche füllen; Füllen mit Schwarz) und aufgehoben war (Auswahl, Auswahl aufheben), konnte der Ebeneninhalt mit dem **Gaußschen Weichzeichner** (Filter, Weichzeichnungsfilter) weichgezeichnet und mit dem **Bewegen-Werkzeug** ein Stück nach rechts unten versetzt werden.

9. Damit der Schatten nur außerhalb der Konturen zu sehen war, wurde der Kanal »Tropfenformen« ein letztes Mal als Auswahl geladen und die Auswahl in der Ebene »Schatten« als **Ebenenmaske** gesichert (Ebene, Ebenenmaske hinzufügen, Auswahl maskieren). So blieb der Schatten frei verschiebbar (Verbindungssymbol lösen). Zum Schluß mußte nur noch die **Ebenendeckkraft** auf 70 % reduziert werden.

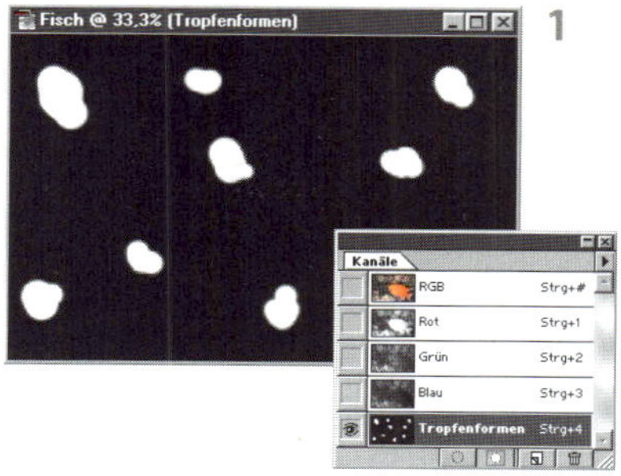

1

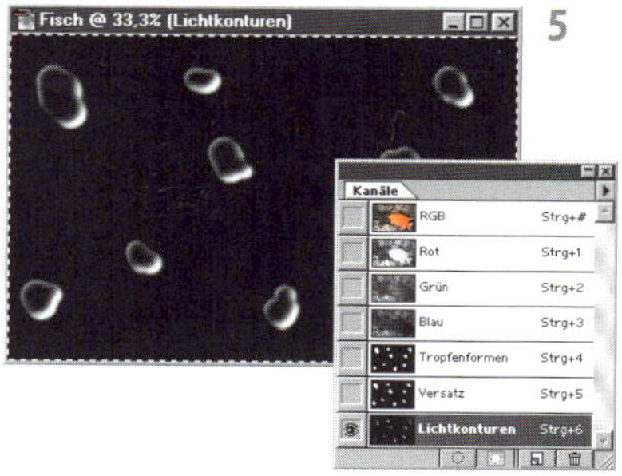

5

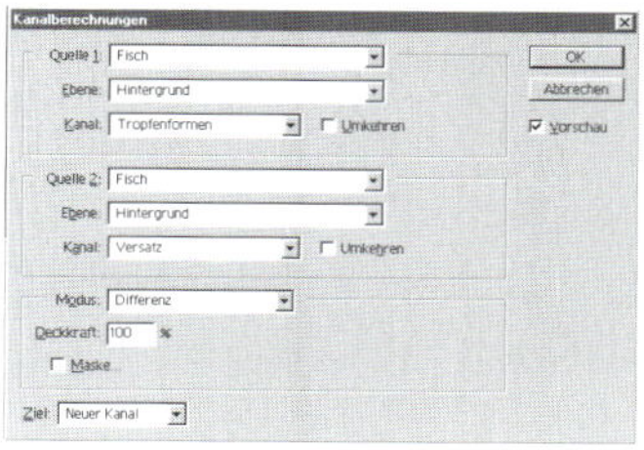

3

6

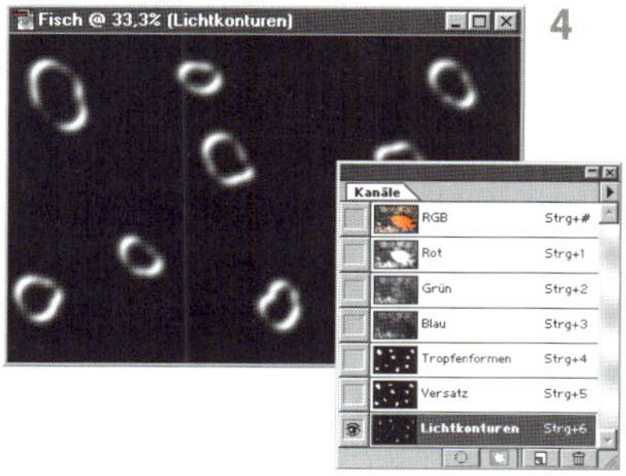

4

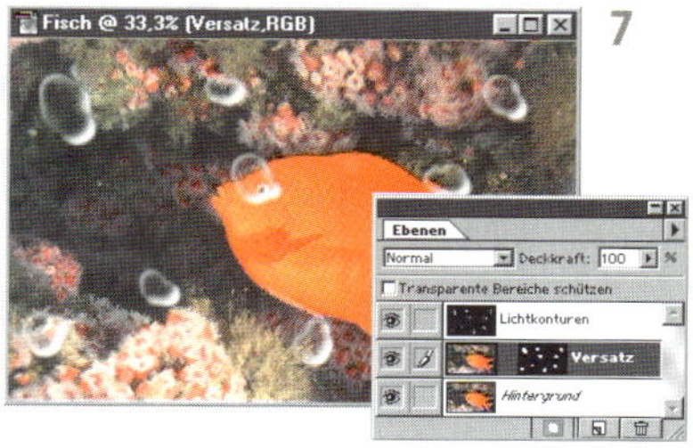

7

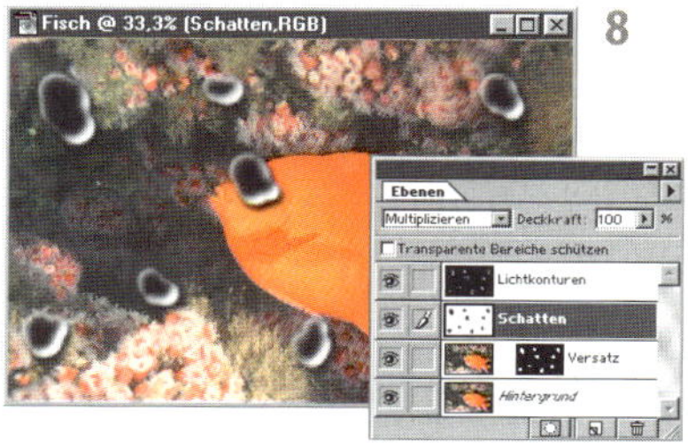

8

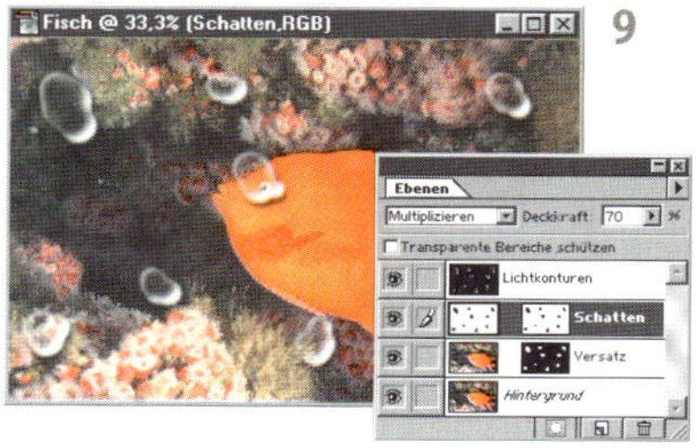

9

Graffiti-Projekt

Wie durch Bildmontage aus einer Industrieanlage ein Kunstobjekt wird

→ ***Übungsmaterial auf der CD:***

Graffiti-Projekt

Bildvorlagen, Ebenendatei, Endfassung

Sind Hausbesitzer, die Deutsche Bahn AG oder die Verantwortlichen für die Reinhaltung von Unterführungen meist sehr darum bemüht, die von den vielen unter einem Pseudonym operierenden Sprayern über Nacht hergestellten Graffiti-Bilder schnell wieder zu entfernen oder zu übertünchen, geht dieses Beispiel den umgekehrten Weg. Für einen Zeitschriftenbeitrag zum Thema Verschönerung von Industrieanlagen durch Künstler erhielt ein makelloser Gastank das teuflische Gesicht der urbanen Undergroundkultur. Ob das Resultat ästhetisch reizvoller erscheint oder aufgrund seiner Ähnlichkeit mit einem Totenschädel als Mahnmal zu nehmen ist, sei hier dahingestellt, gilt das Interesse doch allein der konkreten Bildbearbeitung in Photoshop.

Montage der Graffiti

1. Alle für die Montage benötigten Dateien wurden in Photoshop geöffnet. Die Graffiti-Objekte waren vor der Montage freizustellen. Hier bot sich der **Zeichenstift** an. Nach Fertigstellung der Pfade wurden diese in eine Auswahl umgewandelt (Auswahl erstellen aus dem Menü der Pfadepalette), und der im ersten Graffito ausgewählte Bereich wurde mit dem **Bewegen-Werkzeug** in das Fenster mit den Gastanks gezogen. Dabei war es wichtig, das Objekt exakt mittig in der automatisch neu angelegten Ebene einzusetzen. Deshalb wurde beim Kopieren zwischen den Fenstern die Umschalttaste gedrückt. Die neue Ebene wurde in »Graffito 1« umbenannt (Ebenen-Optionen aus dem Menü der Ebenenpalette).

2. Eine zylindrische Verzerrung des Objekts mit dem Filter **Wölben** (Filter, Verzerrungsfilter) sollte die Projektion auf die Außenhaut des vorderen Gastanks simulieren. Im

Filterdialog mußte dazu der Modus **Horizontal** und eine Anwendungsstärke von 65 % gewählt werden.

3. Um dem Blickwinkel von unten schräg nach oben auf die Zylinderform Rechnung zu tragen, war das Objekt zusätzlich bogenförmig zu verzerren. Diese Aufgabe übernahm der Filter Verbiegen (Filter, Verzerrungsfilter). Da der Filter aber nur in der Horizontalen verbiegt, mußte die Ebene vorher um 90° gedreht werden (Bearbeiten, Transformieren, **90° im UZS drehen**). Anschließend kam der Filter **Verbiegen** mit einer symmetrischen Verbiegung nach rechts zur Anwendung. Nachdem der Filterdialog wieder geschlossen war, wurde die Ebene wieder in die Ausgangsstellung zurückgedreht (Bearbeiten, Transformieren, **90° gegen UZS drehen**).

4. Nun folgte die Montage des Objekts über dem vorderen Gastank. Dazu wurde die Funktion **Verzerren** aus dem Menü Bearbeiten, Transformieren aufgerufen. Die Eckpunkte des Transformationsrahmens wurden so auf den Tank verschoben, daß sie einer realitätsgetreuen Projektion auf einen Zylinder entsprachen. Die horizontal und vertikal verlaufenden Schweißnähte dienten dabei als Orientierung. Ohne die Verzerrung ins Bild einzurechnen, wurde zunächst die Transformationsart **Skalieren** gewählt (Bearbeiten, Transformieren). Durch Ziehen an den mittleren Griffen der oberen und unteren Rahmenseite konnte das Objekt so in der Höhe angepaßt werden, daß es weder gedehnt noch gestaucht wirkte. Insgesamt ließ sich der Rahmen auch **verschieben**, indem er in der Mitte angefaßt wurde. Als die Transformation den Vorstellungen ent-

1 (Graffito 1)

1 (Graffito 2)

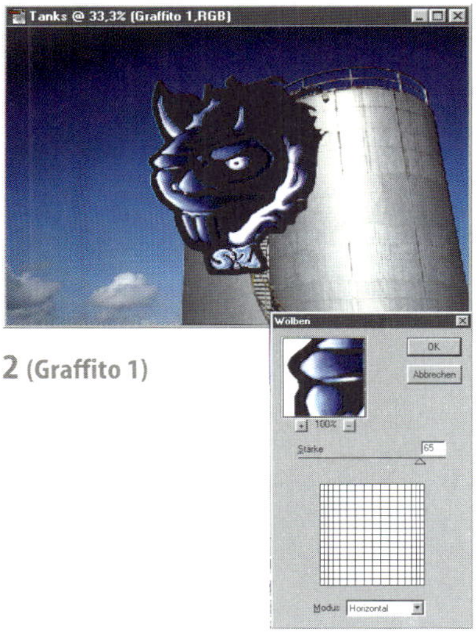

2 (Graffito 1)

2 (Graffito 2)

3a (Graffito 1)

3a (Graffito 2)

3b (Graffito 1)

3b (Graffito 2)

3c (Graffito 1)

3c (Graffito 2)

4 (Graffito 1)

4 (Graffito 2)

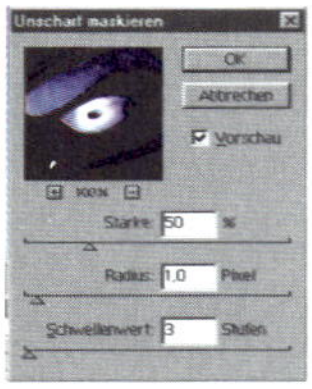

5 (Graffito 1)

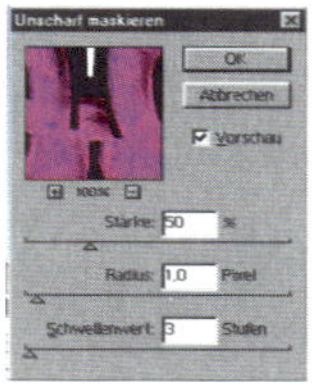

5 (Graffito 2)

sprach, wurde sie mit einem Doppelklick ins Rahmeninnere auf die Ebene angewendet.

5. Da das Graffiti-Objekt insgesamt drei Interpolationen durchgemacht hatte (Wölben, Verbiegen und Frei transformieren) und eine dementsprechende Unschärfe aufwies, war eine Scharfzeichnung mit dem Filter **Unscharf maskieren** (Filter, Scharfzeichnungsfilter) zu empfehlen.

6. Um die Struktur – insbesondere die Schweißnähte – des Gastanks nicht vollständig zu überdecken, wurde die **Deckkraft** für die Ebene »Graffito 1« auf 90% verringert.

7. Für das **zweite Graffito**, den Schriftzug »Cewa«, waren die Schritte 1 bis 6 zu wiederholen. Die Ebene des Typo-Objekts wurde in »Graffito 2« umbenannt. Im Unterschied zur Ebene »Graffito 1« wurde als Ebenenmodus Hartes Licht gewählt.

Rekonstruktion der Spiegelung

(Bilder rechte Seite)

1. Eine Kopie der Hintergrundebene (Ebene, **Ebene duplizieren**) erhielt den Namen »Lichtreflex« und wurde nach ganz vorn, das heißt, an die oberste Position in der Ebenenpalette gestellt. Die Graffiti wurden dadurch kurzzeitig verdeckt.

2. Für die Rekonstruktion der Lichtreflexion sollte eine Verlaufsmaske erstellt werden, die die Ebene nach links und nach rechts hin ausblendet. Um die Richtung des Verlaufs exakt bestimmen zu können, wurde zunächst der Winkel der Reflexion auf dem Zylinder abgemessen. Dazu wurde in der Werkzeugpalette das **Meßwerkzeug** gewählt. Der Winkel der mit dem Linienzeichner von oben nach unten aufgezogenen Linie (–84,5°) konnte in der Informationenpalette abgelesen und notiert werden.

3. Nachdem zur Ebene »Lichtreflexe« eine Ebenenmaske hinzugefügt war (Ebene, Ebenenmaske hinzufügen, Nichts maskieren), zog das Werkzeug **Reflektierter Verlauf** einen Verlauf von Weiß zu Schwarz auf. Dazu wurde in der Optionenpalette des Verlaufswerkzeugs die Verlaufsart **Schwarz, Weiß** gewählt und die Option Umkehren aktiviert. Beim Aufziehen des Verlaufs war darauf zu achten, daß seine Richtung genau im rechten Winkel zur Reflexlinie verlief (–84,5° + 90° = 5,5°; die Richtung konnte in der Informationenpalette kontrolliert werden) und der Anfangspunkt exakt auf der Reflexlinie lag. Das Werkzeug Reflektierter Verlauf spiegelt den Verlauf automatisch in die entgegengesetzte Richtung. Der Anfangspunkt bildet dabei den Mittelpunkt des Gesamtverlaufs.

4. Als der Verlauf wie gewünscht angelegt war, wurde der Deckmodus der Ebene auf **Luminanz** geändert, damit nur die Helligkeit der Ebene »Lichtreflex« in die darunterliegenden Ebenen übertragen wurde, Farbton und Sättigung der Graffiti jedoch unangetastet blieben.

6 (Graffito 1)

6 (Graffito 2)

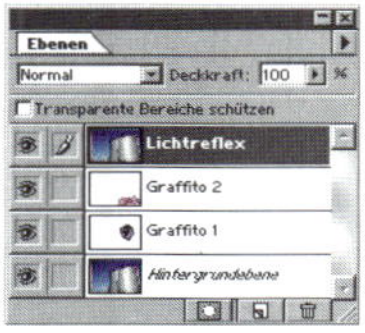

1

2

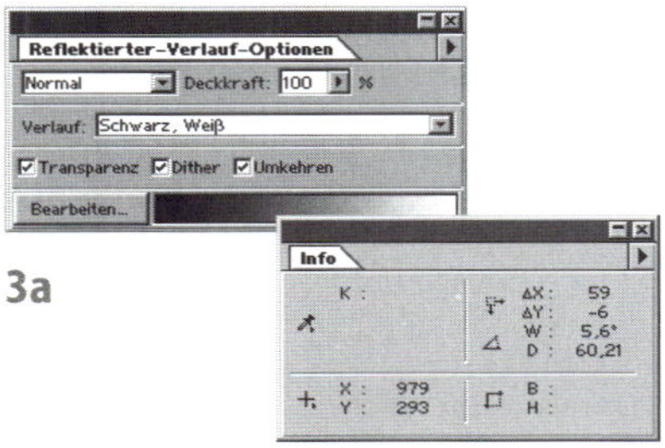

3a

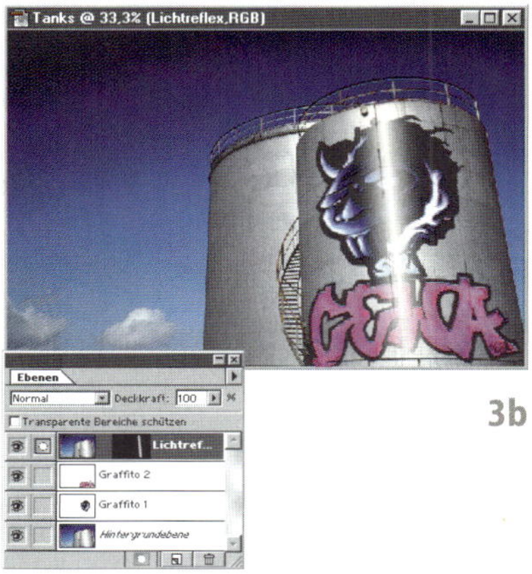

3b

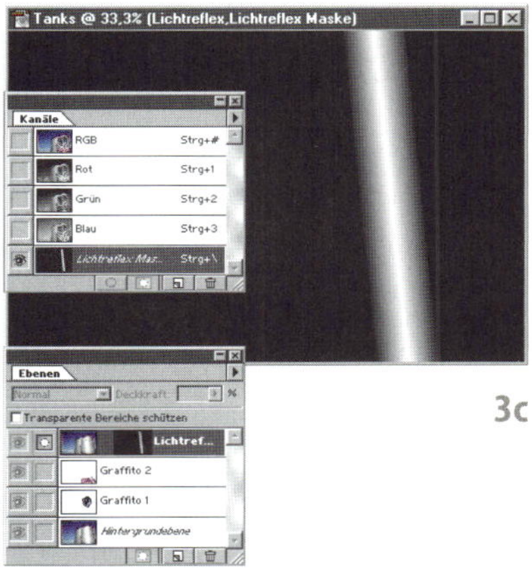

3c

4

Anwendungen

Undercover

Ein Blick hinter die Kulissen dieses Buches und damit auch hinter die von Photoshop

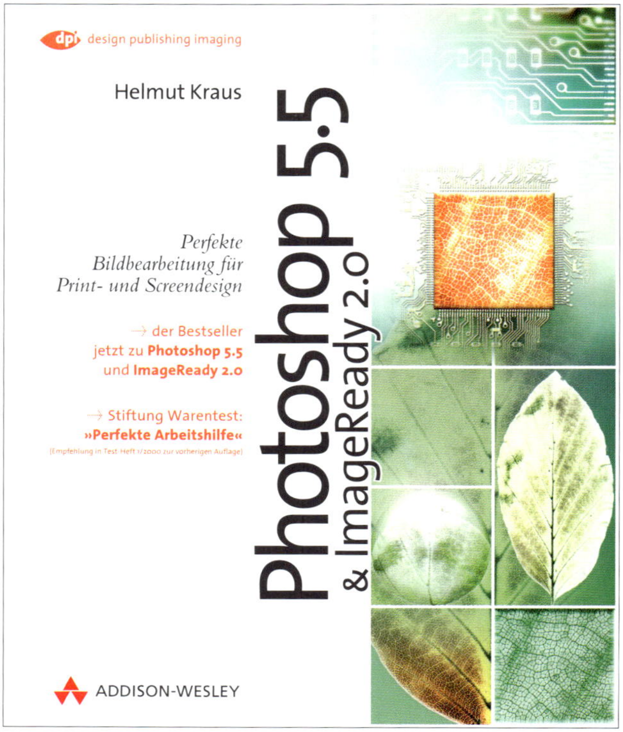

→ Übungsmaterial auf der CD:
Undercover
Bildvorlagen, Ebenendatei, Endfassung

Photoshop ist als Production-Tool aus sämtlichen Medienbereichen nicht mehr wegzudenken. Schon gar nicht aus der Verlagsbranche. Und so verwundert es kaum, daß Photoshop nicht nur thematisch den Raum zwischen den beiden Deckeln dieses Buches ausfüllt, sondern auch maßgeblich an der visuellen Erscheinung des Covers beteiligt war. Das prägende, formgebende Element der dpi-Reihe von Addison-Wesley ist die Collage. Dieses Kapitel bietet dem Leser die Gelegenheit, das Entstehen der Covercollage mitzuverfolgen. Schritt für Schritt kann der Leser so nachvollziehen, wie Photoshop nicht nur den Inhalt, sondern auch die Form des Buches geprägt hat. Die folgenden Beschreibungen stellen eine optimierte Verfahrensweise dar. Im kreativen Schaffensprozeß werden viele Schritte ausgeführt, die nicht zum gewünschten Ergebnis führen und wieder rückgängig gemacht werden. Solche Irrfahrten und Umwege werden hier natürlich nicht dargestellt. Gleichwohl dürfte es den Leser interessieren, daß einige Effekte durch bloßen Zufall oder freies Experimentieren mit den Photoshop-Funktionen entstanden.

Die Coverkonzeption basiert auf einem Rastersystem aus zwei mal sechs quadratischen »Zellen«, die sich beliebig gruppieren lassen. Alle Montagearbeiten orientieren sich an dem 790 mal 2.350 Pixel großen Linienraster.

Die Produktion der Buchtitel wird mit Macromedia FreeHand realisiert. Photoshop agiert in diesem Fall, wie in vielen anderen Fällen auch, als Zulieferer für eine Layoutsoftware.

Der Hintergrund

1. Ausgangsbild für den Hintergrund war ein künstlicher Himmel, der mit dem Photoshop-Filter **Wolken** in einer neuen Datei angelegt wurde. Die Breite, aber noch nicht die Höhe, entsprach bereits der Breite des Coverbildes (790 Pixel). Als Vorder- und Hintergrundfarbe wurden ein Blauton und Weiß eingestellt. Der Filter Wolken wurde bei gedrückter Alt/⌥-Taste angewendet, um einen höheren Kontrast zwischen den Farben zu erhalten.

2. Mit der Funktion **Frei transformieren** (Menü Bearbeiten) wurde die fraktale Wolkenstruktur trapezförmig verzerrt, um den Eindruck einer räumlichen Perspektive zu suggerieren. Dazu wurde der gesamte Bildinhalt ausgewählt (Auswahl, Alles auswählen oder Strg/⌘ + A) und die freie Transformation mit Strg/⌘ + T aktiviert. Da die oberen Eckgriffe des Transformationsrahmens nach außen bewegt werden sollten, war zunächst der Fensterrahmen entsprechend größer aufzuziehen (Größenfeld rechts unten im Fensterrahmen). Durch gleichzeitiges Drücken der Umschalt-, Alt/⌥- und Strg/⌘-Taste wurde die Transformationsart **Perspektivisch verzerren** aktiviert. Durch Ziehen des oberen rechten Eckgriffs nach rechts wurde die trapezförmige Verzerrung ausgeführt; der obere linke Griff bewegte sich dabei gleichzeitig nach links. Ein Doppelklick ins Rahmeninnere wendete die Transformation an.

3. Der Befehl **Arbeitsfläche** aus dem Menü Bild fügte unterhalb des Bildes den noch fehlenden Platz für das vollständige Coverbild an.

4. Der **Zauberstab** wählte den leeren, neu hinzugefügten Bereich des Bildes aus (Toleranz 0, Glätten aus).

5. In einer neuen Ebene (»Verlauf«) zog das **Lineare Verlaufswerkzeug** zuerst einen vertikalen Verlauf und anschließend einen horizontalen Verlauf innerhalb der Auswahl auf. Beim zweiten Mal wurde in der Optionenpalette des Verlaufswerkzeugs als Deckmodus **Multiplizieren** eingestellt, um den ersten Verlauf nicht vollständig zu überdecken. Durch den Multiplizieren-Modus mischten sich beide Verläufe. Danach wurde die Auswahl wieder aufgehoben.

6. Im nun folgenden Schritt übermalten die Werkzeuge **Pinsel** und **Airbrush** in einer neuen Ebene (»Retusche«) mit unterschiedlichen Farben und Werkzeugspitzen einige Bereiche der bisher erstellten Komposition. Insbesondere der Nahtbereich zwischen Himmel und Verlauf wurde auf diese Weise verwischt.

7. Nachdem alle Ebenen auf die Hintergrundebene reduziert waren (Ebene, Auf Hintergrundebene reduzieren), trug außerdem der **Gaußsche Weichzeichner** zu einem weichen Übergang zwischen den Farbbereichen bei.

8. Schließlich wurde über der Hintergrundebene das Linienraster eingesetzt, das bereits als separate Datei vorlag und für alle Cover der dpi-Reihe verwendet wird.

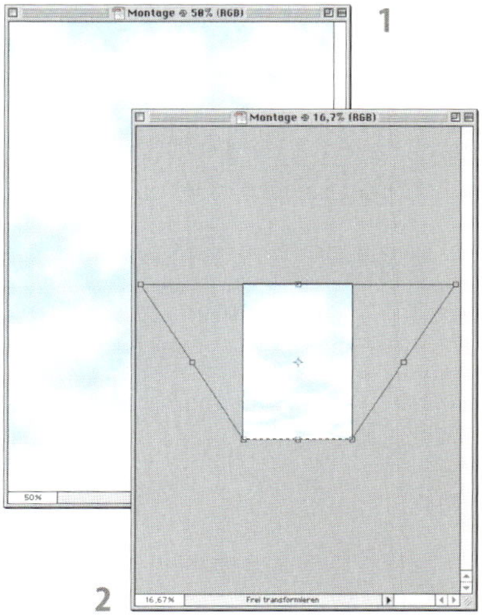

1

2

4

5

7

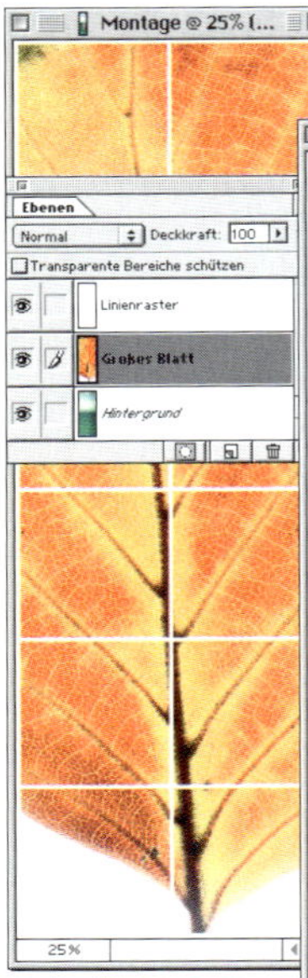

3

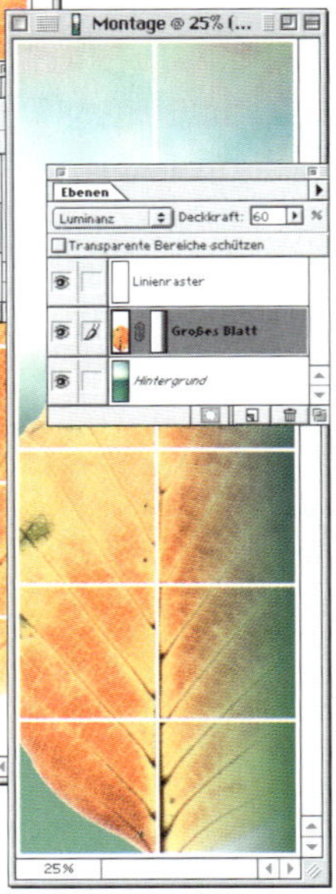

6

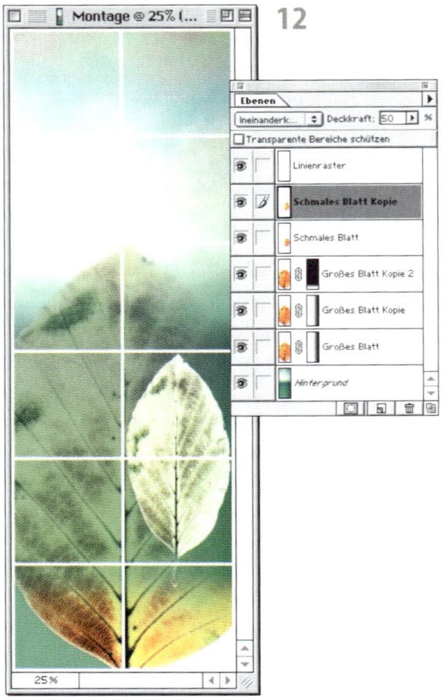

12

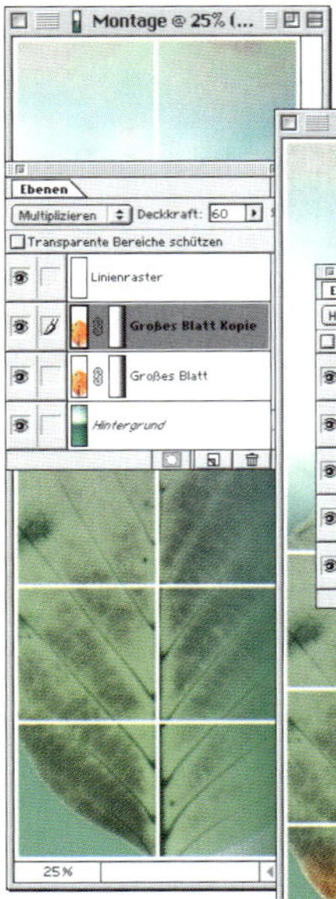

8

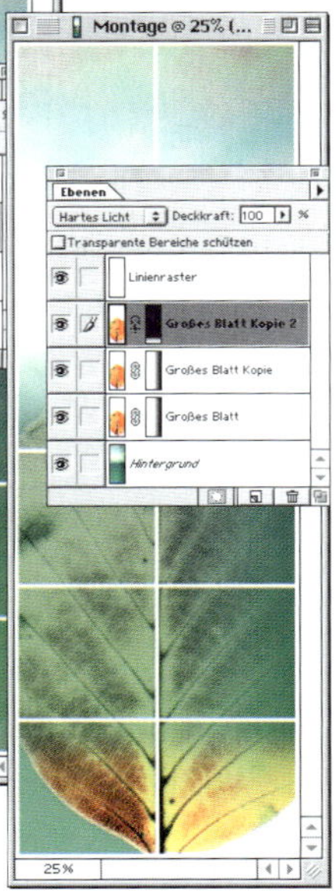

9

Die Blattstruktur

1. Ausgangsmaterial für die Blattstruktur war der Scan von einem Blatt, das im Spätherbst von der Terrasse gesammelt wurde. Das Blatt wurde einfach auf den Flachbettscanner gelegt und von hinten mit einem weißen Papierbogen abgedeckt. (Der weiße Hintergrund erleichterte später das Freistellen.) Die Auflösung des Flachbettscanners reichte aus, um die Kapillarstruktur des Blattes detailliert zu erfassen.

2. Der Scan wurde in Photoshop geöffnet und mehrmals mit dem Filter **Unscharf maskieren** in geringer Stärke scharfgezeichnet, um die Kapillarstruktur deutlich herauszubilden.

3. Das **Bewegen-Werkzeug** zog den Scan anschließend in die Montagedatei, wo er als neue Ebene eingesetzt wurde. Die Ebene erhielt den Namen »Großes Blatt«.

4. Mit der Funktion **Frei transformieren** aus dem Menü Bearbeiten wurde das Blatt auf die gewünschte Größe skaliert. Beim Ziehen an den Eckgriffen wurde die Umschalttaste gedrückt, um das Bild proportional in seiner Größe zu verändern. Außerdem wurde das Blatt etwas gedreht, so daß seine Symmetrieachse genau senkrecht stand.

5. Der **Magische Radiergummi** löschte den weißen Hintergrund der Ebene »Großes Blatt« mit einer Toleranz von 96 Tonwerten.

6. Eine Ebenenmaske mit einem horizontalen Verlauf blendete das Blatt nach rechts aus. Zum Anlegen der Ebenenmaske genügte ein Mausklick auf das Symbol ◻ der Ebenenpalette. Da die Maske dadurch automatisch ausgewählt war, konnte das **Lineare Verlaufswerkzeug** den Verlauf aufziehen. Dabei wurde die Umschalttaste gedrückt, damit der Verlauf exakt horizontal ausfiel.

7. Da das Coverbild nicht zu bunt wirken sollte, wurde als Ebenenmodus **Luminanz** gewählt. Dieser Modus rechnet nur die Helligkeitswerte der Ebene in die Gesamtmontage ein. Außerdem wurde die Ebenendeckkraft auf 60 % reduziert.

8. Da das Ergebnis jedoch zu fahl wirkte, wurde eine Kopie der Ebene »Großes Blatt« angelegt. Hier fiel die Wahl auf den Ebenenmodus **Multiplizieren.** Um nur die Kapillarstruktur der Luminanzebene sichtbar zu halten, wurde die Ebene »Großes Blatt Kopie« mit dem **Gaußschen Weichzeichner** so stark weichgezeichnet, daß sich die Zellstruktur in der Unschärfe verlor, die Farbbereiche sich jedoch nicht zu sehr mischten.

9. Von der Ebene »Großes Blatt Kopie« wurde ebenfalls eine Kopie erstellt. Das **Lineare Verlaufswerkzeug** zog in der Ebenenmaske einen neuen Verlauf auf, um nur den unteren Teil des Blattes sichtbar werden zu lassen. Dazu wurde die Maske mit einem Mausklick auf ihr Thumbnail im Etikett der Ebene aktiviert und in der Optionenpalette des Verlaufswerkzeugs der Modus Normal gewählt. Der Ebenenmodus für diese Ebene lautete **Hartes Licht,** die Ebenendeckkraft wurde auf 100 % heraufgesetzt.

10. Eine weitere Kopie der Ebene »Großes Blatt« wurde in der Ebenenreihenfolge über die Ebene »Großes Blatt Kopie 2« gestellt. Die Ebenenmaske wurde gelöscht, da sie nicht mehr benötigt wurde (Thumbnail der Ebenenmaske auf das Symbol in der Ebenenpalette ziehen). Mit der Funktion **Frei transformieren** wurde die Blattkopie so skaliert, daß sie zwei Rasterzellen im rechten Bildbereich ausfüllte. Da die Skalierung nicht proportional ausgeführt wurde, war diese Kopie nicht nur kleiner, sondern auch schmaler als das Original. Die Ebene erhielt den Namen »Schmales Blatt«. Mit einer 100%igen Ebenendeckkraft war diese Blattversion deutlicher sichtbar.

11. Die als Überhang über die Bildbegrenzung ragenden Blatteile (z.B. der Stengel) wurden dadurch wieder sichtbar. Auch weiße Hintergrundbereiche kamen dadurch zum Vorschein. Diese wurden wie zuvor mit dem **Magischen Radiergummi** gelöscht.

12. Eine Kopie der Ebene »Schmales Blatt« erhielt den Ebenenmodus **Ineinanderkopieren** und eine Deckkraft von 50 %.

Die Lupe und der Blendenfleck

1. Die Lupe, die den Blick auf die Mikrostruktur des Blattes lenken soll, wurde in einer neuen Ebene (»Lupe«) angelegt. Das **Auswahloval** zog in der vorgesehenen Rasterzelle eine kreisrunde Auswahl in einer Größe von 380 mal 380 Pixeln auf. Die Auswahl wurde mit einem 50%igen Grauton gefüllt (Bearbeiten, **Fläche füllen;** Füllen mit 50 % Grau).

2. Bei noch bestehender Auswahl wurde der KPT-Filter **Glaslinse** (Glass Lens) aufgerufen und im Modus Addieren (Add) und mit zum Zentrum hin versetztem Mittelpunkt auf die graue Kreisfläche angewendet. (Eine ähnliche Wirkung hätte auch mit dem Radialen Verlaufswerkzeug erzielt werden können.) Anschließend wurde die Auswahl aufgehoben. Die Ebene »Lupe« erhielt als Deckmodus **Multiplizieren,** damit das Blatt durch sie hindurch sichtbar werden konnte.

3. Von der Ebene »Großes Blatt« wurde eine Kopie angelegt und deren Ebenenmaske gelöscht; die Ebene wurde hinter die Ebene »Lupe« gestellt. Blatt und Lupe mußten nun mit dem **Bewegen-Werkzeug** nur noch optimal aneinander ausgerichtet werden.

4. Ein Mausklick bei gedrückter Strg/⌘-Taste auf das Etikett der Ebene »Lupe« lud deren Transparenzmaske als Auswahl. Nun konnte der ausgewählte Blattbereich mit dem Filter **Wölben** (Filter, Verzerrungsfilter) so verzerrt werden, wie es ungefähr der optischen Lichtbrechung einer Lupe entspricht (Stärke 85 %).

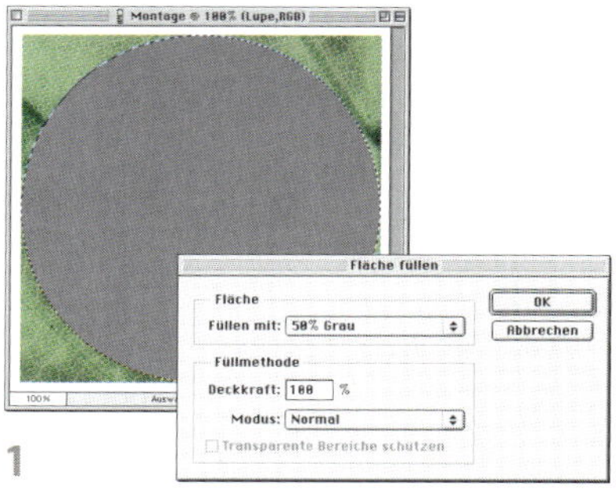

1

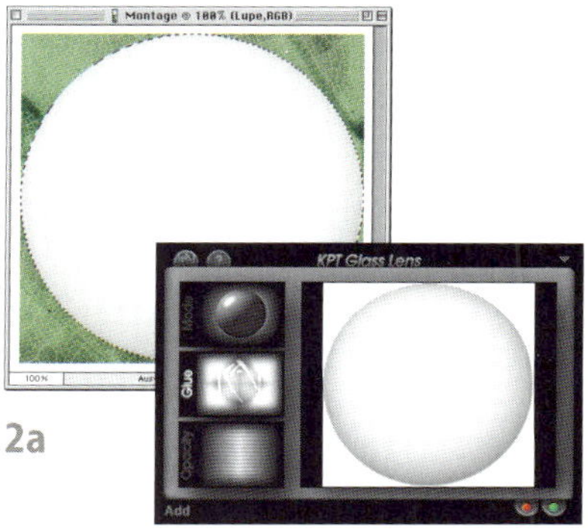

2a

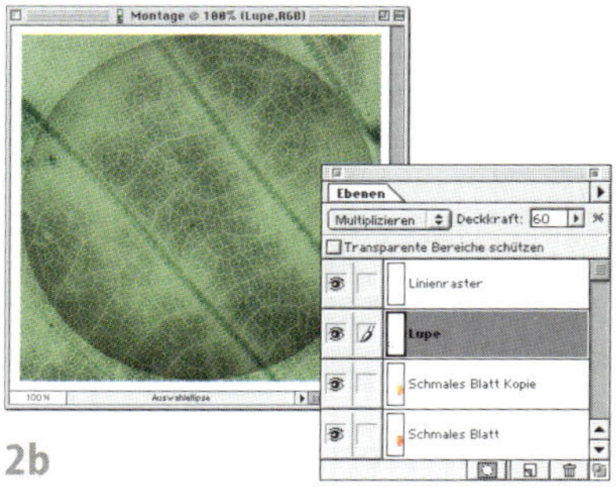

2b

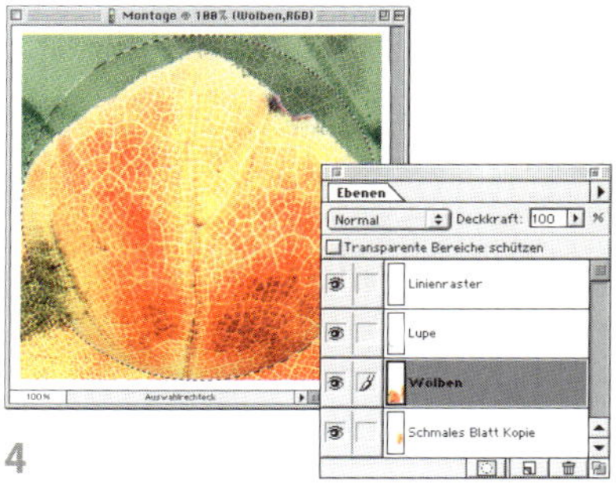

4

6

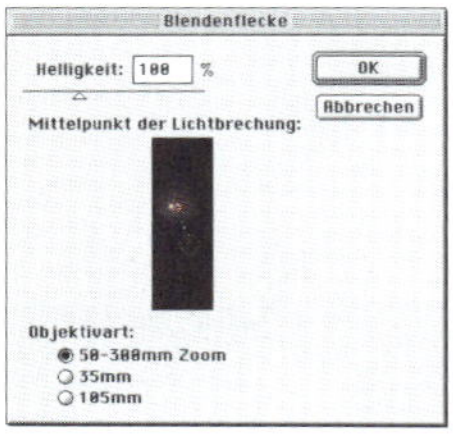

8a

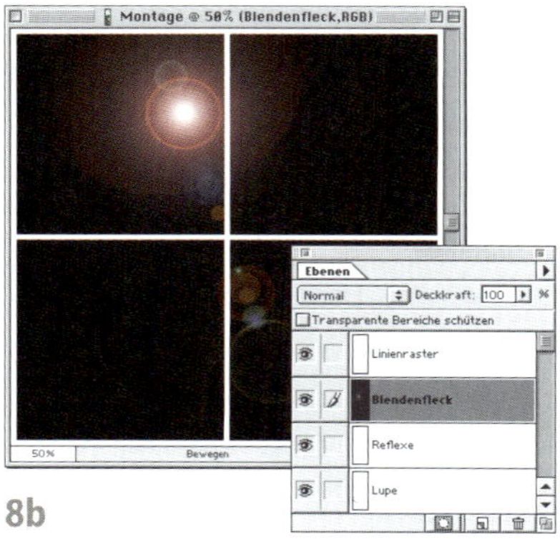

8b

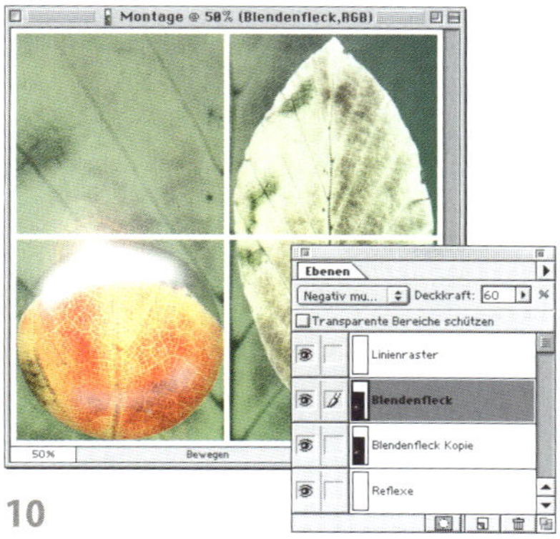

10

5. Um die Farbsättigung der Lupe zu erhöhen, wurde die Blattebene dupliziert und das Duplikat im Modus **Ineinanderkopieren** und mit einer Deckkraft von 60 % überblendet. Das Kürzel Strg/⌘ + E faßte beide Blattebenen zu einer Ebene (»Wölben«) zusammen.

6. Die außerhalb der Lupe befindlichen Blattbereiche wurden nun ja nicht mehr benötigt, deshalb wurde die noch bestehende Auswahl (die Transparenzmaske der Ebene »Lupe«) umgekehrt (Auswahl, Auswahl umkehren) und mit der **Rückschrittaste** gelöscht. Die Auswahl wurde aufgehoben.

7. In einer neuen Ebene über der Lupe (»Reflexe«) malte der **Airbrush** mit weicher Spitze und weißer Farbe zusätzliche Reflexe auf die Lupe. Der **Gaußsche Weichzeichner** zeichnete die Reflexe noch etwas weich.

8. Wieder wurde eine neue Ebene angelegt, diesmal jedoch vollständig schwarz gefüllt. Der Filter **Blendenflecke** (Filter, Renderingfilter) erzeugte einen kräftigen Blendenfleck (Objektivart 50–300 mm Zoom). Als Ebenenmodus wurde **Negativ multiplizieren** gewählt, weil in diesem Modus Schwarz (die Farbe des Hintergrundes) die neutrale Farbe und deshalb nicht sichtbar ist.

9. Das **Bewegen-Werkzeug** verschob den Blendenfleck über die Lupe, so daß sich auch hier der Eindruck eines zusätzlichen Reflexes ergab.

10. Eine Kopie dieser Ebene wurde hinter ihr Original gestellt und erhielt den Modus **Farbig abwedeln** und eine Deckkraft von nur 25 % (auch in diesem Modus ist Schwarz die neutrale Farbe). Die Deckkraft der Originalebene wurde auf 60 % herabgesetzt.

Die Leiterbahnen

1. Die Leiterbahnen im oberen Bereich des Coverbildes stammen aus dem Scan einer Festplatte. Die Festplatte wurde wie schon zuvor das Blatt einfach auf den Flachbettscanner gelegt und eingescannt. Dabei mußte jedoch darauf geachtet werden, das Vorlagenglas des Scanners nicht zu zerkratzen. Aufgrund der späteren massiven Verfremdung war eine gute Farbwiedergabe hier nicht von entscheidender Bedeutung.

2. Der aus dem Scan ausgeschnittene Bereich wurde als neue Ebene in die Montagedatei eingesetzt und um 90° gedreht (Bearbeiten, Transformieren, **90° im UZS**), auf die Breite des Coverbildes skaliert und schließlich am oberen Bildrand ausgerichtet.

3. Eine **Ebenenmaske** (Symbol ◙ der Ebenenpalette) blendete die Leiterbahnen mit einem vertikalen Verlauf, der mit dem **Linearen Verlaufswerkzeug** aufgezogen wurde, nach unten hin aus.

4. Nachdem wieder die Ebene und nicht die Ebenenmaske ausgewählt war (Mausklick auf das Ebenen-Thumbnail), wurde der Ebeneninhalt invertiert (Bild, Einstellen, **Umkehren**). Der Ebene wurde der Ebenenmodus **Negativ multiplizieren** und eine Deckkraft von 40 % zugewiesen.

5. Von der Ebene »Leiterbahnen« wurde eine Kopie angelegt und deren Ebenenmaske gelöscht, ohne sie anzuwenden. Die Tonwerte der Ebene wurden erneut umgekehrt und im Dialog **Tonwertkorrektur** (Bild, Einstellen) angepaßt, um die Leiterbahnen als helle Konturen herauszustellen. Die Ebene erhielt den Deckmodus **Ineinanderkopieren** und eine Deckkraft von 100 %.

6. Das **Auswahlrechteck** wählte anschließend rechts oben einen Bereich von der Größe einer Rasterzelle aus. Nachdem die Auswahl umgekehrt worden war (Auswahl, Auswahl umkehren), wurde sie mit der Rückschrittaste gelöscht. Der **Radiergummi** löschte den linken Bereich zusätzlich mit der Eigenschaft Pinsel und einer weichen Spitze, so daß das Fragment nach links weich ausblendete.

7. Der **Weichzeichner** aus der Werkzeugpalette zeichnete einige Bereiche der Ebene mit großer Spitze weich, um die Konturen etwas zu verwischen.

8. Ein zweites Duplikat der Ebene »Leiterbahnen« wurde in der Ebenenreihenfolge über das erste gestellt und ähnlich wie das erste invertiert und mit einer **Tonwertkorrektur** bearbeitet.

9. Das **Auswahlrechteck** wählte diesmal einen Bereich von der Größe zweier Rasterzellen aus. Nach dem Umkehren der Auswahl wurde der Rest der Ebene gelöscht. Das **Lineare Verlaufswerkzeug** zog in der Ebenenmaske (mit einem Mausklick auf deren Thumbnail aktivieren) einen neuen horizontalen Verlauf auf, um dieses Fragment zum linken Rand hin auszublenden. Der Ebenenmodus war wieder **Ineinanderkopieren,** die Ebenendeckkraft ebenfalls 100%.

10. Auch in dieser Ebene wurden einige Bereiche mit dem **Weichzeichner** der Werkzeugpalette unscharf gemacht (vorher muß wieder die Ebene mit einem Mausklick auf ihr Thumbnail aktiviert werden).

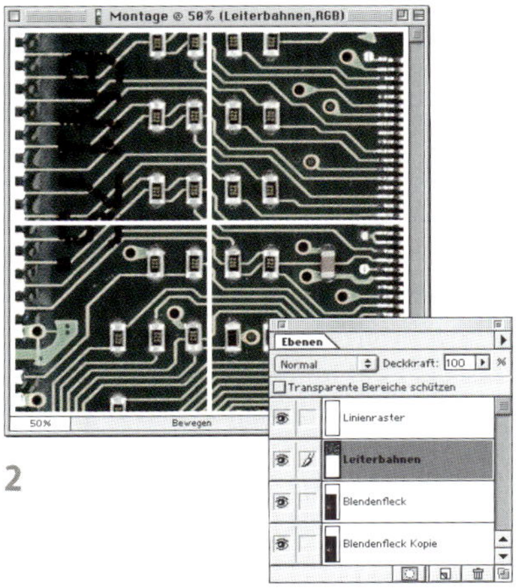

2

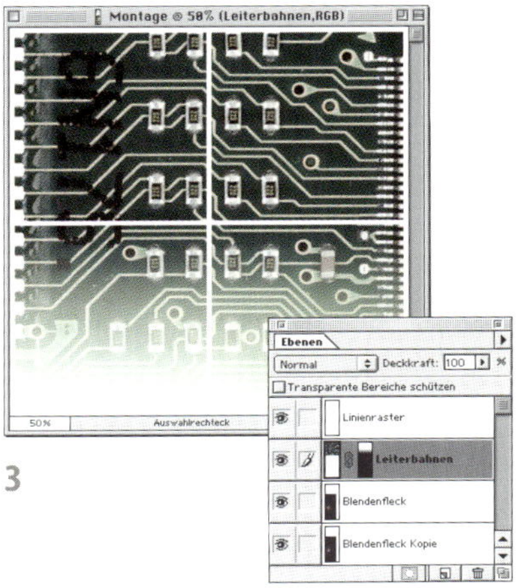

3

Der Biochip (Bilder nächste Seite)

1. Der Biochip besteht aus einem Blattausschnitt und angesetzten Leiterbahnen, die ebenfalls dem Scan der Festplatte entnommen wurden. Zunächst wurde daher im Scan des Blatts ein 380 mal 380 Pixel großer Ausschnitt für die Chipfläche gewählt, in die **Zwischenablage** kopiert und als neue Ebene in der Montagedatei eingesetzt.

2. Um den Chip etwas dreidimensional mit abgerundeten Kanten erscheinen zu lassen, erhielt diese Ebene einen Ebeneneffekt (Ebene, Effekte, **Abgeflachte Kante und Relief**).

3. Im nächsten Schritt sollte der Biochip außen abgedunkelt und innen aufgehellt werden. Zum Abdunkeln wurde daher zunächst eine Kopie der Chipebene angelegt und auf **Multiplizieren** gestellt. Die Deckkraft betrug 50%.

Für den Aufhellungseffekt wurde eine Kopie der Ebene »Chip« an die oberste Ebenenposition gestellt. Der Ebeneneffekt

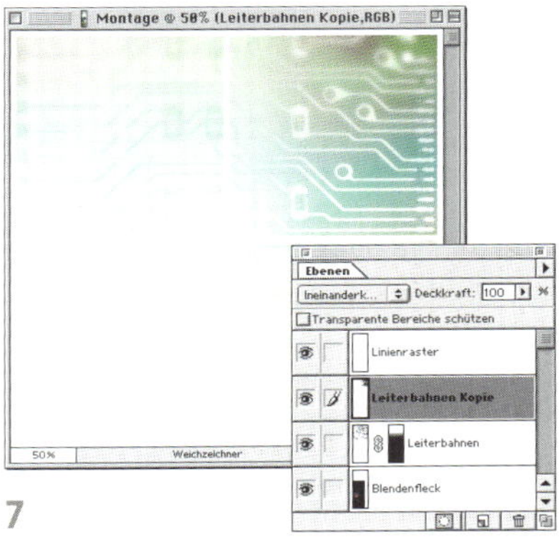

7

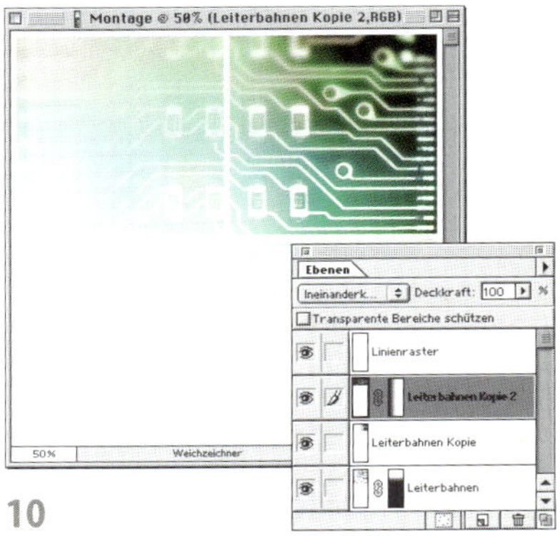

10

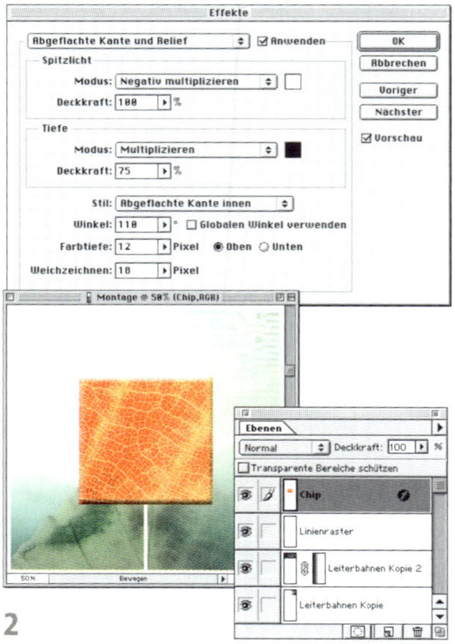

2

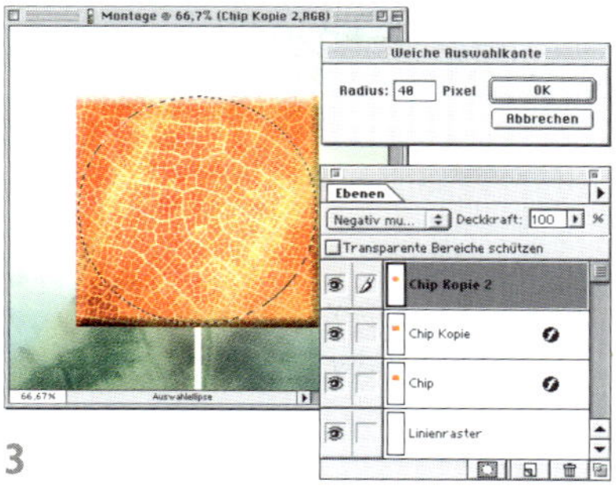

3

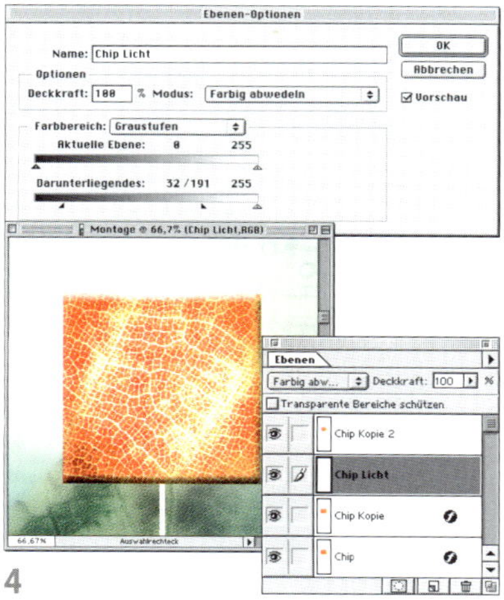

4

konnte gelöscht werden, da er für diese Ebene nicht benötigt wurde (Ebene, Effekte, **Effekte löschen**). Als Ebenenmodus wurde **Negativ multiplizieren** gewählt, dadurch kam der Aufhellungseffekt zustande.

Um die Aufhellung außen zu maskieren, zog das **Auswahloval** von der linken oberen zur rechten unteren Ecke des Chips eine kreisrunde Auswahl von 380 mal 380 Pixel auf. Die Funktion **Weiche Auswahlkante** aus dem Menü Auswahl zeichnete die Auswahlbegrenzung mit einem Radius von 40 Pixeln weich. Nachdem die Auswahl umgekehrt worden war (Auswahl, **Auswahl umkehren**), wurde sie zweimal mit der Rückschrittaste gelöscht.

4. Da der Aufhellungseffekt noch zu schwach und zu kontrastarm ausfiel, wurde unterhalb der Ebene »Chip Kopie 2« eine neue Ebene mit dem Namen »Chip Licht« angelegt. In dieser Ebene wurde die **Transparenzmaske** der Ebene »Chip Kopie 2« als Auswahl geladen (mit gedrückter Strg/⌘-Taste auf das Etikett der Ebene »Chip Kopie 2« klicken) und weiß gefüllt. Als Ebenenmodus wurde **Farbig abwedeln** gewählt. Im Dialog Ebenen-Optionen (Doppelklick auf das Ebenenetikett) wurde außerdem eine **Farbbereichseinschränkung** vorgenommen, indem der schwarze Regler für Darunterliegendes mit der Alt/⌥-Taste geteilt wurde und die beiden Reglerhälften auf die Positionen 32 und 191 bewegt wurden.

5. Es fehlten noch die Leiterbahnen um den Biochip. Dazu wurde aus dem Scan von der Festplatte ein Ausschnitt vom Quantum-Prozessor in die Montagedatei kopiert und hinter die Ebene »Chip« gestellt. Die Ebene erhielt den Namen »Platine«.

6. Die Funktion **Frei transformieren** aus dem Menü Bearbeiten skalierte den Prozessor samt den umgebenden Leiterbahnen auf die Größe des Biochips. Der Quantum-Prozessor selbst war, da er hinter dem Biochip lag, nicht zu sehen.

7. Vom eingefügten Scanausschnitt wurden nur die Formen der Leiterbahnen benötigt. Daher wählte eine Farbbereichsauswahl (Auswahl, **Farbbereich auswählen**) die Formen aus. Da dieser Dialog alle Ebenen berücksichtigt, mußten alle übrigen Ebenen vorher mit einem Mausklick bei gedrückter Alt/⌥-Taste auf das Augensymbol vor dem Ebenenetikett ausgeblendet werden. Mit der Plus-Pipette des Dialogs konnten der Auswahl mehrere unterschiedliche Farbbereiche hinzugefügt werden.

8. Nachdem der Dialog mit OK geschlossen worden war, wurde die Auswahl in einem **Alphakanal** gesichert (Symbol der Kanälepalette) und der Kanal nachbearbeitet. Insbesondere waren einige Pixel zu schwärzen und ein fehlendes Stück Leiterbahnen am rechten Rand des Prozessors zu ergänzen.

9. Nun wurde wieder die Ebene »Platine« aktiviert, ihr gesamter Inhalt ausgewählt (Strg/⌘ + A) und mit der Rückschrittaste gelöscht. Der nachbearbeitete Alphakanal wurde mit einem Mausklick bei gedrückter Strg/⌘-Taste auf sein Etikett wieder als Auswahl geladen. Die Auswahl erhielt eine **goldgelbe Füllung.** Die übrigen Ebenen konnten mit einem erneuten Mausklick bei gedrückter Alt/⌥-Taste auf das Augensymbol vor dem Ebenenetikett wieder eingeblendet werden.

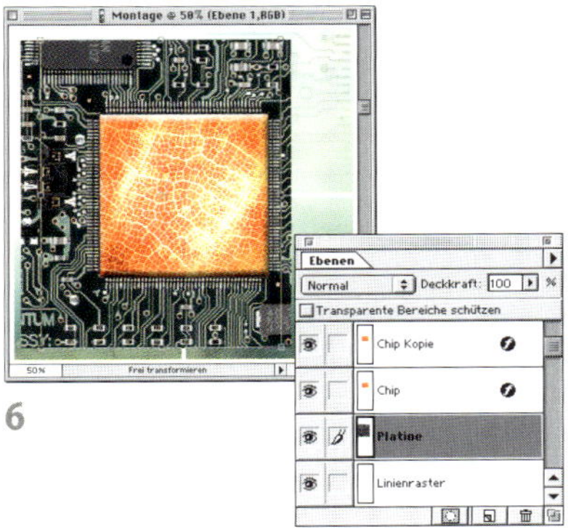

6

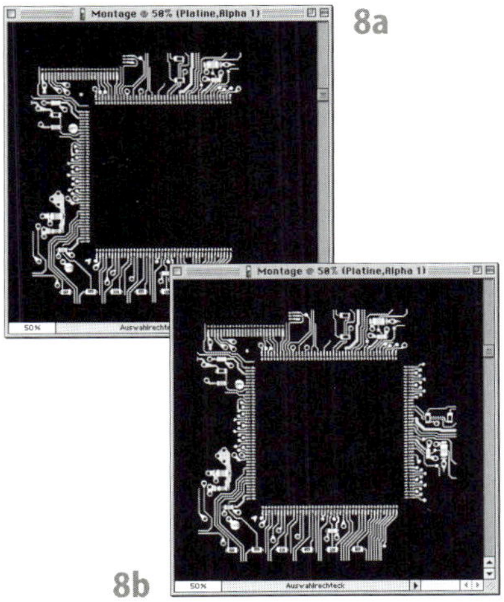

8a

8b

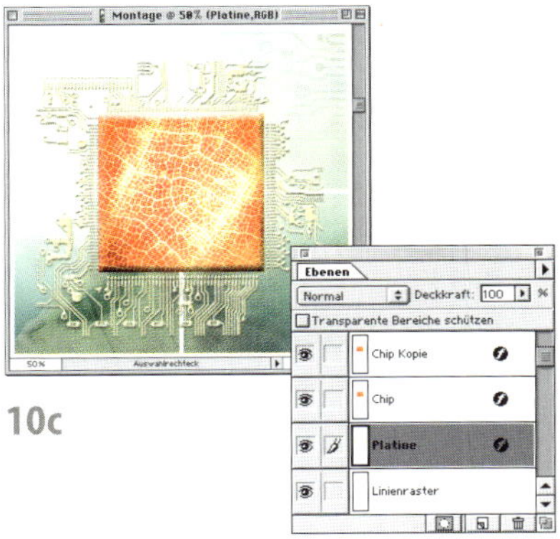

10c

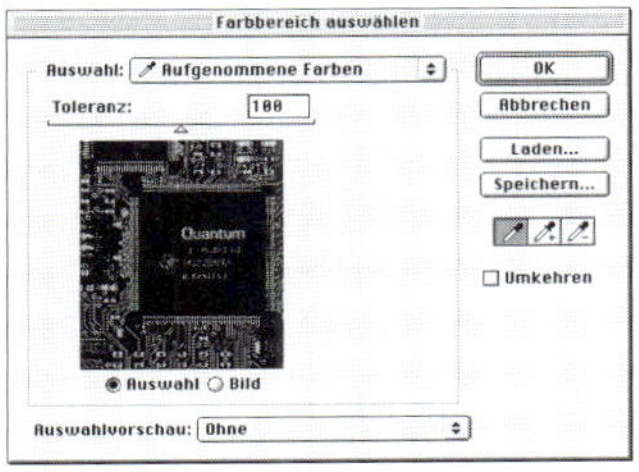

7

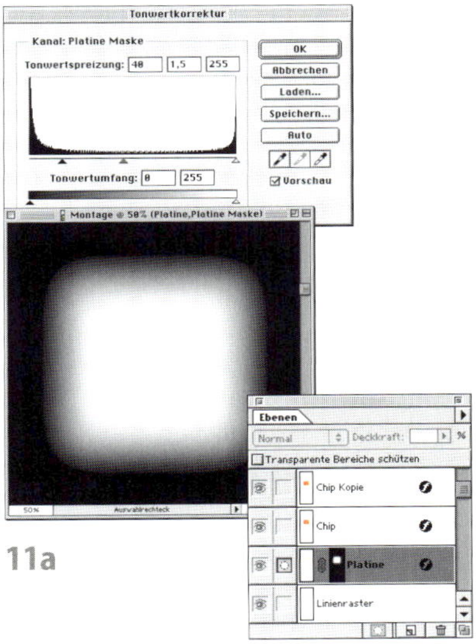

11a

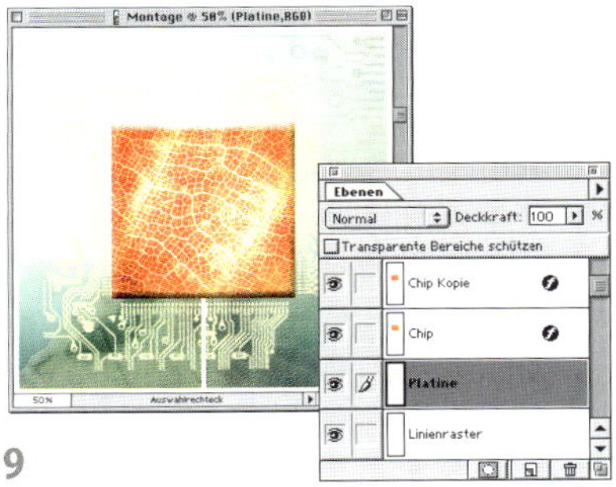

9

10. Die plastische, dreidimensionale Wirkung erhielten die Leiterbahnen durch zwei Ebeneneffekte (Ebene, Effekte). Die 3-D-Wirkung erzielte der Effekt **Abgeflachte Kante und Relief.** Um die Leiterbahnen etwas vom Hintergrund abzuheben, wurde außerdem ein **Schlagschatteneffekt** hinzugefügt.

11. Um die Leiterbahnen nach außen hin auszublenden, wurde auf folgende Weise eine neue Ebenenmaske angelegt: Das **Auswahlrechteck** zog ausgehend vom Mittelpunkt des Chips eine ca. 500 mal 500 Pixel große Auswahl auf. Mit einem Mausklick auf das Symbol ◻ der Ebenenpalette wurde die Auswahl als Ebenenmaske gespeichert. Nachdem die Verbindung zwischen Ebene und Ebenenmaske aufgehoben worden war (Kettensymbol zwischen den Thumbnails deaktivieren), wurde die Maske mit dem

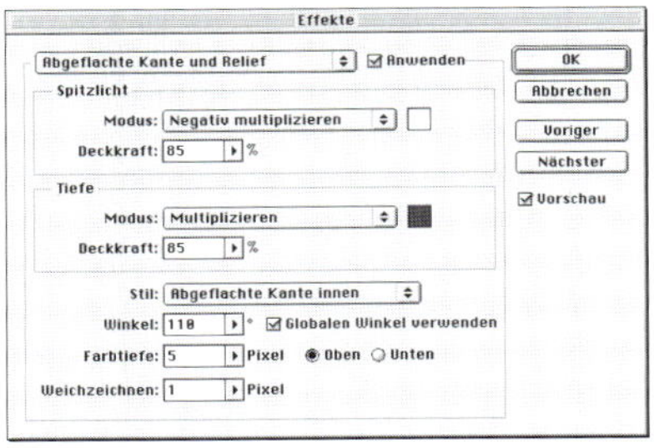

10a

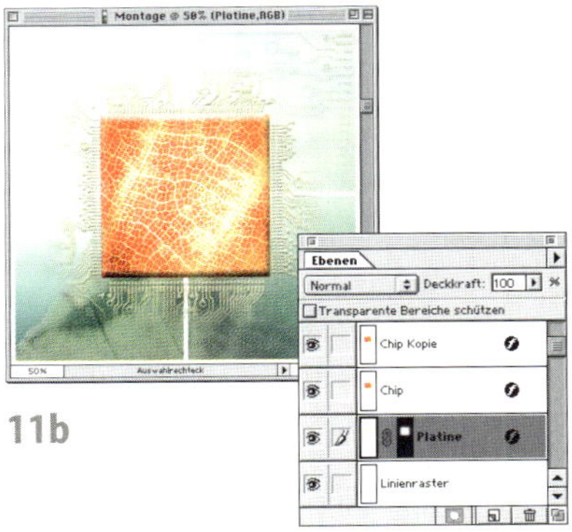

11b

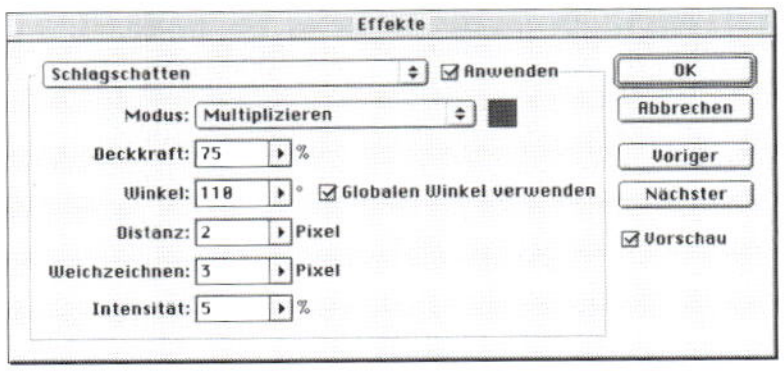

10b

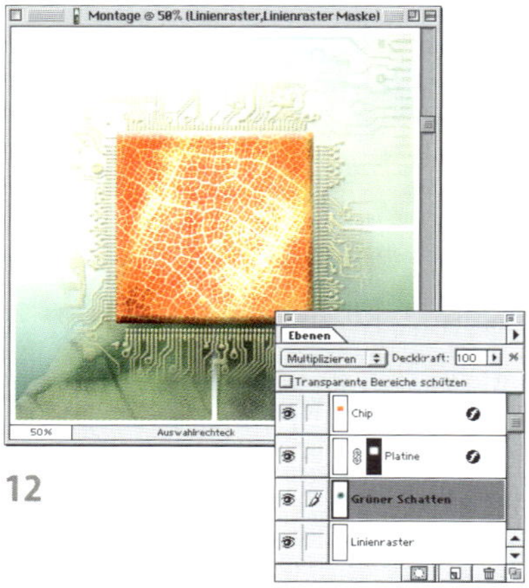

12

2

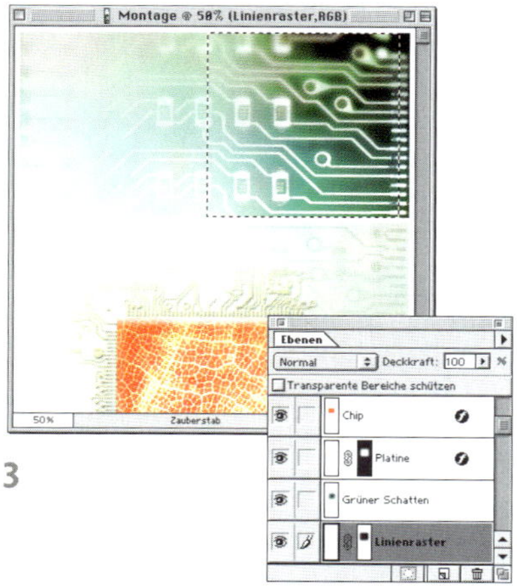

3

Gaußschen Weichzeichner bei einem Radius von 40 Pixeln zweimal nacheinander weichgezeichnet. Damit die Maske nicht linear, sondern »logarithmisch« zum Rand hin ausblendet, erfolgte noch eine **Tonwertkorrektur** (Bild, Einstellen), bei der Schwarzpunkt (40) und Mittelpunkt (1,5) versetzt wurden.

12. Zum Schluß erhöhte noch ein dunkelgrüner Schatten hinter dem Chip die plastische Wirkung. Dazu wurde eine neue Ebene (»Grüner Schatten«) hinter die Ebene »Platine« gestellt und die Transparenzmaske der Ebene »Chip« als Auswahl geladen. Die **Pipette** nahm einen dunklen Grünton aus dem Bild auf. Die Tasten **Alt/⌥ + Rückschritt** füllten die Auswahl mit dem Grünton. Anschließend wurde die Ebene mit dem **Gaußschen Weichzeichner** stark weichgezeichnet (80 Pixel) und mit dem Bewegen-Werkzeug etwas nach rechts unten versetzt.

Abschließende Arbeiten

1. Das Linienraster konnte mit derselben Ebenenmaske wie die Leiterbahnen des Biochips maskiert werden. Dazu wurde die Ebene »Linienraster« aktiviert und das Thumbnail der **Ebenenmaske** der Ebene »Platine« bei gedrückter Alt/⌥-Taste auf das Symbol ◻ der Ebenenpalette gezogen. Auf diese Weise war schnell eine invertierte Kopie der Ebenenmaske angelegt.

2. Eine Kopie der Ebene »Chip« wurde in die rechte untere Rasterzelle verschoben und ebenfalls invertiert (Bild, Einstellen, Umkehren). Als Ebenenmodus wurde **Luminanz** eingestellt; der Ebeneneffekt konnte gelöscht werden (Ebene, Effekte, Effekte löschen).

Da das große Blatt nicht durch die Chip-Kopie hindurch sichtbar sein sollte, wurde die **Transparenzmaske** der Ebene »Chip Kopie 3« geladen (Mausklick bei gedrückter Strg/⌘-Taste auf das Etikett der Ebene) und die Auswahl in den Ebenenmasken der Ebenen »Großes Blatt«, »Großes Blatt Kopie« und »Großes Blatt Kopie 2« schwarz gefüllt.

3. Zum Schluß sollten noch einige Trennlinien des Linienrasters gelöscht werden, um benachbarte Zellen miteinander zu gruppieren. Dazu wurde die Ebene »Linienraster« aktiviert. Der **Zauberstab** wählte nun mit einer Toleranz von 0 Tonwerten und ausgeschalteter Glätten-Option (Palette Zauberstaboptionen) eine Zelle neben der zu löschenden Trennlinie aus. Bei gedrückter Umschalttaste verschoben die **Richtungstasten** die Auswahl über die Linie; die Rückschrittaste löschte ihren Inhalt.

4. Die weißen Ränder der Datei waren nun überflüssig und stellten nur unnötigen Datenballast dar. Ihre Breite betrug genau zehn Pixel, daher erfolgte das Freistellen im Dialog **Arbeitsfläche** (Menü Bild). Von den Pixelmaßen wurden jeweils 20 Pixel abgezogen.

5. Nachdem der letzte Stand der Ebenendatei mit Datei, Speichern gesichert wurde, wurde noch eine Kopie im TIFF-Format gesichert. Dazu wurde die Funktion Datei, **Kopie speichern unter** aufgerufen, die Option **Auf Hintergrundebene reduzieren** aktiviert und ein neuer Dateiname vergeben.

6. Die **Vierfarbseparation** der gesicherten TIFF-Datei erledigte das professionelle Separationsprogramm LinoColor.

Die Montage in FreeHand

1. In FreeHand war bereits eine **Vorlage** für die Cover der dpi-Reihe angelegt, in die das fertiggestellte Coverbild als vorseparierte TIFF-Datei eingefügt werden konnte. Nun mußten noch alle Texte eingegeben und optimal ausgerichtet werden.

2. Bei **Buchstabenunterlängen** im Titel, die in das Bild hineinragten, wurde unter dem Schriftzug ein zusätzlicher Buchstabe mit breiter weißer Kontur und weißer Füllung positioniert, so daß das Bild um den Buchstaben herum ausgespart wurde. Die Stärke der Kontur betrug 1 Millimeter, und da die Hälfte davon nach außen sichtbar war, war die Aussparung genau halb so breit wie die Trennlinien im Bild.

3. Das **dpi-Logo** und einzelne Textpassagen erhielten eine dominante Farbe aus dem Bild. Dazu wurde die Palette Xtra-Werkzeuge geöffnet und darin die Pipette gewählt. Die Pipette ermittelte an einer repräsentativen Bildstelle die CMYK-Farbdefinition. Die Farbprobe mußte dann nur noch in die Farbpalette gezogen werden. Anschließend wurden die vorgesehenen Elemente mit dieser Farbe versehen.

1

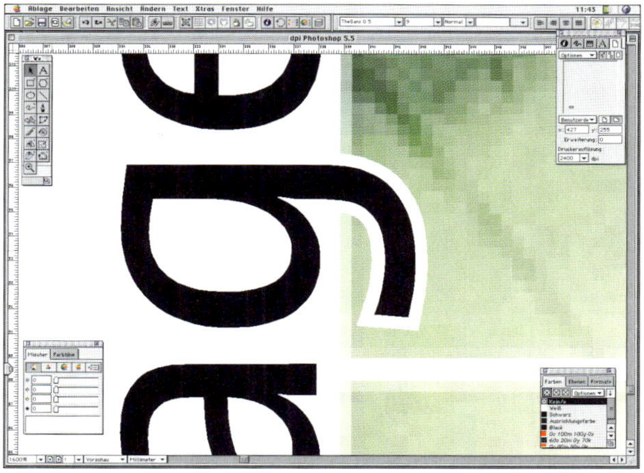

2

3

Frisch gepreßt

Wie sich aus dem Buchcover das Label der beigehefteten CD ableitet

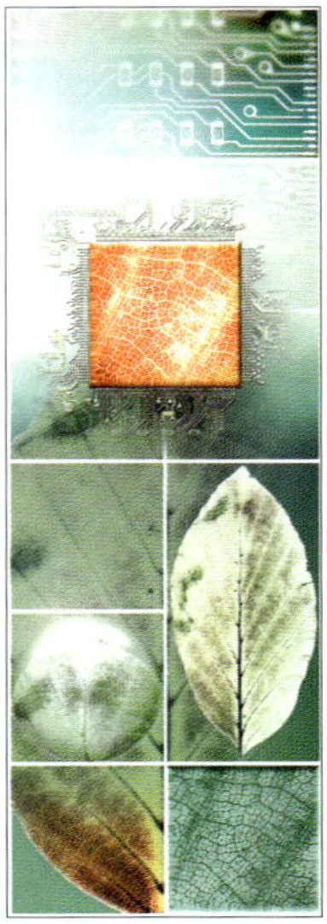

→ Übungsmaterial auf der CD:
Frisch gepreßt
Ebenendatei

Passend zum Buch-Cover sollte auch das Label der dem Buch beiliegenden CD gestaltet werden. Die Aufteilung von Text und Bild war bereits durch die Richtlinien für das Reihenlayout festgelegt und in PageMaker vorbereitet, so daß nur noch der Text geändert und das Bild an die Einschränkungen des Siebdrucks angepaßt werden mußte. Die technischen Anforderungen an die Filme für den Labelaufdruck unterscheiden sich nicht nur von Druckverfahren zu Druckverfahren (z.B. ob Offsetdruck oder Siebdruck, Einfarbdruck oder Mehrfarbdruck), sondern können auch von Preßwerk zu Preßwerk differieren. Deshalb ist es wichtig, sich vorher die genauen Spezifikationen zu besorgen. Die CMYK-Datei des Buchcovers entsprach bereits in vielen Punkten den Anforderungen an das CD-Label. Es mußten nur noch die Bildgröße an die optimale Rasterweite von 48 Linien pro Zentimeter angepaßt und der Kontrastumfang auf den Bereich von 15 bis 85 % reduziert werden.

1. In Photoshop wurde eine Kopie der CMYK-Bilddatei vom Cover geöffnet, da das Original nicht überschrieben werden durfte. Mit einer **Gradationskurven**-Einstellungsebene (mit gedrückter Strg/⌘-Taste auf das Symbol ◪ in der Ebenenpalette klicken) wurde der Kontrastumfang auf den eingeschränkten Bereich reduziert. Dazu wurde im Dialog Gradationskurven das **Kurvenwerkzeug** aktiviert und der Anfangspunkt der Kurve (0/0) angeklickt. Der Ausgabewert wurde auf 15 % erhöht. Anschließend wurde der Endpunkt (100/100) gewählt und dessen Ausgabewert auf 85 % verringert. Das Bild machte nun einen sehr kontrastarmen und flauen Eindruck, was die Vermutung nahelegte, etwas falsch gemacht zu haben. Dem war aber nicht so.

2. Die Kontrasteinschränkung machte sich nun im gesamten Bild bemerkbar, so auch am Linienraster, das nicht mehr weiß, sondern hellgrau erschien. Um etwaigen Pro-

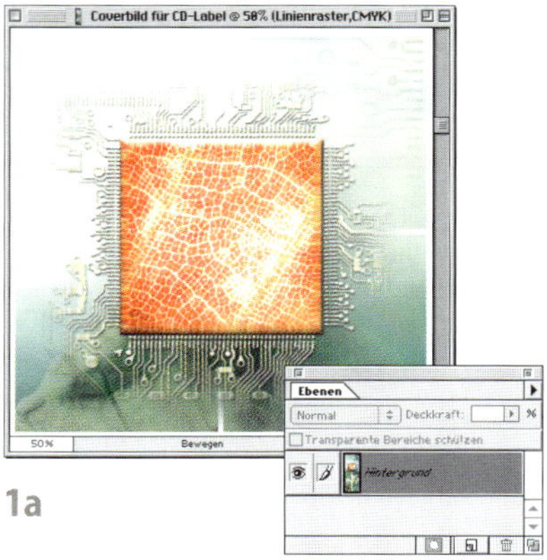

1a

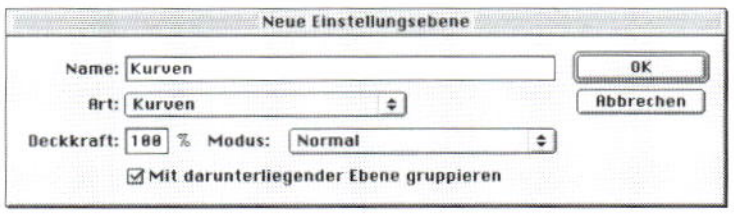

1b

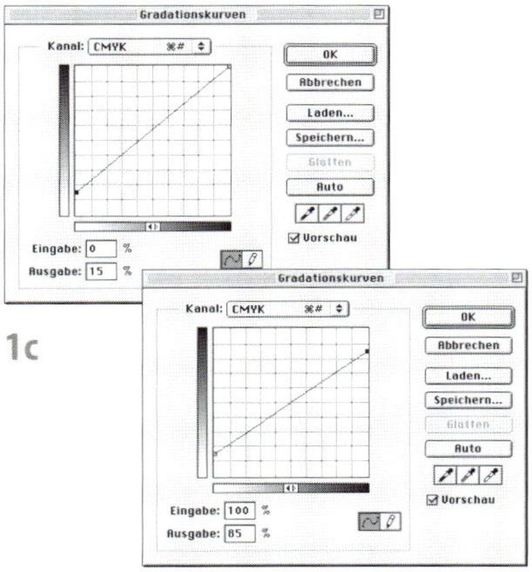

1c

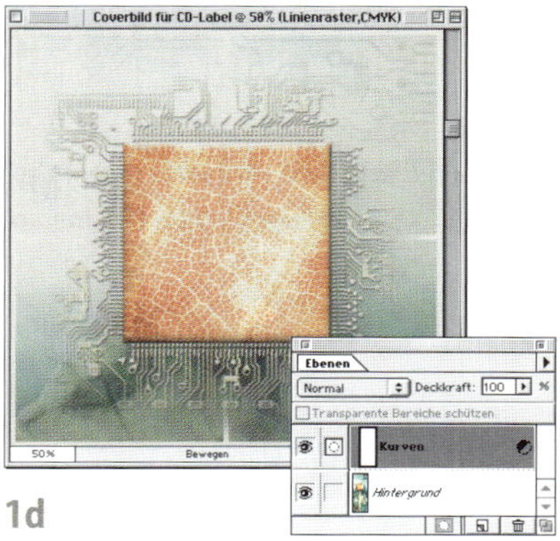

1d

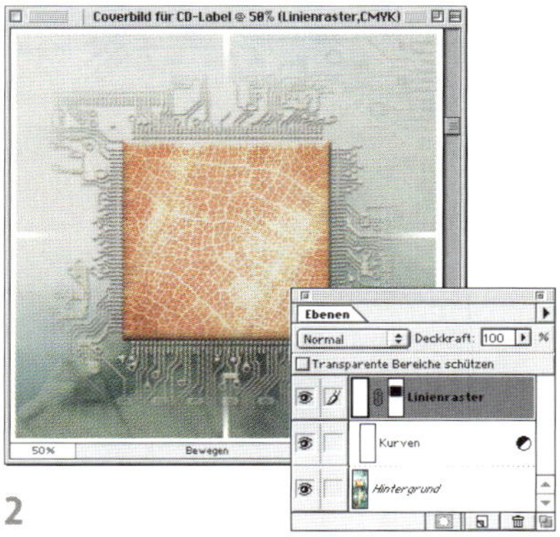

2

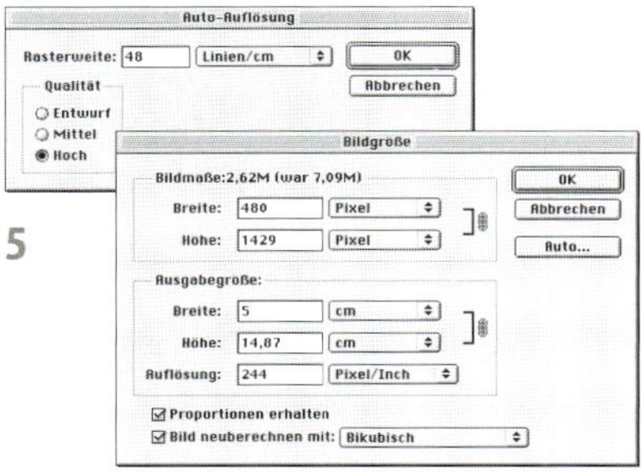

5

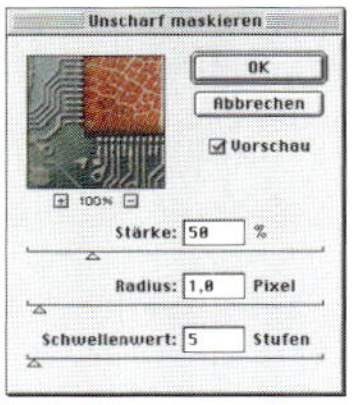

6

blemen im Druck vorzubeugen, wurde das Linienraster neu aus der **RGB-Montagedatei** (siehe »Undercover«) in die CMYK-Datei importiert. Nachdem die RGB-Ebenendatei geöffnet war, wurde das Etikett der Rasterebene aus der Ebenenpalette in das Fenster der CMYK-Datei gezogen. Das Drücken der Umschalttaste garantierte dabei, daß die Ebene positionsgenau eingesetzt wurde.

Das Linienraster war bereits in der RGB-Datei an der Stelle maskiert, an der es vom Biochip verdeckt wird. Eine zusätzliche Maskierung war deshalb in diesem Fall nicht nötig.

3. Um bei eventuellen Änderungen der technischen Anforderungen zu diesem Bearbeitungszustand zurückkehren zu können, wurde eine Kopie im Photoshop-Format gesichert (Datei, **Kopie sichern unter**), die die Ebenenanordnung beibehielt.

4. Für die weiteren Bearbeitungsschritte wurde die Ebenenanordnung nicht mehr benötigt. Der Befehl **Auf Hintergrundebene reduzieren** aus dem Menü Ebene faßte alle Ebenen in der Hintergrundebene zusammen.

5. Die Datei wurde nun auf eine für das 48er Raster ausreichende Bildgröße heruntergerechnet. Im Dialog Bildgröße (Menü Bild) wurde mit der Schaltfläche Auto der Dialog **Auto-Auflösung** geöffnet. Hier wurden eine hohe Qualität und eine Rasterweite von 48 Linien pro Zentimeter (nicht Inch!) vorgegeben. Photoshop errechnete daraus im Dialog **Bildgröße** eine Auflösung von 244 dpi. Die benötigte Bildbreite betrug 5 Zentimeter.

6. Nach der Bildgrößenänderung erfolgte eine leichte Scharfzeichnung im Dialog **Unscharf maskieren** (Filter, Scharfzeichnungsfilter; 50, 1, 5), die die durch die Interpolation bedingte Weichzeichnung kompensierte.

7. Der letzte Schritt bestand darin, die Datei mit **Speichern unter** (Menü Datei) im TIFF-Format zu sichern. Anschließend konnte sie in PageMaker in die vorbereitete Satzdatei importiert und an der vorgesehenen Stelle plaziert werden.

Chapeau claque

Photoshop als farbverbindlicher Zulieferer für den Cyberspace

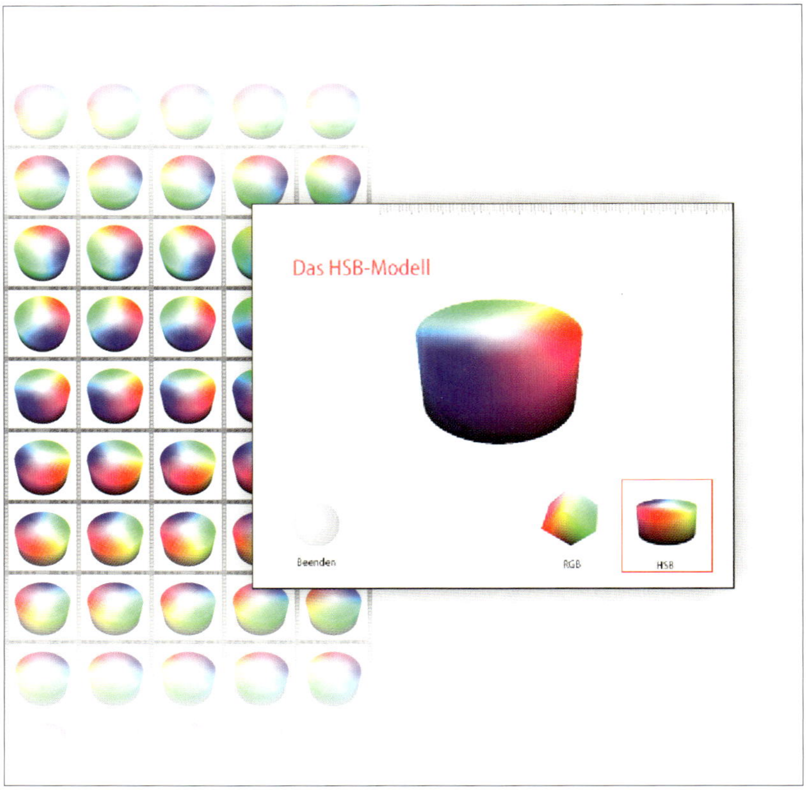

→ Übungsmaterial auf der CD:
Chapeau claque
Endfassungen, QuickTime-VR-Film

Für ein Multimediaprojekt sollte ein dreidimensionaler, virtueller Farbzylinder angefertigt werden, der in Form und Aufbau dem HSB-Farbraum entsprach. Der Anwender, so die Zielvorgabe, sollte den Zylinder frei im Raum bewegen können, um sich eine konkrete Vorstellung vom Farbraum machen zu können. Die Multimediaentwickler kamen schon bald überein, daß sich eine solche hochgesteckte Anforderung am besten mit der QuickTime-VR-Technologie von Apple lösen ließe.

Die mit Photoshop farbverbindlich angefertigten Zylinderflächen wurden mit einer 3-D-Software auf ein Zylindermodell »gemappt«. Einzelbilder des animierten Modells wurden als QuickTime-VR-Movie exportiert und schließlich mit einem Authoring-Tool in eine Benutzeroberfläche eingebettet.

Der Deckel

Der Deckel des HSB-Farbzylinders zeigt an seinem Rand einen kontinuierlichen, maximal gesättigten Farbverlauf durch das gesamte Farbspektrum. Zum Mittelpunkt der kreisförmigen Fläche nimmt die Helligkeit der Farben mehr und mehr zu – das Zentrum ist weiß. Die Idee, die der im folgenden beschriebenen Konstruktion zugrunde liegt, ist, daß Farben mit maximaler Farbsättigung immer aus maximal zwei der drei Grundfarben des RGB-Modells zusammengesetzt sind. Farben mit allen drei Farbkomponenten enthalten immer auch eine »Graukomponente«. Die einfachste Methode, einen solchen Farbverlauf anzulegen, ist demnach, die Farbkanäle Rot, Grün und Blau jeweils so zu manipulieren, daß die Bedingung von jeweils nur zwei gleichzeitig vorkommenden Grundfarben erfüllt ist. Jeder Farbkanal muß also in drei Bereiche aufgeteilt sein: Ein Bereich muß die volle Sättigung dieser Farbkomponente zur Verfügung stellen, ein Bereich muß diese Farbkomponente vollständig unterdrücken, und ein dritter Bereich muß diese Farbkomponente kontinuierlich ein- und wieder ausblenden.

1. Zur Vereinfachung der Konstruktion wurden die Farbverläufe für den Farbkreis zuerst in einer **linearen Projektion** konstruiert. Dafür wurde ein quadratisches Graustufenbild mit einer Bildgröße von 600 x 600 Pixeln angelegt und in den **Mehrkanalmodus** (Bild, Modus, Mehrkanal) umgewandelt (der Mehrkanalmodus steht im Dialog Neu nicht zur Auswahl).

2. Die Anteile der drei Farbkomponenten im Farbverlauf sollten in **Volltonfarbkanälen** konstruiert werden, um später den Befehl Verschieben auf Kanalduplikate anwenden zu können. Der bisher einzige Kanal des Mehrkanalbildes (»Schwarz«) wurde für die Rotkomponente vorbereitet. Vertikale **Hilfslinien** bei den Positionen 100, 200, 400 und 500 erleichterten die folgende Arbeit. Dazu

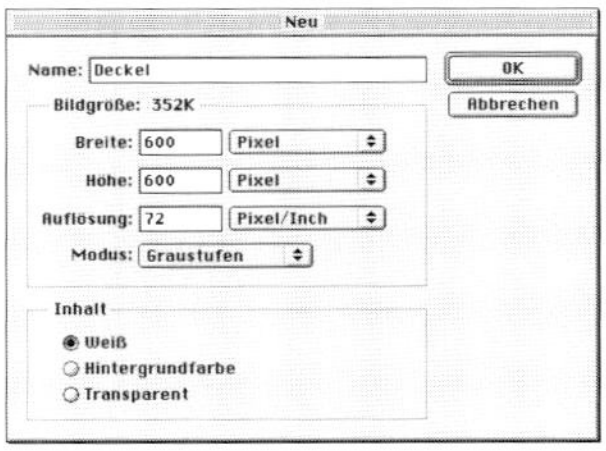

1

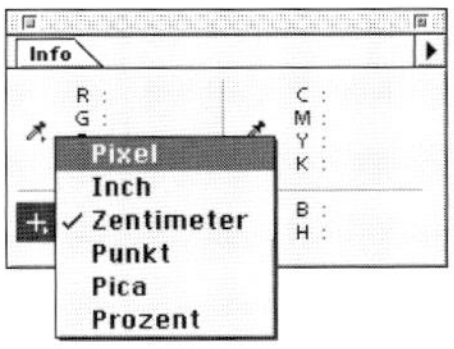

2a

wurden die Lineale eingeblendet (Ansicht, Lineale einblenden), und im Einheitenmenü der Informationenpalette wurde die Einheit Pixel gewählt. Die Hilfslinien ließen sich aus dem linken Lineal herausziehen.

3. Der mittlere Bereich zwischen 200 und 400 wurde mit dem **Auswahlrechteck** ausgewählt und schwarz gefüllt. Dann wurde der Bereich zwischen 100 und 200 ausgewählt. Das **lineare Verlaufswerkzeug** füllte die Auswahl mit einem horizontalen Verlauf von Weiß nach Schwarz (Umschalttaste drücken, um einen exakt waagerechten Verlauf zu erhalten). Zwischen 400 und 500 wurde der umgekehrte Verlauf von Schwarz nach Weiß aufgezogen.

4. Für die **Grünkomponente** brauchte dann der Volltonfarbkanal nur dupliziert (Etikett auf das Symbol in der Kanälepalette ziehen) und um 200 Pixel nach rechts verschoben werden (Filter, Sonstige Filter, **Verschiebungseffekt**; Durch verschobenen Bereich ersetzen).

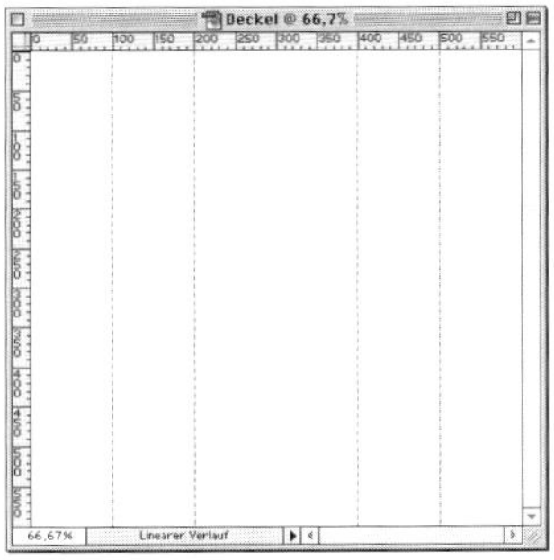

2b

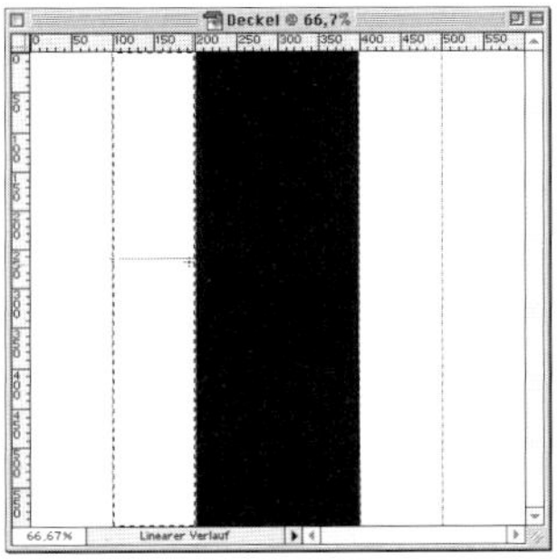

2c

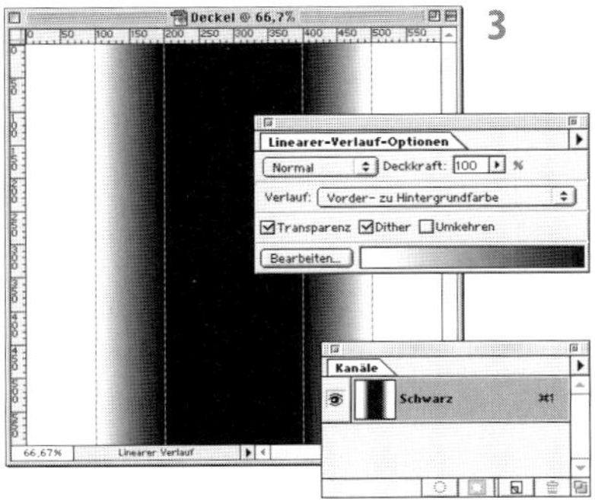

3

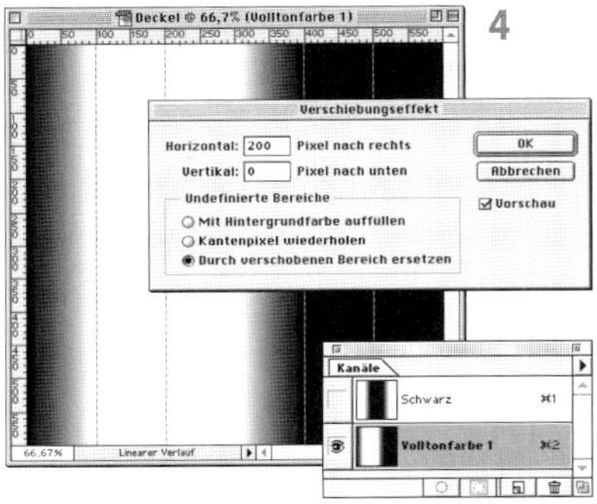

4

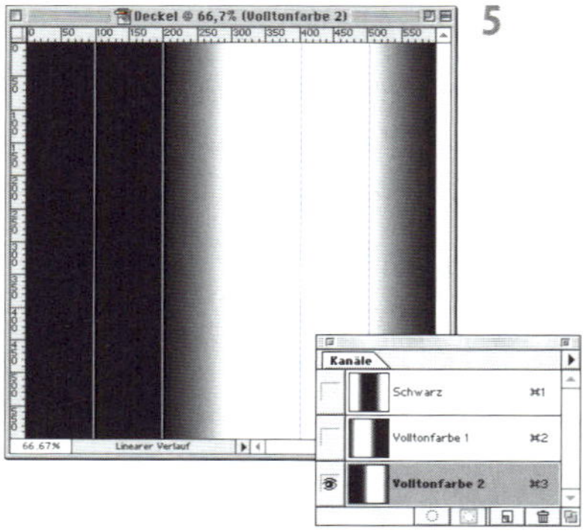

5

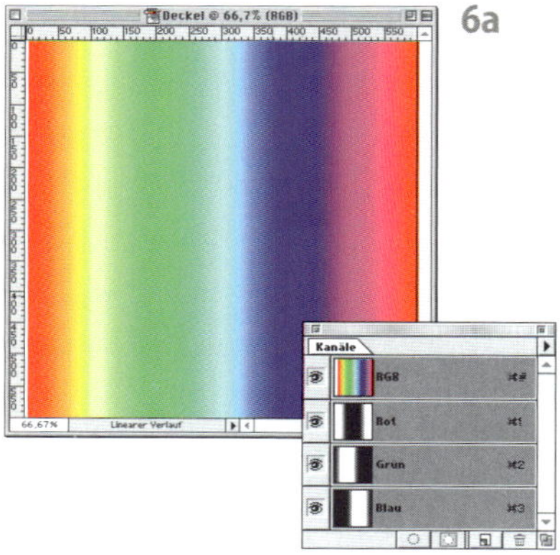

6a

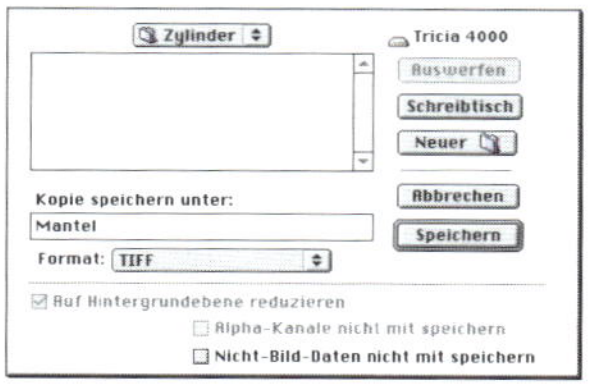

6b

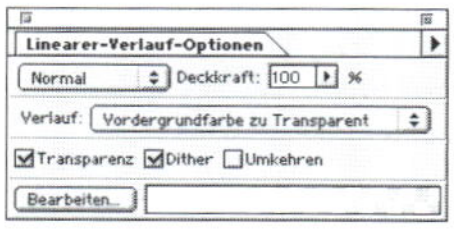

7a

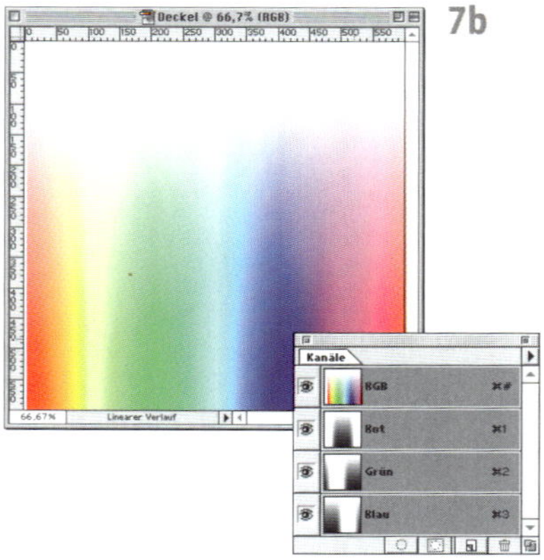

7b

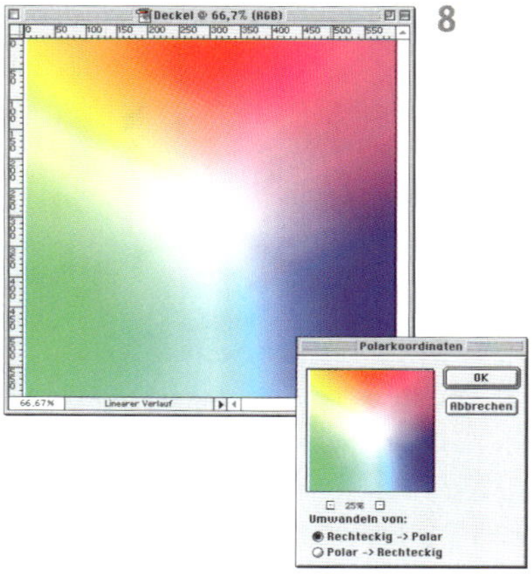

8

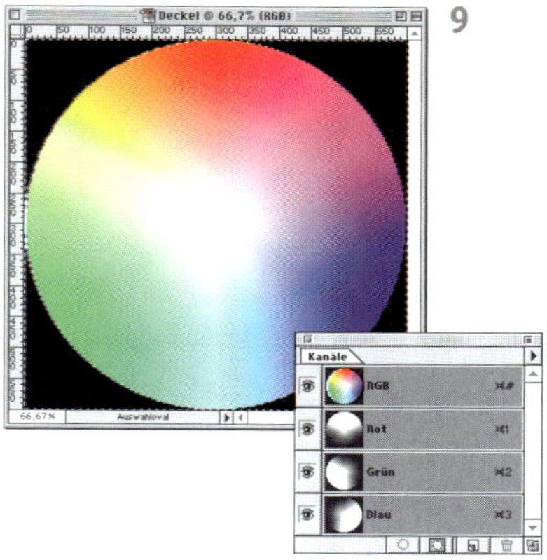

9

5. Der Kanal für die **Blaukomponente** entstand aus einer Kopie des Kanals für die Grünkomponente. Das Tastenkürzel Strg/⌘ + F wendete den Filter **Verschiebungseffekt** erneut an und verschob den Inhalt des dritten Kanals um weitere 200 Pixel nach rechts.

6. Nun wurde die Mehrkanaldatei in den **RGB-Modus** umgewandelt (Bild, Modus, RGB-Farbe). Die Volltonfarbkanäle wurden dabei automatisch in die RGB-Kanäle konvertiert. Das Bild zeigte nun einen wunderschönen Spektralverlauf. An dieser Stelle mußte eine Kopie der bisher erstellen Datei gesichert werden (Datei, **Kopie sichern unter**), da sich aus ihr später mit wenigen Arbeitsschritten die Mantelfläche erstellen ließ.

7. Das **lineare Verlaufswerkzeug** überlagerte das Spektralmuster nun mit einem vertikalen Verlauf von Weiß (oben) nach Transparent (unten). Dadurch wurde die Farbintensität nach oben hin reduziert.

8. Jetzt konnte der Farbverlauf mit dem Filter **Polarkoordinaten** (Filter, Verzerrungsfilter) und der Option Rechtwinklig → Polar von einem linearen in einen radialen Verlauf umgerechnet werden.

9. Zur Maskierung wurde zuletzt noch mit dem **Auswahloval** eine Kreisauswahl erstellt (Umschalttaste sorgt für gleiche Höhe und Breite). Die Auswahl wurde umgekehrt (Auswahl, Auswahl umkehren) und schwarz gefüllt. Damit war die Deckseite für den Farbzylinder fertiggestellt.

Die Mantelfläche und der Boden

Die Mantelfläche des HSB-Farbzylinders zeigt entsprechend der Deckelfläche am oberen Rand einen kontinuierlichen, maximal farbgesättigten Farbverlauf. Nach unten hin nimmt die Helligkeit immer mehr ab, so daß der gesamte untere Rand schwarz ist. Zur Herstellung dieser Fläche wurde auf die beim Anlegen des Zylinderdeckels gespeicherte Dateikopie zurückgegriffen.

1. Der gesicherte Spekralverlauf wurde mit Datei, **Öffnen** in Photoshop geöffnet.

2. Wieder legte das **lineare Verlaufswerkzeug** einen vertikalen Verlauf über das Bild, diesmal jedoch von Schwarz (unten) nach Transparent (oben). Schon war der Zylindermantel fertiggestellt.

3. Für den Boden des Zylinders wurde nur eine schwarze, quadratische Fläche benötigt.

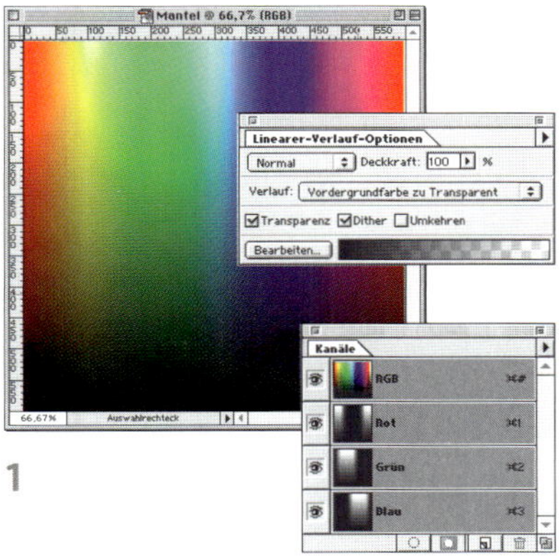

1

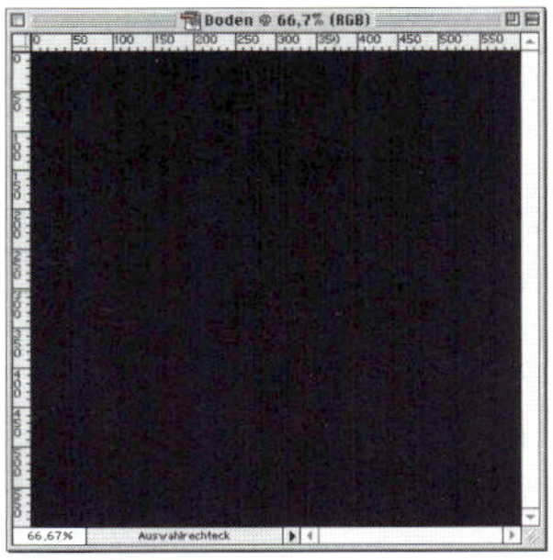

2

Konstruktion des 3-D-Zylinders

Die Konstruktion des 3-D-Zylinders erfolgte in Strata StudioPro.

1. Zuerst wurde ein **Zylindermodell** aus einem Kreis für den Deckel, einem extrudierten Kreis für den Mantel und einem Kreis für den Boden konstruiert. Die in Photoshop erstellten Bilder wurden als **Oberflächen-Maps** definiert.

2. Für den QuickTime-VR-Film mußten **648 Einzelbilder** gerendert werden, die den Zylinder aus jeweils anderer Perspektive zeigen. Die hohe Anzahl rührt daher, daß der Zylinder einerseits in 10°-Schritten um seine Achse gedreht (0 – 360°) und nach jeder Volldrehung in der Vertikalen um 10° geneigt (0 – 180°) wurde (36 x 18 = 648).

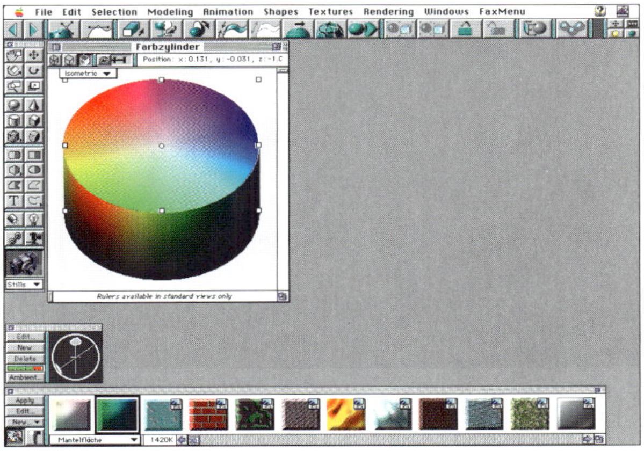

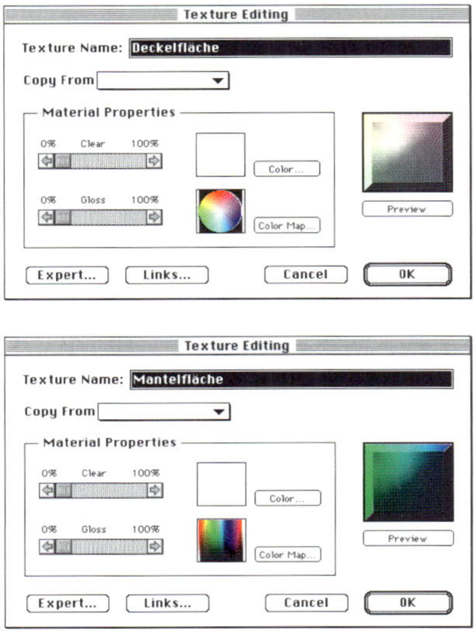

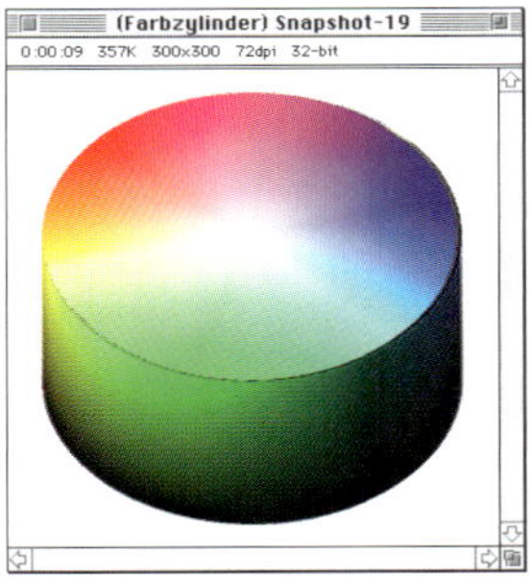

Mappen der Oberflächen in Strata StudioPro und der erste gerenderte Snapshot

Interaktiv

Wie dank der Ebenenverwaltung von Photoshop nicht nur die Elemente einer interaktiven Benutzeroberfläche erstellt, sondern auch in ihrer Wirkung beurteilt werden können

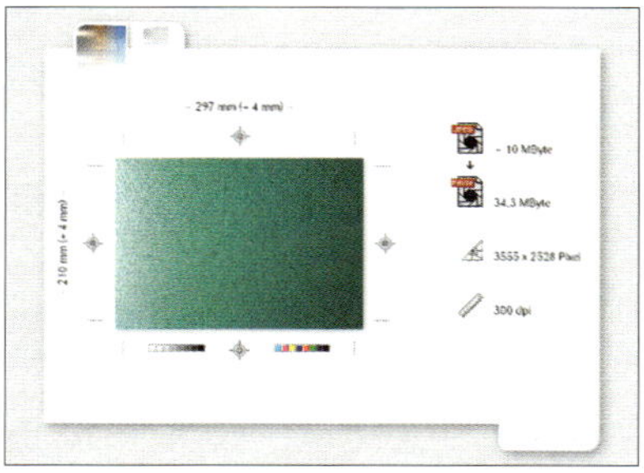

→ Übungsmaterial auf der CD:
Interaktiv
Ebenendateien, Browser (nur Mac)

Die Konstruktion eines Browsers für ein digitales Bildarchiv auf CD-ROM muß bereits im Vorfeld alle wichtigen produktionstechnischen Besonderheiten und Einschränkungen berücksichtigen. Die wichtigsten Features des Browsers sollten eine Vorschau der auf der CD enthaltenen Bilder und eine Kopierfunktion sein, die das aktuell angezeigte Archivbild unkompliziert von der CD auf die Festplatte überträgt. Zur Vereinfachung der Bildauswahl war auch eine Übersicht eingeplant. Darüber hinaus sollte sich die thematische Gliederung der Bilder auch in der Struktur des Browsers niederschlagen.

Für die gesamte Designarbeit war Photoshop das Werkzeug der Wahl. Die Endmontage und Erstellung der interaktiven Anwendung erfolgte mit Macromedia Director. Wichtigstes Kriterium bei der Komposition der einzelnen Elemente in Photoshop war, möglichst kurze Wartezeiten beim Laden von Bildern in der Anwendung zu garantieren. Dies konnte durch eine intelligente Aufteilung der Browseroberfläche in kleine Einzelkomponenten erreicht werden, wobei jedoch die in Director maximal mögliche Zahl von Objekten einzuhalten war.

Als Modell für die »Seiten« der Anwendung wurden Karteikarten in einheitlicher Größe entworfen. Sie unterschieden sich nur durch die Lage und Anzahl der Reiter. Die interaktive Navigationsstruktur nutzte einerseits die Reiter der Karteikarten, andererseits auch Schaltflächen.

Die Ausarbeitung der Browseroberfläche erfolgte nach einem modularen Konzept: Für jede Karteikarte und für alle Navigationselemente wurden separate Ebenendateien angelegt.

Die Grundform der Karteikarten

1. Die Karteikarten sollten über einem leicht strukturierten Hintergrund liegen und Schatten darauf werfen. Eine geeignete Textur wurde in Photoshop geöffnet und mit dem Dialog **Bildgröße** (Menü Bild) auf die für den Browser vorgesehene Größe von 640 mal 480 Pixel beschnitten. Als Auflösung für den Hintergrund wurde – wie für alle anderen Photoshop-Dateien auch – 72 dpi gewählt. Andernfalls würde Director die Dateien nicht größenrichtig importieren.

2. Die Formen der Karteikarten wurden in neu erstellten **Alphakanälen** entworfen. Dabei wurden mit dem Auswahlrechteck und Auswahloval umgrenzte Flächen weiß oder schwarz gefüllt. Bei der rechteckigen Grundform, die für alle Karten gleich ist, war darauf zu achten, daß an allen vier Seiten ausreichend Platz für die Reiter blieb.

3. Jeder Alphakanal wurde in einer neuen Ebene (»Karteikarte«) als **Auswahl** geladen (bei gedrückter Strg/⌘-Taste auf das Etikett des Kanals in der Kanälepalette klicken). Die Auswahl wurde hellgrau gefüllt.

4. Da die Karten an den Rändern leicht abgerundet erscheinen sollten, waren Licht- und Schattenkanten in separaten Ebenen hinzuzufügen. Dabei kam das für weiche **Schlagschatten** übliche Verfahren zur Anwendung: Die Alphakanalauswahl wurde in neu erstellten Ebenen geladen, umgekehrt und schwarz (»Schattenkanten«) oder weiß (»Lichterkanten«) gefüllt. Die Ebeneninhalte wurden mit dem Gaußschen Weichzeichner weichgezeichnet, versetzt und maskiert.

5. Die Karteikarten und die Vorschau- bzw. Übersichtsbilder sollten gemäß der suggerierten Lichteinfallsrichtung ebenfalls Schatten werfen – erstere auf die Hintergrundtextur und letztere auf die Kartenfläche. Für beide Schatten kam der **Schlagschatten**-Effekt mit unterschiedlichen Weichzeichnungsradien zur Anwendung.

Die Navigationselemente

(Bilder nächste Seite)

Alle Reiter und Tasten besitzen drei unterschiedliche Zustände. Sie sind inaktiv, wenn ein anderes Navigationselement gewählt ist, sie reagieren mit einer Farbänderung, wenn sie mit dem Mauszeiger berührt werden (Rollover), und sie sind aktiv, wenn sie mit der Maus angeklickt wurden. Bei den reliefartig auf der Kartenoberfläche angebrachten Tasten bewirkt ein Rollover mit der Maus, daß die »Hintergrundbeleuchtung« der Tasten eingeschaltet wird. Klickt man eine Taste mit der Maus an, erscheint sie flacher (wie eingedrückt).

Inaktive Reiter sind entfärbt und wirken flach. Die Berührung mit der Maus bringt dem Reiterbild etwas von seiner verlorenen Farbe wieder, und ein Mausklick holt den Reiter nach vorn und läßt ihn in voller Farbe erscheinen.

Die Reiter auf der linken Seite wechseln zwischen den Themengruppen (Metall, Rost und Glas). Alle neun Zustände mußten in einer einzigen Photoshop-Ebenendatei überprüfbar sein (dazu waren zehn Bildebenen und sechs weitere Einstellungsebenen nötig). Die Reiter am rechten Kartenrand schalten zwischen Vorschauansicht und Übersicht hin und her. Hier sind es vier Zustände, die von einer Datei abgedeckt werden müssen. Da die rechten Reiter auch die gewählte Themengruppe anzeigen, mußten

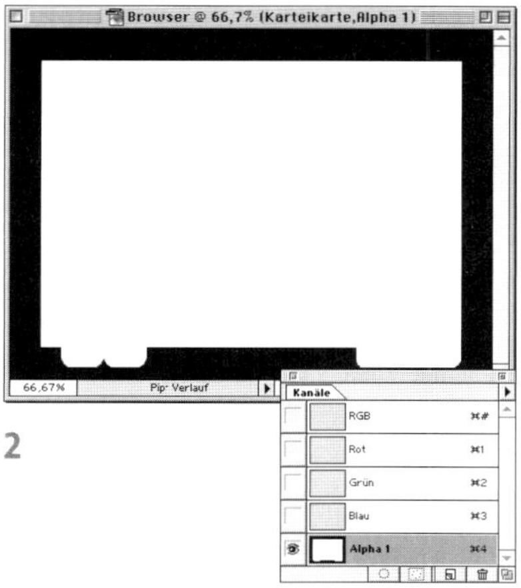

2

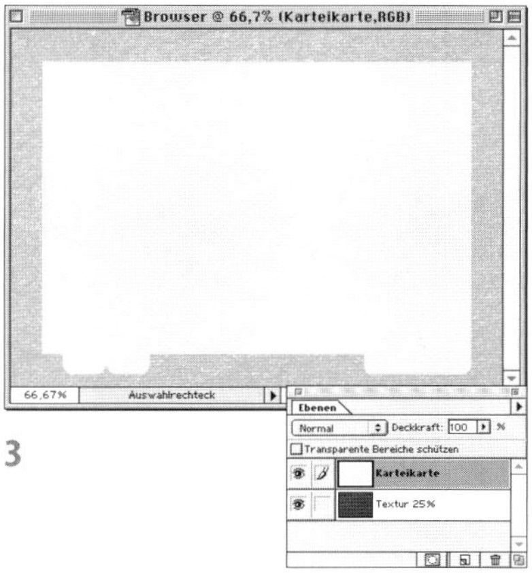

3

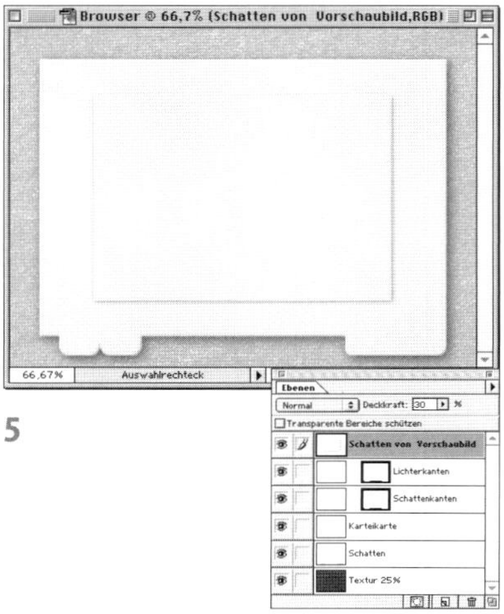

5

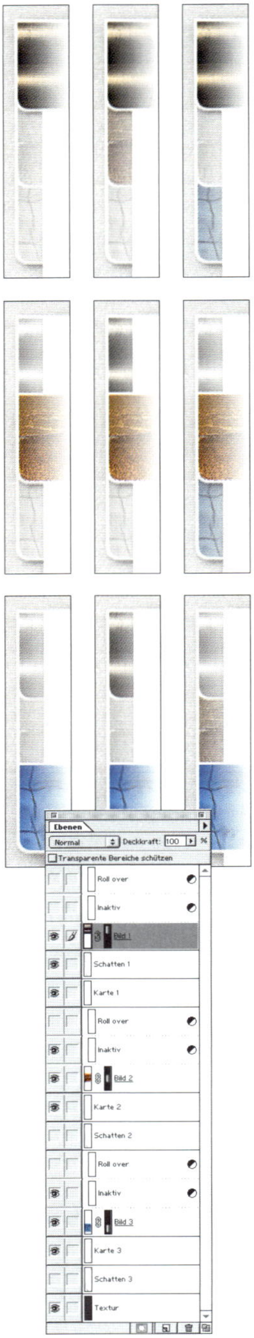

Alle Zustände der Reiter konnten in einer Ebenendatei simuliert werden.

1a

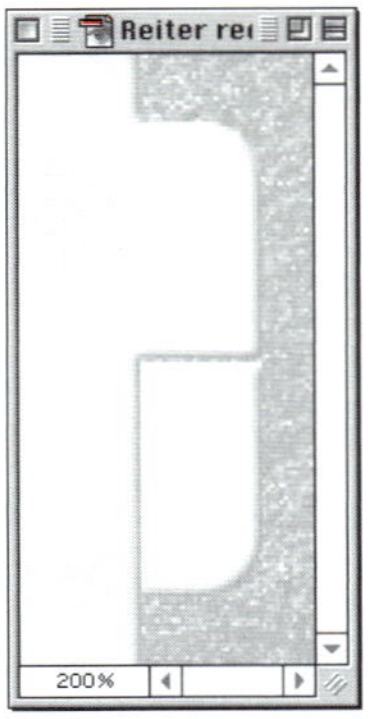

1b

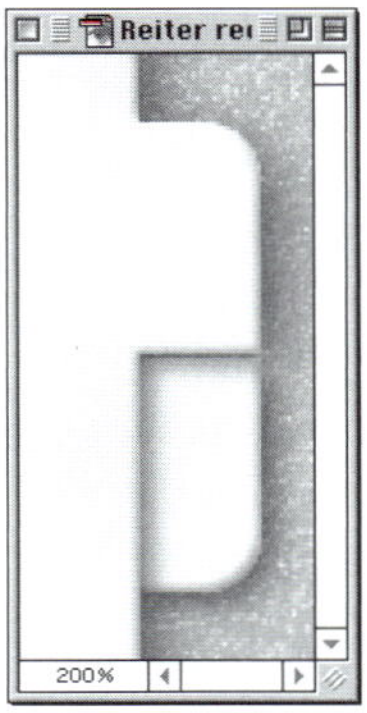

2

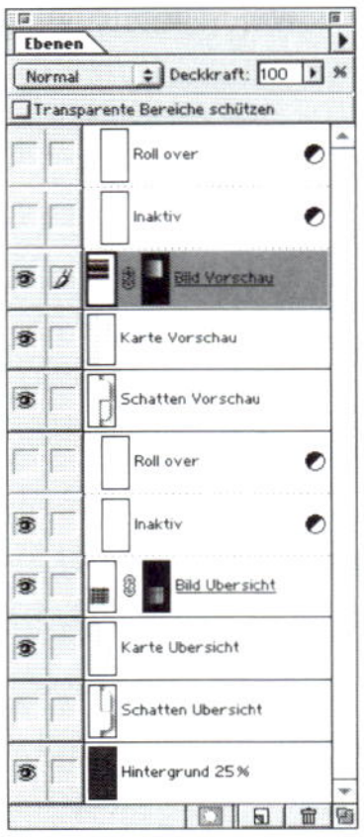

5

für die anderen beiden Rubriken die Reiterbilder ausgetauscht werden.

1. Die benötigten Reiterformen wurden in der erforderlichen Größe aus den fertiggestellten Karteikarten-Dateien **kopiert** und in der Reiter-Datei in die richtige Ebenenreihenfolge gebracht.

2. Die **Schatten**, die die oberen Karten auf inaktive Reiter werfen, mußten mit geringerem Weichzeichnungsradius neu generiert werden.

3. Die auf die Reiter gelegten Bildelemente (jeweils ein repräsentativer Vertreter aus jeder Rubrik) wurden mit einer **Ebenenmaske** zur Kartenmitte hin ausgeblendet.

4. **Einstellungsmasken** mit der Korrekturart Farbton/Sättigung, die mit der jeweiligen Bildebene gruppiert wurden, reduzierten die Sättigung halb (Rollover) oder ganz (inaktiv), und sie hellten das Reiterbild gleichzeitig zu 25 % (Rollover) oder 50 % (inaktiv) auf.

5. Durch Ein- und Ausblenden der Ebenen sowie Vertauschen der Ebenenreihenfolge konnten alle Interaktionszustände der Reiter in Photoshop simuliert werden. Die für Director notwendigen PICT-Dateien wurden dabei mit der Funktion **Kopie sichern unter** erzeugt.

Die Bilder

1. Die auf den Karteikarten angezeigten Vorschau- und Übersichtsbilder sind **Miniaturen** der Originalarchivbilder. Letztere wurden in Photoshop geöffnet und auf die für den Browser benötigten Bildmaße verkleinert (teilweise wurden auch Ausschnitte verwendet, damit die Struktur der Materialien sichtbar blieb). Nach der Größenumrechnung erfolgte eine leichte Unschärfemaskierung.

2. Alle Vorschau- und Übersichtsbilder wurden nach einem für die Browserstruktur sinnvollen Schema unter neuen Namen gesichert.

Die Endmontage

1. Die Endmontage erfolgte in Macromedia Director. Im neu angelegten Projekt wurden die vorbereiteten Komponenten – Hintergründe mit Karteikarten, Navigationselemente, Vorschau- bzw. Übersichtsbilder und grafische Elemente – in die interne **Besetzungsliste** importiert, im Drehbuch angeordnet und gegebenenfalls auf der Arbeitsfläche an die gewünschte Position verschoben. Insgesamt umfaßt die Projektdatei 220 Bildelemente, die in Photoshop vorbereitet wurden.

2. Da der Browser auch auf Bildschirmen mit einer Farbtiefe von nur 8 Bit eine bestmögliche Wiedergabe der Bilder gewährleisten sollte, wurde von der fertiggestellten 24-Bit-Version eine Kopie mit neuem Namen erstellt. Nachdem diese Kopie geöffnet worden war, wandelte die Funktion Bitmap ändern aus dem Menü Modifizieren alle Farbbilder in **Indizierte Farben** mit einer Farbtiefe von 8 Bit um. Als Farbtabelle wurden die Macintosh-Systemfarben (auch für Windows) zugrundegelegt.

Zwar hätte die Umwandlung in Indizierte Farben auch in Photoshop erfolgen können; dies hätte jedoch – da die Bilder fest in den Browser eingebunden wurden – die vollständige Neugestaltung des Browsers erforderlich gemacht.

1

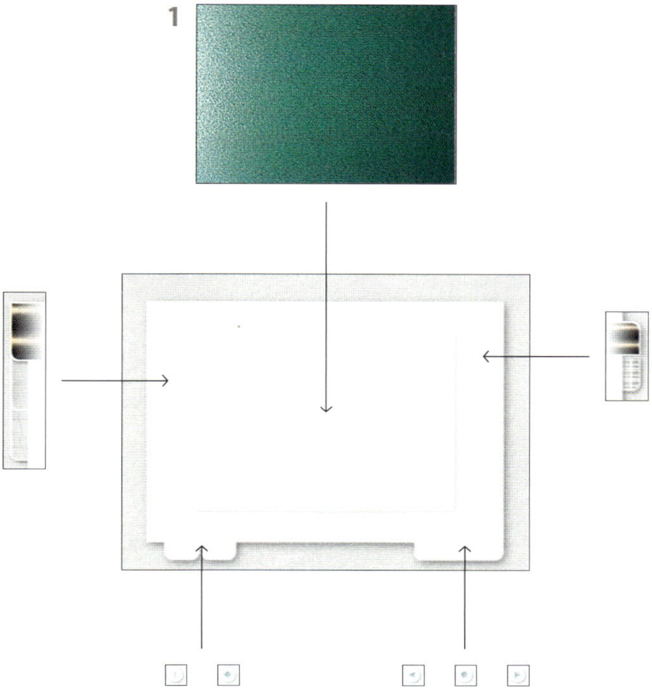

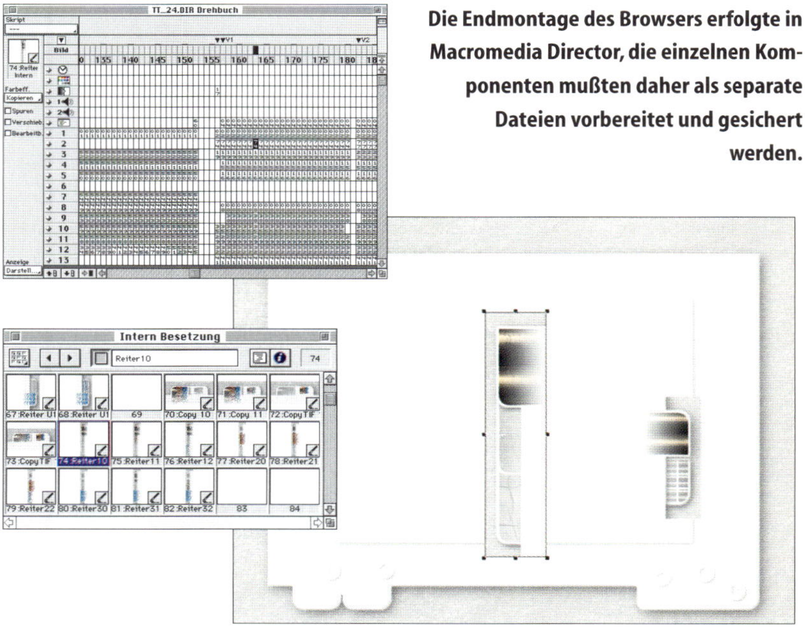

Die Endmontage des Browsers erfolgte in Macromedia Director, die einzelnen Komponenten mußten daher als separate Dateien vorbereitet und gesichert werden.

Navigator

Wie sich für ein einfaches Navigationsinstrument, das die Struktur einer Website abbildet, interessante Rollover- und Mousedown-Effekte einstellen lassen

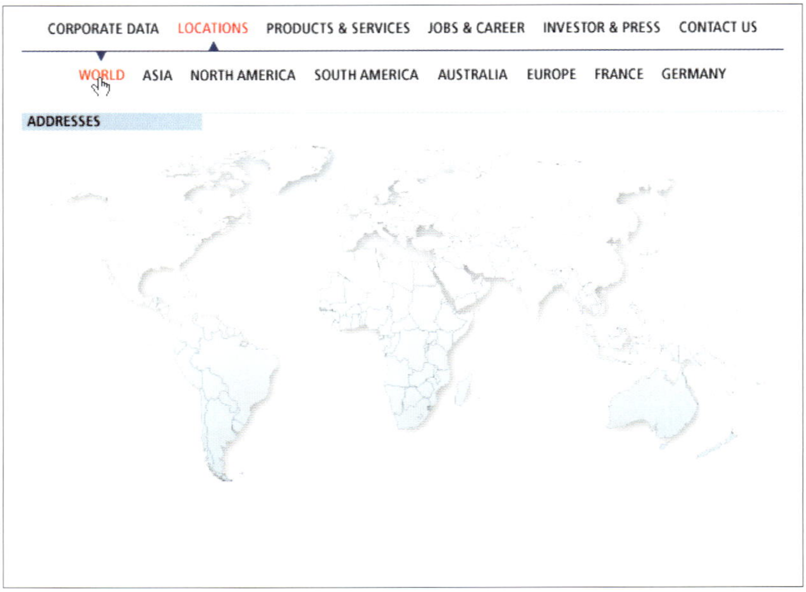

www.ksb.de

Die Hierarchie eines Auswahlmenüs bildet ja indirekt die Inhaltsstruktur einer Website ab. Für die Website eines großen deutschen Pumpenherstellers wurde deshalb eine Navigatorleiste entwickelt, die die beiden oberen Hierarchieebenen anzeigt. Die erste Zeile der Navigatorleiste enthält die Hauptrubriken der Site, die zweite Zeile zeigt die Unterrubriken zur gewählten Hauptrubrik und ändert sich also kontextabhängig. Die der Navigatorleiste zugrundeliegende Idee war, die Inhaltsstruktur immer am oberen Bildschirmrand sichtbar zu halten, so daß der Webbesucher schnell zu einem bestimmten Themenkomplex wechseln kann, ohne zwischengeschaltete Inhaltsverzeichnisse durchlaufen zu müssen, die nur eine lästige Verzögerung bei der Navigation darstellen. Außerdem sollte der Webbesucher stets sehen können, in welchem Bereich der Site er sich momentan aufhält. Eine solche Rückmeldung ist vor allem bei einer weitverzweigten Hyperlinkstruktur hilfreich.

Als optisches Feedback läuft das kleine Dreieck, das auf die ausgewählte Rubrik weist, bei einem Rollover über einer nicht ausgewählten Rubrik mit. Das Feedback wird also in einem Bereich außerhalb des Hotspots sichtbar.

Die Navigatorleiste gibt es in sechs Grundversionen, da jede Hauptrubrik andere Unterrubriken zeigt. Aufgrund der Rollover-Effekte mußte in ImageReady aber nicht für jede Hauptrubrik, sondern für jede Unterrubrik eine eigene Ebenendatei angelegt werden – alles in allem 29 Dateien. Zum Glück war es nicht nötig, die Ebenenorganisation jedesmal zu rekonstruieren. Es konnten die obere Textzeile für alle Ebenendateien und die untere Textzeile einer Rubrik für alle Dateien dieser Rubrik wiederverwendet werden. Eine fertiggestellte Datei diente dabei als Vorlage für die nächste.

Die folgenden Arbeitsschritte beschreiben die Vorgehensweise für eine dieser 29 Ebenendateien.

→ *Übungsmaterial auf der CD:*
Navigator
Ebenendatei, HTML-Datei

Aufbau der Navigatorleiste

1. Zunächst wurde in ImageReady eine neue Datei in der gewünschten Größe (640 mal 103 Pixel) angelegt. Um die Text- und Grafikelemente an gemeinsamen Grundlinien ausrichten zu können, wurden Hilfslinien an die vom Gestaltungsraster vorgegebenen Positionen gezogen (15 Pixel Abstand aller Elemente vom Rand). Hilfslinien lassen sich aus den Linealen herausziehen. Wenn die Lineale nicht sichtbar sind, werden sie mit Ansicht, Lineale einblenden (oder Strg/⌘ + R) eingeblendet.

2. Die Eingabe der Textelemente erfolgte mit dem **Textwerkzeug.** Für jede Rubrik und Unterrubrik wurde eine eigene Ebene angelegt. Für die erste Textebene klickte das Textwerkzeug in das Bild, wo auch direkt der Name der Rubrik (»Corporate Data«) eingegeben werden konnte. Nachdem der eingegebene Text mit einem Dreifachklick ausgewählt worden war, konnten in der Textpalette die Schriftparameter eingestellt werden.

3. Der eingegebene Text wurde anschließend mit dem **Bewegen-Werkzeug** mit der oberen Kante an der oberen Hilfslinie und mit der linke Kante an der linken Hilfslinie plaziert. (Die zentrierte horizontale Ausrichtung erfolgte später.)

4. Eine neue **vertikale Hilfslinie** (aus dem vertikalen Lineal herausziehen) schnappte am rechten Rand des Textelements ein.

5. Nun konnte mit dem **Textwerkzeug** das zweite Textelement eingegeben werden (»Locations«). ImageReady übernahm automatisch die zuvor in der Textpalette eingestellten Schriftparameter. Auch dieses Element wurde mit dem **Bewegen-Werkzeug** an die obere Hilfslinie geführt. Mit dem linken Rand schnappte das Textelement an der in Schritt 4 gezogenen Hilfslinie ein. Beide Textelemente lagen nun ohne Abstand nebeneinander.

6. Da der Abstand der Rubrikentexte genau 15 Pixel betragen sollte, wurde das Element »Locations« mit der Richtungstaste → um 15 Pixel nach rechts versetzt (das Betätigen der Pfeiltaste bei gedrückter Umschalttaste versetzt den Ebeneninhalt um zehn Pixel, ein einfaches Drücken um je ein Pixel).

7. Die Schritte 4 bis 6 wurden für die übrigen Rubrikentexte wiederholt. Auch für die Unterrubriken in der zweiten Zeile der Navigatorleiste konnte in gleicher Weise verfahren werden.

8. Mit dem **Auswahlwerkzeug** wurden nun die Abstände zwischen den zuletzt gesetzten Hilfslinien (vom rechten Rand der rechten Textelemente bis zur ganz rechten Hilfslinie) gemessen. Die Distanz konnte in der Info-Palette in Pixeln abgelesen werden. Die für die obere und untere Textzeile gemessenen Werte wurden jeweils halbiert. Dies waren die Werte, um die die Textzeilen nach rechts verschoben werden mußten, um mittig ausgerichtet zu sein.

9. Durch Aktivieren der Verbindungssymbole in der Ebenenpalette wurden alle Elemente der oberen Textzeile miteinander verbunden. Nachdem die Auswahl wieder aufgehoben (Auswahl, Auswahl aufheben) und das **Bewegen-Werkzeug** aktiviert war, verschob die Richtungstaste → die Elemente um die Hälfte des gemessenen Werts nach rechts. Anschließend wurde die Verbindung der Textebenen wieder aufgehoben und der Vorgang für die untere Textzeile wiederholt.

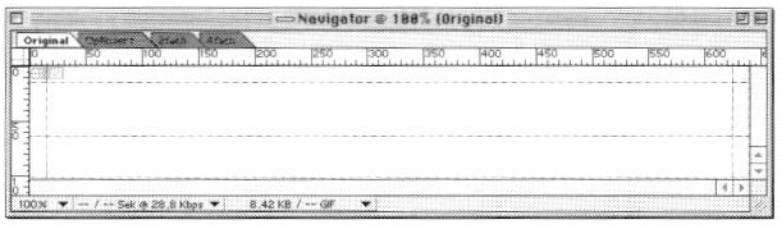

1

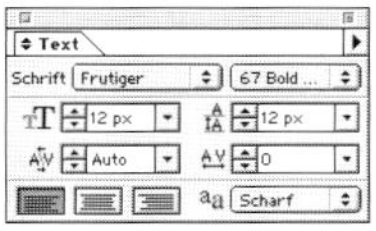

2

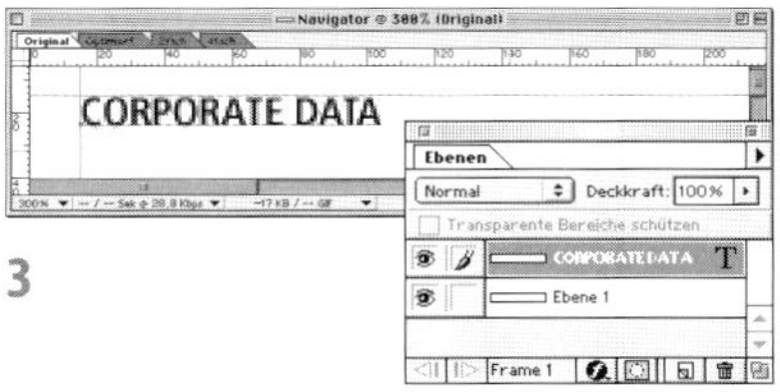

3

5

6

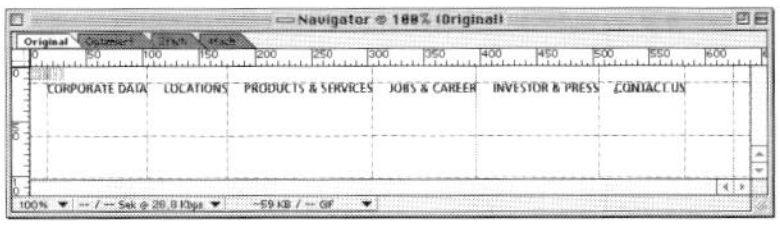

7a

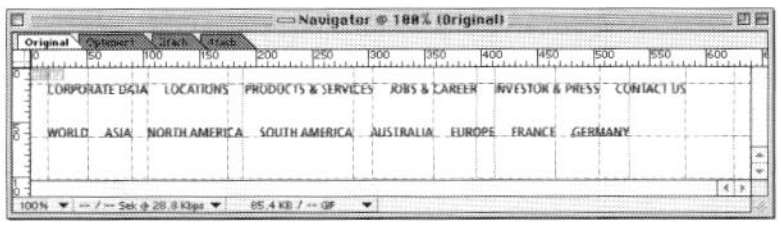

7b

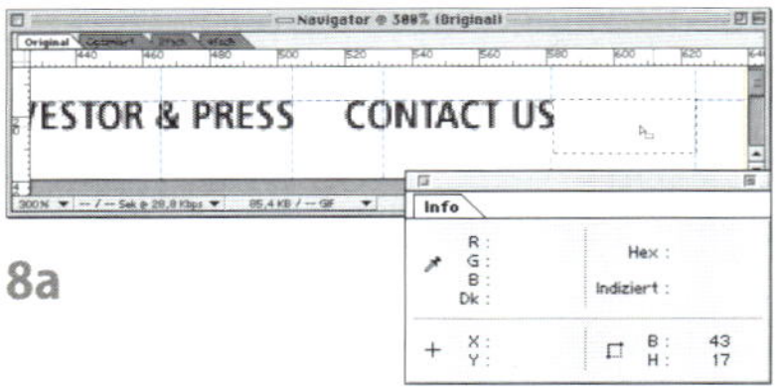

8a

8b

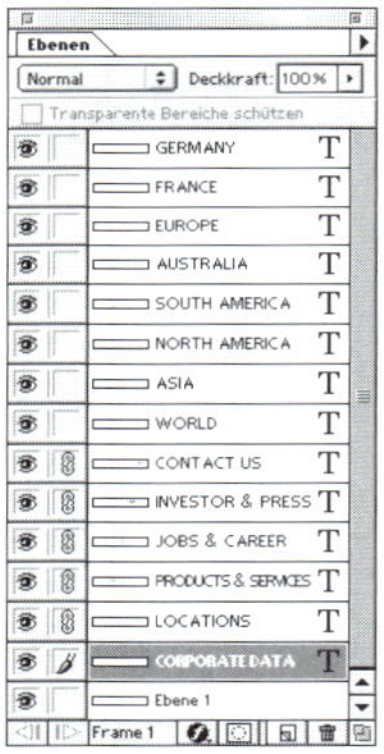

9a

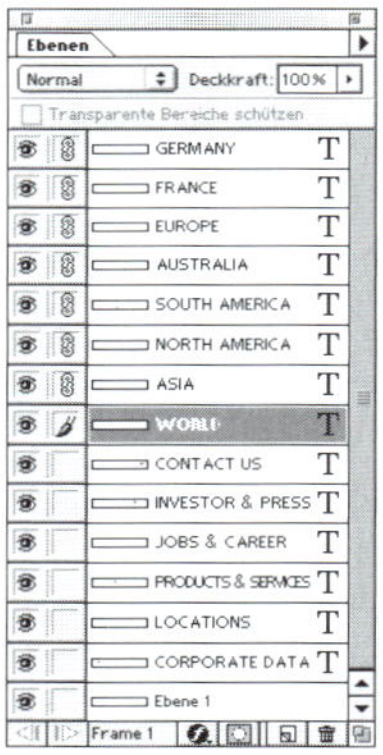

9b

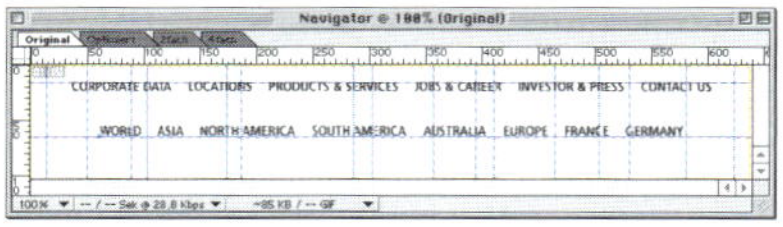

9c

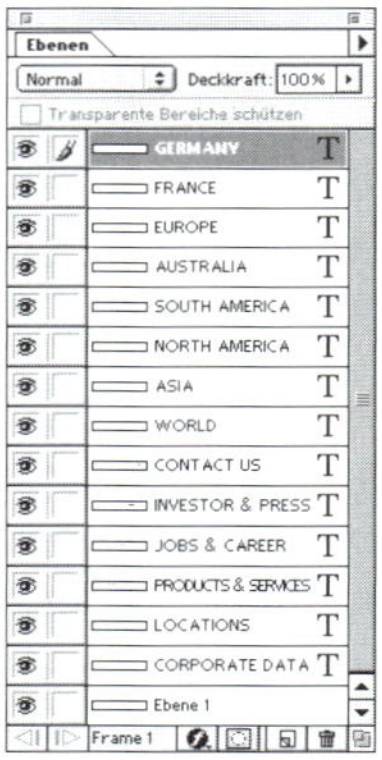

10a

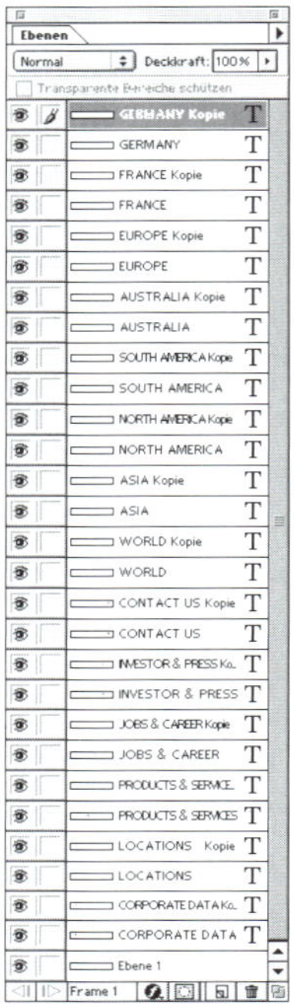

10b

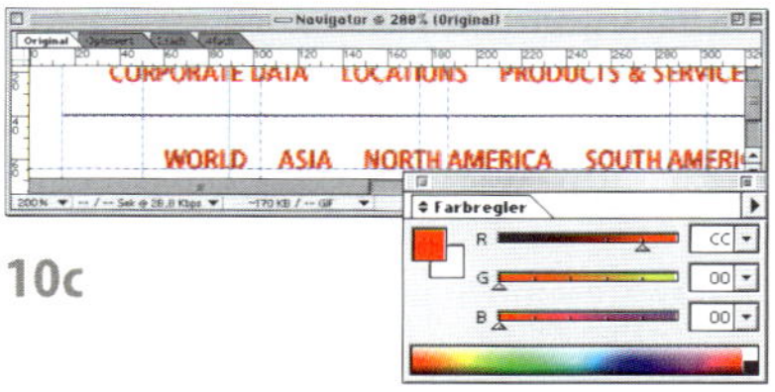

10c

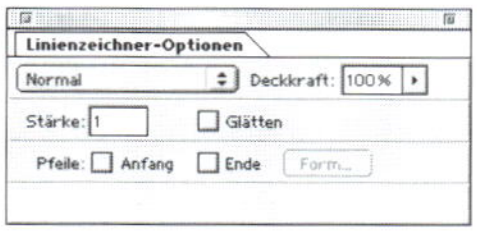

11

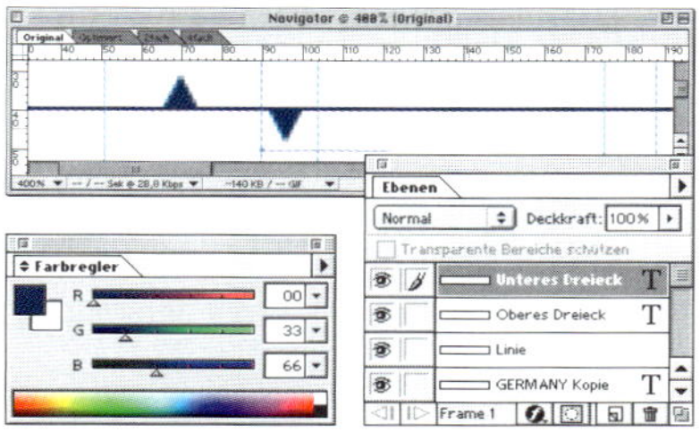

12

10. Da die Rubrikentexte bei Mousedown ihre Farbe ändern sollten (von Schwarz zu Rot), waren von allen Textebenen **Kopien** anzulegen (Ebenenetikett auf das Symbol der Ebenenpalette ziehen) und rot einzufärben. Dazu wurde in der Palette **Farbregler** die Webfarbe CC0000 eingestellt. (Wenn eine Textebene aktiv ist, wird die eingestellte Farbe automatisch auf den Text angewendet, auch wenn dieser nicht markiert ist.)

11. Nun fehlten nur noch die Mittellinie und die beiden mitlaufenden Dreiecke. Die Linie wurde in einer neuen Ebene (Symbol der Ebenenpalette) mit dem Linienzeichner von der äußersten linken bis zur äußersten rechten Hilfslinie gezogen. Die Stärke der Linie betrug 1 Pixel, sie durfte jedoch nicht geglättet sein (beide Einstellungen in der Palette Linienzeichner-Optionen). Damit die Linie exakt waagerecht verlief, wurde beim Aufziehen die Umschalttaste gedrückt.

12. Die Linie erhielt die Webfarbe 003366, die in der Palette Farbregler eingestellt wurde. Mit dem Tastenkürzel aus **Umschalt-, Alt/⌥- und Rückschrittaste** wurde die Linie mit dem Blauton eingefärbt (die Umschalttaste schützt transparente Bereiche).

13. Die **Dreiecke** stammen aus dem Zeichensatz FF Dingbats und wurden als Textelemente angelegt, hätten jedoch auch als Vektorobjekt importiert oder einfach in ImageReady gezeichnet werden können. Wichtig war, daß beide Dreiecke in je einer eigenen Ebene lagen. Dadurch konnten sie unabhängig von anderen Elementen frei verschoben werden.

Als Farbe wurde automatisch der Blauton der Linie übernommen, der noch in der Palette Farbregler eingestellt war.

Rollover-Effekte einrichten

1. Zunächst ging es darum, den **Grundzustand** aller Rollover-Effekte einzustellen. Der Grundzustand bildet das Ausgangsstadium für alle Rollover-Zustände – jedoch nur für das zu erstellende HTML-Dokument. (Wie eingangs schon erwähnt, muß für jede Hauptrubrik ein eigenes HTML-Dokument angelegt werden, das einen eigenen Grundzustand besitzt.) Im hier beschriebenen Beispiel bestand der Grundzustand darin, daß die zweite Rubrik (»Locations«) und die erste Unterrubrik (»World«) vorausgewählt sind. Diese beiden Textelemente waren also rot darzustellen (die schwarzen Versionen wurden ausgeblendet), während alle übrigen Textelemente schwarz erscheinen sollten (die roten Versionen wurden ausgeblendet).

2. Da die Dreiecke jeweils zentriert unter bzw. über der Rubrik angezeigt werden sollten, mußten sie an den Textelementen ausgerichtet werden. Dazu wurde die Ebene »Locations Kopie« aktiviert und neben dem Etikett der Ebene »Oberes Dreieck« das Verbindungssymbol aktiviert. Das Verbinden ist eine notwendige Voraussetzung, um zwei Ebenen aneinander ausrichten zu können. Die Funktion Ebene, Verbundene ausrichten, **Horizontale Mitte** richtete das Dreieck mittig am Text aus. (Dadurch daß die Ebene »Locations Kopie« aktiviert war, wurde sie als feststehend definiert. Das bedeutete, daß das Dreieck am Text ausgerichtet wurde und nicht umgekehrt.) Anschließend wurde die Verbindung wieder aufgehoben.

In gleicher Weise wurde mit dem unteren Dreieck verfahren. Hier wurde zuerst die Ebene »World Kopie« aktiviert, die Ebene »Unteres Dreieck« mit ihr verbunden und ausgerichtet. Auch hier durfte nicht vergessen werden, die Verbindung wieder aufzuheben.

3. Nun konnte für die Rubrik »Corporate Data« der erste Rollover-Effekt eingerichtet werden. Ein Rollover-Effekt setzt ein Slice voraus, dessen Größe die Größe des Hotspot-Bereichs vorgibt. Also war um den Text »Corporate Data« ein Slice zu zeichnen. Dies mit dem Slice-Werkzeug zu bewerkstelligen, wäre jedoch zu mühsam gewesen. Statt dessen wurde mit einem Mausklick bei gedrückter Strg/⌘-Taste auf das Etikett der Ebene »Corporate Data« die Textkontur als Auswahl geladen. Der Befehl **Slice aus Auswahl erstellen** aus dem Menü Slices legte ein neues Slice an, das die Auswahl – und somit auch den Text – vollständig umschloß. Anschließend wurde das **Bewegen-Werkzeug** gewählt und die Auswahl wieder aufgehoben (Auswahl, Auswahl aufheben).

4. Für das noch ausgewählte Slice konnten nun in der Slice-Palette (nicht zu verwechseln mit der Palette Slice-Optionen) ein paar nötige Einstellungen vorgenommen werden. Damit die erzeugten Dateien später besser identifizierbar sind, wurde dem Slice im Feld **Name** der Name »Corporate« zugewiesen. Da ein Mausklick auf die Rubrik später die Datei Corporate.html laden sollte, wurde dieser Name im Feld **URL** eingetragen. Im Feld **Meldung** wurde noch einmal der Name der Rubrik wiederholt (dieser Text wird bei einem Rollover in der Statuszeile des Browsers angezeigt).

5. Rollover-Effekte werden in der Palette Rollover gespeichert. Zunächst enthält die Palette nur einen Zustand: den Grundzustand »Normal«. Um einen **neuen Rollover-**

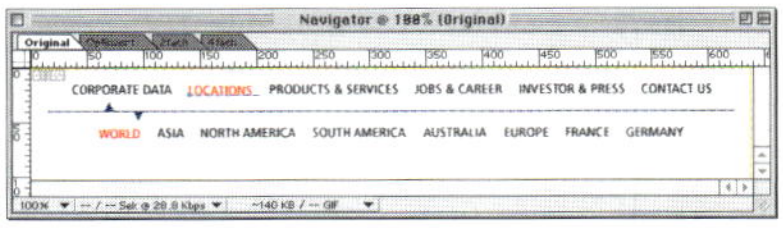

1

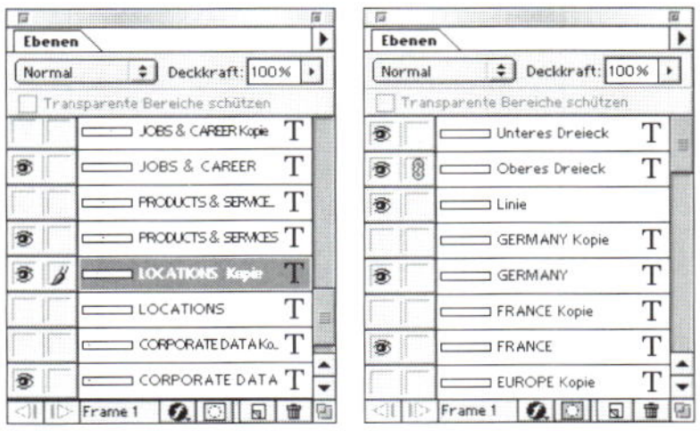

2a

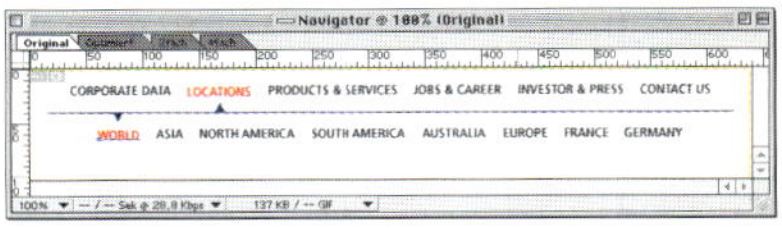

2b

3

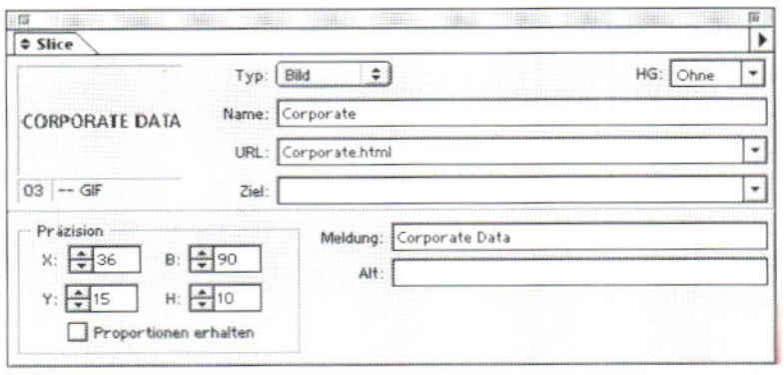

4

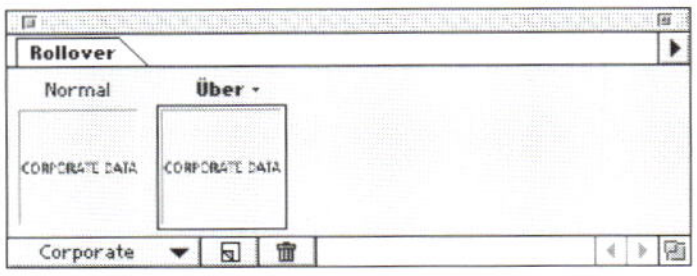

5

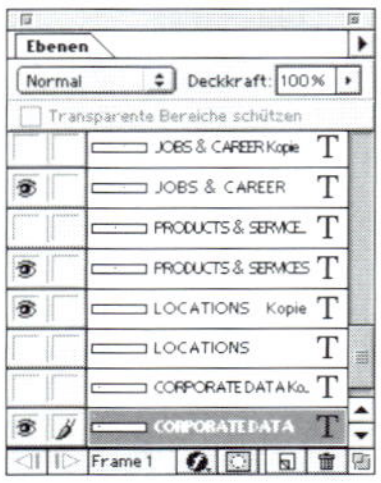

6a

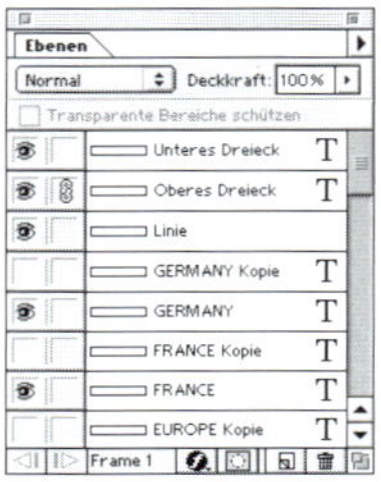

6b

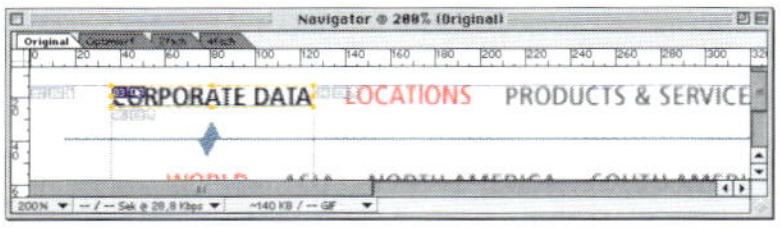

6c

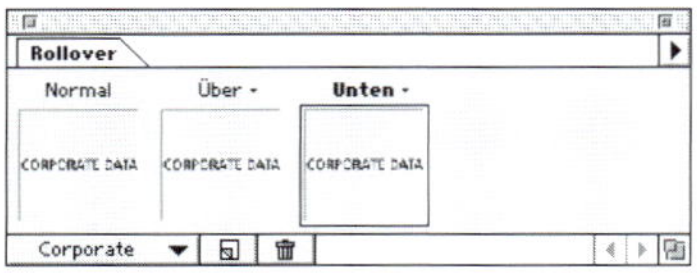

7

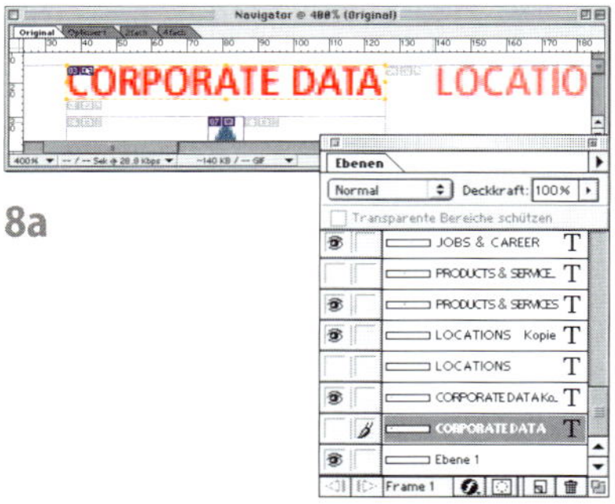

8a

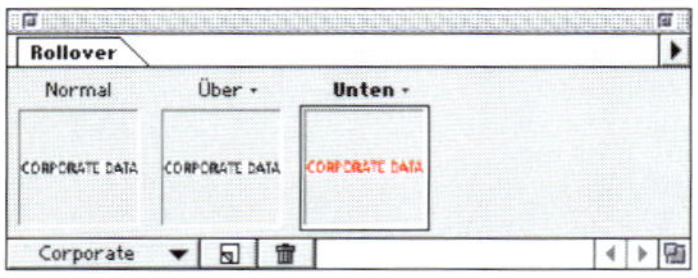

8b

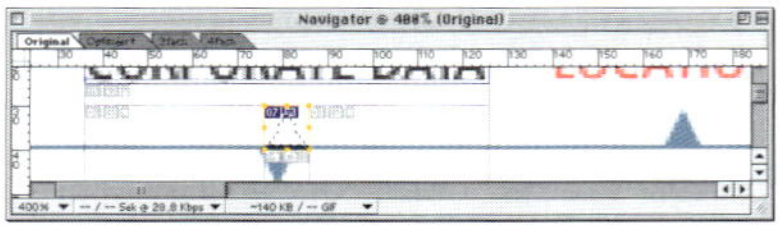

10

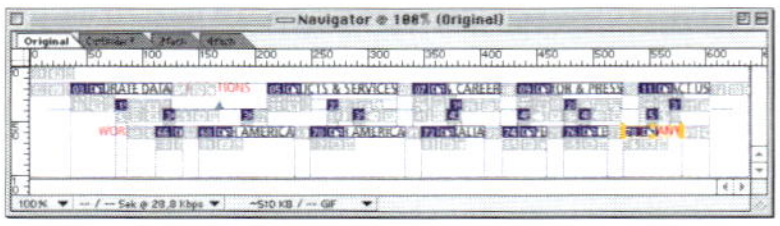

11

Zustand einzurichten, genügt ein Mausklick auf das Symbol ◱ der Palette. ImageReady legt dabei automatisch einen Zustand an, der auf Mausberührung reagiert (»Über«), also ein Rollover im eigentlichen Sinne. Das Programm kopiert dabei alle Einstellungen des Grundzustandes in den neuen Rollover-Zustand; im Bild änderte sich deshalb zunächst noch nichts.

6. Der Rollover-Effekt sollte ja darin bestehen, daß sich das Dreieck von »Locations« zu »Corporate Data« verschiebt. Deshalb wurde die Ebene »Corporate Data« ausgewählt (Mausklick auf ihr Etikett in der Ebenenpalette) und die Ebene »Oberes Dreieck« mit ihr verbunden. Der Befehl Ebene, Verbundene ausrichten, **Horizontale Mitte** richtete das Dreieck mittig am Text aus.

7. Ein erneuter Mausklick auf das Symbol ◱ in der Rollover-Palette legte einen weiteren Rollover-Zustand an, diesmal jedoch mit dem Auslöser **Mousedown** (»Unten«). Dieser Zustand wird aktiviert, wenn die Maustaste gedrückt und gedrückt gehalten wird. ImageReady übernahm für diesen Zustand alle Einstellungen vom Zustand »Über«.

8. Als Mousedown-Effekt sollte sich die **Farbe des Textes** von Schwarz zu Rot ändern. Deshalb wurde in der Ebenenpalette die Ebene »Corporate Data« ausgeblendet und die Ebene »Corporate Data Kopie« eingeblendet.

9. Nun waren alle Rollover-Zustände für die Rubrik »Corporate Data« eingerichtet. Durch Auswählen der **Thumbnails in der Rollover-Palette** konnten die Einstellungen für die drei Zustände noch einmal überprüft werden. Interessant dabei war, daß die Zustände »Über« und »Unten« eine andere Position des Dreiecks speicherten als der normale Zustand.

10. Ein Mausklick bei gedrückter Strg/⌘-Taste auf das Etikett der Ebene »Oberes Dreieck« lud deren Transparenzmaske als Auswahl. Die Funktion Slices, **Slice aus Auswahl erstellen** legte auch um diese Auswahl ein Slice an. (Dieser Schritt dient nicht dazu, für das Dreieck einen Rollover-Effekt einzurichten, sondern dazu, das Bild an dieser Stelle zu »zerschneiden«. Dadurch entstehen zwar mehr einzelne Dateien, es wird aber vor allem die Ladezeit für den Rollover-Effekt verkürzt.)

11. Für alle weiteren Rubriken waren die Schritte 3 bis 10 zu wiederholen. Für jedes Textelement und für jede Dreiecksposition wurden dabei neue Slices erstellt.

Speichern der Optimiert-Version als animiertes GIF

1. Um die Rollover-Effekte beizubehalten, muß die Optimiert-Version im GIF- oder PNG-Format gespeichert werden – das JPEG-Format ist nicht »animierbar«. Die nötigen Einstellungen sind in der Optimieren-Palette vorzunehmen. Damit sich die Einstellungen aber nicht nur auf ein einzelnes Slice auswirken, müssen zunächst das **Slice-Auswahlwerkzeug** aktiviert und der Befehl Auswahl, **Alle Slices** aufgerufen werden (oder Strg/⌘ + A). Dadurch wurden alle Slices ausgewählt. (Wenn beim Aufruf des Menübefehls keines der beiden Slice-Werkzeuge aktiviert ist, wählt ImageReady nicht die Slices, sondern Pixel aus. Außerdem müssen die Slices eingeblendet sein.)

2. In der Palette **Optimieren** wurde als Dateiformat GIF, die Farbumwandlungsmethode Selektiv und eine Farbtiefe von 32 Farben gewählt. Die Reduktion der Farbtiefe war für das Antialiasing der Schrift- und Grafikelemente vollkommen ausreichend.

3. Mit dem Befehl **Optimiert-Version speichern unter** aus dem Menü Datei wurde der Speichervorgang eingeleitet. Im erscheinenden Dialog mußten die Optionen HTML speichern und Bilder speichern aktiviert sein. Als Dateiname wurde der Name der Unterrubrik verwendet (World.html).

Mit der Schaltfläche **Optionen zum Speichern von Dateien** wurden die Konventionen für die Vergabe von Dateinamen überprüft (jedes Slice und jeder Rollover-Effekt wird unter einem eigenen Namen gespeichert). Wichtig war, daß neben dem Namen des Slice auch der Name des Dokuments mit in die Dateinamen aufgenommen wurde, da ja insgesamt sechs HTML-Dokumente zu erstellen waren und es sonst zu Namenskonflikten gekommen wäre. In diesem Dialog wurde auch der Name des Bilderordners festgelegt (in ihm werden alle Slices und Rollovers gespeichert).

4. Mit der Schaltfläche OK wurde der Dialog wieder geschlossen. Ein Mausklick auf **Sichern** startete den Speichervorgang. (Dies kann je nach Bildgröße und Anzahl der Slices einige Zeit dauern, da ImageReady für jedes Slice und jeden Rollover-Effekt die richtigen Ebenen miteinander verrechnen muß.)

5. Zu guter Letzt sollte auch die ImageReady-Ebenendatei unter einem eigenen Namen gespeichert werden. Dazu diente der Befehl **Speichern unter** aus dem Menü Datei. (Die Beispieldatei wurde unter dem Namen World.psd gesichert.) Diese Datei diente später als Ausgangsstadium für die übrigen sieben Unterrubriken, da die obere Textzeile ja unverändert blieb und nur die Ebeneneinstellungen der Unterrubriken angepaßt werden mußten.

6. Die in Schritt 4 gespeicherte HTML-Datei wurde sowohl im Communicator als auch im Internet Explorer auf ihre Funktionsfähigkeit überprüft.

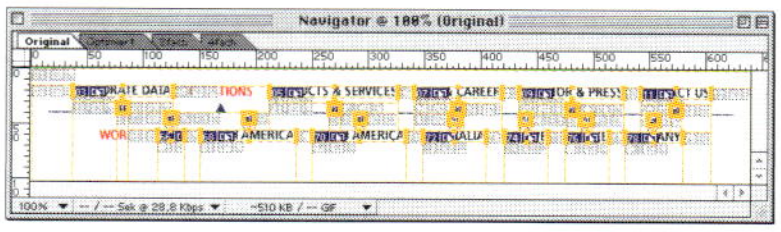

1

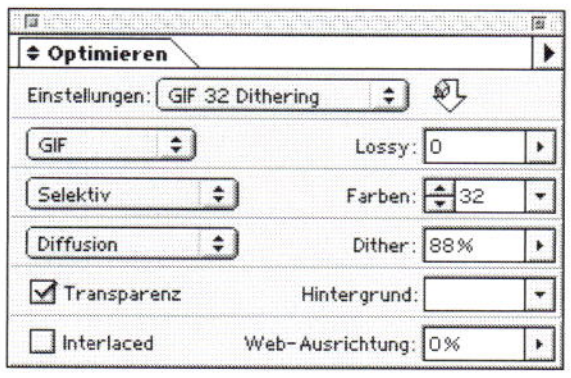

2

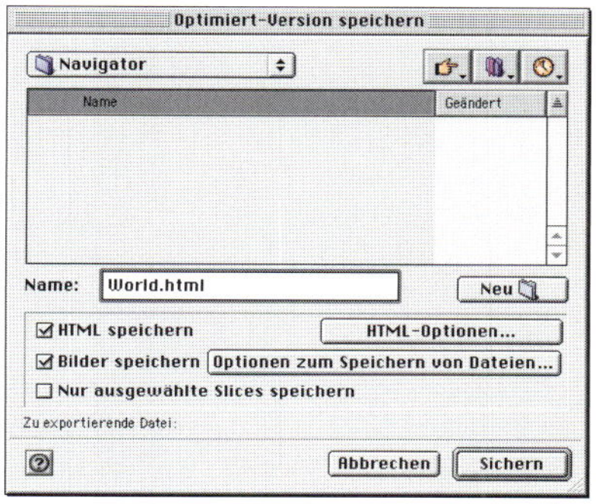

3a

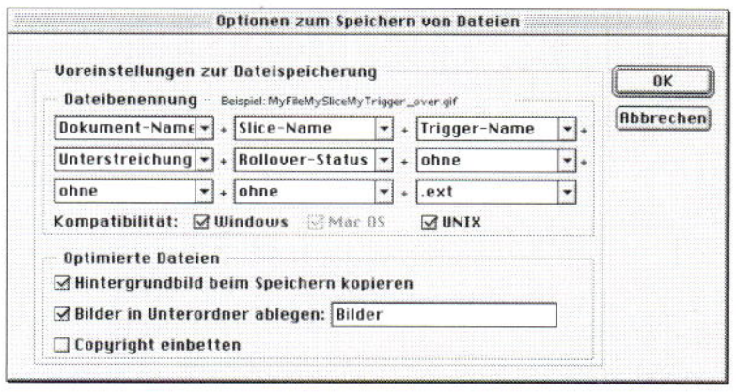

3b

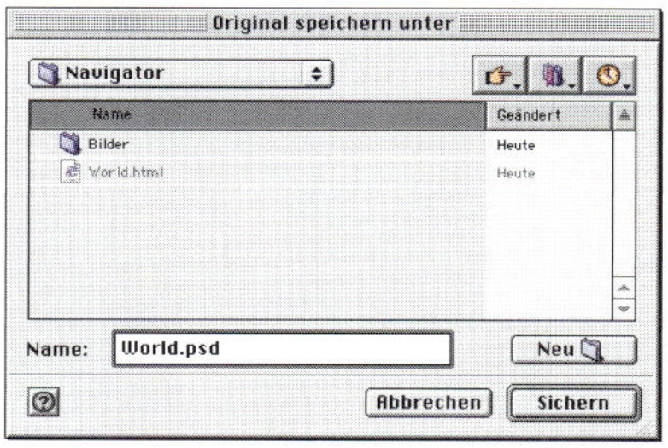

5

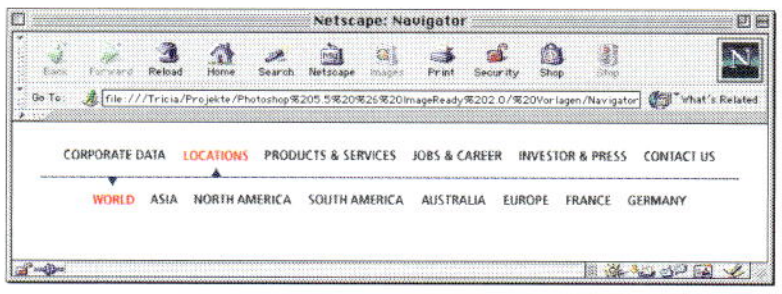

6

Standort-bestimmung

Wie mit Hilfe von Image-Maps Landkarten als Navigationsinstrumente einer Website dienen können

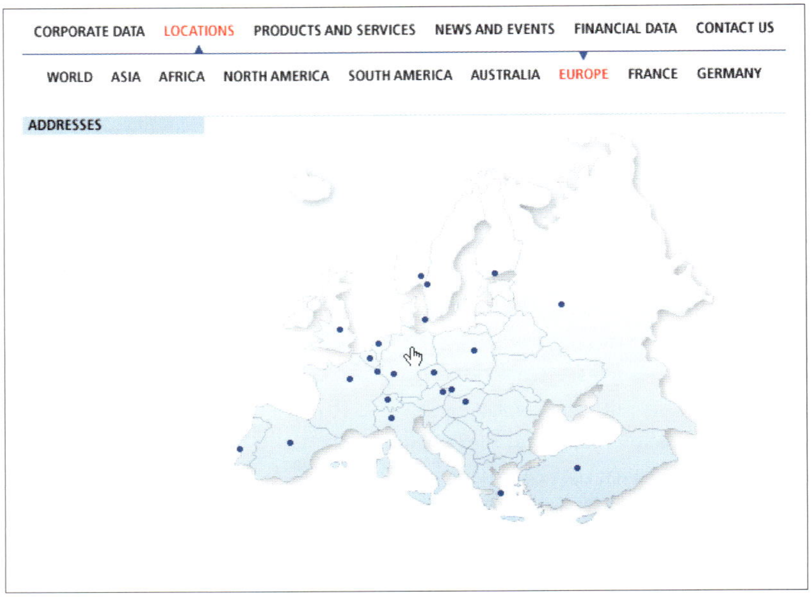

www.ksb.de

International tätige Unternehmen besitzen Niederlassungen und Vertretungen in vielen Ländern dieser Erde. Mit seiner Website wollte ein großer deutscher Pumpenhersteller nicht nur über seine Produkte und Dienstleistungen informieren, sondern Kunden und Interessenten auch die Möglichkeit geben, Standort und Adresse der nächstgelegenen Vertretung des Unternehmens ausfindig zu machen.

Neben der Auswahl über eine Navigatorleiste sollte diese Aufgabe mit Landkarten gelöst werden, die gegenüber einer rein sprachlichen Auswahl den Vorteil haben, daß sie direkt verstanden werden. Klickt der Internetnutzer auf sein Land, zeigt der Browser automatisch den Standort der nächstgelegenen Vertretung mit allen wichtigen Kommunikationsadressen an. Aus technischer Sicht bestand das Problem, in den Landkarten Hotspot-Bereiche zu definieren, die den unförmigen Konturen der Länder entsprachen. Eine Aufgabe, für die ImageReady prädestiniert ist.

Aufgrund der freien Formen der Länder konnten die Hotspot-Bereiche nicht als rechteckige Slices definiert werden. Hier bot sich die Verwendung einer Image-Map an, bei der die Flächen der Länder selbst als Hotspot-Bereiche dienten. Image-Maps sind die einzige Möglichkeit, um beliebig geformte Hotspot-Bereiche anzulegen.

Die Landkarten kaufte das Unternehmen bei einem Anbieter für Bildarchive ein. Die als Vektorgrafiken vorliegenden Karten mußten nicht nur in Pixelbilder umgewandelt, sondern optisch auch so aufbereitet werden, daß sie den Corporate-Design-Vorstellungen des Unternehmens entsprachen. Deshalb bestand die Aufgabe in ImageReady nicht nur darin, die Image-Map anzulegen, es mußte auch auf eine adäquate grafische Umsetzung geachtet werden.

→ ***Übungsmaterial auf der CD:***
Standortbestimmung
Vektorgrafik, Ebenendatei, HTML-Datei

Vorbereitungen

Die Vorbereitungen können wahlweise in Photoshop oder in ImageReady getroffen werden.

1. Die als Vektorgrafik im EPS-Format vorliegende Europakarte wurde geöffnet (Datei, **Öffnen**). Die im Dialog vorgeschlagenen Pixelabmessungen für die in Pixel umgewandelte Grafik konnten übernommen werden, da die Karte bereits in der richtigen Größe vorlag. Obwohl die Grafik aus mehreren Ebenen bestand, legte das Programm nur eine Bildebene (»Ebene 1«) an. Mit einem Doppelklick auf das Ebenenetikett in der Ebenenpalette wurde der Dialog Ebenen-Optionen geöffnet, um den Namen in »Europa« zu ändern. Die Datei wurde mit Datei, **Speichern unter** unter einem neuen Namen gespeichert, um die EPS-Datei nicht zu überschreiben.

2. Alle Landkarten sollten mit einem einheitlichen Farbverlauf gefüllt werden. Der vertikale Verlauf wurde in Photoshop in einer separaten Datei vorbereitet. Um den Verlauf bei jeder Karte an derselben Position einzufügen, wurde jeweils mit identischen Dateigrößen (640 mal 480 Pixel) gearbeitet. Die importierte Landkarte wurde deshalb mit dem Befehl **Arbeitsfläche** aus dem Menü Bild auf ebendiese Abmessungen vergrößert.

Alle Landkarten sollten oben an einer gemeinsamen Hilfslinie ausgerichtet werden. So war auch in dieser Datei eine entsprechende **Hilfslinie** an die vorgesehene Position zu ziehen (vertikal 105 Pixel) und die Europakarte daran auszurichten. (Hilfslinien lassen sich aus den Linealen herausziehen, die mit Ansicht, Lineale einblenden sichtbar gemacht werden können.)

3. Die Ebene »Europa« mit den hellgrauen Landmassen, dunkelgrauen Konturen und transparenten Wasserflächen würde später noch zum Auswählen der Landflächen benötigt werden. Deshalb wurde von ihr mit **Ebene duplizieren** aus dem Menü Ebene eine Kopie angelegt (»Europa Kopie«).

4. Von der neuen Ebene interessierten jedoch nur die Konturen der Länder. Die grauen Flächen sollten ja durch den Farbverlauf ersetzt werden. Deshalb wurden die grauen Flächen mit dem Dialog **Tonwertkorrektur** in weiße Flächen umgewandelt. Dies gelang mit der weißen Pipette des Dialogs, die die angeklickten grauen Flächen automatisch auf Weiß setzte. Die Schaltfläche OK des Dialogs wendete die Farbkorrektur an.

5. Das **Bewegen-Werkzeug** zog den separat vorbereiteten Farbverlauf per Drag-and-drop in das Fenster mit der Europakarte. Er wurde automatisch als neue Ebene über der Ebene »Europa Kopie« eingesetzt. (Das Drag-and-drop funktioniert auch zwischen Photoshop und ImageReady.)

6. Nachdem wieder die Ebene »Europa« aktiviert und die Ebene »Verlauf« ausgeblendet war, wählte der **Zauberstab** die Wasserflächen mit einer Toleranz von 4 Tonwerten und eingeschalteter Option Glätten (Palette Zauberstab-Optionen) aus.

7. Nun wurde wieder die Ebene mit dem Farbverlauf aktiviert und die Auswahl als Ebenenmaske gespeichert. Dazu wurde der Befehl Ebene, Ebenenmaske hinzufügen, **Auswahl maskieren** aufgerufen. (Alternativ kann auch bei gedrückter Alt/⌥-Taste auf das Symbol ⬚ der Ebenenpalette geklickt werden.) Damit die Konturen der Länder noch sichtbar waren, wurde als Ebenenmodus Multiplizieren gewählt.

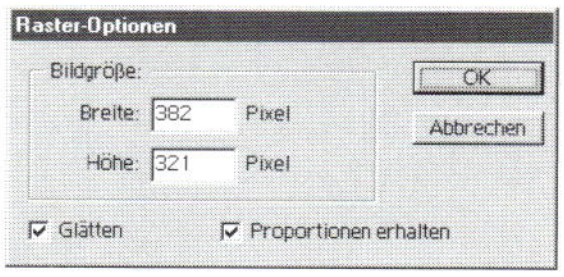

1a

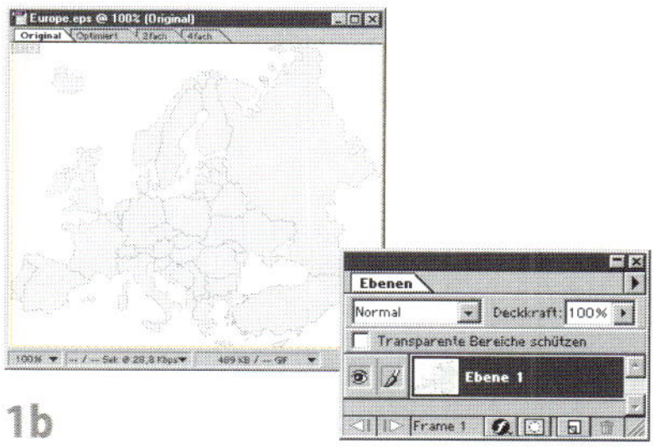

1b

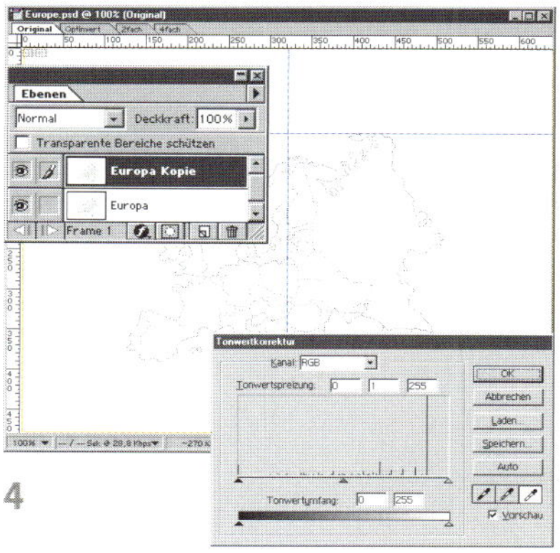

4

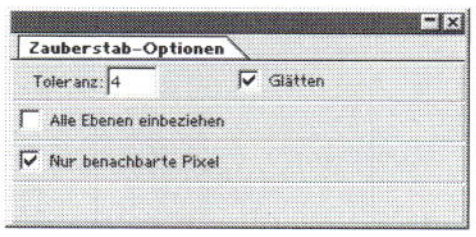

6

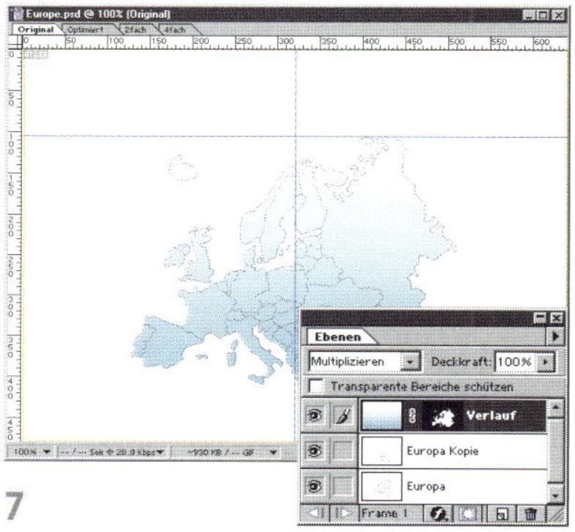

7

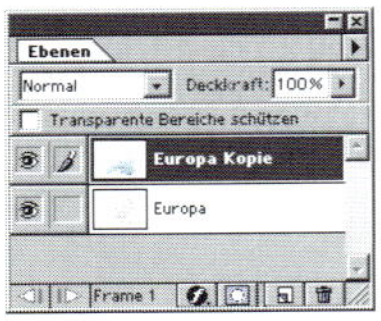

8

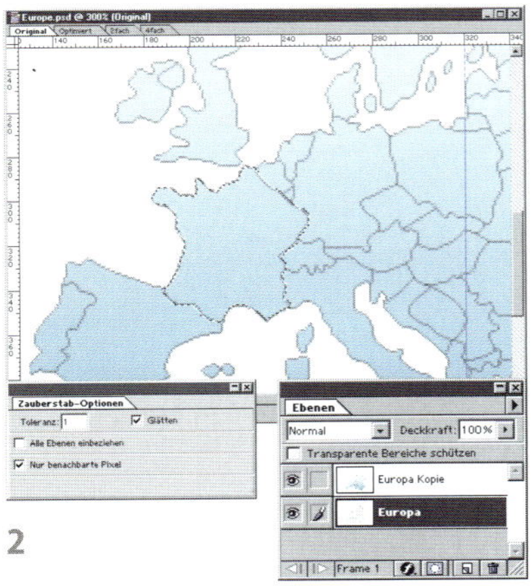

2

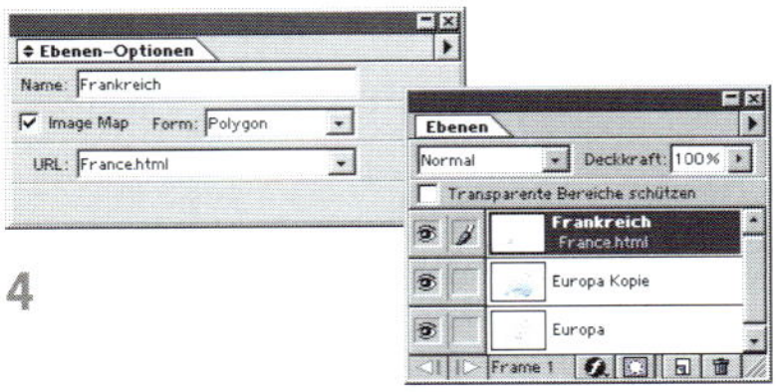

4

5

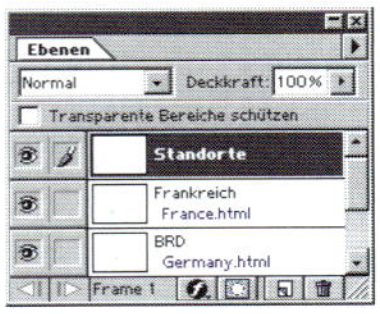

7a

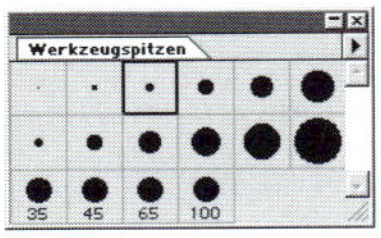

7b

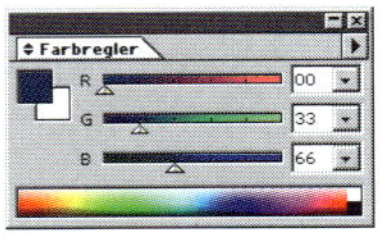

7c

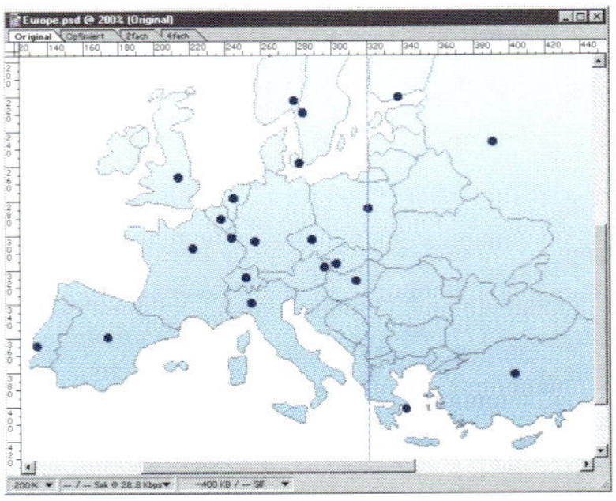

7d

3. Nun mußte wieder die Ebene »Europa Kopie« aktiviert werden, weil sie die mit dem Verlauf gefüllten Länder enthielt. Die Funktion Ebene, Neu, **Ebene durch Kopieren** (oder das Tastenkürzel Strg/⌘ + J) kopierte das ausgewählte Land in eine neue Ebene.

4. In der Palette Ebenen-Optionen wurde die neue Ebene nach dem Land benannt, das sie enthielt (z.B. »Frankreich«). Die Option **Image-Map** wurde aktiviert, damit der Inhalt der Ebene später als Hotspot-Bereich berücksichtigt wird. Damit die Form des Landes für den Hotspot-Bereich beibehalten wird, wurde unter Form die Option **Polygon** eingestellt.

Mit einem Mausklick auf das Land sollte ja später im Browser die dazugehörige Landkarte geöffnet werden. Die Verknüpfung des Hotspot-Bereichs mit dem richtigen HTML-Dokument konnte bereits in ImageReady vordefiniert werden. Dazu wurde in der Palette Ebenen-Optionen im Feld **URL** der Name der HTML-Datei eingegeben, für das Land Frankreich beispielsweise der Dateiname »France.html«. Dabei spielte es keine Rolle, daß das HTML-Dokument mit dem Namen »France.html« noch gar nicht angelegt war. Es mußte nur darauf geachtet werden, in einer späteren Arbeitsphase der Seite mit der Frankreichkarte auch tatsächlich diesen Namen zu geben.

Der Name des verknüpften HTML-Dokuments erscheint daraufhin im Etikett der Ebene.

5. Nachdem alle Einstellungen an der Ebene vorgenommen waren, wurde wieder die Ebene »Europa« aktiviert.

8. Der Befehl **Mit darunterliegender auf eine Ebene reduzieren** aus dem Menü Ebene (oder Strg/⌘ + E) faßte die Ebene mit dem Farbverlauf mit der Ebene »Europa Kopie« zusammen.

Anlegen der Image-Map in ImageReady

1. Wenn die Vorbereitungen in Photoshop getroffen wurden, wird nun mit der Sprungschaltfläche der Werkzeugpalette zu ImageReady gewechselt. Der Programmwechsel setzt voraus, daß der aktuelle Zustand der Datei gespeichert wird.

2. Die Auswahl der Landflächen erfolgte in der Ebene »Europa«. (Die Auswahl in der Ebene »Europa Kopie« wäre wegen der Verläufe weitaus schwieriger gewesen.) Als Werkzeug kam wieder der **Zauberstab** zur Anwendung. Damit der Zauberstab nur ein einziges Land auswählt und die Auswahl sich nicht über die als Konturen sichtbaren Landesgrenzen hinaus ausdehnt, wurde in der Palette Zauberstab-Optionen eine sehr niedrige Toleranz (1 Tonwert) eingestellt. Mit einem Mausklick in das Innere eines Landes wurde es ausgewählt.

6. Nun konnten der Reihe nach weitere Länder ausgewählt und als separate Ebenen angelegt werden. Dazu wurden die Schritte 2 bis 5 für jedes Land wiederholt.

7. Nachdem für alle Länder eigene Ebenen angelegt und die nötigen Einstellungen vorgenommen waren, wurde über allen Ebenen eine neue Ebene angelegt (»Standorte«), in der der **Buntstift** mit einem Durchmesser von 4 Pixeln und einem dunklen Blauton die Standorte des Unternehmens in Europa markierte.

8. Der für die Webseiten vorgesehene Hintergrund wurde separat in Photoshop erstellt und – wie schon zuvor der Farbverlauf – mit dem Bewegen-Werkzeug per Drag-and-drop in das Fenster mit der Europakarte gezogen. Die neue Ebene wurde in der Ebenenpalette an die unterste Position bewegt.

9. Um die Karte besser vom Hintergrund abzusetzen, erhielt die Ebene »Europa Kopie« noch einen **Schlagschatten** als Ebeneneffekt (Ebene aktivieren und Option Schlagschatten aus dem Effektemenü der Ebenenpalette wählen).

10. Nun mußte die Karte nur noch in der Horizontalen ausgerichtet werden. Dazu wurden alle Ebenen mit Ausnahme der Hintergrundebene miteinander verbunden. Eine neue **vertikale Hilfslinie** wurde an das rechte Ende des Kastens »Addresses« aus der Hintergrundebene gezogen (der Bereich darunter war für die Adressen reserviert). Bei gedrückter Umschalttaste wurden die verbundenen Ebenen mit dem **Bewegen-Werkzeug** nach rechts bewegt, bis der linke Rand der Europakarte an der Hilfslinie einschnappte.

Abschließende Arbeiten

Der Aufbau der Website wurde von HTML-Programmierern vorgenommen. ImageReady diente hier als ein Tool unter mehreren; die Site wurde nicht komplett mit ImageReady erstellt. Die Image-Map mußte deshalb so aufbereitet werden, daß die HTML-Programmierer sie optimal in die bestehende Struktur einbinden konnten.

1. Da nicht der gesamte Bildinhalt als Image-Map gespeichert werden sollte, zog das **Slice-Werkzeug** ein Slice um die Europakarte auf. Das Werkzeug orientierte sich dabei an den Hilfslinien, die gemäß dem Layoutraster aufgezogen wurden.

2. In der Palette **Optimieren** waren nun die Speicheroptionen festzulegen, mit denen das Slice gespeichert werden sollte (dazu muß das Slice ausgewählt sein). Aufgrund des gleichmäßigen Farbverlaufs fiel die Wahl auf JPEG als Dateiformat. In der Palette wurde außerdem eine geringe Komprimierung gewählt.

3. Um das Slice als Image-Map zu speichern und gleichzeitig das nötige HTML-Dokument zu erzeugen, wurde der Befehl **Optimiert-Version speichern unter** aus dem Menü Datei aufgerufen. Im Dialog mußten die Optionen HTML speichern, Bilder speichern und **Nur ausgewähltes Slice speichern** aktiviert sein. Mit der Schaltfläche Optionen zum Speichern von Dateien wird ein Dialog geöffnet, in dem ein Name für den Bilderordner vorgegeben werden kann.

4. Nun mußten nur noch die übrigen Webseiten mit den Landkarten angelegt werden, mit denen die Image-Map verknüpft ist. Die Namen der HTML-Dokumente entsprachen den Namen, die in der Palette Ebenen-Optionen festgelegt worden waren.

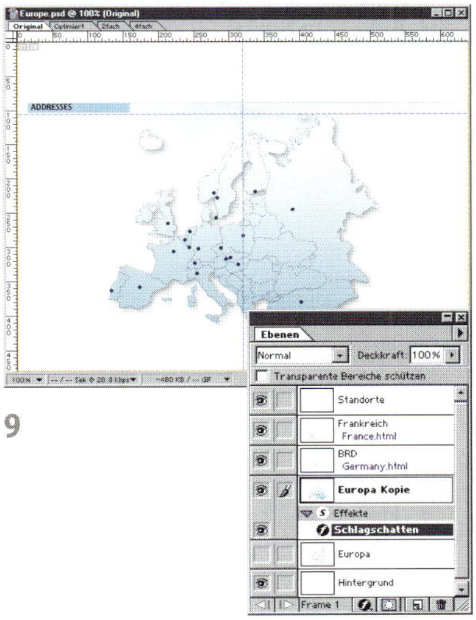

9

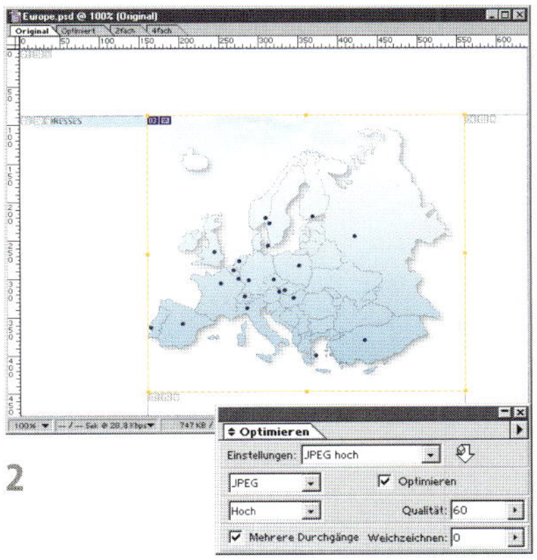

2

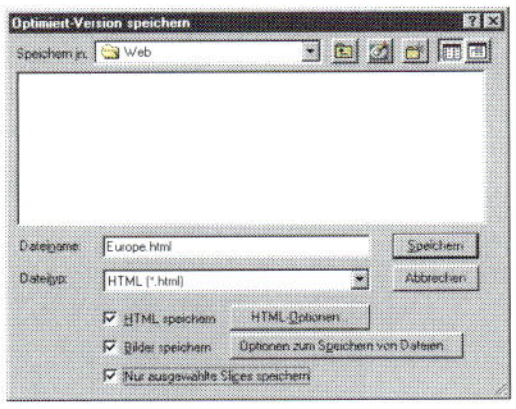

3a

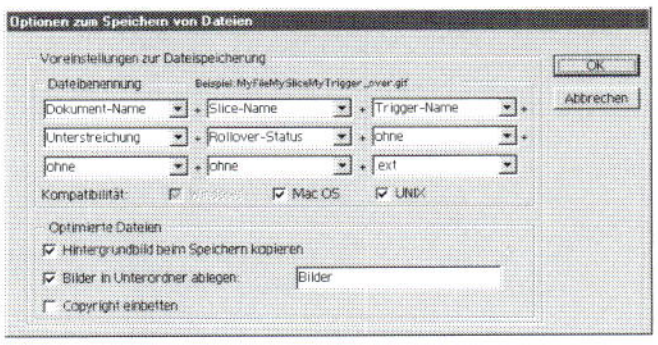

3b

Infos à la carte

Wie ImageReady als Tool zur Simulation von Animationseffekten eingesetzt werden kann

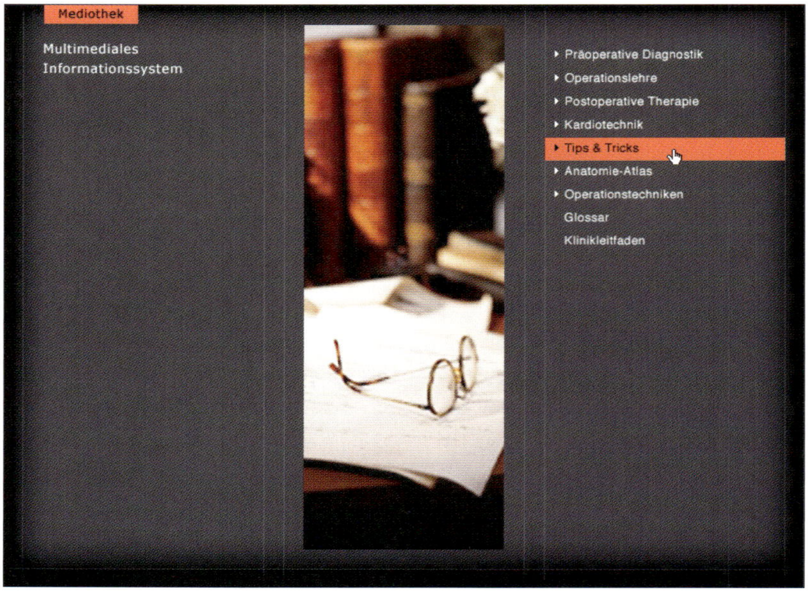

An der Entwicklung des Prototyps für ein multimediales Informationssystem für Herzchirurgen (»Cardio-OP«) sind Ärzte der Universitäten Heidelberg und Ulm, mehrere Entwicklerteams und das Designbüro des Autors beteiligt. Die Ärzte stellen die Inhalte zur Verfügung, die Entwicklerteams sind für die Realisierung des Datenbankmodells und des Authoring-Tools zuständig, und das Designbüro erarbeitet Richtlinien für die grafische Umsetzung. Das Informationssystem ist als Online-Datenbank und -Schulungsprogramm im Internet konzipiert und befindet sich derzeit noch im Forschungsstadium.

Zunächst bestand die Aufgabe des Designbüros darin, Layouts für die unterschiedlichen Bereiche des Informationssystems zu entwickeln, die zu einem späteren Zeitpunkt vom endgültigen Design abgelöst werden. Die Layouts werden vollständig in Photoshop erstellt. Ihre Umsetzung in HTML- oder JavaScript-Kode fällt in die Zuständigkeit der Entwicklerteams, die teilweise mit eigenen Entwicklerwerkzeugen arbeiten. ImageReady ist als Entwickler-Tool nicht vorgesehen, dennoch konnte das Programm in der ersten Designphase helfen, das Animationsverhalten der Navigationselemente zu veranschaulichen.

Innerhalb der Mediothek des Informationssystems – dem Wissenspool – sollte der hierarchische Themenaufbau in einer mehrstufigen Menüstruktur abgebildet werden. Nach Auswahl eines Oberthemas stellt dasselbe Menü die dazugehörigen Unterthemen zur Auswahl, die Auswahl eines Unterthemas blendet die Unterunterthemen ein usw. Damit der Internetnutzer in der komplexen Inhaltshierarchie nicht den Überblick verliert, entwickelte das Designbüro die Idee animierter Menüs, bei denen das ausgewählte Thema als Kopfzeile am oberen Rand stehen bleibt. Die Kopfzeile dient nicht nur als Überschrift, sondern ermöglicht auch die Rückkehr zu parallelen Themen. Für eine

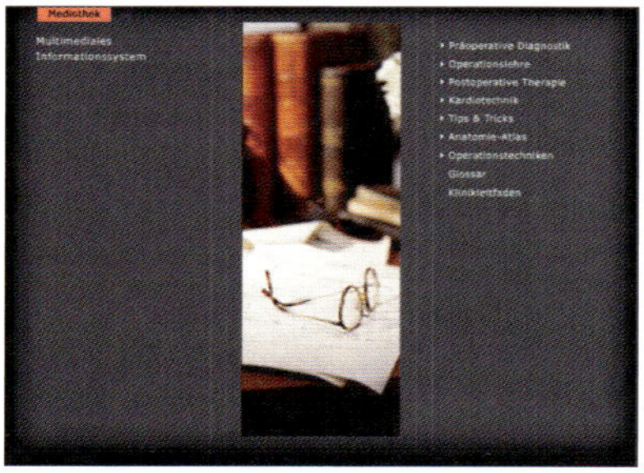

→ Übungsmaterial auf der CD:
Infos à la carte
Ebenendatei, HTML-Datei

Präsentation wurde das »mechanische« Verhalten der Menüs mit HTML-Dateien demonstriert, die in ImageReady erzeugt wurden. Die folgenden Arbeitsschritte beschränken sich auf zwei Hierarchieebenen (Hauptmenü und Untermenü).

Vorbereitungen

1. Nachdem die Hintergrunddatei in ImageReady geöffnet war, wurden die benötigten Ebenen angelegt. Als erstes erfolgte die Eingabe der Textzeilen des Hauptmenüs mit dem **Textwerkzeug.** Schriftart, Schriftgröße und Zeilenabstand wurden – wie in den Designrichtlinien für das multimediale Informationssystem festgelegt – vorher in die Textpalette von ImageReady eingegeben. Die Definition der Schriftfarbe (Weiß) erfolgte in der Palette Farbregler.

Die Textebene erhielt den Namen »Hauptmenü« (Palette Ebenen-Optionen).

2. Beim Ausrichten des Textes boten sich **Hilfslinien** an, die aus den Linealen herausgezogen wurden. Der horizontale Abstand des Textes zum linken Menürand betrug genau 20 Pixel.

3. Die den Menüeinträgen vorangestellten Dreiecke wurden in einer neuen Ebene (»Dreiecke«) mit dem **Buntstift** und weißer Farbe gezeichnet. Nachdem ein Dreieck fertiggestellt und an der ersten Textzeile ausgerichtet war, wurde der gesamte Ebeneninhalt ausgewählt (Strg/⌘ + A) und eine Kopie davon um 24 Pixel nach unten versetzt. Dabei wurde die Richtungstaste ↓ zu Hilfe genommen. Ein einmaliger Druck auf die Taste bei gleichzeitig gedrückter Umschalt-, Alt/⌥- und Strg/⌘-Taste versetzte eine Kopie des Dreiecks um zehn Pixel nach unten (die Strg/⌘-Taste aktiviert das Bewegen-Werkzeug, die Alt/⌥-Taste den Kopie-Modus; die Umschalttaste bewirkt, daß die Kopie um zehn Pixel versetzt wird). Ein weiterer Druck auf die Taste bei gleichzeitig gedrückter Umschalttaste verschob das Dreieck um weitere zehn Pixel. Anschließend wurde die Taste noch viermal ohne Zusatztaste betätigt (Versatz um weitere vier Pixel).

Das Versetzen einer Kopie wurde so lange wiederholt, bis alle Menüeinträge mit Untermenü ein Dreieck besaßen.

4. Nun konnten die beiden Ebenen zu einer Ebene zusammengefaßt werden. Dazu wurde die Ebene »Hauptmenü« aktiviert und die Ebene »Dreiecke« mit ihr verbunden (das Aktivieren der Textebene war nötig, um ihren Namen beizubehalten). Die Funktion **Verknüpfte verbinden** aus dem Menü Ebene rechnete die Dreiecke in die Ebene »Hauptmenü« ein.

5. Da der Menüeintrag »Tips & Tricks« in der Simulation ausgewählt werden sollte, wurde in einer neuen Ebene (»Highlighter«) mit dem **Auswahlrechteck** ein Bereich eingegrenzt, dessen Breite der Menübreite und dessen Höhe dem Zeilenabstand entsprach (240 mal 24 Pixel). Die Auswahl wurde mit den Richtungstasten so in der Vertikalen ausgerichtet, daß ober- und unterhalb des Textes genügend Abstand blieb.

In der Farbreglerpalette wurde die Hervorhebungsfarbe (Rot) eingestellt. Die Funktion **Kontur füllen** aus dem Menü Bearbeiten (Breite 1 Pixel, Position Innen) füllte die Auswahl mit einem ein Pixel breiten Rahmen.

6. In einer weiteren Ebene (»Haupteintrag«) wurde die noch bestehende Auswahl vollständig gefüllt (Bearbeiten, **Fläche füllen** oder Alt/⌥ + Rückschritt).

1

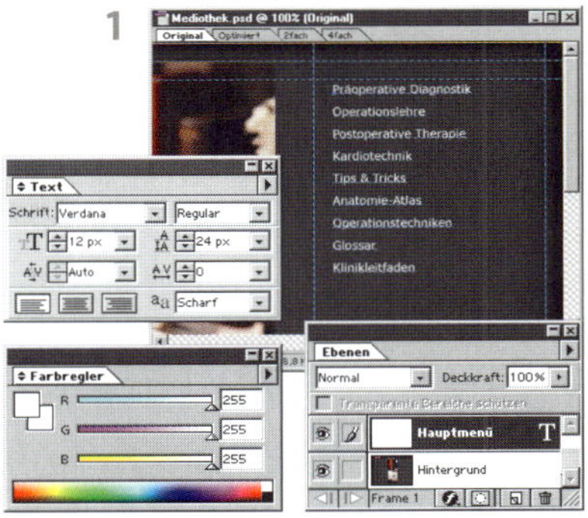

3

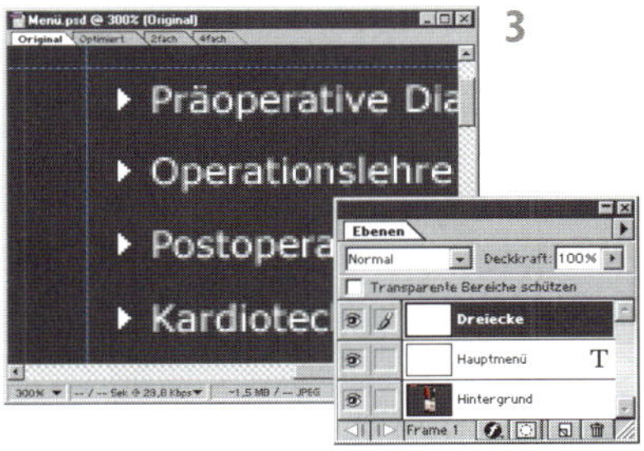

5

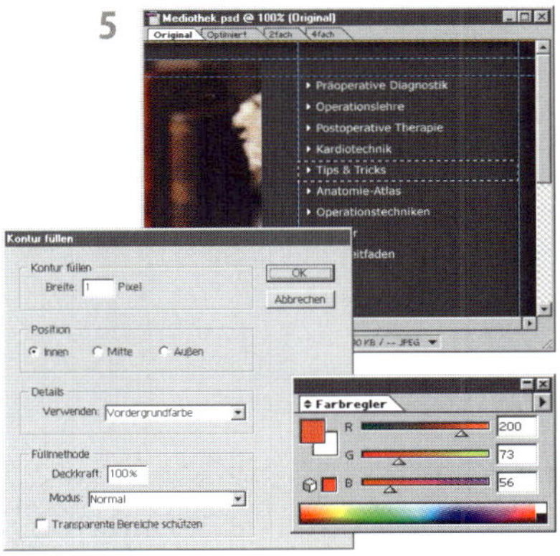

6

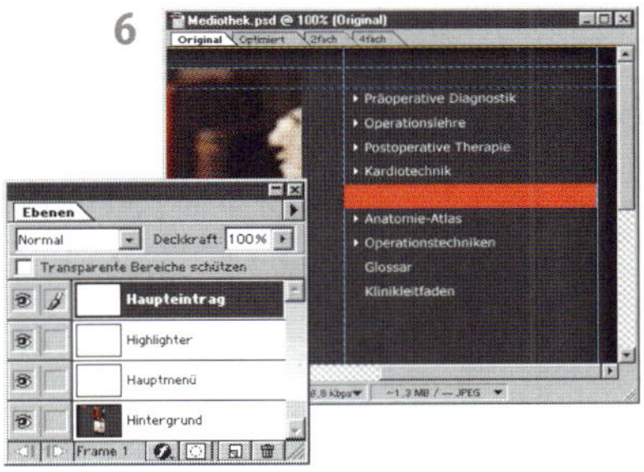

7

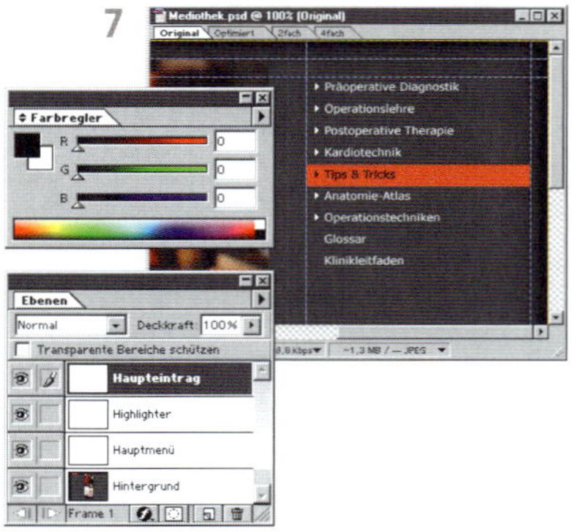

9

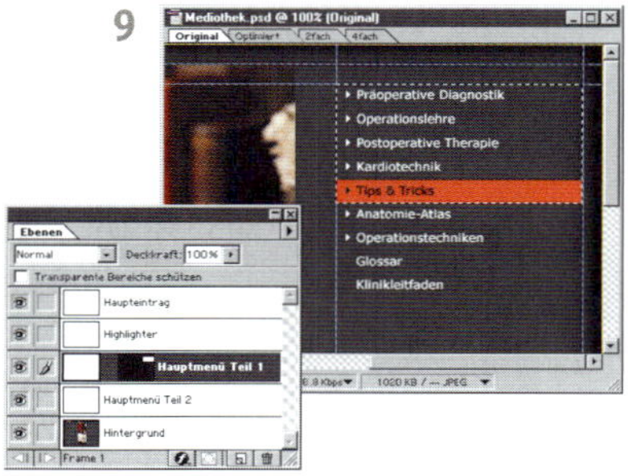

10

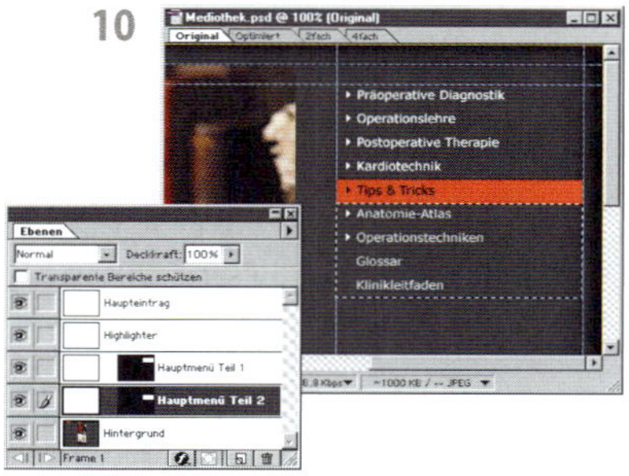

11

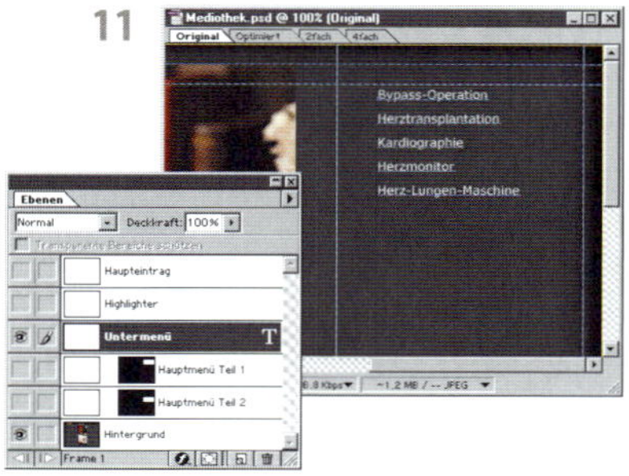

12

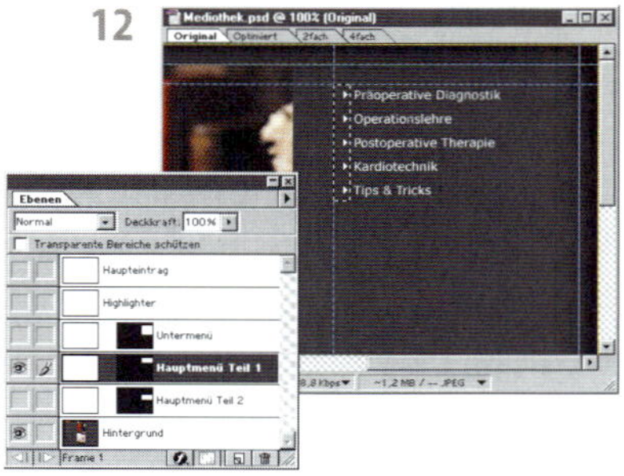

13

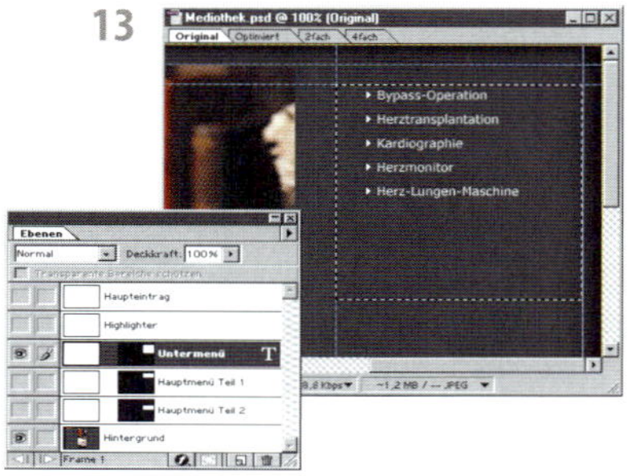

7. Nachdem in der Ebenenpalette die Textebene (»Hauptmenü«) aktiviert war, kopierte die Funktion Ebene, Neu, **Ebene durch Kopieren** den Eintrag »Tips & Tricks« samt vorangestelltem Dreieck in eine neue Ebene. (Wenn die Auswahl zwischenzeitlich aufgehoben wurde, muß sie mit der Funktion Erneut auswählen aus dem Menü Auswahl wiederhergestellt werden). In der Palette Farbregler wurde die Farbe Schwarz eingestellt und der Text damit gefüllt (Umschalt-, Alt/⌥- und Rückschrittaste). Die Ebene wurde in der Ebenenreihenfolge über die Ebene »Haupteintrag« gestellt und mit der Funktion **Mit darunterliegender auf eine Ebene reduzieren** in sie eingerechnet.

8. Von der Ebene »Hauptmenü« wurde ein **Duplikat** erzeugt (Etikett der Ebene auf das Symbol ◲ der Ebenenpalette ziehen). Die beiden Ebenen wurden in »Hauptmenü Teil 1« und »Hauptmenü Teil 2« umbenannt.

9. Das **Auswahlwerkzeug** wählte nun den oberen Teil des Hauptmenüs aus. Die Breite der Auswahl entsprach wieder der Breite des Menüs, die Höhe mußte ein Vielfaches von 24, dem Zeilenabstand, betragen. Die Auswahl schloß auch den von der Ebene »Haupteintrag« eingenommenen Bildbereich mit ein. In der Ebene »Hauptmenü Teil 1« (Ebenenetikett aktivieren) speicherte ein Mausklick auf das Symbol ⬚ der Ebenenpalette die Auswahl als Ebenenmaske.

Ein Mausklick auf das Kettensymbol zwischen den Thumbnails von Ebene und Ebenenmaske im Etikett der Ebene hob die **Verbindung** zwischen beiden auf.

10. Nun wählte das **Auswahlwerkzeug** den unteren Bereich des Hauptmenüs aus, der von der ersten Auswahl nicht berücksichtigt wurde. Nachdem die Ebene »Hauptmenü Teil 2« aktiviert worden war, wurde die Auswahl ebenfalls als Ebenenmaske gesichert. Auch hier wurde die Verbindung zwischen Ebene und Ebenenmaske aufgehoben.

11. Für das **Untermenü** legte das Textwerkzeug eine neue Textebene an. Die Schriftparameter wurden automatisch aus der Textpalette übernommen, die Farbe Weiß mußte erneut eingestellt werden. Die Ebene erhielt den Namen »Untermenü«, wurde über die Ebene »Hauptmenü Teil 1« gestellt und wie die erste Textebene (Schritt 2) an den Hilfslinien ausgerichtet. Da die Untermenüs um 40 Pixel nach rechts eingerückt werden sollten, wurde die Umschalt-

und die Strg/⌘-Taste gedrückt gehalten und viermal die Richtungstaste → betätigt.

12. In der Ebene »Hauptmenü Teil 1« wählte das **Auswahlwerkzeug** die vorangestellten Dreiecke, nicht aber den Text aus. Der Befehl Ebene, Neu, **Ebene durch Kopieren** kopierte die Dreiecke in eine neue Ebene. Nachdem der Ebeneninhalt um 20 Pixel nach rechts verschoben worden war, wurde die Ebene »Untermenü« aktiviert und die Ebene mit den kopierten Dreiecken mit ihr verbunden. Die Funktion **Verknüpfte verbinden** faßte beide Ebenen zusammen.

13. Zwei Mausklicks bei gedrückter Umschalt- und Strg/⌘-Taste auf die Thumbnails der Ebenenmasken der Ebenen »Hauptmenü Teil 1« und »Hauptmenü Teil 2« luden sie als kombinierte Auswahl. Diese Auswahl wurde in der Ebene »Untermenü« als **Ebenenmaske** gesichert. Wie schon zuvor wurde auch hier die Verbindung zwischen Ebene und Maske aufgehoben.

Der Rollover-Effekt

1. Die gesamte Menümechanik besteht im Grunde aus nichts anderem, als bestimmte Ebenen in der Vertikalen zu verschieben und dabei teilweise mit Ebenenmasken zu maskieren. Außerdem sollte die Menüsimulation als Teil eines Rollover-Effekts abgespielt werden. Im ersten Schritt war daher der **Grundzustand** einzustellen, der dann sichtbar ist, wenn kein Rollover-Status aktiviert ist. Im Grundzustand ist nur das Hauptmenü sichtbar, der auswählbare Haupteintrag jedoch nicht hervorgehoben. Deshalb wurden alle Ebenen mit Ausnahme der Ebenen »Hintergrund«, »Hauptmenü Teil 1« und »Hauptmenü Teil 2« ausgeblendet.

2. Ein Mausklick bei gedrückter Strg/⌘-Taste auf das Thumbnail der Ebenenmaske der Ebene »Untermenü« lud sie als Auswahl. Die Auswahl wurde anschließend mit der Funktion **Slice aus Auswahl erstellen** aus dem Menü Slices in ein Slice umgewandelt. Die Auswahl konnte anschließend wieder aufgehoben werden, das Slice blieb jedoch aktiv.

3. Für dieses Slice wurde nun ein Rollover-Effekt eingerichtet. Zwar müßte der Rollover-Effekt eigentlich nur über dem Eintrag »Tips & Tricks« wirksam sein – da die Animation jedoch nur die grundlegende Mechanik des Menüs demonstrieren sollte, konnte dieser Fehler zur Vereinfachung getrost vernachlässigt werden. (Die spätere Implementierung der Menümechanik sollte mit Spezial-Tools vorgenommen werden.) In der Rollover-Palette wurde deshalb mit einem Mausklick auf das Symbol ◳ ein **neuer Rollover-Status** erzeugt. Der neue Status bekam automatisch den Auslöser Über zugewiesen, der auf Mausberührung reagiert. Zunächst unterschied sich dieser Status nicht vom Grundzustand.

4. Als Rollover sollte die **rote Rahmenkontur** sichtbar werden. Dazu wurde die Ebene »Highlighter« eingeblendet.

5. Das Symbol ◳ der Rollover-Palette legte einen weiteren Rollover-Status an. ImageReady gab automatisch den Auslöser Unten vor, der bei gedrückter Maustaste aktiv wird. Im Menü über dem Status-Thumbnail wurde der Auslöser auf **Mausklick** abgeändert.

6. In der Ebenenpalette wurde die Ebene »Haupteintrag« eingeblendet. Dieser Zustand sollte das **Ausgangsstadium** der Menüanimation bilden.

2

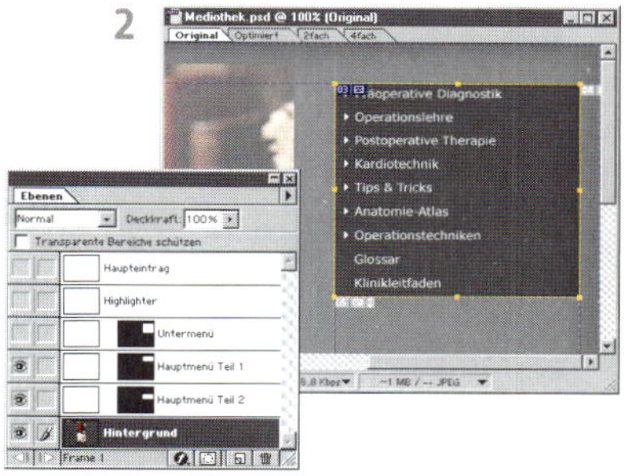

4

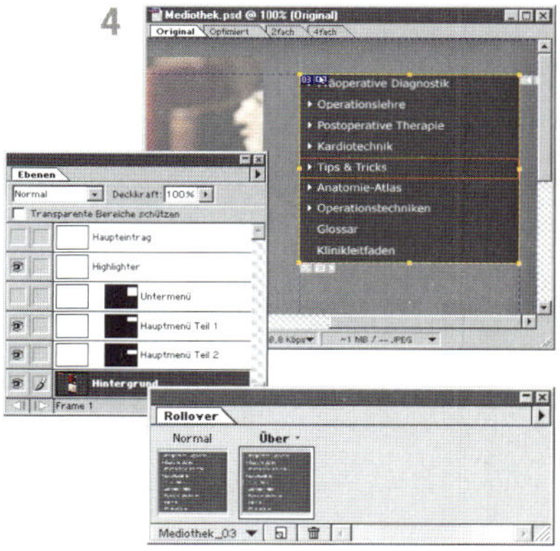

6

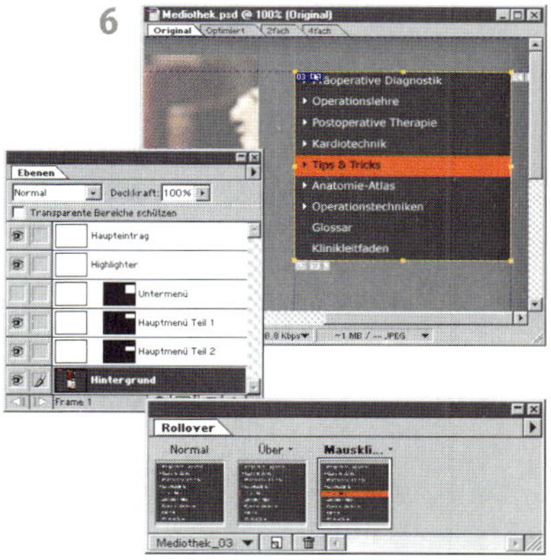

1

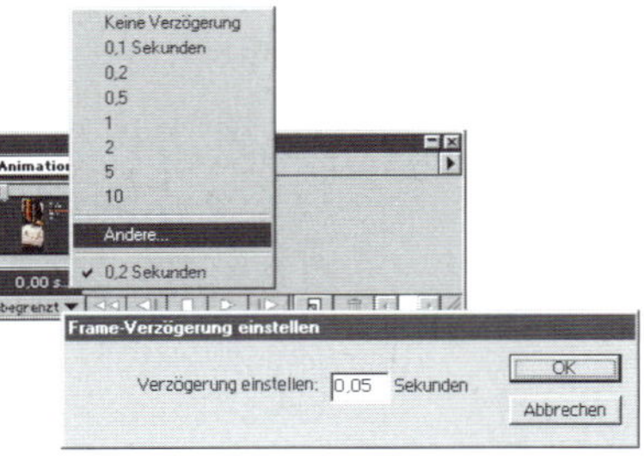

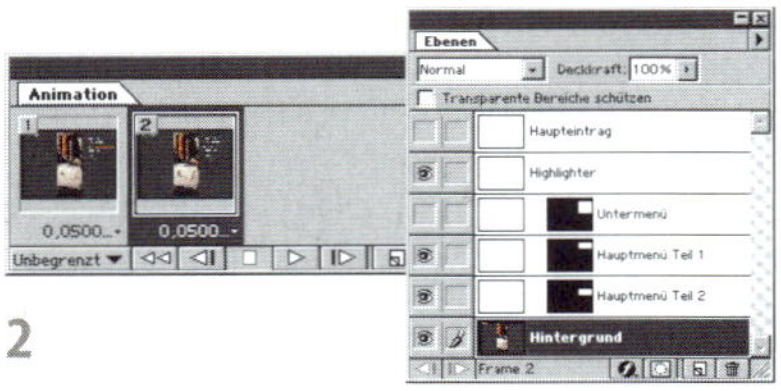

2

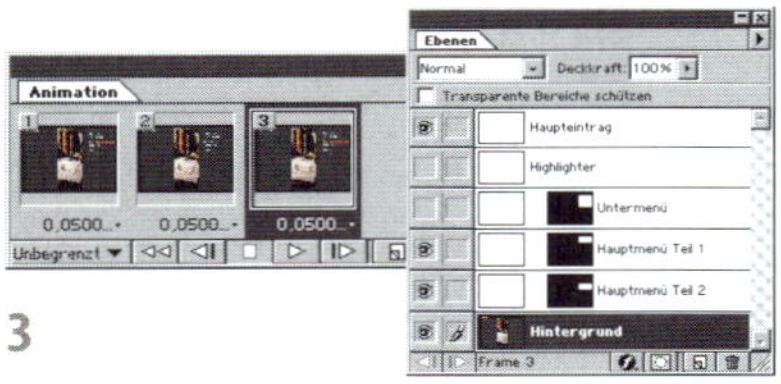

3

4

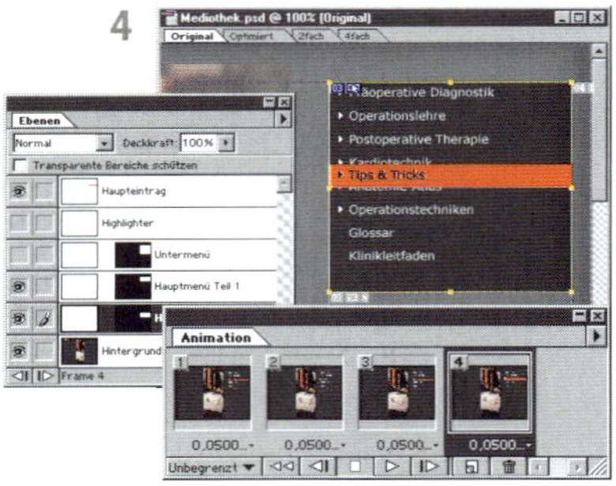

5

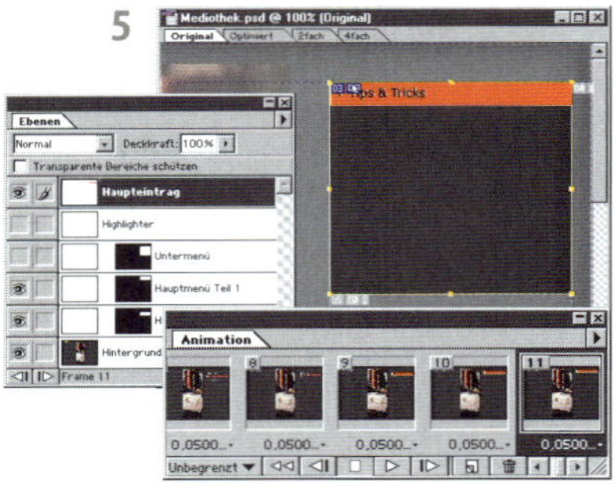

Die Animation

1. Für die nächsten Schritte wurde die Palette Animation an einer günstigen Stelle auf dem Bildschirm plaziert. Da mit einer Bildfrequenz von 18 Bildern pro Sekunde gute Erfahrungen gemacht wurden, wurde für den ersten Frame der Animation ungefähr eine 18tel Sekunde als Einblendezeit eingestellt. Dazu wurde das Menü unterhalb des Frame-Thumbnail geöffnet und der Befehl **Andere** gewählt. Im Dialog konnte der Wert als Dezimalzahl mit zwei Nachkommastellen eingegeben werden (0,05 Sekunden).

Die Einblendezeit bereits für den ersten Frame einzustellen hatte den Vorteil, daß ImageReady diesen Wert automatisch für alle weiteren Frames übernahm und die umständliche Eingabe nicht für jeden Frame wiederholt werden mußte.

2. Mit dem Symbol ⧉ wurde ein neuer, **zweiter Frame** angelegt, der alle Eigenschaften des ersten übernahm. Die Ebene »Haupteintrag« wurde für diesen Frame wieder ausgeblendet.

3. Nachdem ein **dritter Frame** angelegt worden war, wurde die Ebene Ebene »Haupteintrag« wieder eingeblendet. Die Ebene »Highlighter« konnte nun ausgeblendet werden, da sie für den weiteren Animationsverlauf nicht mehr benötigt wurde und sogar gestört hätte.

4. Im nun folgenden Schritt kam es darauf an, keinen Fehler zu machen. Zuerst wurde ein **vierter Frame** angelegt, der automatisch die Einstellungen des vorherigen übernahm. Anschließend wurden folgende Ebenen und Ebenenmasken nach oben verschoben:

- die Ebene »Haupteintrag« um 12 Pixel (halber Zeilenabstand),
- die Ebenenmaske der Ebene »Hauptmenü Teil 1« ebenfalls um 12 Pixel (da Ebene und Maske nicht miteinander verbunden waren, wurde die Ebene nicht mitbewegt),
- die Ebene »Hauptmenü Teil 2« um 24 Pixel (ganzer Zeilenabstand; die Maske wurde nicht mitbewegt) und
- die Ebenenmaske der Ebene »Hauptmenü Teil 2« um 12 Pixel.

Da die Ebenen und Ebenenmasken unabhängig voneinander verschoben wurden, mußte sorgfältig darauf geachtet werden, das richtige Thumbnail im Etikett der Ebene anzuklicken.

5. Schritt 4 wurde so lange wiederholt, bis der Haupteintrag an die oberste Zeile bewegt und auch Teil 2 des Menüs unter der vom Haupteintrag verdeckten Fläche verschwunden war. Die erste Phase der Animation war damit perfekt.

6. Die zweite Phase bestand im Ausfahren des Untermenüs. Im ersten Schritt sollte das vorangestellte Dreieck nach unten umklappen, um anzuzeigen, daß nun eine untergeordnete Hierarchiestufe folgt – eine Konvention, die Macintosh-User vom Finder des Mac OS her kennen. Dazu wurde ein **neuer Frame** angelegt und das Dreieck in der Ebene »Haupteintrag« mit dem Auswahlrechteck ausgewählt. Die Funktion Ebene, Neu, **Ebene durch Kopieren** übertrug den Inhalt der Auswahl in eine neue Ebene.

Die Funktion **Um 90° im UZS drehen** (Menü Bearbeiten, Transformieren) drehte das Dreieck mit der Spitze nach unten. ImageReady dreht standardmäßig um den Mittelpunkt des Ebeneninhalts; dies wurde bereits bei der vorherigen Auswahl berücksichtigt (sie wurde quadratisch aufgezogen und optimal positioniert).

7. Nun konnte die Ebene »Untermenü« aktiviert und eingeblendet werden. Da die erste Zeile von der Ebene »Haupteintrag« verdeckt wurde, wurde der Ebeneninhalt um 24 Pixel nach unten versetzt. Aus praktischen Erwägungen heraus wurde die zweite Phase in umgekehrter Reihenfolge aufgezeichnet – die Reihenfolge wurde später korrigiert. Der aktuelle Frame entsprach daher dem **Endzustand** der Animation.

8. Wieder legte das Symbol ◱ der Palette Animation einen **neuen Frame** an. Die Ebene »Untermenü« wurde nun um 12 Pixel nach oben versetzt (die Ebenenmaske wurde nicht mitverschoben, da sie nicht mit der Ebene verbunden war).

9. Schritt 8 wurde so lange wiederholt, bis das Untermenü vollständig hinter dem Haupteintrag verschwunden war.

10. Um die Reihenfolge der Frames in der zweiten Phase umzukehren, wurden alle dazugehörigen Frames ausgewählt. Da der letzte noch ausgewählt war, mußte nur der erste der Sequenz mit gedrückter Umschalttaste angeklickt werden – alle dazwischenliegenden Frames waren automatisch mit ausgewählt. Die Funktion **Frames umkehren** aus dem Menü der Palette Animation sortierte die Frames in die richtige Reihenfolge.

11. Was nun noch fehlte, waren die richtigen **Einblendezeiten** für die ersten beiden Frames der gesamten Animation – sie lassen den Menüeintrag blinken. Sie erhielten eine Einblendezeit von 0,2 Sekunden, die

6

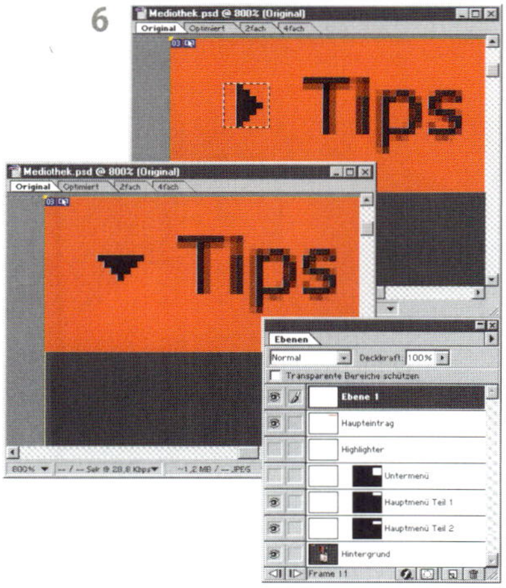

direkt im Menü unterhalb des Frame-Thumbnails ausgewählt werden konnte.

12. Im Menü links unten in der Palette Animation wurde die Option **Einmal** eingestellt, damit die Animation nur einmal abgespielt wird.

13. Der letzte Zustand der Datei wurde als PSD-Datei gesichert (Datei, Speichern unter). Anschließend wurde in der Werkzeugpalette das Slice-Auswahlwerkzeug aktiviert und im Menü Auswahl der Befehl **Alle auswählen** aufgerufen, um alle Slices auszuwählen. In der Palette Optimieren erhielten alle Slices dieselben Einstellungen (GIF, 256 Farben, Diffusion 100 %). Der Befehl Datei, **Optimiert-Version speichern unter** speicherte die nötigen Dateien zur Wiedergabe in einem Webbrowser.

14. Zum Schluß erfolgte eine Überprüfung der erzeugten HTML-Datei in den **Browsern** Netscape Navigator und Internet Explorer. Dabei stellte sich heraus, daß der Internet Explorer die festgelegten Zeiten exakter einhielt.

7

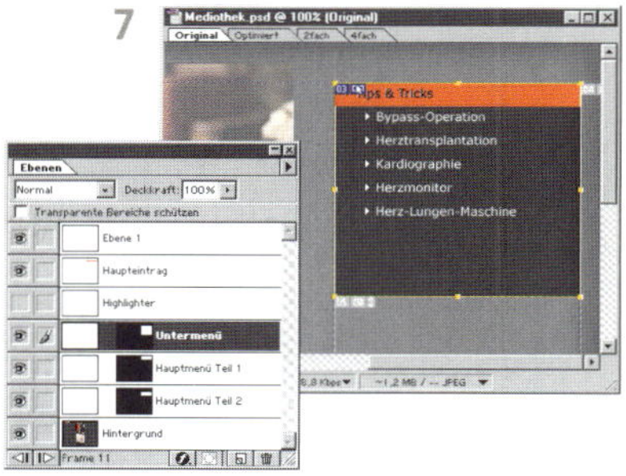

8

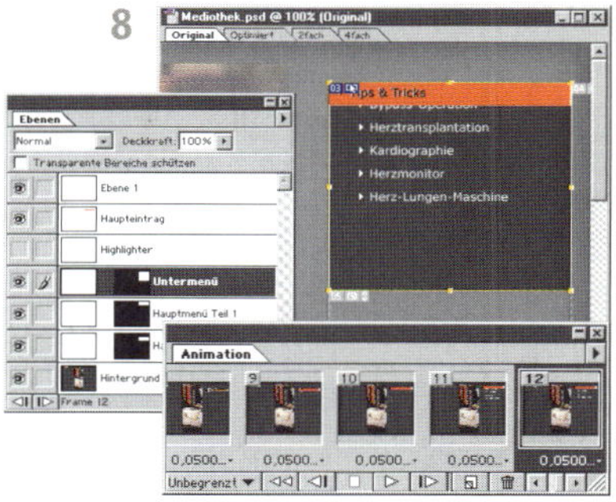

9

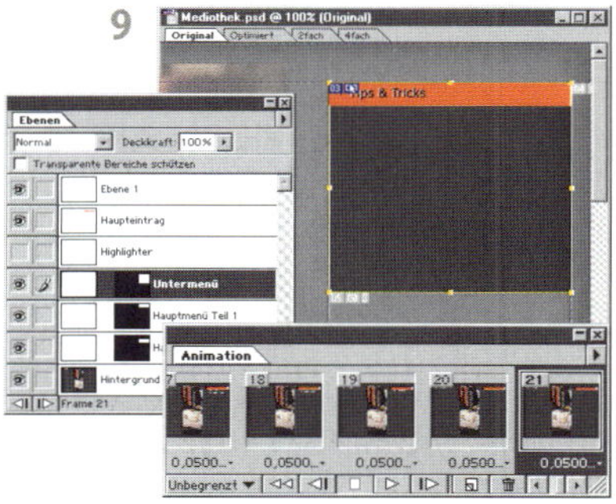

10

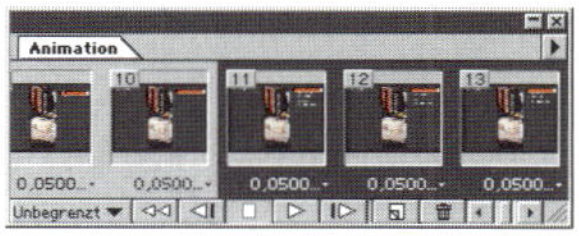

12

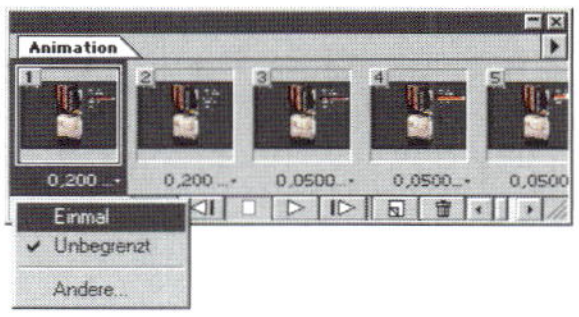

Hellauf begeistert

Wie sich ein Button auf einer Webseite in drei Rollover-Zuständen synchron animieren läßt

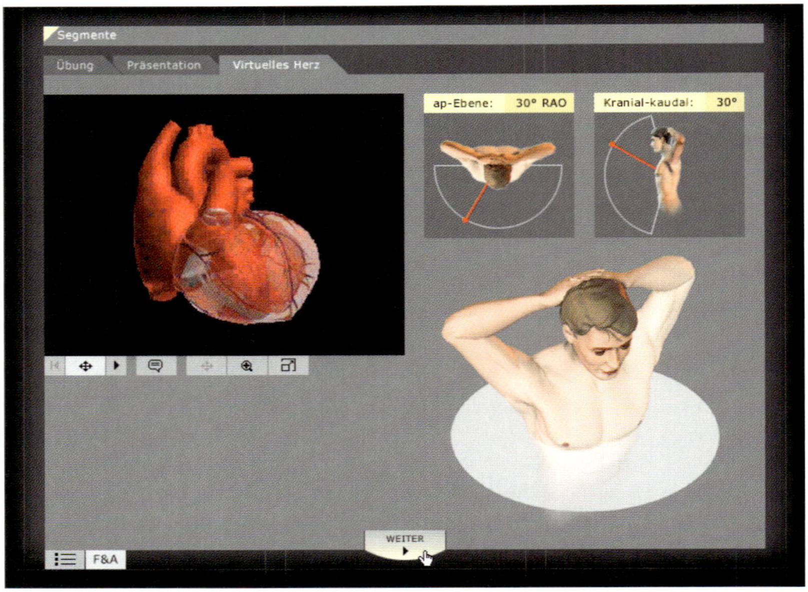

3-D-Herzmodell: Entec

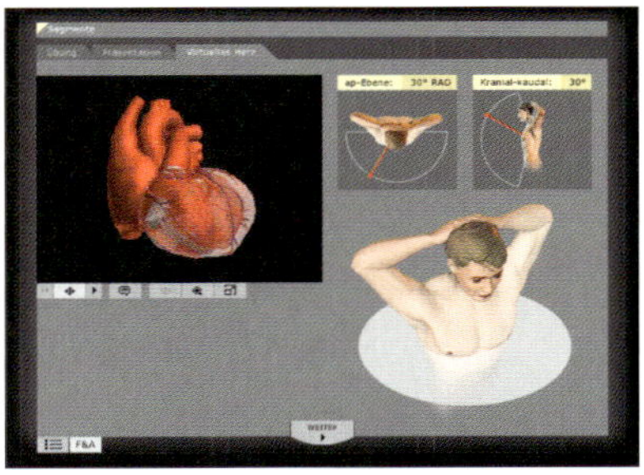

→ *Übungsmaterial auf der CD:*
Hellauf begeistert
Ebenendatei, HTML-Datei

Im multimedialen Informationssystem für Herzchirurgen, das bereits im vorigen Kapitel vorgestellt wurde, sollten auch animierte Buttons zur Anwendung kommen. Die Buttons sollten mit auf- und abblendendem »Licht« hervorgehoben werden. Auf die Button-Animation wurde deshalb Wert gelegt, weil sie die Aufmerksamkeit des Nutzers auf bestimmte Steuerungselemente lenkt, die für den Fortgang eines Trainingskurses von besonderer Bedeutung sind.

Der Button besitzt drei Zustände (Normal, Rollover und Mousedown) und somit auch drei Animationen. Das Besondere daran ist, daß die Animationen der drei Zustände synchronisiert sind. Wenn also durch eine Mausaktion in einen anderen Rollover-Zustand gewechselt wird, beginnt dessen Animation nicht mit dem ersten Frame der Sequenz, sondern fährt mit der nächsten Frame-Nummer fort. Dadurch wird der Eindruck erweckt, als sei die Beleuchtung des Buttons von seinen Rollover-Zuständen vollkommen unabhängig.

Um die Entwürfe des Designbüros den Softwareentwicklern vorzustellen, wurden die Animationen in ImageReady erstellt. ImageReady diente hier in der Gestaltungsphase als reines Präsentationstool. Die Software-Entwickler konnten jedoch Teile des HTML- und JavaScript-Kodes übernehmen und für ihre Zwecke modifizieren. Als die ganze Webtechnologie noch nicht so weit fortgeschritten war, wurden solche Präsentationen als QuickTime-Filme hergestellt, die zwar das Timing richtig wiedergaben, aber keine Interaktion ermöglichten. Einige Browserversionen haben Schwierigkeiten, das exakte Timing einzuhalten. Ausgiebige Tests zeigten, daß die Wiedergabe in einem Browser in jedem Falle von einem großzügig bemessenen Cache profitiert.

Vorbereitungen

1. Das Hintergrundbild und die Form des in einer separaten Datei vorbereiteten Buttons wurden in Photoshop geöffnet. Das **Bewegen-Werkzeug** zog den Button in das Fenster der Montagedatei und verschob ihn an die richtige Position. Die Ebene mit dem Button erhielt den Namen »Button«.

2. Der **Buntstift** zeichnete mit schwarzer Farbe in einer neuen Ebene (»Dreieck«) ein nach rechts zeigendes Dreieck wie bei der Wiedergabetaste von Hi-Fi-Geräten. Das Bewegen-Werkzeug richtete das Dreieck über dem Button aus.

3. Das **Textwerkzeug** öffnete mit einem Mausklick ins Bild den Dialog Textwerkzeug, in den die Beschriftung für den Button gemäß den Gestaltungsrichtlinien eingegeben wurde. Die Farbe des Textes war ebenfalls Schwarz.

4. Da die Datei später in ImageReady weiterbearbeitet werden sollte, ImageReady die Textebenen von Photoshop aber nicht immer richtig konvertiert (da beide Programme unterschiedliche Type-Engines benutzen), wurde die Textebene gerendert. Dies hätte mit dem Befehl Ebene rendern (Menü Ebene, Text) erfolgen können. Statt dessen wurde die Textebene jedoch direkt mit der Ebene »Dreieck« zu einer Ebene zusammengefaßt (Ebene, **Mit darunterliegender auf eine Ebene reduzieren**). Die neue Ebene erhielt den Namen »Beschriftung«.

5. Bei einem Rollover sollte sich die Farbe der Beschriftung ändern (Weiß statt Schwarz), bei gedrückter Maustaste zusätzlich die Helligkeit des Buttons. Um die Farbe der Beschriftung durch Ein- und Ausblenden von Ebenen regulieren zu können, legte ein Mausklick bei gedrückter Strg/⌘-Taste auf das Symbol der Ebenenpalette eine neue **Einstellungsebene** an. Im erscheinenden Dialog wurde als Korrekturart **Umkehren** gewählt und die Option **Mit darunterliegender Ebene gruppieren** aktiviert, damit die Einstellungsebene nur die Tonwerte der Beschriftung und nicht aller Ebenen ändert.

6. Um die Helligkeit des Buttons zu ändern, sollte über der Ebene »Button« ebenfalls eine Einstellungsebene angelegt werden. Da die Einstellungsebene aber mehr als nur eine Ebene aufhellen sollte, konnte sie nicht mit der Ebene »Button« gruppiert werden. Damit die Einstellungsebene aber nicht den gesamten Hintergrund aufhellt, war es nötig, die Einstellungsebene mit einer Maske anzulegen.

Nachdem die Ebene »Button« aktiviert worden war, wurde ihre **Transparenzmaske** durch einen Mausklick bei gedrückter Strg/⌘-Taste auf ihr Etikett in der Ebenenpalette geladen. Ein Mausklick bei gedrückter Strg/⌘-Taste auf das Symbol der Ebenenpalette legte eine **Einstellungsebene** an, die die Auswahl automatisch in eine Einstellungsmaske umwandelte. Im Dialog war darauf zu achten, die Einstellungsebene nicht zu gruppieren. Als Korrekturart kam diesmal **Tonwertkorrektur** zur Anwendung. Im Dialog Tonwertkorrektur, der nach der Bestätigung mit OK geöffnet wird, wurde der schwarze Regler für den Tonwertumfang auf den Wert 120 verschoben.

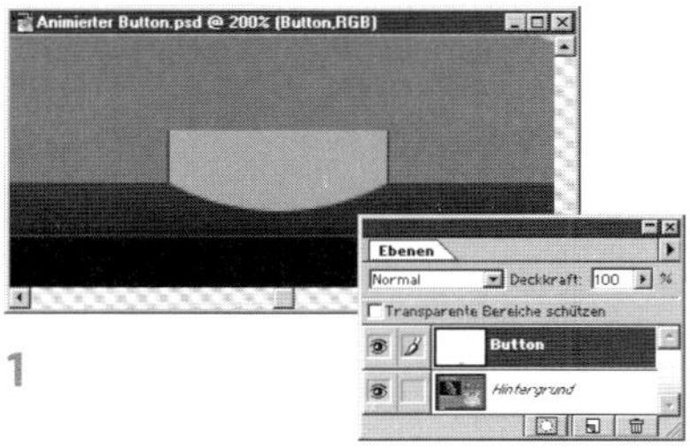

1

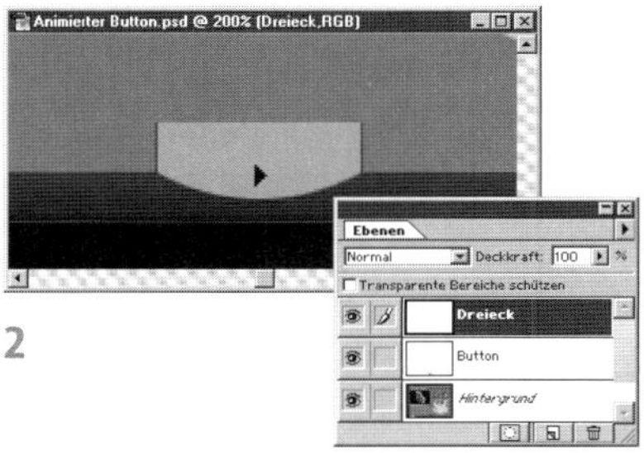

2

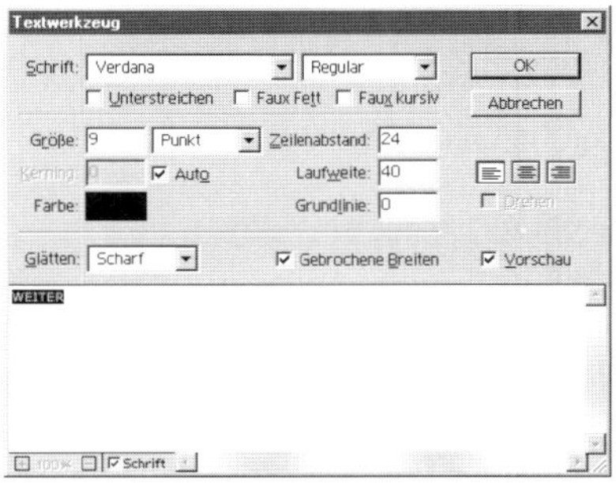

3a

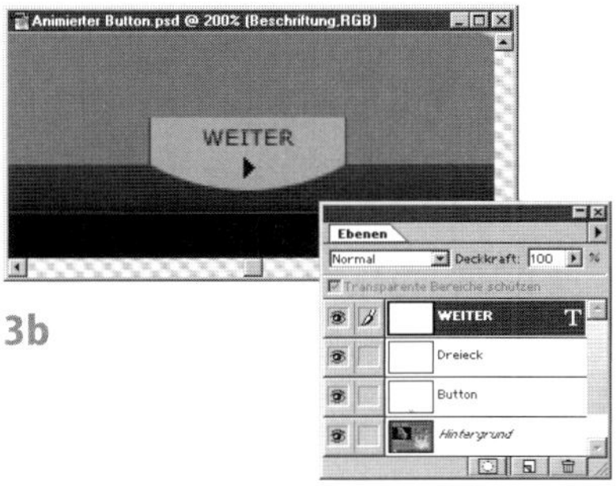

3b

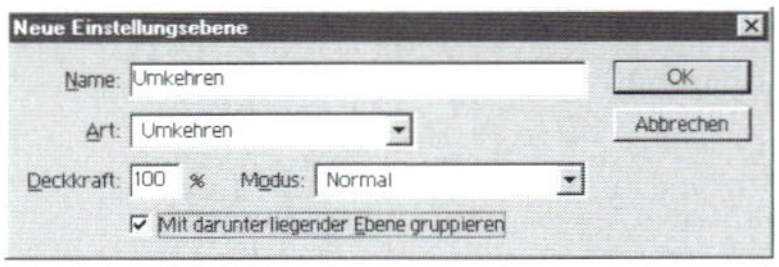

5a

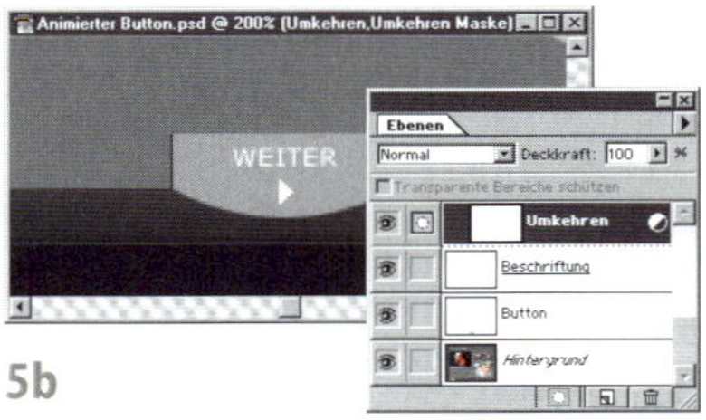

5b

6a

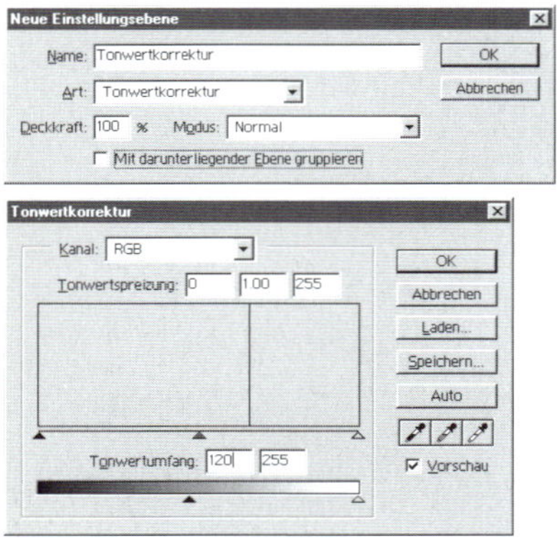

6b

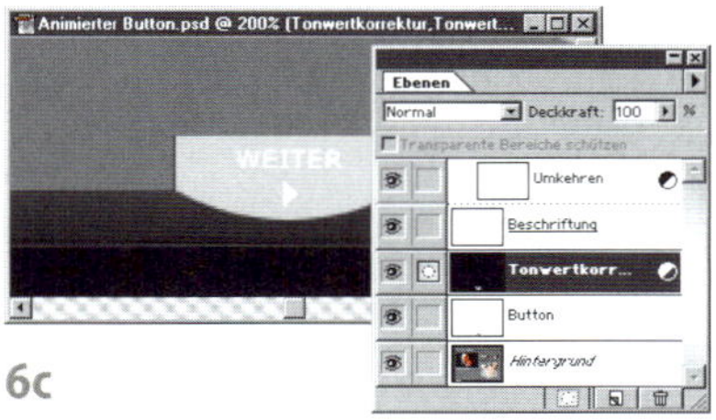

6c

7a

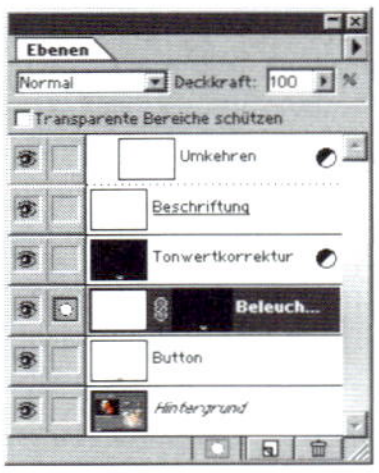

7b

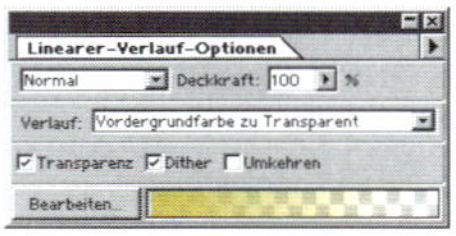

8

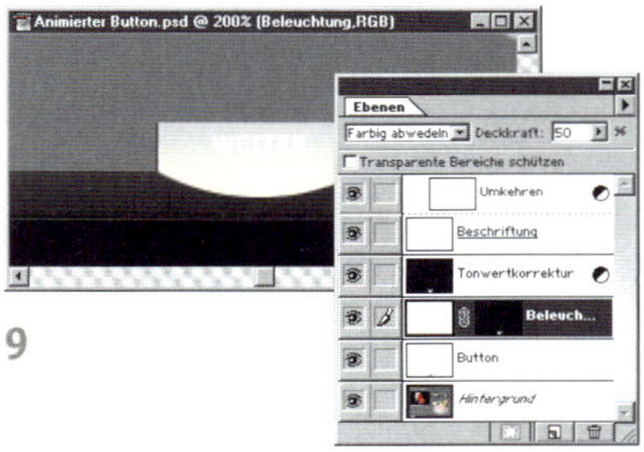

9

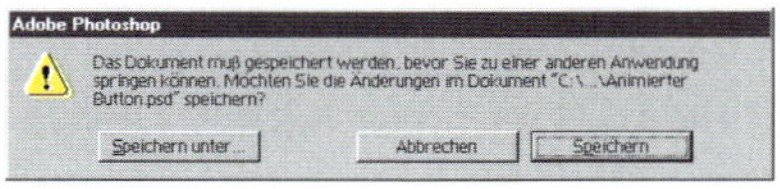

10

7. Es fehlte noch die eigentliche »Beleuchtung« des Buttons, die später in ImageReady animiert werden sollte. Dazu wurde über der Ebene »Button« eine **neue, leere Ebene** mit dem Namen »Beleuchtung« angelegt. Damit die Beleuchtungsfarbe nur über dem Button sichtbar ist, benötigte diese Ebene eine **Ebenenmaske.** Da die benötigte Maske bereits für die Einstellungsebene angelegt war, konnte sie von dieser übernommen werden. Dazu wurde das Thumbnail der Einstellungsebene »Tonwertkorrektur« auf das Symbol ◻ der Ebenenpalette gezogen (dabei mußte die Ebene »Beleuchtung« – die Zielebene – ausgewählt sein, nicht die Ebene »Tonwertkorrektur«).

8. Nachdem wieder die Ebene und nicht die Ebenenmaske aktiviert war (Mausklick auf das Thumbnail der Ebene), wurde in der Werkzeugpalette ein kräftiger Gelbton als Vordergrundfarbe und in der Palette Linearer-Verlauf-Optionen die Verlaufsart Vordergrundfarbe zu Transparent eingestellt. Das **Verlaufswerkzeug** zog einen vertikalen Verlauf über dem Button auf. Der Anfangspunkt des Verlaufs lag an der unteren, der Endpunkt an der oberen Kante des Buttons.

9. Der Ebene »Beleuchtung« wurde der Ebenenmodus **Farbig abwedeln** und eine Deckkraft von 50 % zugewiesen. (Farbe, Deckmodus und Deckkraft stehen in enger Wechselwirkung zueinander. Eine andere Farbe benötigt möglicherweise andere Deckkraft- und Deckmoduseinstellungen.)

10. Nun waren alle Vorarbeiten in Photoshop abgeschlossen. Mit der Funktion **Springen zu** (unterste Schaltfläche in der Werkzeugpalette) wurde daher zu ImageReady gewechselt. Photoshop weist in diesem Fall darauf hin, daß die Datei vorher gespeichert werden muß. Ein Mausklick auf die Schaltfläche Speichern im Abfragedialog führte die notwendige Datensicherung durch.

Die Animation

1. Der erste Schritt in ImageReady bestand in der Einrichtung des **Grundzustandes,** also der Ebenenorganisation, die beim Öffnen der HTML-Datei sichtbar sein sollte. Daher wurden die Ebenen »Hintergrund«, »Button« und »Beschriftung« eingeblendet und alle übrigen Ebenen ausgeblendet. Die Paletten Rollover und Animation wurden getrennt, da beide Paletten für die folgenden Schritte gleichzeitig sichtbar sein mußten.

2. Um den Bildwechsel auf einen möglichst kleinen Bereich einzuschränken und maximale Performance bei der Wiedergabe zu erreichen, wurde um den Button ein Slice angelegt. Ein Mausklick bei gedrückter Strg/⌘-Taste auf das Etikett der Ebene »Button« lud dessen Transparenzmaske als Auswahl. Die Funktion **Slice aus Auswahl erstellen** aus dem Menü Slices legte das gewünschte Slice an. Die Auswahl konnte nun aufgehoben werden (Auswahl, Auswahl aufheben) – das Slice mußte jedoch ausgewählt bleiben.

3. Der Button sollte durch ein langsames Auf- und Abblenden des gelben »Lichts« animiert werden. Dies konnte durch Einblenden der Ebene »Beleuchtung« und schrittweises Anpassen der Ebenendeckkraft realisiert werden. Zuerst wurde dafür mit dem Symbol ⧉ der Palette Animation ein **zweiter Frame** angelegt (der erste Frame wird standardmäßig von ImageReady erstellt). In der Ebenenpalette wurde die Ebene »Beleuchtung« eingeblendet und ihre Deckkraft auf 5 % gesetzt (Ziffernfolge 0-5 eintippen).

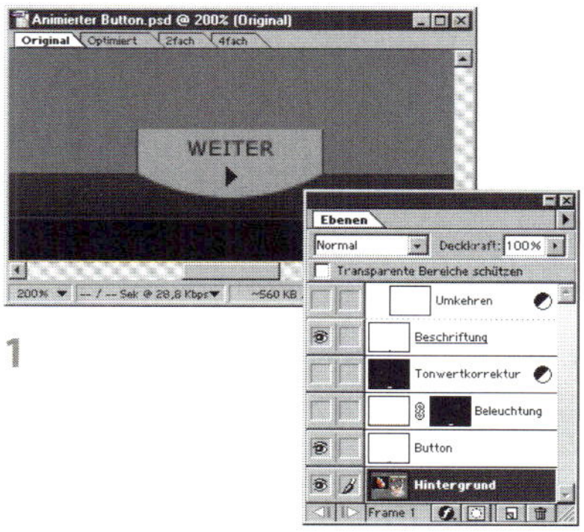

1

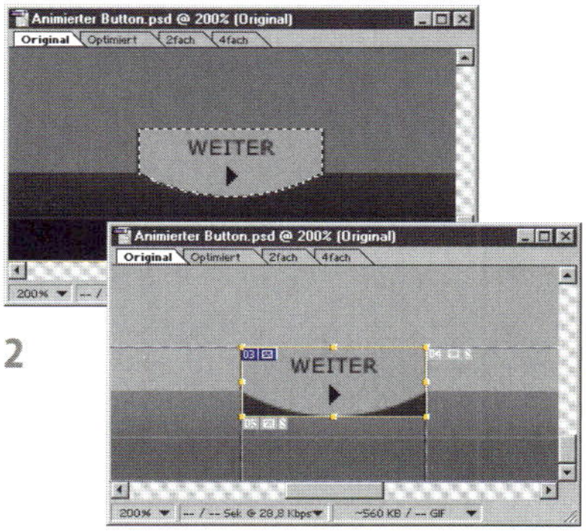

2

4. Schritt 3 wurde so lange wiederholt, bis die maximale Beleuchtung erreicht war – diese war ja bereits in Photoshop mit 50 % Ebenendeckkraft ermittelt worden. Da das Aufblenden in zehn Stufen erfolgen sollte, war die Deckkraft in jedem Schritt um 5 % zu erhöhen (5 %, 10 %, 15 % usw.). Nicht vergessen werden durfte, bei jedem Schritt einen **neuen Frame** anzulegen.

5. Für die **Abblendphase** wurden die Frames der Aufblendphase kopiert. Dazu wurden alle Frames mit Ausnahme des ersten (0 % Deckkraft der Ebene »Beleuchtung«) und des letzten (50 % Deckkraft der Ebene »Beleuchtung«) markiert: Ein Mausklick auf Frame Nr. 10 aktivierte ihn, und ein weiterer Mausklick auf Frame Nr. 2 bei gedrückter Umschalttaste markierte diesen zusätzlich einschließlich aller dazwischenliegenden Frames.

6. Das Symbol ⧉ der Palette Animation legte von der gesamten Frame-Sequenz ein **Duplikat** an, das danach ausgewählt war. Mit der Maus konnte die Sequenzkopie hinter Frame Nr. 20 gezogen werden.

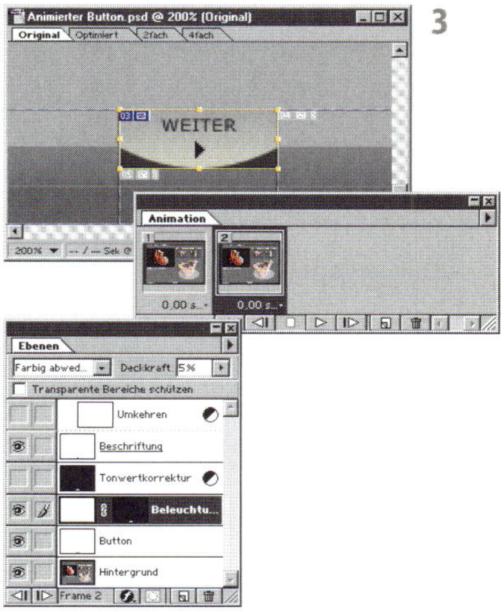

3

4

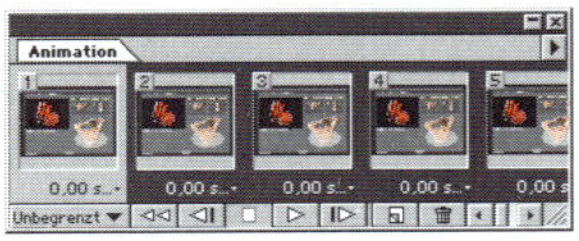

5

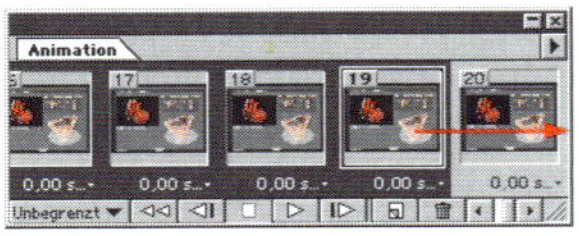

6a

6b

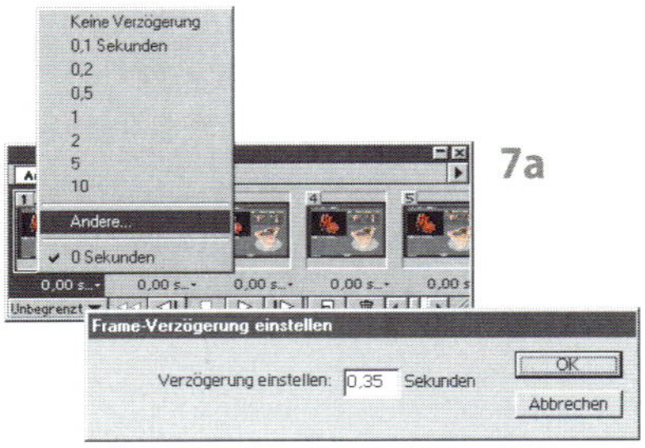

7a

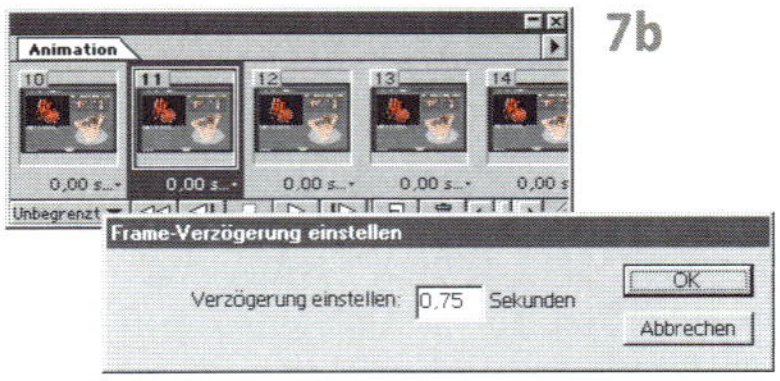

7b

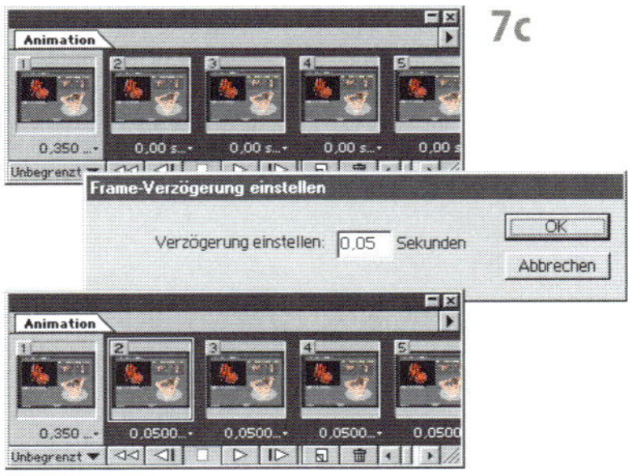

7c

Die Funktion **Frames umkehren** aus dem Menü der Palette Animation kehrte die Reihenfolge der Frames in der Abblendphase um. Damit waren alle benötigten Frames der Animation erstellt.

7. Im nächsten Schritt ging es darum, die **Einblendezeiten** der Frames festzulegen. Die gesamte Animation aus 20 Frames sollte zwei Sekunden dauern und die unbeleuchtete Phase etwa halb so lang sein wie die konstant leuchtende Phase. Die Zeiten wurden wie folgt festgelegt: 0,35 Sekunden für die unbeleuchtete Phase, jeweils 0,45 Sekunden für die Auf- und Abblendphasen und 0,75 Sekunden für die konstant leuchtende Phase.

Die unbeleuchtete Phase bestand nur aus Frame Nr. 1. Aus dem Zeitenmenü unterhalb dieses Frames wurde die Option **Andere** gewählt und im erscheinenden Dialog der Wert 0,75 Sekunden eingegeben.

Auch die konstant leuchtende Phase bestand nur aus einem Frame: Frame Nr. 11. Ihm wurde der Wert 0,35 Sekunden zugewiesen.

Auf- und Abblendphase setzten sich jeweils aus neun Frames zusammen. Die Frames jeder Phase wurden gemeinsam markiert (ersten Frame der Phase anklicken, letzten Frame der Phase mit gedrückter Umschalttaste anklicken), und die Zeit wurde bei einem der markierten Frames geändert. Dadurch erhielten auch die anderen markierten Frames die neue Einblendezeit.

Die Rollover-Effekte

1. Nachdem die Animation fertiggestellt war, konnten die übrigen Rollover-Zustände eingerichtet werden. Für den ersten Rollover-Effekt – ein echtes Rollover, das auf Mausberührung reagiert – wurde in der Palette Rollover mit dem Symbol ein **neuer Rollover-Status** angelegt. Der neue Rollover-Status übernahm nicht nur den Grundzustand vom Status Normal – der Grundzustand ist immer Frame Nr. 1 der Animation –, sondern auch alle übrigen Frames der gesamten Animationssequenz.

2. Der Rollover-Effekt sollte ja darin bestehen, die Farbe der Beschriftung auf Weiß zu ändern. Deshalb wurde die Einstellungsebene »Umkehren« eingeblendet. Diese Aktion wirkte sich jedoch nur auf den aktuell ausgewählten Animations-Frame aus. Um die Ebene auch in den übrigen Frames des Rollover-Zustands einzublenden, wurde die Einstellungsebene »Umkehren« aktiviert (Mausklick auf ihr Etikett in der Ebenenpalette) und die Funktion **Ebene in allen Frames anpassen** aus dem Menü der Palette Animation aufgerufen. Das Aktivieren der Einstellungsebene war eminent wichtig, weil sonst der Zustand der Ebene »Beleuchtung« in alle Frames kopiert worden wäre – was bedeutet hätte, daß der Beleuchtungseffekt in allen Ebenen ausgeblendet worden wäre.

3. Das Symbol der Rollover-Palette legte einen **dritten Rollover-Status** an. ImageReady vergibt automatisch den Auslöser

Unten, der bei gedrückter Maustaste aktiv wird. Bei gedrückter Maustaste sollte sich ja die Helligkeit des Buttons ändern. Deshalb wurde die Einstellungsebene »Tonwertkorrektur« eingeblendet und – unbedingt daran denken! – aktiviert. Der Befehl **Ebene in allen Frames anpassen** aus dem Menü der Palette Animation blendete die Ebene auch in den übrigen Animations-Frames dieses Rollover-Zustands ein.

Abschließende Arbeiten

1. Nachdem in der Werkzeugpalette das **Slice-Auswahlwerkzeug** aktiviert war, wählte die Funktion Auswahl, **Alle Slices** alle Slices im Bild aus. In der Palette Optimieren wurde das Format GIF mit einer maximalen Farbtiefe von 256 Farben gewählt (JPEG unterstützt keine Animationen, und PNG wird noch nicht von allen Browsern unterstützt).

2. Die aktuellen Einstellungen der Datei für Ebenen, Slices, Rollovers und Animationen wurden nun mit Datei, **Speichern unter** dauerhaft in der Datei gesichert. Die erzeugte PSD-Datei wurde archiviert, um später bei Bedarf auf sie zurückgreifen zu können.

3. Der Befehl Datei, **Optimiert-Version speichern unter** speicherte die HTML-Datei samt den benötigten Bilddateien.

4. Die HTML-Datei wurde anschließend in den Browsern Internet Explorer und Netscape Navigator getestet.

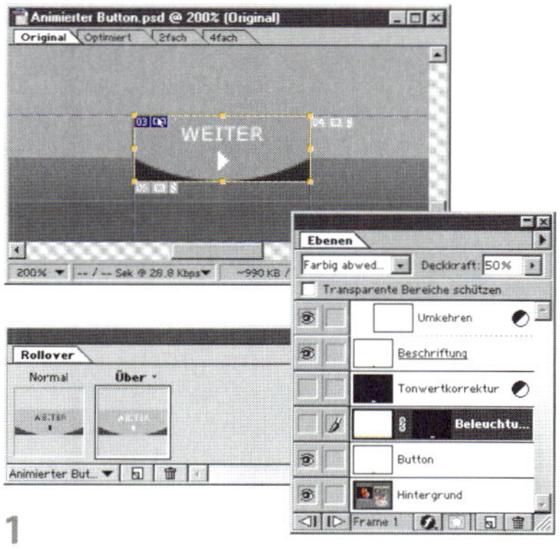

1

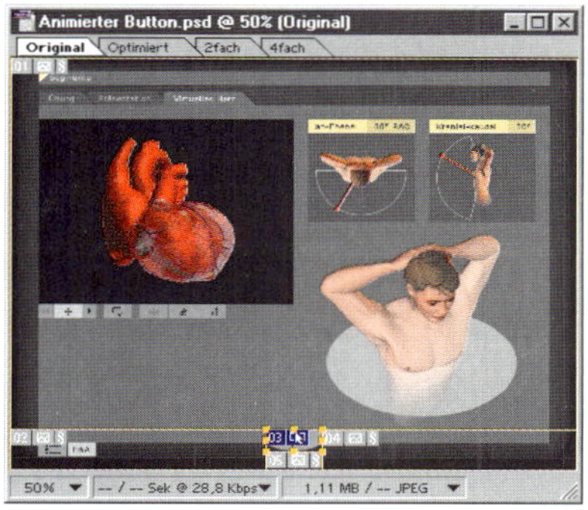

1a

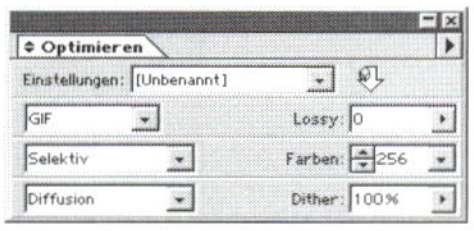

1b

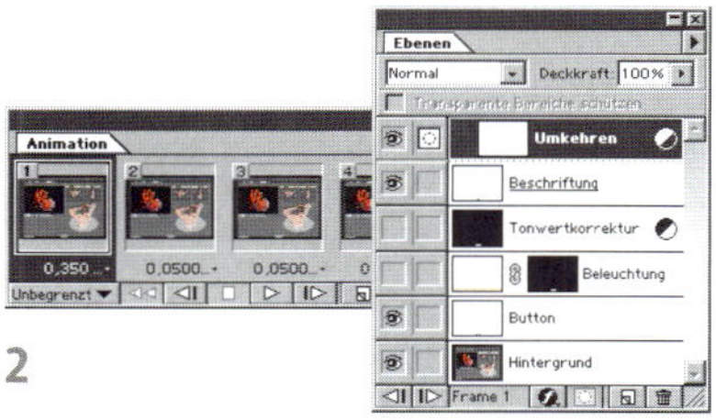

2

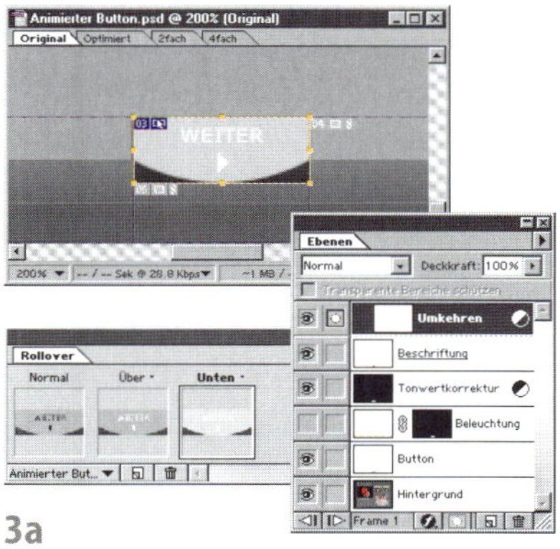

3a

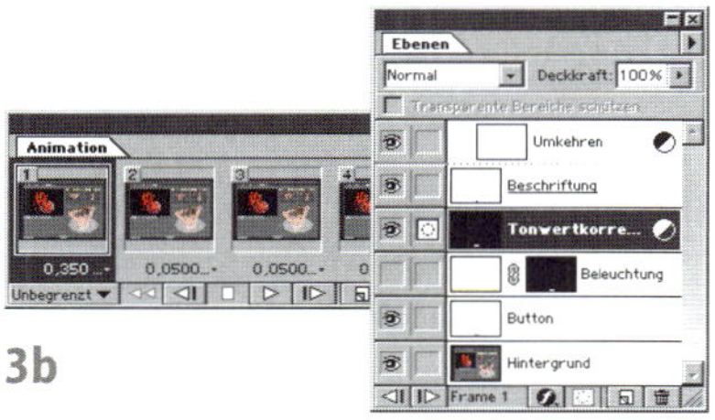

3b

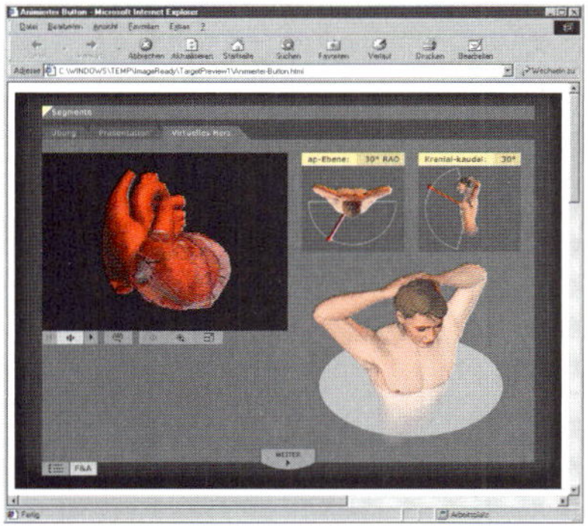
4

Revolution im Klassenzimmer

Wie durch eine Ebenenmontage und Modulbauweise der Konflikt zwischen althergebrachten und modernen Lehr- und Lernmethoden visualisiert werden kann

Grafik: Apple Computer

→ ***Übungsmaterial auf der CD:***
Revolution im Klassenzimmer
Bildvorlagen, Ebenendateien

Schule und Computer – auch in der heutigen Zeit für viele Pädagogen und Eltern ein unauflösbarer Widerspruch. Diese Montage für das Cover eines Buches zum Thema »Computer und Pädagogik« sollte den Konflikt zwischen eingefahrenen Pädagogikkonzepten und den Chancen moderner Computertechnologie bildlich verdeutlichen und zugleich im Namen der Kinder, um die es dabei ja schließlich geht, ein Votum pro Computer abgeben. Denn die Kinder haben im Gegensatz zu vielen Erwachsenen den Computer längst erobert und die Vorteile spielerischer und interaktiver Formen der Wissensvermittlung entdeckt.

Um den Arbeitsspeicher während der Montage nicht unnötig mit zu vielen Ebenen zu belasten, wurde die Montage in Modulbauweise erstellt. Immer wenn ein Montageabschnitt fertiggestellt war, wurde ein auf eine Ebene reduziertes Duplikat der Datei angelegt und mit dieser Version weitergearbeitet. Die auf eine Ebene reduzierte Fassung bildete dabei jeweils als unterste Ebene die Basis für alle weiteren Schritte. Wichtig bei einer so komplexen Montage ist, daß Ebenen nicht frühzeitig ineinander verrechnet werden, sondern bis zum Schluß korrigierbar bleiben. Da, wo es nötig war, Stellen zu korrigieren, wurde die entsprechende Ebenendatei geöffnet, die Änderung ausgeführt und wieder ein Duplikat erstellt, dessen Ebenen auf eine Ebene reduziert wurden. Diese Ebene wurde dann in der auf sie aufbauenden Montagedatei gegen die unterste Ebene ausgetauscht. Eine Modulbauweise hat darüber hinaus den Vorteil, daß bei hochkomplexen Montagen auch mehrere Leute gleichzeitig an verschiedenen Elementen arbeiten können, die später dann in einer Endmontage zusammengeführt werden.

Vorbereitung des Monitors

1. Die schwarzweiße Vektorgrafik des Monitors wurde in Photoshop als RGB-Bild geöffnet. Im Dialog **Generisches EPS-Format umsetzen** wurde eine Auflösung von 300 dpi gewählt und die vorher festgelegte Bildbreite vorgegeben.

2. Um den Kontrast der Grafik etwas zu verbessern, wurde eine **Auto-Tonwertkorrektur** (Bild, Einstellen) angewendet und das Ergebnis etwas abgeschwächt (Filter, Auto-Tonwertkorrektur verblassen).

3. Nachdem der Monitorrahmen mit Hilfe eines Pfades freigestellt worden war (der Fuß wurde später wieder hinzugefügt), wurden die Höhen der oberen und unteren Rahmenseiten mit dem **Meßwerkzeug** abgemessen. Dabei wurde die Umschalttaste gedrückt gehalten, um exakt die vertikale Ausdehnung zu messen. Die Informationenpalette gab für die obere Seite eine Höhe von 150 Pixeln und für die untere Seite 168 Pixel an.

4. Beide Seiten mußten aber exakt dieselbe Höhe besitzen, um nahtlos in den Holzrahmen der Tafel übergehen zu können. Außerdem sollte der Holzrahmen nicht zu breit ausfallen, um nicht zu wuchtig zu wirken. Deshalb wurden die Rahmenseiten auf eine Breite bzw. Höhe von 130 Pixel komprimiert. Das **Auswahlrechteck** umgrenzte einen Bereich der unteren Rahmenseite, der die Tasten und Symbole mit einschloß. Die Auswahl erhielt eine weiche Kante von 8 Pixeln (Auswahl, Weiche Auswahlkante). Nun wurde die Auswahl um die Differenz von 38 Pixeln nach oben verschoben (168 – 38 = 130). Dazu wurden Strg/⌘- (für den Wechsel zum Bewegen-Werkzeug) und Umschalttaste gedrückt gehalten und viermal die Pfeil-nach-oben-Taste betätigt. Diese Aktion verschob die Auswahl um 40 Pixel nach oben. Anschließend wurde die Umschalttaste losgelassen – die Strg/⌘-Taste blieb weiterhin gedrückt – und zweimal die Pfeil-nach-unten-Taste betätigt. Dadurch wurde die Auswahl wieder um 2 Pixel in die entgegengesetzte Richtung versetzt. Da die untere Rahmenseite in der Vertikalen kaum Tonwertunterschiede aufwies (dies war der Vektorgrafik zu verdanken), entstand durch das Verschieben an der oberen, weichen Auswahlkante keine sichtbare Naht. Sonst wäre noch eine Retusche erforderlich gewesen.

In gleicher Weise wurde ein Bereich der oberen Seite um 20 Pixel nach unten versetzt (150 – 20 = 130).

5. Mit einer Korrektur der **Farbbalance** in den tiefen Tönen wurde das triste Grau des Monitors in ein wärmeres Grau verwandelt, das besser zu der Farbe des Buchenholzes paßte.

6. Abschließend wurden die Symbole über den Tasten besser herausgearbeitet (Tonwertkorrektur mit Anpassung von Schwarz- und Weißpunkt), die Betriebsanzeige mit dem Auswahlrechteck ausgewählt und mit einem matten Grün gefüllt, die Nut des Kunststoffdeckels für die Monitorkamera mit dem Stempel wegretuschiert und die Mattscheibe mit dem Auswahlrechteck markiert und schwarz gefüllt.

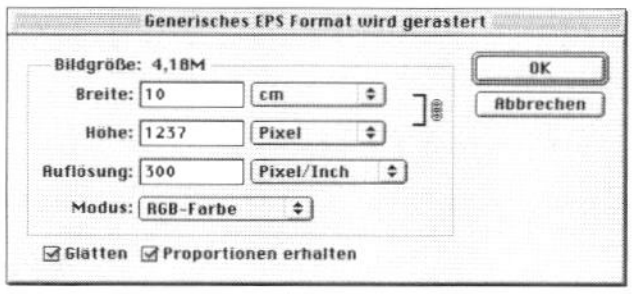

1

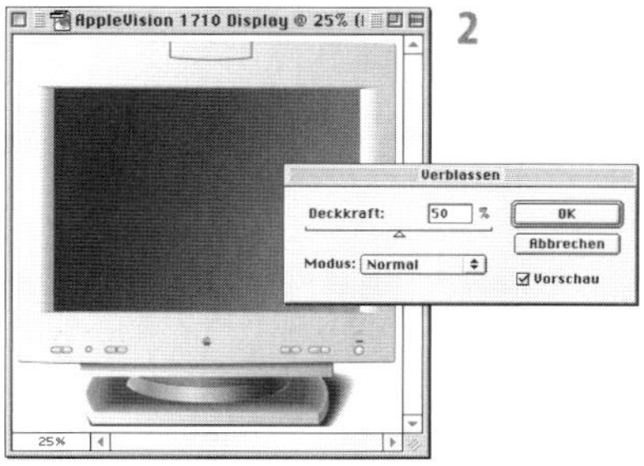

2

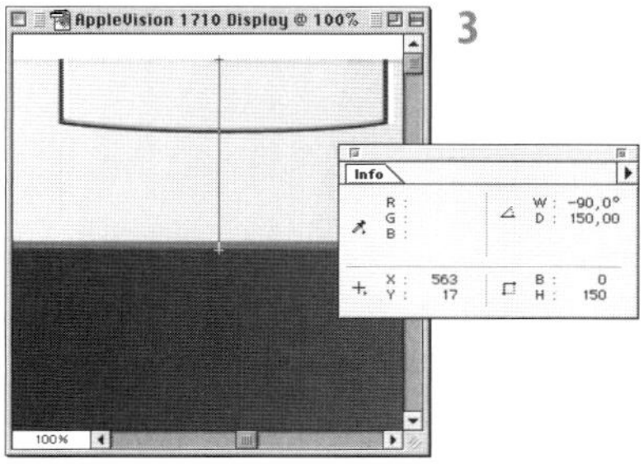

3

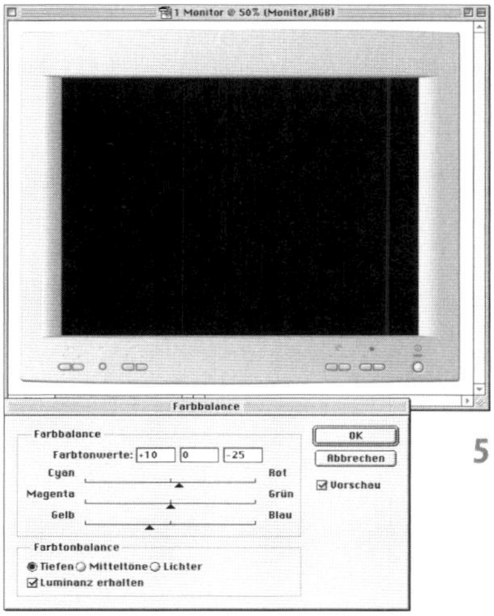

5

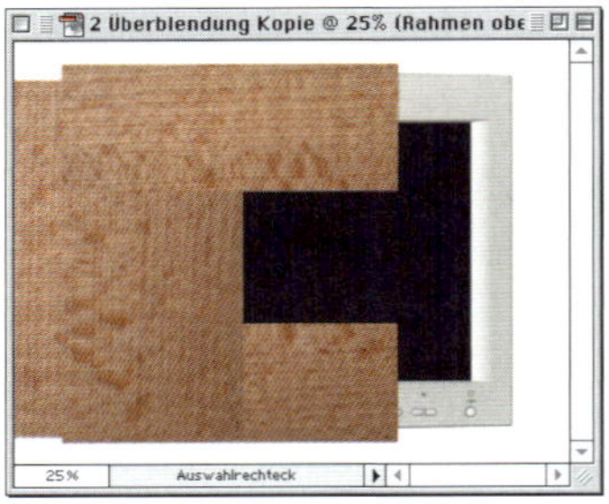

1

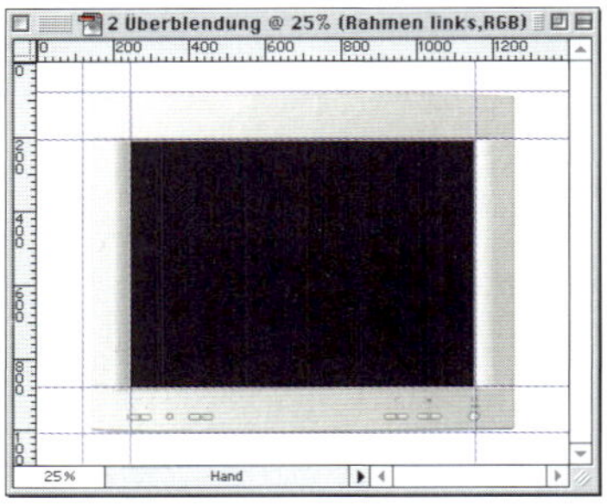

2

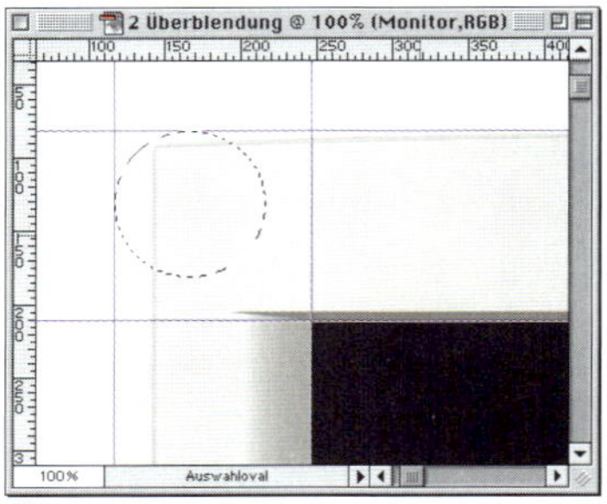

3a

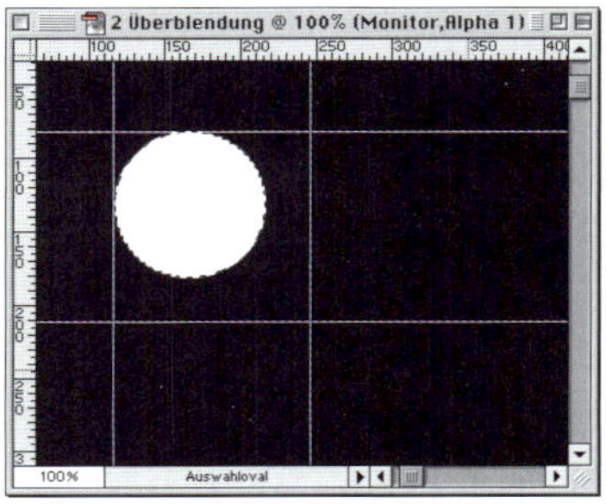

3b

Konstruieren der Rahmenform

1. Da keine Holztafel zur Verfügung stand, die hätte fotografiert werden können, mußte sie in der »virtuellen Realität« von Photoshop entstehen. Dazu wurde eine Buchentextur aus einem Bildarchiv des Autors geöffnet. Einzelne Ausschnitte daraus wurden mit dem **Auswahlrechteck** umgrenzt und mit dem **Bewegen-Werkzeug** in die Montagedatei gezogen. Das Stück für die linke Rahmenseite mußte noch um 90° gegen den Uhrzeigersinn gedreht werden (Bearbeiten, Transformieren, 90° gegen UZS drehen). Für die nächsten Arbeitsschritte wurden die Holzebenen vorübergehend ausgeblendet.

2. Im folgenden Schritt ging es darum, die Form der einzelnen Rahmenteile nachzubilden. Da der Holzrahmen nach rechts in den Monitor überblenden sollte, mußte nur die linke Seite sowie der mittlere und linke Bereich der oberen und unteren Seite erstellt werden. Für die Rahmenbegrenzungen wurden die Lineale eingeblendet (Ansicht, Lineale einblenden) und aus ihnen **Hilfslinien** herausgezogen. Die Hilfslinien wurden exakt an den Grenzen zwischen Mattscheibe und Monitor und an den äußeren Begrenzungen des Monitorgehäuses plaziert. Der Abstand der inneren und äußeren Hilfslinien betrug genau 130 Pixel (auf diesen Wert wurde die Rahmenbreite ja anfangs festgelegt).

3. Für die »rundgesägten« Ecken des Holzrahmens wurde vom linken oberen Kreuzungspunkt der äußeren Hilfslinien mit dem **Auswahloval** eine 100 x 100 Pixel große Kreisauswahl aufgezogen. Mit einem Mausklick auf das Symbol in der Kanälepalette wurde die Auswahl in einem Alphakanal gesichert.

4. Der Alphakanal wurde eingeblendet (Mausklick auf sein Etikett in der Kanälepalette). Für die andere runde Ecke zog das **Auswahloval** vom linken unteren Kreuzungspunkt der äußeren Hilfslinien eine zweite Kreisauswahl gleicher Größe auf. Die Auswahl wurde weiß gefüllt (Alt/⌥ und Rückschrittaste). Die übrigen von den Hilfslinien begrenzten Rahmenflächen wurden nun Stück für Stück mit dem **Auswahlrechteck** ausgewählt und ebenfalls weiß gefüllt. Dabei mußte darauf geachtet werden, daß die Eckenrundungen nicht beschädigt wurden.

5. Der Alphakanal wurde dupliziert (Kanaletikett auf das Symbol in der Kanälepalette ziehen). Das **Polygonlasso** wählte nun das linke Rahmenstück aus. Dazu klickte das Werkzeug zuerst auf den linken oberen Kreuzungspunkt der äußeren Hilfslinien und dann auf den linken oberen Schnittpunkt der inneren Hilfslinien (die magnetischen Hilfslinien ziehen die Auswahl an). Der nächste Punkt wurde in den Mattscheibenbereich gesetzt (um sicherzustellen, daß die senkrechte Kontur des Rahmensegments vollständig von der Auswahl eingeschlossen wurde). Weitere Mausklicks folgten auf den Kreuzungspunkten der linken und unteren Hilfslinien. Ein Doppelklick in die schwarze Fläche am linken Bildrand schloß die Auswahl. Die **Rückschrittaste** füllte die Auswahl schwarz.

6. Vom Kanal »Alpha 1« wurde eine zweite Kopie erstellt (»Alpha 3«) und die Auswahl darin, nachdem sie umgekehrt worden war (Auswahl, **Auswahl umkehren**), ebenfalls schwarz gefüllt.

7. Nun wurden in der Ebenenpalette wieder die Holzebenen eingeblendet und die Ebenen mit der oberen und unteren Seite auf eine reduziert (eine der beiden Ebenen mit einem Mausklick auf ihr Etikett auswählen, bei der anderen das Verbindungssymbol aktivieren und die Funktion Ebene, Verbundene auf eine Ebene reduzieren wählen). Mit einem Mausklick bei gedrückter Strg/⌘-Taste auf das Etikett von Kanal »Alpha 2« wurde er als Auswahl geladen und die Auswahl anschließend als **Ebenenmaske** gesichert (Mausklick auf das Symbol ◻ in der Ebenenpalette).

Die gleiche Vorgehensweise folgte nun für die andere Ebene mit dem linken Seitenteil: die Ebene wurde ausgewählt, Kanal »Alpha 3« als Auswahl geladen und für diese Ebene als Ebenenmaske gesichert.

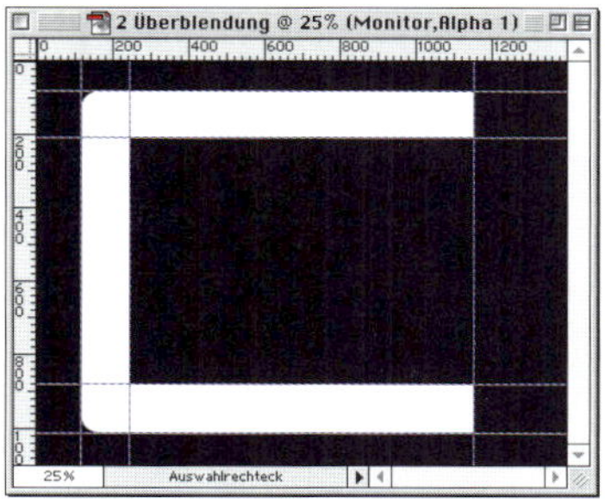

4

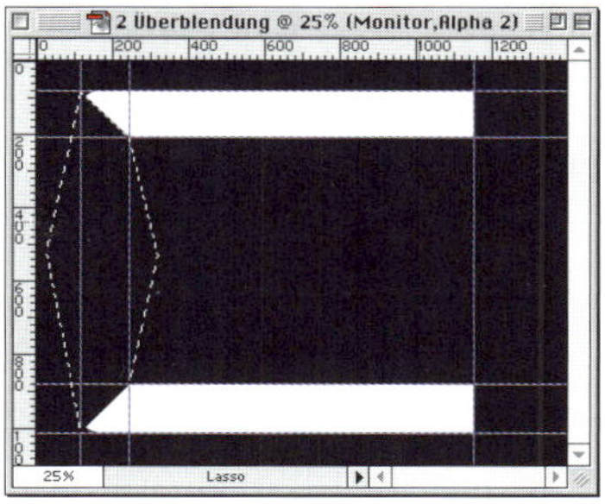

5b

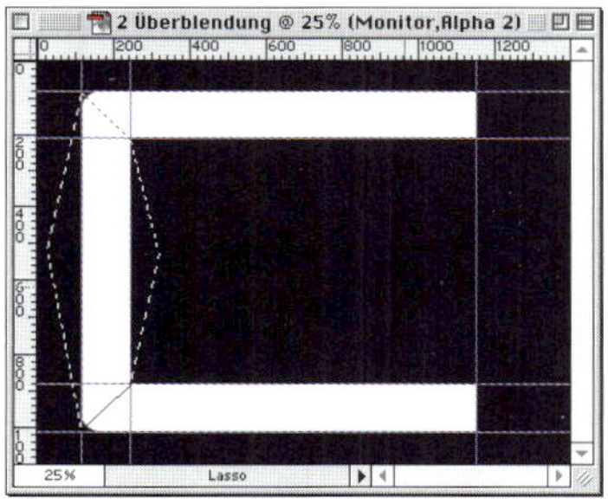

5a

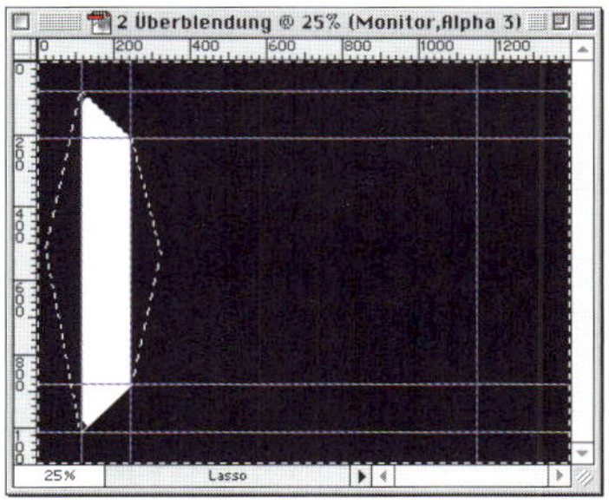

6

Plastische Wirkung erzielen

1. Für die plastische Wirkung fehlten nur noch Licht- und Schattenkanten; diese wurden in separaten Ebenen über den Holzebenen angelegt. Ein Mausklick auf das Symbol ◻ in der Ebenenpalette erzeugte eine **neue Ebene** (dabei die Alt/⌥-Taste gedrückt halten, um der Ebene einen Namen zu geben); sie erhielt den Namen »Schatten 1« und wurde in der Ebenenreihenfolge nach ganz oben gesetzt. Ein Mausklick bei gedrückter Strg/⌘-Taste auf das Ebenenmasken-Thumbnail der Ebene »Rahmen oben & unten« lud die Maske als Auswahl. Die Auswahl wurde umgekehrt (Auswahl, Auswahl umkehren), schwarz gefüllt (Bearbeiten, Fläche füllen; Füllen mit Schwarz) und aufgehoben (Strg/⌘ + D).

2. Der **Gaußsche Weichzeichner** (Filter, Weichzeichnungsfilter) zeichnete den Ebeneninhalt mit einem Radius von 3 Pixeln weich. Damit der Schatten nur an den rechten und unteren Kanten erscheint, mußte der Ebeneninhalt nach links oben verschoben werden. Da der tatsächliche Radius des Gaußschen Weichzeichners ungefähr das 2,7fache des eingegebenen Wertes beträgt, wurde die Ebene um 8 Pixel nach links und oben versetzt (Filter, Sonstige Filter, **Verschiebungseffekt**).

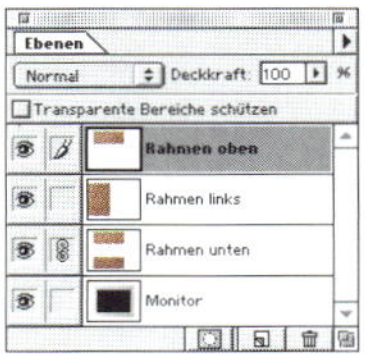

7a

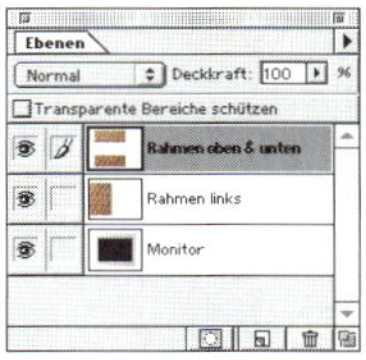

7b

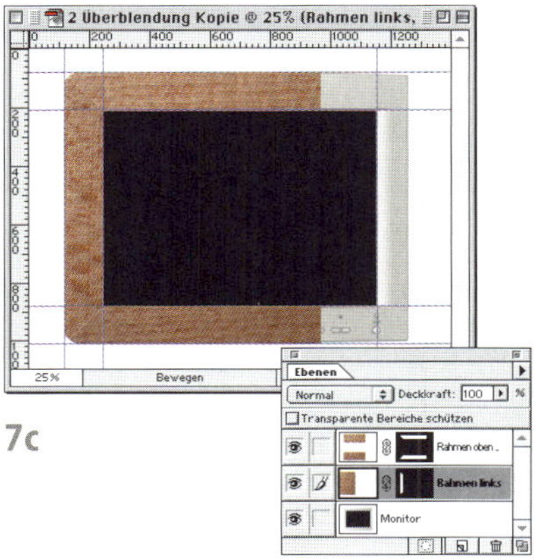

7c

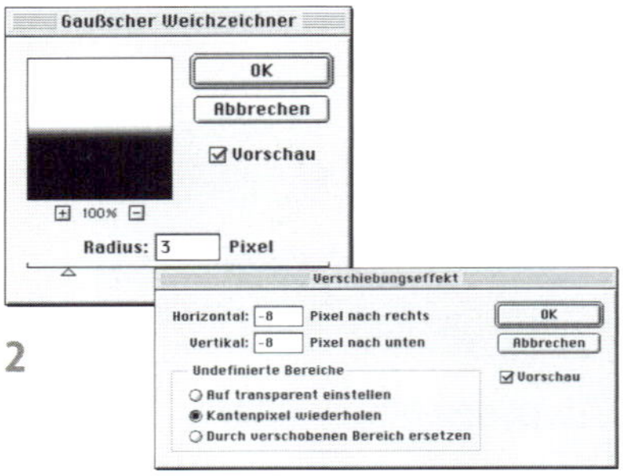

2

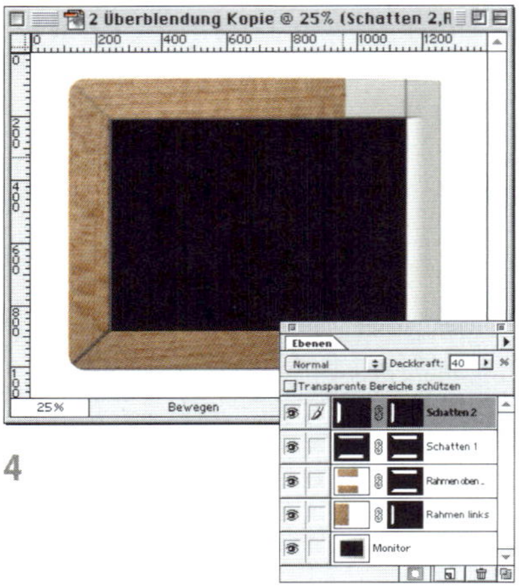

4

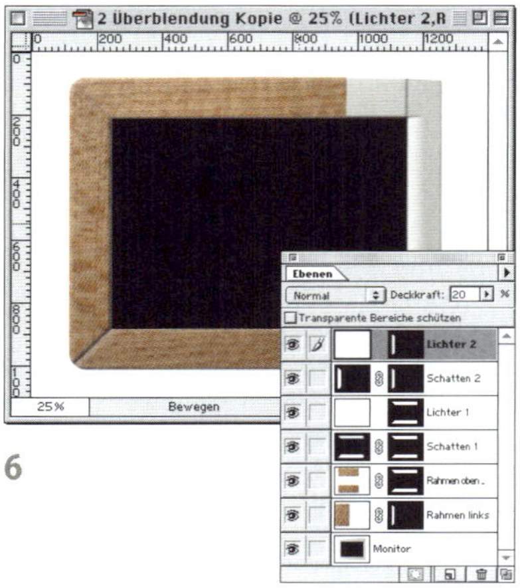

6

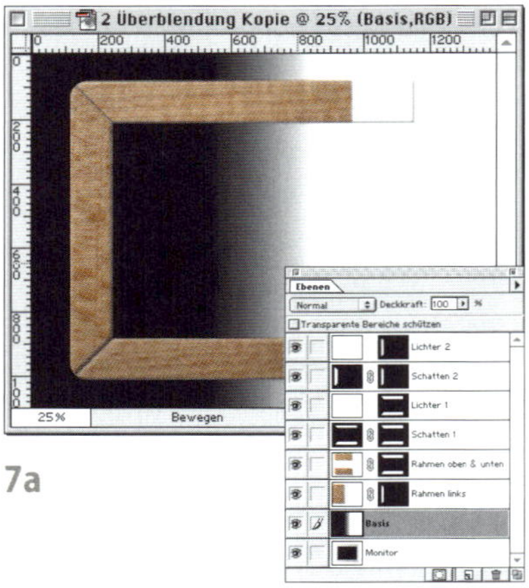

7a

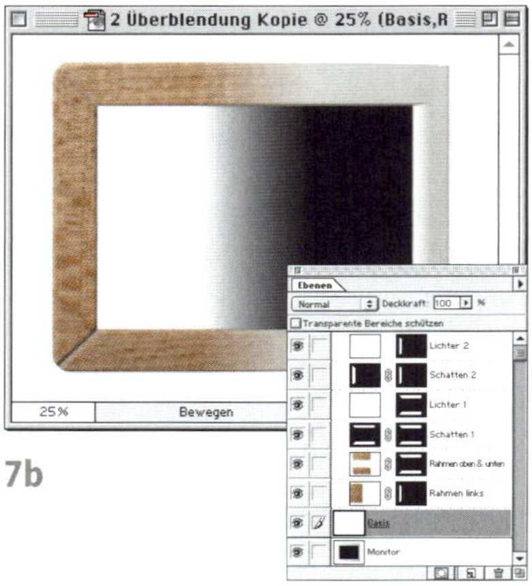

7b

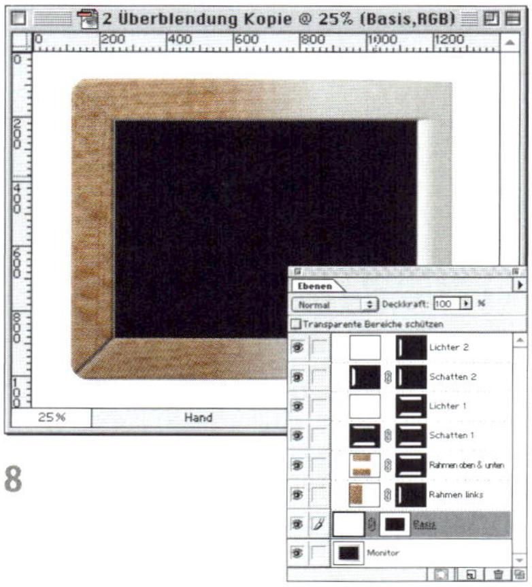

8

3. Die Schattenebene erhielt eine **Deckkraft** von 40 % (Regler in der Ebenenpalette) und wurde in gleicher Weise maskiert wie die Holzebene, für die sie galt. Dazu wurde, bei weiterhin aktiver Ebene »Schatten 1«, das Thumbnail der **Ebenenmaske** der Ebene »Rahmen oben & unten« auf das Symbol ◌ in der Ebenenpalette gezogen.

4. Für den Schatten des linken Rahmenteilstücks wurden die Schritte 1 bis 3 wiederholt. Die neue Ebene erhielt den Namen »Schatten 2«, und sie übernahm die Ebenenmaske der Ebene »Rahmen links«.

5. Aus der Ebene »Schatten 1« ließ sich mit wenigen Handgriffen die passende **Lichtkantenebene** erzeugen. Die Ebene wurde zuerst dupliziert (»Lichter 1«). Mit der Taste D wurden in der Werkzeugpalette die Standardfarben eingestellt, die Tastenkombination Strg/⌘ + Umschalt + Rückschrittaste füllte alle nichttransparenten Bereiche der Ebene weiß. Das Verbindungssymbol zwischen den Thumbnails von Ebene und Ebenenmaske wurde ausgeschaltet und die Ebene mit dem Filter **Verschiebungseffekt** um den doppelten Wert des ersten Versatzes in die entgegengesetzte Richtung verschoben: um 16 Pixel nach rechts und nach unten. Die Ebene erhielt eine Deckkraft von 20 % (Ebenenmodus: Normal).

6. Schritt 5 wurde für das noch fehlende Rahmenstück wiederholt, indem die Ebene »Schatten 2« zu »Lichter 2« dupliziert wurde.

7. Die Holz-, Schatten- und Lichterebenen wurden nun zu einer Maskierungsgruppe zusammengefaßt. Dazu wurde zunächst über der Ebene »Monitor« eine neue Ebene als Basisebene eingefügt. In dieser Ebene wurde mit dem **linearen Verlaufswerkzeug** ein waagerechter Verlauf von Schwarz zu Transparent (nicht Weiß!) aufgezogen, der die Breite des Übergangs von der Tafel zum Monitor bestimmte. Als eine zufriedenstellende Überblendungsbreite gefunden war, wurden alle schwarzen Ebenenpixel weiß gefärbt (Strg/⌘ + Umschalt + Rückschritttaste). Mit einem Mausklick bei gedrückter Alt/⌥-Taste auf die Trennlinien zu allen darüberliegenden Ebenen wurden diese nacheinander in die **Maskierungsgruppe** aufgenommen.

8. In der Ebene Monitor wurde die Mattscheibe ausgewählt; die umgekehrte Auswahl wurde in der Ebene »Basis« als **Ebenenmaske** gesichert (mit gedrückter Alt/⌥-Taste auf das Symbol klicken).

Vorbereitung der Tafelfläche

1. Der **Zauberstab** wählte die Mattscheibe des Monitors mit einer Toleranz von 0 (mit Glätten) aus. Diese Auswahl wurde beim Anlegen einer neuen Tonwertkorrektur-**Einstellungsebene** automatisch als Maske verwendet. Im Dialog Tonwertkorrektur erfolgte eine Aufhellung der schwarzen Mattscheibe zu einem schönen Tafelgrau.

2. Um den Eindruck einer etwas nachlässig gewischten Tafel zu erwecken, wurde eine schwarzweiße, mit dem Filter **Wolken** (Filter, Renderingfilter) erzeugte Chaosstruktur über die Mattscheibe gelagert. Wenn beim Aufruf des Filterbefehls die Alt/⌥-Taste gedrückt wird, fällt der Kontrast zwischen Vorder- und Hintergrundfarbe deutlicher aus. Um den durch einen Schwamm verursachten Wischeffekt zu simulieren, wurde anschließend der Filter **Kreide & Kohle** (Filter, Zeichenfilter) angewendet.

3. Damit die Wolkenstruktur nur über der Mattscheibe erscheint, wurde sie mit der **Maske** der Einstellungsebene maskiert. Dazu wurde das Thumbnail der Einstellungsebene einfach auf das Symbol ⬚ in der Ebenenpalette gezogen (dabei muß die Wolkenebene aktiv sein).

4. Für die Überblendung der Wolkenstruktur hätte die in einem früheren Schritt erstellte Basisebene genutzt werden können. Es zeigte sich jedoch, daß die Montage lebendiger wirkt, wenn mehrere, geringfügig voneinander abweichende Überblendungsmasken verwendet werden. Deshalb wurde in der Ebenenmaske der Wolkenebene mit dem **linearen Verlaufswerkzeug** ein waagerechter Verlauf von Weiß nach Schwarz aufgezogen. Als Werkzeugmodus wurde Multiplizieren eingestellt (Palette Verlaufsoptionen), damit der vorhandene Maskeninhalt nicht gelöscht wurde. Die **Deckkraft** der Ebene wurde anschließend auf 15 % reduziert und der **Ebenenmodus** auf Hartes Licht abgeändert.

5. Die Schreibschrift wurde mit dem **Textwerkzeug** von Photoshop eingefügt. Es mußte ein wenig hin und her experimentiert werden, bis die richtige Schriftgröße gefunden war. Der Text mußte aber nicht jedesmal neu eingegeben werden: Mit einem Doppelklick auf das Etikett der Textebene wurde der Dialog Textwerkzeug erneut geöffnet und die Schriftpara-

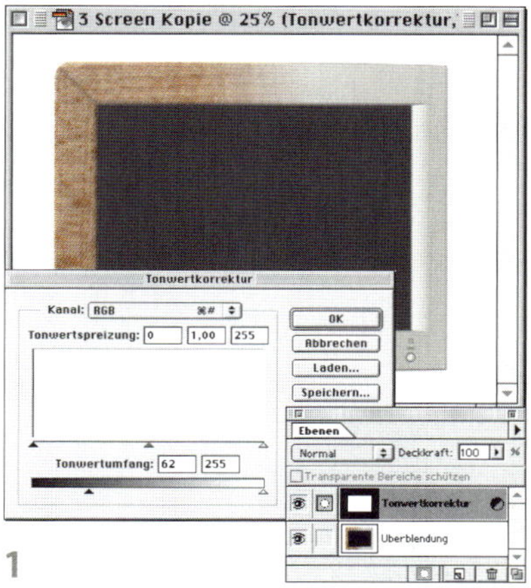

1

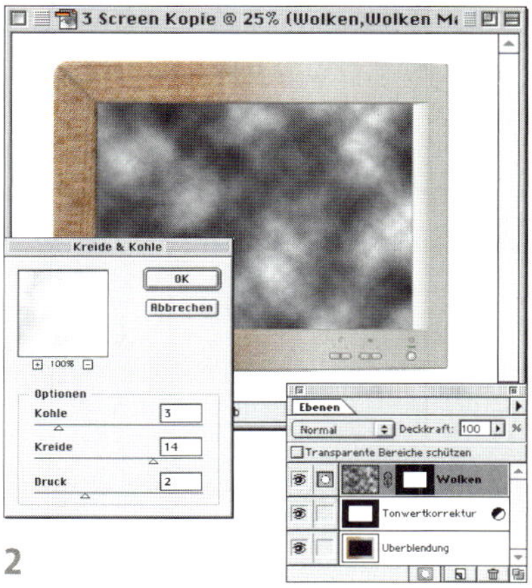

2

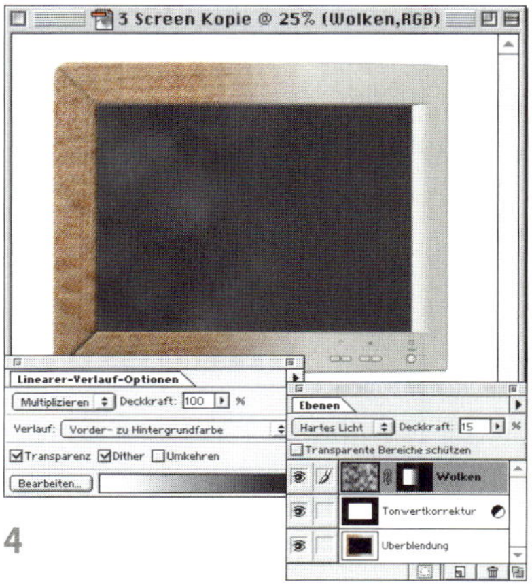

4

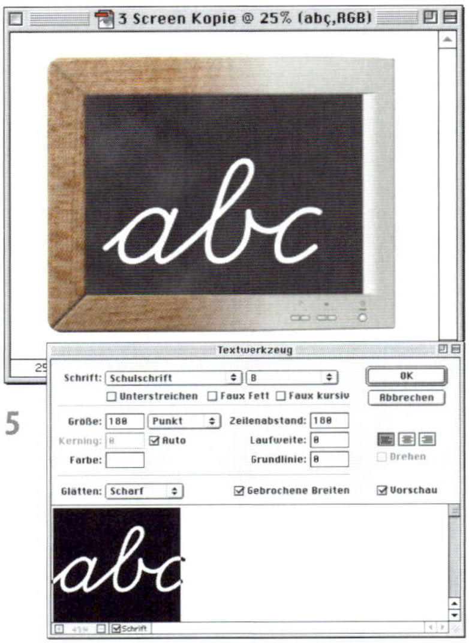

5

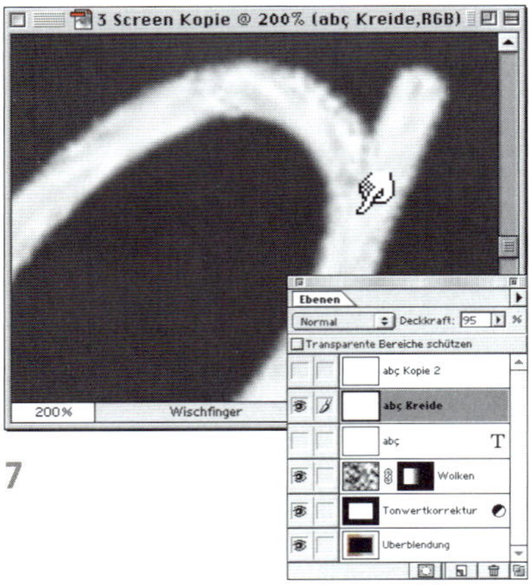

7

8

9

meter wie gewünscht verändert. Wichtig dabei ist, daß der Text im Dialog markiert wird, sonst bleiben die Änderungen ohne Wirkung. Auch die Textfarbe wurde erst im Dialog zugewiesen.

6. Von der Textebene wurde eine Kopie angelegt (Etikett auf das Symbol ▣ ziehen) und diese in eine **Bildebene** umgewandelt (Ebene, Text, Ebene rendern). Von der Bildebene wurde ein zweites Duplikat erstellt. Die Textebene blieb erhalten, um bei Korrekturen nicht wieder von vorn anfangen zu müssen, wurde aber ausgeblendet.

7. In der unteren Textkopie (die obere wurde solange ausgeblendet) wurde mit dem **Wischfinger** die Strichführung feuchter Kreide simuliert. Dazu erhielt der Wischfinger eine Werkzeugspitze mit einem Durchmesser, der etwas kleiner war als die Strichstärke der Buchstaben. Anschließend wurde mit kurzen und längeren Zügen innerhalb der Buchstabenkonturen geschmiert. Um den Eindruck perfekt zu machen, wurde die Ebene zusätzlich geringfügig weichgezeichnet (Filter, Weichzeichnungsfilter, **Weichzeichnen**). Die Deckkraft der Ebene wurde auf 95 % reduziert.

8. Auf die oberste Textkopie kam nun der Filter **Mosaikeffekt** (Filter, Vergröberungsfilter) zur Anwendung. Als Quadratpixelgröße wurden 20 Pixel gewählt. Auch diese Ebene erhielt eine 95%ige Deckkraft.

9. Beide Textebenen erhielten mit Hilfe des **linearen Verlaufswerkzeugs** individuelle Ebenenmasken (auf Symbol ◘ in der Ebenenpalette klicken und mit dem Verlaufswerkzeug in der Maske arbeiten). Die Mosaikebene wurde anschließend samt Ebenenmaske dupliziert, um die Mosaikstruktur deutlicher hervorzuheben.

Ergänzende Elemente

1. Die Palette mit dem durchmischten Alphabet und den zu den Buchstaben passenden Tierbildern wurde in einer separaten Datei aufgebaut. Die Fensterelemente wurden mit dem Screenshotprogramm Capture unter dem Mac OS abfotografiert und später in Photoshop stilisiert. Da Capture wie alle anderen Screenshotprogramme im Farbraum des Monitors arbeitet und die Bilder über die Zwischenablage eingefügt wurden, mußten, um eine akkurate Farbdarstellung zu erzielen, alle Bildschirmfotos mit einer **Profilkonvertierung** (Bild, Modus) aus dem Farbraum des Monitors in den aktuellen RGB-Farbraum umgerechnet werden. Die gescannten Tierzeichnungen und die Schriftzeichen befanden sich in separaten Ebenen, um sie optimal aneinander ausrichten zu können. Nach der Reduktion auf eine Ebene wurde diese per Drag-and-drop mit dem Bewegen-Werkzeug in das Montagebild gezogen.

2. Für den Schatten unter der Palette wurde die Palettenebene dupliziert, die **Kopie** hinter das Original gestellt (Etikett in der Ebenenpalette an die gewünschte Position ziehen) und mit Schutz der transparenten Bereiche **schwarz gefüllt** (Strg/⌘ + D für die Standardfarben und Alt/⌥ + Umschalt + Rückschrittaste zum Füllen). Die Ebene wurde ordentlich weichgezeichnet (Filter, Weichzeichnungsfilter, **Gaußscher Weichzeichner;** Radius 100), etwas nach rechts unten versetzt und mit einer Deckkraft von 70 % versehen.

3. Da der Schatten auch über dem weißen Hintergrund schwebte, aber nur über dem Monitor sichtbar sein sollte, wurde er mit der **Transparenzmaske** der Monitorebene maskiert. Dazu wurde in der Ebenenpalette mit gedrückter Strg/⌘-Taste auf das Etikett der Ebene »Monitor« und dann auf das Symbol ⬚ geklickt (die Schattenebene blieb dabei die ganze Zeit aktiv).

4. Der Pfeilcursor wurde aus einem Screenshot in eine separate Datei kopiert und im Dialog **Bildgröße** (Menü Bild) auf 800 % vergrößert. Damit das pixelige Aussehen erhalten blieb, mußte die Interpolationsmethode für diese Vergrößerung auf **Pixelwiederholung** abgeändert werden. Der Pfeil wurde anschließend in die Montage übertragen und wie zuvor die Tierpalette mit einem Schatten versehen.

5. Zum Schluß erhielt der Holzrahmen einen weichen Schatten ohne Versatz. Der wieder hinzugefügte Monitorfuß wurde mit einem Verlauf maskiert und ein gutes Stück nach links versetzt – sonst wäre der Monitor schlicht aus dem Gleichgewicht geraten.

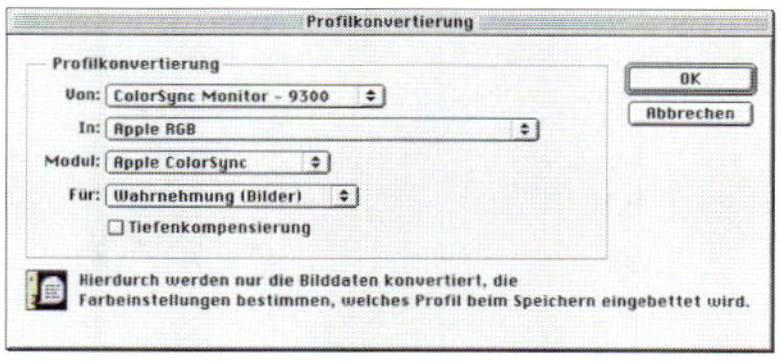

1a

1b

2

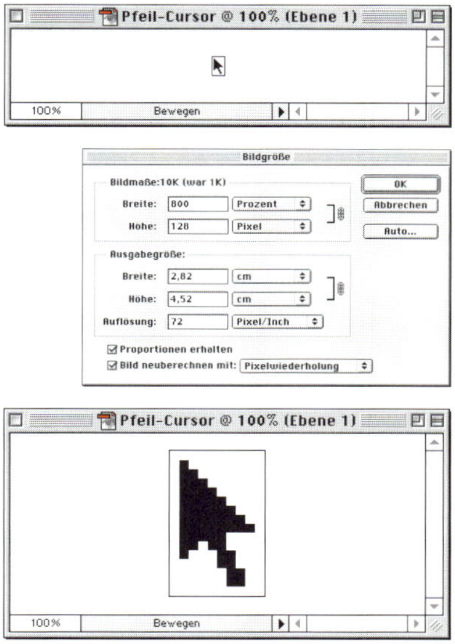

4a

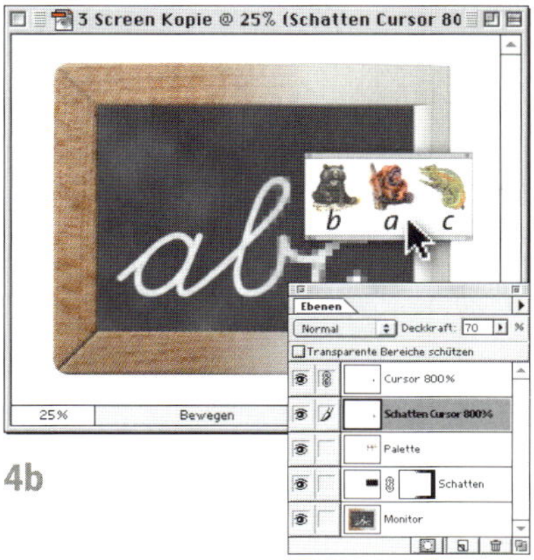

4b

Gemischtes Doppel

Wie trotz Einschränkungen des Zweifarbdrucks ästhetisch reizvolle Bilder entstehen können

Foto und Plastik: Hannes Fuß

→ Übungsmaterial auf der CD:
Gemischtes Doppel
Bildvorlage, Duplexkurven, Duplexdatei, Mehrkanaldatei

Fotografierte Knetfiguren und das Element gezielter Unschärfe bildeten den Kern des gestalterischen Konzepts für die Broschüre einer großen Krankenversicherung zum Thema »Hände und Füße«. Durch die Fokussierung auf ein bestimmtes Körperteil – hier den Fuß des Mädchens – wurde die Aufmerksamkeit der Leser auch bildlich auf das jeweilige Thema der Artikel gelenkt. In Zeiten knapper Kassen müssen auch große Unternehmen auf die Kosten achten. So entschied man sich gegen den kostenintensiven Vierfarbdruck und favorisierte den Druck mit zwei Sonderfarben. Für diese Aufgabenstellung – die Anfertigung von Duplexbildern – ist Photoshop natürlich das Werkzeug der Wahl.

Bei einigen Bildern wurde die Artikelüberschrift ins Bild integriert. Normalerweise fällt das Hinzufügen von Text in die Zuständigkeit eines Layoutprogramms, in dem anstelle pixeliger Zeichen konturscharfe Schrift verwendet werden kann. Die Integration in Photoshop bot jedoch die Möglichkeit, auch beim Text mit dem Gestaltungselement Unschärfe zu spielen.

Um bei diesen Bildern eine bessere Kontrolle über die Farbigkeit der Unschärfebereiche zu haben, wurden die Duplexbilder in den Mehrkanalmodus umgewandelt und dort weiterbearbeitet – eine Möglichkeit, die erst seit Photoshop 5 besteht. Mehrkanalbilder mit Volltonfarbkanälen lassen sich, wenn sie im DCS-Format gesichert werden, in jedem Layoutprogramm importieren. Die Volltonfarbkanäle werden bei der Belichtung der Layoutdatei ordnungsgemäß als separate Auszüge ausgegeben – wie die Farben eines Bildes, das im Duplexmodus gesichert wurde, übrigens auch.

Arbeiten im Duplexmodus

1. Die RGB-Scans der Fotos von den Knetfiguren wurden in Photoshop geöffnet und in den **Graustufenmodus** umgewandelt, da nur von Graustufen in den Duplexmodus konvertiert werden kann.

2. Die Funktion **Duplex** aus dem Menü Bild, Modus öffnete den Dialog Duplex-Optionen. Unter Bildart wurde Duplex gewählt (die anderen Optionen sind für den Druck mit einer, drei oder vier Sonderfarben gedacht). Nun mußten die Sonderfarben festgelegt werden. Ein Mausklick auf das Farbfeld der ersten Farbe öffnete den Dialog Farbwähler, und mit der Schaltfläche Eigene wurde zur **Pantone-Farbbibliothek** gewechselt. Da die Pantone-Farben vorher bereits anhand eines Pantone-Fächers ausgesucht wurden, konnten sie direkt durch Eintippen ihrer Nummer ausgewählt werden. Die Ziffernfolge 6-2-7 wählte das als erste Farbe gewünschte Dunkelgrün aus. OK schloß den Dialog.

Diese Prozedur wurde für die zweite Farbe, Pantone 5845, wiederholt.

3. Beide Farben besaßen zunächst geradlinig verlaufende Gradationskurven, was bedeutete, daß die Farben in allen Tonwertbereichen gleiche Anteile aufwiesen. Da das Dunkelgrün aber hauptsächlich die dunklen Bereiche abdecken und der zweite Ton vorrangig in den Mitteltönen zur Geltung kommen sollte, war eine Änderung beider Gradationskurven notwendig. Dazu wurde zuerst auf das Gradationskurven-Thumbnail der ersten Farbe geklickt, um den Dialog **Duplex-Gradationskurve** zu öffnen. Auf der Gradationskurve lassen sich nur an den 10%-Marken Punkte setzen und diese nur in der Vertikalen verschieben. Die Kurve wurde in der Mitte abgesenkt, um die Farbe in den Mitteltönen zurückzunehmen.

Nachdem der Dialog mit OK geschlossen worden war, kam die zweite Kurve an die Reihe. Hier wurden die Mitteltöne angehoben, um die Farbe in diesem Tonwertbereich zu verstärken. Bei einigen Farben kann der Endpunkt der Kurve wieder auf die Nulllinie zurückgeführt werden, so daß die Kurve eine Parabel beschreibt und die Farbe tatsächlich nur in den Mitteltönen vertreten ist. Bei den vorliegenden Fotografien waren bei einer Parabelkurve jedoch Abrisse zu befürchten. Deshalb blieb der Endpunkt bei 100%. Das bedeutete aber auch, daß in den dunklen Bereichen des Duplexbildes beide Farben mit hoher Deckung vertreten waren und sie sich in allen Tonwertbereichen mischten, das heißt, in keinem Tonwertbereich des Bildes eine der beiden Farben in reiner Form vorkam.

Die Auswirkung der Gradationskurven auf die Verteilung der Duplexfarben über die Graustufenskala kann nicht nur am Bild beurteilt, sondern auch am Duplexverlauf im Dialog Duplex-Optionen überprüft werden.

4. Wichtig ist auch, daß die Duplex-Gradationskurven gleichförmig verlaufen – also keine Berg- und Talfahrten beinhalten, was solarisationsähnliche Effekte hervorrufen würde – und mit möglichst wenig Punkten definiert sind. Etwaige Defizite in der Bildhelligkeit lassen sich später noch kompensieren. Da auch die Helligkeit im Beispielbild noch nicht zufriedenstellend ausfiel, wurde, nachdem der Dialog Duplex-Optionen wie-

1

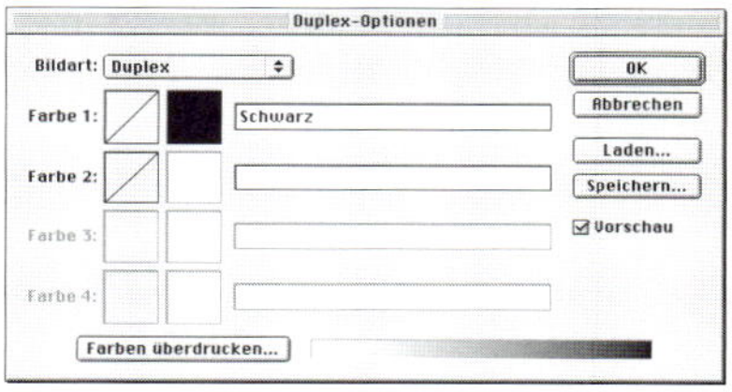

2a

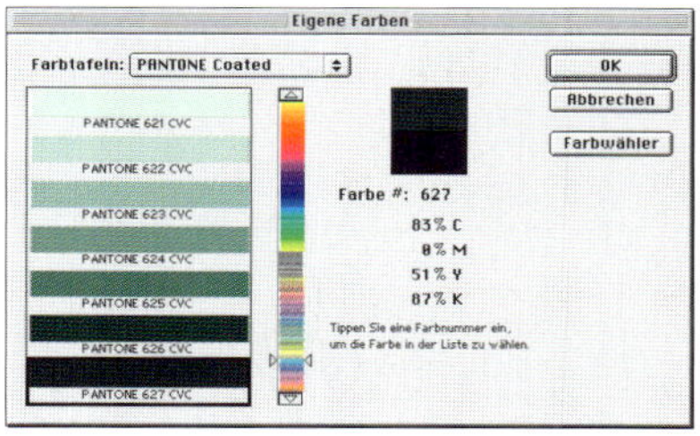

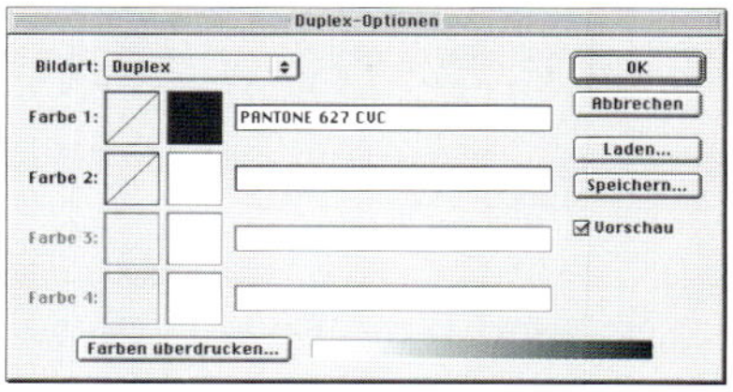

2b

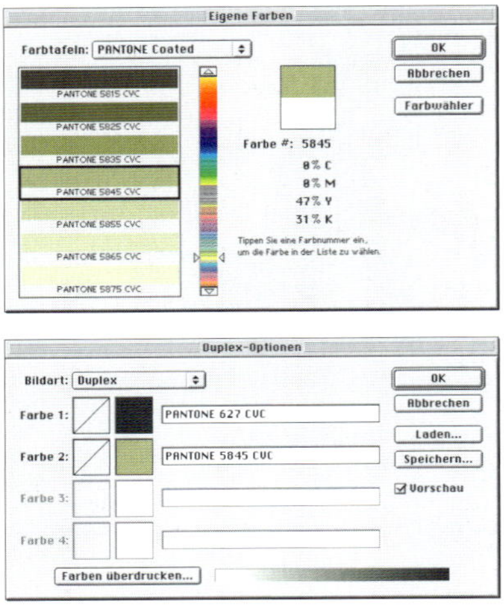

2c

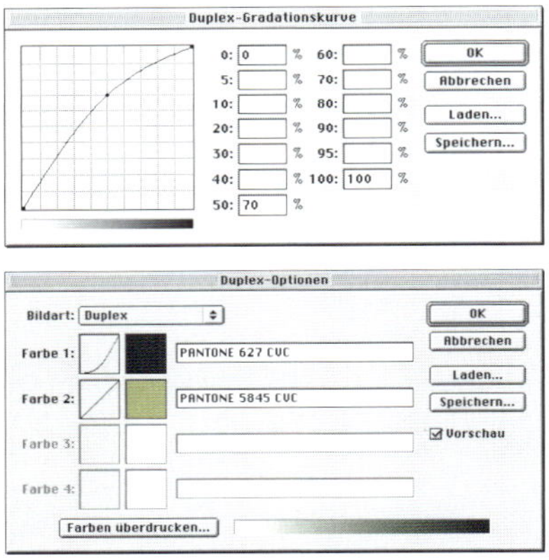

3a

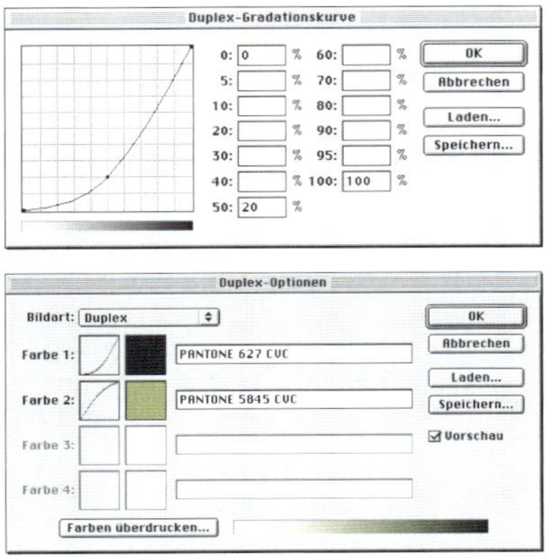

3b

3c

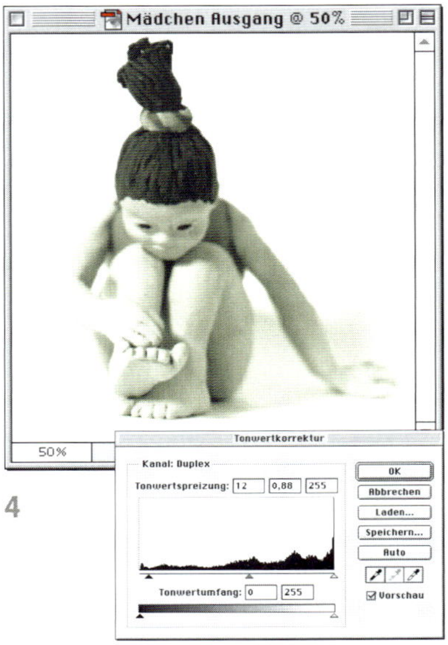

4

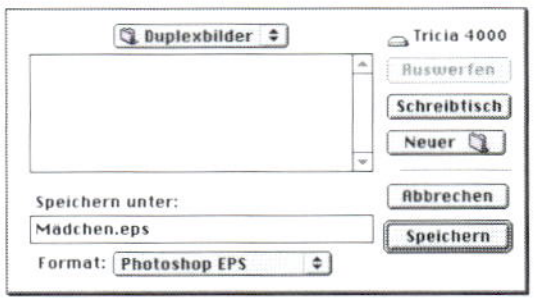

5

der geschlossen worden war, der Dialog **Tonwertkorrektur** (Bild, Einstellen) aufgerufen. Durch Verschieben des Mitteltonreglers wird die Zuordnung der Helligkeitswerte des ursprünglichen Graustufenbildes zu den Farben im Duplexverlauf neu vorgenommen. Eine Aufhellung (Mitteltonregler nach links) bedeutet im Duplexmodus ein Verschieben der Mitteltöne zum helleren Ende des Duplexverlaufs hin – die Töne werden heller. Wird der Mitteltonregler nach rechts bewegt, verschieben sich die Farben zum dunkleren Ende des Duplexverlaufs – die Töne werden dunkler. Zusätzlich zu einer Abdunkelung der Mitteltöne wurden auch die Tiefen neu gesetzt, um dadurch mehr Kontrast ins Bild zu bringen. Ein Verschieben des Schwarzpunkts ist vor allem dann anzuraten, wenn die dunklere Duplexfarbe immer noch deutlich heller als Schwarz ist.

5. Alle Bilder, die keinen Text erhalten sollten, wurden nun im **EPS-Format** gesichert (Datei, Sichern unter). Für die Integration des Textes in das Beispielbild waren jedoch noch weitere Schritte erforderlich.

Arbeiten im Mehrkanalmodus

(Abbildungen rechte Seite)

1. Das Bild wurde in den Modus **Mehrkanal** (Bild, Modus) umgewandelt. Eine Rückumwandlung in den Duplexmodus ist danach nicht mehr möglich, aber auch nicht nötig, wenn das Ziel der Zweifarbdruck ist. (Beim Umwandeln eines Mehrkanalbildes in RGB oder CMYK gehen die Duplexfarben verloren!)

2. Um Platz für den Text zu schaffen, wurde die **Arbeitsfläche** am rechten Rand vergrößert (Bild, Arbeitsfläche).

3. Da Mehrkanalbilder nur aus der Hintergrundebene bestehen, wurde der Text in einem **neuen Alphakanal** vorbereitet. Dazu wurde auf das Symbol ◫ in der Kanälepalette und anschließend mit dem **Textwerkzeug** ins Bild geklickt. Nachdem die gewünschten Schriftparameter festgelegt waren, wurde der Text eingegeben. Damit der Text vollständig sichtbar war, wurde die Option Schrift (gemeint ist: Ganzer Text) aktiviert. Als Schriftfarbe wurde Weiß gewählt.

4. Nachdem der Dialog Textwerkzeug mit OK geschlossen worden war, verschob das **Bewegen-Werkzeug** die schwebende Auswahl in die Mitte des Bildes, so daß oben und unten ungefähr gleich viel Platz entstand. Um den Text in der Horizontalen besser ausrichten zu können, wurden die Volltonfarbkanäle vorübergehend eingeblendet (Augensymbole in der Kanälepalette).

5. Bei noch aktiver Textauswahl wurde mit dem Tastenkürzel Strg/⌘ + T die Funktion **Frei transformieren** aktiviert. Die rechte Maustaste (unter dem Mac OS Ctrl + Mausklick) öffnete das Transformieren-Kontextmenü, aus dem die Funktion **Perspektivisch verzerren** gewählt wurde. Die rechte Seite des Transformationsrahmens wurde gedehnt, die linke dagegen etwas gestaucht. Ein Doppelklick ins Rahmeninnere wendete die Transformation an.

6. Nachdem die Auswahl aufgehoben (Strg/⌘ + D) worden war, wurde ein Duplikat des Alphakanals angelegt (Etikett auf das Symbol ◫ ziehen) und der **Maskierungsmodus** aktiviert (Symbol ◻ in der Werkzeugpalette). Das **lineare Verlaufswerkzeug** zog einen waagerechten Verlauf von Schwarz nach Weiß auf (Umschalttaste gedrückt halten). Der Anfangspunkt (Schwarz) lag beim t von »macht«, der Endpunkt (Weiß) beim m. Mit der Rückkehr in den **Standardmodus** wandelte Photoshop die Verlaufsmaske in eine Auswahl um.

7. Auf die Verlaufsauswahl kam der **Gaußsche Weichzeichner** (Filter, Weichzeichnungsfilter) mit einem Radius von 4 Pixeln zur Anwendung. Dieser Schritt erzeugte die perspektivische Unschärfe des Textes. Anschließend wurde die Auswahl aufgehoben.

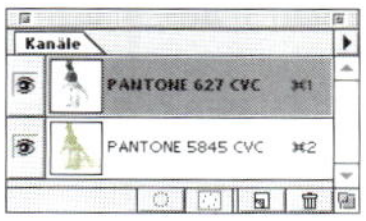

1

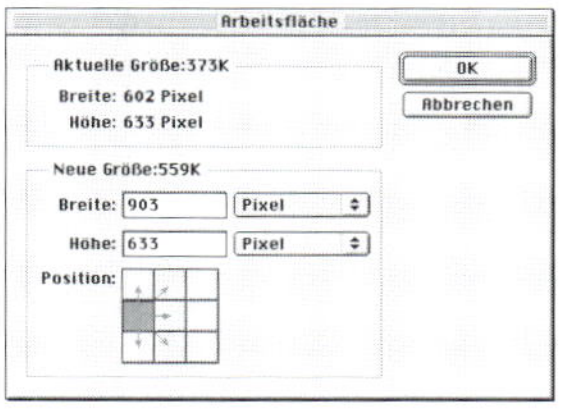

2

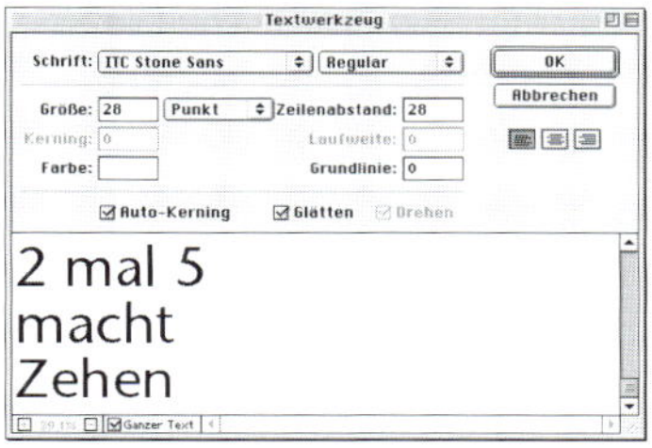

3

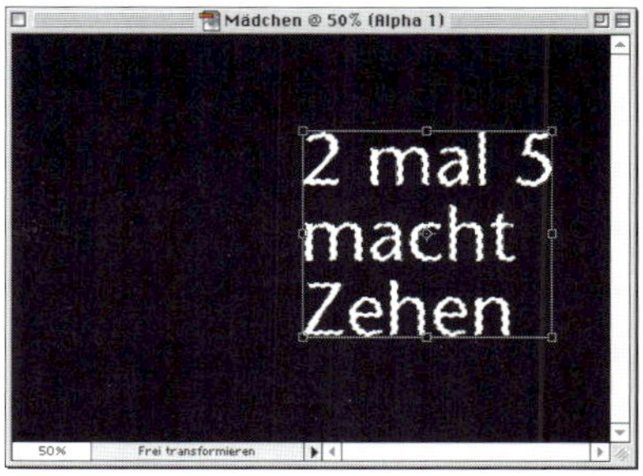

5a

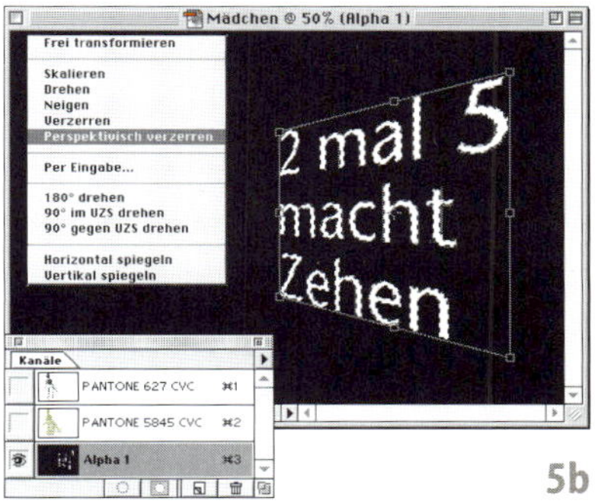

5b

6

7

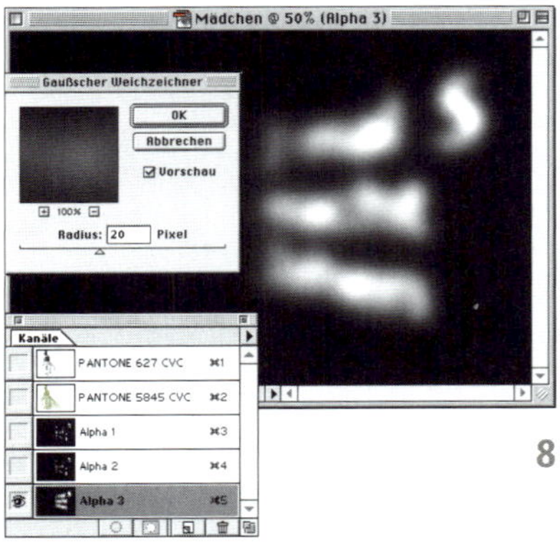

8

9

10

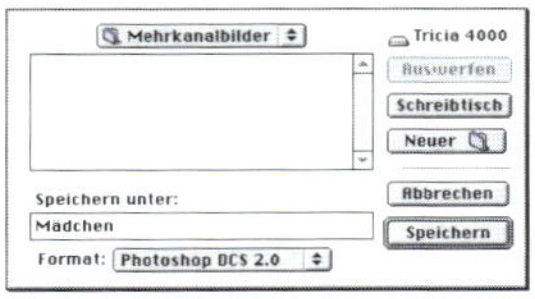

11

8. Nun wurde der Kanal »Alpha 2« dupliziert und der Inhalt des neuen Kanals mit dem **Gaußschen Weichzeichner** mit einem Radius von 20 Pixeln weichgezeichnet (Strg/⌘ + Alt/⌥ + F ruft den zuletzt benutzten Filterdialog auf). Die Funktion **Auto-Tonwertkorrektur** spreizte die Tonwerte über die gesamte Graustufenskala.

9. Mit einem Mausklick auf das Etikett des Kanals »Pantone 627« wurde dieser aktiviert. Der andere Volltonfarbkanal wurde zusätzlich eingeblendet (in die Augenspalte klicken). Ein weiterer Klick bei gedrückter Strg/⌘-Taste auf das Etikett des Kanals »Alpha 2« lud ihn als Auswahl. Mit der Tastenkombination Alt/⌥ + Rückschritt erhielt die Auswahl, nachdem zuvor in der Werkzeugpalette mit der Taste D die Standardfarben eingestellt waren, eine **schwarze Füllung.** Im Bild erschien dieser Bereich natürlich nicht schwarz, sondern in der gewählten Volltonfarbe. (Wenn sich die Volltonfarbe in diesem Bereich nicht mit der anderen Volltonfarbe mischen soll, wird die Auswahl im anderen Volltonfarbkanal mit der Rückschrittaste gelöscht, so daß darin eine Aussparung entsteht.)

10. Nun wurde zum Kanal »Pantone 5845« gewechselt, der Kanal »Alpha 3« als Auswahl geladen und ebenfalls schwarz gefüllt. Auch hier erschien die Füllung in der Volltonfarbe. Da der farbige Schatten zu stark ausfiel, schwächte die Funktion **Verblassen** aus dem Menü Filter die Füllung auf das gewünschte Maß ab (45 %).

11. Zum Schluß wurden die nicht mehr benötigten Alphakanäle gelöscht und die Mehrkanaldatei im Format **Photoshop DCS 2.0** gesichert.

Das Duplex-Einmaleins

Das Duplexverfahren basiert auf einem einfachen Prinzip: Bestimmte Tonwertbereiche eines Graustufenbildes werden durch die Duplexfarben ersetzt. Bei mehr als einer Sonderfarbe können dabei Überschneidungsbereiche auftreten, also Tonwertbereiche, in denen sich beide Farben (bei Triplex und Quadruplex auch mehr Farben) in einem bestimmten Verhältnis mischen.

Beim obigen Duplexbeispiel läßt sich kein Text eingeben, der nur in einer der beiden Duplexfarben erscheint, da aufgrund der gewählten Duplex-Gradationskurven beide Farben in allen Tonwertbereichen wenigstens zu einem Prozentteil vertreten sind. Mit diesen Kurven würde schwarzer Text mit beiden Farben zu 100 % gedruckt. Weichgezeichneter Text besteht aus dunkel- bis hellgrauen Randbereichen. Im Duplexmodus verschieben sich die Farben dann gemäß dem aus den Gradationskurven resultierenden Duplexverlauf.

Im Mehrkanalmodus kann jedoch, wenn nur einer der Volltonfarbkanäle aktiv ist, mit der reinen Schmuckfarbe gearbeitet werden. Erfolgt die Weichzeichnung in nur einem Volltonfarbkanal, erscheinen die unscharfen Bereiche nur in dieser Volltonfarbe, nicht in einer Mischfarbe.

Duplexvariationen

Daß die Wahl der Gradationskurven die Bildwirkung ganz entscheidend beeinflussen kann, sei an diesen Bildern demonstriert. Um die Unterschiede besser herausstellen zu können, wurden die Beispiele mit den Farben Pantone 2768 und Pantone 124 eingefärbt. Der Verlauf der Gradationskurven ist in den Kästchen gezeigt. Der daraus resultierende Duplexverlauf über die Helligkeitswerte des Bildes ist am Verlaufsstreifen unterhalb der Bilder zu sehen.

Blue Screen

Wie sich Screenshots mit Hilfe eines Volltonfarbkanals optimal für den Zweifarbdruck aufbereiten lassen

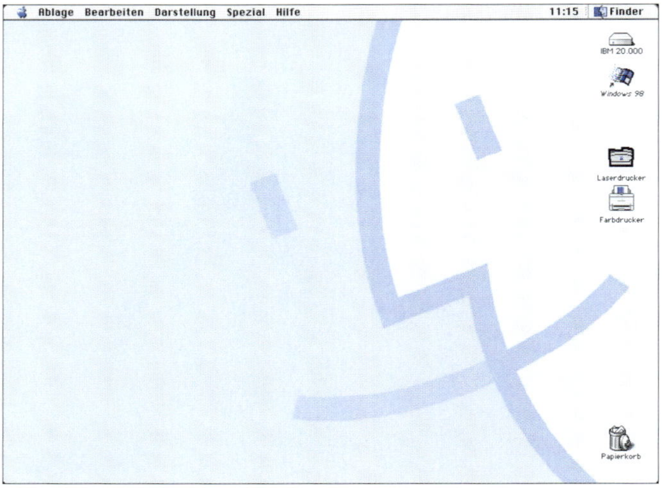

Der Vierfarbdruck ermöglicht auf wunderbare Weise die farbige Wiedergabe von Abbildungen, ist jedoch mit hohen Produktionskosten verbunden. Viele Verlage suchen daher stets nach kostengünstigeren Alternativen. Daß auch der Zweifarbdruck eine ganz eigene Farbigkeit ins Spiel bringen kann – bei deutlich reduzierten Produktionskosten –, wurde ja im vorherigen Kapitel am Beispiel des Duplexverfahrens gezeigt. Das obige Beispiel zeigt ein Verfahren, das bei einem Addison-Wesley-Buch zum Mac OS eingesetzt wurde und ebenfalls mit nur zwei Druckfarben (Prozeßschwarz und Pantone 660) auskommt. Erste Versuche mit dem Duplexmodus machten schnell klar, daß sich das Duplexverfahren für Screenshots nicht so gut eignet wie für fotografische Abbildungen. Die farbigen Screenshots sollten so in die Farben Schwarz und Pantone 660 separiert werden, daß alle schwarzen und grauen Bereiche ihre Farbe behielten und alle bunten Bereiche im Pantone-Blau erschienen. Dieses Problem wurde durch einen zusätzlichen Volltonfarbkanal gelöst. Dazu war es zunächst nötig, alle bunten Farben von den unbunten (Schwarz und Grau) zu trennen. Diese Aufgabe übernahm eine CMYK-Separation mit maximalem Schwarzaufbau. Anschließend konnten die Buntfarbenkanäle im Volltonfarbkanal zusammengefaßt werden.

Das Satzprogramm für das Mac-OS-Buch war PageMaker. Die zweifarbigen Screenshots mußten im Format Photoshop DCS 2.0 gespeichert werden, um sie in die PageMaker-Satzdateien integrieren zu können. (PageMaker akzeptiert keine Mehrkanalbilder, deshalb blieben die Screenshots im Farbmodus CMYK.) Die Pantone-Schmuckfarbe wurde beim Importieren der Bilder automatisch in die Farbpalette von PageMaker übernommen. Bei der Auszeichnung der blauen Textpassagen im Buch mußte darauf geachtet werden, die importierte Pantone-Farbe zu verwenden – es durfte keine neue Farbe angelegt werden. Denn für die Belichtung der Farbauszüge waren im PageMaker-Druckdialog nur die Farben Schwarz und Pantone 660 auszuwählen. Eine neu angelegte Farbe hätte einen dritten Farbauszug bedeutet.

→ Übungsmaterial auf der CD:
Blue Screen
Bildvorlage, Photoshop-Aktion, Endfassung

1. Da die Screenshots im RGB-Modus vorlagen und in den CMYK-Modus konvertiert werden sollten, wurden zunächst die nötigen Separationseinstellungen im Dialog **CMYK einrichten** (Datei, Farbeinstellungen) vorgenommen. Als CMYK-Modul war Eingebaut zu wählen, und als Separationsart GCR mit der Schwarzaufbaumethode Maximum. Der maximale Schwarzaufbau bewirkt, daß alle schwarzen und neutralgrauen Bereiche nur aus Prozeßschwarz aufgebaut werden und keine Buntfarbenanteile enthalten.

2. Nachdem der erste RGB-Screenshot in Photoshop geöffnet war, wurde er mit dem Befehl **CMYK-Farbe** aus dem Menü Bild, Modus in den CMYK-Modus umgewandelt.

3. Der Befehl Neuer Vollfarbenkanal aus dem Menü der Kanälepalette legte einen **neuen Volltonfarbkanal** an. Mit einem Mausklick auf das Farbfeld des Dialogs öffnete sich der Photoshop-Farbwähler; ein weiterer Mausklick auf die Schaltfläche Eigene wechselte zum Pantone-Farbwähler. Im oberen Einblendmenü wurde die Farbbibliothek Pantone Coated gewählt. Die Farbe Pantone 660 stand bereits als Sonderfarbe fest, deshalb brauchten nur die Zahlen 6-6-0 in kurzer Folge hintereinander eingetippt zu werden, um sie auszuwählen. Mit einem Mausklick auf OK im Pantone-Farbwähler wurde die Farbe übernommen. Um die Eigenschaften einer lasierenden Druckfarbe am Bildschirm zu simulieren, wurde im Dialog Neue Volltonfarbe eine **Solidität** von 0% eingestellt. (Diese Einstellung betrifft nur die Bildschirmdarstellung. Die Bildschirmdarstellung in Photoshop funktioniert so, daß Volltonfarbkanäle die anderen Kanäle »überdrucken«; sie bietet daher keine exakte Vorschau auf das Druckergebnis. Der Prozentwert für die Solidität wurde anhand eines Andrucks ermittelt.) Nach der Bestätigung mit OK wurde der neue Volltonfarbkanal zur Kanälepalette hinzugefügt.

4. Ein Mausklick auf das Etikett »Cyan« in der Kanälepalette wählte diesen Kanal aus. Anschließend wurden die Kanäle »Magenta« und »Gelb« bei gedrückter Umschalttaste angeklickt, um sie zusätzlich auszuwählen. **Strg/⌘ + A** und **Strg/⌘ + X** kopierten die Buntfarbenanteile in die Zwischenablage und löschten gleichzeitig die Inhalte der Kanäle. Nun wurde wieder der Kanal »Pantone 660« ausgewählt und der Inhalt der Zwischenablage mit **Strg/⌘ + V** eingefügt.

5. Die Blautöne wirkten noch etwas blaß. Eine Verschiebung des Mittelpunktes im Dialog **Tonwertkorrektur** auf den Wert 0,5 (Bild, Einstellen; grauer Regler für Tonwertspreizung) verstärkte die Blautöne im Bild.

6. Die Datei wurde mit Datei, Speichern unter im Format **Photoshop DCS 2.0** gespeichert.

7. Nachdem die Schritte 2 bis 7 glatt verlaufen waren und das Ergebnis wunschgemäß ausfiel, wurden die Schritte am nächsten Screenshot wiederholt. Diesmal wurden sie jedoch mit der Aktionenpalette aufgezeichnet (Neue Aktion aus dem Menü der Aktionenpalette), um sie später per **Stapelverarbeitung** auf den gesamten Screenshot-Ordner anwenden zu können.

8. Zu guter Letzt wurden die Bilder in die **PageMaker**-Satzdateien importiert. Bei den Bildern handelte es sich ja um CMYK-Dateien mit zusätzlicher Sonderfarbe. Deshalb wurde bei der Belichtung darauf geachtet, nur die Farben Prozeßschwarz und Pantone 660 auszugeben (die übrigen Kanäle waren ja leer).

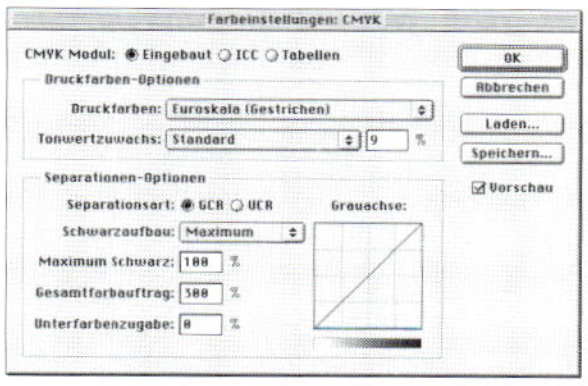

1

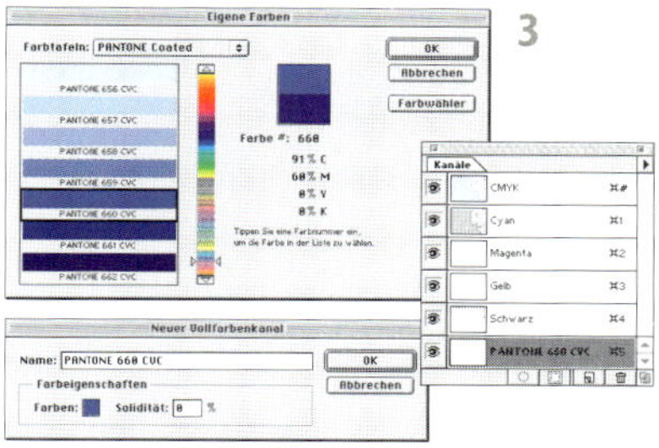

3

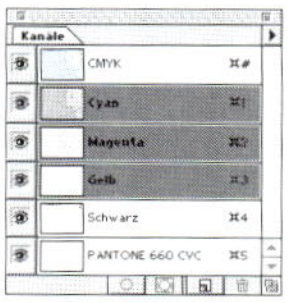

4a

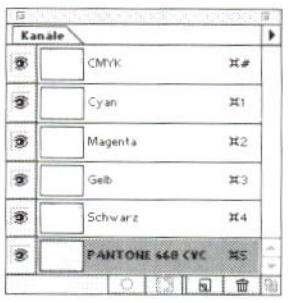

4b

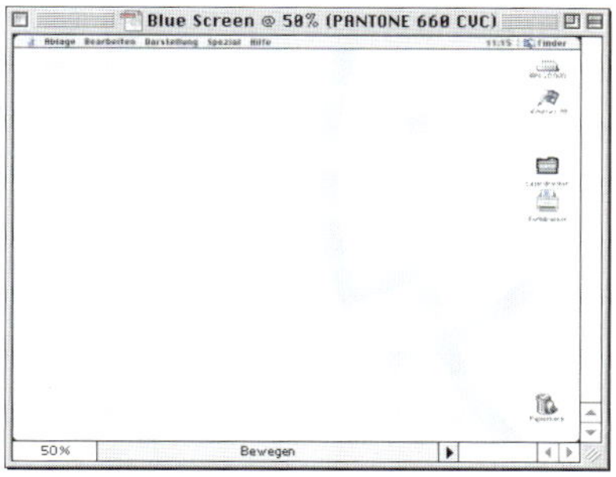

4c

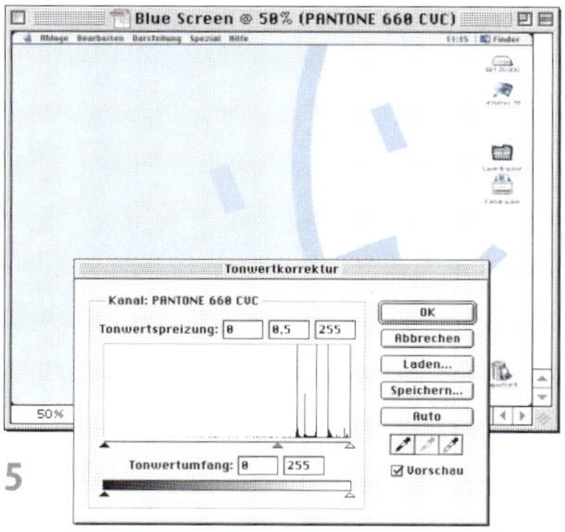

5

Kreativ aus der Krise

Photoshop im Krisenmanagement einer Zeitschriftenredaktion

Das fertige Cover

Foto: Ute Behrend

Bei dieser Vorlage wird nicht nur dem Kreisel schwindelig ...

Krise in der Zeitschriftenredaktion: Die Titelgeschichte erhielt kurz vor dem Drucktermin noch einen Richtungswechsel. Das Titelfoto paßte nicht mehr. Ein neues mußte her, und zwar schnell. Kurzfristig ließ sich aber nur ein etwas unscharfes Foto eines Kinderkreisels auftreiben. Erschwerend kam hinzu, daß der Hintergrund des Kreiselfotos farblich gänzlich ungeeignet war. Auch zeigte das Foto zwar einen rotierenden Kreisel, doch die von der Redaktion gewünschte Eigenbewegung, die nach rechts aus dem Titelbild herausführen sollte, fehlte. Ein Fall also für einen erfahrenen Bildbearbeiter.

Der Kreisel

1. Das Kreiselbild wurde bei einem Dienstleistungsunternehmen als hochauflösender und fertig separierter Scan von einem Kleinbilddia eingekauft. Alle Bearbeitungen fanden daher im CMYK-Modus statt. Da der Kreisel nach rechts aus dem Bild trudeln sollte, wurde der Scan gespiegelt (Bild, Arbeitsfläche drehen, **Horizontal spiegeln**). Um den Kreisel vor dem nicht gewünschten Hintergrund freizustellen, wurde seine Kontur mit dem **Zeichenstift** umgrenzt. Ein Doppelklick auf das Etikett der Hintergrundebene wandelte diese in eine transparente

Ebene um. Bei dieser Gelegenheit erhielt sie den Namen »Kreisel«. Der Pfad wurde in eine Auswahl umgewandelt, die Auswahl umgekehrt und gelöscht. Alle den Kreisel umgebenden Bereiche waren dadurch vollständig transparent.

2. Von der Kreiselebene wurde eine Kopie mit dem Namen »Bewegungsunschärfe« angelegt (Ebenenetikett mit gedrückter Alt/⌥-Taste auf das Symbol der Ebenenpalette ziehen). Diese Kopie sollte mit dem Filter Bewegungsunschärfe weichgezeichnet werden, um der Eigenrotation des Kreisels künstlich den Eindruck einer Fortbewegung hinzuzufügen. Der Winkel der Bewegungsunschärfe sollte dabei dem Neigungswinkel des Kreisels entsprechen. Um den Neigungswinkel zu bestimmen, wurde mit dem **Meßwerkzeug** eine Maßlinie von der linken zur rechten Seite des Kreisels aufgezogen. Der Winkel konnte in der Informationenpalette abgelesen und notiert werden.

3. Mit dem Filter **Bewegungsunschärfe** (Filter, Weichzeichnungsfilter) wurde nun die gewünschte Verwischung erzeugt. Im Filterdialog wurde der notierte Neigungswinkel bzw. der nächste ganzzahlige Wert als Winkel für die Richtung der Bewegungsunschärfe eingegeben. Bei eingeschalteter Option Vorschau konnte die Wirkung der Reglerstellung für die Distanz direkt am Bild überprüft werden.

4. Die Unschärfe sollte jedoch von links nach rechts abnehmen, deshalb wurde der unscharfe Kreisel mit einer Verlaufsmaske maskiert. Das Symbol fügte zur Ebene eine leere Ebenenmaske (nichts maskiert) hinzu. In der Optionenpalette des **linearen Verlaufswerkzeugs** wurde die Verlaufsart Vorder- zu Hintergrundfarbe gewählt (bei Ebenenmasken sind dies automatisch Weiß und Schwarz). Das Verlaufswerkzeug zog den Verlauf nun in der Mitte des Kreisels im selben Winkel auf, den auch das Meßwerkzeug ermittelt hatte und der schon im Filterdialog verwendet wurde. Der rechte Bereich des Kreisels war so vollständig maskiert, der linke vollständig sichtbar.

5. Die scharfe Version des Kreisels in der Ebene »Kreisel« mußte in umgekehrter Weise maskiert werden, da sonst auf der linken Seite durch die Verwischung hindurch der scharfe Kreiselrand sichtbar geblieben wäre. Nachdem die Ebene »Kreisel« aktiviert worden war, wurde die Alt/⌥-Taste gedrückt und das **Thumbnail der Ebenenmaske** der Ebene »Bewegungsunschärfe« auf das Symbol der Ebenenpalette gezogen. Da die Zielebene noch keine Ebenenmaske besaß, wurde durch diese Aktion ein Duplikat der Ebenenmaske zur Ebene »Kreisel« hinzugefügt. Die Alt/⌥-Taste bewirkte dabei, daß die neue Ebenenmaske automatisch umgekehrt wurde.

Anschließend wurde das Verbindungssymbol zwischen Ebene und Ebenenmaske ausgeschaltet und der Maskeninhalt mit dem **Bewegen-Werkzeug** so weit nach links verschoben (Umschalttaste drücken), bis der »Grauschleier« im Übergangsbereich beider Masken verschwunden war. Danach wurde das Verbindungssymbol wieder aktiviert.

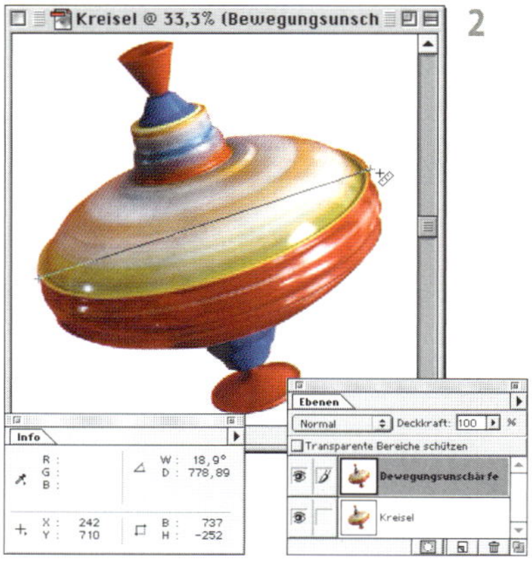

2

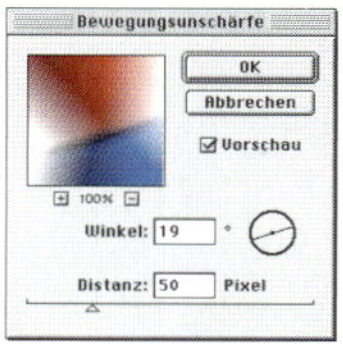

3

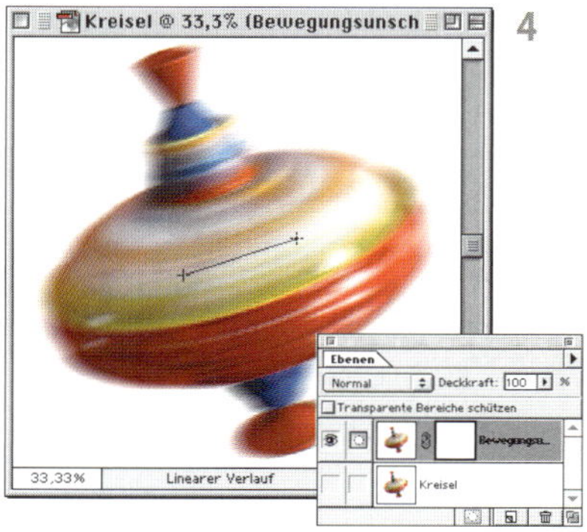

4

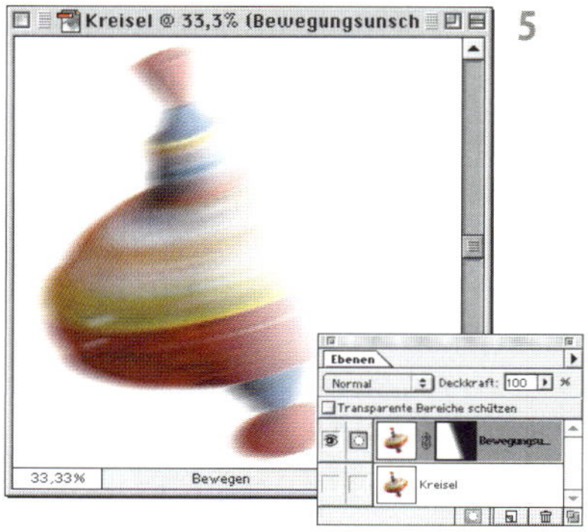

5

6a

6b

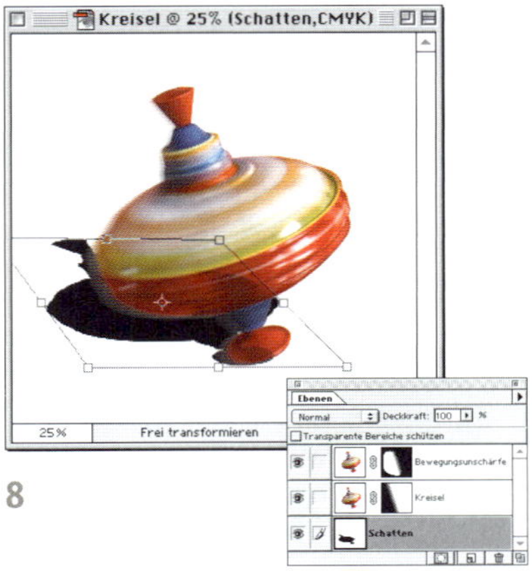

8

9

6. Der Filter Bewegungsunschärfe verwischt ein Motiv gleichmäßig zu beiden Seiten, es spielt also keine Rolle, ob man 19° oder 199° eingibt. Auf der linken Seite des Kreisels war dieser Effekt erwünscht, auf der rechten infolge der Maskierung glücklicherweise nicht sichtbar. An seinem oberen Griff machte sich die beiderseitige Unschärfe jedoch störend bemerkbar. Deshalb mußte die Ebenenmaske der Ebene »Bewegungsunschärfe« noch modifiziert werden.

Ein Mausklick auf das Thumbnail der Ebenenmaske aktivierte diese. Nun wurde die **Transparenzmaske** der Ebene »Kreisel« mit einem Mausklick bei gedrückter Strg/⌘-Taste auf ihr Thumbnail als Auswahl geladen (nicht auf das Thumbnail der Ebenenmaske klicken). Das **Lasso** fügte nun links großzügig Bereiche zur Auswahl hinzu, indem es bei gedrückter Umschalttaste vom oberen Kreiselgriff einen großen Bogen bis zur unteren Kreiselspitze zog. Die Auswahl wurde umgekehrt und in der Ebenenmaske mit der Rückschrittaste schwarz gefüllt.

7. Nun war der Schatten des Kreisels zu erstellen. Dazu wurde eine neue Ebene mit dem Namen »Schatten« angelegt (Symbol ◰ mit gedrückter Alt/⌥-Taste anklicken), die **Transparenzmaske** der Ebene »Kreisel« erneut als Auswahl geladen und in der neuen Ebene schwarz gefüllt.

8. Mit der Funktion **Frei transformieren** aus dem Menü Bearbeiten ließ sich der Schatten auf eine imaginäre Raumebene werfen, indem er nach links geneigt (mittleren Griff der oberen Rahmenseite mit gedrückter Strg/⌘-Taste nach links unten verschieben), verzerrt (oberen rechten Griff mit gedrückter Umschalt- und Strg/⌘-Taste nach links verschieben) und skaliert wurde (mittleren Griff der oberen Rahmenseite ohne Zusatztaste nach unten bewegen). Ein Doppelklick ins Rahmeninnere (oder ein Druck auf die Eingabetaste) rechnete die Transformation in die Ebene ein.

9. Anschließend konnte der Schatten mit dem **Gaußschen Weichzeichner** (Filter, Weichzeichnungsfilter) weichgezeichnet werden.

Die Montage über dem Hintergrund

1. Für den Hintergrund wurde eine neue Datei in der Größe des Covers (DIN A4) zuzüglich Anschnitt angelegt. Als Hintergrund genügte eine diffuse Textur. Solche Texturen sind über Bildarchive zu beziehen oder können mit Filtern wie dem Texture Explorer (Strukturforscher) der Kai's Power Tools selbst generiert werden. Da es im Beispiel jedoch auf Schnelligkeit ankam, wurde der Photoshop-eigene Filter **Wolken** (Filter, Renderingfilter) angewendet. Dieser Filter entbindet den Anwender von dedizierten

Einstellungen, da er keinen Dialog besitzt (man kann aber den Kontrast verstärken, wenn beim Aufruf des Filters die Alt/⌥-Taste gedrückt wird).

2. Obwohl der Filter Wolken Zufallsmuster erzeugt (also jedesmal andere), meint man bei großen Bildern eine gewisse diagonale Regelmäßigkeit zu erkennen, die eher störend wirkt. Deshalb wurde ein besonders schöner Teilbereich des Wolkenmusters mit dem **Auswahlrechteck** umgrenzt und mit der Funktion **Frei transformieren** (Menü Bearbeiten) disproportional auf die gesamte Größe der Datei gedehnt.

3. Seine Pastellfarbe erhielt das Wolkenmuster im Dialog **Farbton/Sättigung** (Bild, Einstellen) mit der Option **Kolorieren.**

4. Nun mußte nur noch der Kreisel samt Bewegungsunschärfe und Schatten in das Hintergrundbild kopiert werden. Alle Ebenen der Kreiselmontage sollten aber erhalten bleiben, also nicht auf eine Ebene reduziert werden. Im Kreiselbild wurden dazu alle Ebenen miteinander verbunden (alle Verbindungssymbole aktivieren). Das **Bewegen-Werkzeug** zog nun den Inhalt der aktuellen Ebene in das Fenster der Hintergrunddatei. Alle verbundenen Ebenen wurden dabei automatisch mitkopiert. Beim Kopieren mit dem Bewegen-Werkzeug ist es wichtig, mit dem Mauszeiger im Dateifenster zu beginnen und nicht das Ebenenetikett in das Fenster der Zieldatei zu bewegen, sonst werden die verbundenen Ebenen nicht mitkopiert.

5. Die Position des Kreisels ließ sich durch Verschieben mit dem **Bewegen-Werkzeug** noch nachträglich ändern – alle verbundenen Ebenen wurden entsprechend mitbewegt. Die Größe des Kreisels wurde mit der Funktion **Frei transformieren** an die Covergröße angepaßt. Als eine Kreiselebene proportional skaliert wurde (mit gedrückter Umschalttaste an einem Eckgriff ziehen), änderten alle verbundenen Ebenen ihre Größe entsprechend. Alle Kreiselebenen konnten so in einem Arbeitsschritt verkleinert werden.

6. Zum Schluß wurde noch die Deckkraft der Ebene »Schatten« auf 50 % verringert und ihr Ebenenmodus auf **Multiplizieren** gestellt. Im CMYK-Modus wird ein Ebeneninhalt durch den Deckmodus Multiplizieren als »überdruckend« definiert. Der Abdunkelungseffekt wirkt so besser.

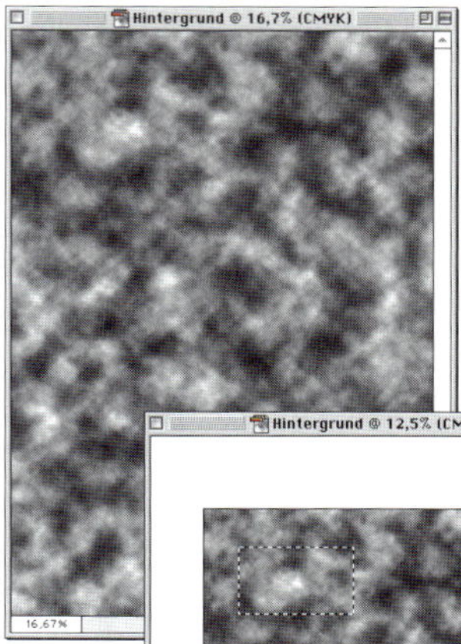

1

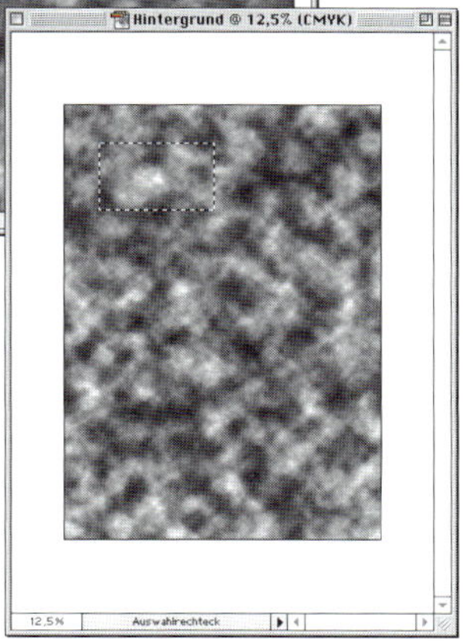

2a

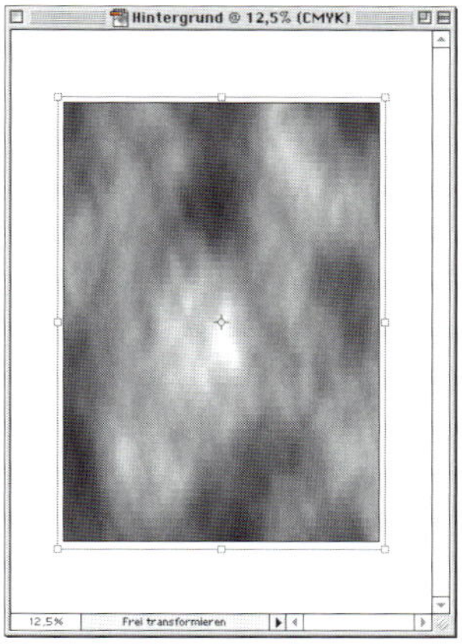

2b

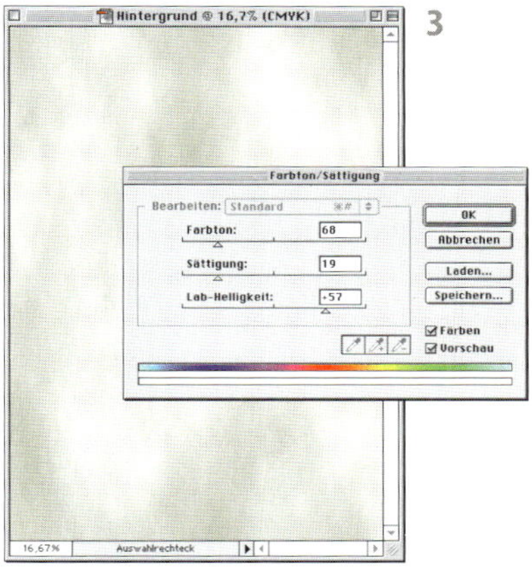

3

6

Evolutionstheorie

Wie trotz denkbar schlechtestem Bildmaterial eine gelungene Montage mit einer Portion hintergründigem Witz entstehen kann

Hulton Deutsch Collection, Vol. 1, People & Personalities

→ ***Übungsmaterial auf der CD:***

Evolutionstheorie

Bildvorlage, Ebenendatei

Was liegt näher, als an seinem 40. Geburtstag nicht in die Vergangenheit, sondern in die Zukunft zu blicken und die persönliche Entwicklung nach weiteren 40 Jahren bildhaft vorwegzunehmen? Diese Einladungskarte entstand aus einem Digitalfoto des Jubilars und einem Foto von Charles Darwin, das einem Bildarchiv entnommen wurde. Daß ausgerechnet der Begründer der modernen Evolutionstheorie seinen gealterten Körper zur Verfügung stellen mußte, war reiner Zufall – das Darwin-Portrait paßte nun mal von allen vorliegenden Bildern hinsichtlich der Perspektive am besten. Dennoch kam diese zufällige Übereinstimmung nicht ungelegen, ja gibt sie dem Bild doch eine ironische Note.

1. Zunächst wurde überprüft, ob die Auflösung des vorliegenden Bildmaterials ausreichte, um in der gewünschten Postkartengröße (DIN A6) gedruckt zu werden. Ursprünglich war der Ausdruck auf dem eigenen 600-dpi-Laserdrucker vorgesehen, der mit einer Rasterweite von 85 lpi (Linien pro Inch) druckte. Das Darwin-Bild wurde geöffnet und der Dialog **Bildgröße** (Menü Bild) aufgerufen. Die Option Bild neuberechnen wurde deaktiviert, und anschließend wurde mit der Schaltfläche Auto zum Dialog **Auto-Auflösung** gewechselt. Hier wurde die Qualitätsstufe Mittel gewählt und die Rasterweite des Laserdruckers eingegeben. Photoshop ermittelt dann nach einem Klick auf OK die aus der eingegebenen Qualitätsstufe

und der Rasterweite resultierenden Bildmaße. Mit 9,5 mal 13 Zentimetern besaß das Darwin-Portrait für die DIN-A6-Postkartengröße (10,5 mal 14,8) ideale Abmessungen. Das Digitalfoto besaß eine etwas höhere Auflösung, so daß der Montage nichts mehr im Wege stand.

2. Für eine maßstabsgerechte Integration des neuen Gesichts in das Darwin-Portrait wurde in beiden Bildern mit dem **Meßwerkzeug** der Abstand der Augenhöhe zum Mund abgemessen. Bei Darwin betrug der Abstand 91 Pixel, beim Geburtstagsjubilar 102 Pixel (Ergebnis in der Informationenpalette ablesen). Das Digitalfoto wurde deshalb im Dialog **Bildgröße** auf 90 % mit bikubischer Interpolation verkleinert, aber nicht nachgeschärft, da es sich mit einer leichten Unschärfe besser in das Darwin-Foto einfügte.

3. Ohne bereits eine Farb- oder Tonwertkorrektur am Digitalfoto vorgenommen zu haben, wurde es per Drag-and-drop mit dem **Bewegen-Werkzeug** in das Darwin-Bild gezogen. Die RGB-Daten wurden dabei automatisch in Graustufen umgewandelt, weil das Darwin-Bild in diesem Modus vorlag.

4. Das Gesicht wurde ungefähr an die vorgesehene Stelle geschoben und dann mit dem **Lasso** »weiträumig« umgrenzt. Ein Mausklick auf das Symbol ◫ in der Ebenenpalette wandelte die Auswahl in eine **Ebenenmaske** um.

5. Nachdem wieder die Ebene ausgewählt war (Mausklick auf deren Thumbnail), wurden Helligkeit und Kontrast des neuen Gesichts an die Tonwerte des Darwin-Fotos angepaßt. Das Neusetzen von Schwarzpunkt, Weißpunkt und Mitteltonpunkt erfolgte mit einer **Tonwertkorrektur**-Einstellungsebene (mit gedrückter Strg/⌘-Taste auf das Symbol ◪ klicken), die mit der Ebene gruppiert wurde (Option im Dialog). (Nach erfolgter Maskierung wurden die Tonwerte noch einmal – dank Einstellungsebene verlustfrei – nachkorrigiert.)

6. Anschließend verfeinerten die Werkzeuge **Pinsel** und **Airbrush** mit weichen Werkzeugspitzen die Ebenenmaske so, daß die Gesichtspartien optimal in das Darwin-Bild überblendeten. Ein Mausklick auf das Thumbnail der Ebenenmaske wählte sie aus, ein Klick mit gedrückter Alt/⌥- und Umschalttaste auf das Thumbnail blendete die Maske zur besseren Orientierung mit roter Maskenfarbe ein (oder auch wieder aus). Das Gesicht wurde zwischendurch mit dem **Bewegen-Werkzeug** an die Stelle verschoben, die sich als am vorteilhaftesten erwies. Da Ebene und Ebenenmaske verbunden waren (Verbindungssymbol zwischen den Thumbnails von Ebene und Ebenenmaske im Etikett der Ebene), wurde die Ebenenmaske stets mitbewegt.

7. Für die Wiedergabe in diesem Buch wurde das Graustufenbild in RGB umgewandelt und im Dialog **Farbton/Sättigung** (Bild, Einstellen) koloriert (Option **Färben**).

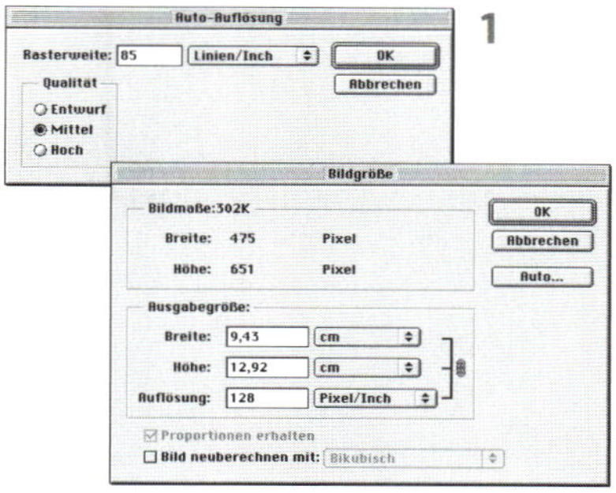

1

2

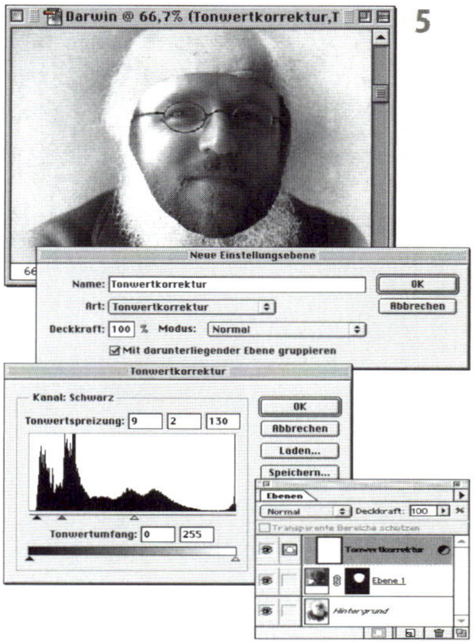

5

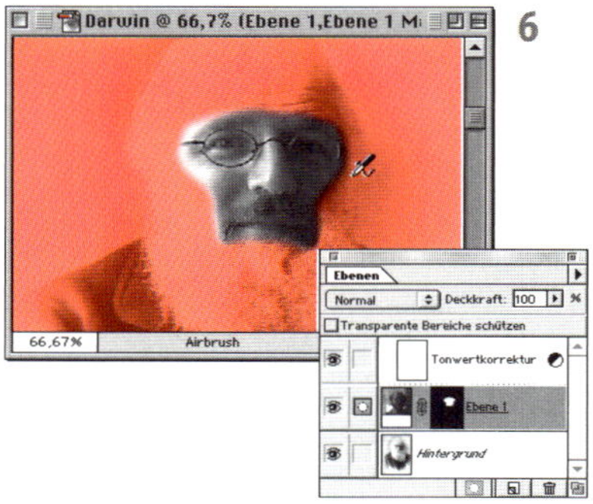

6

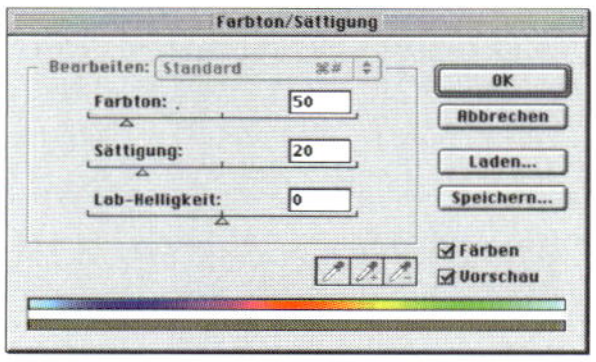

7

Visuelle Referenz

MON
DIE
MIT
DON
FRE
SAM
NOS

Auswählen

Über die Auswahlwerkzeuge und wie mit Hilfe von Tastenkürzeln und Dialogen die Auswahl vereinfacht werden kann

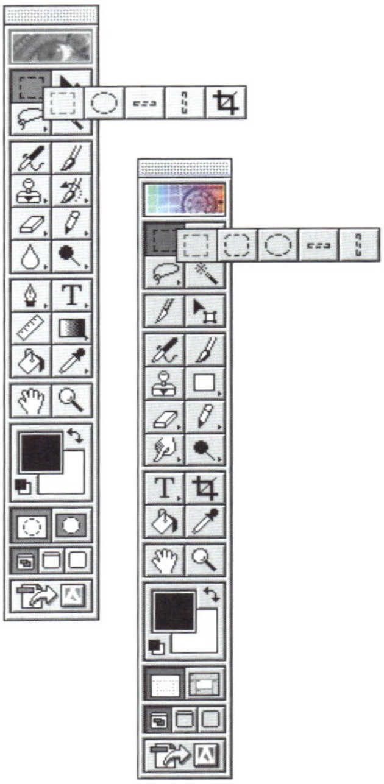

Wenn die Maustaste auf dem aktuellen Auswahlwerkzeug gedrückt gehalten wird, öffnet sich ein Ausklappmenü mit weiteren Auswahlwerkzeugen. Zur Aktivierung eines alternativen Werkzeugs wird der Mauszeiger auf das gewünschte Symbol gezogen und die Maustaste wieder losgelassen. Die Tastenkombination Umschalt + M wechselt zwischen den Werkzeugen der Gruppe (in Photoshop nur zwischen Auswahlrechteck und Auswahloval).

Auswahlrechteck & Auswahloval — M

Foto: IWC

Das Auswahlrechteck erstellt eine rechteckige Auswahl, in ImageReady wahlweise auch mit abgerundeten Ecken. Das Auswahloval zieht eine elliptische Auswahl auf.

- **Umschalttaste** (während des Aufziehens drücken) erstellt eine exakt quadratische bzw. kreisförmige Auswahl.
- **Alt/⌥-Taste** erstellt eine Auswahl aus dem Zentrum heraus.
- **Umschalt-** und **Alt/⌥-Taste** erstellt aus dem Zentrum heraus eine quadratische bzw. kreisförmige Auswahl.
- **Leertaste** ermöglicht ein kurzzeitiges Verschieben der gesamten Auswahlbegrenzung während des Aufziehens.

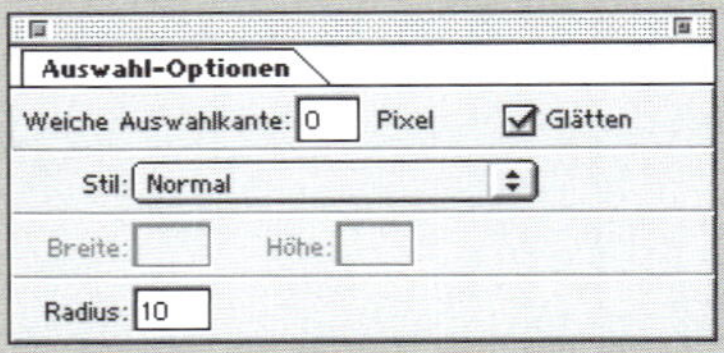

In der Palette **Auswahl-Optionen** (Doppelklick auf das Auswahlwerkzeug in der Werkzeugpalette) lassen sich für das Auswahlrechteck, das Abgerundete Auswahlrechteck und das Auswahloval **feste Abmessungen** bzw. **Größenverhältnisse** vorgeben. Außerdem besteht für alle Auswahlwerkzeuge die Möglichkeit, eine **weiche Auswahlkante** zu definieren, mit der die Auswahlbegrenzung unscharf gemacht werden kann. Die weiche Kante erstreckt sich im Vergleich zur ursprünglich scharfen Kante sowohl nach außen als auch nach innen und ist deshalb in Wirklichkeit doppelt so breit wie der eingegebene Pixelwert. Die Option **Glätten**, die nur für das Auswahloval und das Abgerundete Auswahlrechteck zur Verfügung steht, glättet die Auswahlkante an Rundungen durch halb ausgewählte Pixel. Dies führt zu einer etwas weicheren, aber gleichmäßigeren Auswahlkante, ohne daß diese unscharf wirkt.

Für das Abgerundete Auswahlrechteck läßt sich mit der Option **Radius** der Eckenradius für die abgerundeten Ecken vorgeben. Ein Radius von 0 ergibt eine spitze Ecke. Ein großer Eckenradius wird bei kleinen Auswahlen automatisch angepaßt, ohne daß der Wert in der Palette geändert wird. Er kann maximal die Hälfte der kürzesten Auswahlseite betragen.

Lasso L

Erstellt eine frei definierbare Auswahl durch Zeichnen mit der Maus.

- **Alt/⌥-Taste** wechselt kurzzeitig zum Polygonlasso (Alt/⌥-Taste drücken, Maustaste loslassen und Auswahlsegmente durch Klicken fixieren).

Polygonlasso L

Zeichnet eine Auswahl aus geraden Begrenzungslinien, deren Endpunkte mit einzelnen Mausklicks fixiert werden.

- **Doppelklick** schließt die Auswahl (oder Mauszeiger an den Anfangspunkt heranführen und klicken).
- **Umschalttaste** schränkt die Polygonzüge auf die Waagerechte, Senkrechte oder Diagonale ein.
- **Alt/⌥-Taste** wechselt kurzzeitig zum Freihandlasso (erst Alt/⌥-Taste drükken, dann Maustaste drücken und Freihandsegmente zeichnen).

Magnetisches Lasso L

Fixiert die Auswahlbegrenzung entlang von kontrastreichen Konturen.

- **Doppelklick** schließt die Auswahl (oder Mauszeiger an den Anfangspunkt heranführen und klicken).
- **Alt/⌥-Taste** wechselt kurzzeitig zum Freihandlasso (Alt/⌥-Taste drücken, Maustaste drücken und beim Zeichnen gedrückt halten) oder zum Polygonlasso (mit einzelnen Mausklicks Auswahlsegmente ansetzen).

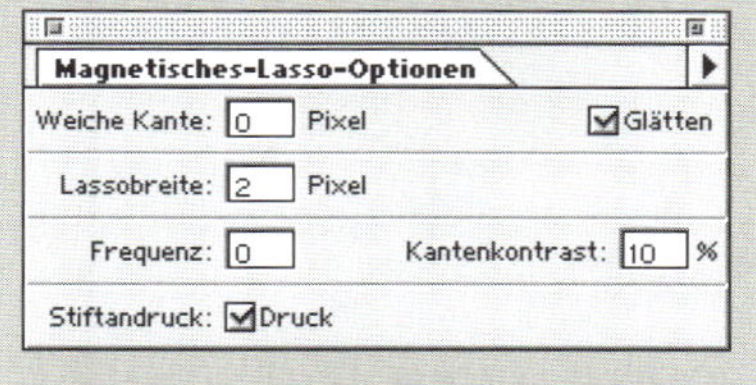

In der Optionenpalette des Magnetischen Lassos läßt sich unter **Lassobreite** der Anziehungsabstand beim Zeichnen der Auswahlbegrenzung vorgeben. Je kleiner die Lassobreite, desto genauer muß das Werkzeug an die Kontur herangeführt werden. Der Wert kann mit Komma- und Punkttaste verändert werden. Über die **Frequenz** wird gesteuert, wie viele Fixpunkte das Lasso entlang der Kontur setzt. Mit **Kantenkontrast** wird bestimmt, ab welchem Tonwertunterschied benachbarter Pixel das Magnetische Lasso sie als Kontur interpretiert.

Zauberstab W

Wählt benachbarte oder nicht benachbarte Pixel mit gleicher oder ähnlicher Farbe aus.

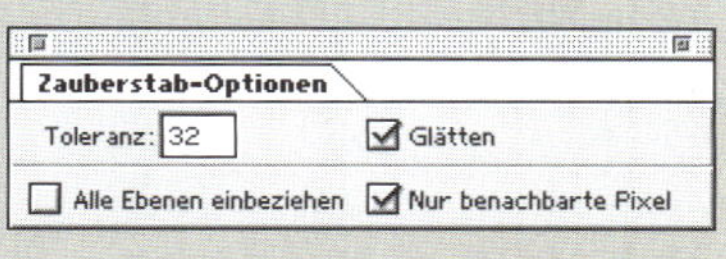

In der Palette Zauberstab-Optionen wird die **Toleranz** für die Farbauswahl eingestellt (von 0 = keine Farbabweichung bis 255 = größtmögliche Farbabweichung). Bildbereiche, die unter Berücksichtigung des aktuellen Toleranzwerts zu stark von der Farbe der angeklickten Bildstelle abweichen, werden nur halb oder gar nicht ausgewählt. (Der Zauberstab berücksichtigt auch den in der Palette Pipette-Optionen eingestellten **Aufnahmebereich.** Bei 3x3 oder 5x5 Pixel Durchschnitt legt der Zauberstab als Referenzfarbe die Mischfarbe aus einer Matrix aus 9 bzw. 25 Pixeln zugrunde.)

Bei aktivierter Option **Alle Ebenen einbeziehen** werden nicht nur die Farben der aktuellen Ebene, sondern auch Farbbereiche auf anderen Ebenen berücksichtigt. Wenn die Option **Fortlaufend** bzw. **Nur benachbarte Pixel** aktiviert ist, wählt der Zauberstab auch nicht benachbarte Pixel aus, sonst nur aneinandergrenzende.

Auswahl sichern

Gerade bei komplizierten und mit viel Mühe erstellten Auswahlen bietet es sich an, sie dauerhaft in einem Alphakanal zu speichern. Falls sie dann zu einem späteren Zeitpunkt wieder benötigt wird, muß sie nicht mühsam rekonstruiert werden. Gesichert wird eine Auswahl mit der Funktion Auswahl speichern aus dem Menü Auswahl oder mit dem Symbol (Auswahl als Kanal speichern) in der Kanälepalette.

Gesicherte Auswahl laden

Eine gesicherte Auswahl wird mit der Funktion Auswahl laden aus dem Menü Auswahl reaktiviert (oder Alphakanal in der Kanälepalette auswählen und auf das Symbol (Auswahl laden) klicken). Schneller geht es mit einem Mausklick bei gedrückter Strg/⌘-Taste auf das Etikett des Kanals.

Auswahl aus Pfad

Jeder in Photoshop gezeichnete Pfad läßt sich auch in eine Auswahlbegrenzung umwandeln. Dazu dient der Befehl Auswahl erstellen aus dem Menü der Pfadepalette. Alternativ kann auch auf das Symbol oder mit gedrückter Strg/⌘-Taste auf das Pfadetikett in der Pfadepalette geklickt werden.

Auswahlen kombinieren

Unabhängig vom gewählten Auswahlwerkzeug läßt sich eine schon bestehende Auswahl mit einer neuen Auswahl in unterschiedlicher Weise kombinieren. Eine bestehende Auswahl kann mit einer neuen Auswahl zusammengefaßt, um neu umgrenzte Bereiche verkleinert oder mit einer neuen Auswahl auf die gemeinsame Schnittmenge reduziert werden.

- **Umschalttaste** erweitert die Auswahl um einen weiteren, mit einem beliebigen Auswahlwerkzeug ausgewählten Bereich (Addition).

- **Alt/⌥-Taste** zieht von der bestehenden Auswahl den im folgenden mit einem der Auswahlwerkzeuge ausgewählten Bereich ab (Subtraktion).

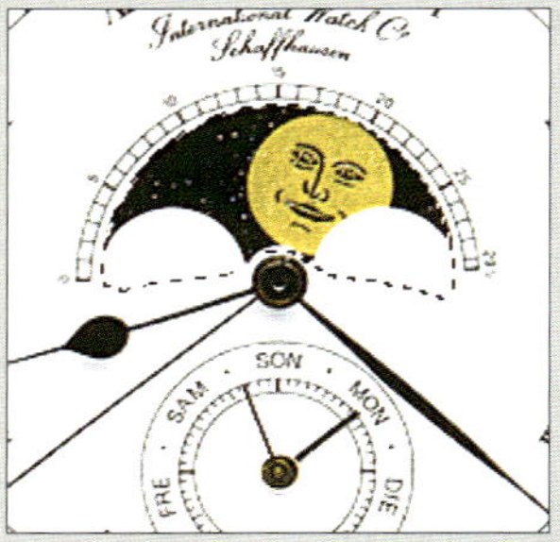

- **Alt/⌥-** und **Umschalttaste** wählt den Schnittbereich zwischen der aufgezogenen Auswahl und weiteren Auswahlbereichen aus (Schnittmenge).

Transparenzmaske der Ebene laden

Ein Mausklick mit gedrückter Strg/⌘-Taste auf ein Ebenenetikett in der Ebenenpalette lädt die Transparenzmaske der Ebene. Alternativ kann auch der Befehl Auswahl, Auswahl laden aufgerufen und im Dialog unter Kanal die Option Transparenz gewählt werden.

Kombinieren beim Laden von Auswahlen

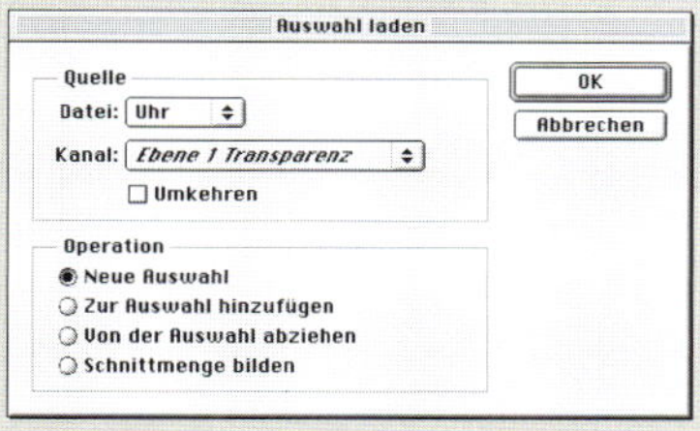

Die Auswahloperationen Addition, Subtraktion und Schnittmenge (siehe links) können auch beim Laden einer gespeicherten Auswahl, eines Pfades oder der Transparenzmaske einer Ebene angewendet werden. Wenn die Auswahl über den Befehl Auswahl, **Auswahl laden** geladen wird, stehen die Operationen im Dialog als Optionen zur Auswahl. Wenn statt dessen auf das Etikett des Kanals, des Pfades oder der Ebene in der jeweiligen Palette geklickt wird, muß zusätzlich zur angegebenen Taste die Strg/⌘-Taste gedrückt werden.

→ *Mehr über die **Transformieren**-Funktion von Photoshop und ImageReady im Kapitel »Transformieren« weiter unten.*

Auswahlbegrenzung verschieben

Das Klicken in die Auswahl mit einem beliebigen Auswahlwerkzeug ermöglicht das Verschieben der Auswahlbegrenzung.

- **Pfeiltasten** verschieben die Auswahlbegrenzung pixelweise. Wird gleichzeitig die Umschalttaste gedrückt, verschieben die Pfeiltasten die Auswahlbegrenzung um jeweils zehn Pixel.
- **Umschalttaste** schränkt die Richtung aller Auswahlbewegungen auf die Horizontale, Vertikale oder Diagonale ein.

Auswahlbegrenzung in andere Datei kopieren

Eine Auswahlbegrenzung läßt sich bei aktivem Auswahlwerkzeug auch in das Fenster einer anderen geöffneten Photoshop-Datei verschieben.

- **Umschalttaste** fügt die Auswahlbegrenzung mittig ein. Bei Dateien mit gleichen Pixelabmessungen wird die Begrenzung jedoch an den Ursprungskoordinaten plaziert.

Auswahl transformieren

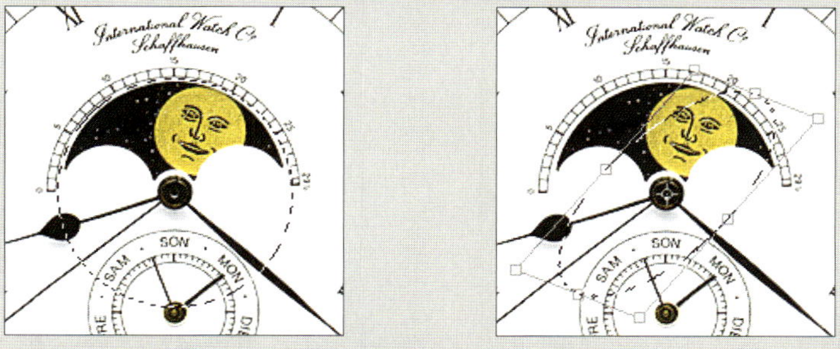

Die Funktion Auswahl transformieren aus dem Menü Auswahl erlaubt vielfältige Modifikationen an der Form einer Auswahlbegrenzung wie Skalieren, Drehen, Neigen und Verzerren. (Näheres zum Transformieren siehe »Transformieren« weiter unten. **Achtung:** ImageReady verfügt über keine Funktion zum Transformieren von Auswahlen. Der Befehl Auswahl transformieren in ImageReady müßte eigentlich Auswahl verändern heißen; hier handelt es sich um einen Übersetzungsfehler.)

Alles auswählen

Die Funktion Alles auswählen aus dem Menü Auswahl wählt die gesamte Arbeitsfläche aus.

Auswahl aufheben

Die aktuelle Auswahl wird mit Auswahl, Auswahl aufheben vollständig aufgehoben. Alternativ dazu kann auch mit dem Auswahlrechteck, dem Auswahloval oder dem Lasso ins Bild geklickt werden.

Erneut wählen

Die Funktion Erneut wählen aus dem Menü Auswahl reaktiviert die zuletzt vorhandene Auswahl.

Auswahl umkehren

Häufig läßt sich der gewünschte Bildbereich einfacher auswählen, wenn zuerst alle Bildelemente ausgewählt werden, die nicht gewünscht sind, und dann die Auswahl mit dem Befehl Auswahl umkehren aus dem Menü Auswahl umgekehrt wird. Nun sind alle zuvor nicht ausgewählten Elemente ausgewählt.

Farbbereich auswählen

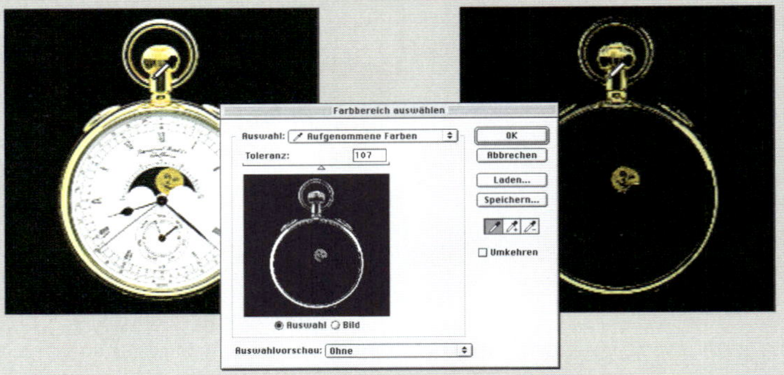

Der Befehl Farbbereich auswählen aus dem Menü Auswahl arbeitet ähnlich wie der Zauberstab, wählt aber nicht nur zusammenhängende Bildpixel gleicher Farbe aus, sondern dehnt die Funktion auf das gesamte Bild aus. Falls zuvor bereits eine Auswahl angelegt wurde, wirkt der Befehl nur innerhalb dieses ausgewählten Bildbereichs.

Die vordefinierten Farboptionen im Einblendmenü des Dialogs wählen nur Pixel dieser jeweiligen Farbe aus. Mit der Option Aufgenommene Farben werden alle Bildpixel in die Auswahl eingeschlossen, deren Farbe mit der Pipette aus dem Bild bzw. dem Vorschaubild im Dialog aufgenommen wurde. Die Toleranz für die Farbübereinstimmung läßt sich im Dialog unabhängig von der Toleranz des Zauberstabs einstellen. Die Plus- und Minus-Pipetten ermöglichen es, der Auswahl weitere Bereiche hinzuzufügen oder Bereiche von ihr abzuziehen.

Welche Bildbereiche ausgewählt sind, kann mit der Option Auswahl im Vorschaubild des Dialogs sichtbar gemacht werden. Es ist aber auch eine Auswahlvorschau im Bild selbst möglich. Die Darstellungsweise dafür wird in der Auswahlliste Auswahlvorschau eingestellt. Praktisch ist die Möglichkeit, im Dialog zusammengestellte Farbbereiche zu speichern und später wieder zu laden.

Begrenzung ausblenden

Falls die schwarzweiß gestrichelte Auswahlbegrenzung während einer Bearbeitung stört, macht der Befehl Begrenzung ausblenden aus dem Menü Ansicht die Begrenzungslinie unsichtbar, ohne daß die Auswahl selbst aufgehoben wird. Zum schnellen Aus- und Einblenden der Begrenzung dient das Tastenkürzel Strg/⌘ + H.

Weiche Auswahlkante

Die Begrenzung einer Auswahl kann mit dem Befehl Auswahl, Weiche Auswahlkante teiltransparent gemacht werden. Im Randbereich, dessen Breite mit dem im Dialog eingegebenen Radius festgelegt wird, nimmt die Deckkraft dann nach außen hin immer mehr ab. Dabei wird die Auswahl um die Hälfte des Pixelradius über die ursprüngliche Begrenzung hinaus vergrößert.

Umrandung

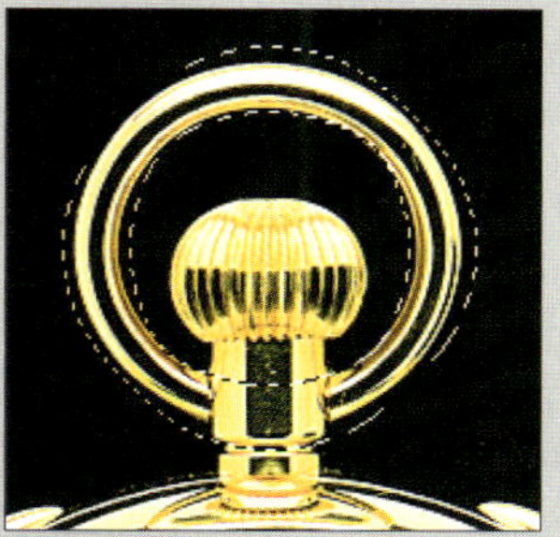

Dieser Befehl aus dem Menü Auswahl, Auswahl verändern wandelt die Auswahlbegrenzung in eine rahmenförmige Auswahl mit der im Dialog festgelegten Pixelbreite um.

Auswahl vergrößern

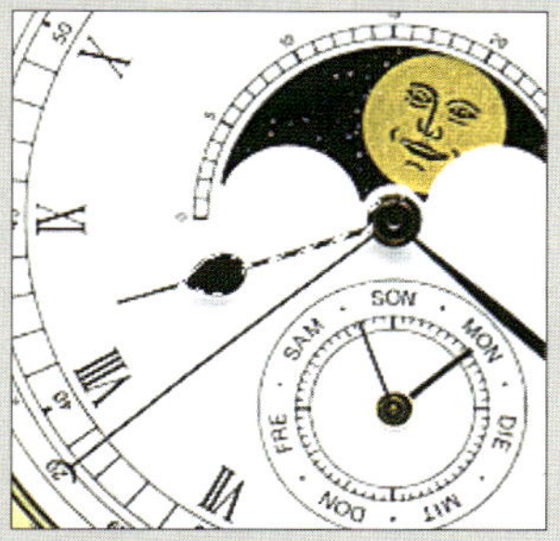

Der Befehl Auswahl vergrößern aus dem Menü Auswahl erweitert eine bereits erstellte Auswahl um angrenzende Pixel von gleicher oder ähnlicher Farbe. Als Referenzfarben werden alle in der anfänglichen Auswahl vorkommenden Farben berücksichtigt. Maßgeblich für die farbabhängige Auswahlvergrößerung ist der für den Zauberstab in der Palette Zauberstab-Optionen eingestellte Toleranzwert.

Auswahl abrunden

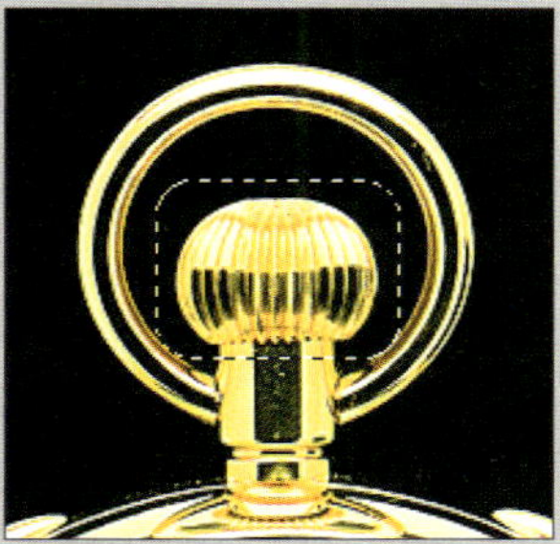

Beim Abrunden einer Auswahl mit dem Befehl Auswahl, Auswahl verändern, Abrunden werden eckige und zackige Bereiche der Auswahlbegrenzung mit dem angegebenen Pixelradius abgerundet. Dabei wird die Auswahl verkleinert.

Ähnliches auswählen

Die Funktion Ähnliches auswählen aus dem Menü Auswahl ist eine Abwandlung des Befehls Auswahl vergrößern. Die Funktion Ähnliches auswählen wählt nicht nur angrenzende, sondern alle im Bild vorhandenen Pixel gleicher oder ähnlicher Farbe aus. Der Befehl berücksichtigt ebenfalls den Toleranzwert des Zauberstabs.

Auswahl ausweiten

Die Funktion Ausweiten aus dem Menü Auswahl, Auswahl verändern vergrößert die Auswahlbegrenzung um den vorgegebenen Pixelradius gleichmäßig nach außen.

Auswahl verkleinern

Der Befehl Verkleinern aus dem Menü Auswahl, Auswahl verändern läßt eine bestehende Auswahlbegrenzung um den vorgegebenen Pixelradius zusammenschrumpfen.

Freistellen

Wie sich mit den Freistellfunktionen überflüssige Bildränder löschen oder ausblenden lassen

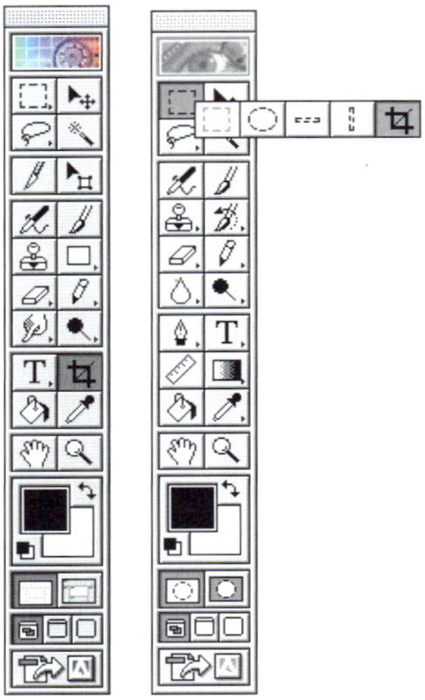

Die Taste C aktiviert das Freistellungswerkzeug. Ein Doppelklick auf sein Symbol in der Werkzeugpalette öffnet die Palette Freistellungswerkzeug-Optionen, in der Einstellungen für das Werkzeug vorgenommen werden können.

→ *Mehr zum Thema **Bildgröße, Arbeitsfläche** und **Bildüberhang** im Kapitel »Passepartout« im Grundlagenteil.*

Freistellungswerkzeug C

Wählt einen rechteckigen Bildbereich aus und stellt ihn frei. Der mit dem Werkzeug aufgezogene Freistellrahmen läßt sich, solange die Freistellung nicht ausgeführt ist, frei verschieben (am Inneren des Rahmens anfassen und ziehen), hinsichtlich seiner Größe anpassen (an den Seiten- oder Eckgriffen ziehen) und sogar um den Rotationsmittelpunkt drehen (außerhalb des Rahmens klicken und ziehen). Der Drehpunkt – standardmäßig in der Mitte des Rahmens – läßt sich an jede beliebige Stelle verschieben. Ein **Doppelklick** ins Rahmeninnere oder ein Druck auf die **Eingabetaste** stellt den gewählten Ausschnitt frei. Die **Escape-Taste** hebt den Freistellrahmen auf, ohne den Ausschnitt freizustellen.

- **Umschalttaste** und **Ziehen am Rahmeninneren** schränkt die Bewegungsrichtung auf die Horizontale, Vertikale oder Diagonale ein.
- **Umschalttaste** und **Ziehen an den Eckgriffen** skaliert den Freistellrahmen proportional.
- **Alt/⌥-Taste** und **Ziehen** an den Seiten- oder Eckgriffen skaliert den Rahmen relativ zum Rotationsmittelpunkt.
- **Strg/⌘-Taste** deaktiviert vorübergehend die magnetische Anziehung der Bildkanten.

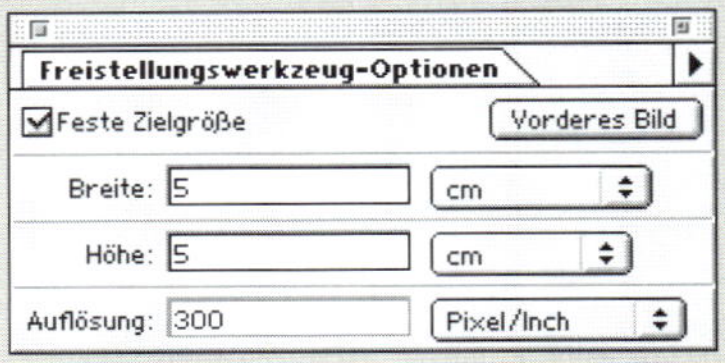

In der Palette **Freistellungswerkzeug-Optionen** kann für den freizustellenden Ausschnitt eine feste Zielgröße – neue Abmessungen und/oder neue Auflösung – vorgegeben werden. Sie ermöglicht somit eine Ausschnittsbestimmung und Bildgrößenänderung in einem Schritt. Bei Parametern, die nicht geändert werden sollen, bleibt das Eingabefeld leer (ggf. mit Rückschrittaste löschen). Die Option **Vorderes Bild** übernimmt die Abmessungen und die Auflösung des aktuellen Bildes.

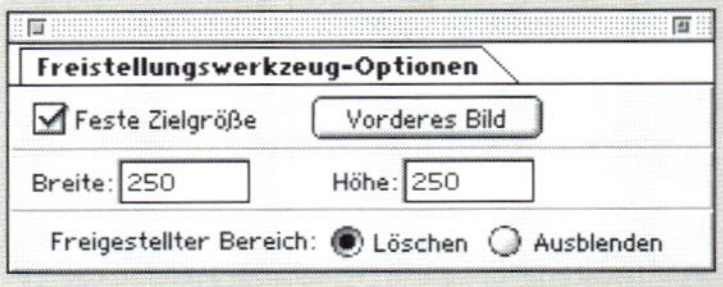

Das Freistellungswerkzeug von ImageReady unterscheidet sich vom Photoshop-Werkzeug in zwei Punkten: **1.** Die Abmessungen für die **feste Zielgröße** können nur in Pixel festgelegt werden. Die Auflösung läßt sich nicht ändern. **2.** In der Optionenpalette kann festgelegt werden, ob die beim Freistellen abgeschnittenen Ränder gelöscht **(Löschen)** oder nur ausgeblendet **(Ausblenden)** werden sollen. Werden sie nur ausgeblendet, bleiben sie als Bildüberhang in der Datei enthalten und können durch Verschieben des Ebeneninhalts oder Vergrößern der Arbeitsfläche wieder sichtbar gemacht werden .

Freistellen

Mit der Funktion Freistellen aus dem Menü Bild läßt sich eine beliebig geformte Auswahl von überständigen Rändern befreien.

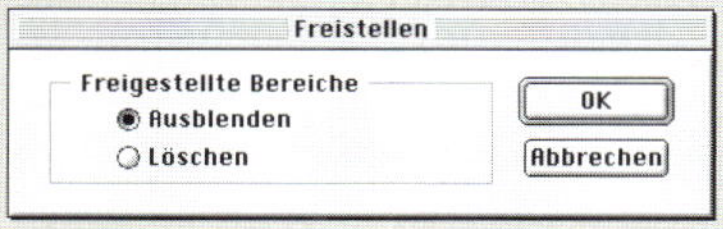

ImageReady fragt vor dem Freistellen mit einem Dialog nach, ob die abgeschnittenen Bereiche ausgeblendet oder gelöscht werden sollen. Ausgeblendete Bereiche bleiben als Bildüberhang in der Datei enthalten.

In Photoshop steht dieser Menübefehl nur bei rechteckigen Auswahlen zur Verfügung, die mit dem **Auswahlrechteck** erstellt und nicht weiter verändert wurden (z.B. keine Transformation). Anders geformte Auswahlen können auf diese Weise nicht in Photoshop freigestellt werden. Photoshop löscht die abgeschnittenen Bereiche automatisch; wenn sie nur ausgeblendet werden sollen, muß der Ausschnitt in ImageReady freigestellt werden.

Ignorieren

Die Funktion Ignorieren aus dem Menü Bild löscht alle äußeren transparenten Bereiche oder Bereiche mit einheitlicher Farbe und schneidet das Bild auf den kleinstmöglichen Ausschnitt zu. Überflüssige Ränder, die nur die Dateigröße erhöhen, aber keinen qualitativen Wert für das Bild haben, lassen sich so auf einfache Weise entfernen.
Wenn transparente Ränder gelöscht werden sollen, ist im Dialog die Option **Transparente Pixel** zu wählen. Sollen aber Ränder in einer bestimmten Mas-

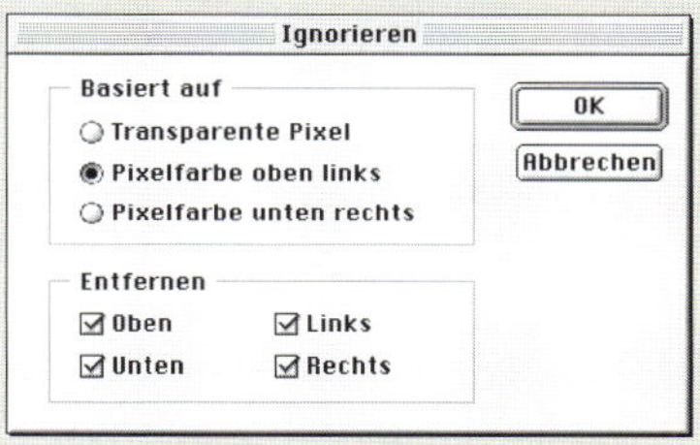

kierungsfarbe entfernt werden, ist entweder **Pixelfarbe oben links** oder **Pixelfarbe unten rechts** die richtige Option. Unter **Entfernen** läßt sich auswählen, an welchen Seiten des Bildes Ränder entfernt werden sollen.

Freistellen durch Kopieren

Wenn das Bild noch für weitere Anwendungen benötigt wird, kann der gewählte Ausschnitt auch mit dem Befehl **Kopieren** aus dem Menü Bearbeiten freigestellt werden. Rufen Sie anschließend den Befehl **Neu** aus dem Menü Datei auf. Im Dialog wird automatisch die Größe des kopierten Ausschnitts als neue Bildgröße vorgeschlagen. Übernehmen Sie die Bildgröße mit OK, und fügen Sie den Ausschnitt aus der Zwischenablage mit Bearbeiten, **Einfügen** ein.

Arbeitsfläche verkleinern

Wenn ein Bild an einer, zwei, drei oder allen vier Seiten um ein bestimmtes Maß beschnitten werden soll, bietet sich das Freistellen mit der Funktion **Arbeitsfläche** aus dem Menü Bild an. Im Dialog läßt sich eine Zielgröße in einer beliebigen Einheit vorgeben. An welchen Seiten das Bild beschnitten wird, hängt davon ab, welches Feld unter **Position** markiert ist.

ImageReady akzeptiert als neue Maße nur Pixelwerte. Anders als in Photoshop kann nicht nur die Zielgröße vorgegeben, sondern auch die Breite der

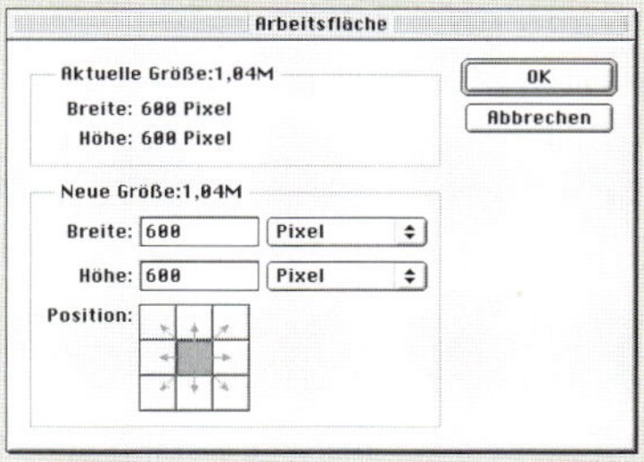

Ränder festgelegt werden, die wegfallen sollen. Dazu muß die Option **Relativ** aktiviert werden. Um beispielsweise am linken und rechten Rand je 50 Pixel abzuschneiden, wird unter Breite –100 Pixel eingegeben.

Transformieren

Wie sich ausgewählte Bildbereiche, ganze Ebenen, Pfade, Pfadsegmente und Auswahlbegrenzungen auf unterschiedlichste Weise verformen lassen

Kontextmenü nutzen

Die einzelnen Transformationsarten lassen sich über die Funktion Bearbeiten, Transformieren auswählen. Schneller geht es jedoch mit dem Kontextmenü, das unter Windows mit der rechten Maustaste und unter dem Mac OS mit einem Klick bei gedrückter Ctrl-Taste geöffnet wird.

Frei oder unfrei?

Die Funktionen Frei transformieren und Transformieren unterscheiden sich allein dadurch, daß bei der freien Transformation alle Verformungsarten direkt über Tastenkombinationen zugänglich sind, während bei einer speziellen Transformation der Wechsel zu einer anderen Verformung nur durch Auswahl des entsprechenden Menübefehls möglich ist.

Photoshop und ImageReady können mit den Transformieren-Befehlen aus dem Menü Bearbeiten ausgewählte Bildbereiche skalieren, drehen, neigen, verzerren und spiegeln. Das Besondere an der Formveränderung ist, daß sich die einzelnen Transformationsarten miteinander kombinieren lassen, aber nur eine einzige Umrechnung stattfindet und nicht jede Änderung einzeln nacheinander berechnet wird. Das spart nicht nur Rechenzeit, sondern ergibt eine wesentlich bessere Umrechnungsqualität.

Wenn nichts ausgewählt ist, gilt der gesamte Ebeneninhalt als ausgewählt. Die Transformieren-Befehle sind auch auf Pfade oder ausgewählte Punkte eines Pfades anwendbar, ja sogar auf Auswahlbegrenzungen, wenn diese vorher mit dem Befehl Auswahl transformieren aus dem Menü Auswahl mit einem Begrenzungsrechteck versehen wurden.

Alle Befehle aus der ersten Gruppe im Untermenü Transformieren legen um die Auswahl oder um den gesamten Inhalt der aktiven Ebene ein Begrenzungsrechteck an. Durch Ziehen an den Eck- und Seitengriffen des Transformationsrahmens kann der Inhalt entsprechend der gewählten Funktion verformt werden. Während der Bearbeitung wird der Effekt angezeigt, jedoch noch nicht ausgeführt, und es kann beliebig zwischen den unterschiedlichen Transformationsarten gewechselt werden. Der Transformationsrahmen bleibt so lange erhalten, bis die Transformation mit einem Doppelklick ins Innere des Rahmens (oder mit der Eingabetaste) ausgeführt oder aber mit der Escape-Taste abgebrochen wird.

Tastenkombinationen: Freie Transformation

Transformation	Ausführung
Verschieben	in Begrenzungsrahmen klicken und ziehen
Mittelpunkt verschieben	**Mittelpunkt** anfassen und ziehen
Skalieren	**Griff** bewegen
Proportional skalieren	Griff bei gedrückter **Umschalttaste** bewegen
Drehen	Mauszeiger **außerhalb des Transformationsrahmens** plazieren und ziehen
Drehen in 15°-Schritten	Mauszeiger außerhalb des Transformationsrahmens plazieren und mit gedrückter **Umschalttaste** ziehen
Neigen	Griff mit **Umschalt + Strg/⌘** bewegen
Verzerren	Griff mit **Strg/⌘-Taste** bewegen
Symmetrisch verzerren	Griff mit **Strg/⌘ + Alt/⌥** bewegen
Perspektivisch verzerren	Griff mit **Umschalt + Strg/⌘ + Alt/⌥** bewegen

Skalieren

Verändert die Größe des ausgewählten Objekts. Das Ziehen an den Seitengriffen dehnt oder staucht das Objekt, das Ziehen an Eckgriffen verändert beide Ausrichtungen gleichzeitig.

- **Umschalttaste** skaliert das Objekt beim Ziehen eines Eckgriffs proportional.
- **Alt/⌥-Taste** skaliert relativ zum Mittelpunkt. Seitengriffe bewegen dabei die gegenüberliegenden Seitengriffe, Eckgriffe die gegenüberliegenden Eckgriffe mit.

Drehen

Dreht den Transformationsrahmen um den Mittelpunkt. Der Rotationsmittelpunkt läßt sich unabhängig vom Transformationsrahmen an jede beliebige Stelle verschieben – er kann sogar außerhalb des Rahmens liegen.

- **Umschalttaste** schränkt die Drehwinkel auf Vielfache von 15° ein.

Neigen

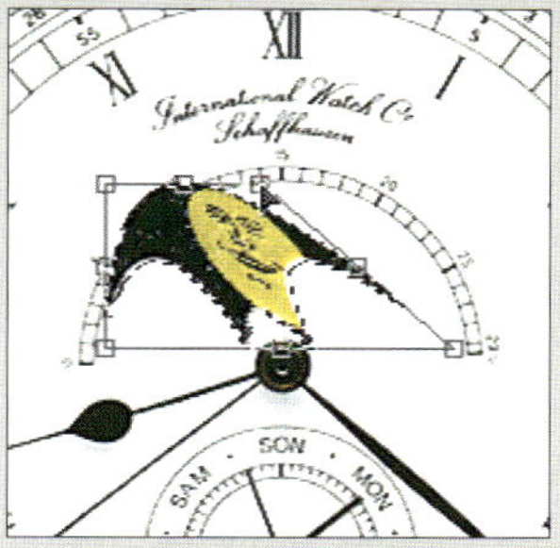

Das Ziehen an einem Seitengriff verschiebt die gesamte Seite des Transformationsrahmens entlang ihrer Ausrichtung. Das Ziehen an einem Eckgriff verschiebt die Ecke entlang der Seitenausrichtung und kann sie so verlängern, verkürzen oder sogar umkehren, wenn sie über die andere Ecke der Seite hinausbewegt wird.

- **Alt/⌥-Taste** neigt relativ zum Mittelpunkt und verschiebt die gegenüberliegende Seite oder Ecke gegenläufig mit.

Schnellauswahl: Frei transformieren

Taste(n)	Aktion
Strg/⌘ + T	Freie Transformation aktivieren
Strg/⌘ + Alt/⌥ + T	Freie Transformation im Kopie-Modus aktivieren
Umschalt + Strg/⌘ + T	Letzte Transformation erneut anwenden
Umschalt + Strg/⌘ + Alt/⌥ + T	Letzte Transformation im Kopie-Modus erneut anwenden
Strg/⌘ + Z	Letzten Transformationsschritt widerrufen
Eingabetaste	Transformation anwenden
Escape-Taste (ESC)	Transformation abbrechen

Kopie-Modus

Im Kopie-Modus (Alt/⌥-Taste beim Aufruf des Befehls Frei transformieren, Transformieren oder Erneut transformieren gedrückt halten) wird die Transformation an einem Duplikat des Bildbereichs oder Pfades ausgeführt.

Rückkehr zur freien Transformation

Von einer gewählten Transformationsart kann jederzeit wieder zur freien Transformation gewechselt werden, wenn der Befehl Frei transformieren aus dem Menü Bearbeiten gewählt wird. Dies gilt auch für Auswahlbegrenzungen.

Verzerren

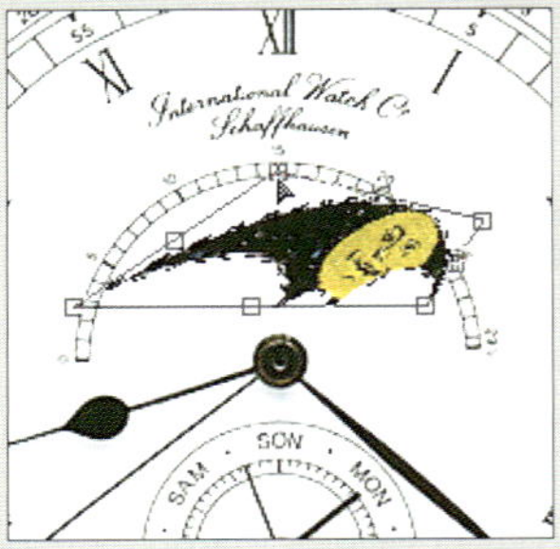

Das Ziehen an einem Seiten- oder Eckgriff verschiebt die Seite bzw. Ecke in jede beliebige Richtung.

- **Umschalttaste** schränkt die Bewegung der Seitengriffe wie beim Neigen auf die Ausrichtung der Seite und die Bewegung der Eckgriffe auf die Ausrichtung einer der beiden anliegenden Seiten ein.
- **Alt/⌥-Taste** verzerrt relativ zum Mittelpunkt und bewegt die gegenüberliegende Seite oder Ecke gegenläufig mit.

Perspektivisch verzerren

Beim Ziehen an einem Eckgriff entlang der Ausrichtung einer der beiden anliegenden Seiten wird der gegenüberliegende Eckgriff derselben Seite gegenläufig mitbewegt – die Seite wird entweder verlängert oder verkürzt. Der Seitenmittelpunkt bleibt als Fixpunkt an seiner Stelle. Die Seitengriffe verschieben wie beim Neigen die gesamte Seite entlang der Seitenausrichtung.

- **Alt/⌥-Taste** bewegt beim Verschieben eines Seitengriffs die gegenüberliegende Seite gegenläufig und relativ zum Mittelpunkt mit.

Per Eingabe

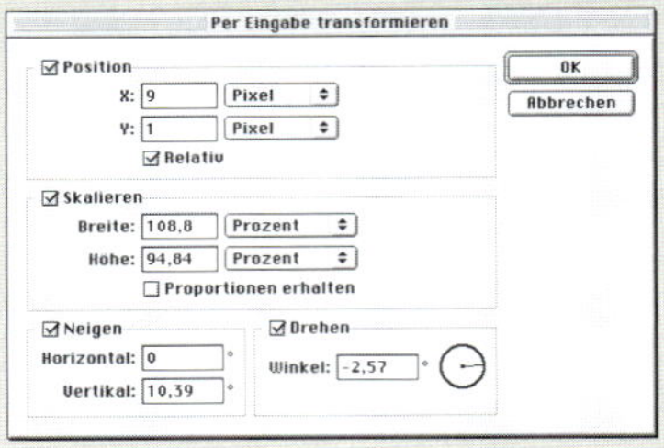

Öffnet einen Dialog, in dem die Transformationsarten **Skalieren, Drehen** und **Neigen** nach exakten Wertevorgaben ausgeführt werden können. Außerdem läßt sich das Transformationsobjekt um eine bestimmte Distanz **verschieben** oder auf bestimmte Koordinaten festlegen. Dabei werden die gewünschten Transformationen mit einem Häkchen aktiviert und dann die Werte eingegeben.

Auswahlbegrenzung transformieren

Mit der Funktion Auswahl transformieren aus dem Menü Auswahl wird nur die Form der Auswahlbegrenzung, nicht aber der von ihr umschlossene Ebeneninhalt verändert. Nach Auswahl des Menübefehls Auswahl transformieren kann auch beliebig zwischen den einzelnen Transformationsarten im Untermenü Transformieren des Menüs Bearbeiten gewechselt werden – diese beziehen sich dann ebenfalls nur auf die Begrenzung der Auswahl.

Pfade und Pfadpunkte transformieren

Um einen Pfad zu transformieren, muß dieser in der Pfadepalette ausgewählt sein. Die Funktion im Menü Bearbeiten lautet dann Pfade frei transformieren. Sind einzelne Punkte eines Pfades markiert, lautet der Befehl Punkte frei transformieren. Dann werden nur die von den Punkten definierten Pfadsegmente verformt.

Drehen und spiegeln

Für das Drehen in 90°-Winkeln im und gegen den Uhrzeigersinn und für das Spiegeln über die horizontale oder vertikale Bildachse enthält das Untermenü Transformieren weitere Befehle.

*→ Mehr Informationen über die Arbeit mit **Pfaden** und den **Pfadwerkzeugen** im Abschnitt »Pfade« weiter unten.*

Bewegen

Wie mit dem Bewegen-Werkzeug Bildbereiche verschoben oder kopiert werden

Bewegen-Werkzeug — V

Das Bewegen-Werkzeug verschiebt den Inhalt der aktuellen Ebene, mehrere miteinander verbundene Ebenen oder einen ausgewählten Bildbereich. Bei einer aktiven Auswahl muß das Werkzeug innerhalb der Auswahlbegrenzung ansetzen, um ihren Inhalt zu verschieben.

- **Strg/⌘-Taste** aktiviert, solange sie gedrückt bleibt, die Option Ebene automatisch wählen. Ist diese Option bereits in der Palette Bewegen-Optionen gewählt, deaktiviert die Strg/⌘-Taste die Option vorübergehend.
- **Umschalttaste** und **Ziehen** schränkt die Bewegungsrichtung auf die Horizontale, Vertikale oder Diagonale ein. Bei aktiver Option Ebene automatisch wählen (entweder in der Optionenpalette einschalten oder Strg/⌘-Taste drücken) wird, wenn sich das angeklickte Objekt nicht in der aktuellen Ebene befindet, gleichzeitig dessen Ebene mit der aktuellen verbunden. Beide Ebenen werden dann gemeinsam bewegt.
- **Umschalttaste** und **Klicken** verbindet, wenn die Option Ebene automatisch wählen aktiv ist (Option in der Optionenpalette oder Strg/⌘-Taste drücken), die Ebene des angeklickten Objekts mit der aktuellen Ebene oder hebt, wenn bereits eine Verknüpfung besteht, die Verbindung wieder auf.

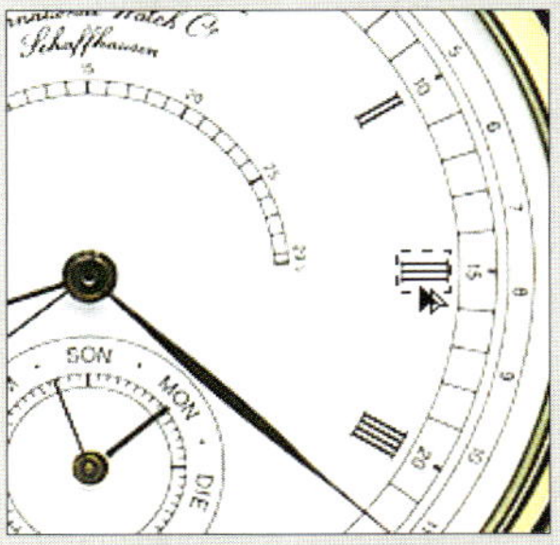

- **Alt/⌥-Taste** erzeugt beim Bewegen eine Kopie der aktuellen Ebene bzw. des ausgewählten Bildbereichs (letzterer als schwebende Auswahl). Bei allen anderen Werkzeugen müssen dazu während der Mausbewegung die Strg/⌘- und die Alt/⌥-Taste gedrückt werden. Bei verbundenen Ebenen kann der Kopie-Modus nicht genutzt werden.

Bewegen-Werkzeug kurz aktivieren

Das Bewegen-Werkzeug kann mit der Taste V aktiviert werden. Es ist jedoch auch möglich, von allen übrigen Werkzeugen (mit Ausnahme des Zeichenstifts und der Hand) kurzzeitig zum Bewegen-Werkzeug zu wechseln. Dazu muß nur die **Strg/⌘-Taste** gedrückt werden. Strg/⌘ + Alt/⌥ aktiviert kurzzeitig den Kopie-Modus des Bewegen-Werkzeugs, bei dem der bewegte Bildbereich nicht ausgeschnitten, sondern dupliziert wird. Sobald die Tasten losgelassen werden, ist wieder das gewählte Werkzeug aktiv.

Pfeiltasten-Schiebung

Bei gewähltem Bewegen-Werkzeug lassen sich Bildinhalte auch mit den Richtungstasten der Tastatur pixelweise verschieben. Aber aufgepaßt: Bei Ansichten unter 100% bewegen die Pfeiltasten den Bildinhalt nicht um je ein Bildpixel, sondern um ein Bildschirmpixel, was beispielsweise bei der 50%-Ansicht zwei Bildpixeln entspricht. Bei zusätzlich gedrückter **Umschalttaste** beträgt die zurückgelegte Distanz grundsätzlich und unabhängig von der Darstellungsgröße zehn Bildpixel.

Ebenen »fliegend« wechseln

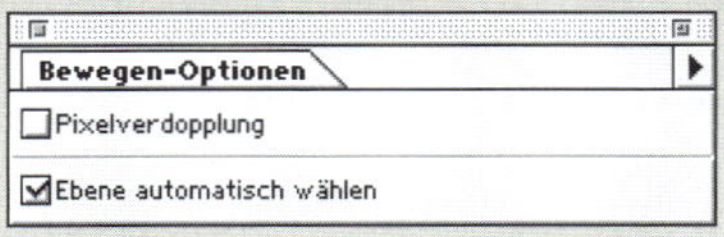

Wenn in der Optionenpalette des Bewegen-Werkzeugs die Option **Ebene automatisch wählen** eingeschaltet ist, aktiviert das Bewegen-Werkzeug automatisch die Ebene, in der sich das angeklickte Objekt befindet. Voraussetzung für die Ebenenaktivierung ist, daß die angeklickte Stelle eine Deckkraft von mindestens 50 % besitzt, ansonsten »schaut« das Werkzeug durch das Objekt hindurch und aktiviert die Ebene des nächsttieferen Elements mit ausreichender Deckkraft.

Bei aktivem Bewegen-Werkzeug kann die Palettenoption auch kurzzeitig mit der **Strg/⌘-Taste** aktiviert werden.

Pixelverdopplung

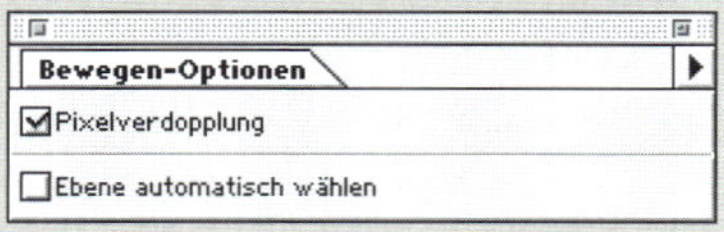

Die Option Pixelverdopplung in der Optionenpalette des Bewegen-Werkzeugs erzeugt nicht etwa Kopien der bewegten Bereiche, sondern beeinflußt nur den Bildschirmaufbau: Photoshop aktualisiert die Bildschirmanzeige erst, wenn der bewegte Bereich um zwei Bildschirmpixel verschoben wird, und nicht, wie sonst üblich, schon bei einem Bildschirmpixel. Die Bewegung erscheint dann weniger flüssig, aber schneller.

Ebenen-Kontextmenü

Wird bei gewähltem Bewegen-Werkzeug mit der rechten Maustaste (unter dem Mac OS bei gleichzeitig gedrückter Ctrl-Taste) auf eine Bildstelle geklickt, listet Photoshop im sich öffnenden Kontextmenü alle Ebenen auf, die an der angeklickten Stelle eine Deckkraft von mehr als 50 % besitzen. Um schnell zu einer anderen Ebene zu wechseln, wird einfach deren Name im Kontextmenü gewählt.

Ebenen schnell verbinden

Ebenen lassen sich durch Aktivieren des Verbindungssymbols in der Ebenenpalette verbinden. Schneller geht es oft, wenn die betreffenden Objekte bei aktiviertem Bewegen-Werkzeug mit gedrückter **Umschalttaste** angeklickt werden. Dies funktioniert jedoch nur, wenn in der Palette Bewegen-Optionen die Einstellung Ebene automatisch wählen aktiviert ist (oder gleichzeitig die Strg/⌘-Taste gedrückt wird), die angeklickten Objekte eine Deckkraft über 50 % besitzen und diese nicht von anderen Ebenenobjekten verdeckt werden.

Mehrere Ebenen gleichzeitig verschieben

Falls die aktuelle Ebene mit anderen Ebenen verbunden ist, werden deren Inhalte beim Bewegen automatisch mitverschoben. Um die aktuelle Ebene mit anderen Ebenen zu verbinden, kann bei den anderen Ebenen in die zweite Spalte der Ebenenpalette geklickt werden, so daß dort die Verbindungssymbole erscheinen.

Ebenen in andere Datei verschieben

Ebenen können mit dem Bewegen-Werkzeug auch in das geöffnete Fenster einer anderen Photoshop-Datei gezogen werden. Der Vorteil dabei: Verknüpfte Ebenen werden mitkopiert. Es lassen sich so mehrere Ebenen auf einen Schwung kopieren.

- **Umschalttaste** setzt den kopierten Bereich mittig in der neuen Datei ein, es sei denn, die Dateien besitzen exakt dieselben Abmessungen: In diesem Fall positioniert Photoshop die Kopie exakt an den Ursprungskoordinaten.

Ausrichten und Verteilen

Wie sich Ebeneninhalte, Auswahlbegrenzungen und Slices exakt ausrichten und anordnen lassen

Wann ausrichten oder verteilen?

Das Ausrichten oder Verteilen von Ebeneninhalten macht natürlich nur dann Sinn, wenn nicht alle Bereiche der Ebenen deckend sind, sondern es auch noch transparente Bereiche um die Objekte gibt, die ausgerichtet oder verteilt werden sollen. Alle Abstandsberechnungen beim Ausrichten und Verteilen orientieren sich an der 50%-Deckkraftlinie einer Ebene.

Hilfslinien

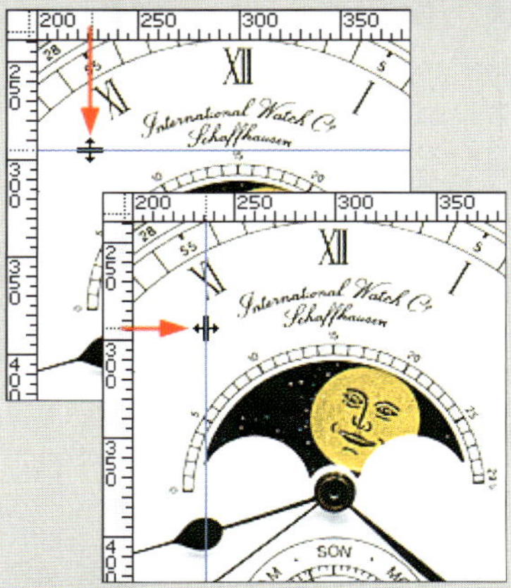

Um Ebeneninhalte oder Slices bündig an einer gemeinsamen Linie auszurichten, sind Hilfslinien oft die schnellste und eleganteste Möglichkeit. Hilfslinien ziehen Ebeneninhalte, wenn sie mit dem Bewegen-Werkzeug verschoben werden, und auch Auswahlen oder Slices »magnetisch« an. Um Hilfslinien über dem Bild zu positionieren, müssen die Lineale eingeblendet sein (Menü Ansicht, Lineale einblenden). Waagerechte Hilfslinien werden aus dem waagerechten Lineal, senkrechte aus dem senkrechten Lineal herausgezogen. Hilfslinien lassen sich mit dem Bewegen-Werkzeug an eine andere Stelle verschieben.

- **Umschalttaste** läßt die Hilfslinie an den Linealteilungen einrasten.
- **Alt/⌥-Taste** zieht aus dem horizontalen Lineal eine vertikale, aus dem vertikalen eine horizontale Hilfslinie.
- **Alt/⌥-Taste** und **Klicken** auf eine Hilfslinie oder **Ziehen** einer Hilfslinie wandelt sie in den entgegengesetzten Typ um (horizontal in vertikal und umgekehrt) (nur bei aktivem **Bewegen-Werkzeug**).

Hilfslinienraster

Zwar lassen sich Hilfslinien manuell aus den Linealen herausziehen und mit der Koordinatenangabe in der Informationenpalette recht genau positionieren – schneller und vor allem präziser geht es jedoch mit dem Dialog **Hilfslinien erstellen** aus dem Menü Ansicht.

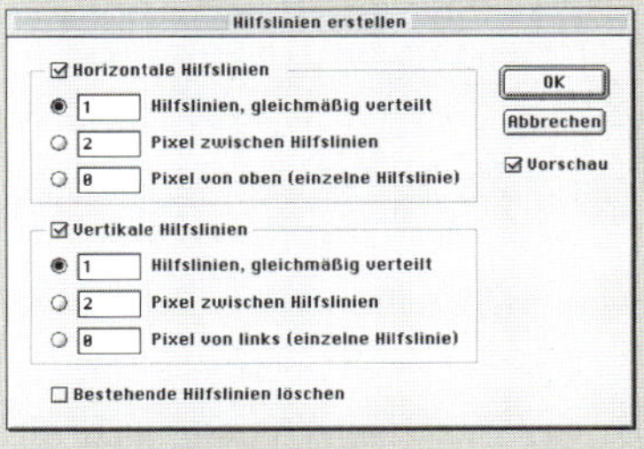

Im Dialog lassen sich die Einstellungen für vertikale und horizontale Hilfslinien getrennt vornehmen. Die Option **Hilfslinien gleichmäßig verteilen** erstellt Hilfslinien in gleichmäßigen Abständen. Wenn zehn Hilfslinien gesetzt werden, wird das Bild dadurch in elf Bereiche unterteilt. Mit **Pixeln zwischen den Hilfslinien** kann der Abstand durch einen festen Pixelwert definiert werden. Die Option **Pixel von oben** bzw. Pixel von links erstellt eine einzelne Hilfslinie an einer vorgebbaren Position. Die Option **Bestehende Hilfslinien löschen** entfernt alle vorherigen Hilfslinien.

Raster einrichten

Bei einer regelmäßigen Aufteilung ist es oft sinnvoller, anstelle von Hilfslinien mit einem Raster zu arbeiten. Ein Raster besteht aus horizontal und vertikal verlaufenden Rasterlinien, die wie Hilfslinien eine magnetische Anziehung ausüben können, Ebeneninhalte und Auswahlen also anziehen. Das Raster wird mit dem Befehl **Raster einblenden** aus dem Menü Ansicht sichtbar gemacht und im Dialog Voreinstellungen auf der Seite Hilfslinien & Raster eingestellt.

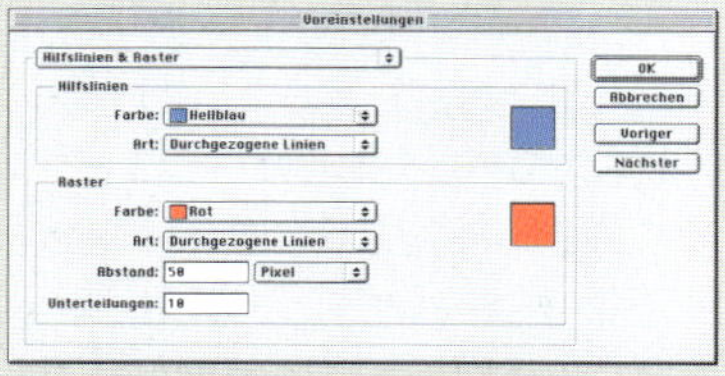

Der **Abstand** der Hauptrasterlinien kann mit einem Pixelwert fest vorgegeben werden, der Abstand der **Unterteilungen** berechnet sich aus ihrer Anzahl automatisch. Da die Linien der Unterteilungen immer gepunktet sind, empfiehlt es sich, für die Hauptrasterlinien unter Art die Option **Durchgezogene Linien** zu wählen, um Hauptlinien und Unterteilungen unterscheiden zu können. Die Option **Schnittpunkte** blendet nur die Schnittpunkte der Hauptrasterlinien und Unterteilungen ein.

Am Raster ausrichten

Damit das Raster seine magnetische Wirkung ausüben kann, muß im Menü Ansicht die Option Am Raster ausrichten aktiviert sein.

Numerisches Positionieren

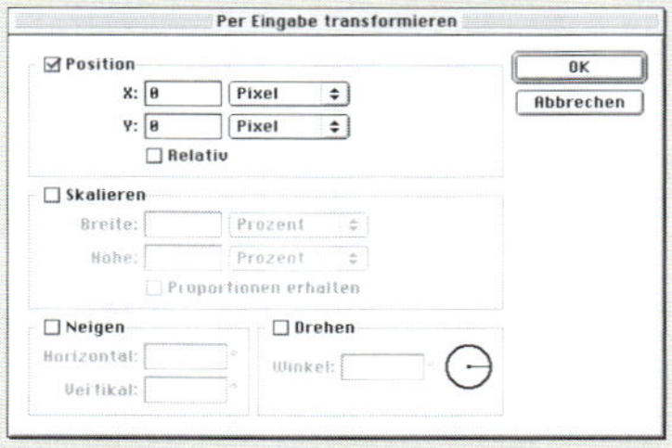

Wer die numerische Ausrichtung von Ebeneninhalten bevorzugt, kann die Pixelkoordinaten auch im Dialog **Per Eingabe transformieren** (Bearbeiten, Transformieren) unter der Option **Position** eingeben. Die Option **Relativ** muß dafür ausgeschaltet sein. Photoshop setzt die linke obere Ecke des gefüllten Ebenenbereichs an die eingegebenen Koordinaten. Die Koordinaten sind hier übrigens nicht von der aktuellen Position des Linealnullpunkts oder einem eventuell vorhandenen Bildüberhang abhängig, der Dialog Per Eingabe transformieren rechnet grundsätzlich immer von der linken oberen Ecke des sichtbaren Bildes.

Ebenenposition festlegen

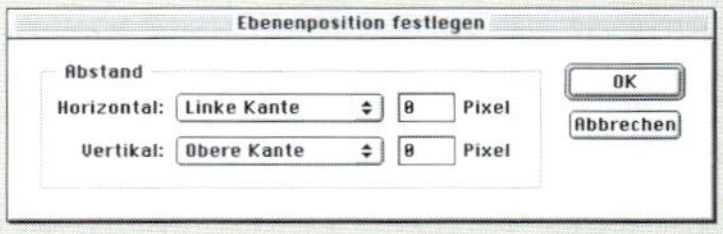

Mit dem Dialog Ebenenposition festlegen aus dem Menü Ebene können Ebeneninhalte automatisch mittig im Bild oder an den Bildkanten ausgerichtet werden. Durch Eingabe eines Pixelwerts kann das ausgerichtete Objekt um eine bestimmte Distanz gegenüber der Idealposition versetzt werden. Der Pixelversatz verschiebt das Objekt stets nach rechts bzw. nach unten. Um also nach oben oder links zu verschieben, müssen Werte mit negativem Vorzeichen eingegeben werden. Um beispielsweise bei der Ausrichtung an der rechten Bildkante einen zehn Pixel breiten Rand zu lassen, müssen –10 Pixel eingegeben werden. Wenn das Objekt nur in einer Richtung verschoben werden soll (also nur horizontal oder nur vertikal), wird für die andere Dimension die Option **Aktuelle Position** gewählt.

Miteinander verbundene Ebenen werden mit dieser Funktion gemeinsam bewegt.

An Auswahl ausrichten

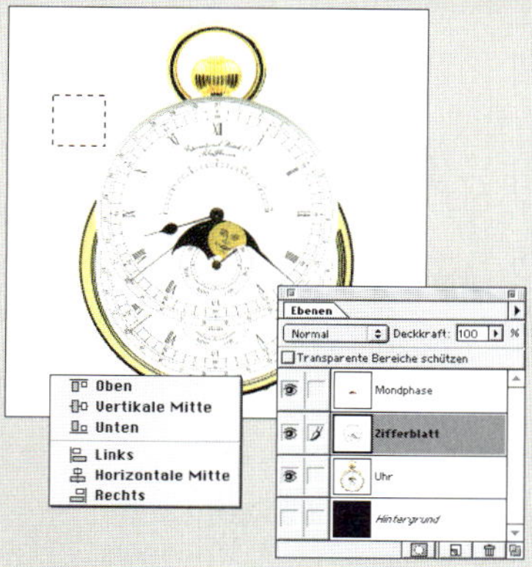

Wenn eine Auswahl aktiv ist, kann der Inhalt einer oder mehrerer Ebenen an ihren Konturen oder ihrer Mittelachse ausgerichtet werden. Dazu muß nur die betreffende Ebene ausgewählt und einer der Befehle aus dem Menü Ebene, **An Auswahl ausrichten** aufgerufen werden. Um mehrere Ebenen gleichzeitig an der Auswahl auszurichten, müssen diese miteinander verbunden werden.

Ebenen verbinden

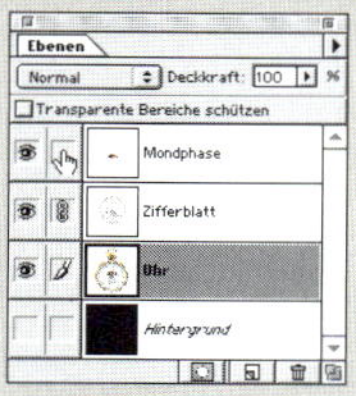

Um mehrere Ebenen miteinander zu verbinden, wird eine der Ebenen mit einem Mausklick auf ihr Etikett in der Ebenenpalette ausgewählt und anschließend bei den anderen Ebenen in die zweite Spalte geklickt, so daß dort die Verbindungssymbole (8) erscheinen. Verbundene Ebenen lassen sich gemeinsam ausrichten oder verteilen.

Ebenen und Slices ausrichten

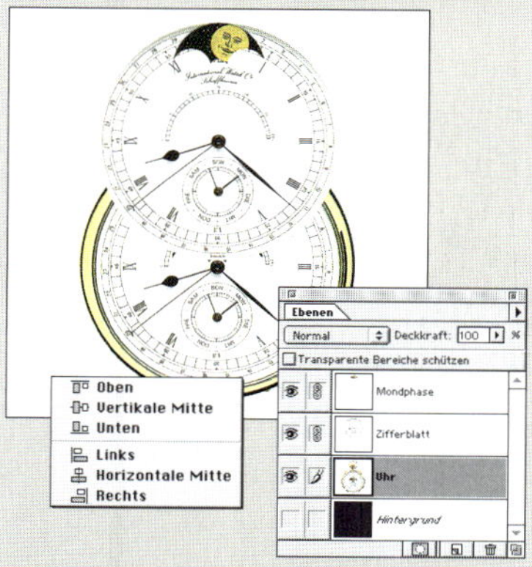

Die Befehle aus dem Menü Ebene, **Verbundene ausrichten** richten die Inhalte verbundener Ebenen aneinander aus. Nicht verbundene Ebenen müssen also erst miteinander verbunden werden (Kettensymbole aktivieren).

Die Option **Oben** richtet die oberen Kanten der Ebeneninhalte an der Oberkante der aktuellen Ebene aus, so daß alle Ebeneninhalte an derselben vertikalen Position beginnen. Die Optionen **Unten, Links** und **Rechts** richten dementsprechend die unteren, linken und rechten Kanten der verbundenen Ebenen am Objekt in der aktuellen Ebene aus. Die Optionen **Vertikale Mitte** und **Horizontale Mitte** legen für alle verbundenen Ebenen eine gemeinsame vertikale bzw. horizontale Achse fest. Maßgeblich ist auch hier die Mittelachse des Objekts in der aktuellen Ebene.

Auch mehrere gemeinsam ausgewählte Slices lassen sich aneinander ausrichten. Die entsprechenden Befehle befinden sich im Menü Slice, **Ausrichten.**

Ebenen verteilen

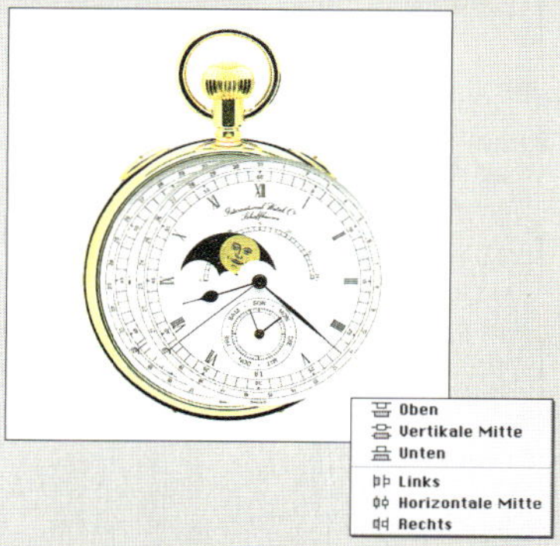

Mit **Verbundene verteilen** aus dem Menü Ebene werden die Abstände der Inhalte verbundener Ebenen angeglichen. Nicht verbundene Ebenen müssen also erst miteinander verbunden werden (Kettensymbole aktivieren). Die Objekte mit den jeweiligen Extremkoordinaten bleiben an ihrer Position, die übrigen Objekte werden gleichmäßig dazwischen verteilt. Es müssen also mindestens drei Ebenen verbunden sein, damit ihre Inhalte gleichmäßig verteilt werden können (ansonsten läßt sich der Befehl nicht auswählen).

Die Option **Oben** orientiert sich beim Verteilen an den oberen Kanten der Ebenenobjekte, so daß diese anschließend gleichmäßige Abstände aufweisen. Die Optionen **Unten, Links** und **Rechts** stimmen dementsprechend die Abstände der unteren, linken und rechten Kanten der Objekte aufeinander ab.

Die Optionen **Vertikale Mitte** und **Horizontale Mitte** orientieren sich beim Verteilen an den Mittelachsen der Objekte und sorgen hier für gleiche Abstände.

Messen

Über das Meßwerkzeug und die Informationenpalette, die wichtige Angaben für die Arbeit an einem Bild liefern

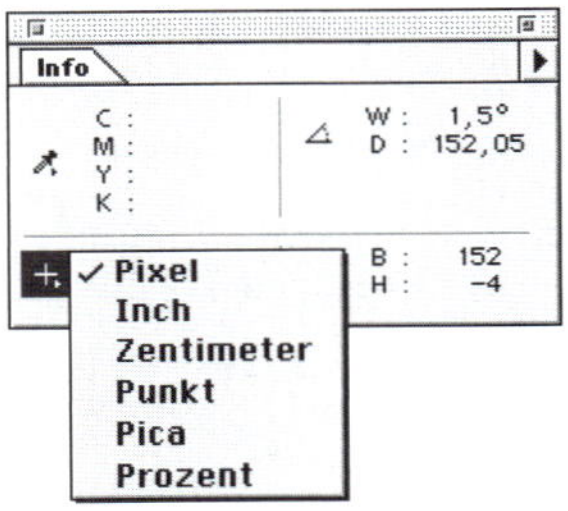

Maßeinheit für Informationenpalette und Lineale ändern

Die Koordinaten und Abmessungen einer **Auswahl** oder **Meßlinie** werden in einer gemeinsamen Maßeinheit in der Informationenpalette angezeigt (beispielsweise Zentimeter oder Pixel). Um die Einheit zu ändern, wird einfach mit einem Mausklick auf das Kreuz in der Informationenpalette das Einheitenmenü geöffnet und eine andere Einheit ausgewählt.

Diese Methode ändert automatisch auch die Einheit für die **Lineale** (Ansicht, Lineale einblenden). Sie ist identisch mit der Voreinstellung im Dialog Infopalette-Optionen (Menü der Informationenpalette) und Maßeinheiten & Lineale (Datei, Voreinstellungen). Letzterer kann auch mit einem Doppelklick auf eines der Lineale geöffnet werden.

Meßwerkzeug/Winkelmesser U

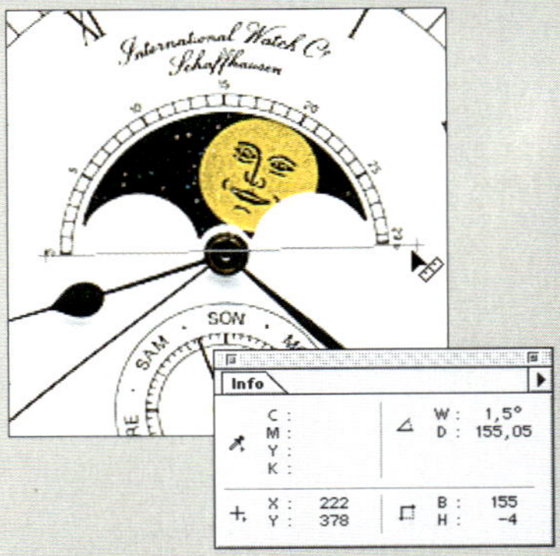

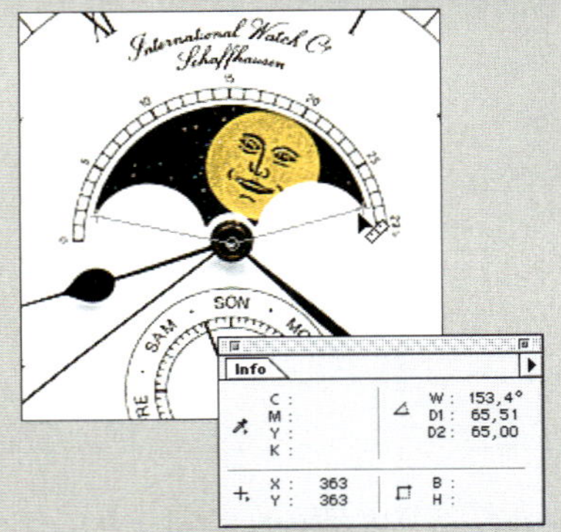

Das Meßwerkzeug dient zum Messen von Längen und Winkeln. Zum Messen Maustaste gedrückt halten, Linie aufziehen und Maustaste wieder lösen. Die Meßergebnisse werden in der Informationenpalette angezeigt: die Position des Anfangspunktes (XY-Werte), die Länge der Strecke (D-Wert), ihr Neigungswinkel gegenüber der x-Achse (W-Wert) und die vertikale und horizontale Ausdehnung der Meßlinie bzw. eines von ihr aufgespannten gedachten Rechtecks (BH-Werte).

Eine Meßlinie bleibt solange erhalten, bis sie durch eine neue ersetzt oder die Datei geschlossen wird.

- **Umschalttaste** schränkt die Meßlinie auf Vielfache von 45° ein.
- **Alt/⌥-Taste** aktiviert die Winkelmesserfunktion. Um den **Winkelmesser** nutzen zu können, wird zunächst eine normale Meßlinie aufgezogen. Anschließend wird das Meßwerkzeug an den Anfangs- oder Endpunkt der Meßlinie herangeführt und die Alt/⌥-Taste gedrückt. Über diesen beiden Punkten verwandelt sich der Mauszeiger in das Winkelmessersymbol (∡). Klicken und Ziehen bei gedrückter Alt/⌥-Taste spannt eine zweite Meßlinie auf, deren Anfangspunkt mit dem Anfangs- bzw. Endpunkt der ersten Linie zusammenfällt.

Die Informationenpalette zeigt dann folgende Werte an: die Position des zuletzt gesetzten Punktes (des Endpunktes der zweiten Linie; XY-Werte), den Winkel zwischen den beiden Winkelmessergeraden (W-Wert) und die Längen beider Geraden (D1 und D2).

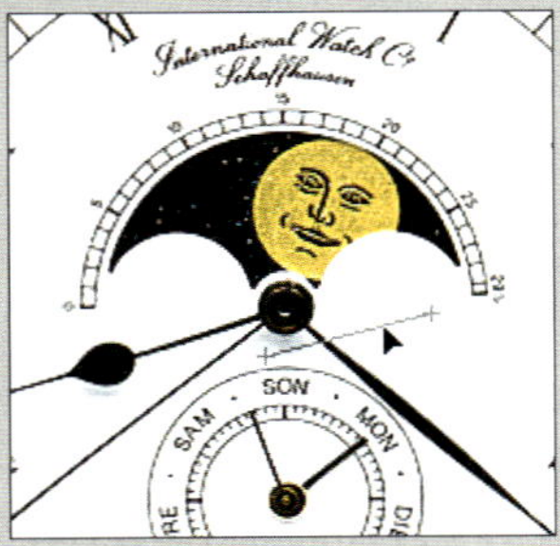

Um einen Punkt zu verschieben und damit den Winkel der Geraden zu ändern, wird er mit dem Meßwerkzeug an eine andere Stelle bewegt. Faßt das Werkzeug an der Geraden an, wird die gesamte Linie (oder der gesamte Winkelmesser) bewegt.

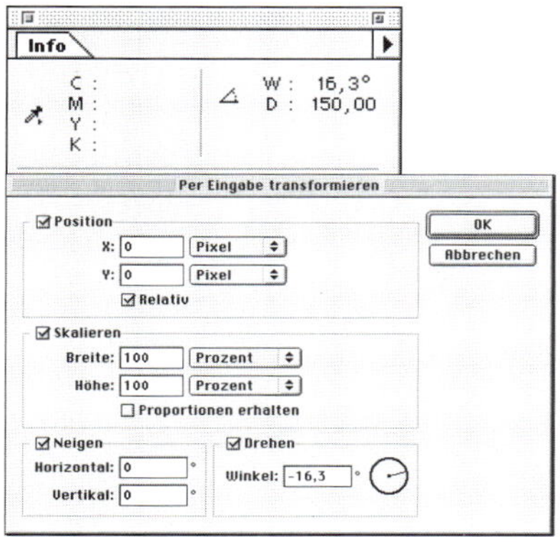

Winkel für Rotation übernehmen

Ein mit dem Meßwerkzeug gemessener Neigungswinkel kann als Vorgabe für den Drehwinkel in die Dialoge **Per Eingabe transformieren** (Bearbeiten, Transformieren) und **Arbeitsfläche drehen** (Bild, Arbeitsfläche drehen, Per Eingabe) übernommen werden – beispielsweise um eine schief eingescannte Vorlage exakt gerade auszurichten. Dazu wird mit dem Meßwerkzeug der Neigungswinkel der Vorlage gegenüber der x-Achse ausgemessen und – bei Verwendung der Transformieren-Funktion – der zu drehende Bereich gegebenenfalls mit einem der Auswahlwerkzeuge ausgewählt. Anschließend wird der Dialog Per Eingabe transformieren oder Arbeitsfläche drehen aufgerufen. Wichtig ist, daß beim Aufruf wieder das Meßwerkzeug in der Werkzeugpalette aktiv ist (und nicht etwa ein Auswahlwerkzeug). Der gemessene Winkel erscheint daraufhin im Eingabefeld für den Drehwinkel. Beim Transformieren muß das Vorzeichen geändert werden, um das Bild in die entgegengesetzte Richtung zu drehen; beim Arbeitsflächen-Befehl ist die Option Gegen UZS zu wählen.

Lineale

Eine weitere Hilfe beim Messen von Abständen und Ausdehnungen sind die Lineale (Menü Ansicht, Lineale einblenden). In den Linealen laufen an der Koordinate des Mauszeigers Markierungen (gepunktete Linien) mit. Der Mauszeiger läßt sich so pixelgenau an einer bestimmten Teilstrichmarkierung positionieren. Beim Aufziehen einer Auswahl oder einer Formfläche lassen sich an den Linealeinteilungen exakte Distanzen abmessen.

Der Linealeinteilung können unterschiedliche Maßeinheiten zugrundegelegt werden. Um die Einheit zu ändern, kann mit einem Doppelklick auf eines der Lineale der Dialog Voreinstellungen (Seite Maßeinheiten & Lineale) geöffnet werden, der alle verfügbaren Einheiten zur Auswahl stellt.

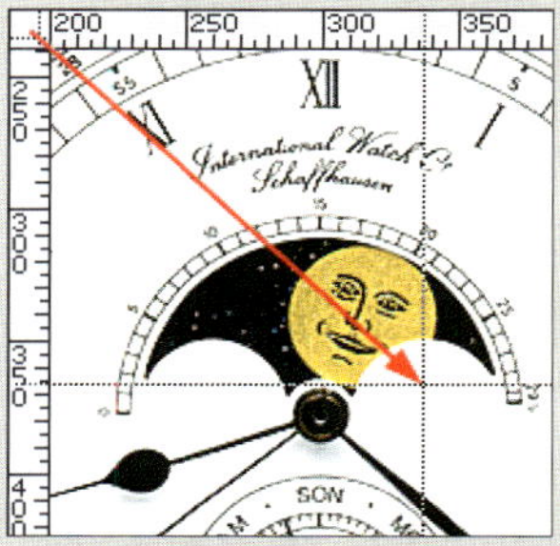

Nullpunkt verschieben

Die Einheiten der Lineale werden vom sogenannten Nullpunkt (Koordinaten 0,0) aus gemessen. Der Nullpunkt befindet sich standardmäßig in der linken oberen Ecke des sichtbaren Bildes, auch wenn das Bild einen Bildüberhang besitzt. Er ist auch maßgeblich für die mit dem **Meßwerkzeug** gemessenen Koordinaten. Um ihn zu verschieben, wird er aus dem Kreuzungsfeld der beiden Lineale heraus ins Bild gezogen.

Nullpunkt ist nicht gleich Nullpunkt

Wird ein ausgewählter Bereich mit dem Dialog **Per Eingabe transformieren** (Bearbeiten, Transformieren) und deaktivierter Option Relativ verschoben, setzt Photoshop die linke obere Ecke der Auswahl an die eingegebenen Koordinaten. Photoshop rechnet die Koordinaten dabei immer von der linken oberen Ecke des sichtbaren Bildes, auch wenn der Nullpunkt an eine andere Stelle verschoben wurde.

Malen

Wie sich mit den Malwerkzeugen Photoshop zum Paint-Shop erweitern läßt

*→ Wie sich die **Größe** der einzelnen Malwerkzeuge einstellen läßt, ist weiter unten im Kapitel »Werkzeugspitzen« beschrieben.*

*→ Die in den Optionenpaletten der Malwerkzeuge zur Auswahl gestellten **Deckmodi** und die **Deckkrafteinstellungen** können – von wenigen Ausnahmen abgesehen – auch auf Ebenen angewendet werden (Einblendmenü der Ebenenpalette). Sie werden weiter unten im Abschnitt »Deckkraft und Deckmodus« beschrieben.*

Vordergrundfarbe aufnehmen

Bei allen Malwerkzeugen ruft die **Alt/⌥-Taste** kurzzeitig die **Pipette** auf, mit der eine beliebige Farbe aus dem Bild als Vordergrundfarbe aufgenommen werden kann. **Alt/⌥ + Umschalt** aktiviert den Farbaufnehmer – so lange, wie die Tasten gedrückt bleiben. (Näheres dazu im Abschnitt »Farbe« weiter unten.)

Airbrush J

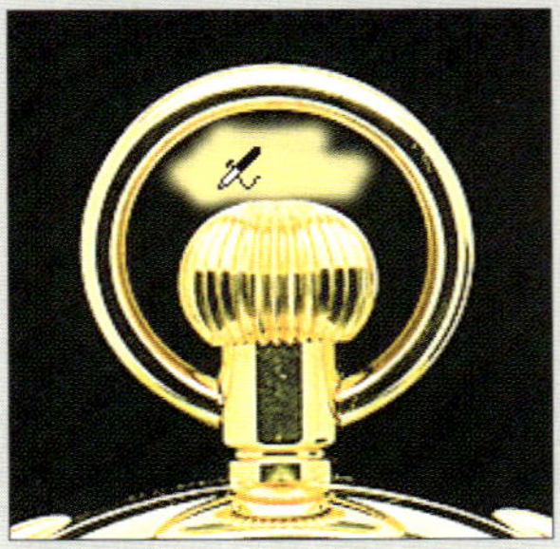

Sprüht Farbe, ähnlich wie eine Spritzpistole.

- **Klicken** bei gedrückter **Umschalttaste** füllt die angeklickten Punkte mit geraden Linienzügen.
- **Ziehen** bei gedrückter **Umschalttaste** schränkt die Bewegungsrichtung auf die Waagerechte oder Senkrechte ein.

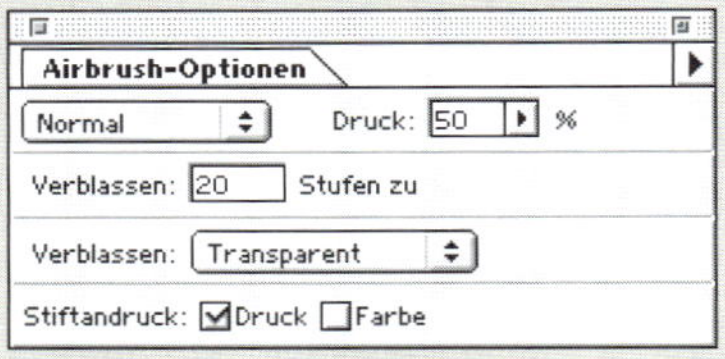

Die Palette Airbrush-Optionen stellt neben einem Einblendmenü mit Deckmodi und einem Regler für den prozentualen Farbauftrag – beide werden in allen Paletten der Malwerkzeuge angeboten – weitere spezifische Optionen zur Auswahl. Mit **Verblassen** besteht die Möglichkeit, die Wirkung eines Werkzeugs nachzuahmen, dem allmählich die Farbe ausgeht. Die Distanz, über die der Farbauftrag immer schwächer wird, hängt sowohl von der Anzahl der in der Palette vorgegebenen Stufen als auch von der Malgeschwindigkeit ab.

Pinsel B

Zeichnet freie Striche, die wie mit einem Pinsel gezogen wirken.

- **Klicken** bei gedrückter **Umschalttaste** füllt die angeklickten Punkte mit geraden Linienzügen.
- **Ziehen** bei gedrückter **Umschalttaste** schränkt die Bewegungsrichtung auf die Waagerechte oder Senkrechte ein.

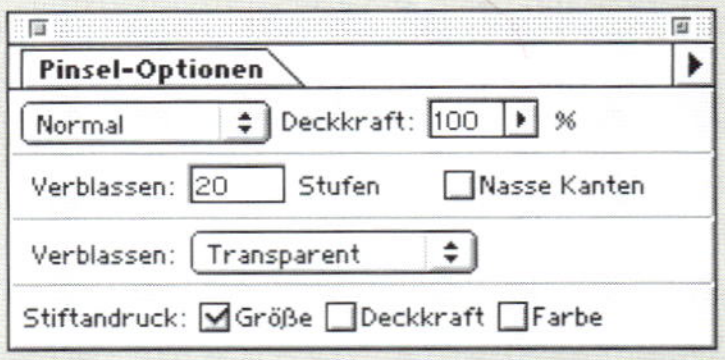

Die Einstellungen in der Palette Pinsel-Optionen entsprechen weitestgehend den Vorgaben für den Airbrush. Die Option **Nasse Kanten,** die dem Airbrush nicht zur Verfügung steht, simuliert das »Ausbluten« beim Malen mit nasser Farbe: Die Farbpigmente streben zu den Rändern der Pinselstriche hin. Photoshop löst diesen Effekt so, daß die Deckkraft im Innern des Pinselstrichs verringert wird.

Die Optionen für den **Stiftandruck** sind nur bei einem angeschlossenen Grafiktablett auswählbar.

Buntstift N

Zeichnet bei gedrückter Maustaste freie Linien oder auch durch einfaches Klicken der Maustaste Punkte.

- **Klicken** bei gedrückter **Umschalttaste** füllt die angeklickten Punkte mit geraden Linienzügen.
- **Ziehen** bei gedrückter **Umschalttaste** schränkt die Bewegungsrichtung auf die Waagerechte oder Senkrechte ein.

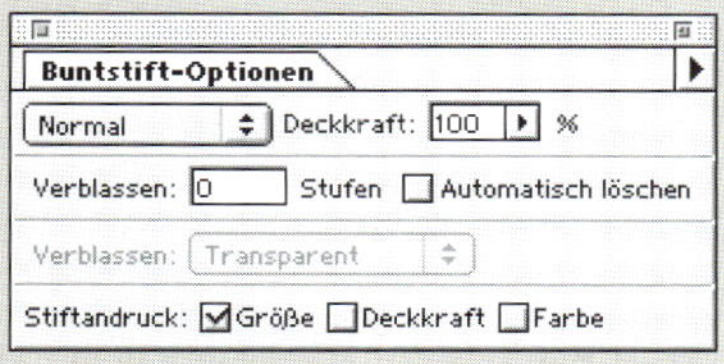

Die Einstellungsmöglichkeiten in der Palette Buntstift-Optionen sind mit denen des Airbrushs und Pinsels weitestgehend identisch. Die Option **Automatisch löschen**, die nur für den Buntstift gewählt werden kann, trägt abhängig von der übermalten Farbe entweder die Vordergrund- oder die Hintergrundfarbe auf. In Bereichen, die bereits die Vordergrundfarbe enthalten, malt der Buntstift dann mit der Hintergrundfarbe; in allen übrigen Bereichen mit der Vordergrundfarbe.

Linienzeichner N

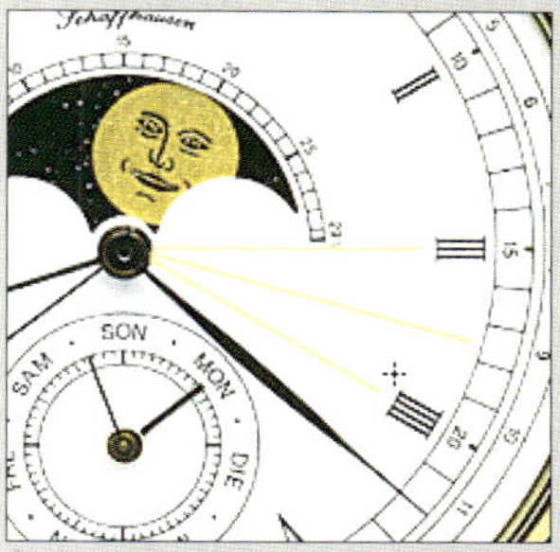

Zeichnet bei gedrückter Maustaste gerade Linien.

- **Umschalttaste** schränkt den Linienzeichner auf Winkel von 45° oder Vielfachen davon ein.

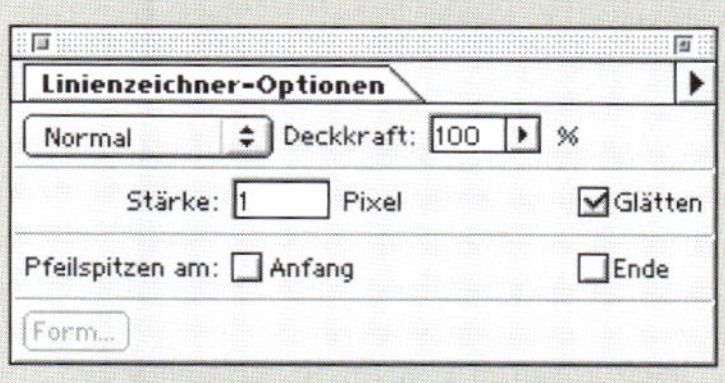

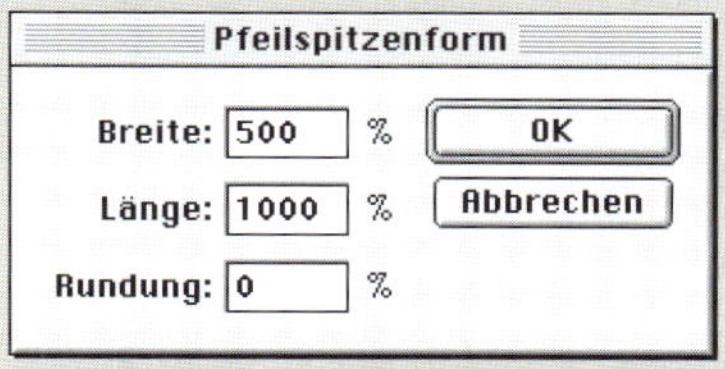

In der Palette Linienzeichner-Optionen wird die **Linienstärke** in Pixel vorgegeben (zwischen 1 und 1.000 Pixel). Bei eingeschalteter Option **Glätten** berechnet Photoshop an den Kanten der Linie halbtransparente Pixel. So werden stufige Ränder vermieden. Darüber hinaus besteht die Möglichkeit, **Pfeilspitzen** am Anfang und/oder Ende einer Linie anzufügen. Über die Schaltfläche **Form** lassen sich Breite, Länge und Rundung der Pfeilspitzen variieren.

Deckkraft über die Tastatur einstellen

Die Deckkraft der Malwerkzeuge (beim Airbrush wird die Deckung des Farbauftrags als Druck bezeichnet) kann in der Optionenpalette stufenlos über den einblendbaren Schieberegler eingestellt oder über die Tastatur als Wert in das Eingabefeld geschrieben werden. Bei der Tastaturmethode ist es nicht nötig, den Wert im Eingabefeld vorher zu markieren. Sobald ein Malwerkzeug gewählt ist, beziehen sich alle Zifferneingaben über die Tastatur auf die Deckkrafteinstellung. Um beispielsweise eine Deckkraft von 45 % einzustellen, werden die Ziffern 4 und 5 kurz hintereinander gedrückt. Für eine Deckkraft von 10 % genügt bereits ein Druck auf die Taste 1. Eine Deckkraft von 0 % ist nicht möglich; die Taste 0 wählt automatisch die 100%-Einstellung.

Optionenpalette einblenden

Die jeweilige Optionenpalette eines Werkzeugs, in der sich Voreinstellungen für seine Arbeitsweise vornehmen lassen, wird mit einem Doppelklick auf das Werkzeugsymbol in der Werkzeugpalette geöffnet.

Zeichnen mit Fadenkreuz

Bei eingerasteter **Feststelltaste** erhält der Mauszeiger bei allen Malwerkzeugen anstelle des Werkzeugsymbols die Form eines Fadenkreuzes, an dessen Mittelpunkt gezeichnet wird. Oft läßt sich mit diesem Fadenkreuz exakter arbeiten.

Malen an Hilfslinien

Auch Malwerkzeuge »rasten« an Hilfslinien ein. Wird ein Malwerkzeug an einer Hilfslinie entlang geführt, zieht es eine exakt waagerechte oder senkrechte Spur. Um die Anziehung der Hilfslinien auszuschalten, müssen sie nur ausgeblendet werden.

Verlaufswerkzeug G

Füllt einen ausgewählten Bereich mit einem Farbverlauf, dessen Anfangs- und Endpunkt sowie Richtung mit einer aufgezogenen Verlaufslinie bestimmt wird.

- **Umschalttaste** schränkt die Verlaufsrichtung auf Winkel von 45° oder Vielfache davon ein.

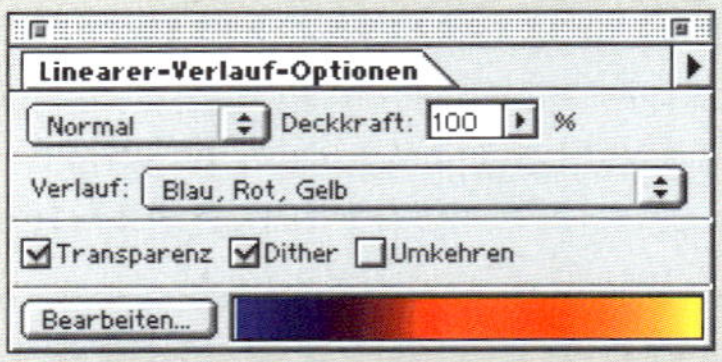

In der Optionenpalette des Verlaufswerkzeugs kann aus der Liste einer der vordefinierten Verläufe auswählt werden. Bei Verläufen, die transparente Bereiche enthalten, sollte die Option **Transparenz** eingeschaltet sein, ansonsten würden sie zu 100 % deckend aufgetragen. Um einer Streifenbildung im Druck vorzubeugen, wird die Option **Dither** aktiviert. Sie rechnet geringfügige Störungen in den Verlauf ein. Die Option **Umkehren** vertauscht Anfangs- und Endpunkt des Verlaufs (beispielsweise anstatt von Vordergrund- zu Hintergrundfarbe von Hintergrund- zu Vordergrundfarbe).

Radialer Verlauf G

Diese Spielart des Verlaufswerkzeugs erzeugt einen kreisförmigen Verlauf um einen Mittelpunkt (= Anfangspunkt).

Winkelverlauf G

Der Winkelverlauf »biegt« den Farbverlauf so um einen Mittelpunkt (= Anfangspunkt) herum, daß Anfang und Ende aneinanderstoßen.

Verläufe als Set sichern

Die Schaltfläche Speichern im Dialog Verläufe bearbeiten sichert immer nur den aktuell in der Liste ausgewählten Verlauf in einer Einstellungsdatei. Um mehrere Verläufe gleichzeitig – sozusagen als Set – zu sichern, werden sie mit der Umschalttaste markiert.

Reflektierter Verlauf G

Diese Verlaufsvariante spiegelt den Verlauf über den Anfangspunkt.

Rauteverlauf G

Während das Radiale Verlaufswerkzeug einen kreisförmigen Verlauf anlegt, erzeugt diese Variante einen rautenförmigen (quadratischen) Farbverlauf.

Verläufe als Gradationskurven sichern

Wird ein Verlauf mit einem Mausklick bei gedrückter Strg/⌘-Taste auf die Schaltfläche Speichern gesichert, legt Photoshop eine Einstellungsdatei mit Gradationskurven an. Diese Einstellungsdatei kann im Dialog Gradationskurven (Bild, Einstellen) geladen werden, um ein Bild gemäß der Farbanmutung des Verlaufs farblich zu verfremden.

Farbverläufe definieren

Die Schaltfläche **Bearbeiten** in der Palette Verlaufswerkzeug-Optionen öffnet den Dialog Verläufe bearbeiten, in dem vorhandene Verläufe verändert und neue angelegt werden können. **Neu** startet das Anlegen eines ganz neuen Verlaufs, **Duplizieren** legt einen neuen Verlauf, basierend auf dem zuvor gewählten, an. Anfangs- und Endfarbe werden über die **Farbregler** unterhalb des Verlaufsbalkens festgelegt. Voraussetzung dafür ist, daß die Option Farbe aktiviert ist. Die Regler werden durch Anklicken aktiviert. Die drei darunter angeordneten **Reglertasten** weisen dem aktuellen Regler automatisch die im Farbfeld angezeigte Farbe, die Vordergrund- oder die Hintergrundfarbe zu (von links nach rechts betrachtet). Um eine der drei Farben zu ändern, wird in das rechts neben den Tasten befindliche Farbfeld geklickt und im Dialog **Farbwähler** eine neue Farbe eingestellt. Die neue Farbe kann alternativ auch mit der Pipette aus einem der geöffneten Bilder, aus der Farbfelderpalette oder sogar aus dem Verlaufsbalken im Dialog aufgenommen werden.

Kleine **Rauten** oberhalb der Verlaufsanzeige zeigen den **Mittelpunkt** zwischen zwei Verlaufsfarben (im Mittelpunkt sind die beiden Farben zu gleichen Teilen gemischt). Rauten und Farbregler können mit der Maus gewählt und an eine andere Stelle verschoben werden. Eine exakte Positionierung ist auch durch Eingabe eines Prozentwerts in das Feld Position möglich (50 % entspricht bei Reglern dem Verlaufsmittelpunkt und bei Rauten dem Mittelpunkt zwischen zwei Farben). Wenn der Regler für die Anfangs- oder Endfarbe verschoben ist, reicht die Farbe automatisch bis zum Anfang bzw. Ende des Verlaufs, ohne sich dort mit anderen zu mischen.

Für einen **mehrfarbigen Farbverlauf** werden einfach durch Klicken in den Bereich unterhalb des Verlaufsbalkens weitere Regler eingefügt. Nicht mehr benötigte Regler können nach unten weggezogen werden.

Jedem Farbverlauf lassen sich auch Transparenzeigenschaften zuweisen. Die **Transparenzmaske** wird im Dialog Verläufe bearbeiten bei aktivierter Option Transparenz analog zum Farbverlauf erstellt. Die Farbe Schwarz entspricht einer 100%igen Deckung, die Farbe Weiß vollständiger Transparenz. Die Deckkraft wird für jeden Regler der Transparenzmaske numerisch im Eingabefeld vorgegeben. Wie sich die Transparenzmaske auf den Farbverlauf auswirkt, läßt sich im unteren Teil des Dialogs anhand der Vorschau beurteilen. Wenn der Verlauf, nachdem er definiert wurde, mit Transparenzmaske angewendet werden soll, muß in der Optionenpalette des Verlaufswerkzeugs die Option Transparenz aktiviert sein.

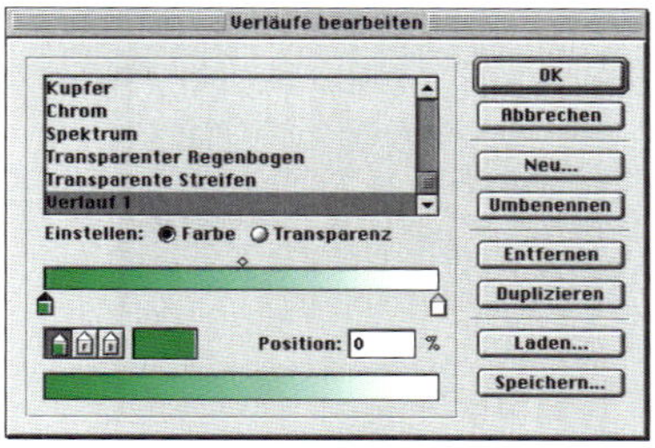

Ein neuer Verlauf wird angelegt.

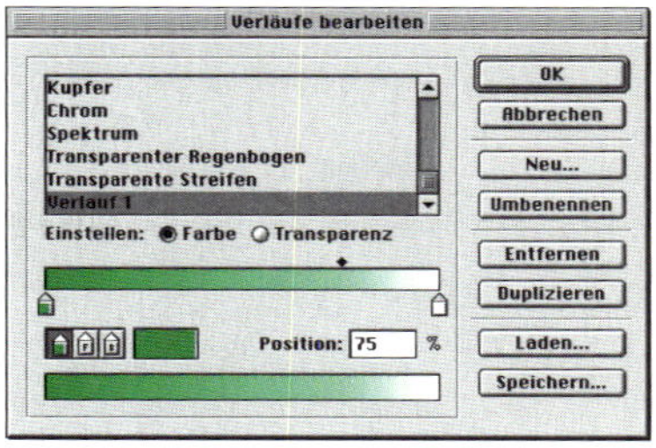

Verschobener Verlaufsmittelpunkt

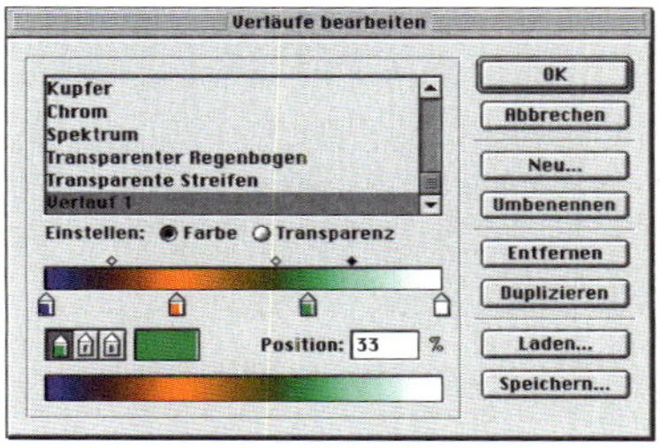

Ein mehrstufiger Verlauf: Die Tabulatortaste wechselt während der Bearbeitung von links nach rechts von einer Farbe zur nächsten. Wird zusätzlich die Umschalttaste gedrückt, kehrt sich die Reihenfolge um.

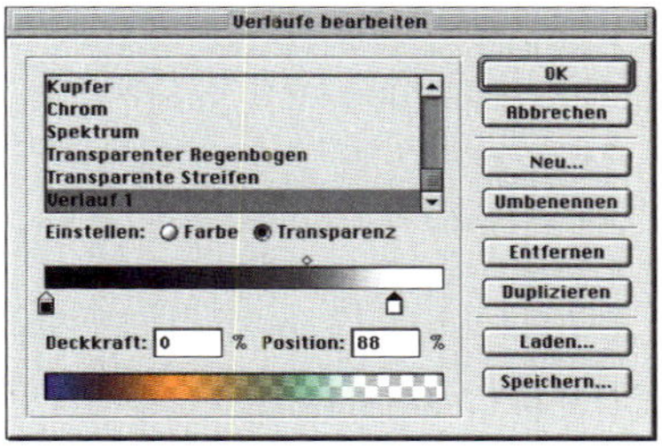

Bearbeitung der Transparenzmaske des Verlaufs

Füllwerkzeug K

Füllt einen Bereich gleicher oder ähnlicher Farbe mit der Vordergrundfarbe oder einem gespeicherten Muster.

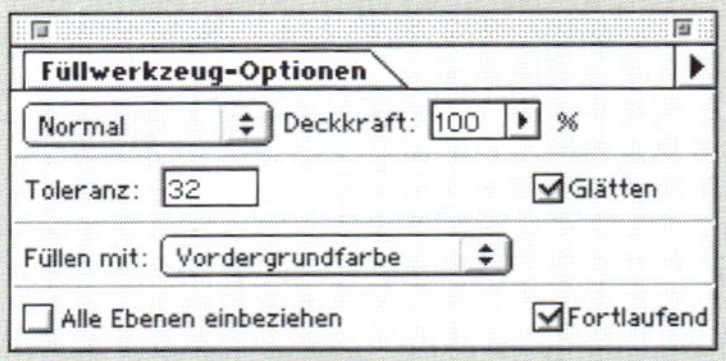

In der Palette Füllwerkzeug-Optionen wird wie beim Zauberstab eine **Toleranz** für die Farbabweichung eingestellt, bis zu der das Füllwerkzeug einfärbt. Referenzfarbe ist nicht etwa die Füllfarbe, sondern die Farbe der angeklickten Bildstelle. Das Füllwerkzeug berücksichtigt dabei den in der Palette Pipette-Optionen eingestellten **Aufnahmebereich.** Bei 3 x 3 und 5 x 5 Pixel Durchschnitt verwendet das Füllwerkzeug als Referenzfarbe die Mischfarbe aus 9 bzw. 25 Pixeln. Die Option **Glätten** sorgt für gleichmäßigere Übergänge zu nicht gefüllten Bereichen. Bei aktivierter Option **Alle Ebenen einbeziehen** werden auch die Farben der übrigen Ebenen mitberücksichtigt – wenn auch die Einfärbung nur in der aktuellen Ebene erfolgt.

Das Füllwerkzeug füllt wahlweise mit der Vordergrundfarbe oder mit einem

gesicherten **Muster**, das mit Bearbeiten, Muster festlegen gesichert wurde. Um ein Muster festzulegen, wird mit dem Auswahlrechteck ein Bereich eines beliebigen Bildes umgrenzt und dann die Funktion Bearbeiten, Muster festlegen aufgerufen. Bei einer Musterfüllung wird das Muster kachelartig aneinandergefügt.

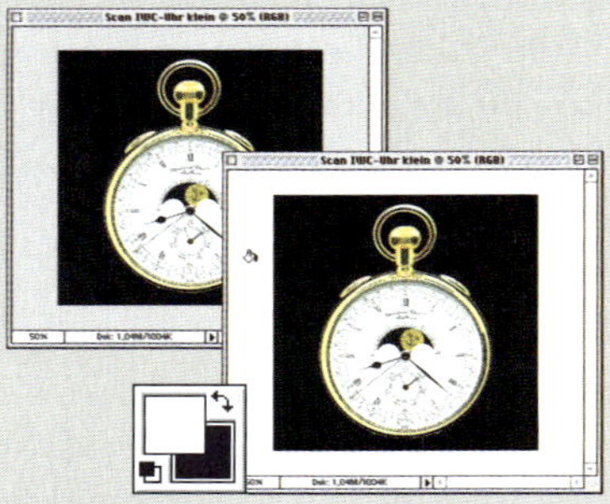

Montagefläche in individueller Farbe

Die im Bildfenster um das Bild herum sichtbare Montagefläche kann mit dem Füllwerkzeug in der Vordergrundfarbe eingefärbt werden, indem mit gedrückter **Umschalttaste** auf die Montagefläche geklickt wird. Die Farbe erscheint dann um alle Bilder. (Die Standardfarbe von Photoshop ist 25 % Grau.)

Füllen mit Tastenkürzeln

Als Alternative zum Füllwerkzeug lassen sich ausgewählte Bereiche oder ganze Ebenen (wenn keine Auswahl besteht) mit folgenden Tastenkürzeln füllen:

- **Alt/⌥-** und **Rückschrittaste** füllt einen ausgewählten Bereich oder eine ganze Ebene mit der Vordergrundfarbe. Wird zusätzlich die **Umschalttaste** gedrückt, bleibt die Transparenz der Ebene erhalten.
- **Strg/⌘-** und **Rückschrittaste** füllt mit der Hintergrundfarbe. Wird zusätzlich die **Umschalttaste** gedrückt, bleibt die Transparenz der Ebene erhalten.
- **Alt/⌥-** und **Strg/⌘-** und **Rückschrittaste** füllt mit der in der Protokollpalette festgelegten Malquelle. Wird zusätzlich die **Umschalttaste** gedrückt, bleibt die Transparenz der Ebene erhalten.
- **Rückschrittaste** löscht einen ausgewählten Bereich zu Transparent bzw. setzt in der Hintergrundebene die Hintergrundfarbe ein.
- **Umschalt-** und **Rückschrittaste** öffnet den Dialog Fläche füllen, in dem auch andere Füllungsarten auswählbar sind.

Transparente Bereiche schützen

Wenn in der Ebenenpalette die Option Transparente Bereiche schützen aktiviert ist, werden nur die deckenden Pixel der Ebene gefüllt, alle transparenten Pixel bleiben transparent. Bei Tastenkürzeln kann diese Option kurzzeitig auch mit der Umschalttaste aktiviert werden, nicht jedoch beim Füllwerkzeug.

Formen

Über die Formwerkzeuge von ImageReady, die schnell farbige Flächen zeichnen

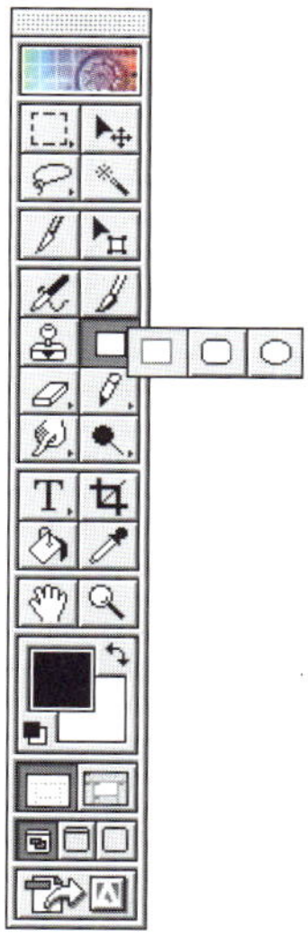

Wird die Maustaste auf dem aktuellen Formwerkzeug gedrückt gehalten, öffnet sich ein Menü mit weiteren Formwerkzeugen. Alternativ zur Menüauswahl lassen sich die Formwerkzeuge auch mit dem Tastenkürzel Umschalt + U nacheinander aktivieren. Oder es wird mehrmals mit gedrückter Alt/⌥-Taste auf das Formwerkzeug geklickt.

Rechteck & Oval U

Die Formwerkzeuge Rechteck, Abgerundetes Rechteck und Oval zeichnen entsprechende geometrische Formen in der eingestellten Vordergrundfarbe.

- **Umschalttaste** (während des Aufziehens drücken) erstellt exakte Quadrate bzw. Kreisflächen.
- **Alt/⌥-Taste** wechselt vorübergehend zur Pipette. Durch Klicken oder Ziehen im Bild kann eine neue Vordergrundfarbe für die Form aufgenommen werden.
- **Alt/⌥-Taste** und **Ziehen** erstellt eine Form aus dem Zentrum heraus. **Achtung:** Erst klicken und ziehen, dann die Alt/⌥-Taste drücken, sonst wird die Pipette aktiviert.
- **Umschalt-** und **Alt/⌥-Taste** erstellt exakte Quadrate bzw. Kreisflächen aus dem Zentrum heraus. **Achtung:** Erst klicken und ziehen, dann die Alt/⌥-Taste drücken, sonst wird die Pipette aktiviert. Zu welchem Zeitpunkt die Umschalttaste gedrückt wird, spielt dabei keine Rolle.
- **Leertaste** ermöglicht ein kurzzeitiges Verschieben der gesamten Form während des Aufziehens.

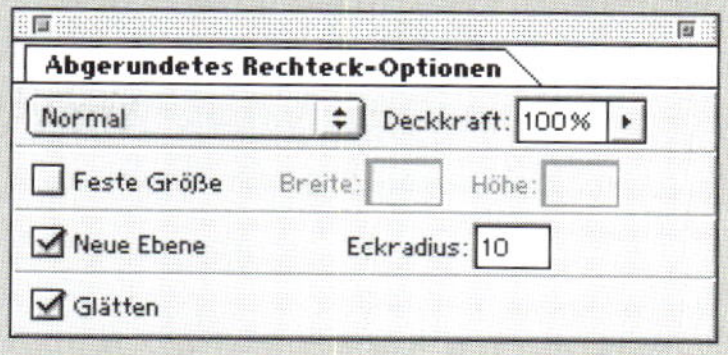

In der Optionenpalette der Formwerkzeuge können Deckkraft und Deckmodus für die Farbfüllung vorgegeben werden. Die Option **Feste Größe** fixiert die Form auf bestimmte Pixelabmessungen (die Form entsteht dann durch einfaches Klicken; ein Aufziehen ist nicht möglich). Bei aktivierter Option **Neue Ebene** wird beim Zeichnen eines Formobjekts automatisch eine neue Ebene angelegt. Wenn die Option ausgeschaltet ist, ersetzt die Form Bereiche in der aktuellen Ebene. Für das Abgerundete Rechteck kann außerdem der **Eckenradius** eingestellt werden. Ein Radius von 0 ergibt eine spitze Ecke. Ein großer Eckenradius wird bei kleinen Formen automatisch angepaßt, ohne daß der Wert in der Palette geändert wird. Er kann maximal die Hälfte der kürzesten Objektseite betragen. Die Option **Glätten**, die nur für das Oval und das Abgerundete Rechteck zur Verfügung steht, glättet gerundete Konturen – beim Oval also die gesamte Kontur und beim Abgerundeten Rechteck nur die Eckenradien. Geglättete Konturen erscheinen etwas weicher und nicht gezackt.

Farbe

Über das intuitive und numerisch exakte Definieren von Vorder- und -Hintergrundfarbe

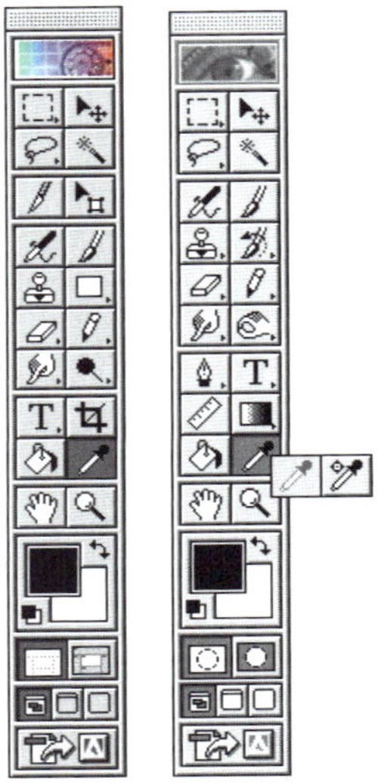

Die Taste I aktiviert die Pipette. Umschalt + I wechselt in Photoshop zwischen Pipette und Farbaufnehmer.

*→ Das Thema **Webfarben** wird im Kapitel »Wild Wild Web« im Grundlagenteil und im Kapitel »Weboptimierung« weiter unten besprochen.*

Pipette I

Nimmt die Farbe der angeklickten Bildstelle als Vordergrundfarbe auf.

- **Alt/⌥-Taste** und **Klicken** legt die aufgenommene Farbe als Hintergrundfarbe fest.
- **Alt/⌥-** und **Umschalttaste** aktiviert kurzzeitig den Farbaufnehmer.

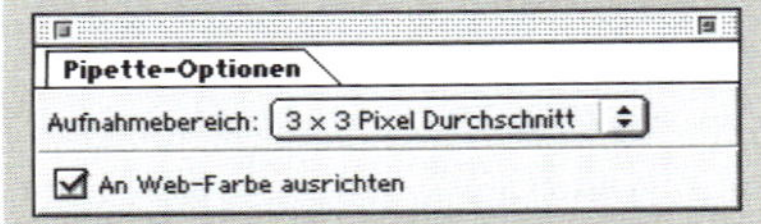

In der Palette Pipette-Optionen kann unter der Option **Aufnahmebereich** die »Auflösung« der Pipette eingestellt werden. Bei 1 x 1 Pixel Durchschnitt nimmt die Pipette exakt die Farbe des angeklickten Pixels auf. Bei 3 x 3 und 5 x 5 Pixel Durchschnitt berechnet die Pipette die Mischfarbe aus 9 bzw. 25 Pixeln um die Klickstelle. Der Aufnahmebereich kann für Pipette und Farbaufnehmer nicht getrennt eingestellt werden: Eine Änderung bei einem Werkzeug ändert auch die Einstellung beim anderen Werkzeug.

Bei aktiver Option **An Webfarbe ausrichten** stellt ImageReady eine der 216 Webfarben als Vordergrundfarbe ein, die der Farbe der angeklickten Bildstelle am nächsten kommt.

Farbaufnehmer I

Setzt mit einfachen Mausklicks bis zu vier Punkte in einem Bild, von denen die Farbwerte in der Informationenpalette angezeigt werden, auch wenn sich der Mauszeiger an eine andere Stelle bewegt.

- **Alt/⌥-Taste** und **Klicken** auf einen Probepunkt löscht den Punkt (oder den Punkt aus dem Dateifenster ziehen).

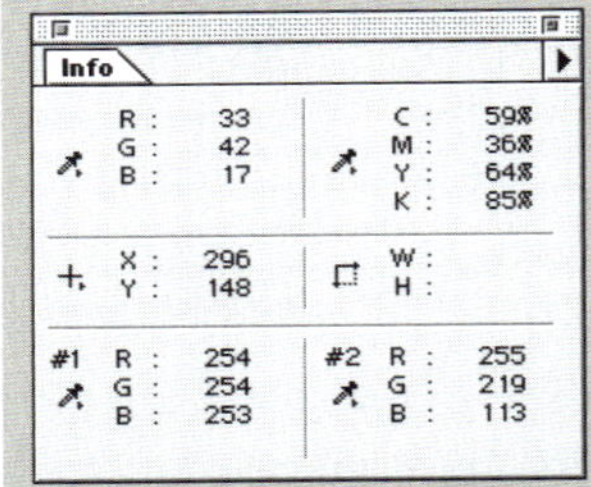

Die **Informationenpalette** zeigt die Farbwerte der gesetzten Farbproben im unteren Bereich an. Jede Farbprobe erhält eine Nummer (#1 bis #4). Falls die Farbwertanzeige für die Farbaufnehmer nicht in der Palette erscheint, muß sie zuerst mit der Funktion Farbaufnehmer einblenden aus dem Menü der Informationenpalette eingeschaltet werden.

Die Farbaufnehmer beziehen automatisch alle eingeblendeten Ebenen ein.

Vordergrundfarbe definieren

Anstatt eine Farbe mit der Pipette aus einem Bild aufzunehmen, kann die Vordergrundfarbe auch mit exakten Wertevorgaben definiert werden. Ein Mausklick auf das Feld für die Vordergrundfarbe in der Werkzeugpalette oder der Farbreglerpalette öffnet den Dialog Farbwähler, in dem Farben nach dem HSB-, Lab-, RGB- und CMYK-System gemischt werden können. Um auch die Hintergrundfarbe numerisch zu definieren, muß nur auf das Feld für die Hintergrundfarbe geklickt werden.

Vorder- und Hintergrundfarbe tauschen

Die Vordergrund- und Hintergrundfarbe lassen sich mit der Taste X oder einem Mausklick auf das Symbol neben den Farbfeldern in der Werkzeugpalette vertauschen.

Standardfarben einstellen

Die Photoshop-Standardfarben Schwarz und Weiß werden mit der Taste D oder einem Mausklick auf das Symbol neben den Farbfeldern in der Werkzeugpalette eingestellt.

Farbmodell wählen

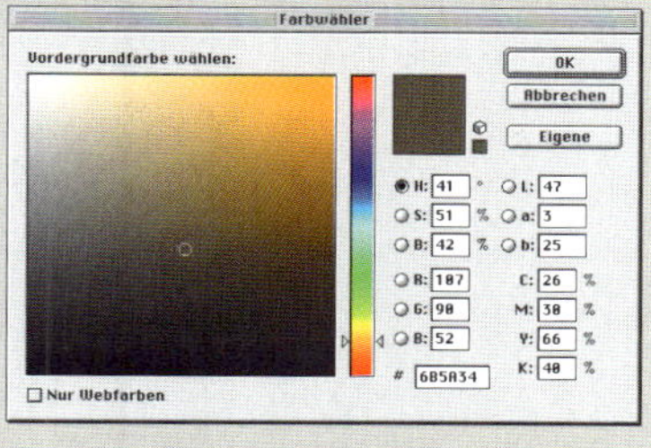

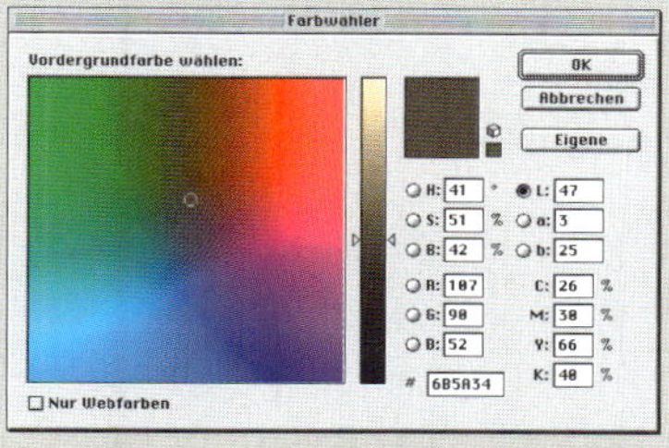

Neben der Möglichkeit, Farben mit exakten Wertevorgaben zu definieren, bietet der Dialog Farbwähler auch die Aufnahme einer Farbe aus dem Farbfeld links im Dialog an. Photoshop stellt in diesem Feld einen Schnitt durch einen der dreidimensional gedachten Farbräume HSB, Lab oder RGB dar. Die jeweils dritte Dimension (die z-Achse) wird im senkrechten Regler neben dem Farbfeld abgebildet. Welche Farbraumdimension auf den Regler gelegt wird, hängt davon ab, bei welcher Farbkomponente das Optionsfeld aktiviert ist. Die übrigen beiden Komponenten des gewählten Modells werden dann im Farbfeld gezeigt.

Farbsystem wechseln

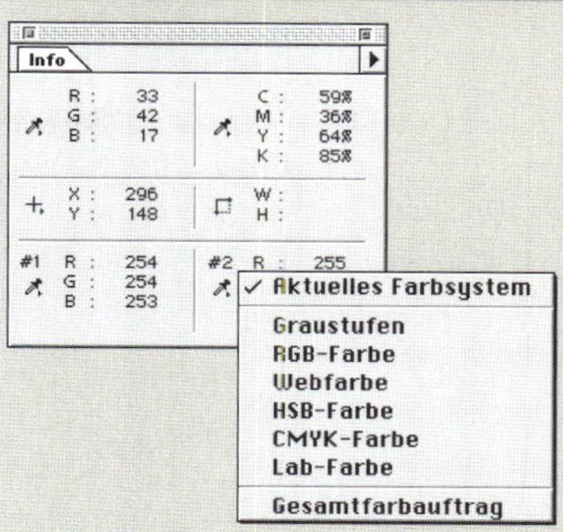

Um für eine Farbprobe das Farbsystem der Farbwertanzeige in der Informationenpalette zu ändern, wird einfach auf die kleine Pipette in der Palette, der ein kleiner Pfeil nach rechts beigestellt ist, geklickt und aus dem Menü das gewünschte Farbsystem ausgewählt.

Pipette kurz aktivieren

Wenn in der Werkzeugpalette eines der Malwerkzeuge gewählt ist, kann die Pipette kurzzeitig mit der **Alt/⌥-Taste** und der Farbaufnehmer kurzzeitig mit **Alt/⌥ + Umschalt** aktiviert werden.

Globaler Aufnahmebereich

Der für die Pipetten eingestellte Aufnahmebereich gilt außerdem global für **alle Pipetten** in Photoshop (wie in den Dialogen Tonwertkorrektur, Gradationskurven, Farbwähler und Farbbereich auswählen) und auch für das **Füllwerkzeug** und den **Zauberstab.**

Werkzeug-spitzen

Wie sich über die Palette Werkzeugspitzen die Form und Größe der Mal- und Retuschewerkzeuge einstellen lassen

Werkzeugspitzen

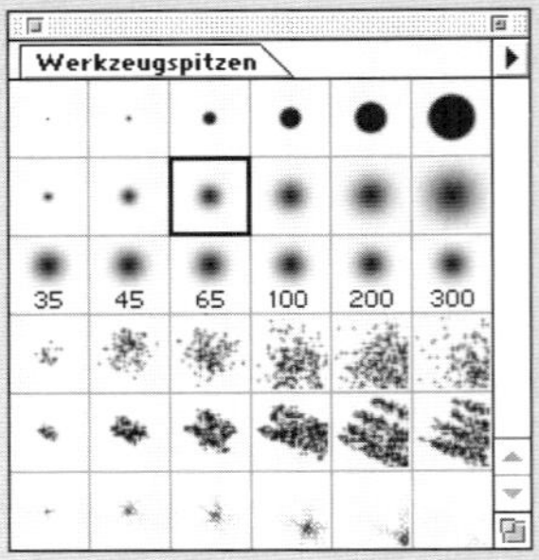

In der Palette Werkzeugspitzen werden für die Werkzeuge, die in der Werkzeugpalette in der zweiten Gruppe angeordnet sind (von Airbrush bis Schwamm), Form und Breite der Werkzeugspitze ausgewählt. Vorgegeben sind runde Werkzeugspitzen mit Breiten zwischen 1 und 100 Pixel mit scharfer und weicher Kante (bei Buntstift nur scharfe, ungeglättete Kanten) sowie ein paar künstlerische Spitzenformen.

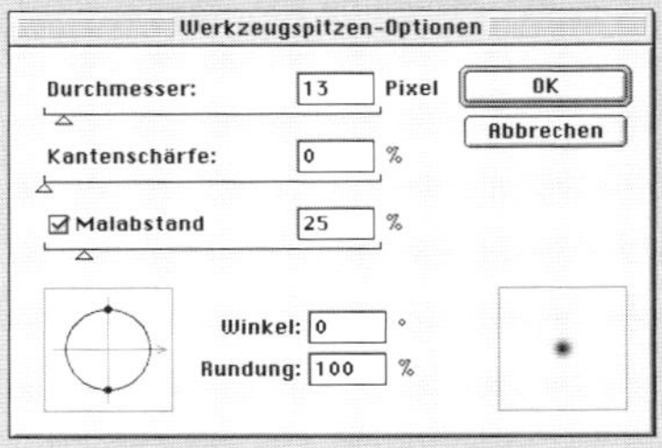

Ein Doppelklick auf eine Spitze in der Palette Werkzeugspitzen (oder der Befehl Neue Werkzeugspitze aus dem Menü der Palette) öffnet den Dialog Werkzeugspitzen-Optionen zum Einstellen der Größe und Form der ausgewählten oder neuen Werkzeugspitze.

Mit der Option **Durchmesser** wird die Größe der Spitze festgelegt. Die Option **Kantenschärfe** legt fest, wie weich die Spitze malt. Eine Kantenschärfe von 100 % erzeugt eine scharfe, aber geglättete Spitze. Bei verringerter Kantenschärfe wird die Spitze nicht nur weicher, sondern auch etwas größer, was jedoch aufgrund der geringen Deckkraft in den äußeren Bereichen der Werkzeugspur nicht auffällt.

Beim Malen mit den Mal- und Retuschewerkzeugen werden einzelne Malpunkte in der ausgewählten Form und Größe aneinandergereiht. Der **Malabstand** bestimmt dabei, wie weit die einzelnen Malpunkte voneinander entfernt erscheinen. Bei kleinem Malabstand erscheint die Werkzeugspur als durchgezogene Linie. Durch einen vergrößerten Malabstand können gepunktete oder gestrichelte Linien gemalt werden, bei denen die einzelnen »Abdrücke« sichtbar sind.

Die Option **Winkel** bestimmt den Rotationswinkel der Spitze (bei kreisrunden Formen wirkt sich eine Änderung des Winkels nicht aus). Der Winkel kann auch im nebenstehenden Diagramm mit der Maus geändert werden, wenn auf den Pfeil geklickt und dieser bei weiterhin gedrückter Maustaste verschoben wird. Mit **Rundung** wird die Abweichung von der idealen Kreisform in Prozent angegeben. Auch dieser Wert kann im Diagramm mit der Maus eingestellt werden: Einfach einen der beiden Punkte auf der Kreislinie anklicken und zur Mitte des Kreises hin verschieben.

Werkzeugspitze festlegen

Die Parameter im Dialog Werkzeugspitzen-Optionen lassen zwar vielfältige Spitzenvarianten zu, begrenzen das Angebot jedoch auf recht »normale« Formen. Darüber hinaus läßt sich mit **Werkzeugspitze festlegen** aus dem Palettenmenü jede erdenkliche Form als Spitze sichern.

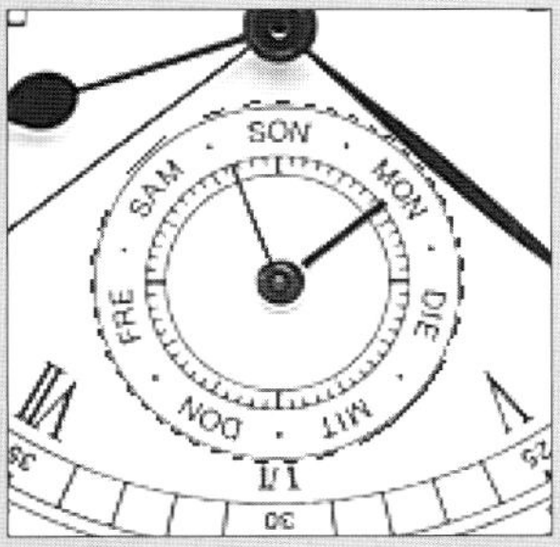

Dazu ist nichts weiter nötig, als einen Bildausschnitt oder eine im Bild selbstgemalte Form mit einem der Auswahlwerkzeuge auszuwählen und in die Zwischenablage zu kopieren (Bearbeiten, Kopieren). Der Befehl Werkzeugspitze festlegen fügt die in die Zwischenablage kopierte Form automatisch als Graustufenbild zur Werkzeugspitzenpalette hinzu.

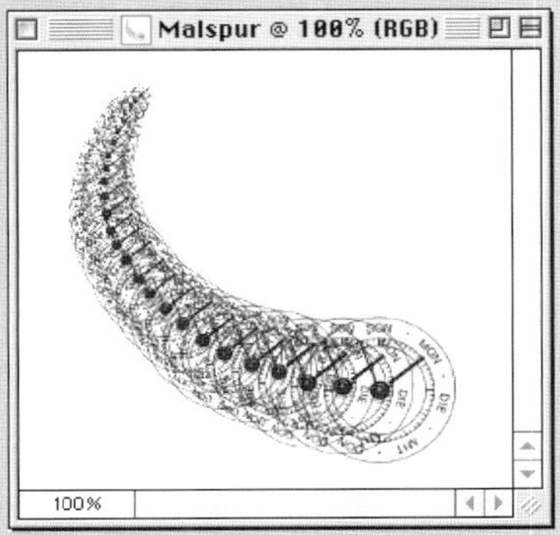

Sobald die neue Spitze ausgewählt ist, kann mit dem Malen begonnen werden.

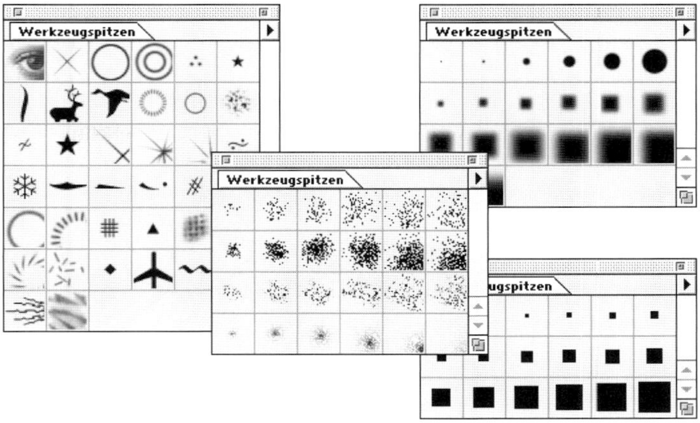

Alternative Spitzen

Neben den Standardwerkzeugspitzen, die jederzeit mit dem Befehl Werkzeugspitzen zurücksetzen aus dem Menü der Werkzeugspitzenpalette wiederhergestellt werden können, werden bei der Installation von Photoshop vier weitere Sammlungen mit ausgefallenen Spitzen im Photoshop-Ordner abgelegt (Goodies, Werkzeugspitzen). Diese vordefinierten Spitzen können zu den Standardspitzen dazu geladen werden oder diese ersetzen. Die Sammlung **Natural Brushes** enthält eine Reihe von Werkzeugspitzen für malerische Effekte, etwa wenn Bilder mit dem Kunstprotokollpinsel verfremdet werden sollen. Die Sammlung **Quadratische Spitzen** bietet rechteckige Stiftformen, **Schlagschatten** enthält spezielle Stiftformen für das Zeichnen von Schlagschatten und **Verschiedene Spitzen** ist ein Sammelsurium unterschiedlichster Symbole.

Ein Doppelklick auf das Feld einer dieser zusätzlichen Werkzeugspitzen öffnet einen verkleinerten Dialog **Werkzeugspitzen-Optionen**, in dem sich insbesondere der Abstand der einzelnen Zeichen voneinander einstellen läßt. Bei ausreichend großem Abstand entsteht eine Linie aus einzelnen aneinandergereihten Symbolen.

Werkzeugspitzen speichern

Selbsterstellte Werkzeugspitzen sollten mit dem Befehl Werkzeugspitzen speichern aus dem Menü der Werkzeugspitzenpalette als Sammlung gespeichert werden. Mit den Befehlen Werkzeugspitzen laden bzw. Werkzeugspitzen ersetzen können Sie gespeicherte Sammlungen jederzeit wieder öffnen. Bitte beachten Sie, daß beim Ersetzen alle nicht gesicherten Spitzen verlorengehen.

Schnellauswahl: Werkzeugspitzen

Taste	Operation
, (Komma)	vorige Spitze wählen
. (Punkt)	nächste Spitze wählen
Umschalt + ,	erste Spitze wählen
Umschalt + .	letzte Spitze wählen

Retuschieren und -Restaurieren

Wie die Retusche- und Restaurationswerkzeuge die Bildbearbeitung vereinfachen und sich frühere Arbeitsstadien rekonstruieren lassen

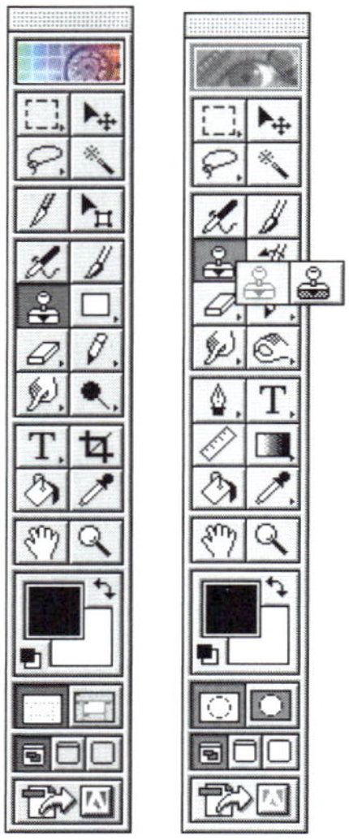

Bei mehrfach belegten Plätzen in der Werkzeugpalette kann zum nächsten verborgenen Werkzeug gewechselt werden, indem auf das sichtbare Symbol mit gedrückter Alt/⌥-Taste geklickt oder die Buchstabentaste bei gedrückter Umschalttaste betätigt wird.

*→ Wie die **Form der Retuschewerkzeuge** über die Palette Werkzeugspitzen eingestellt wird, ist weiter oben im Abschnitt »Werkzeugspitzen« beschrieben.*

Stempel S

Kopiert Bereiche aus demselben oder einem anderen Bild und trägt sie wie ein Pinsel auf.

- **Alt/⌥-Taste** und **Klicken** auf eine Bildstelle (auch auf die eines anderen Bildes) legt diese als Aufnahmeursprung fest, das heißt als Zentrum, mit dem der Stempel beim Kopieren beginnt.

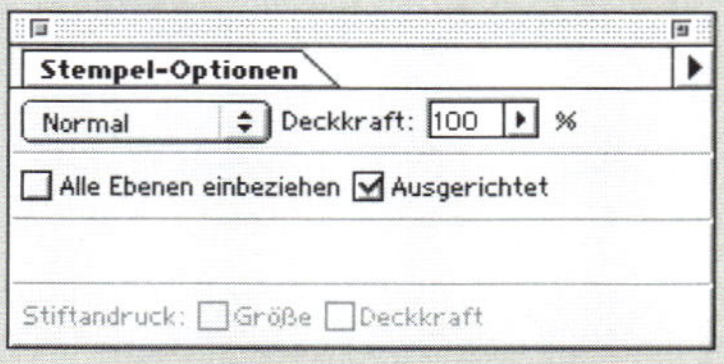

Wenn in der Palette Stempel-Optionen die Option **Alle Ebenen einbeziehen** eingeschaltet ist, kopiert der Stempel aus allen Ebenen. Diese Option kann während des Malens, also ohne den Aufnahmeursprung neu zu bestimmen, gewechselt werden. Gemalt wird aber immer nur in der aktuellen Ebene.

Abstandsgetreue Reproduktion

Der erste Mausklick beim Malen mit dem Stempel bestimmt den Abstand zwischen Malbereich und Aufnahmeursprung. Wenn in der Palette Stempel-Optionen die Option **Ausgerichtet** eingeschaltet ist, wird dieser Abstand bei jedem Neuansetzen des Werkzeugs eingehalten.

Bildstelle klonen

Wenn in der Palette Stempel-Optionen die Option **Ausgerichtet** ausgeschaltet ist, beginnt der Stempel bei jedem Neuansetzen wieder mit dem Aufnahmeursprung. Auf diese Weise werden mehrere Kopien des aufgenommenen Bildbereichs erzeugt.

Musterstempel S

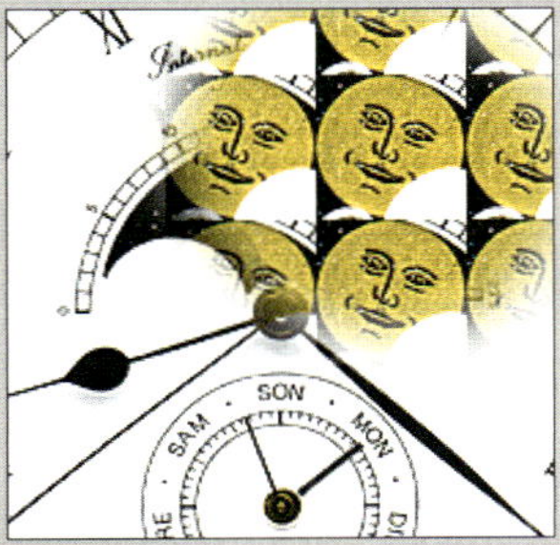

Malt ein festgelegtes Muster wie ein Pinsel ins Bild.

Muster festlegen

Bevor der Musterstempel das Muster auftragen kann, muß der entsprechende Bildbereich (auch aus einer anderen Datei) mit dem Auswahlrechteck markiert und als Muster festgelegt werden (Bearbeiten, Muster festlegen).

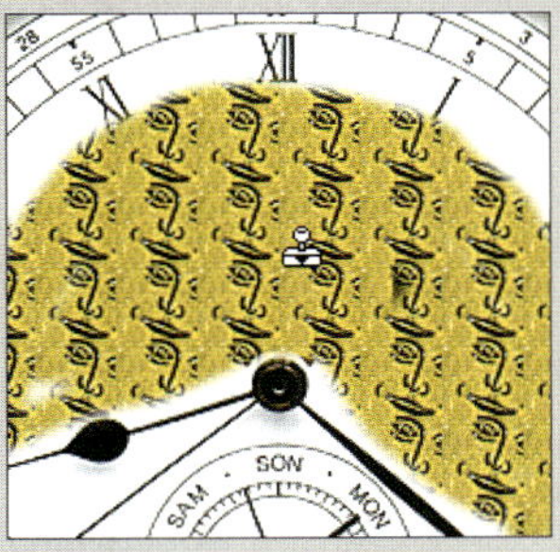

Regelmäßiges Muster

Der Musterstempel malt das festgelegte Muster kachelartig ins Bild. Wenn die Option Ausgerichtet in der Palette Musterstempel-Optionen aktiviert ist, werden die einzelnen Kacheln automatisch bündig aneinandergesetzt, auch wenn das Werkzeug zwischendurch abgesetzt wird und an einer anderen Stelle neu beginnt.

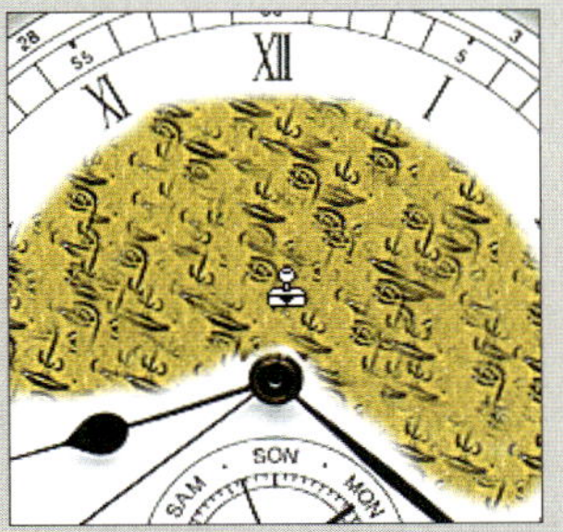

Unregelmäßiges Muster

Ist die Option Ausgerichtet in der Palette Musterstempel-Optionen nicht aktiviert, beginnt der Musterstempel bei jedem Neuansetzen wieder mit einer neuen Position des Kachelmusters. Die in mehreren Arbeitsgängen gemalten Kachelmuster passen also nicht aneinander.

Optionen für die Retuschewerkzeuge

Ein Doppelklick auf eines der Retuschewerkzeuge in der Werkzeugpalette öffnet die Optionenpalette des Werkzeugs mit spezifischen Einstellmöglichkeiten.

Versteckte Werkzeuge

Die Werkzeuge Stempel und Musterstempel, Weichzeichner, Scharfzeichner und Wischfinger sowie Abwedler, Nachbelichter und Schwamm sind jeweils in **Untermenüs** der Werkzeugpalette zusammengefaßt. Zur Auswahl eines nicht sichtbaren Werkzeugs wird das Untermenü geöffnet (Maustaste auf dem sichtbaren Symbol gedrückt gehalten) oder die Buchstabentaste des Werkzeugs bei gedrückter **Umschalttaste** betätigt.

Gerade Strichführung (I)

Unter Zuhilfenahme der Umschalttaste entstehen bei allen Retuschewerkzeugen gerade »Linienzüge« oder exakt horizontale oder vertikale Striche.

- **Klicken** bei gedrückter **Umschalttaste** füllt die angeklickten Punkte mit geraden Linienzügen.
- **Ziehen** bei gedrückter **Umschalttaste** schränkt die Bewegungsrichtung auf die Waagerechte oder Senkrechte ein.

Gerade Strichführung (II)

Die Retuschewerkzeuge werden ebenso wie Auswahlen oder Ebeneninhalte von Hilfslinien magnetisch angezogen. Wird ein Retuschewerkzeug an einer Hilfslinie entlang geführt, zieht es eine exakt waagerechte oder senkrechte Spur. Um die Anziehung der Hilfslinien auszuschalten, müssen sie nur ausgeblendet werden.

Protokollpinsel Y

Stellt einen gesicherten Schnappschuß oder Bearbeitungszustand partiell wieder her.

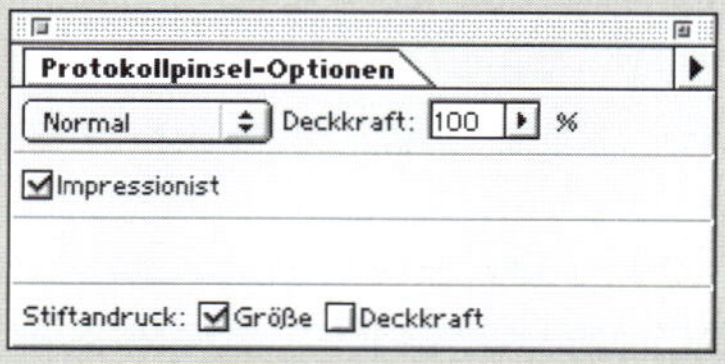

In der Palette Protokollpinsel-Optionen versteckt sich eine künstlerische Variante des Protokollpinsels, die ähnlich wie die Effekte des Kunstprotokollpinsels eine interessante Verfremdung des Bildes bewirkt. Bei eingeschalteter Option **Impressionist** rekonstruiert der Protokollpinsel ebenfalls den als Malquelle festgelegten Schnappschuß oder Zwischenschritt des Bildes. Das Werkzeug verwischt die Pixel dabei aber so, daß ein impressionistischer Maleffekt entsteht.

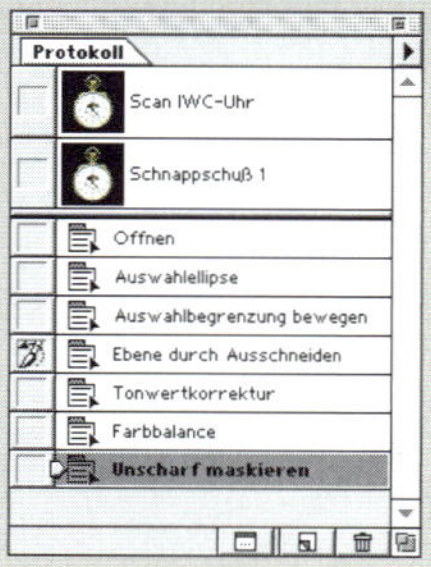

Malquelle festlegen

Welche Dateiversion der Protokollpinsel wiederherstellt, hängt davon ab, welcher Schnappschuß oder Zwischenschritt in der Protokollpalette als Malquelle festgelegt ist. Die Malquelle ist am Protokollpinselsymbol () in der ersten Spalte der Palette zu erkennen. Die Malquelle kann während der Arbeit mit dem Protokollpinsel beliebig gewechselt werden. Dazu muß in der Protokollpalette nur vor das Etikett eines anderen Schnappschusses oder Zwischenschritts geklickt werden, so daß dort das Protokollpinselsymbol erscheint.

Bedingungen für das Werkzeug

Damit der Protokollpinsel einen früheren Zustand rekonstruieren kann, darf die Datei sich in bestimmten Punkten nicht verändert haben. Der Protokollpinsel funktioniert nicht mehr (und zeigt als Mauszeiger ein Verbotsschild), wenn nach dem als Malquelle festgelegten Schnappschuß oder Zwischenschritt der Farbmodus oder die Bildgröße geändert wurde. Auch das Hinzufügen oder Löschen von Ebenen und Ebenenmasken kann zur Folge haben, daß das partielle Wiederherstellen einer Malquelle nicht möglich ist.

Kunstprotokollpinsel

Auf der Basis eines gesicherten Schnappschusses oder Bearbeitungszustands verfremdet der Kunstprotokollpinsel ein Bild auf künstlerische Weise. Die Malspuren des Werkzeugs bestehen aus Abdrücken, die sich selbst wiederum aus mehreren zufällig erzeugten und sternförmig angeordneten Malspuren unterschiedlicher Länge zusammensetzen. Wie beim Protokollpinsel kann in der Protokollpalette ein Schnappschuß oder Bearbeitungszustand als Malquelle gewählt werden.

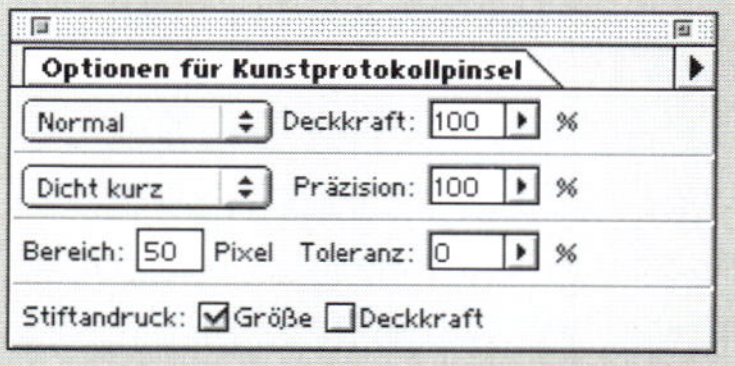

Im zweiten Einblendmenü in der Optionenpalette für den Kunstprotokollpinsel wird die **Verfremdungsart** gewählt. Sie bestimmt, ob die Malspuren eines Abdrucks eng beieinander oder weiter auseinander liegen **(dicht/locker),** ob sie im Schnitt lang oder kurz sind **(kurz/mittel/lang)** und ob sie eher geradlinig oder geschwungen **(kraus)** verlaufen. Die Option **Tupfen** bildet hier eine Ausnahme, da sie mehrere punktuelle Abdrücke um die Klickstelle gruppiert.

Y

Mit der Option **Präzision** läßt sich vorgeben, wie genau die Farben der Werkzeugspur den Farben der Malquelle entsprechen sollen. Bei einem hohen Präzisionswert stimmen die Farben der Werkzeugspur mit den Originalfarben überein. Bei geringer Präzision färbt Photoshop die Striche der Abdrücke bzw. die Tupfen zufallsgesteuert in unterschiedlichen Farben ein, die geringfügig bis stark von den Originalfarben abweichen – was ähnlich wirkt wie ein buntes Störungsmuster.

Die Option **Bereich** steuert die Größe des von einem Abdruck ausgefüllten Bildbereichs und damit auch indirekt die Menge der Striche bzw. Tupfen. Diese Einstellung ist unabhängig von der Größe der Werkzeugspitze, jedoch werden bei einer großen Spitze weniger Striche bzw. Tupfen erzeugt als bei einer kleinen.

Mit dem Wert für die **Toleranz** wird festgelegt, wie groß der Farbunterschied zwischen den aufgetragenen Farben und den Farben in der Malquelle sein darf, damit der Werkzeugeffekt wirksam wird. Je niedriger der Toleranzwert, desto weniger Bedeutung hat eine Farbübereinstimmung zwischen aufgetragenen Farben und Quellfarben für den Werkzeugeffekt.

Größe der Werkzeugspitze

Die Größe der gewählten Werkzeugspitze bestimmt die Breite der Striche eines Abdrucks bzw. den Durchmesser der Tupfen, nicht den tatsächlich ausgefüllten Bereich, der dementsprechend größer ausfällt.

Radiergummi

E

Löscht Ebeneninhalte zu Transparent (bei der Hintergrundebene malt das Werkzeug mit der Hintergrundfarbe).

- **Alt/⌥-Taste** aktiviert vorübergehend den Protokollpinsel (entspricht dem Modus Zurück zur letzten Version).

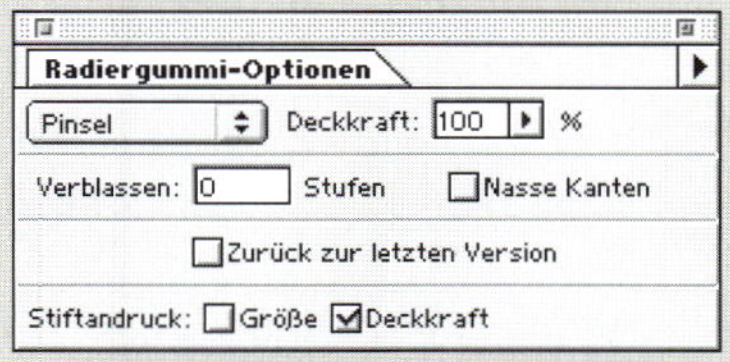

In der Palette Radiergummi-Optionen können unterschiedliche Malwerkzeuge als Radiergummiform ausgewählt werden: **Pinsel, Airbrush** und **Buntstift.** Dabei sind dieselben Optionen verfügbar wie bei dem gewählten Malwerkzeug. **Quadrat** ist eine Sonderform, die unabhängig von der gewählten Werkzeugspitze immer einen Bereich von 16 x 16 Bildschirmpixeln löscht (die Breite der Werkzeugspur im Bild hängt daher von der aktuellen Darstellungsgröße ab). **Zurück zur letzten Version** aktiviert den Protokollpinsel, bei dem der als Malquelle festgelegte Schnappschuß oder Zwischenschritt partiell wieder hergestellt wird.

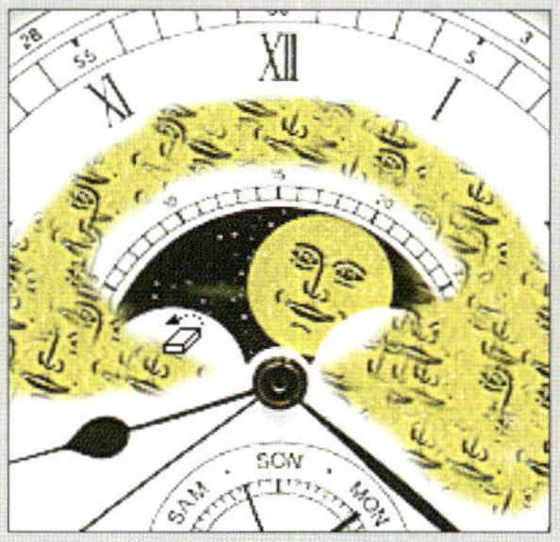

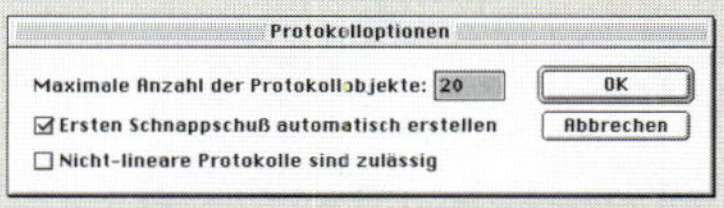

Letzte Version ≠ Letzte Version

Die Radiergummi-Option Zurück zur letzten Version rekonstruiert nicht wie in früheren Photoshop-Versionen die zuletzt auf der Festplatte gesicherte Dateiversion, sondern stellt wie der Protokollpinsel den aktuell in der Protokollpalette gewählten Schnappschuß oder Bearbeitungszustand wieder her. Damit der »Protokollradiergummi« funktioniert, muß also in der Protokollpalette ein Schnappschuß oder Zwischenschritt als Malquelle definiert sein. Um stets zum Ausgangszustand des Bildes zurückkehren zu können, empfiehlt es sich, im Dialog Protokoll-Optionen (Menü der Protokollpalette) die Option Ersten Schnappschuß automatisch erstellen zu aktivieren.

Hintergrund-Radiergummi E

Löscht Ebeneninhalte auf der Basis einer Hintergrundfarbe zu Transparent. Die Hintergrundebene wird beim Radieren automatisch in eine transparente Ebene umgewandelt.

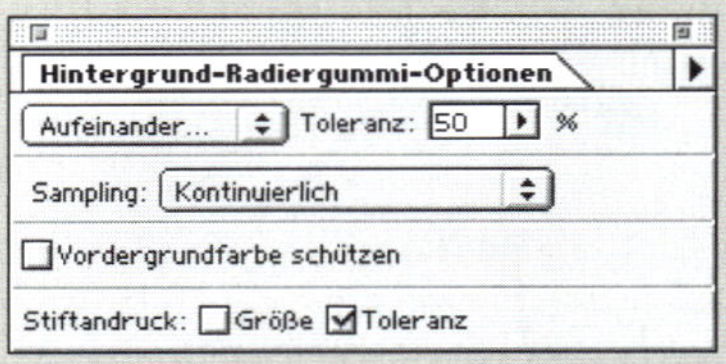

Die **Toleranz** des Hintergrund-Radiergummis, die in der Optionenpalette des Werkzeugs eingestellt wird, bestimmt, wie stark die Farben, die vom Werkzeug ausradiert werden, von der Farbe der angeklickten Bildstelle bzw. den Farben unter der Mittellinie der Werkzeugspur (Referenzfarbe) abweichen dürfen. Bei niedriger Toleranz müssen die Farben sehr genau mit der Referenzfarbe übereinstimmen, bei hoher Toleranz ist keine genaue Übereinstimmung erforderlich. Bei aktiver Option **Aufeinanderfolgend** (oberes Einblendmenü) wirkt sich das Werkzeug mit der eingestellten Toleranz nur auf Pixel aus, die an die Klickstelle angrenzen – alle übrigen Pixel werden nicht radiert, selbst wenn ihre Farbe der Referenzfarbe entspricht. Bei gewählter Option **Nicht aufeinanderfolgend** wirkt sich das Werkzeug auf alle Pixel innerhalb des Werkzeugradius aus, die in den Toleranzbereich fallen. Wenn die Option **Kanten suchen** gewählt ist, werden starke Farbkontraste innerhalb des Werkzeugradius berücksichtigt. Diese Kontraste wirken dann wie eine Barriere für das Werkzeug: Selbst wenn sie in den eingestellten Toleranzbereich fallen, werden Pixel jenseits der Kontrastgrenze nicht ausradiert, solange der Mittelpunkt des Werkzeugradius nicht über diese Grenze bewegt wird.

Mit den **Sampling**-Optionen läßt sich steuern, welche Farbe oder welche Farben als Referenzfarbe für den Hintergrund-Radiergummi zugrundegelegt werden. Mit der Option **Kontinuierlich** berücksichtigt das Werkzeug beim Ziehen jede Farbänderung unter dem Mittelpunkt des Werkzeugradius – die Referenzfarbe wird also ständig neu definiert. Mit der Option **Einmal** wird nur die Farbe der zuerst angeklickten Bildstelle als Referenzfarbe festgelegt und so lange beibehalten, bis die Maustaste wieder losgelassen wird und das Werkzeug neu ansetzt. Die Option **Hintergrund-Farbfeld** bestimmt die aktuelle Hintergrundfarbe, die in der Werkzeugpalette eingestellt ist, als Referenzfarbe.

Bei aktiver Option **Vordergrundfarbe schützen** werden Pixel, deren Farbe der in der Werkzeugpalette eingestellten Vordergrundfarbe exakt entspricht, grundsätzlich nicht radiert.

Magischer Radiergummi E

Löscht Farbbereiche per einfachem Mausklick zu Transparent. Die Hintergrundebene wird beim Löschen automatisch in eine transparente Ebene umgewandelt. Der Magische Radiergummi kombiniert sozusagen den Zauberstab und die Entfernen-Taste in einer Funktion.

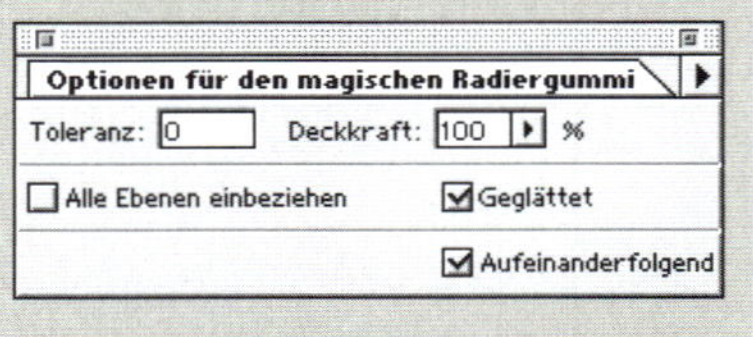

Die **Toleranz** in der Optionenpalette für den Magischen Radiergummi legt den Umfang des zu löschenden Farbbereichs fest. Bei geringer Toleranz werden nur Farben gelöscht, die der Farbe der angeklickten Bildstelle sehr genau entsprechen. Ein hoher Wert dehnt den Farbbereich auf weniger übereinstimmende Farben aus. Bei aktiver Option **Alle Ebenen einbeziehen** werden die Farben aus allen eingeblendeten Ebenen berücksichtigt. Die Option **Geglättet** bewirkt eine geringfügige Weichzeichnung an den Rändern des Farbbereichs. Bei aktiver Option **Aufeinanderfolgend** werden nur Pixel gelöscht, die an die Klickstelle angrenzen.

Weichzeichner / Scharfzeichner — R

Zeichnen Teile des Bildes weich oder scharf.

- **Alt/⌥-Taste** aktiviert kurzzeitig das jeweils andere Werkzeug.

Wischfinger — R

Verwischt einen Bildbereich.

- **Alt/⌥-Taste** aktiviert kurzzeitig den Fingerfarbenmodus.

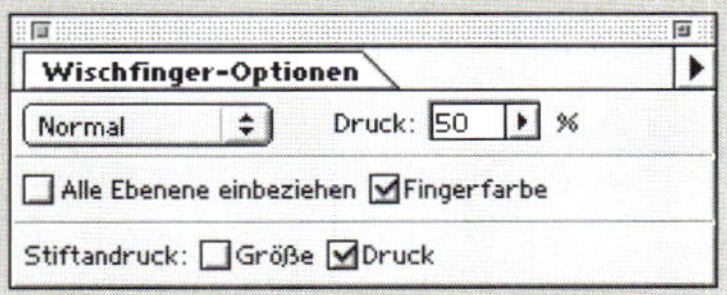

Beim Wischen berücksichtigt die Option **Alle Ebenen einbeziehen** – auch wenn nur in der aktuellen Ebene gemalt wird – die Farben in allen sichtbaren Ebenen. Mit **Fingerfarbe** trägt der Wischfinger zu Beginn etwas Vordergrundfarbe auf.

Abwedler / Nachbelichter — O

Hellen Teile des Bildes auf oder dunkeln sie ab.

- **Alt/⌥-Taste** aktiviert kurzzeitig das jeweils andere Werkzeug.

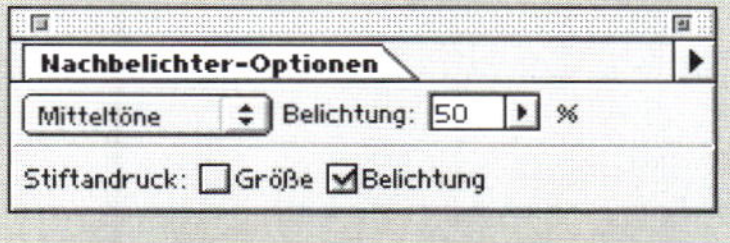

In der Optionenpalette von Abwedler und Nachbelichter wird die Wirkung der Aufhellung und Abdunkelung auf einen bestimmten Tonwertbereich eingeschränkt. Mit **Lichter** werden nur die hellen Bereiche des Bildes noch stärker aufgehellt bzw. abgedunkelt. Die Einstellung **Mitteltöne** betrifft nur mittlere Tonwerte, und bei aktiver Option **Tiefen** werden nur die dunklen Partien noch stärker abgedunkelt bzw. aufgehellt. Die Option **Belichtung** steuert die Stärke der Anwendung.

Schwamm — O

Erhöht oder verringert partiell die Farbsättigung.

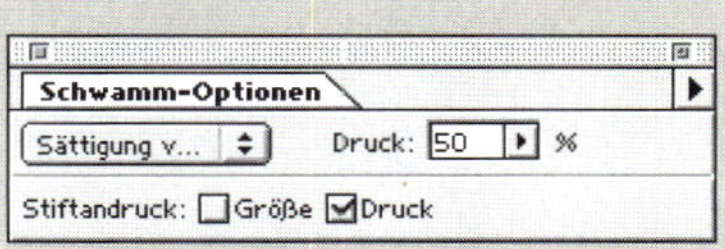

In welchem Modus der Schwamm arbeitet – entweder **Sättigung erhöhen** oder **Sättigung verringern** – wird im Einblendmenü in der Optionenpalette des Werkzeugs eingestellt. Die Option **Druck** steuert die Stärke der Anwendung.

Protokolle

Wie sich mit Hilfe der Protokollpalette mehrere Arbeitsschritte rückgängig machen lassen und zu einem früheren Bearbeitungszustand zurückgekehrt werden kann

Anzahl der protokollierten Schritte begrenzen

Je mehr Schritte protokolliert werden, desto mehr Dateiversionen muß Photoshop im Arbeitsspeicher vorrätig halten, was die Performance unter Umständen in die Knie zwingen kann. Die Anzahl der Schritte läßt sich im Dialog Protokoll-Optionen (Menü der Protokollpalette) auf jeden beliebigen Wert begrenzen. Sobald dieser Wert überschritten wird, werden die ältesten Schritte automatisch gelöscht. Schnappschüsse werden nicht automatisch entfernt, deshalb empfiehlt es sich, wichtige Zwischenschritte als Schnappschuß zu sichern, bevor sie aus dem Protokoll fallen.

Zwischenschritt wiederherstellen

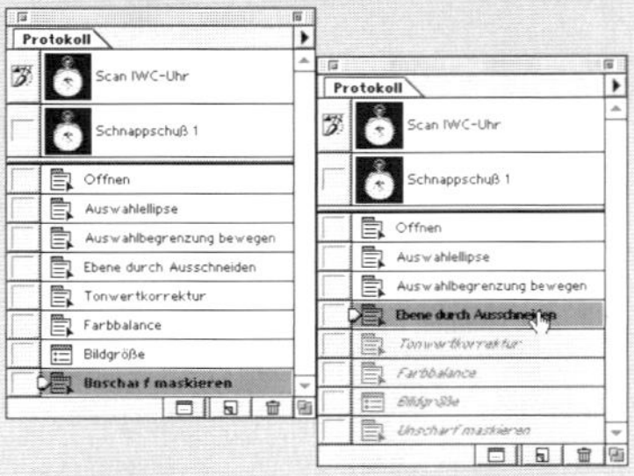

Um zu einem früheren Arbeitsschritt zurückzukehren, wird einfach dessen Eintrag in der Protokollpalette angeklickt (oder der Regler zwischen Symbolspalte und Etiketten auf das gewünschte Etikett gezogen).

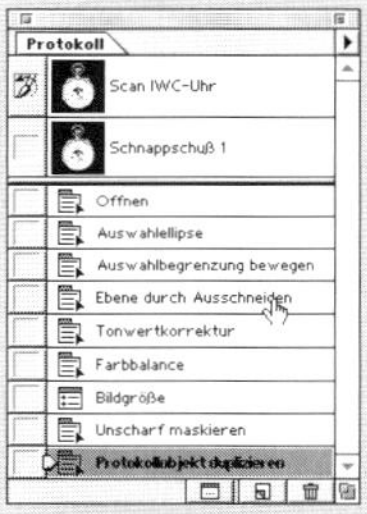

- **Alt/⌥-Taste** und **Klicken** erzeugt eine Kopie des Zwischenschritts und stellt ihn ans Ende der Liste. Bei linearen Protokollen kann damit die Linearität unterbrochen werden (nur Photoshop).

Schnappschuß wiederherstellen

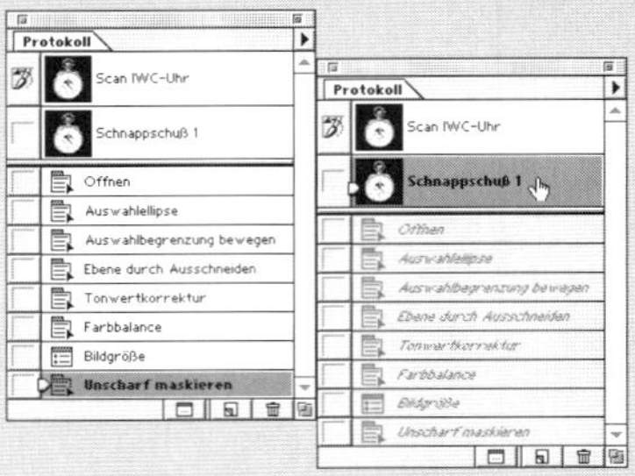

Um einen in der Protokollpalette gesicherten Schnappschuß zum aktuellen Bearbeitungszustand zu machen, wird er einfach durch einen Mausklick auf sein Etikett ausgewählt (oder Regler an die gewünschte Position ziehen).

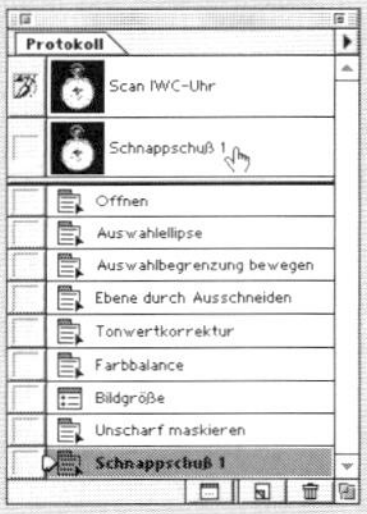

- **Alt/⌥-Taste** und **Klicken** wandelt den Schnappschuß in einen Zwischenschritt um und stellt diesen an das Ende der Liste. Bei linearen Protokollen kann damit die Linearität unterbrochen werden.

Widerrufen

Der jeweils letzte Arbeitsschritt läßt sich auch mit Bearbeiten, Widerrufen rückgängig machen. Der widerrufene Zwischenschritt wird dabei wieder aus dem Protokoll entfernt.

Zurück zur letzten Version

Der Befehl Zurück zur letzten Version aus dem Menü Datei stellt die Dateiversion wieder her, die zuletzt mit Datei, Speichern oder Datei, Speichern unter auf der Festplatte gesichert wurde. Die Rücknahme wird als neuer Zwischenschritt ins Protokoll aufgenommen.

Schnappschuß sichern

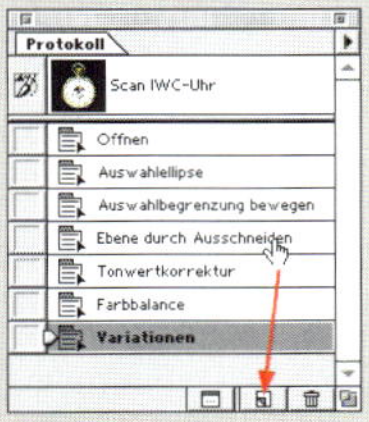

Jeder in der Protokollpalette aufgelistete Schritt läßt sich als Schnappschuß sichern. Um den aktuellen Bearbeitungszustand als Schnappschuß zu sichern, wird einfach auf das Symbol in der Palette geklickt. Ein früherer Schritt muß, wenn er als Schnappschuß gesichert werden soll, vorher in der Palette mit einem Mausklick auf sein Etikett ausgewählt werden. Nach dem Sichern des Schnappschusses kann wieder der zuunterst angezeigte Schritt aktiviert werden.

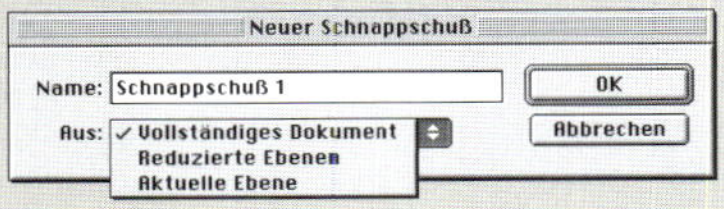

- **Alt/⌥-Taste** blendet den Dialog Neuer Schnappschuß ein, der auch mit dem gleichnamigen Befehl aus dem Palettenmenü geöffnet werden kann. Hier läßt sich wählen, ob der Schnappschuß die Ebenenanordnung der Datei beibehalten, eine auf eine Ebene reduzierte Version sichern oder nur die ausgewählte Ebene aufnehmen soll.

Zwischenstadium als Datei sichern

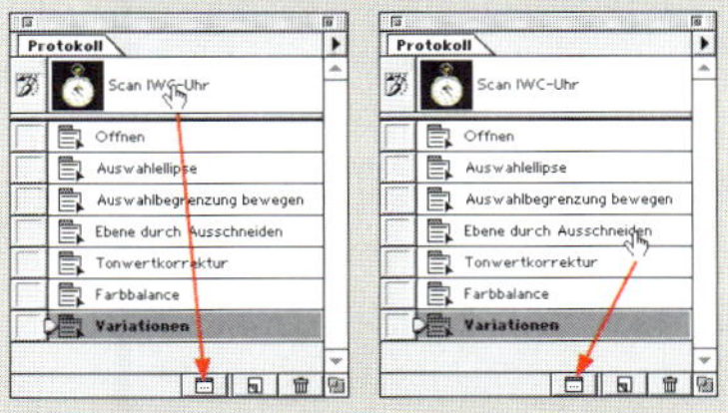

Schnappschüsse und Bearbeitungsschritte gehen nach dem Schließen einer Datei verloren. Um einen Schnappschuß oder einen Zwischenschritt dauerhaft zu sichern, wird dessen Etikett auf das Symbol in der Protokollpalette gezogen. Photoshop legt daraufhin eine neue Datei, basierend auf dem Schnappschuß oder Zwischenschritt, an. Diese Datei kann wie gewohnt gespeichert werden.

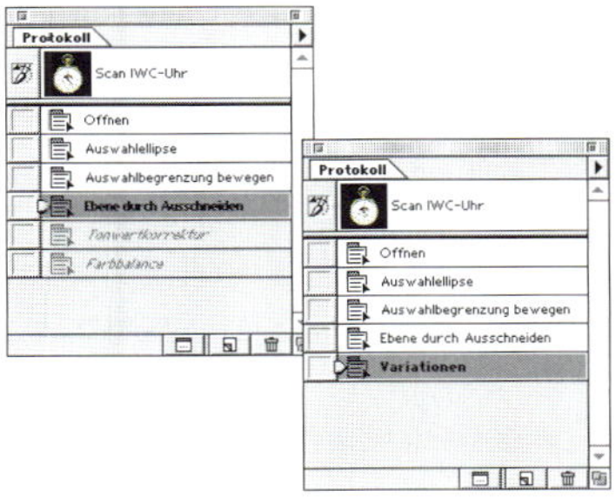

Was sind »lineare« Protokolle?

Standardmäßig protokolliert Photoshop alle Vorgänge in strenger chronologischer Reihenfolge. Wenn also zu einem früheren Schritt zurückgekehrt wird und anschließend weitere Veränderungen am Bild vorgenommen werden, werden alle nach dem früheren Schritt protokollierten Aktionen gelöscht, so als hätten sie nicht stattgefunden.

Protokoll oder einzelnen Schritt löschen

Der Befehl Protokoll löschen (Menü der Protokollpalette) entfernt bis auf den letzten Bearbeitungszustand alle Zwischenschritte aus dem Protokoll. Wird der Befehl bei gedrückter **Alt/⌥-Taste** gewählt, wird auch der Widerrufen-Speicher gelöscht, das Protokoll ist dann unwiderruflich verloren.

Vorsicht beim Löschen!

Um einen Schritt zu löschen, wird dessen Etikett auf das Papierkorbsymbol am unteren Rand der Protokollpalette gezogen. Bei linearen Protokollen (Option Nicht-lineare Protokolle zulässig im Dialog Protokoll-Optionen ist deaktiviert) werden dabei auch alle nachfolgenden Schritte gelöscht!

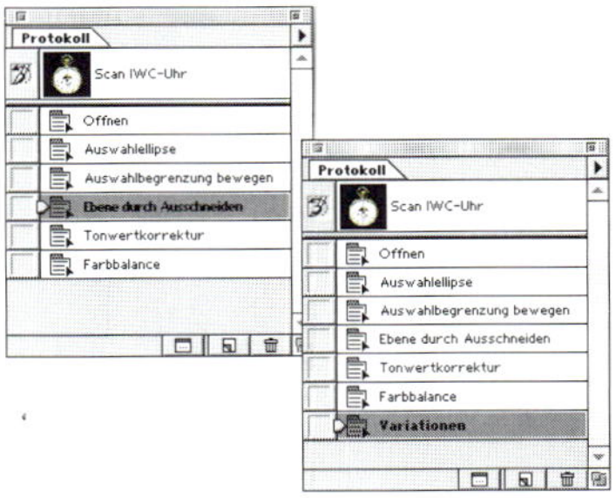

Was sind »nicht-lineare« Protokolle?

Mit der Option Nicht-lineare Protokolle zulässig aus dem Dialog Protokoll-Optionen (Menü der Protokollpalette) bleiben, wenn ein früherer Schritt aktiviert wird, alle protokollierten Einträge in der Liste erhalten; neue Schritte werden hinten angefügt. Der Reihenfolge der Schritte ist dann nicht zu entnehmen, wie die Schritte aufeinander aufbauen.

Ebenen

Wie sich mit den Ebenen Bildelemente übereinanderlegen und unabhängig voneinander bearbeiten lassen

*→ Der Umgang mit **Textebenen** ist im Abschnitt »Text« weiter unten genauer beschrieben.*

*→ **Ebeneneffekte** werden im Abschnitt »Ebeneneffekte und Stile« weiter unten genauer beschrieben.*

*→ Die für Einstellungsebenen auswählbaren **Korrekturdialoge** werden im Abschnitt »Einstellungen« weiter unten genauer beschrieben.*

Jedes Bild kann in Photoshop aus mehreren Ebenen bestehen, die mit unterschiedlichen Ebenenmodi und unterschiedlicher Deckkraft übereinandergelegt sind. Die Ebenen werden mit der Ebenenpalette verwaltet. Die Palette listet alle Ebenen von unten nach oben in der Reihenfolge auf, wie sie im Bild übereinandergelagert sind.

Die **Hintergrundebene** (nur Photoshop) besitzt keinerlei Transparenzeigenschaften und erlaubt somit keine Einstellungen für Deckkraft oder Deckmodus; sie liegt, wenn sie vorhanden ist, immer zuunterst in der Stapelfolge. Scans und Digitalfotos bestehen zunächst nur aus einer Hintergrundebene.

Zusätzliche Bildebenen sind **transparente Ebenen**, die durchscheinende Bereiche enthalten können, aber nicht müssen. Deckkraft und Deckmodus beeinflussen die Wirkung auf darunterliegende Ebenen. Jede transparente Ebene kann eine **Ebenenmaske** erhalten, mit der sich Ebenenbereiche partiell ausblenden lassen.

Eine **schwebende Auswahl** ist eine temporäre Ebene ohne eigenes Etikett in der Ebenenpalette, die beispielsweise beim Verschieben einer Auswahl mit dem Bewegen-Werkzeug entsteht. Es handelt sich dabei sozusagen um eine Ebene innerhalb einer Ebene. Nach dem Aufheben der Auswahl wird die schwebende Auswahl automatisch in die Bildebene eingerechnet.

Textebenen speichern Text und Schriftattribute und zeigen sie als Bild an. Die Textformatierung kann jederzeit korrigiert werden, ohne daß sich dadurch die Schriftqualität verschlechtert. Textebenen können in normale Bildebenen umgewandelt werden.

Eine **Einstellungsebene** speichert keine Bildinhalte, sondern Korrektureinstellungen wie beispielsweise eine Farb- oder Tonwertkorrektur. Die in einer Einstellungsebene gespeicherten Korrekturwerte wirken sich auf alle darunterliegenden Ebenen aus, verändern aber nicht deren Farbwerte. Die Einstellungen lassen sich jederzeit ändern oder rückgängig machen, ohne daß dadurch die Bildqualität beeinflußt wird.

Mit **Ebeneneffekten** können Ebeneninhalte spezielle Licht- und Schatteneffekte erhalten, Farbfüllungen und in ImageReady sogar Farbverläufe oder Muster. Licht- und Schatteneffekte werden an den Konturen von deckenden zu transparenten Bereichen sichtbar, Füllungen, Verläufe und Muster ersetzen die deckenden Pixel. Ebeneneffekte können verlustfrei korrigiert oder wieder gelöscht werden, da sie die Farben der Ebenenpixel nicht tatsächlich verändern.

Hintergrundebene in transparente Ebene umwandeln

Ein Doppelklick auf das Etikett der Hintergrundebene wandelt sie in eine transparente Ebene um.

Beim Öffnen einer Photoshop-Datei in ImageReady wird die Hintergrundebene automatisch in eine transparente Ebene (»Ebene 0«) umgewandelt.

Schwebende Auswahl in Ebene umwandeln

Schwebende Auswahlen erscheinen nicht mit einem eigenen Etikett in der Ebenenpalette, können aber mit Ebene, Neu, **Ebene durch Ausschneiden** in eine vollwertige Ebene umgewandelt werden.

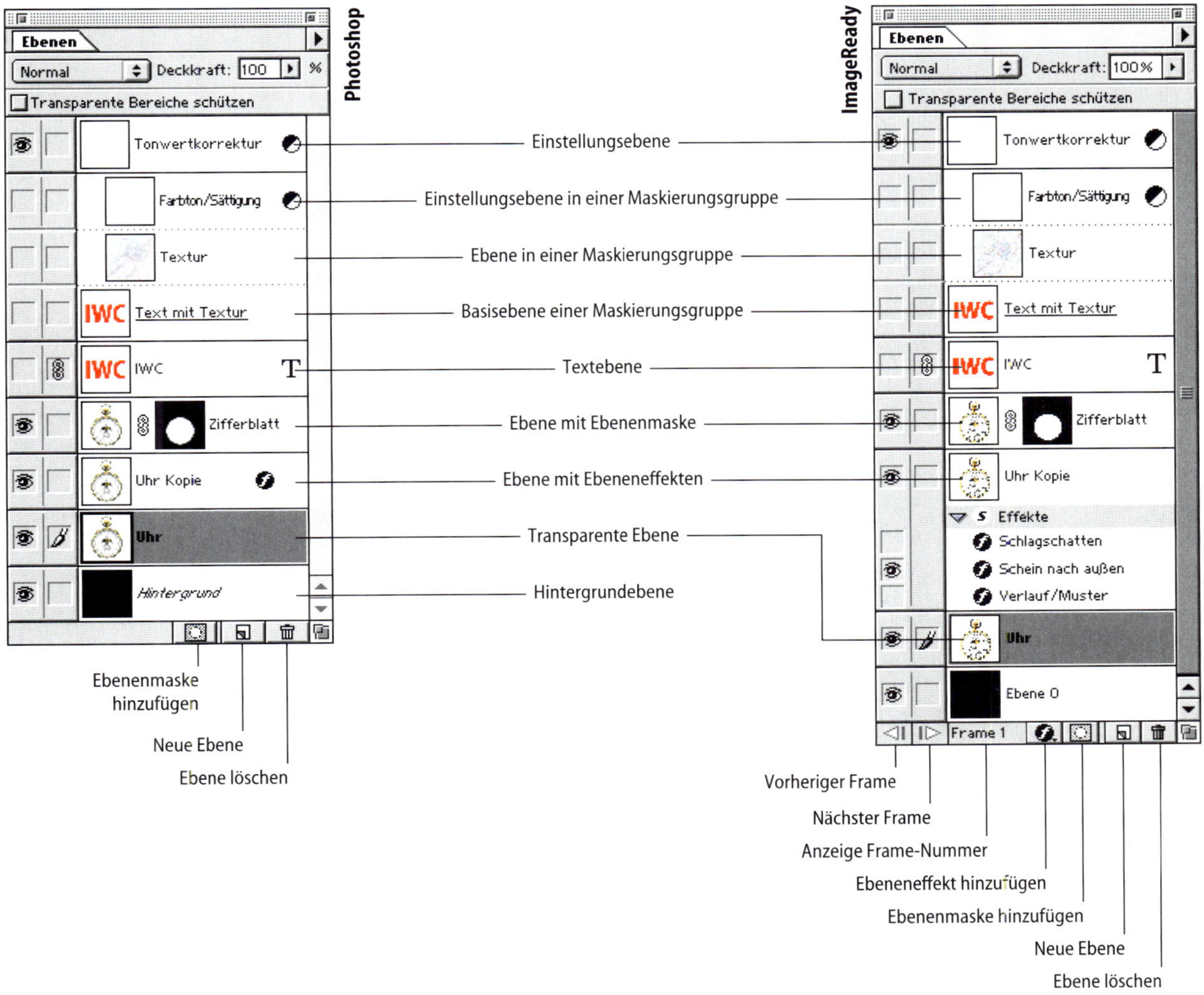

Ebenen-Optionen

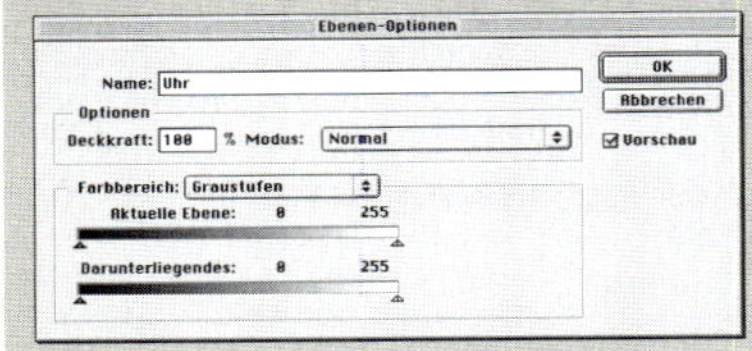

Ein Doppelklick auf ein Ebenenetikett oder der Befehl Ebenen-Optionen aus dem Menü der Ebenenpalette öffnet einen Dialog, in dem der Name der Ebene geändert, die Deckkraft eingestellt und der Deckmodus ausgewählt werden können.

Eine Farbbereichseinschränkung maskiert in der aktuellen Ebene oder in den unteren Ebenen die Pixel, die in einen bestimmten Tonwertbereich fallen.

In ImageReady können in diesem Dialog auch die Image-Map-Einstellungen vorgenommen werden. Ein Teil der Optionen wird auch in der Palette Ebenen-Optionen angeboten.

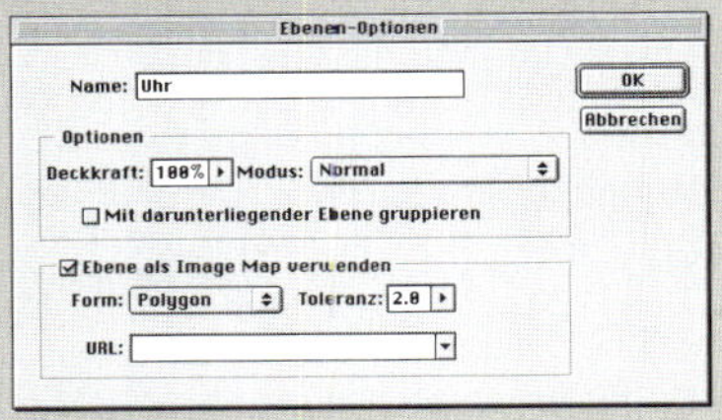

▸ Operationen für Ebenen

Ebene auswählen

Viele Operationen wirken sich nur auf die aktuelle Ebene aus. Um eine Ebene auszuwählen, wird ihr Etikett in der Ebenenpalette angeklickt; das Etikett wird daraufhin farblich hervorgehoben, und in der zweiten Symbolspalte erscheint das Pinselsymbol (🖌). Es kann immer nur eine Ebene aktiv sein.

Ebenenreihenfolge ändern

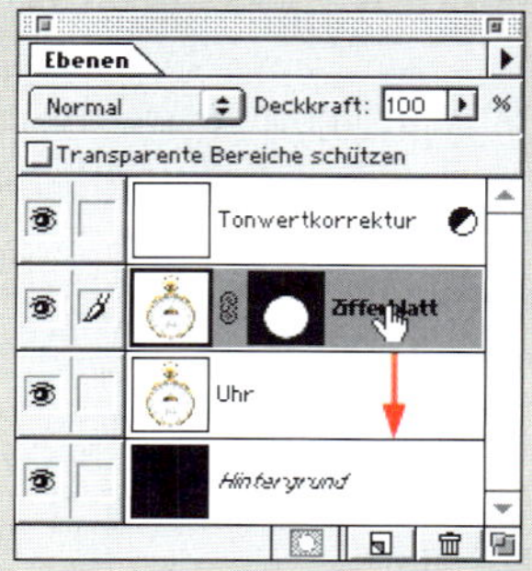

Das Etikett einer Ebene anklicken und an die gewünschte Position verschieben. Oder einen der Befehle aus dem Menü Ebene, Anordnen wählen.

Neue Ebene anlegen

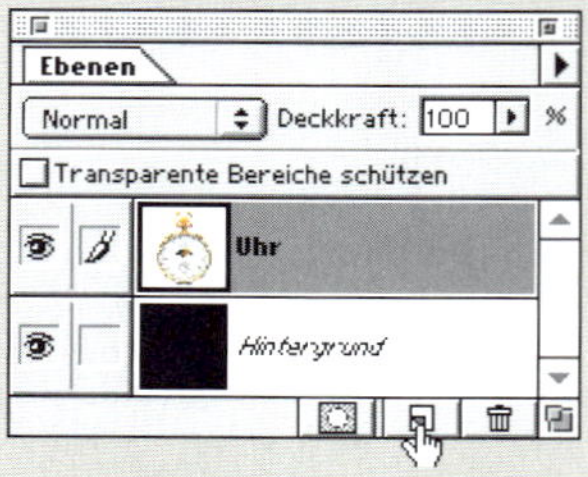

Die Symboltaste Neue Ebene am unteren Rand der Ebenenpalette legt eine neue, leere Ebene an. Sie erscheint direkt oberhalb der aktiven Ebene und ist automatisch aktiviert. Photoshop numeriert neue Ebenen fortlaufend durch. Mit einem Doppelklick auf das Ebenenetikett läßt sich die Ebene umbenennen.

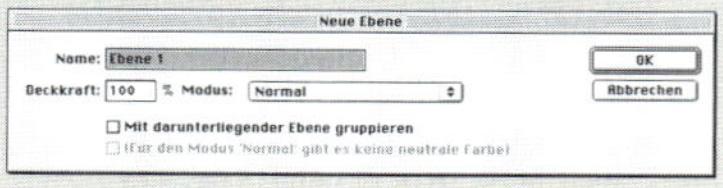

- **Alt/⌥-Taste** blendet den Dialog Neue Ebene ein, der auch mit dem gleichnamigen Befehl aus dem Menü der Ebenenpalette geöffnet werden kann. Im Dialog des Menübefehls können Name, Deckkraft und Deckmodus für die neue Ebene eingestellt und die für den gewählten Modus neutrale – also transparent wirkende – Farbe als Füllfarbe gewählt werden.

Ebene duplizieren

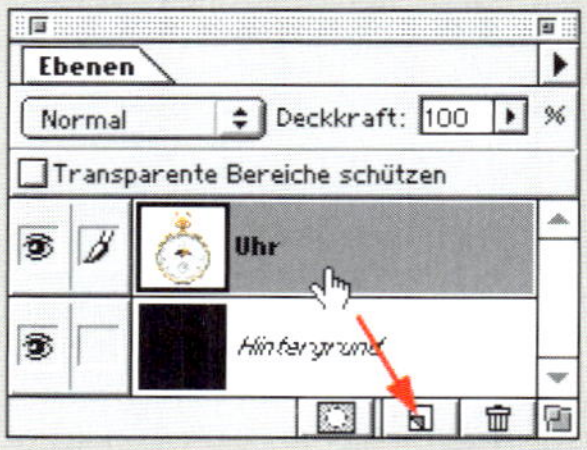

Wird das Etikett einer Ebene auf das Symbol gezogen, legt Photoshop eine Kopie der Ebene an. Die Kopie erscheint direkt über der Originalebene. (Es kann auch einfach auf das Symbol geklickt werden, wenn die richtige Ebene ausgewählt ist.)

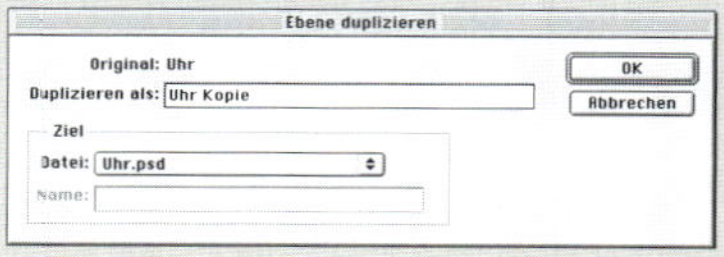

- **Alt/⌥-Taste** blendet den Dialog Ebene duplizieren ein, der auch mit dem gleichnamigen Befehl aus dem Menü der Ebenenpalette geöffnet werden kann. Im Dialog kann ein Name angegeben und die Datei ausgewählt werden, in die die Kopie eingefügt wird. Dabei läßt sich auch eine neue Datei anlegen.

Schnellauswahl: Sichtbare Ebenen auswählen

Tasten	Aktion
Umschalt + Alt/⌥ + .	vorderste Ebene wählen
Alt/⌥ + .	darüberliegende Ebene wählen
Alt/⌥ + ,	darunterliegende Ebene wählen
Umschalt + Alt/⌥ + ,	unterste Ebene wählen

Schnellauswahl: Ebenenreihenfolge ändern

Tasten	Aktion
Umschalt + Strg/⌘ + Ö	Ebene nach vorn stellen
Strg/⌘ + .	um eine Position nach vorn
Strg/⌘ + ,	um eine Position nach hinten
Umschalt + Strg/⌘ + Ä	Ebene nach hinten stellen

Enthaltene Ebenen bestimmen

Um für eine Bildstelle zu bestimmen, welche der sichtbaren Ebenen an dieser Stelle Pixel enthalten, wird das **Bewegen-Werkzeug** aktiviert und dann mit der rechten Maustaste auf diese Bildstelle geklickt (unter dem Mac OS bei gedrückter Ctrl-Taste klicken). Ein Einblendmenü listet alle Ebenen auf. Um eine dieser Ebenen zu aktivieren, wird ihr Name im Menü ausgewählt.

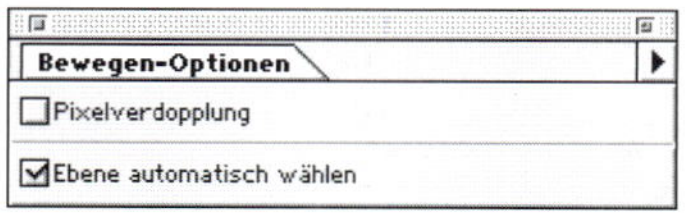

Ebenen-Detektor aktivieren

Wenn in der Palette Bewegen-Optionen für das Bewegen-Werkzeug die Option Ebene automatisch wählen aktiviert ist, wählt das Bewegen-Werkzeug automatisch die oberste Ebene aus, die an der angeklickten Stelle Pixel mit einer Deckkraft von mehr als 50 % enthält.

Ausblenden statt löschen

Sicherer ist es, eine nicht mehr benötigte Ebene zunächst nur auszublenden und erst dann zu löschen, wenn das Bild vollständig fertig bearbeitet ist.

Ebene aus- und einblenden

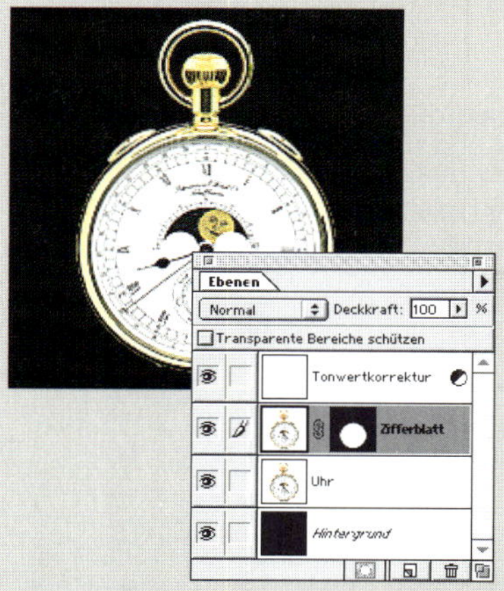

In der linken Symbolspalte der Ebenenpalette lassen sich Ebenen mit einem Mausklick auf das Augensymbol aus- bzw. einblenden. Der Inhalt einer ausgeblendeten Ebene ist vorübergehend im Bild nicht mehr sichtbar und wirkt sich auch nicht mehr auf andere Ebenen aus, kann aber jederzeit wieder aktiviert werden.

- **Alt/⌥-Taste** und **Klicken** auf blendet gleichzeitig alle anderen Ebenen aus, ein erneuter Mausklick bei gedrückter Alt/⌥-Taste auf blendet alle Ebenen wieder ein.

Ebene löschen

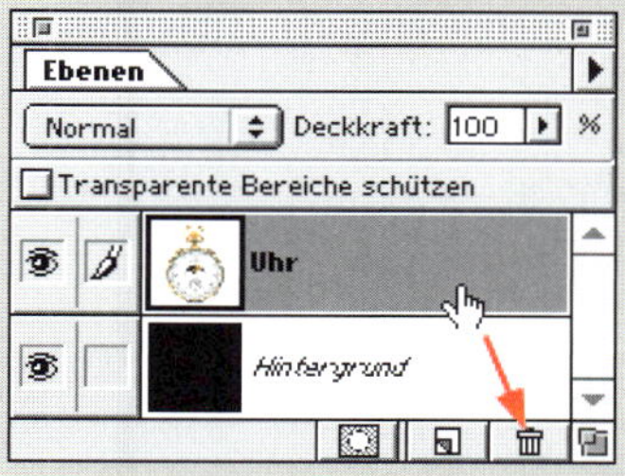

Eine Ebene wird gelöscht, indem ihr Etikett auf das Symbol am unteren Rand der Ebenenpalette gezogen oder der Befehl **Ebene löschen** aus dem Menü der Ebenenpalette gewählt wird. In beiden Fällen wird die Ebene ohne Sicherheitsabfrage entfernt. Alternativ kann auch nur auf das Symbol geklickt werden. Bei der Klickmethode erscheint eine Sicherheitsabfrage, ob die aktuell ausgewählte Ebene tatsächlich gelöscht werden soll.

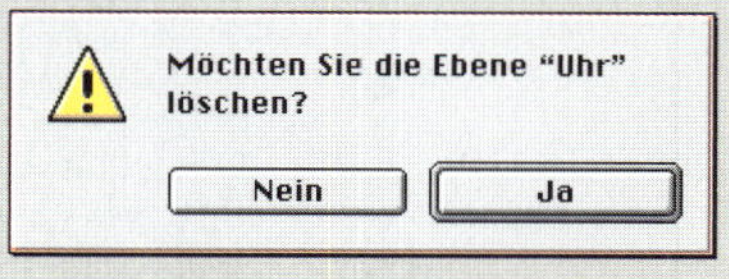

- **Alt/⌥-Taste** blendet bei der Drag-and-drop-Methode (und beim Menübefehl) eine Sicherheitsabfrage ein, die dem Anwender Gelegenheit gibt, den Löschvorgang abzubrechen. **Achtung:** Wird bei der Klickmethode die Alt/⌥-Taste benutzt, entfällt die Sicherheitsabfrage!

▸ Reduzieren von Ebenen

Auf darunterliegende Ebene reduzieren

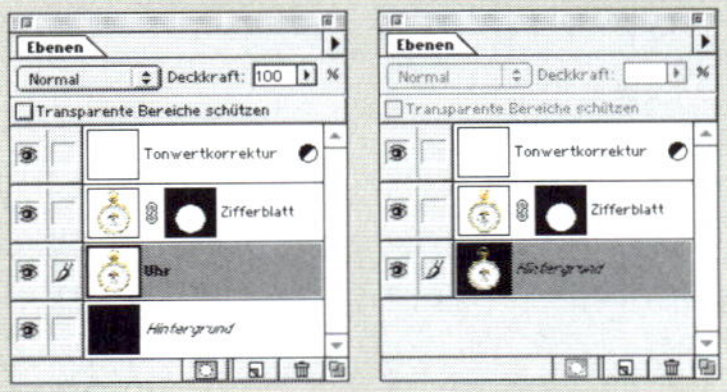

Zwei übereinanderliegende Ebenen können mit dem Befehl **Mit darunterliegender auf eine Ebene reduzieren** unter Berücksichtigung aller Einstellungen für Deckkraft, Deckmodus, Ebenenmaske etc. ineinandergerechnet werden. Dazu wird die obere der beiden Ebenen aktiviert und mit dem Menübefehl in die untere eingerechnet.

- **Alt/⌥-Taste** rechnet die aktuelle Ebene in die darunterliegende ein, ohne sie zu löschen.

→ *Informationen zum Reduzieren von* ***Maskierungsgruppen*** *enthält der Abschnitt »Maskierungsgruppen« weiter unten.*

Auf eine Ebene reduzieren

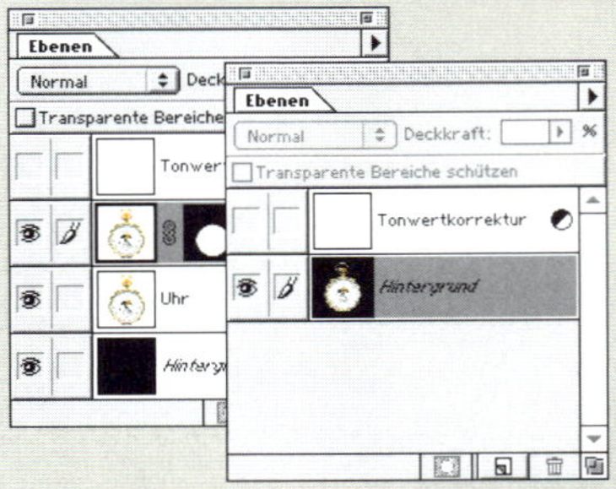

Die Funktionen **Sichtbare auf eine Ebene reduzieren** und **Verbundene auf eine Ebene reduzieren** aus dem Menü Ebene oder dem Menü der Ebenenpalette fassen alle eingeblendeten bzw. verbundenen Ebenen zu einer Ebene zusammen. (Eingeblendet sind alle Ebenen, bei denen das Symbol 👁 angezeigt wird. Alle Ebenen, die mit der aktuellen Ebene verbunden sind, sind durch das Symbol 🔗 gekennzeichnet.) Alle ausgeblendeten oder nicht verbundenen Ebenen bleiben bei der Reduktion erhalten.

- **Alt/⌥-Taste** bei Aufruf des Befehls faßt alle sichtbaren bzw. verbundenen Ebenen in der aktuellen Ebene zusammen, ohne sie zu löschen.

In ImageReady heißt der Befehl zum Reduzieren verbundener Ebenen **Verknüpfte reduzieren.**

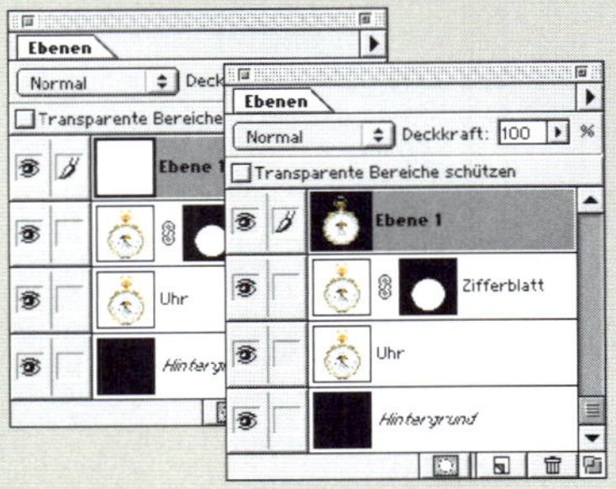

Neue Ebene für verlustfreie Reduktion

Oft ist es hilfreich, wenn die zusammengefaßten Ebenen nicht gelöscht werden, sondern weiterhin als separate Ebenen bestehen bleiben. Das Drücken der Alt/⌥-Taste beim Aufruf des Menübefehls **Sichtbare auf eine Ebene reduzieren** oder **Verbundene auf eine Ebene reduzieren** verhindert das Löschen der zusammengefaßten Ebenen. Da die Ebenen jedoch in der aktuellen Ebene kombiniert werden, ist sie die einzige, die nicht in ihrem ursprünglichen Zustand erhalten bleibt. Um auch diese Ebene unverändert zu erhalten, wird vor der Reduktion aller sichtbaren oder verbundenen Ebenen eine neue, leere Ebene angelegt, die dann das Ergebnis der Ebenenreduktion in sich aufnimmt.

Auf Hintergrundebene reduzieren

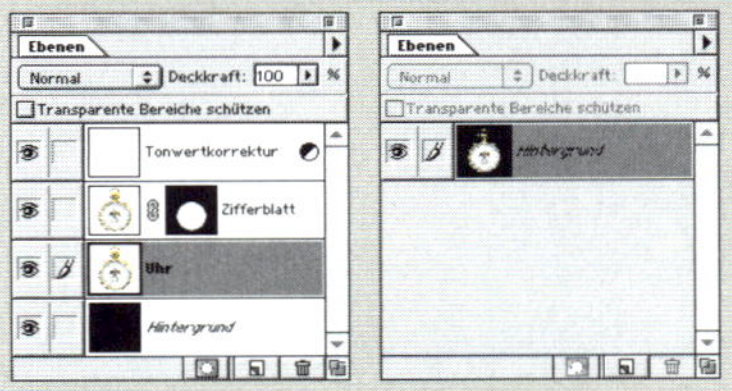

Die Funktion **Auf Hintergrundebene reduzieren** faßt alle sichtbaren Ebenen zur Hintergrundebene zusammen. Dabei werden – nach einer Sicherheitsabfrage – alle nicht sichtbaren (ausgeblendeten) Ebenen gelöscht.

▸ Transparenz

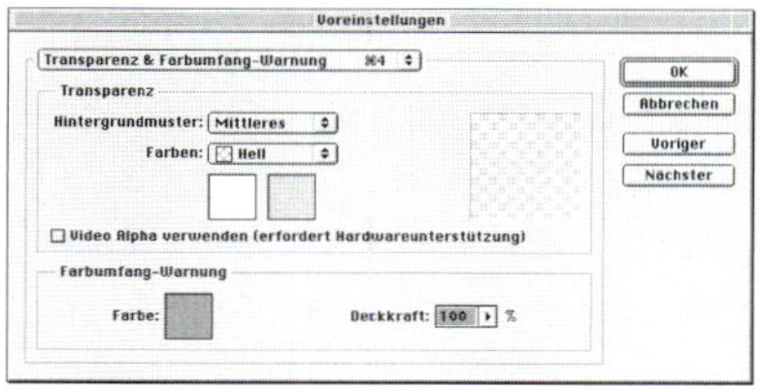

Hintergrundmuster für transparente Bereiche

Im Dialog Datei, Voreinstellungen, Transparenz & Farbumfangwarnung läßt sich der Hintergrund für transparente Bildbereiche – ein Schachbrettmuster aus Kästchen mit auswählbarer Größe und Farbe – einstellen. Welche Größe und Farbe der Kästchen sinnvoll ist, hängt von den Ebeneninhalten und deren Farben ab.

Ebenentransparenz und Deckkraft

Die Transparenzmaske einer Ebene speichert die individuelle Deckkraft jedes einzelnen Pixels der Ebene. Eine globale Deckkrafteinstellung mit dem Deckkraftregler der Ebenenpalette wirkt sich nicht auf die Transparenzmaske aus.

Transparente Bereiche schützen

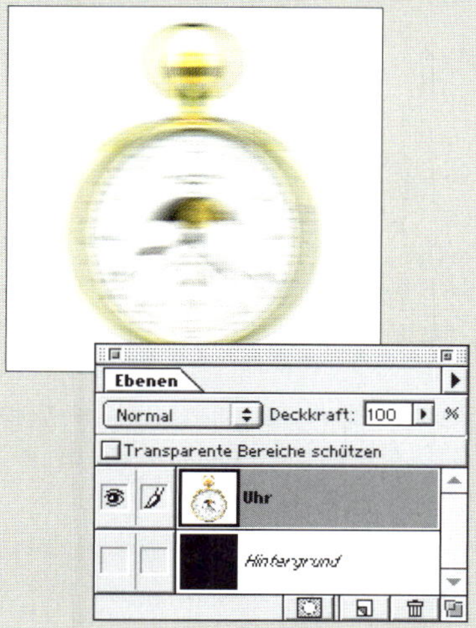

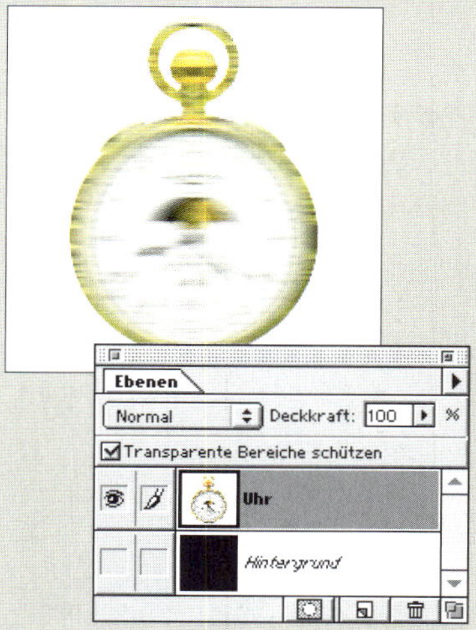

Die Ebenenoption **Transparente Bereiche schützen** verhindert, daß bei Bearbeitungen in einer Ebene deren Transparenzmaske verändert wird, das heißt, daß innerhalb von transparenten Bereichen neue Bildpixel entstehen. Die Option wird besonders dann angewendet, wenn eine Ebene Objekte enthält (beispielsweise Text), deren Konturen nicht verändert werden dürfen. Alle Operationen wirken sich dann nur auf die bereits vorhandenen Bildpixel aus. (Im obigen Beispiel wurde einmal bei ausgeschalteter und einmal bei eingeschalteter Option der Filter Bewegungsunschärfe angewendet.)

Transparenzmaske als Auswahl laden

Die Transparenzmaske einer Ebene läßt sich mit einem Mausklick bei gedrückter Strg/⌘-Taste auf ihr Etikett in der Ebenenpalette als Auswahl laden (oder mit dem Befehl Auswahl, Auswahl laden). Die Auswahl berücksichtigt dabei die individuelle Deckkraft der Ebenenpixel, das heißt ein nur zu 50 % deckendes Pixel wird auch nur halb ausgewählt.

Beim Laden der Transparenzmaske läßt diese sich mit den üblichen Tastenkürzeln auch zu einer bestehenden Auswahl hinzufügen, von ihr abziehen oder mit ihr mischen (siehe »Auswählen« weiter oben).

Ebenenmasken

Auswahl als Ebenenmaske sichern

Ebene aktivieren, den für die Maske gewünschten Bereich auswählen und auf das Symbol der Ebenenpalette klikken. Alternativ kann auch der Menübefehl Ebene, Ebenenmaske hinzufügen, Außerhalb der Auswahl maskieren verwendet werden.

- **Alt/⌥-Taste** maskiert den ausgewählten Bereich, kehrt also die Wirkung der Maske um (wie der Menübefehl Ebene, Ebenenmaske hinzufügen, Auswahl maskieren).

Ebenenmaske duplizieren

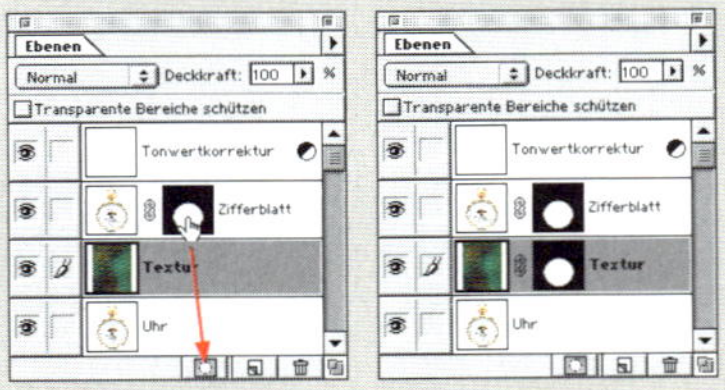

Ebenenmasken lassen sich auf folgende Weise in andere Ebenen kopieren: Zuerst wird die Zielebene ausgewählt, die noch keine Maske besitzt und die das Duplikat einer vorhandenen Ebenenmaske zugewiesen bekommen soll. Anschließend wird das Thumbnail der Ebenenmaske einer anderen (nicht aktiven) Ebene auf das Symbol gezogen. Auf die gleiche Weise lassen sich auch Masken von Einstellungsebenen und Transparenzmasken in Ebenenmasken kopieren (hier das Thumbnail der Ebene ziehen).

- **Alt/⌥-Taste** vertauscht beim Duplizieren maskierte und ausgewählte Bereiche.

Verknüpfung aufheben

Ebene und Ebenenmaske sind standardmäßig miteinander verknüpft (Symbol zwischen den Thumbnails). Beim Verschieben einer Ebene mit dem Bewegen-Werkzeug wird auch die Ebenenmaske mitbewegt. Auch wirken sich einige Filter, die in der Ebene angewendet werden, auf die Ebenenmaske aus. Durch Anklicken des Kettensymbols wird die Verknüpfung aufgehoben. Die Ebenenmaske wird dann nicht von Veränderungen am Ebeneninhalt beeinflußt.

Ebenenmaske anwenden oder löschen

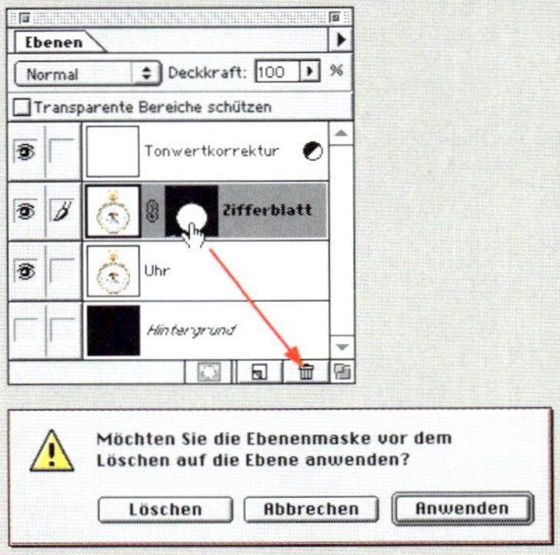

Ebenenmaske auf die Symboltaste Löschen am unteren Ende der Ebenenpalette ziehen oder den Befehl **Ebene, Ebenenmaske entfernen** wählen. Im Dialog kann dann zwischen Anwenden und Löschen gewählt werden. Anwenden bedeutet, daß die Ebenenmaske in die Ebene eingerechnet wird. Mit Löschen wird die Ebenenmaske gelöscht, ohne daß ihre Wirkung bestehen bleibt.

Ebenenmaske auswählen

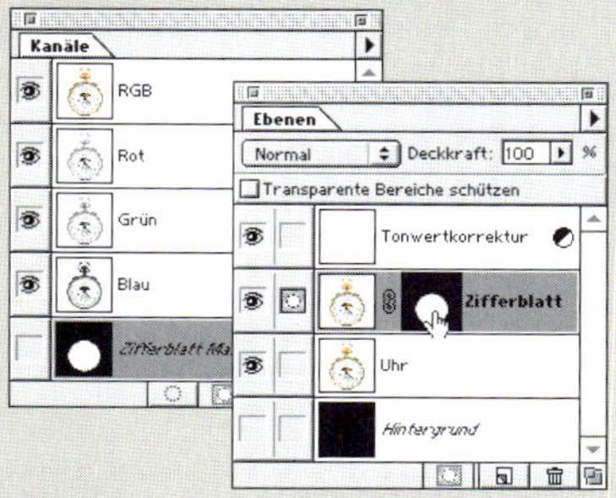

Zum Aktivieren der Ebenenmaske auf das Thumbnail der Ebenenmaske klicken. Bei aktivierter Ebenenmaske erscheint in der zweiten Symbolspalte anstelle des Pinselsymbols das Maskensymbol.

Ebene aktivieren

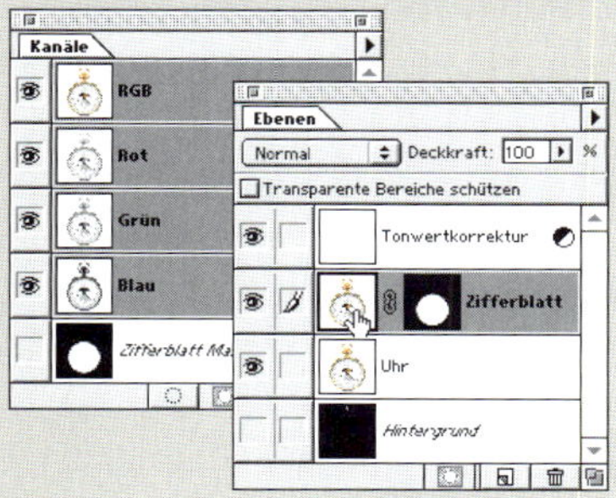

Um, nachdem die Ebenenmaske aktiviert wurde, wieder zur Ebene zurückzukehren, wird auf das Thumbnail der Ebene (oder den Ebenennamen) geklickt. Es erscheint wieder das Pinselsymbol ( ).

Maskenfarbe einblenden

Die Bindestrichtaste (-) blendet die Ebenenmaske ein oder aus, ohne sie zu aktivieren.

Kanal der Ebenenmaske anzeigen

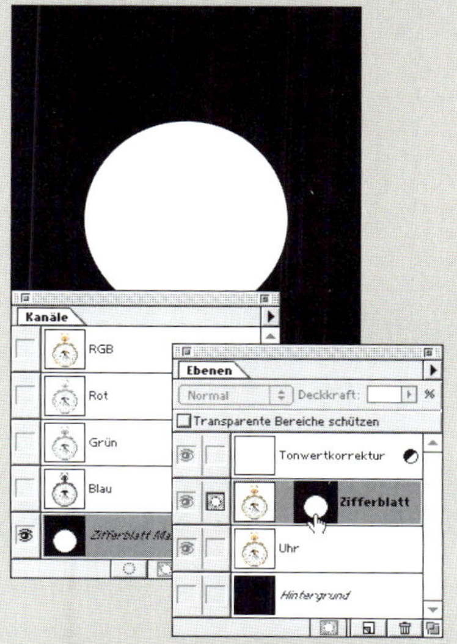

Mit gedrückter **Alt/⌥-Taste** auf das Thumbnail der Ebenenmaske klicken. Die Ebenenmaske ist dann auch automatisch aktiviert. Ein zweiter Mausklick mit gedrückter Alt/⌥-Taste blendet die Ebenenmaske wieder aus und aktiviert gleichzeitig die Ebene.

Ebenenmaske aktivieren und einblenden

Mit gedrückter **Umschalt-** und **Alt/⌥-Taste** auf das Thumbnail der Ebenenmaske klicken, um sie zu aktivieren und die Farbkanäle dabei zusätzlich eingeblendet zu lassen. Erneutes Klicken mit dieser Tastenkombination schaltet die farbige Maskenanzeige wieder aus.

Ebenenmaske aus- und einschalten

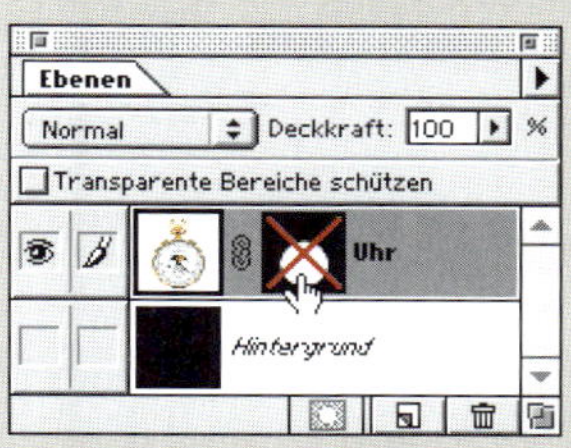

Zum Ausschalten der Ebenenmaske (die Ebene wird dann unmaskiert angezeigt) mit gedrückter **Umschalttaste** auf das Thumbnail der Ebenenmaske klicken oder den Befehl **Ebene, Ebenenmaske deaktivieren** wählen. In der Ebenenpalette erscheint das Thumbnail einer deaktivierten Ebenenmaske mit einem roten X durchkreuzt. Die gleiche Tasten-Maus-Aktion bzw. der Befehl **Ebene, Ebenenmaske aktivieren** aus dem Ebenenmenü schaltet die Ebenenmaske wieder ein.

▸ Maskierungsgruppen

Was ist eine Maskierungsgruppe?

Maskierungsgruppen ermöglichen es, den Inhalt einer Ebene als Maske für andere Ebenen zu verwenden. Die unterste Ebene einer Maskierungsgruppe bildet die Basisebene, deren Transparenzmaske als Maske für die Gruppe dient. Die Inhalte aller darüber angeordneten Ebenen der Maskierungsgruppe werden nur dort sichtbar, wo auch die Basisebene Bildpixel enthält (das heißt: nicht transparent ist). Die Basisebene bestimmt auch die Ebenenoptionen (Deckmodus, Deckkraft usw.) für die gesamte Maskierungsgruppe. Ebenen innerhalb einer Maskierungsgruppe erscheinen in der Palette nur durch eine gepunktete Linie abgetrennt, die Thumbnails der über der Basisebene angeordneten Gruppenebenen sind nach rechts eingerückt.

Maskierungsgruppe erstellen

Um zwei Ebenen miteinander zu gruppieren, wird mit gedrückter Alt/⌥-Taste auf die Trennlinie zwischen beiden Ebenen geklickt ( ). Weitere Ebenen lassen sich nach demselben Schema zur Maskierungsgruppe hinzufügen, wenn sie oberhalb oder unterhalb der Maskierungsgruppe angeordnet werden. Eine unten eingefügte Ebene wird zur neuen Basisebene; die alte Basisebene wird dabei in eine normale Gruppenebene umgewandelt. Oft geht es schneller, wenn die neue Ebene einfach zwischen zwei Gruppenebenen gestellt wird.

Maskierungsgruppe aufheben / Ebene herauslösen

Alt/⌥-Taste und Klicken auf die gepunktete Trennlinie unterhalb des Ebenenetiketts ( ) löst die aktuelle Ebene aus der Gruppe. Alle Ebenen oberhalb der angeklickten Ebene werden dabei ebenfalls wieder frei. Um alle Ebenen herauszulösen, wird mit gedrückter Alt/⌥-Taste auf die unterste gepunktete Trennlinie der Gruppe geklickt oder die Basisebene aktiviert und der Befehl **Ebene, Gruppierung aufheben** gewählt.

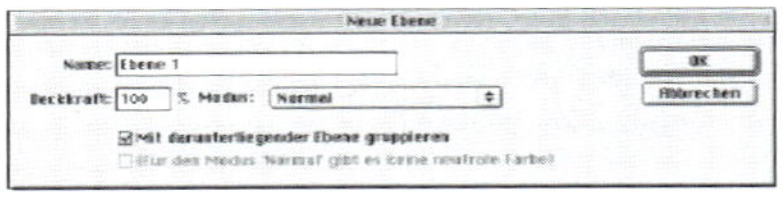

Neue Ebene direkt gruppieren

Um eine neue Ebene direkt in eine bestehende Maskierungsgruppe aufzunehmen oder eine neue Maskierungsgruppe zu bilden, wird der Befehl Neue Ebene aus dem Palettenmenü gewählt und im Dialog die Option **Mit darunterliegender Ebene gruppieren** aktiviert. Dies erspart das anschließende Gruppieren.

Verbundene Ebenen gruppieren

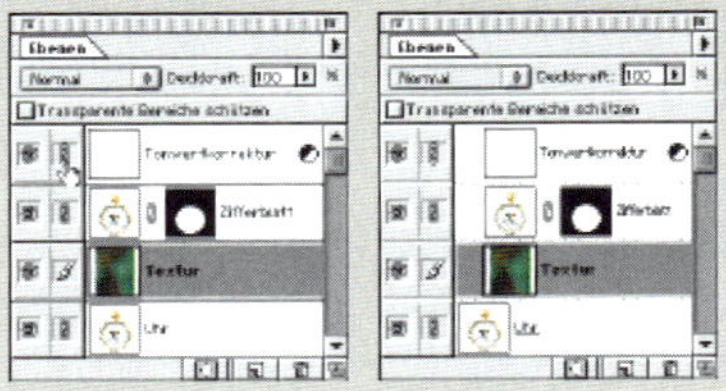

Zuerst alle Ebenen für die Maskierungsgruppe direkt übereinander anordnen und verbinden (in der zweiten Symbolspalte das Symbol aktivieren), dann den Befehl **Verbundene Ebenen gruppieren** aus dem Menü Ebenen wählen.

Maskierungsgruppe auf eine Ebene reduzieren

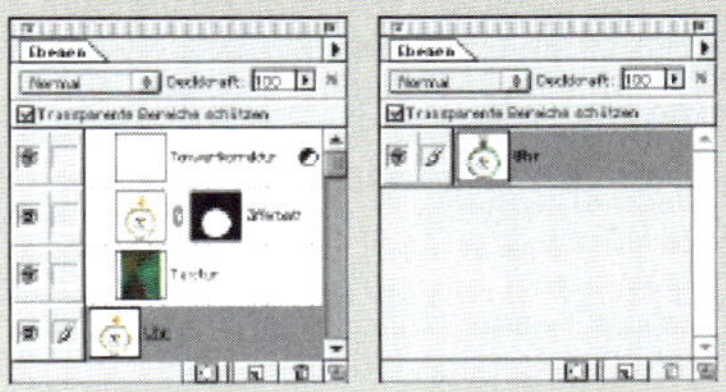

Basisebene aktivieren und **Gruppe auf eine Ebene reduzieren** aus dem Palettenmenü oder dem Menü Ebene wählen.

- **Alt/⌥-Taste** faßt die Gruppenebenen in der Basisebene zusammen, ohne sie zu löschen.

▶ Einstellungsebenen

Einstellungsebene anlegen

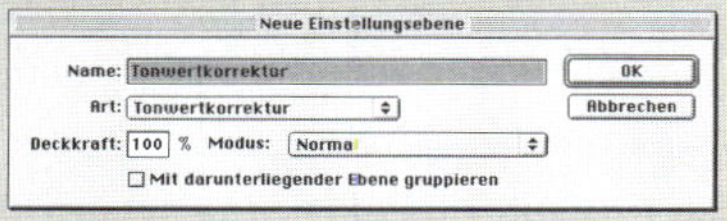

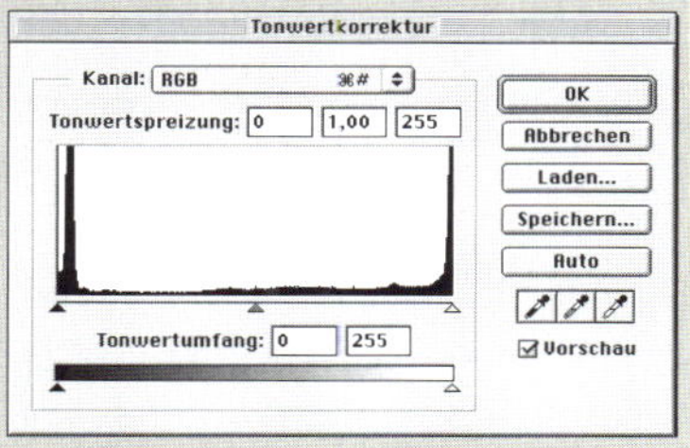

Eine neue Einstellungsebene wird mit einem Mausklick bei gedrückter Strg/⌘-Taste auf das Symbol Neue Ebene ◱ in der Ebenenpalette (oder mit der Funktion Neue Einstellungsebene aus dem Menü Ebene oder dem Menü der Ebenenpalette) angelegt. Im Dialog wird die Art der in der Ebene gespeicherten Korrektur ausgewählt und der Ebene ein Name gegeben (vorgegeben ist der Name der Korrekturart). Anschließend wird der gewählte Korrekturdialog geöffnet, in dem die gewünschte Bildkorrektur eingestellt werden kann.

Einstellungsebene maskieren

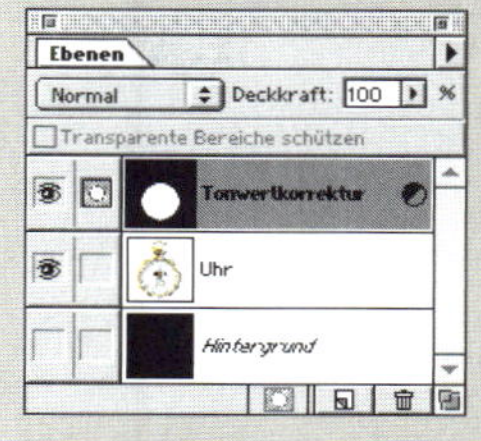

Wenn sich die Einstellungsebene nicht auf die gesamte Arbeitsfläche auswirken soll, kann sie eine Maske erhalten. Falls beim Neuanlegen einer Einstellungsebene bereits eine Auswahl bestand, wird diese automatisch in eine Einstellungsmaske umgewandelt.

Die Maske läßt sich nachträglich wie ein normaler Alphakanal bearbeiten, beispielsweise mit den Malwerkzeugen. Dazu muß die Einstellungsebene nur aktiviert werden. Da Einstellungsebenen keinen Bildinhalt besitzen, wirken sich alle Bearbeitungen automatisch auf die Maske aus.

Einstellungsmaske deaktivieren

Ein Mausklick bei gedrückter Umschalttaste auf das Thumbnail der Einstellungsebene deaktiviert die Einstellungsmaske. Die Wiederholung dieser Aktion aktiviert sie wieder.

Einstellungen korrigieren

Ein Doppelklick auf den Namen im Etikett einer Einstellungsebene (nicht auf das Thumbnail) öffnet den betreffenden Dialog zur Bildkorrektur. Hier können die Einstellungen verlustfrei korrigiert werden.

Einstellungsebene reduzieren

Beim Zusammenfassen einer Einstellungsebene mit einer Bildebene werden die Einstellungen nur auf diese Bildebene angewendet (auch wenn die Ebenen vorher nicht gruppiert waren) und wirken sich nicht mehr auf darunterliegende Ebenen aus. Einstellungsebenen können nur mit Bildebenen, nicht aber mit anderen Einstellungsebenen zusammengefaßt werden.

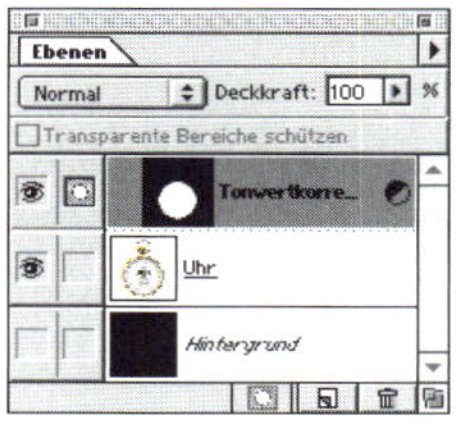

Wirkung einer Einstellungsebene auf eine Bildebene beschränken

Wird eine Einstellungsebene mit einer Bildebene gruppiert, wirkt sie sich nur auf diese Ebene aus. Bereits beim Neuanlegen einer Einstellungsebene kann die Gruppierung mit der Option **Mit darunterliegender Ebene gruppieren** aktiviert werden. (Siehe auch den Abschnitt »Maskierungsgruppen« weiter oben.)

Deckkraft und Deckmodus

Wie die Wirkung der Malwerkzeuge und die Überblendung der Ebenen mit Hilfe der Deckmodi und der Deckkraft beeinflußt werden können

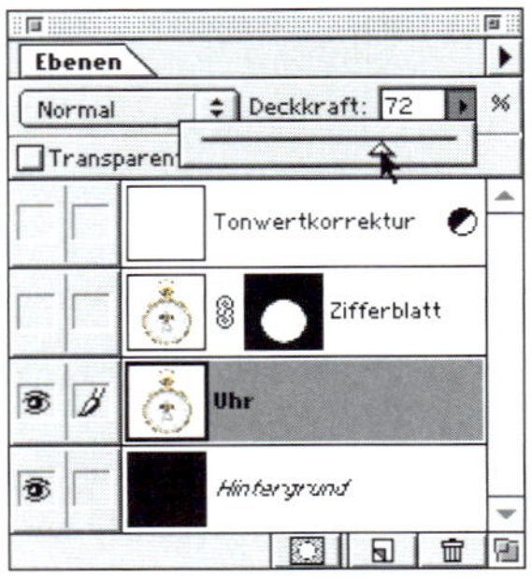

In der Ebenenpalette wird die Deckkraft einer Ebene über die numerische Eingabe in das Eingabefeld oder über den Schieberegler gesteuert. Das Einblendmenü oben links stellt die Deckmodi zur Auswahl.

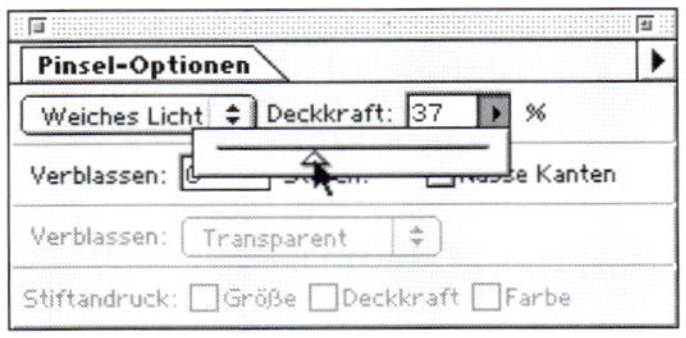

Auch für Mal- und Retuschewerkzeuge können Deckmodus und Deckkraft individuell eingestellt werden. Diese Einstellungen beeinflussen den Farbauftrag des Werkzeugs.

Deckkraft und Deckmodus gehören zu den fundamentalen Eigenschaften von Bildpixeln und können bei unterschiedlichsten Photoshop- und ImageReady-Funktionen eingestellt und verändert werden: bei vielen Mal- und Retuschewerkzeugen, bei Ebenen, bei Ebeneneffekten, bei Füllbefehlen (Fläche füllen oder Kontur füllen) und bei Bild- und Kanalberechnungen. Mit der Photoshop-Funktion Verblassen lassen sich Deckkraft und Deckmodus sogar nachträglich auf Filter oder Farb- und Tonwertkorrekturen anwenden, obwohl diese Funktionen von sich aus nicht über entsprechende Einstellmöglichkeiten verfügen.

Ebenen

Bei Ebenen erfolgt die Einstellung von Deckmodus und Deckkraft der aktiven Ebene entweder in der Ebenenpalette oder im Dialog Ebenen-Optionen.

Die Deckkraft regelt die globale Transparenz einer Ebene. Eine Ebene mit reduzierter Deckkraft läßt Bildbereiche darunterliegender Ebenen durchscheinen. Falls einzelne Bildbereiche bereits durch andere Effekte (beispielsweise durch eine Ebenenmaske oder ein Malwerkzeug, das mit reduzierter Deckkraft eingesetzt wurde) teiltransparent sind, wird diese Ausgangstransparenz zusätzlich um den mit dem Deckkraftregler gewählten Prozentwert reduziert. Beide Transparenzeinstellungen wirken also zusammen.

Die Deckmodi ermöglichen es, übereinanderliegende Ebenenpixel auf unterschiedliche Art miteinander zu verrechnen. Jedem Deckmodus liegt eine bestimmte mathematische Formel zugrunde, die aus zwei Farbwerten einen neuen Farbwert errechnet. Mit den Deckmodi lassen sich viele für die Bildmontage wichtige Effekte erzielen.

Deckkraft und Deckmodus einer Ebene können jederzeit verlustfrei geändert werden, da sie die Ebenenpixel nicht dauerhaft verändern, sondern neue Farben on-the-fly berechnen. Wenn Ebenen, für die Deckkraft und Deckmodus angepaßt wurden, mit anderen Ebenen zusammengefaßt werden (beispielsweise bei der Reduktion auf die Hintergrundebene), werden die Einstellungen jedoch in der resultierenden Ebene fixiert.

Werkzeuge

Deckmodus und Deckkraft der Mal- und Retuschewerkzeuge werden in der Optionenpalette des jeweiligen Werkzeugs eingestellt. Abhängig vom ausgewählten Werkzeug stehen unterschiedliche Deckmodi zur Auswahl.

Die Deckkraft – bei einigen Werkzeugen heißt sie Druck oder Belichtung – bestimmt die Transparenz der mit dem Werkzeug aufgetragenen Farbe oder Pixel. Der Farb- oder Bildauftrag wird beim Malen direkt in die aktuelle Bildebene eingerechnet. Deckkraft und Deckmodus der Mal- und Retuschewerkzeuge können in Photoshop nachträglich über die Funktion Verblassen (Menü Filter) verändert werden, jedoch nur direkt nach ihrer Anwendung.

Was heißt »Neutrale Farbe«?

Fast alle Deckmodi besitzen eine neutrale Farbe, die transparent angezeigt wird. Schwarz wird beispielsweise im Modus Negativ multiplizieren unsichtbar. Weiß ist im Modus Multiplizieren und Grau im Modus Ineinanderkopieren nicht zu sehen. Dennoch sind diese Farben in der Ebene enthalten, wie der Wechsel zu einem anderen Modus deutlich vor Augen führt.

Die Wirkung der Deckmodi

Die Bilder auf den folgenden Seiten zeigen die Wirkung der unterschiedlichen Deckmodi am Beispiel einer freigestellten Taschenuhr, die in einer transparenten Ebene liegt und partiell den Hintergrund aus einer farbigen Textur und einem Graustufenverlauf verdeckt. Um die Moduswirkung besser zu verdeutlichen, werden drei unterschiedliche Deckkrafteinstellungen gezeigt (20 %, 60 % und 100 %). Folgende Dinge sind bei den Abbildungen zu beachten:

- Wenn nicht anders angegeben, liegt die Taschenuhr über der Hintergrundebene aus Textur und Graustufenverlauf. Die Deckkraft- und -moduseinstellungen wurden nur an der Taschenuhrebene vorgenommen.

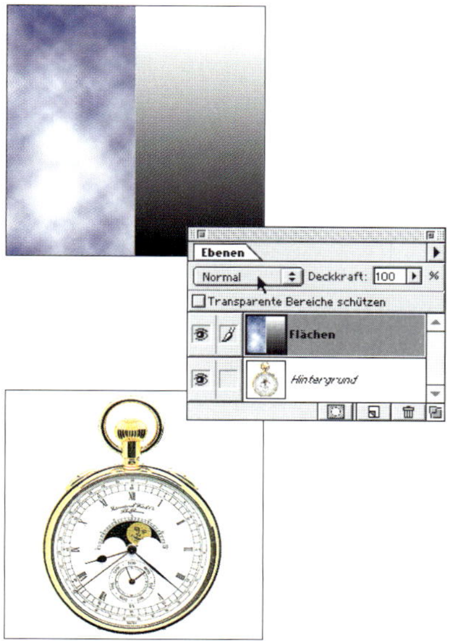

- Da bei einigen Modi die Stapelfolge der Ebenen nicht beliebig ist, wird deren Wirkung zum Vergleich auch bei umgekehrter Ebenenanordnung gezeigt. In diesem Fall wurden die Deckkraft- und Deckmoduseinstellungen an der Ebene mit der Textur und dem Graustufenverlauf vorgenommen.
- Um den Werkzeugmodus Dahinter auftragen in der folgenden Übersicht darstellen zu können, wurde in der transparenten Ebene farbig gemalt.
- Bei den Berechnungsmodi Addieren und Subtrahieren wird eine Bildberechnung zwischen zwei Dateien gezeigt, die jeweils nur aus einer Hintergrundebene bestehen. Die eine Datei enthält die Taschenuhr vor weißem Hintergrund, die andere die Textur und den Graustufenverlauf.

Deckkraft über die Tastatur einstellen

Bei der Eingabe eines Deckkraftwertes über die Tastatur muß das Eingabefeld in der Optionenpalette des Werkzeugs bzw. in der Ebenenpalette nicht notwendigerweise markiert sein – alle Eingaben über die **Zifferntasten** werden automatisch in das Deckkraftfeld geschrieben. Bei Eingabe nur einer Ziffer wird die entsprechende Zehnerstufe eingestellt (1 = 10 %, 2 = 20 % etc.), schnelles Tippen zweier Ziffern hintereinander stellt diesen exakten Wert als Deckkraft ein (z.B. 35 = 35 %). Die Null stellt – als Ausnahme von der Regel – eine Deckkraft von 100 % ein.

Werkzeug oder Ebene?

Wenn die Deckkrafteinstellung einer Ebene nicht auf Tasteneingabe reagiert, ist wahrscheinlich in der Werkzeugpalette ein Werkzeug mit variierbarem Farbauftrag (Deckkraft, Druck oder Belichtung) ausgewählt – die Tasten stellen dann das Werkzeug ein. Sobald wieder ein Werkzeug ohne Deckkraft gewählt ist (z.B. das Bewegen-Werkzeug), wirkt sich die Tasteneingabe wieder auf die Deckkrafteinstellung der aktuellen Ebene aus.

Deckmodus über die Tastatur einstellen

Die Deckmodi lassen sich mit **Umschalt-** und **Plus-Taste** (Ziffernblock) bzw. **Umschalt-** und **Bindestrich-Taste** (alphanumerische Tastatur) der Reihe nach durchlaufen. Wenn ein Werkzeug mit variabler Deckkraft gewählt ist, hat dieses Vorrang vor der aktuellen Ebene.

20 % | 60 % | 100 %

Normal

Behält die Farbe der Pixel bei und überdeckt die darunterliegenden Pixel entsprechend der eingestellten Deckkraft.

Sprenkeln

Abhängig von der Ebenendeckkraft (< 100 %) werden viele oder wenige Pixel per Zufallsverteilung vollständig transparent gemacht, so daß dort die darunterliegenden Pixel sichtbar werden.

Multiplizieren

Erzielt einen Effekt, der dem Übereinanderlegen von zwei Positiv-Durchsichtsvorlagen entspricht.

- **Neutrale Farbe:** Weiß

Negativ multiplizieren

Erzielt die gleiche Wirkung, wie wenn zwei Negativ-Durchsichtsvorlagen übereinandergelegt werden und davon ein positives Bild erzeugt wird.

- **Neutrale Farbe:** Schwarz

Ineinanderkopieren

Wirkt je nach Helligkeit der Pixel ähnlich wie Multiplizieren oder Negativ multiplizieren.

- **Neutrale Farbe:** 50 % Grau
- **Umkehrung:** Hartes Licht

20% | 60% | 100%

Weiches Licht

Wirkt wie die Beleuchtung eines Bildes mit diffusem Licht. Dunkle Farben dunkeln darunterliegende Pixel ab, helle Farben hellen sie auf.

- **Neutrale Farbe:** 50% Grau

Hartes Licht

Wirkt wie die Beleuchtung eines Bildes mit grellem Licht. Der Modus eignet sich zum Erzeugen von Schattenbereichen.

- **Neutrale Farbe:** 50% Grau
- **Umkehrung:** Ineinanderkopieren

Farbig abwedeln

Vergleicht die Farben der Pixel in den Farbkanälen und hellt die Ausgangsfarbe auf.

- **Neutrale Farbe:** Schwarz

Farbig nachbelichten

Vergleicht die Farben der Pixel in den Farbkanälen und dunkelt die Ausgangsfarbe ab.

- **Neutrale Farbe:** Weiß

Abdunkeln

Vergleicht die Farbanteile der Pixel in jedem Farbkanal und zeigt nur die Pixel an, die dunkler als das darunterliegende Bild sind.

- **Neutrale Farbe:** Weiß

	20 %	60 %	100 %

Aufhellen

Vergleicht die Farbanteile der Pixel in jedem Farbkanal und zeigt nur die Pixel an, die heller als das darunterliegende Bild sind.

- **Neutrale Farbe:** Schwarz

Differenz

Subtrahiert die Farbwerte des dunkleren Pixels vom helleren Pixel und gibt so Auskunft über die Tonwertunterschiede von zwei ähnlichen Bildern oder Ebenen.

- **Neutrale Farbe:** Schwarz

Ausschluß

Arbeitet ähnlich wie Differenz, jedoch mit einer abgeschwächten Wirkung.

- **Neutrale Farbe:** Schwarz

Zum Vergleich: Einige der oben gezeigten Modi werden in der Praxis auch dazu eingesetzt, ein Objekt, das sich in einer transparenten Ebene befindet (im Beispiel die Uhr), mit einer überlagerten Textur »einzufärben«. In diesem Fall liegt die Texturebene oberhalb der Objektebene. Die nebenstehenden Beispiele zeigen deshalb zum Vergleich nochmals, wie sich die Ebenenmodi bei vertauschter Ebenenreihenfolge auswirken. (Bei den nicht gezeigten Modi spielt die Reihenfolge der Ebenen keine Rolle.) Als Deckkrafteinstellung wurde hier nur 100 % gewählt.

Ineinanderkopieren

Weiches Licht

Hartes Licht

Farbig abwedeln

Farbig nachbelichten

Uhr oben 100 % | **Fläche oben 50 %** | **Fläche oben 100 %**

Farbton

Übernimmt den Farbton der aktuellen Ebene, Luminanz und Sättigung jedoch von den darunterliegenden Ebenen. Der Modus färbt also, ohne die Helligkeit zu verändern.

Sättigung

Übernimmt die Sättigung der aktuellen Ebene, Luminanz und Farbton aber von den darunterliegenden Ebenen. Grautöne in der aktuellen Ebene lassen die Farben der unteren Pixel unverändert.

Farbton & Sättigung

Übernimmt Farbton und Sättigung der aktuellen Ebene, Luminanz jedoch vom darunterliegenden Bild. Der Modus eignet sich zum Kolorieren von Bildern.

- **Umkehrung:** Luminanz

Luminanz

Übernimmt die Luminanz der aktuellen Ebene, Farbton und Sättigung jedoch von den darunterliegenden Ebenen.

- **Umkehrung:** Farbton & Sättigung

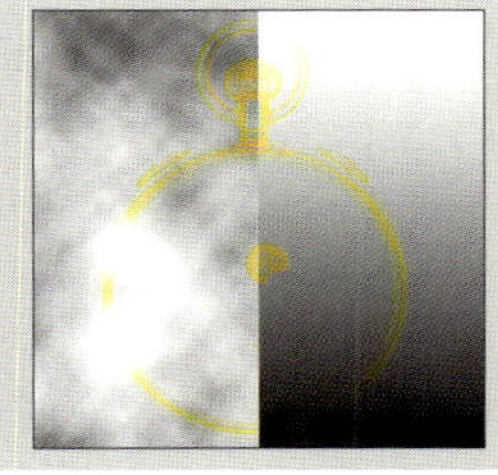

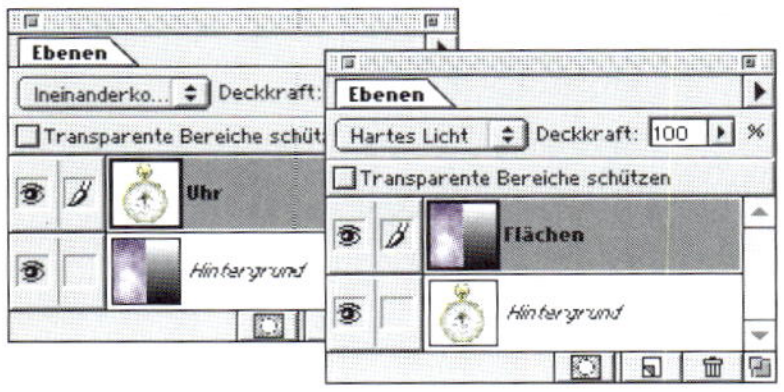

Was bedeutet »Umkehrung«?

Daß der Modus Luminanz die Umkehrung von Farbton & Sättigung und der Modus Hartes Licht die Umkehrung von Ineinanderkopieren ist, bedeutet folgendes: Man erhält ein vollkommen identisches Ergebnis, wenn die Ebenenreihenfolge vertauscht und für die obere Ebene der Umkehrmodus eingestellt wird. Dies gilt natürlich nur, solange die beiden Ebenen dieselbe Deckkraft besitzen. Sobald die Ebenen eine unterschiedliche Deckkraft aufweisen, stimmt die Umkehrung nicht mehr überein.

Addieren

Berechnet die Summe der Helligkeitswerte zweier Pixel, wodurch sich insgesamt hellere Pixel ergeben. Das Ergebnis wird durch den Skalierungsfaktor (zwischen 1,000 und 2,000) dividiert und zur Verschiebung addiert. Durch einen hohen Skalierungsfaktor oder eine negative Verschiebung wird das gesamte Bild dunkler. Eine positive Verschiebung bewirkt ein helleres Bild.

Skalierung: 1,5
Verschiebung: 0

Skalierung: 1,5
Verschiebung: -30

Skalierung: 1
Verschiebung: -30

Subtrahieren

Berechnet die Differenz der Helligkeitswerte zweier Bilder. Das Ergebnis wird durch den Skalierungsfaktor (zwischen 1,000 und 2,000) dividiert und zur Verschiebung addiert. Negative Ergebnisse erhalten den Wert 0 (Schwarz). Skalierungsfaktor und Verschiebung haben denselben Einfluß wie beim Addieren-Modus. Im Gegensatz zum Addieren spielt es hier eine entscheidende Rolle, welches Bild die Quell- und welches die Zieldatei ist.

Zieldatei: Fläche
Skalierung: 1,5
Verschiebung: 0

Zieldatei: Fläche
Skalierung: 1
Verschiebung: 128

Zieldatei: Fläche
Skalierung: 2
Verschiebung: 200

Zieldatei: Uhr
Skalierung: 1,5
Verschiebung: 0

Zieldatei: Uhr
Skalierung: 1
Verschiebung: 128

Zieldatei: Uhr
Skalierung: 2
Verschiebung: 200

Dahinter auftragen

Malt nur in transparenten Bereichen einer Ebene, als sei deren Transparenzmaske als Auswahl geladen und die Auswahl umgekehrt. Dies wirkt so, als wäre das Motiv auf eine Folie aufgedruckt, auf deren Rückseite gemalt wird.

Ebeneneffekte und Stile

Über die erstaunliche Wirkung von Licht- und Schatteneffekten

Das Ausgangsbild

Effekte anlegen

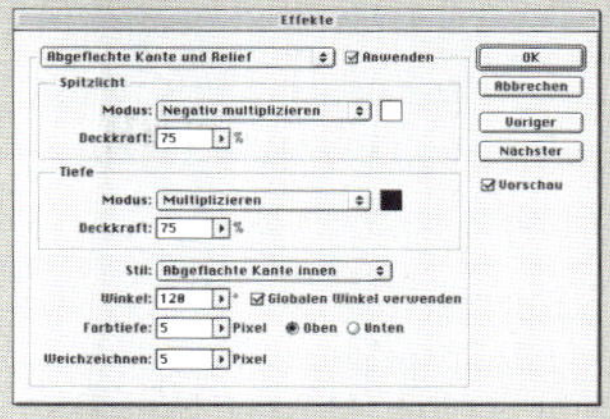

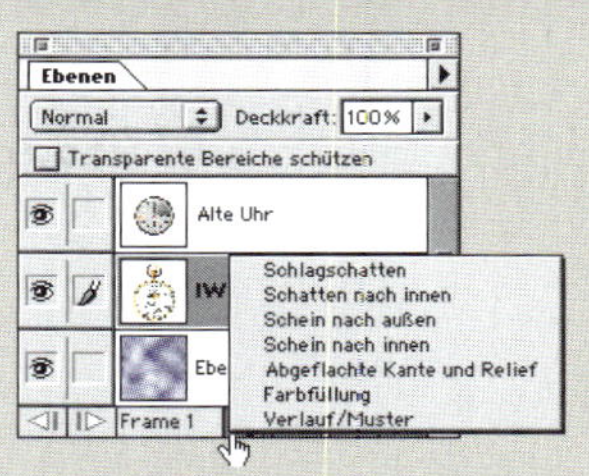

Ein Ebeneneffekt wird mit einem der ersten sechs Befehle aus dem Menü **Ebene, Effekte** angelegt. Photoshop öffnet daraufhin einen Dialog zum Einstellen der Effektparameter wie Lichtführung und Schattenwurf. Die unterschiedlichen Effektarten, die im oberen Einblendmenü des Dialogs zur Auswahl stehen, lassen sich auch miteinander kombinieren, wenn für jede gewünschte Art die Option Anwenden aktiviert wird. Die Ebeneneffekte sind nur auf transparente Ebenen und Textebenen anwendbar.

Auch in ImageReady lassen sich die Effekte über das Menü Ebene, Effekte anlegen. Einfacher ist es jedoch, den gewünschten Effekt aus dem Effekte-Menü der Ebenenpalette auszuwählen. Die Einstellungen für die Effekte werden in ImageReady in Paletten vorgenommen. Obwohl die Paletten anders aufgeteilt sind als die Photoshop-Dialoge, enthalten sie exakt dieselben Optionen.

ImageReady besitzt kein Verlaufswerkzeug, stellt Verläufe (und Muster) aber als Ebeneneffekt zur Verfügung.

Effekte

Schlagschatten

Modus Multiplizieren, Deckkraft 75 %, Winkel 120°, Distanz 20 Pixel, Weichzeichnen 20 Pixel, Intensität 5 %

Schatten nach innen

Modus Multiplizieren, Deckkraft 75 %, Winkel 120°, Distanz 20 Pixel, Weichzeichnen 20 Pixel, Intensität 20 %

Schein nach außen

Modus Negativ multiplizieren, Deckkraft 100 %, Weichzeichnen 50 Pixel, Intensität 100 %

Schein nach innen

Modus Normal, Deckkraft 100 %, Weichzeichnen 50 Pixel, Intensität 100 %, Kante

Abgeflachte Kante und Relief

Modus Negativ multiplizieren, Deckkraft 100 %, Modus Multiplizieren, Deckkraft 75 %, Stil Relief, Winkel 120°, Farbtiefe 20 Pixel, Oben, Weichzeichnen 20 Pixel

Farbfüllung

Farbe Gold (Rot 177, Grün 139, Blau 32), Modus Multiplizieren, Deckkraft 50 %

Effekte bearbeiten

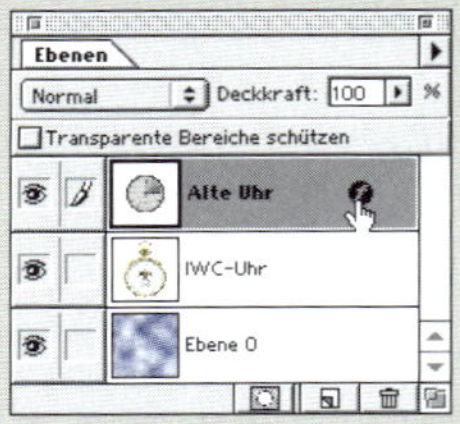

Ein Doppelklick auf das Symbol im Etikett einer Effektebene (nicht auf den Namen) öffnet direkt den Dialog Effekte, in dem sich die Einstellungen verlustfrei korrigieren lassen.

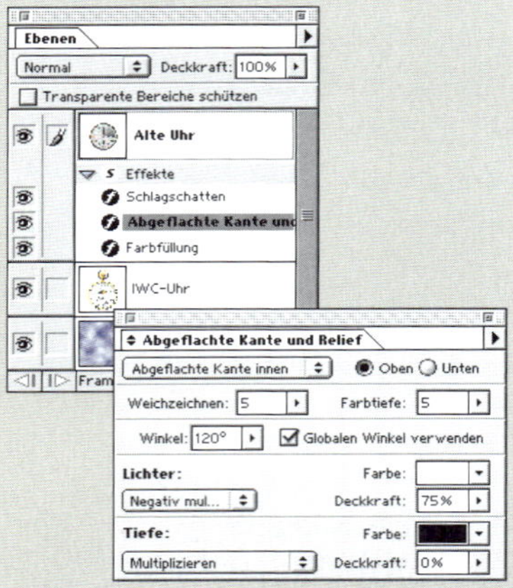

Um einen Effekt zu bearbeiten, wird die Effektsektion der Ebene in der Ebenenpalette aufgeklappt und der gewünschte Effekt mit einem Doppelklick auf sein Etikett ausgewählt (durch den Doppelklick wird die dazugehörige Optionenpalette geöffnet bzw. in den Vordergrund gestellt). In der Optionenpalette können die Einstellungen dann wie gewünscht geändert werden.

Effekte duplizieren

Um Ebeneneffekte in gleicher Form auf eine andere Ebene zu übertragen, wird die Funktion **Effekt kopieren** (Ebene, Effekte) aufgerufen, die neue Ebene in der Ebenenpalette aktiviert und die Funktion **Effekt einfügen** gewählt. Effekte können auch auf mehrere Ebenen gleichzeitig übertragen werden. Dazu werden die Ebenen miteinander verbunden und der Befehl **Effekt einfügen in verbundene** aufgerufen.

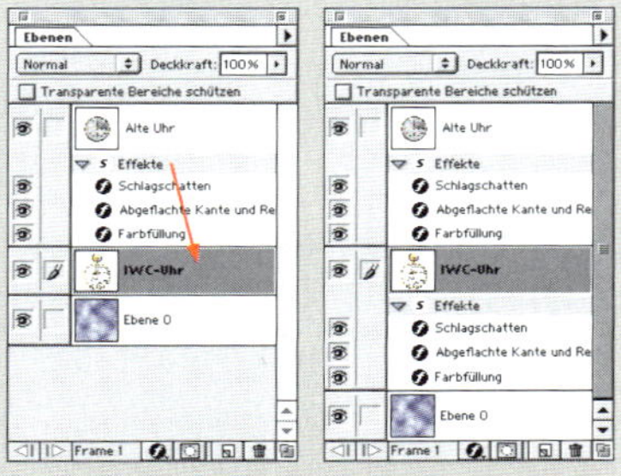

In ImageReady lassen sich Effekte auch per Drag-and-drop in der Ebenenpalette kopieren. Dazu wird das Etikett der Effektsektion (»Effekte«) der Ebene, aus der die Effekte kopiert werden sollen, auf das Etikett der Zielebene gezogen. Mit dieser Methode kann auch nur ein einzelner Effekt kopiert werden. Dazu wird die Effektsektion aufgeklappt (Mausklick auf das vorangestellte Dreieck) und das Etikett des gewünschten Effekts auf das Etikett der Zielebene gezogen.

Effekte ein- und ausblenden

Der Befehl **Alle Effekte ausblenden** aus dem Menü Ebene, Effekte deaktiviert vorübergehend alle Ebeneneffekte, und zwar nicht nur in der aktuellen, sondern in allen Ebenen der Datei. Um die Effekte nur einer Ebene oder nur einen bestimmten Effekt einer Ebene auszublenden, wird der Dialog Effekte mit einem Doppelklick auf das Symbol geöffnet und für alle Effekte die Option Anwenden ausgeschaltet.

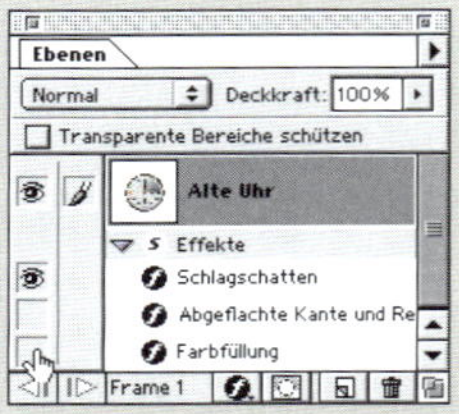

Da die Ebeneneffekte in ImageReady mit einem eigenen Etikett in der Ebenenpalette vertreten sind, lassen sie sich ganz einfach mit einem Mausklick auf das Augensymbol neben dem Etikett aus- und wieder einblenden.

Effekte maskieren

Wird einer Effektebene eine Ebenenmaske hinzugefügt, erscheinen die Licht- und Schatteneffekte auch an den Konturen der Maske. Dies ist jedoch oft nicht erwünscht. Um die Effekte so zu maskieren, daß sie sich nicht an den Maskenkonturen zeigen, müssen sie mit dem Befehl **Ebenen erstellen** aus dem Menü Ebene, Effekte in normale Ebenen umgewandelt werden. Anschließend lassen sich die erzeugten Ebenen wie gewohnt mit einer Ebenenmaske maskieren.

Stil erstellen

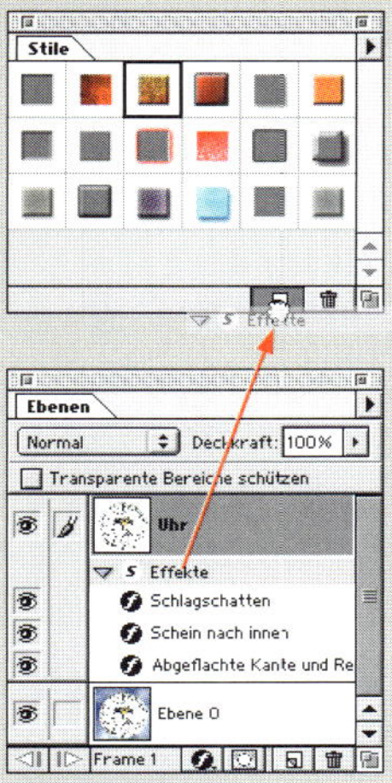

Die auf eine Ebene angewendeten Ebeneneffekte lassen sich in der Stilepalette als Stil speichern. Dazu wird das Etikett der Effektsektion aus der Ebenenpalette auf das Symbol der Stilepalette oder den inneren Bereich der Palette gezogen. Um nur einen und nicht alle Effekte einer Ebene als Stil zu speichern, wird nur das Etikett des Effekts auf das Symbol bewegt. Alternativ zur Drag-and-drop-Methode genügt es auch, die Ebene in der Ebenenpalette auszuwählen und auf das Symbol der Stilepalette zu klicken. Jedoch speichert die Klickmethode die Effektsektion nur als ganzes und erlaubt es nicht, Einzeleffekte als Stil zu speichern.

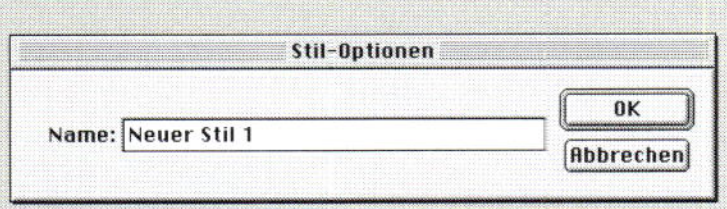

- **Alt/⌥-Taste** und Klicken auf das Symbol blendet den Dialog Neuer Stil ein, der auch mit dem gleichnamigen Befehl aus dem Menü der Stilepalette geöffnet werden kann. Im Dialog läßt sich ein Name für den Stil vergeben.

Stil anwenden

Um einen Stil auf die aktuelle Ebene anzuwenden, wird der gewünschte Stil in der Stilepalette mit einem Doppelklick auf sein Etikett oder Farbfeld ausgewählt. Die im Stil gespeicherten Effekte erscheinen automatisch als Effektsektion in der Ebenenpalette. Falls auf die aktuelle Ebene bereits Effekte angewendet waren, werden diese durch die neuen Effekte ersetzt.

Ansichten der Stilepalette

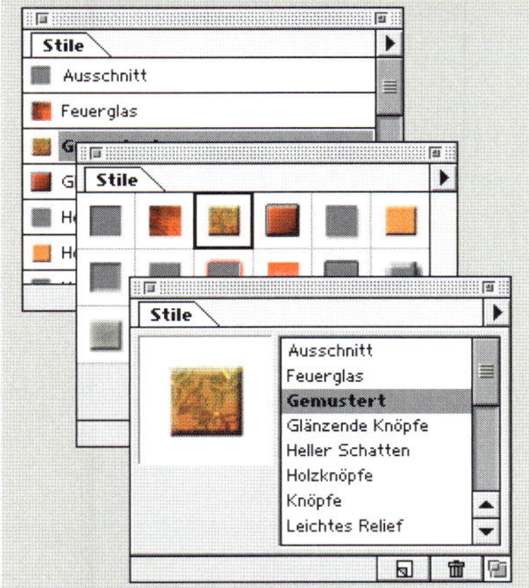

Mit den Befehlen **Name, Farbfeld** und **Großes Farbfeld** aus dem Menü der Stilepalette kann zwischen unterschiedlichen Ansichten der Stilepalette gewechselt werden.

Stil bearbeiten

Stile lassen sich nicht direkt bearbeiten. Statt dessen können die Stileffekte aber auf eine Ebene angewendet und an dieser korrigiert werden. Die neuen Effekte werden dann als neuer Stil gespeichert. Die alte Fassung kann, wenn sie nicht mehr benötigt wird, gelöscht werden.

Stilepalette einblenden

Nach der Installation von ImageReady befindet sich die Stilepalette in der Gruppe der Paletten Farbtabelle, Info und Text. Wenn diese Palettengruppe ausgeblendet ist, muß nur für eine der Paletten der Einblendbefehl aus dem Menü Fenster gewählt werden – es erscheint automatisch die gesamte Gruppe. Ein Mausklick auf den Reiter Stile aktiviert dann die Stilepalette.

Achtung Macintosh-User: In der Mac-OS-Version von ImageReady 2.0 haben die Adobe-Programmierer den Befehl zum Einblenden der Stilepalette vergessen. Wenn Sie die Stilepalette aus der Gruppe herausgezogen und einzeln im Arbeitsbereich abgelegt haben, sollten Sie sie nicht schließen, denn es gibt keinen direkten Befehl, um sie wieder einzublenden. Da die Stilepalette dann eine eigene Gruppe bildet, kann sie nicht mehr mit einem der anderen Einblendbefehle geöffnet werden. Die einzige Möglichkeit, wieder an die Stile heranzukommen, ist der Befehl **Paletten zurückstellen** aus dem Menü Fenster. Dieser Befehl stellt die ursprünglichen Palettenpositionen und -gruppen wieder her.

Text

Wie mit Textebenen Schrift und Typo-Effekte in ein Bild integriert werden können

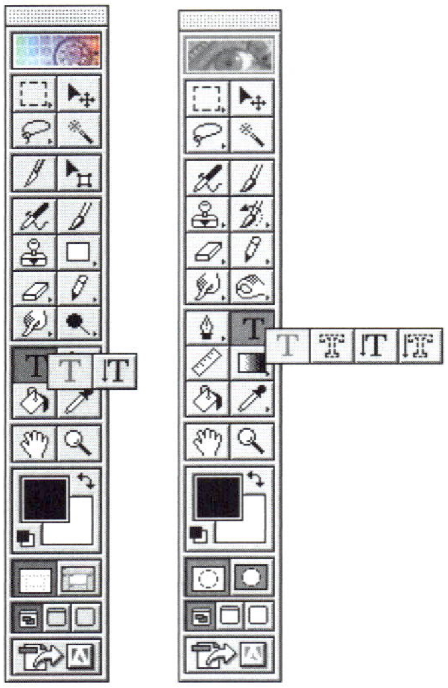

Die Taste T aktiviert das in der Werkzeugpalette sichtbare Textwerkzeug oder Textauswahlwerkzeug (letzteres nur in Photoshop). Das gewünschte Werkzeug kann aus dem Werkzeuguntermenü gewählt werden. Ein Mausklick bei gedrückter Alt/⌥-Taste auf das Werkzeugsymbol oder die Tastenkombination Umschalt + T wechselt zum nächsten Textwerkzeug des Untermenüs, ohne das Untermenü zu öffnen.

Textwerkzeug

Legt eine neue Textebene an; der Text beginnt an der angeklickten Stelle. Nach dem ersten Mausklick öffnet Photoshop einen Dialog zur Eingabe und Formatierung des Textes, in ImageReady erscheint der Text direkt im Bild. Beim **Vertikalen Textwerkzeug** stehen die Schriftzeichen nicht nebeneinander, sondern untereinander oder um 90° gedreht (Option Drehen).

- **Alt/⌥-Taste** aktiviert kurzzeitig die Pipette, mit der eine Vordergrundfarbe als Schriftfarbe aufgenommen werden kann.

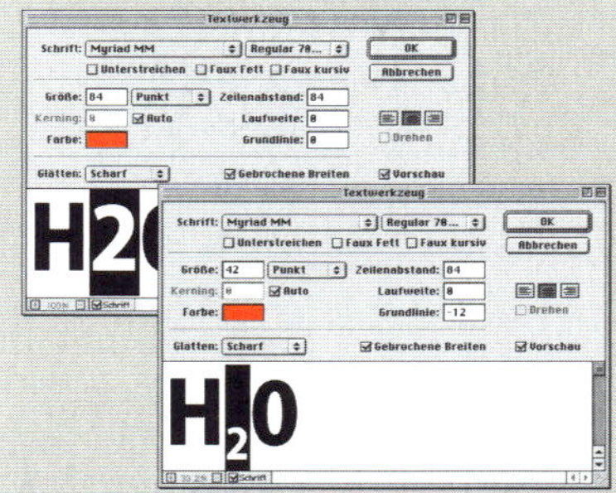

Im Dialog Textwerkzeug lassen sich Schriftzeichen einzeln markieren und auszeichnen. Das Markieren von Zeichen ist sogar eine notwendige Voraussetzung, um eingegebenen Text zu ändern. Wenn die Textvorschau scheinbar nicht auf Änderungen reagiert, liegt das oft daran, daß kein Text markiert wurde, der Cursor also entweder am Anfang, am Ende oder zwischen zwei Zeichen steht. Zum Markieren einfach die Maustaste gedrückt halten und über die zu formatierenden Schriftzeichen ziehen.

Fast alle Optionen im Dialog Textwerkzeug können individuell einzelnen Zeichen oder Zeichengruppen zugewiesen werden. Dazu zählen Schriftart, Schriftschnitt und Schriftgröße, Zeilenabstand, Laufweite und Grundlinienversatz, die algorithmischen Schriftstile Unterstreichen, Faux Fett und Faux Kursiv sowie die Absatzausrichtungen Linksbündig, Zentriert und Rechtsbündig. Die Schriftfarbe, die Glätten-Einstellung und die Option Gebrochene Breiten gelten immer global für den gesamten Text der Textebene.

Mit den Optionen im Menü **Glätten** lassen sich unterschiedliche Anti-Aliasing-Methoden auf den Text anwenden. Die Option **Scharf** entspricht der Glätten-Einstellung von Photoshop 5.0. Die Option **Gebrochene Breiten** wendet eine Laufweitenkorrektur an (statt »Breite« müßte es eigentlich »Laufweite« heißen). Die Abstände der Zeichen werden optisch korrigiert, so daß sich insgesamt ein harmonischeres Textgefüge ergibt. Diese Option wirkt sich jedoch erst bei großen Schriftgraden aus und kann bei kleinen Schriftgraden sogar zu einer schlechteren Textdarstellung führen. Deshalb muß immer im Einzelfall entschieden werden, ob die Textdarstellung mit eingeschalteter oder ausgeschalteter Option besser ist. Um einen Wert für **Kerning** vorzugeben, muß sich

T

die Schreibmarke zwischen zwei Zeichen befinden (es dürfen keine Zeichen markiert sein) und die Option Auto ausgeschaltet sein. Mit dem Kerning-Wert läßt sich der Abstand zweier Zeichen feinjustieren.

Der **Zeilenabstand** läßt sich zwar auch individuell vergeben, es gilt jedoch immer der größte Zeilenabstand innerhalb einer Zeile für die gesamte Zeile.

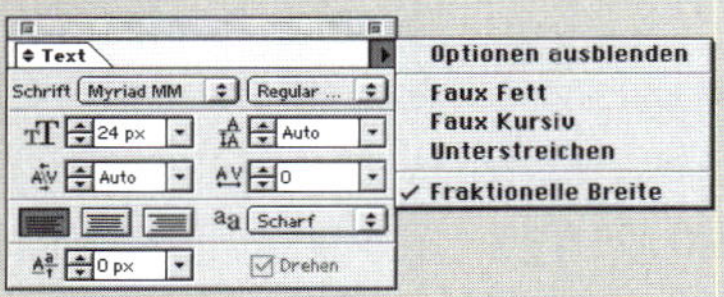

Zwei wesentliche Unterschiede zu Photoshop fallen bei der Textbehandlung in ImageReady auf: **1.** Der Text wird nicht in einem Dialog, sondern direkt auf der Ebene eingegeben. Der Text erscheint wie in Illustrator als frei verschiebbares Objekt. Alle typografischen Einstellungen werden in der Textpalette vorgenommen. **2.** ImageReady verwendet eine andere Type-Engine als Photoshop. Deshalb kann es bei der Übertragung von Dateien zwischen Photoshop und ImageReady zu Darstellungsproblemen kommen.

Ansonsten entsprechen die Einstellmöglichkeiten in ImageReady denen von Photoshop. Die algorithmischen Schriftstile Unterstreichen, Faux Fett und Faux Kursiv sind in ImageReady im Menü der Textpalette versteckt. Die Option Fraktionelle Breite entspricht der Photoshop-Option Gebrochene Breiten.

Text bearbeiten

Ein Doppelklick auf das Etikett einer Textebene (nicht auf das Thumbnail klicken!) öffnet den Dialog Textwerkzeug. Alle Textänderungen werden ohne Qualitätseinbußen ausgeführt.

Sobald eine Textebene in der Ebenenpalette ausgewählt ist, werden die entsprechenden Einstellungen in der Textpalette angezeigt. Der Text läßt sich direkt im Bild bearbeiten.

Horizontal zu vertikal / Vertikal zu horizontal

Ein horizontal ausgerichteter Text läßt sich jederzeit in einen vertikal laufenden Text umwandeln – und umgekehrt. Dazu wird die Funktion **Horizontal** oder **Vertikal** aus dem Menü Ebene, Text (Photoshop) bzw. Ebene, Schrift (ImageReady) gewählt. Bei Text, der durch Rendern bereits in eine normale Bildebene umgewandelt wurde, und bei Textauswahlen ist eine nachträgliche Änderung der Ausrichtung nicht möglich.

Text bei offenem Dialog verschieben

Der eingegebene Text läßt sich auch bei geöffnetem Dialog innerhalb der Ebene verschieben. Über dem Bild verwandelt sich der Mauszeiger in das Bewegen-Werkzeug.

Text rendern

Auf Textebenen sind zwar Ebeneneffekte anwendbar (Ebene, Effekte), aber beispielsweise keine Filter. Der Text kann eine Farbe erhalten, aber nicht mit einem Farbverlauf gefüllt werden. Um auf eine Textebene solche Funktionen anwenden zu können, muß sie in eine normale Bildebene umgewandelt werden (Ebene, Text, Text rendern). Der Text ist danach aber nicht mehr editierbar.

Textpalette einblenden

Standardmäßig ist die Textpalette mit den Paletten Farbtabelle, Info und Stile gruppiert. Wenn diese Palettengruppe ausgeblendet ist, muß nur für eine der Paletten der Einblendbefehl aus dem Menü Fenster gewählt werden – es erscheint automatisch die gesamte Gruppe. Mit dem Reiter Text wird die Textpalette in den Vordergrund gestellt.

Achtung Windows-User: Im Menü Fenster fehlt der Befehl zum Einblenden der Textpalette (!). Wenn Sie die Textpalette aus der Gruppe herausgezogen und einzeln im Arbeitsbereich abgelegt haben, sollten Sie sie nicht schließen, denn es gibt keinen direkten Befehl, um sie wieder einzublenden. Da die Textpalette dann eine eigene Gruppe bildet, kann sie nicht mehr mit einem der anderen Einblendbefehle geöffnet werden. Die einzige Möglichkeit, wieder an die Textparameter heranzukommen, ist der Befehl **Paletten zurückstellen** aus dem Menü Fenster. Dieser Befehl stellt die ursprünglichen Palettenpositionen und -gruppen wieder her.

Text um 90° drehen

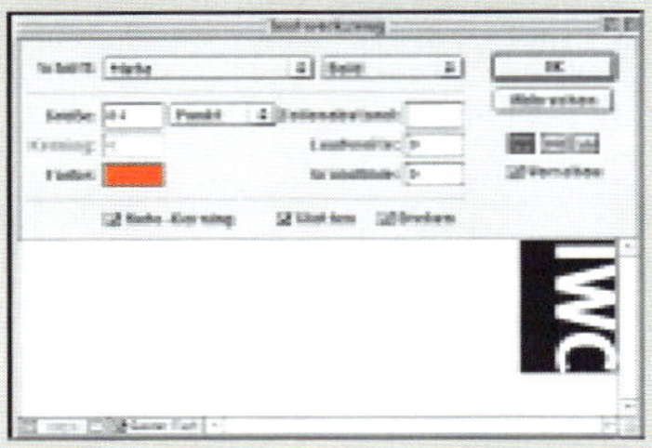

Für vertikalen Text und vertikale Textauswahlen steht im Dialog Textwerkzeug die Option **Drehen** zur Verfügung. Bei aktivierter Option werden die Schriftzeichen nicht untereinander angeordnet, sondern der Text um 90° im Uhrzeigersinn gedreht. Die Option läßt sich übrigens auch gezielt nur auf einzelne ausgewählte Zeichen anwenden.

In ImageReady befindet sich die Option **Drehen** in der Textpalette. Wenn die Option nicht sichtbar ist, muß die Palette gegebenenfalls erweitert werden. Im Unterschied zu Photoshop unterstützt ImageReady keine Textauswahlen.

Text frei drehen

Obwohl das Textwerkzeug suggeriert, daß es nur zwei Textausrichtungen gibt – horizontal und vertikal –, läßt sich Text in beliebigen Winkeln drehen. Die Textrotation wird dann jedoch nicht mit dem Dialog Textwerkzeug von Photoshop oder Textpalette von ImageReady vorgenommen, sondern mit der Funktion **Frei transformieren** aus dem Menü Bearbeiten (siehe »Transformieren« weiter oben). Das Besondere daran: Gedrehter Text bleibt weiterhin editierbar.

Auch Textauswahlen lassen sich in Photoshop frei drehen, wenn nach dem Erstellen der Textauswahl die Funktion **Auswahl transformieren** aus dem Menü Auswahl aufgerufen wird.

Obwohl das Menü Auswahl von ImageReady auch den Befehl Auswahl transformieren enthält, kann das Programm keine Auswahlen transformieren. Hier handelt es sich schlicht um einen Übersetzungsfehler, der Befehl müßte eigentlich Auswahl verändern heißen.

Textauswahl T

Arbeitet ähnlich wie das Textwerkzeug, erstellt jedoch anstelle einer neuen Textebene eine Auswahl in der Form des eingegebenen Textes. Die Textauswahl kann wie jede andere Auswahl verwendet und weiterbearbeitet werden (beispielsweise kann ein Bild in die textförmige Auswahl eingefügt werden). Beim Vertikalen Textauswahlwerkzeug stehen die Schriftzeichen nicht nebeneinander, sondern untereinander oder um 90° gedreht (Option Drehen).

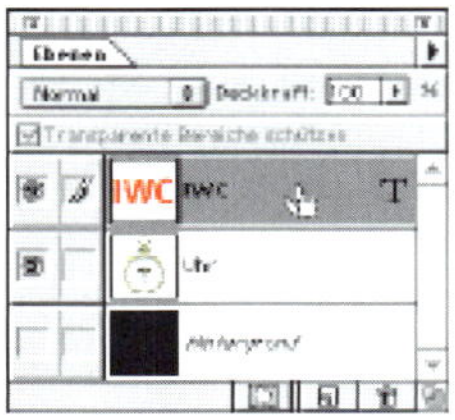

Text in Textauswahl umwandeln

Auch aus einer vorhandenen Textebene läßt sich eine Textauswahl erstellen, ohne erneut dieselben Texteingaben im Dialog Textwerkzeug (Photoshop) oder in der Textpalette (ImageReady) vornehmen zu müssen: Dazu wird einfach mit einem Mausklick bei gedrückter Strg/⌘-Taste auf das Etikett der Textebene deren Transparenzmaske als Auswahl geladen.

Slices, Rollovers und Animationen

Über die Slice-Werkzeuge und warum Rollover-Effekte und Animationen an Slices gebunden sind

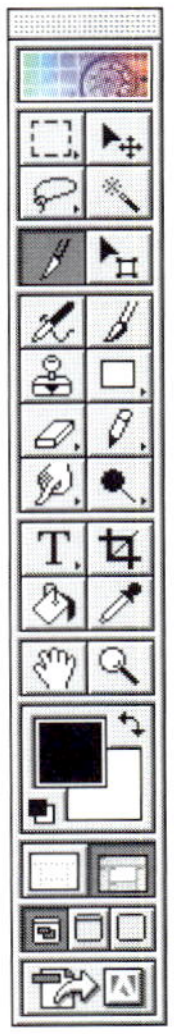

Mit dem Slice-Werkzeug werden Slices im Bild gezeichnet; das Slice-Auswahlwerkzeug dient zum Bearbeiten der Slices. Das Slice-Auswahlwerkzeug darf nicht mit dem Bewegen-Werkzeug verwechselt werden, das für Ebeneninhalte zuständig ist.

→ *Mehr über die **Optimierung** von Slices für das Web im Kapitel »Weboptimierung« weiter unten.*

Die Slice-Funktionen von ImageReady dienen dazu, ein Bild HTML-konform in mehrere rechteckige Bereiche zu unterteilen. Diesen Teilen lassen sich beispielsweise unterschiedliche **Optimierungseinstellungen** zuweisen, weil ImageReady die Bilddatei beim Speichern der Optimiert-Version in einzelne Dateien »zerschneidet«. Auf diese Weise können die unterschiedlich gearteten Bereiche einer Webseite – z.B. Bild, Text und reine Farbflächen – die jeweils für sie optimalen Einstellungen für kürzeste Ladezeit und beste Wiedergabequalität erhalten.

ImageReady unterscheidet Benutzer-Slices und Auto-Slices. **Benutzer-Slices** sind solche Segmente, die der Anwender mit dem Slice-Werkzeug oder mit anderen Slicing-Funktionen erstellt. Damit die Slice-Aufteilung eine konsistente HTML-Tabelle ergibt, fügt ImageReady fehlende Slices automatisch hinzu – letztere werden als **Auto-Slices** bezeichnet. Auto-Slices besitzen nur die nötigsten Eigenschaften, können aber jederzeit in Benutzer-Slices umgewandelt werden.

Wichtig werden Slices auch, wenn mit ImageReady **Rollover-Effekte** erstellt werden sollen. ImageReady bietet zwei Möglichkeiten, um Rollover-Effekte zu integrieren: Image-Maps und Slices. Bei Image-Maps kann ein Hot-Spot – ein Bereich, der auf Mausberührung reagiert – eine beliebige Form haben. Bei Verwendung von Slices ist die Form des Hot-Spots durch die rechteckige Form des Slice vorgegeben. Wenn der Hot-Spot rechteckig sein soll, ist das Anlegen eines Slice einer Image-Map vorzuziehen.

Bei einem Rollover-Effekt ist zwischen dem Hot-Spot und dem Feedback zu unterscheiden. Der Hot-Spot ist der Bereich im Bild, der auf Mausberührung oder Mausklick reagiert. Das Feedback ist der optische Effekt, der durch die Mausberührung oder den Mausklick ausgelöst wird. Das Feedback muß nicht innerhalb des Hot-Spot-Bereichs sichtbar werden, es kann vielmehr an beliebiger Stelle der Webseite erscheinen. Bei Schaltflächen beispielsweise ist man es gewohnt, daß der mausempfindliche Bereich und der Bereich, in dem eine visuelle Veränderung stattfindet, identisch sind. Dies muß aber nicht so sein. Die Berührung eines Texteintrags kann beispielsweise auch das Einblenden eines Bildes an anderer Stelle auslösen. Wenn beide Bereiche nicht zusammenfallen, sollte für das Feedback ebenfalls ein eigenes Slice angelegt werden, um die Datenmenge, die beim Rollover-Effekt nachgeladen werden muß, möglichst klein zu halten.

Animationseffekte sind in ImageReady den Rollover-Effekten und damit bestimmten Slices logisch zugeordnet. Das bedeutet, daß eine Animation immer bei Eintritt eines Rollover-Status wiedergegeben wird. Der Vorteil dabei ist, daß für unterschiedliche Rollover-Zustände unterschiedliche Animationssequenzen festgelegt werden können. Selbstablaufende Animationen, die nicht von einer Mausaktion des Anwenders abhängig sein sollen, werden im Rollover-Status Normal erstellt; ihre Wiedergabe beginnt dann sofort, wenn die Webseite in einem Browser geöffnet wird.

Slice-Werkzeug Y

Zieht ein Benutzer-Slice in beliebiger Größe auf. ImageReady ergänzt die fehlenden Auto-Slices automatisch.

- **Umschalttaste** (während des Aufziehens drücken) erstellt ein exakt quadratisches Slice.
- **Alt/⌥-Taste** erstellt ein Slice aus dem Zentrum heraus.
- **Umschalt-** und **Alt/⌥-Taste** erstellt ein exakt quadratisches Slice aus dem Zentrum heraus.
- **Strg/⌘-Taste** wechselt vorübergehend zum Slice-Auswahlwerkzeug.
- **Leertaste** ermöglicht ein kurzzeitiges Verschieben des Slice während des Aufziehens.

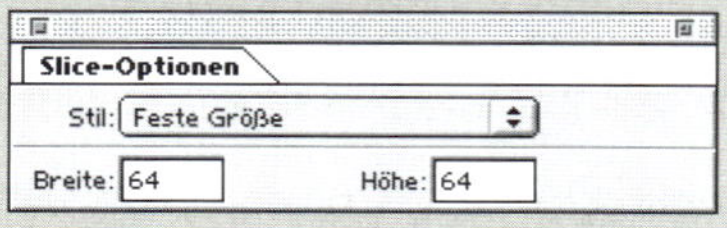

In der Optionenpalette des Slice-Werkzeugs kann eine feste Größe oder ein bestimmtes Seitenverhältnis für die Slices vorgegeben werden.

Slice-Auswahl A

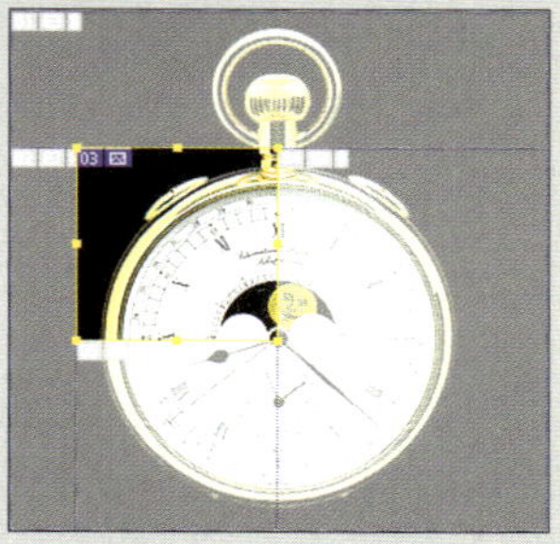

Wählt Slices durch einfaches Anklicken oder durch Aufziehen eines Begrenzungsrechtecks aus (über einem Auto-Slice oder außerhalb des Bildes ansetzen). Mit dem Slice-Auswahlwerkzeug lassen sich Slices auch an eine andere Stelle verschieben oder in ihrer Größe verändern, wenn an den Seiten- oder Eckgriffen gezogen wird.

- **Umschalttaste** und **Klicken** auf weitere Slices wählt diese zusätzlich aus.
- **Umschalttaste** und **Ziehen** eines oder mehrerer ausgewählter Slices schränkt die Bewegungsrichtung auf die Horizontale, Vertikale oder Diagonale ein.

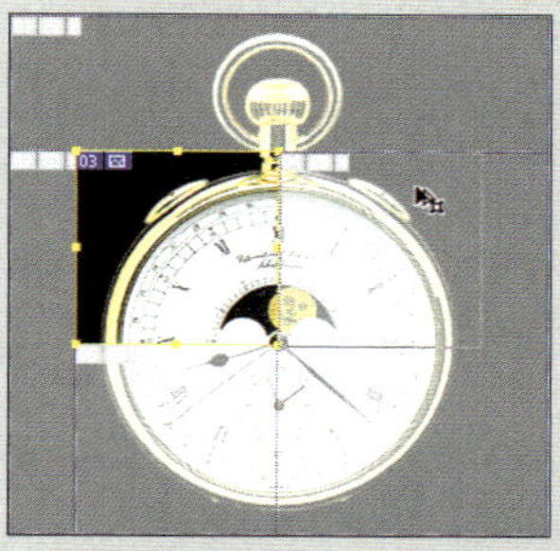

- **Alt/⌥-Taste** erstellt beim Ziehen eine Kopie des Slice oder der Slices. Rollover-Einstellungen, Links etc. werden nicht mitkopiert. Das ursprüngliche Slice bleibt erhalten.
- **Strg/⌘-Taste** aktiviert, solange sie gedrückt bleibt, das Slice-Werkzeug.

An Slices ausrichten

Bei aktiver Option **An Slices ausrichten** (Menü Slices) üben die Kanten vorhandener Slices ähnlich wie Hilfslinien eine magnetische Anziehungskraft aus. Beim Zeichnen neuer Slices mit dem Slice-Werkzeug oder beim Kopieren oder Verschieben bereits erstellter Slices werden sie an den Kanten der übrigen Slices ausgerichtet.

Größe und Position numerisch bestimmen

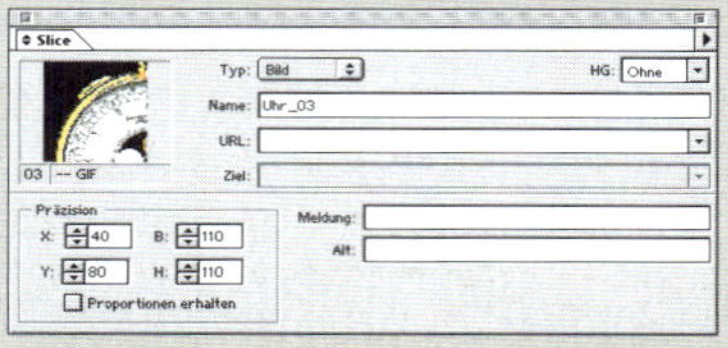

In der Slice-Palette können für ein ausgewähltes Slice unter **Präzision** die exakten xy-Koordinaten und Pixelabmessungen eingegeben werden. Diese Werte wirken – im Unterschied zu den Vorgaben in der Palette Slice-Optionen – nur nachträglich auf ein bereits vorhandenes Slice; sie dienen also zum Verschieben und Skalieren. Bei aktiver Option **Proportionen erhalten** bleibt das Seitenverhältnis beim Skalieren erhalten.

Slices ein- und ausblenden

Die Symbole ☐ und ☐ in der Werkzeugpalette oder der Befehl **Slices ein-/ausblenden** (Menü Slices) blendet die Slice-Begrenzungslinien ein- oder aus. Wenn das Slice-Werkzeug oder das Slice-Auswahlwerkzeug gewählt wird, werden die Slices automatisch eingeblendet.

Slice aus Auswahl erstellen

Mit der Funktion Slice aus Auswahl erstellen aus dem Menü Slices wird eine beliebig geformte Auswahl von einem Slice umfaßt. Wenn die Auswahl eine weiche Kante besitzt, wird diese vollständig mit von dem Slice umgrenzt, so daß keine ausgewählten Pixel außerhalb des Slice liegen (maßgeblich ist die 0%-Deckkraft-Linie).

Slices entlang der Hilfslinien erstellen

Der Befehl **Slices entlang der Hilfslinien erstellen** aus dem Menü Slices zeichnet automatisch neue Benutzer-Slices, deren Größe den von den Hilfslinien abgegrenzten Segmenten entspricht. Bereits vorhandene Slices werden mit diesem Befehl gelöscht. Um eine regelmäßige Anordnung von Slices zu erreichen, kann vor Aufruf des Befehls mit der Funktion Hilfslinien erstellen ein Hilfslinienraster angelegt werden.

Mac-Bonus

Das Drücken der **Ctrl-Taste** beim Verschieben oder Kopieren eines Slice mit dem Slice-Auswahlwerkzeug ändert den Status der Option **An Slice ausrichten** aus dem Menü Slices. Wenn die Option ausgeschaltet ist, aktiviert die Taste sie, ist sie eingeschaltet, wird sie vorübergehend deaktiviert.

Auswahl aus Slice erstellen

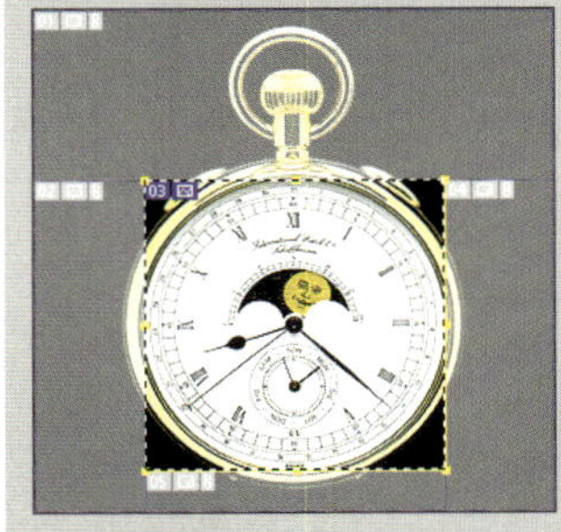

Mit dem Befehl **Auswahl aus Slice erstellen** wird eine rechteckige Auswahl um die Form des aktiven Slice erstellt. Wenn bei Aufruf des Befehls mehrere Slices gemeinsam ausgewählt sind, erscheint die Auswahlbegrenzung um alle Slices.

Slice-Auswahl aufheben

Um ausgewählte Slices wieder abzuwählen, so daß kein Slice mehr ausgewählt ist, wird mit dem Slice-Auswahlwerkzeug auf die Montagefläche, die das Bild umgibt (gegebenenfalls Fenster größer ziehen), geklickt oder der Befehl **Slice abwählen** aus dem Menü Auswahl aufgerufen (**Strg/⌘ + D**).

Auswahl aufheben

Bei gewähltem Slice-Werkzeug oder Slice-Auswahlwerkzeug kann eine bestehende Auswahl nicht mit dem Tastenkürzel **Strg/⌘ + D** aufgehoben werden, da dieses dann die aktuellen Slices abwählt. Um eine Auswahl und nicht die Slice-Auswahl aufzuheben, muß vorher in der Werkzeugpalette ein anderes Werkzeug aktiviert werden.

Slice unterteilen

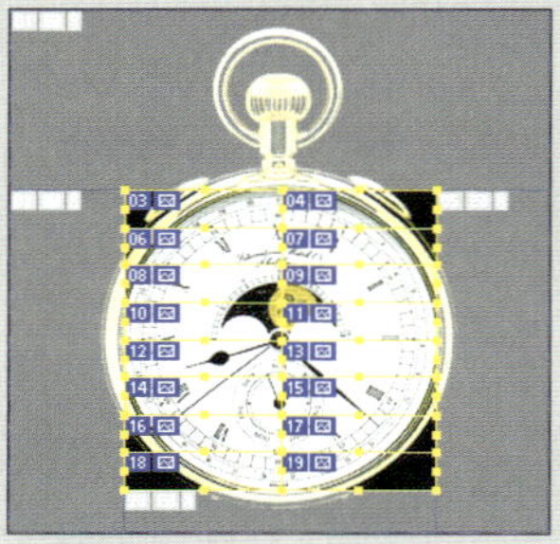

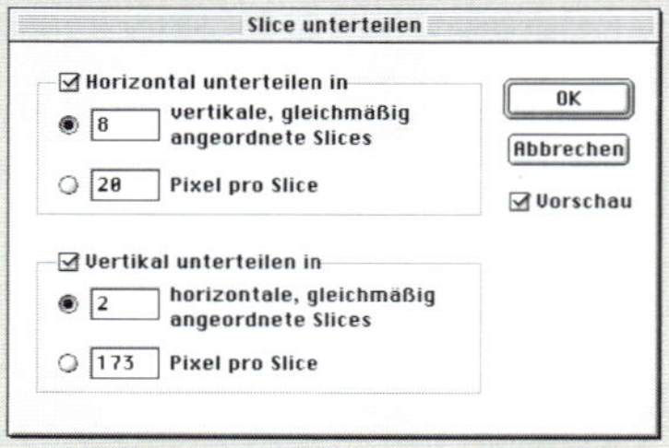

Eine regelmäßige Anordnung von Slices läßt sich auch mit der Funktion **Slice unterteilen** aus dem Menü Slices erzielen. Im erscheinenden Dialog kann eine horizontale und/oder vertikale Untergliederung gewählt werden. Mit der Option **Gleichmäßig angeordnete Slices** erstellt ImageReady so viele Unterteilungen, wie im Eingabefeld vorgegeben werden. Alle dabei entstehenden Slices sind gleich breit bzw. gleich hoch. Mit der Option **Pixel pro Slice** wird eine feste Breite bzw. Höhe für die Unterteilungen festgelegt. ImageReady beginnt mit der Unterteilung immer links oben im ausgewählten Slice. Eventuell übrigbleibende Reststücke am rechten oder unteren Rand werden ebenfalls zu Slices. Bei den Unterteilungen handelt es sich um vollwertige Slices, nicht um Unter-Slices. Das ursprüngliche Slice geht dabei verloren.

Slices zusammenfügen

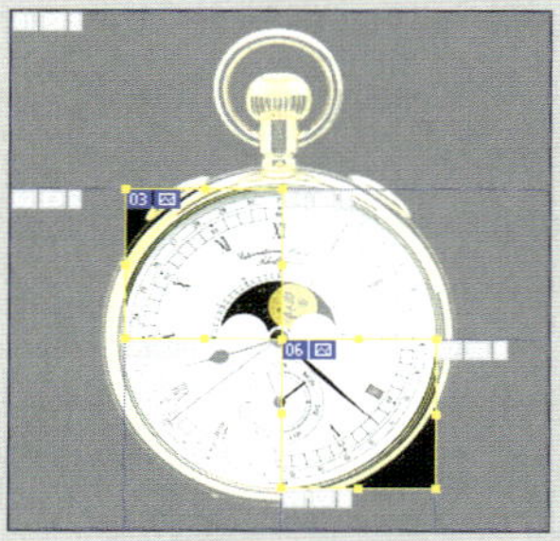

Zwei oder mehrere Slices (ob Auto- oder Benutzer-Slice, spielt keine Rolle) lassen sich mit der Funktion **Slices zusammenfügen** aus dem Menü Slices zu einem Benutzer-Slice vereinigen. Je nach Slice-Aufteilung bleiben die ursprünglichen Slices erhalten; das neue Slice überlagert gegebenenfalls andere Slices. Die Form des neuen Slice entspricht dem kleinstmöglichen Rechteck, das die zuvor ausgewählten Slices vollständig umschließen kann. Das neue Slice erhält die Optimierungseinstellungen des zuerst ausgewählten Slice.

Überlappungen

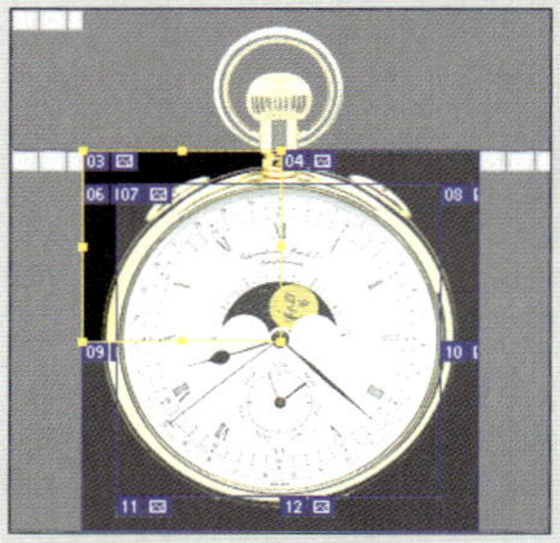

Mit dem Slice-Werkzeug können an beliebiger Stelle neue Slices gezeichnet werden. Auch beim Kopieren von Slices können diese an eine beliebige Stelle gesetzt werden. Da ein Bild immer vollständig mit Slices ausgefüllt ist (es gibt keine Slice-freien Bereiche), werden dabei vorhandene Slices überdeckt. ImageReady ergänzt neue Slices, so daß sich wieder ausschließlich rechteckige Bereiche ergeben. Die ursprünglichen Slices gehen dabei jedoch nicht verloren, sondern liegen »unsichtbar« im Hintergrund. Die automatisch ergänzten Slices bilden in Wirklichkeit Unter-Slices zu den überdeckten Slices. Durch Löschen oder Verschieben eines obenliegenden Slice oder durch Ändern der Slice-Stapelfolge werden die ursprünglichen Slices wiederhergestellt.

Stapelreihenfolge der Slices ändern

Da sich Slices überlagern können, entscheidet die Stapelreihenfolge über die Aufteilung der HTML-Tabelle. Mit den Befehlen aus dem Menü Slices, **Anordnen** kann die Stapelposition ausgewählter Slices geändert werden.

Slices verbinden

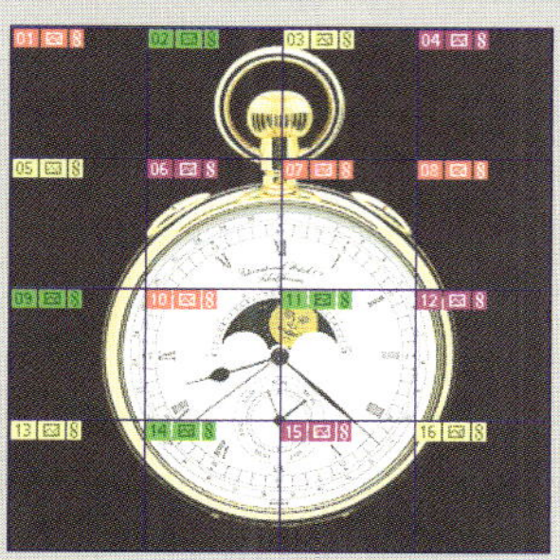

Um mehrere Slices miteinander zu verbinden, so daß einheitliche Optimierungseinstellungen auf sie angewendet werden können, werden sie mit dem Slice-Auswahlwerkzeug ausgewählt (Slices bei gedrückter Umschalttaste anklicken) und der Befehl **Slices verbinden** aus dem Menü Slices aufgerufen. Wenn es sich bei dem zuerst ausgewählten Slice um ein Benutzer-Slice handelt, werden alle Auto-Slices, die mit ausgewählt werden, automatisch in Benutzer-Slices umgewandelt. War das erste ausgewählte Slice hingegen ein Auto-Slice, wird das Benutzer-Slice mit allen Auto-Slices verbunden (Auto-Slices sind automatisch miteinander verbunden), bleibt aber ein Benutzer-Slice.

Bei verbundenen Slices erscheint in der Slice-Palette und in der linken oberen Ecke der Slice-Begrenzung ein Kettensymbol. Alle miteinander verbundenen Slices bilden eine Gruppe. Jede Gruppe erhält eine eigene Etikettenfarbe, so läßt sich erkennen, welche Slices miteinander verbunden sind. Eine graue Etikettenfarbe kennzeichnet alle Slices, die mit der Auto-Slice-Gruppe verbunden sind.

Verbindung aufheben

Das Menü Slices enthält Befehle zum Aufheben der Verbindung von Slices. Mit **Verbindung des Slice aufheben** wird die Verbindung eines oder mehrerer ausgewählter Slices aufgehoben, das heißt, diese Slices werden aus ihren Gruppen herausgelöst. Die Verbindungen der übrigen, nicht ausgewählten Slices bleiben bestehen. Mit **Verbindung des Sets aufheben** wird die Verbindung nicht nur für die ausgewählten Slices, sondern für alle Slices aufgehoben, die mit den ausgewählten verbunden sind. Dadurch werden ihre Gruppen aufgelöst. Der Befehl **Alle Verbindungen aufheben** löst alle Verbindungen der Slices, unabhängig davon, ob und welche Slices ausgewählt sind.

Auto-Slice in Benutzer-Slice umwandeln

Um auf Auto-Slices Rollover-Effekte oder individuelle Optimierungseinstellungen anwenden zu können, müssen sie mit der Funktion **In Benutzer-Slice umwandeln** aus dem Menü Slices in ein Benutzer-Slice umgewandelt werden.

Darüber hinaus wird ein Auto-Slice automatisch in ein Benutzer-Slice umgewandelt, wenn für es eine oder mehrere Einstellungen in der **Slice-Palette** geändert werden, beispielsweise durch Änderung der Option Typ von Bild zu Kein Bild, durch Aufheben der Verbindung zur Auto-Slice-Gruppe oder durch Eingabe neuer Werte für die Koordinaten oder Abmessungen des Slice.

Einstellungen für Optimierung kopieren

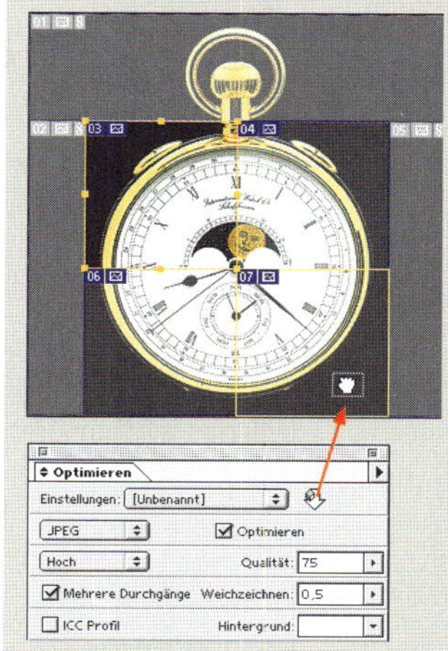

Manchmal ist es praktisch, die Optimieren-Einstellungen eines Slice auf andere Slices zu übertragen. Dazu wird das Slice, dem die gewünschten Einstellungen zugewiesen sind, mit dem Slice-Auswahlwerkzeug ausgewählt, woraufhin die Einstellungen in der Optimieren-Palette angezeigt werden. Anschließend wird das **Droplet-Symbol** aus der Palette Optimieren auf das Slice gezogen, das diese Einstellungen ebenfalls erhalten soll.

Slices löschen

Ein oder mehrere ausgewählte Slices lassen sich ganz einfach mit der **Rückschrittaste** oder der **Entfernen-Taste** löschen. Darüber hinaus stehen im Menü Slices auch die Befehle **Slice löschen** und **Alle Slices löschen** zur Auswahl. Ersterer löscht nur ausgewählte Slices, während letzterer alle Slices im Bild löscht, auch wenn sie nicht ausgewählt sind.

▸ Optionen für Slices

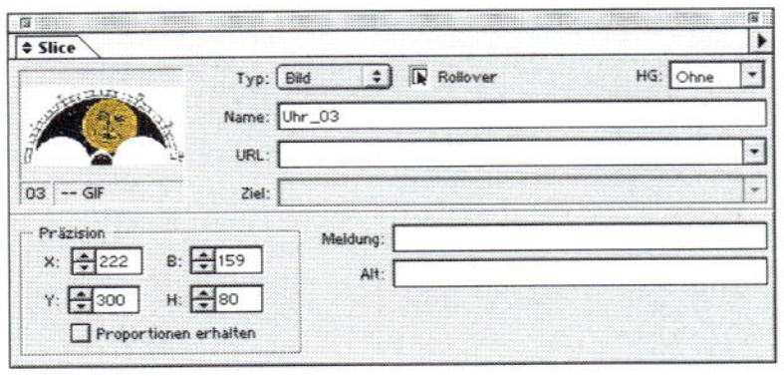

Die für Slices zur Verfügung stehenden Optionen werden in der **Slice-Palette** vorgenommen (nicht zu verwechseln mit der Palette Slice-Optionen, die das Slice-Werkzeug konfiguriert).

Text-Slice erzeugen

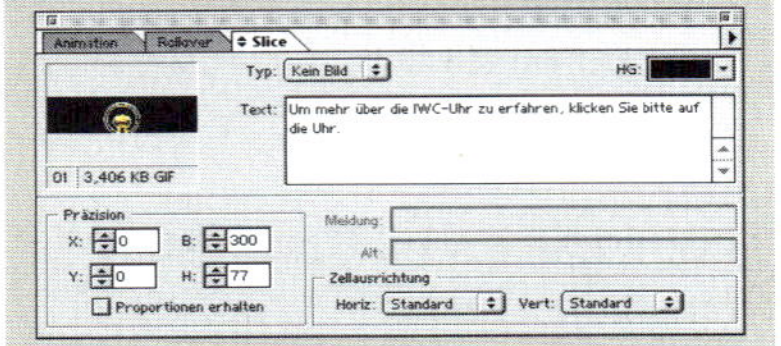

Wenn ein Slice nur Text und kein Bild anzeigen soll, wird in der Slice-Palette unter Typ die Option **Kein Bild** gewählt und im Textfeld, das unter der Option erscheint, der gewünschte Text eingegeben. Dieser Text läßt sich nicht formatieren, er wird stets gemäß den Browser-Vorgaben für Text formatiert.

Slice mit Hintergrundfarbe

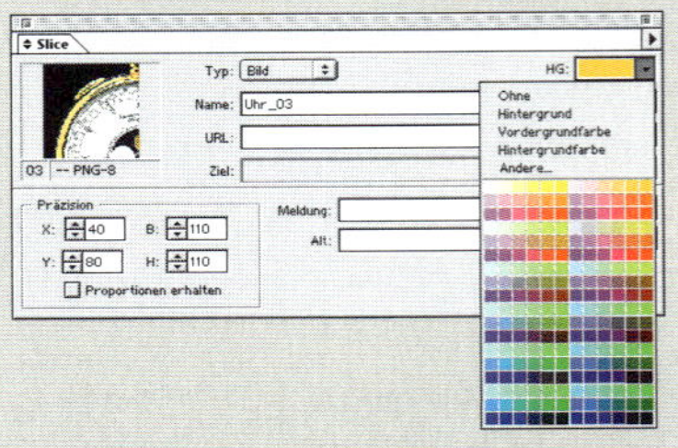

Wenn ein Slice transparente Bereiche enthält, können diese automatisch mit einer Hintergrundfarbe ausgefüllt werden – beispielsweise um ein Objekt vor der Farbe des Hintergrundes der Webseite freizustellen. Die gewünschte Farbe wird in der Slice-Palette im Einblendmenü **Farbe** festgelegt. Besitzt der deckende Bildbereich geglättete oder weiche Konturen, berechnet ImageReady automatisch einen farbrichtigen Übergang zur gewählten Farbe. Diese Hintergrundfarbe läßt sich jederzeit verlustfrei ändern, das Anti-Aliasing an den Konturen wird dann stets neu berechnet. Die gewählte Hintergrundfarbe wird in ImageReady nicht angezeigt, sondern erst beim Speichern der Optimiert-Version in die Slice-Datei eingerechnet.

Wenn in der Slice-Palette unter Typ die Option **Kein Bild** gewählt wird, enthält das Slice anstelle des von ihm begrenzten Bildbereichs ausschließlich eine monochrome Farbfüllung. Obwohl das Slice in ImageReady weiterhin den Bildbereich anzeigt, wird beim Erstellen einer Optimiert-Version dieses Segment des Bildes nicht mit gespeichert. Statt dessen enthält die HTML-Tabelle eine Anweisung für eine Fläche in der gewählten Farbe.

Namen ändern

Der Name für die Slice-Datei wird von ImageReady gemäß den Vorgaben im Dialog Voreinstellungen (Seite Slices) automatisch erstellt. Dieser Name kann aber in der Slice-Palette im Feld **Name** geändert werden. Dabei ist zu beachten, daß dieser Name von keiner anderen Datei belegt ist und eindeutig auf die Slice-Datei verweist.

Hyperlink festlegen

Wenn für ein Slice eine Mausaktion definiert wurde (also beispielsweise die Reaktion auf einen Mausklick), kann im Feld **URL** ein Link zu der HTML-Datei angegeben werden, die mit dem Mausklick geöffnet werden soll. (Hier kann natürlich auch die Adresse eines fremden Webangebots eingetragen werden.)

Meldung eingeben

Der Netscape Communicator und Microsoft Internet Explorer unterstützen die Anzeige von Hilfetext in der Statuszeile. Wenn in der Slice-Palette unter **Meldung** ein Text eingegeben wird, erscheint dieser in der Statuszeile des Browsers, sobald die Maus das Slice berührt.

▸ Rollover-Effekte

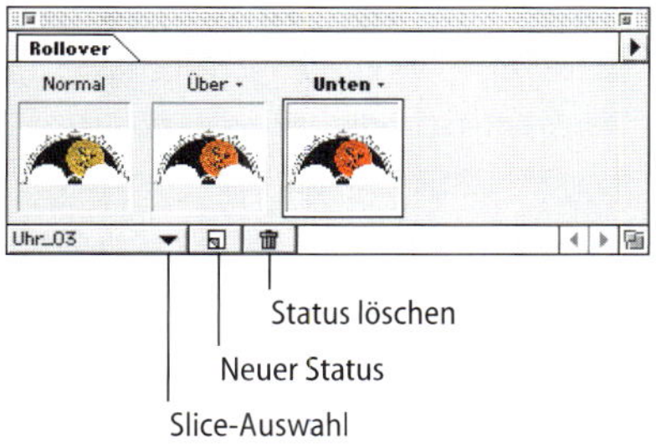

Was ist ein Rollover?

Man spricht von einem Rollover, wenn der Mauszeiger sensitive Bildschirmbereiche berührt. Ein Rollover ist mit einem visuellen Feedback verbunden, an dem der Anwender erkennt, daß er mit der Maus einen sensitiven Bereich »überrollt« hat. In ImageReady werden mit »Rollover« alle möglichen Arten von Mausaktionen bezeichnet, also auch Effekte wie Mousedown, Mouseleave oder Mausklick.

Vorsicht beim Ändern der Ebeneneinstellungen

Jeder Rollover-Status speichert bestimmte Ebeneneinstellungen. Wenn Sie Änderungen an den Ebenen vornehmen, sollten Sie sich vorher unbedingt vergewissern, daß Sie den richtigen Status aktiviert haben.

Vorsicht beim Anlegen eines neuen Status

Beim Neuanlegen eines Status übernimmt ImageReady entweder die Ebeneneinstellungen des vorherigen Status (wenn dieser aktiviert war) oder die des Status Normal. Überprüfen Sie sicherheitshalber für jeden neuen Status alle Ebeneneinstellungen.

Rollover-Status anlegen

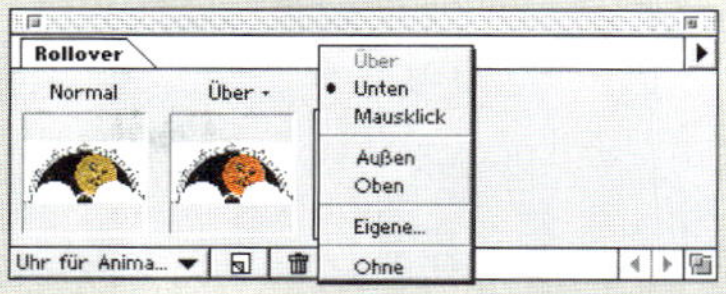

Ein Mausklick auf das Symbol ◱ in der Rollover-Palette oder der Befehl **Neuer Status** aus dem Palettenmenü legt für ein ausgewähltes Slice einen neuen Rollover-Status an. Die Art der Mausaktion wird in der Rollover-Palette über dem Thumbnail des jeweiligen Status eingestellt.

Der Status **Normal** ist für alle Slices identisch. Er läßt sich nicht ändern, da jedes Slice mindestens diesen Status besitzen muß. Die Option **Über** legt für den Rollover-Status ein Rollover im eigentlichen Sinne fest: Das Slice reagiert auf die Berührung des Mauszeigers, ohne daß ein Mausklick nötig wäre. Der Effekt **Unten** zeigt den Zustand an, der bei gedrückter Maustaste sichtbar sein soll. **Oben** gilt für den Fall, wenn die Maustaste wieder losgelassen wird, aber nicht der Über-Zustand angezeigt werden soll. Mit der Option **Außen** kann ein Zustand definiert werden, der beim Verlassen des sensitiven Bereichs eintreten und vom Status Normal unterschieden sein soll. Die Option **Mausklick** unterscheidet nicht zwischen Mousedown und Mouseup und sollte daher nur alternativ zu Unten und Oben eingesetzt werden. Mit **Eigene** kann ein eigener Mauseffekt eingebunden werden, dessen Verhalten in JavaScript programmiert ist. Jeder Effekt kann nur einmal pro Slice gewählt werden.

Rollover-Effekt einstellen

Jeder Rollover-Status zeigt eine Version des Bildes mit bestimmten Ebeneneinstellungen (Ebenenanordnung, Position der Ebeneninhalte, Sichtbarkeit, Deckkraft und Deckmodi). Das visuelle Feedback für Rollovers muß daher in Form von Ebenen organisiert sein. Um den Rollover-Status einzurichten, wird sein Thumbnail in der Rollover-Palette ausgewählt. Anschließend werden in der **Ebenenpalette** die nötigen Ebeneneinstellungen vorgenommen (Ein- und Ausblenden von Ebenen, Ändern der Deckkraft, Verschieben von Ebeneninhalten etc.).

Rollover-Effekt kopieren

Mit den Befehlen **Rollover-Status kopieren** und **Rollover-Status einfügen** lassen sich die Ebeneneinstellungen eines Status (Ebenenanordnung, Position der Ebeneninhalte, Sichtbarkeit, Deckkraft und Deckmodi) auf einen anderen Status übertragen. Ein kopierter Rollover-Status kann in der Animationenpalette auch als Animation eingefügt werden.

Änderungen anpassen

Eine globale Änderung an den Ebeneneinstellungen muß nicht in jedem Status einzeln angepaßt und wiederholt werden. Mit den Befehlen **Ebene in jedem Status anpassen** und **Ebene in allen Rollovers anpassen** aus dem Menü der Rollover-Palette können Änderungen an der aktuellen Ebene auf alle Status des ausgewählten Slice oder auf alle Slices des Bildes übertragen werden.

▸ Animationen

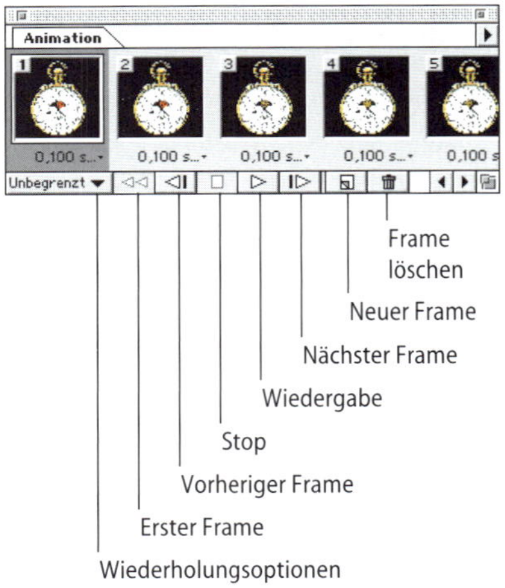

Doppelte Vorsicht beim Ändern der Ebeneneinstellungen

Jeder Frame einer Animation speichert bestimmte Ebeneneinstellungen. Wenn Sie Änderungen an den Ebenen vornehmen, müssen Sie doppelt aufpassen: **1.** Vergewissern Sie sich, daß in der Rollover-Palette der richtige Rollover-Status aktiviert ist.
2. Überprüfen Sie, ob in der Animationenpalette der richtige Frame ausgewählt ist.

Vorsicht beim Anlegen eines neuen Rollover-Status

Beim Neuanlegen eines Rollover-Status wird immer ein vorhandener Status dupliziert. Wenn dieser Status eine Animationssequenz besitzt, wird diese automatisch mit dupliziert. Weil diese Sequenz mit der Originalsequenz identisch ist, kann es bei der Bearbeitung der Frames leicht zu einer Verwechslung des Status kommen.

Animation anlegen

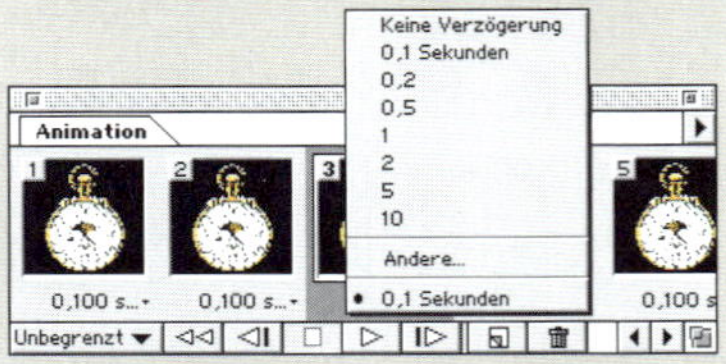

Animationen sind in ImageReady einem Rollover-Status zugeordnet. Mit dem Symbol ◱ in der Animationenpalette oder dem Befehl **Neuer Frame** aus dem Menü der Animationenpalette werden die Frames (Einzelbilder) einer Animationssequenz für den Rollover-Status angelegt, der in der Rollover-Palette ausgewählt ist.

Die **Wiedergabedauer** eines Frame wird im Einblendmenü unterhalb seines Thumbnails eingestellt. Um beispielsweise für eine Sequenz aus zehn Bildern eine Gesamtdauer von einer Sekunde festzulegen, kann für jedes Bild 0,1 Sekunden eingestellt werden. Wenn eine Zeit eingestellt werden soll, die im Menü nicht auswählbar ist, kann sie mit der Option **Andere** eingegeben werden. Der folgende Dialog erlaubt Eingaben auf zwei Nachkommastellen genau.

Im Menü links unten in der Palette wird die Anzahl der Wiederholungen für die gesamte Sequenz eingestellt. **Unbegrenzt** gibt die Sequenz in einer Endlosschleife wieder, bis ein Rollover-Status eintritt, dem eine andere oder keine Animation zugeordnet ist. **Einmal** spielt die Animation einmal ab und gibt anschließend den letzten Frame der Sequenz wieder. Mit **Andere** läßt sich eine bestimmte Anzahl Wiederholungen einstellen. Danach wird der letzte Frame der Sequenz angezeigt.

Frame einstellen

Jeder Frame der Animationssequenz gibt eine Version des Bildes mit bestimmten Ebeneneinstellungen wieder. Die Frames sollten daher als Ebenen vorliegen oder durch unterschiedliche Ebeneneinstellungen realisierbar sein. Um einen Frame einzurichten, wird sein Thumbnail in der Animationenpalette ausgewählt. Anschließend werden in der **Ebenenpalette** die nötigen Ebeneneinstellungen vorgenommen (Ein- und Ausblenden von Ebenen, Ändern der Deckkraft, Verschieben von Ebeneninhalten etc.).

Frames in Ebenen umwandeln

Der Befehl **Frames auf Ebenen reduzieren** im Palettenmenü erstellt aus den Frames einer Animation neue Ebenen (die Animation bleibt unverändert erhalten). Die Ebenen werden über der obersten Ebenen hinzugefügt.

Frames aus Ebenen

Die Funktion **Frames aus Ebenen erstellen** aus dem Palettenmenü erstellt aus allen Ebenen der aktuellen Datei eine Animationssequenz. Die unterste Ebene wird dabei zu Frame 1. Der Befehl ist nur auswählbar, wenn der aktuelle Rollover-Status noch keine Animation besitzt.

Frames importieren

Mit **Ordner als Frames** (Menü Datei, Importieren) lassen sich Bilder, die sich innerhalb eines gemeinsamen Ordners befinden, als Animation einfügen.

Web-optimierung

Wie sich Bilder in Photoshop oder ImageReady für kurze Ladezeiten und eine vorhersagbare Farbdarstellung optimieren lassen

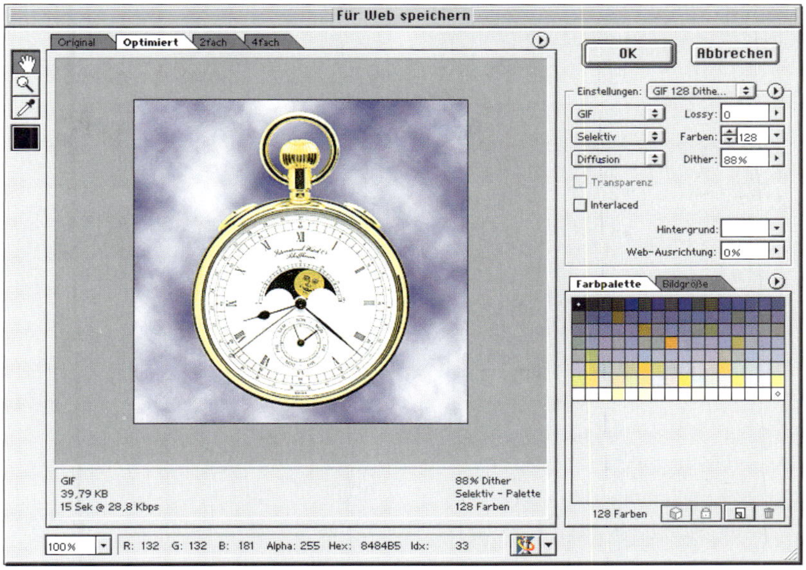

Die Liaison mit ImageReady macht Photoshop zu einem noch attraktiveren Tool für das Webpublishing. Der Juniorpartner verfügt neben den mit Photoshop gemeinsamen Funktionen über leistungsstarke Werkzeuge für die Weboptimierung. Darunter fallen beispielsweise alle Funktionen, die die Dateigröße von Bildern reduzieren, um möglichst kurze Ladezeiten zu erreichen. Auch fordert jeder Webdesigner eine vorhersagbare Wiedergabequalität, die auch auf Systemen mit niedriger Farbtiefe garantiert ist und nicht durch ein Browser-Dithering zunichte gemacht wird. Hier spielt ImageReady seine Stärken aus.

Zusätzlich kann das Programm Bilder in sogenannte Slices unterteilen und jedes Segment mit individuellen Optimierungseinstellungen sichern. Darüber hinaus lassen sich Rollover-Effekte erstellen und Animationssequenzen anlegen, die beispielsweise als animiertes GIF gespeichert werden. Photoshop-Anwender, die auf die letztgenannten Features verzichten können, finden auch im neuen Photoshop alle wichtigen Optimierungseinstellungen für Bilder, die im Web publiziert werden sollen. Alle nötigen Funktionen sind im Dialog Für Web speichern (Menü Datei) zusammengefaßt. Dieser Dialog, der wie der Befehl Kopie speichern unter eine Kopie der aktuellen Bilddatei speichert, »leiht« sich sozusagen die wichtigsten Optimierungseinstellungen von ImageReady.

Der Vorschaubereich entspricht mit seinen vier Ansichten (Original, Optimiert, 2fach und 4fach) dem Dateifenster von ImageReady. Die Optimierungseinstellungen rechts oben im Dialog stammen aus der Optimieren-Palette, und die beiden Reiter darunter stellen die Funktionen der Paletten Farbtabelle und Bildgröße bereit. Sogar die Palettenmenüs sind über die Pfeilsymbole erreichbar. Die Dialogoptionen werden daher auf den folgenden Seiten zusammen mit der jeweiligen Palette besprochen.

JPEG-Optimierung

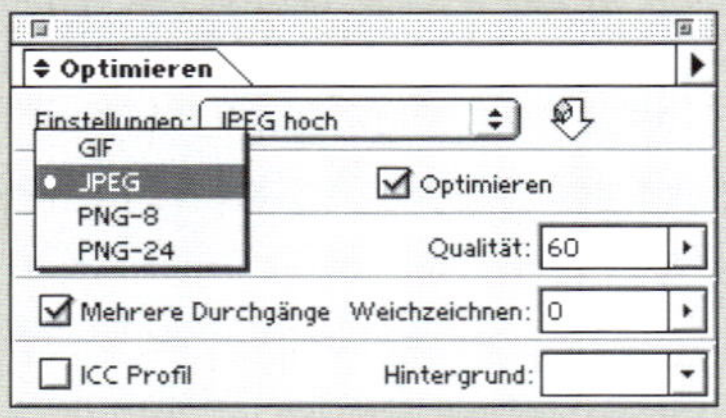

Wenn im zweiten Einblendmenü der Optimieren-Palette das Format JPEG ausgewählt ist, wird das Bild bzw. aktuelle Slice als JPEG-Datei gespeichert. Die Bildqualität bzw. Komprimierungsrate läßt sich unter **Qualität** auf einer Skala von 0 bis 100 einstellen. 0 bedeutet eine niedrige Qualität, aber hohe Komprimierung. Bei 100 ist der Qualitätsverlust zwar nicht sichtbar, die Speicherplatzeinsparung jedoch gering. Das Einblendmenü links neben der Option unterteilt die gesamte Skala in vier Bereiche: Maximum, Hoch, Mittel und Niedrig und wählt einen Standardwert aus (umgekehrt ändert eine Eingabe in das Qualitätsfeld auch die Option im Einblendmenü). Bei eingeschalteter Option **Optimieren** wird die Datei noch stärker komprimiert (nicht alle Browser unterstützen die Wiedergabe optimierter JPEGs). Die Option **Mehrere Durchgänge** speichert die Datei als Progressive JPEG, bei der der Bildaufbau schneller, aber zunächst nur in niedriger Auflösung beginnt. Die Option **Weichzeichnen** kann helfen, mögliche Verzerrungen entlang von Kanten zu verwischen, ist in der Regel jedoch nicht zu empfehlen. Wenn **ICC-Profil** aktiviert wird, bleibt ein eventuell in die Datei integriertes RGB-Profil erhalten, so daß es in Browsern, die das ICC-Farbmanagement unterstützen, zur Anzeige verwendet werden kann.

GIF-Optimierung

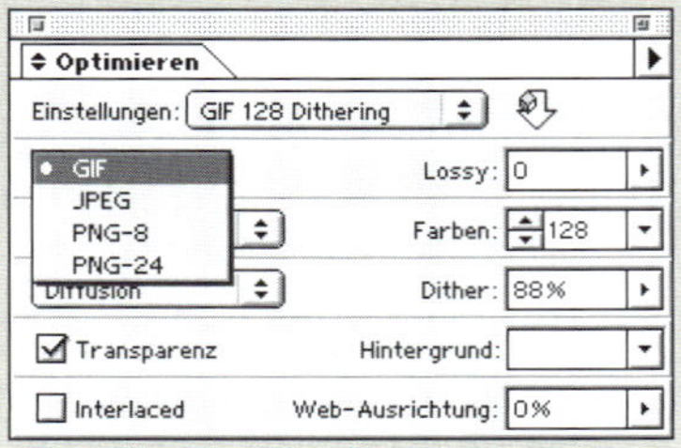

Ist im zweiten Einblendmenü der Optimieren-Palette die Option GIF gewählt, wird das ausgewählte Slice im GIF-Format gespeichert. (Die Bedeutung der Optionen wird weiter unten unter dem jeweiligen Stichwort erklärt.)

PNG-Optimierung

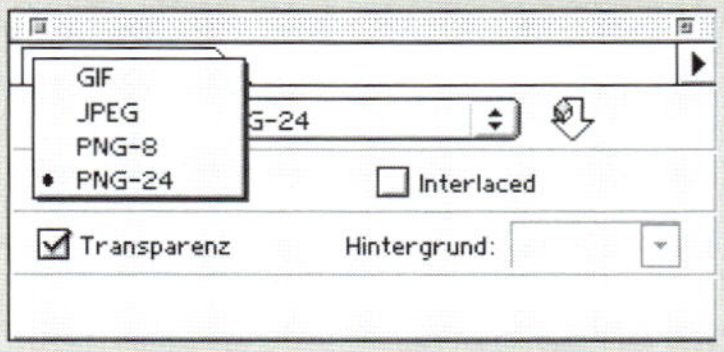

Um ein Bild oder Slice im PNG-Format zu speichern, wird im zweiten Einblendmenü die Option PNG-8 oder PNG-24 gewählt. **PNG-24** behält die Farbtiefe der Datei bei, während **PNG-8** die Datei in Indizierte Farben umwandelt. (Die Bedeutung der Optionen wird weiter unten unter dem jeweiligen Stichwort erklärt.)

Lossy

Die GIF-Option Lossy (engl. für »verlustbehaftet«) kann das Speichervolumen einer GIF-Datei noch einmal zusätzlich verringern, indem benachbarte Pixel ohne nennenswerten Farbunterschied durch eine ähnliche Farbe der Farbtabelle ersetzt werden.

Bildaufbau

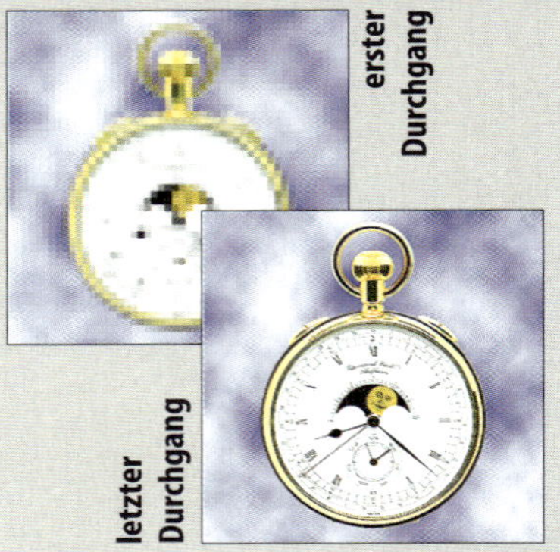

Die Formate JPEG, GIF und PNG ermöglichen einen sequentiellen Bildaufbau. Das bedeutet, daß der Websurfer nicht warten muß, bis alle Bilddaten übertragen sind, damit das Bild auf dem Bildschirm angezeigt wird, sondern daß zunächst eine niedrig aufgelöste Version übertragen und angezeigt wird, während die hoch aufgelösten Daten noch heruntergeladen werden. JPEG-Dateien mit gestaffeltem Bildaufbau werden als »progressiv« bezeichnet. Sie müssen mit aktivierter Option **Mehrere Durchgänge** gespeichert werden. Bei GIF- und PNG-Dateien heißt die Option **Interlaced.**

Optionen speichern

Die in der Optimieren-Palette vorgenommenen Einstellungen können mit dem Befehl **Einstellungen speichern** aus dem Menü der Optimieren-Palette als Set unter einem Namen gespeichert werden. Der Name steht dann im Menü Einstellungen in der Palette zur Auswahl. Wird der Name gewählt, werden die gespeicherten Einstellungen wieder aktiviert.

Farben auswählen

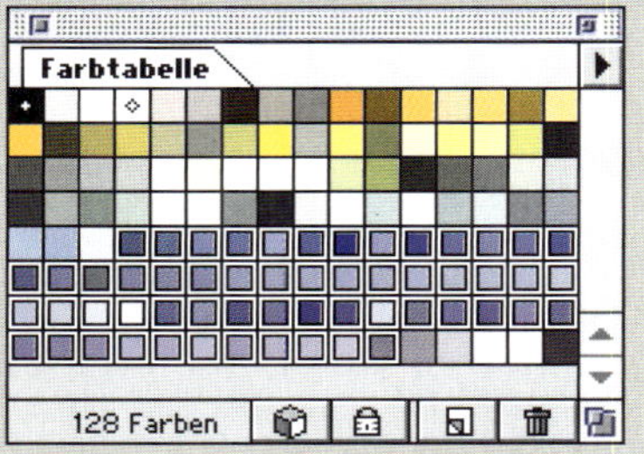

Um Farben der Farbtabelle bearbeiten, fixieren oder in webkompatible Farben umwandeln zu können, müssen sie vorher ausgewählt werden. Dazu gibt es mehrere Möglichkeiten.

Auswahl im Bild

Wenn mit der Pipette ins Bild geklickt wird, wird die angeklickte Farbe in der Palette Farbtabelle ausgewählt. Ausgewählte Farben sind durch einen weißen Rahmen gekennzeichnet (□).

- **Umschalttaste** und Klicken oder Ziehen wählt weitere Farben im Bild aus.

Auswahl in der Palette

Einzelne Farben werden mit einem einfachen Mausklick ausgewählt.

- **Strg/⌘** und **Klicken** auf weitere Farben wählt diese zusätzlich aus.
- **Umschalttaste** und **Klicken** auf eine zweite Farbe wählt einen zusammenhängenden Bereich. Für diese Methode ist es entscheidend, welche Sortierung im Menü der Palette Farbtabelle gewählt ist.

Auswahl mit Menübefehl

Das Menü der Palette Farbtabelle enthält einige Befehle zum Auswählen von Farben, deren Bedeutung sich aus dem jeweiligen Namen erschließt.

Farbe ändern

Um eine Farbe der Farbtabelle zu ändern, wird auf ihr Farbfeld in der Palette Farbtabelle doppelt geklickt. Dadurch öffnet sich der Dialog Farbwähler, in dem eine beliebige andere Farbe ausgewählt werden kann. Die ursprüngliche Farbe wird im gesamten Bild durch die neue ersetzt. Geänderte Farben werden durch ein schwarzes Plus-Symbol gekennzeichnet (□).

Farbe fixieren

Wenn bestimmte Farben in der Farbtabelle vor Veränderungen geschützt werden sollen (z.B. wenn sie nicht zu Webfarben verschoben werden dürfen), werden sie in der Palette Farbtabelle ausgewählt und mit dem Symbol 🔒 fixiert. Fixierte Farben werden in der rechten unteren Ecke des Farbfelds mit einem kleinen Quadrat mit Punkt in der Mitte gekennzeichnet (□).

Zu Webfarbe verschieben

Die Farben einer Farbtabelle, die mit den Farbumwandlungsmethoden Perzeptiv, Selektiv oder Adaptiv erstellt wurden, können auch nachträglich in Farben der Webfarbtabelle umgewandelt werden. Dazu werden die Farben in der Palette Farbtabelle ausgewählt und mit einem Mausklick auf das Symbol ◈ in webkompatible Farben konvertiert. Webkompatible Farben sind mit einer Raute gekennzeichnet (□).

Farbtabelle aktualisieren

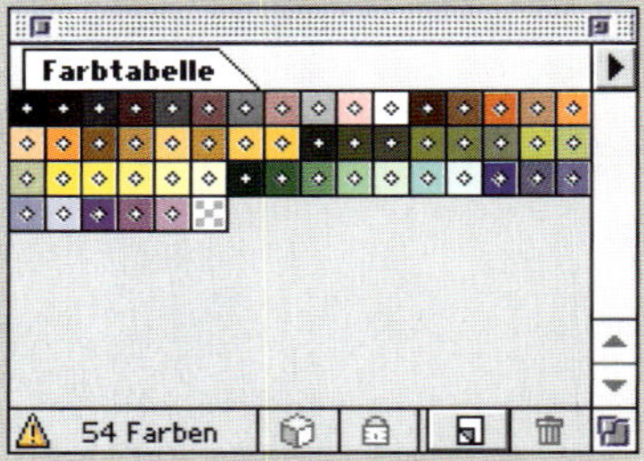

Wenn in der linken unteren Ecke der Palette Farbtabelle ein Warndreieck angezeigt wird, entsprechen die Farben der Tabelle nicht mehr den aktuellen Farben im Bild. Um die Farbtabelle zu aktualisieren, wird der Befehl **Farbtabelle neu aufbauen** aus dem Menü der Palette gewählt.

Toleranz für Webverschiebung

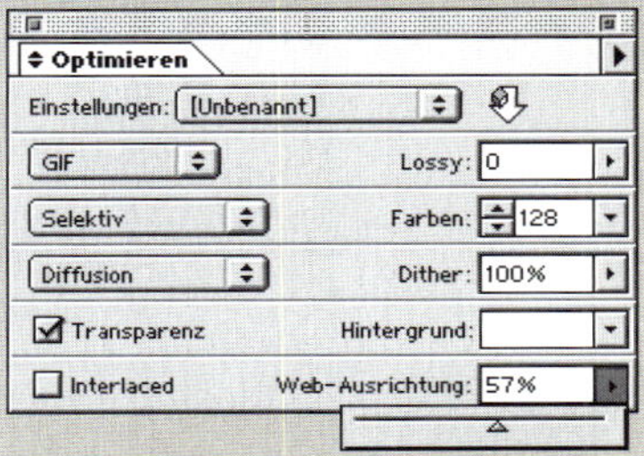

Mit der Option **Webausrichtung** in der Optimieren-Palette können die Farben eines Bildes »sanft« in die Webfarbtabelle verschoben werden. Die Einstellung 100 % wandelt wie das Symbol ◈ der Palette Farbtabelle alle Farben in Webfarben um. Bei 0 % findet keine Umwandlung statt. Bei allen anderen Zwischenwerten werden nur die Farben konvertiert, die innerhalb einer gewissen Abweichungstoleranz liegen, den Webfarben also bereits sehr ähnlich sind.

Farbumwandlungsmethoden

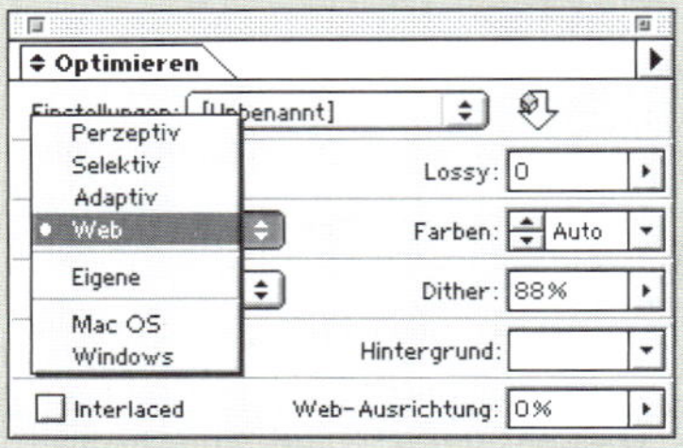

Während JPEG-Farbbilder immer eine Farbtiefe von 24 Bit (max. 16,7 Millionen Farben) besitzen, auch wenn die Anzahl der Farben im Bild durch den Komprimierungsalgorithmus verringert wird, findet beim Speichern von Farbbildern im GIF- oder PNG-8-Format – die Bilder werden dabei in den Modus Indizierte Farben umgewandelt – immer eine Reduktion der Farbtiefe auf 256 oder weniger Farben statt. Die im Bild vorkommenden Farben werden dabei näherungsweise in die Farben der ausgewählten oder erzeugten Farbtabelle verschoben. Photoshop und ImageReady stellen mehrere Farbumwandlungsmethoden zur Auswahl.

Mit der Option **Perzeptiv** wird eine Farbtabelle erzeugt, die an die menschliche Farbwahrnehmung angepaßt ist, die Farben im Bild jedoch stark ändert. Bei aktivierter Option **Selektiv** wird eine Farbtabelle basierend auf den im Bild vorkommenden Farben erstellt. Dabei achten die Programme darauf, daß ein möglichst breites Spektrum abgedeckt wird. Webfarben werden bevorzugt verwendet. Auch die Option **Adaptiv** erzeugt eine Farbtabelle auf der Grundlage der Farben im Bild. Es bleiben so viele Farben wie möglich erhalten. Welche Farben erhalten bleiben und welche durch Näherungsfarben oder Dithering dargestellt werden, hängt von ihrer Häufigkeit ab. Die Option **Eigene** fixiert die zuvor erstellte perzeptive, selektive oder adaptive Farbtabelle, so daß die Tabelle bei einer Änderung der Bildfarben nicht aktualisiert wird.

Mit der Option **Web** wird das Bild in die 216 Farben der standardisierten Webfarbtabelle umgewandelt. Diese Farben werden sowohl unter Windows als auch unter dem Mac OS ohne Browser-Dithering exakt dargestellt. Die Farbtabellen **Mac OS** und **Windows** enthalten die Standardsystemfarben des jeweiligen Betriebssystems. In beiden Tabellen sind die 216 Farben der Webtabelle vollständig enthalten.

Bei den Einstellungen Web, Mac OS und Windows berechnet Photoshop bzw. ImageReady die Anzahl der Farben automatisch.

Dithering-Methoden

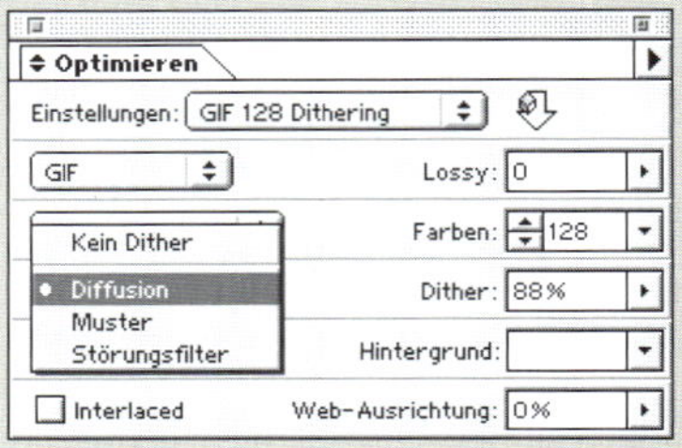

Die Dithering-Methode bestimmt, nach welchem Muster die Farben im Bild verteilt werden und welche Farben durch Kombination ähnlicher Farben simuliert werden (so kann sich beispielsweise, wenn ein dunkles und ein helles Blau benachbart verteilt werden, der Eindruck eines mittleren Blautons ergeben).

Nahtloses Diffusion-Dither

Wenn die Dithering-Methode Diffusion-Dither auf einzelne benachbarte Slices angewendet wird, können an den Kanten der Slices Musterabrisse sichtbar werden, da das Muster nicht nahtlos in das jeweils andere Slice übergeht. Um ein nahtloses Diffusion-Dither zu erzeugen, müssen die Slices miteinander verbunden werden.

Die Einstellung **Kein Dither** erzeugt ähnlich wie der Photoshop-Befehl Tontrennung eine flächige Verteilung der Farben. **Diffusion** wendet ein Diffusion-Dither an, eine stochastische (zufallsgesteuerte) Rasterungsmethode. Obwohl das Diffusion-Dither per Zufallsgenerator erzeugt wird, folgt es bestimmten Verteilungsgesetzen, die ihm eine ganz besondere ästhetische Anmutung geben. Die Stärke der Verteilung läßt sich im Eingabefeld rechts neben dem Einblendmenü einstellen. Der Wert 0 entspricht der Option Kein Dither, 100 stellt die höchste Zufallsverteilung ein. Mit der Option **Muster** wird ein sogenanntes Pattern-Dither angewendet, das auf einer regelmäßigen Anordnung der Farben beruht. Die Einstellung **Störungsfilter** nutzt den Algorithmus des Filters Störungen hinzufügen und erzeugt eine absolut zufällige Verteilung der Farben.

Browser-Dithering

Bei der Darstellung von geditherten Bildern auf Systemen mit einer Farbtiefe von nur 8 Bit (256 Farben) kann es passieren, daß sie zusätzlich noch einmal vom Browser gedithert werden. Dieser Effekt läßt sich unter Garantie nur verhindern, wenn die Webfarbtabelle angewendet wird. Der Befehl **Browser-Dithering** (in ImageReady im Menü Ansicht, Vorschau; in Photoshop im Menü des Vorschaubereichs im Dialog Für Web speichern) gibt eine Vorschau auf das zu erwartende Browser-Dithering.

Transparenz

Bei aktivierter Option **Transparenz** bleiben alle transparenten Bildbereiche durchsichtig – und zwar nicht nur die Randbereiche, sondern auch eingeschlossene transparente »Löcher«. Voraussetzung für die Beibehaltung der Transparenz ist, daß die Datei tatsächlich transparente Bereiche enthält und keine Hintergrundebene besitzt (dies gilt nur für Photoshop). Transparente GIFs oder PNGs können daher als Freisteller verwendet werden. Um die Randpixel der deckenden Bereiche in eine bestimmte Hintergrundfarbe überzublenden, kann diese Farbe bei der Option **Hintergrund** ausgewählt werden.

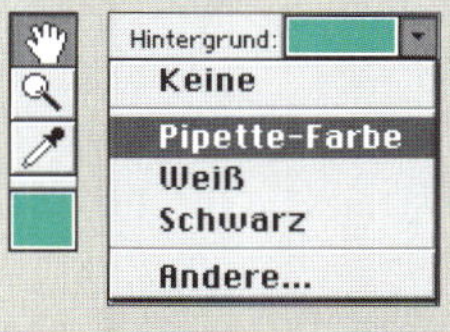

Die ominös klingende Option **Pipette-Farbe** im Menü der Option Hintergrund blendet die Randpixel in die mit der Pipette des Dialogs gewählte Farbe über. Die gewählte Farbe wird im Farbfeld an der linken Seite des Dialogs unterhalb des Pipettenwerkzeugs angezeigt.

Hintergrundfarbe

Mit der Option **Hintergrund** werden transparente Bereiche mit einer bestimmten Farbe gefüllt (vorausgesetzt, die Option Transparenz ist deaktiviert, sonst führen Photoshop und ImageReady an den Konturen der deckenden Bereiche nur ein Anti-Aliasing in die gewählte Farbe durch). Welche Farbe als Hintergrundfarbe verwendet werden soll, wird im Menü der Option ausgewählt. Die Bezeichnung »Hintergrund« meint nicht, daß hier die in der Werkzeugpalette eingestellte Hintergrundfarbe verwendet wird, sondern daß die im Optionsmenü gewählte Farbe als Hintergrund der Webseite dienen soll.

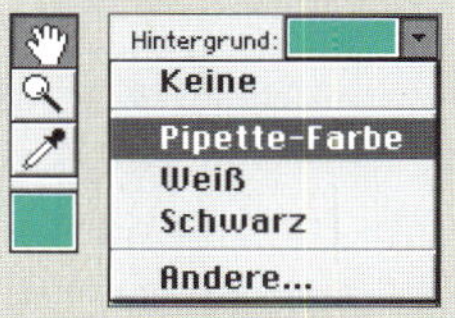

Die Option **Pipette-Farbe** im Menü der Option Hintergrund verwendet als Hintergrundfarbe die Farbe, die mit der Pipette des Dialogs aufgenommen wurde. Die gewählte Farbe wird im Farbfeld an der linken Seite des Dialogs unterhalb des Pipettenwerkzeugs angezeigt.

Pfade

Wie sich mit dem Zeichenstift noch flexiblere Auswahlmöglichkeiten ergeben

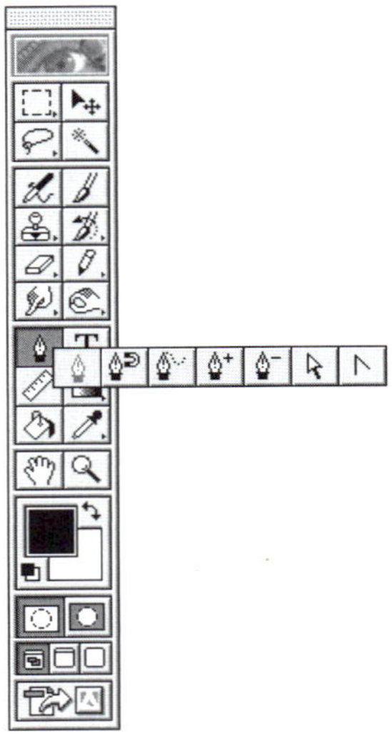

Die Taste P aktiviert das aktuelle Pfadwerkzeug. Umschalt + P oder ein Mausklick bei gedrückter Alt/⌥-Taste auf das momentan sichtbare Pfadwerkzeug wechselt der Reihe nach zwischen Zeichenstift, Magnetischem Zeichenstift und Freiformzeichenstift.

Zeichenstift P

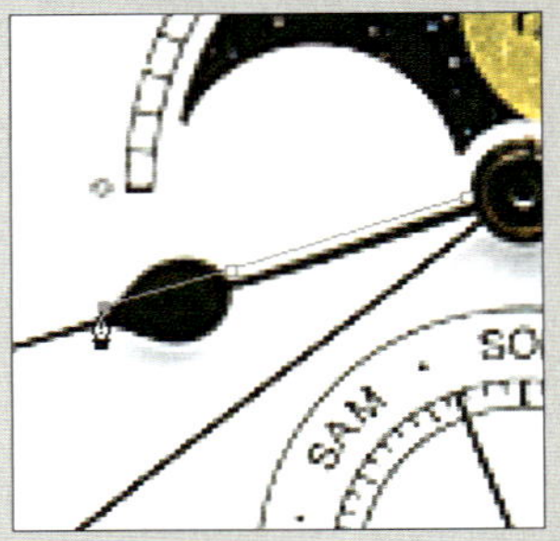

Zeichnet einen neuen Pfad. Mit einzelnen Mausklicks entstehen Ankerpunkte, die durch gerade **Linien** verbunden sind. Das Zeichnen eines zusammenhängenden Pfades ist entweder dann abgeschlossen, wenn der Pfad eine geschlossene Form ergibt (Endpunkt an Anfangspunkt heranführen) oder wenn zu einem anderen Werkzeug gewechselt wird.

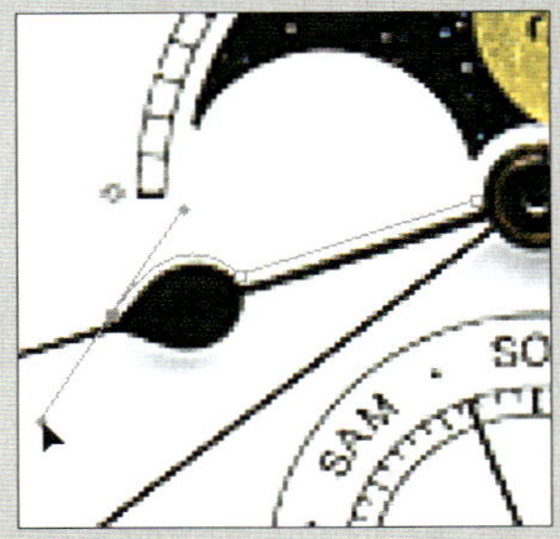

Wird die Maustaste nach dem Setzen eines Ankerpunktes gedrückt gehalten und die Maus bewegt, entsteht eine Kurve. Beim Ziehen wird der führende Griff bewegt, der die Form des Segments zum nächsten Punkt bestimmt.

- **Umschalttaste** schränkt die Bewegung auf Vielfache von 45° ein.
- **Alt/⌥-Taste** aktiviert das Ankerpunkt-umwandeln-Werkzeug. Beim Ziehen wird der führende Griff unabhängig vom anderen Griff bewegt.
- **Strg/⌘-Taste** wechselt kurzzeitig zum Direktauswahl-Werkzeug.
- **Strg/⌘ + Alt/⌥-Taste** aktiviert die Direktauswahl im Kopie-Modus.

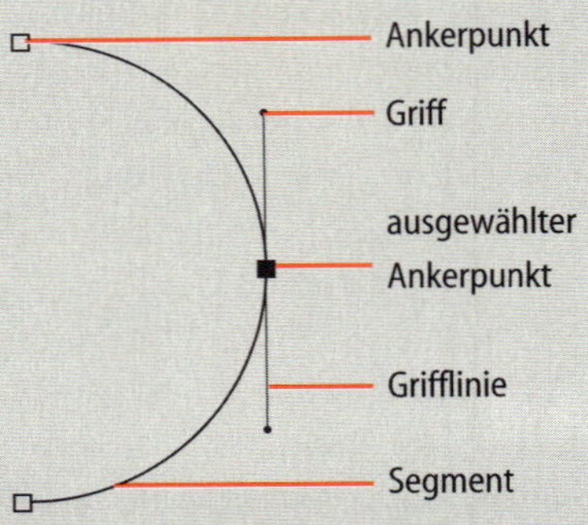

Der Zeichenstift arbeitet ähnlich wie das Bézierwerkzeug eines vektororientierten Grafikprogramms (beispielsweise Adobe Illustrator, Macromedia FreeHand oder CorelDraw). Mit der Maus werden **Ankerpunkte** gesetzt. Die Form des zwei Ankerpunkte verbindenden **Segments** wird durch Ziehen an den zu den Ankerpunkten gehörenden **Griffen** verändert. Mehrere zusammenhängende Segmente werden als **Unterpfad** bezeichnet, Ankerpunkte, die zwischen zwei Segmenten liegen, auch als **Übergangspunkte**.

Alle Pfadwerkzeuge funktionieren kontextabhängig. So wechselt der Zeichenstift beispielsweise über einem bereits gezeichneten Pfad automatisch zum Ankerpunkt-einfügen-Werkzeug.

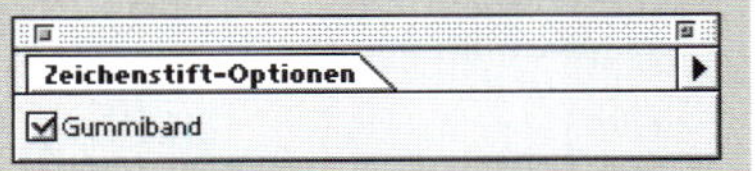

Die Option **Gummiband** in der Optionenpalette des Zeichenstifts macht das neu gezeichnete Segment auch schon vor dem Setzen des nächsten Ankerpunkts sichtbar.

Magnetischer Zeichenstift P

Zeichnet einen neuen Pfad und fixiert die Ankerpunkte entlang von kontrastreichen Konturen. Die Maustaste muß beim Zeichnen nicht gedrückt gehalten werden; es genügt, einmal zu klicken und den Mauszeiger dann an der Kontur entlangzuführen. Mit einzelnen Mausklicks entstehen Befestigungspunkte, die den Pfad vorübergehend fixieren. Ob ein Befestigungspunkt als Ankerpunkt bestehen bleibt oder automatisch gelöscht wird, hängt von der Pfadform und den Einstellungen in der Optionenpalette des Magnetischen Zeichenstifts ab.

Das Zeichnen eines zusammenhängenden Pfades ist abgeschlossen, wenn der Pfad eine geschlossene Form ergibt (Endpunkt an Anfangspunkt heranführen) oder die Eingabetaste betätigt wird.

- **Doppelklick** schließt den Pfad mit einem geraden Segment.
- **Alt/⌥-Taste** aktiviert, wenn die Maus gezogen wird, kurzzeitig den Freiformzeichenstift oder, wenn durch einfaches Klicken nur Punkte gesetzt werden, den normalen Zeichenstift im Gummibandmodus. In beiden Fällen werden die magnetischen Eigenschaften vorübergehend außer Kraft gesetzt.
- **Strg/⌘-Taste** wechselt kurzzeitig zum Direktauswahl-Werkzeug.
- **Strg/⌘ + Alt/⌥-Taste** aktiviert die Direktauswahl im Kopie-Modus.

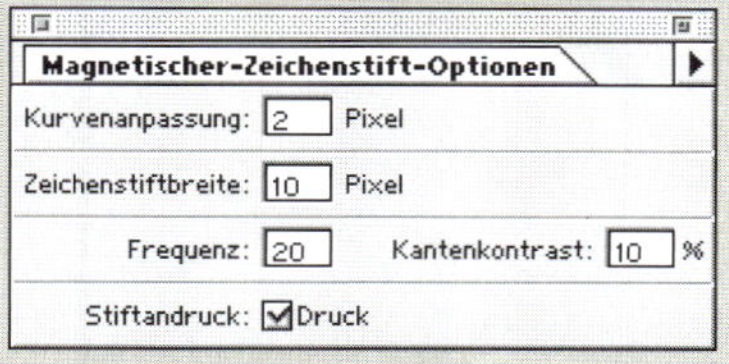

In der Optionenpalette des Magnetischen Zeichenstifts läßt sich mit **Kurvenanpassung** (zwischen 0,5 und 10 Pixel) vorgeben, wie genau sich der Pfad an die Form der Kontur anpassen soll. Kleinere Werte ergeben einen genaueren Kurvenverlauf. Unter **Zeichenstiftbreite** wird der Anziehungsabstand beim Zeichnen des Pfades vorgegeben. Je kleiner die Stiftbreite, desto näher muß das Werkzeug an die Kontur herangeführt werden. Über die **Frequenz** wird gesteuert, wie viele Befestigungspunkte (nicht Ankerpunkte) der Magnetische Zeichenstift entlang der Kontur setzt. Mit **Kantenkontrast** wird bestimmt, ab welchem Tonwertunterschied benachbarter Pixel der Magnetische Zeichenstift sie als Kontur erkennt.

Freiformzeichenstift P

Erstellt einen beliebig geformten Pfad durch Zeichnen mit der Maus.

- **Alt/⌥-Taste** aktiviert den normalen Zeichenstift im Gummibandmodus (erst Alt/⌥-Taste drücken, dann Maustaste loslassen und mit einzelnen Mausklicks Pfadsegmente fixieren).
- **Strg/⌘-Taste** wechselt kurzzeitig zum Direktauswahl-Werkzeug.
- **Strg/⌘ + Alt/⌥-Taste** aktiviert die Direktauswahl im Kopie-Modus.

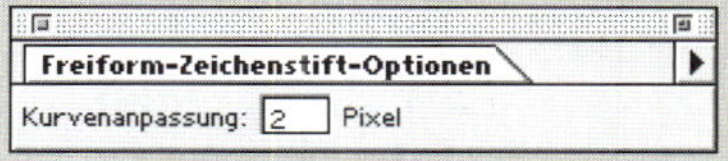

In der Optionenpalette des Freiformzeichenstifts wird unter **Kurvenanpassung** angegeben, ob der Pfad mit wenigen Ankerpunkten auskommt oder viele Punkte benötigt. Kleinere Werte bedeuten mehr Punkte, aber auch eine höhere Kurvengenauigkeit.

Intelligente Werkzeuge

Alle Pfadwerkzeuge funktionieren kontextabhängig, das heißt, sie verändern ihre Funktionsweise, je nachdem ob sie sich über einem Pfadsegment, einem Ankerpunkt oder außerhalb eines Pfades befinden. Welche Funktion gerade aktiv ist, ist am Mauszeiger zu erkennen (siehe die Tabelle auf der nächsten Seite).

Ankerpunkt einfügen

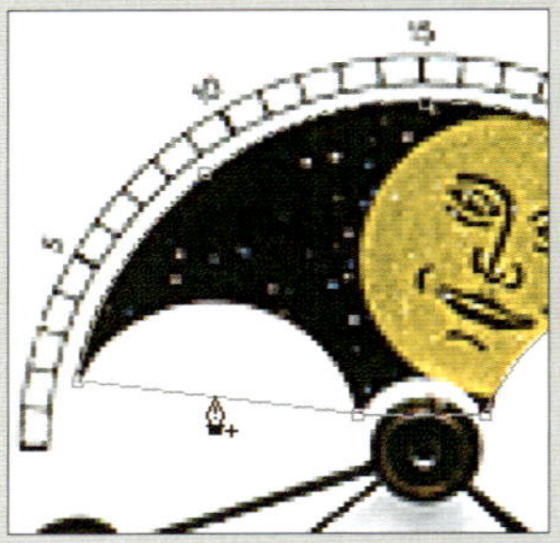

Fügt mit einem Mausklick auf ein Pfadsegment einen neuen Ankerpunkt ein.

- **Alt/⌥-Taste** wechselt über einem Punkt zum Ankerpunkt-löschen-Werkzeug.
- **Strg/⌘-Taste** wechselt kurzzeitig zum Direktauswahl-Werkzeug.
- **Strg/⌘ + Alt/⌥-Taste** aktiviert die Direktauswahl im Kopie-Modus.

Ankerpunkt löschen

Löscht mit einem Mausklick einen Ankerpunkt aus einem Pfad.

- **Alt/⌥-Taste** wechselt über einem Pfadsegment zum Ankerpunkt-einfügen-Werkzeug.
- **Strg/⌘-Taste** wechselt kurzzeitig zum Direktauswahl-Werkzeug.
- **Strg/⌘ + Alt/⌥-Taste** aktiviert die Direktauswahl im Kopie-Modus.

Direktauswahl

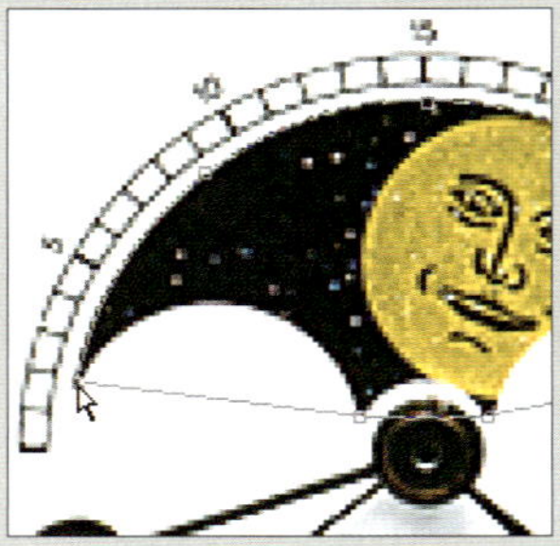

Wählt einen Pfad, ein Pfadsegment, einen Ankerpunkt oder einen Griff aus, um durch Verschieben des jeweiligen Pfadelements die Form des Pfades nachträglich zu ändern. Durch Aufziehen eines Auswahlrechtecks können mehrere Ankerpunkte gleichzeitig ausgewählt werden.

- **Umschalttaste** wählt alle nacheinander angeklickten Ankerpunkte aus.
- **Alt/⌥-Taste** aktiviert den Kopie-Modus, in dem das Direktauswahl-Werkzeug ein Duplikat des Pfades erstellt und dieses anstelle des Originals verschiebt.

Ankerpunkt umwandeln

Wandelt einen Ankerpunkt in einen Eckpunkt ohne Griffe um (auf Ankerpunkt klicken) oder zieht zwei gegenläufige Griffe aus dem Punkt heraus.

- **Umschalttaste** schränkt die Bewegung auf Vielfache von 45° ein.
- **Alt/⌥-Taste** zieht nur einen Griff aus dem Punkt heraus.
- **Strg/⌘-Taste** wechselt kurzzeitig zum Direktauswahl-Werkzeug.
- **Strg/⌘ + Alt/⌥-Taste** aktiviert die Direktauswahl im Kopie-Modus.

Kontextabhängige Funktion: Pfadwerkzeuge

Werkzeug	Auf Segment	Auf Punkt	Außerhalb
Zeichenstift			
Magnetischer Zeichenstift			
Freiformzeichenstift			
Ankerpunkt-einfügen-Werkzeug			
Ankerpunkt-löschen-Werkzeug			
Direktauswahl-Werkzeug			
Ankerpunkt-umwandeln-Werkzeug			

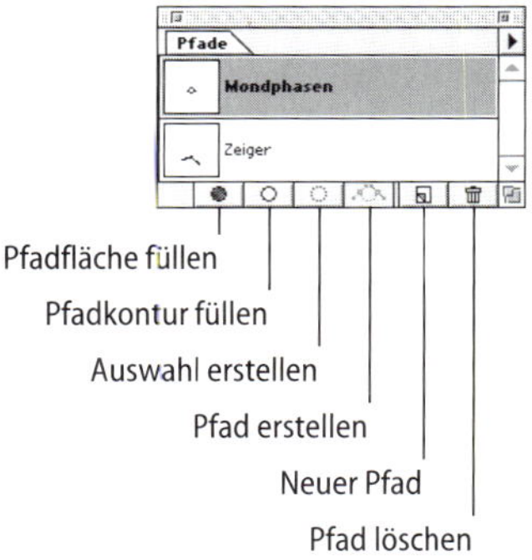

Arbeitspfad sichern

Arbeitspfade haben den Nachteil, daß sie sich weder duplizieren noch in einen Beschneidungspfad umwandeln lassen. Deshalb sollten sie unter einem Namen gesichert werden. Dazu wird ihr Etikett auf das Symbol ◱ gezogen.

- **Alt/⌥-Taste** öffnet wie der Befehl Pfad sichern aus dem Menü der Pfadepalette einen Dialog, in dem der Name geändert werden kann.

Pfad aus Auswahl erstellen

Das Symbol ⁂ in der Pfadepalette wandelt eine Auswahl in einen Pfad um.

- **Alt/⌥-Taste** öffnet wie der Befehl Arbeitspfad erstellen aus dem Menü der Pfadepalette einen Dialog zur Vorgabe der Kurvengenauigkeit.

Pfad in Auswahl umwandeln

Das Symbol ⁙ in der Pfadepalette wandelt den aktuellen Pfad oder einen ausgewählten Unterpfad in eine Auswahl um. Alternativ kann auch bei gedrückter Strg/⌘-Taste auf das Pfadetikett geklickt werden.

Pfadfläche füllen / Unterpfadfläche füllen

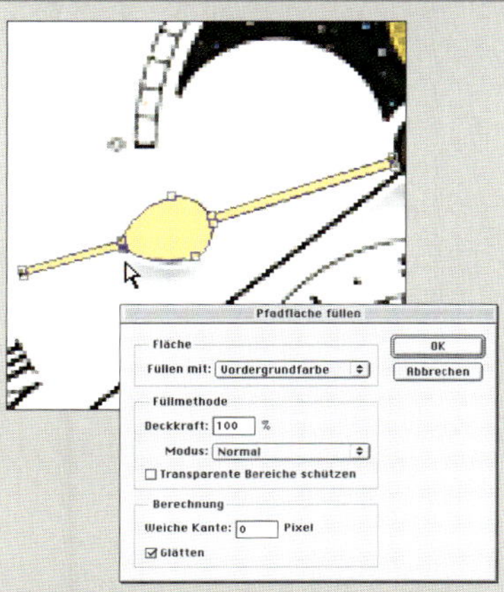

Die Symboltaste ● der Pfadepalette füllt die von einem Pfad oder Unterpfad umschlossene Fläche.

- **Alt/⌥-Taste** blendet den Dialog Pfadfläche füllen ein, der auch mit dem gleichnamigen Befehl aus dem Palettenmenü geöffnet werden kann.

Bild mit Pfad maskieren

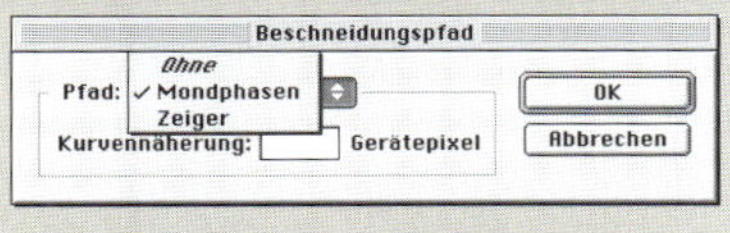

Falls ein Bildmotiv in einem Layoutprogramm als Freisteller plaziert werden soll, wird es mit einem Pfad umgrenzt und dieser in einen **Beschneidungspfad** umgewandelt (Menü der Pfadepalette). Die Datei muß dann im Photoshop-EPS- oder TIFF-Format gesichert werden. Beschneidungspfade werden in der Pfadepalette mit konturierter Schrift gekennzeichnet.

Pfadkontur füllen / Unterpfadkontur füllen

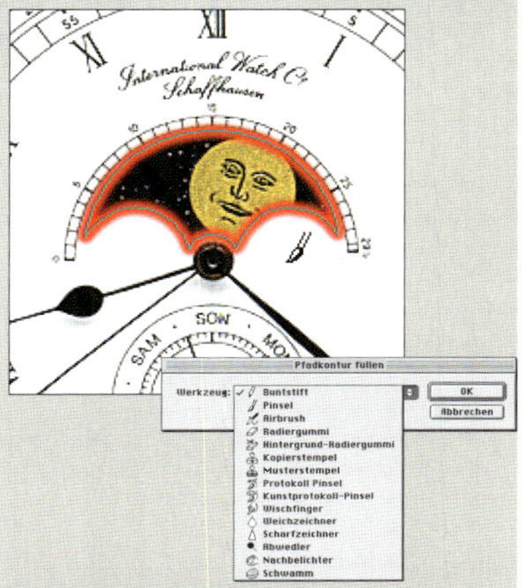

Die Symboltaste ○ zeichnet den Pfad bzw. ausgewählten Unterpfad mit dem in der Werkzeugpalette aktiven Malwerkzeug in der Vordergrundfarbe nach.

- **Alt/⌥-Taste** blendet den Dialog Pfadkontur füllen ein, der auch mit dem gleichnamigen Befehl aus dem Palettenmenü geöffnet werden kann. Im Dialog läßt sich jedes beliebige Mal- oder Retuschewerkzeug wählen.

Pfad verschwunden?

Sobald ein Etikett in der Pfadepalette ausgewählt wird, wird der darin enthaltene Pfad im Bild sichtbar. Falls der Pfad wider Erwarten nicht sichtbar sein sollte, ist er möglicherweise nur ausgeblendet. Die Tastenkombination **Umschalt + Strg/⌘ + H** (oder die Funktion Pfad einblenden aus dem Menü Ansicht) blendet den Pfad wieder ein.

Kanäle

Wie sich mit Kanälen Farben, Auswahlen und Masken erzeugen lassen

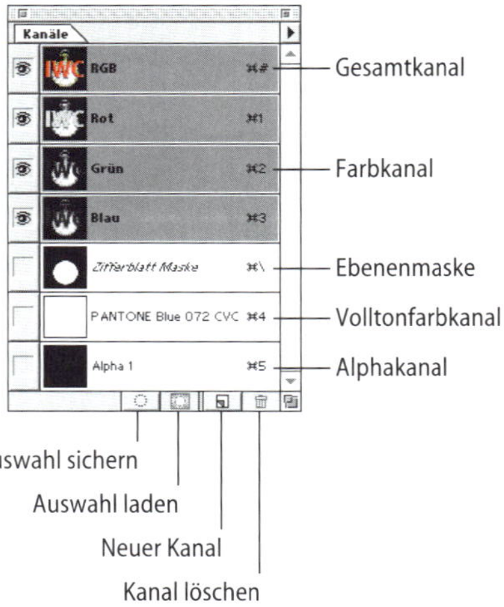

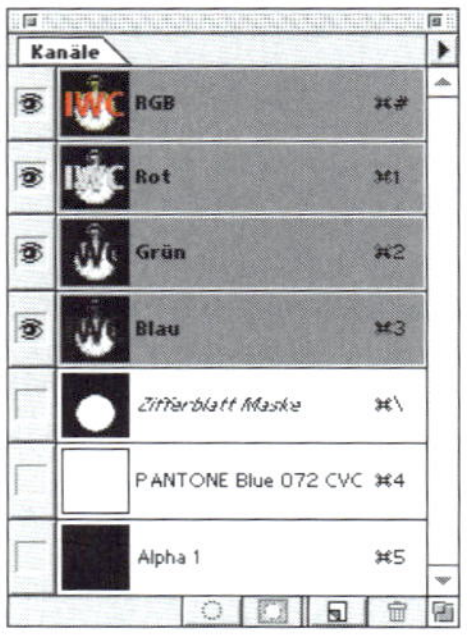

Um nur einen einzelnen Kanal einzublenden und zu aktivieren, wird die Strg/⌘-Taste gefolgt von der Nummer des Kanals gedrückt. Strg/⌘ + # wählt den Gesamtkanal.

In der Kanälepalette werden mehrere Arten von Kanälen unterschieden. An oberster Stelle erscheint der **Gesamtkanal**, der sämtliche Farbinformationen zeigt. Darunter sind die **Farbkanäle** angeordnet, aus denen der Gesamtkanal zusammengesetzt ist. Die Anzahl und die Farbe der Farbkanäle ergibt sich aus dem Farbmodus des Bildes. Jede Ebene des Bildes hat eigene Farbkanäle. Die Kanälepalette zeigt in jedem Farbkanal die Anteile aus allen sichtbaren Ebenen. Neben den Farbkanälen des gewählten Farbsystems kann ein Bild **Volltonfarbkanäle** enthalten, die den Druck mit zusätzlichen Sonderfarben ermöglichen.

Eine andere Funktion als Farbkanäle besitzen die **Alphakanäle:** Sie dienen zur dauerhaften Speicherung und Bearbeitung von Auswahlen. Darüber hinaus listet die Kanälepalette auch **Ebenenmasken** (sofern die aktuelle Ebene eine Ebenenmaske enthält) und Masken von **Einstellungsebenen** (sofern eine Einstellungsebene ausgewählt ist) auf. Bei aktivem **Maskierungsmodus** ist auch dieser mit einem eigenen Etikett vertreten.

Farbkanäle auswählen

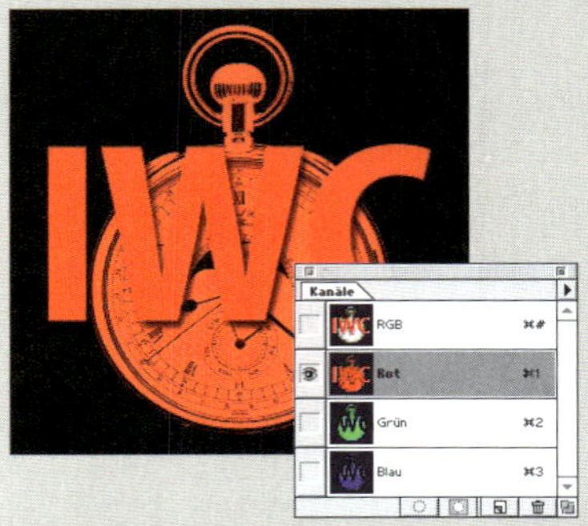

Auch wenn Farbkorrekturen normalerweise am gesamten Bild vorgenommen werden, kann es manchmal hilfreich sein, nur in einem Farbkanal zu arbeiten. Dazu wird einfach auf das Etikett des Farbkanals geklickt. Alle übrigen Kanäle werden dabei automatisch ausgeblendet. Ein Mausklick auf den Gesamtkanal aktiviert automatisch alle Farbkanäle.

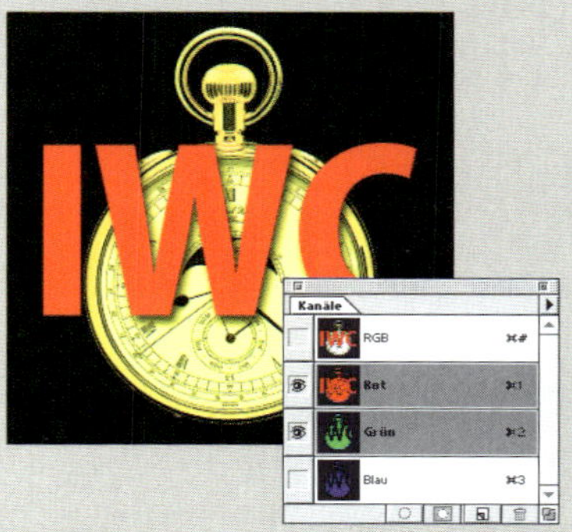

- **Umschalttaste** ermöglicht das gleichzeitige Auswählen mehrerer Farbkanäle oder wählt einen ausgewählten Farbkanal wieder ab.

Farbkanäle farbig anzeigen

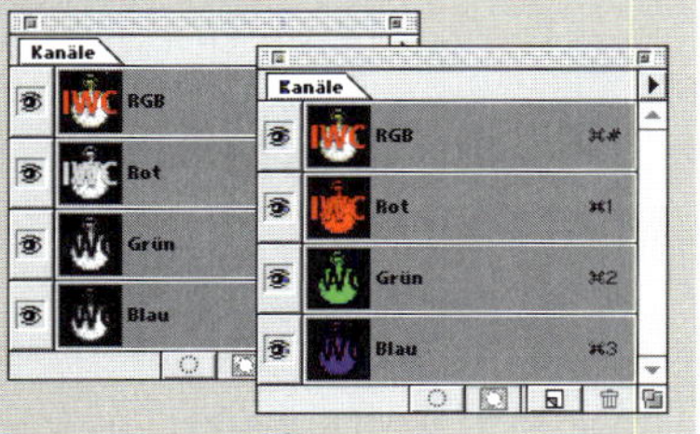

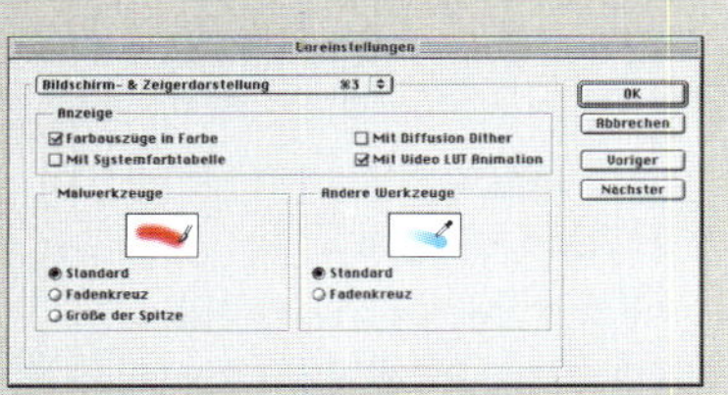

Der Inhalt eines einzelnen Farbkanals wird normalerweise mit den entsprechenden Grauwerten angezeigt. Nach dem Aktivieren der Option **Farbauszüge in Farbe** im Dialog Datei, Voreinstellungen, Bildschirm- & Zeigerdarstellung werden Farbkanäle und Volltonfarbkanäle in der Auszugsfarbe bzw. Volltonfarbe angezeigt. Dies betrifft auch die Thumbnails in der Kanälepalette.

Kanal verschieben

Das Etikett eines Alphakanals oder Volltonfarbkanals anklicken und mit gedrückter Maustaste an eine beliebige Position unterhalb der Farbkanäle verschieben. Der Gesamtkanal und die Farbkanäle belegen immer die ersten Plätze in der Palette und können nicht verschoben werden. Die Reihenfolge der Alphakanäle hat keine Auswirkung auf das Bild. Die Anordnung der Volltonfarbkanäle bestimmt, in welcher Reihenfolge sie auf einem Drucker oder Belichter ausgegeben werden.

Alphakanal anlegen

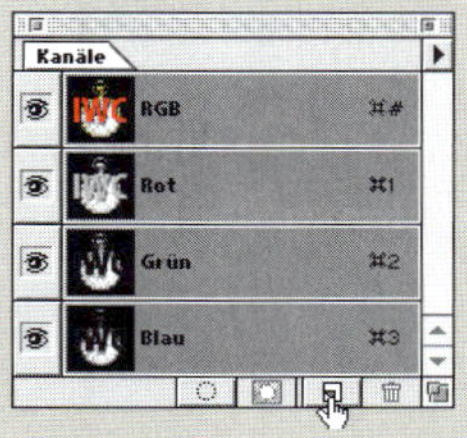

Das Symbol in der Kanälepalette fügt einen neuen Alphakanal an unterster Stelle in die Palette ein. Der neue Kanal wird automatisch aktiviert.

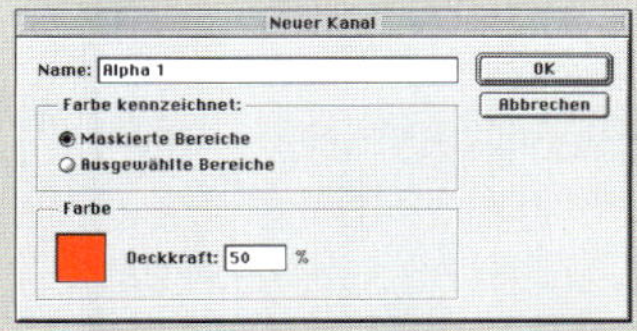

- **Alt/⌥-Taste** blendet wie der Befehl Neuer Kanal aus dem Menü der Kanälepalette einen Dialog ein, in dem sich ein Name vergeben und bestimmen läßt, welche Bereiche – maskierte oder nicht maskierte – in der Maskenfarbe angezeigt werden sollen.
- **Strg/⌘-Taste** erstellt anstelle eines Alphakanals einen Volltonfarbkanal.

Kanal umbenennen

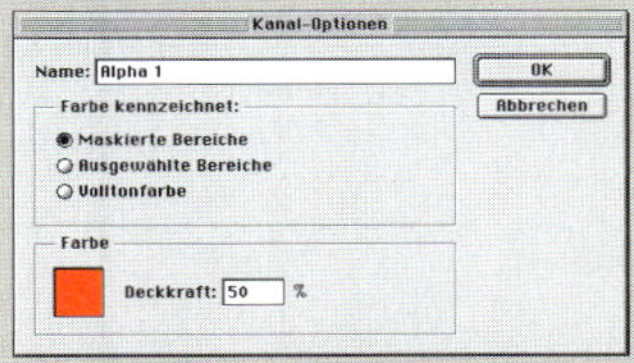

Alphakanäle und Volltonfarbkanäle können im Dialog Kanal-Optionen, der mit einem Doppelklick auf das Kanaletikett eingeblendet wird, einen neuen Namen erhalten.

Volltonfarbkanal anlegen

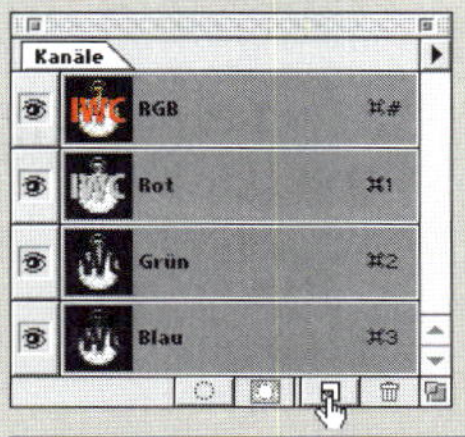

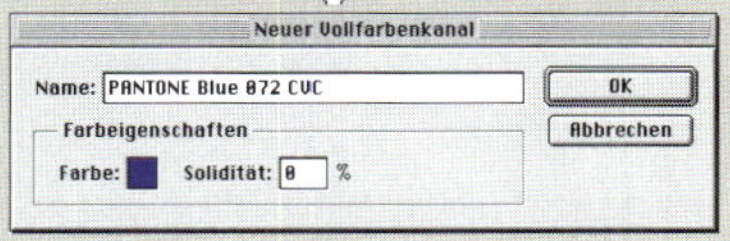

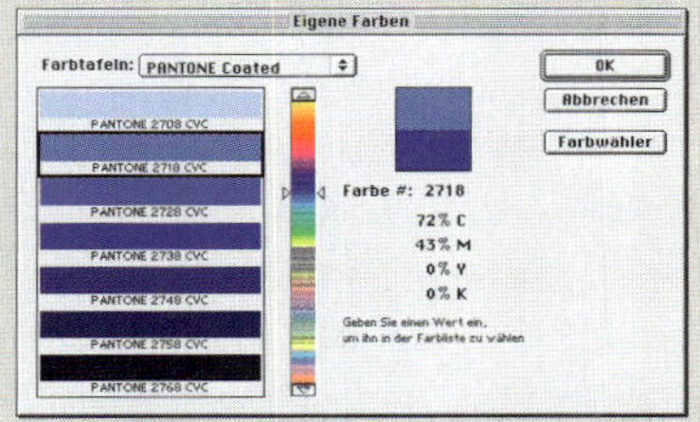

Ein neuer Volltonfarbkanal wird mit einem Mausklick bei gedrückter **Strg/⌘-Taste** auf das Symbol in der Kanälepalette oder mit der Funktion Neuer Vollfarbenkanal aus dem Menü der Kanälepalette angelegt (mit »Vollfarbe« ist Volltonfarbe gemeint). Im Dialog kann mit einem Mausklick auf das **Farbfeld** die gewünschte Schmuckfarbe aus einer der Farbbibliotheken ausgewählt werden. Photoshop übernimmt den Farbnamen automatisch als Name für den Kanal. Die Option **Solidität** (gemeint ist die Opazität der Druckfarbe) ist für eine korrekte Wiedergabe der Deckwirkung der Farbe am Bildschirm zuständig. Für voll deckende Farben wie Metalliclacke ist eine Solidität von 100 % einzustellen, bei lasierenden Farben ist sie entsprechend niedriger zu veranschlagen. Diese Option steuert nur die Bildschirmdarstellung, hat also keinen Einfluß auf die Farbmenge im Volltonfarbkanal.

Auswahl als Alpha- oder Volltonfarbkanal sichern

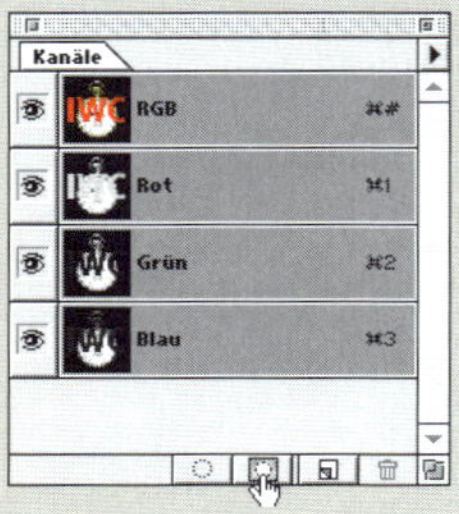

Um eine bestehende Auswahl in die Maske eines neuen Alphakanals umzuwandeln, wird bei aktiver Auswahl auf das Symbol am unteren Rand der Kanälepalette geklickt. Die zuvor ausgewählten Bereiche erscheinen im Kanal als weiße Bereiche, nicht ausgewählte schwarz. Teilweise ausgewählte Bereiche gehen als graue Pixel in den Kanal ein.

- **Alt/⌥-Taste** (nur bei Alphakanälen) öffnet den Dialog Neuer Kanal, in dem ein Name für den Alphakanal vorgegeben werden kann.
- **Strg/⌘-Taste** erstellt anstelle eines Alphakanals einen Volltonfarbkanal. Im Dialog kann die gewünschte Sonderfarbe ausgewählt und ihre Solidität eingestellt werden.

Kanal als Auswahl laden

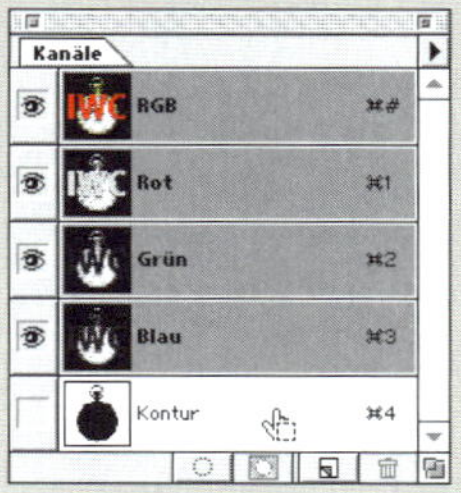

Um die Maske eines Alphakanals als Auswahl zu laden, wird bei gedrückter Strg/⌘-Taste auf das Etikett des gewünschten Alphakanals geklickt (auch Farb- und Volltonfarbkanäle lassen sich so als Auswahl laden). Das Etikett des Kanals kann auch auf das Symbol gezogen werden. Wenn der Kanal bereits ausgewählt ist, genügt ein einfacher Mausklick auf das Symbol.

Falls bereits eine Auswahl besteht, läßt sich die Kanalauswahl mit ihr kombinieren. Für die Kombinationsarten Hinzufügen, Abziehen und Schnittmenge sind bestimmte Tastenkürzel festgelegt (siehe Tabelle), die übrigens auch bei Pfaden, Ebenenmasken und Transparenzmasken funktionieren.

Kanal duplizieren

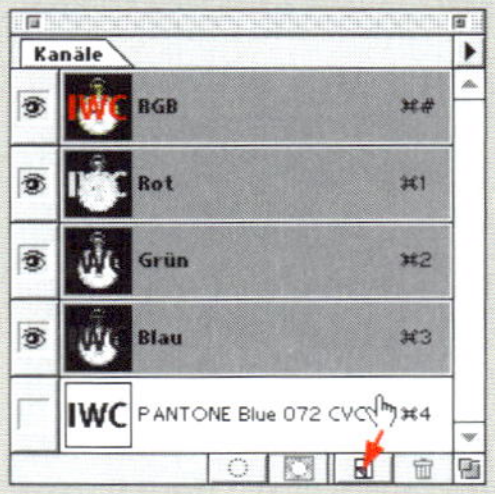

Das Etikett des Kanals auf das Symbol in der Kanälepalette ziehen.

- **Alt/⌥-Taste** blendet wie der gleichnamige Befehl aus dem Palettenmenü den Dialog Kanal duplizieren ein. Der Dialog ermöglicht es auch, den Kanal in eine andere geöffnete Datei gleicher Größe oder in eine neue Graustufendatei zu kopieren. Die Option Umkehren vertauscht dabei maskierte und ausgewählte Bereiche.

Kanal löschen

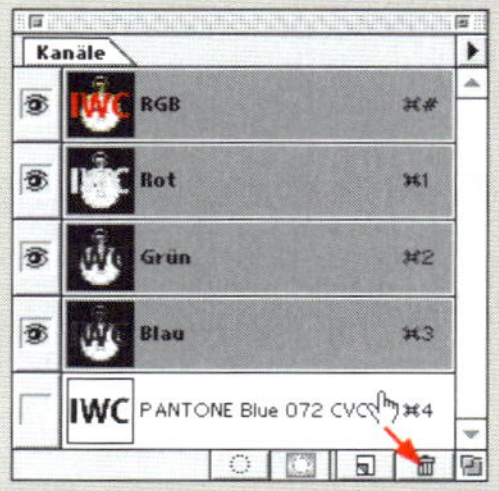

Das Kanaletikett auf das Symbol ziehen oder den Befehl Kanal löschen aus dem Palettenmenü wählen. Um einen Kanal mit Sicherheitsabfrage zu löschen, wird sein Etikett markiert und das Symbol nur angeklickt.

Achtung: Durch das Löschen eines Farbkanals verliert das Bild seinen Farbmodus, und es entsteht ein auf die Hintergrundebene reduziertes Mehrkanalbild.

Kombinationen: Kanal als Auswahl laden

Tasten	Aktion
Strg/⌘	Kanal als Auswahl laden
Umschalt + Strg/⌘	Kanal zur Auswahl hinzufügen
Strg/⌘ + Alt/⌥	Kanal von der Auswahl abziehen
Umschalt + Strg/⌘ + Alt/⌥	Schnittmenge aus Kanal und Auswahl bilden

Alphakanal in Volltonfarbkanal umwandeln

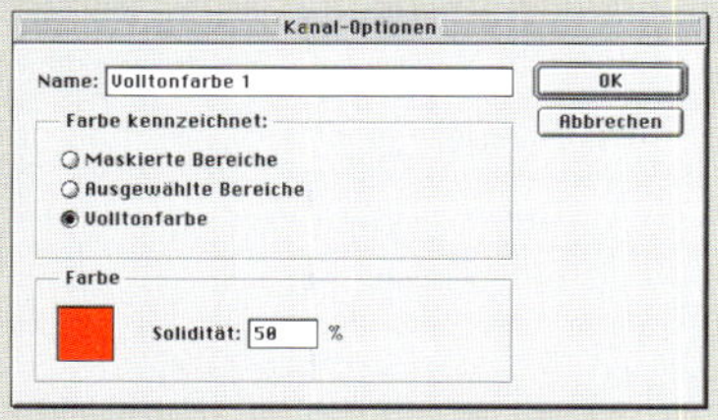

Um einen Alphakanal in einen Volltonfarbkanal umzuwandeln, wird mit einem Doppelklick auf das Kanaletikett der Dialog **Kanal-Optionen** geöffnet und die Option Volltonfarbe aktiviert. Bevor der Dialog geschlossen wird, sollte mit einem Mausklick auf das Farbfeld die gewünschte Schmuckfarbe aus einer der angebotenen Farbpaletten ausgesucht und die Solidität der Farbe eingegeben werden.

Ebene in Volltonfarbkanal umwandeln

Wenn ein Schmuckfarbenauszug als Ebene angelegt wurde, besteht die Schwierigkeit, daß sich die Ebene nicht direkt in einen Volltonfarbkanal umwandeln läßt. Mit einem einfachen Trick läßt sich dieses Problem beheben: Dazu wird zunächst die Transparenzmaske der Ebene mit einem Mausklick bei gedrückter Strg/⌘-Taste auf ihr Etikett in der Ebenenpalette als Auswahl geladen. Die Auswahl wird anschließend umgekehrt (Auswahl, Auswahl umkehren). Ein Mausklick bei gedrückter Strg/⌘-Taste auf das Symbol ◘ in der Kanälepalette speichert die Auswahl in einem neuen Volltonfarbkanal.

Bild mit Volltonfarben sichern

Da die Verwendung von Volltonfarben nur dann Sinn macht, wenn das Bild im Vierfarbdruck mit einer oder mehreren zusätzlichen Sonderfarben oder ausschließlich mit Sonderfarben reproduziert wird, kommt als Farbmodus nur **CMYK** oder **Mehrkanal** in Frage. Damit die Volltonfarbkanäle erhalten bleiben, muß als Dateiformat **Photoshop DCS 2.0** gewählt werden. Dieses Dateiformat setzt voraus, daß die Datei im CMYK- oder Mehrkanalmodus vorliegt.

Volltonfarben als CMYK

Im Druckvorstufenalltag kann es passieren, daß ein mit Schmuckfarbe angelegtes Bild doch nur vierfarbig gedruckt wird. In diesem Fall muß die Volltonfarbe in eine CMYK-Farbe umgewandelt und wiedergabetreu in die CMYK-Kanäle des Bildes eingerechnet werden. Diese Aufgabe übernimmt die Funktion **Vollfarbenkanal mischen** aus dem Menü der Kanälepalette (gemeint ist »Volltonfarbe separieren«). Dieser Befehl setzt voraus, daß die Datei auf die Hintergrundebene reduziert wird. **Achtung:** Obwohl die Option **Solidität** im Dialog Volltonfarbkanal-Optionen normalerweise nur die Darstellung der Schmuckfarbe am Bildschirm steuert, beeinflußt sie beim Separieren der Volltonfarbe das Separationsergebnis. Sie sollte deshalb vorher überprüft werden. Eine Rückumwandlung der CMYK-Anteile in eine Volltonfarbe ist nicht möglich, daher empfiehlt es sich, stets eine Version des Volltonfarbenbildes zu archivieren.

Kanäle aufteilen

Der Befehl **Kanäle teilen** aus dem Palettenmenü erstellt aus jedem Kanal des Bildes ein Graustufenbild. Dafür darf das Bild nur aus einer Hintergrundebene bestehen.

Kanäle zusammenfassen

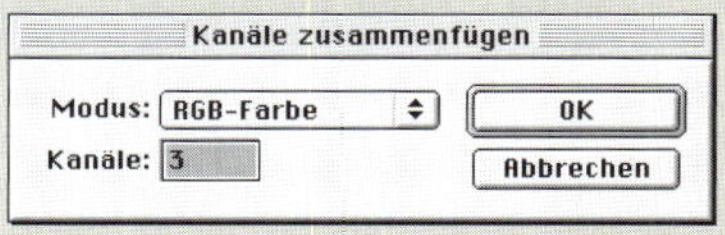

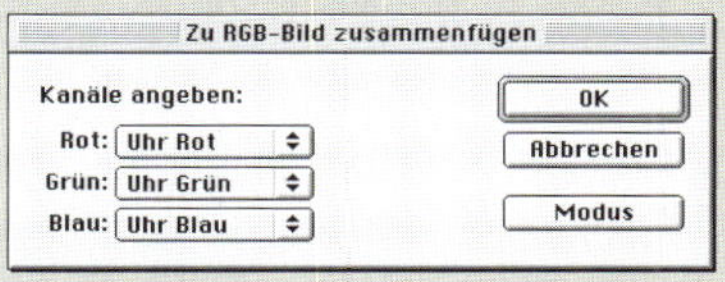

Als Umkehrung zum Teilen der Kanäle lassen sich mit dem Befehl **Kanäle zusammenfügen** aus dem Palettenmenü Graustufenbilder zu einem Farbbild des im Dialog gewählten Modus zusammenfügen. Voraussetzung dafür ist, daß die Graustufenbilder geöffnet sind und identische Abmessungen haben.

Filter

Wie sich mit den Photoshop-Filtern Bilder korrigieren und verändern lassen

Das Ausgangsbild

Die Wirkung der Photoshop-Filter wird auf den folgenden Seiten anhand eines Beispielfotos gezeigt. Die Filter lassen sich (wie in den Beispielen) auf eine gesamte Ebene anwenden oder aber auf einen kleineren Bereich, wenn dieser vorher ausgewählt wurde. Bei den meisten Filtern können über einen Dialog Einstellungen vorgenommen werden. Viele Filterdialoge sind recht komplex aufgebaut und erlauben eine Vielzahl von Einstellungsmöglichkeiten.

Dem experimentierfreudigen Filteranwender bietet Photoshop auch die Möglichkeit, eigene Filter zu kreieren. Zwei Werkzeuge dafür liefert Photoshop mit: den Filter **Eigener Filter** (Filter, Sonstige Filter) und die **Filter Factory** (Filter, Synthetic). Wenn diese Filter nicht installiert sind, können Sie von der Photoshop-Installations-CD nachinstalliert werden. Beide Werkzeuge setzen jedoch das Studium der mitgelieferten Dokumentationen voraus.

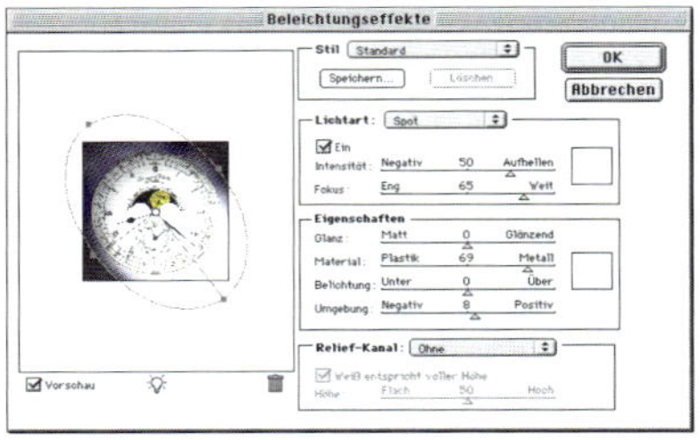

Beispiel für einen komplexen Filterdialog: der Filter Beleuchtungseffekte

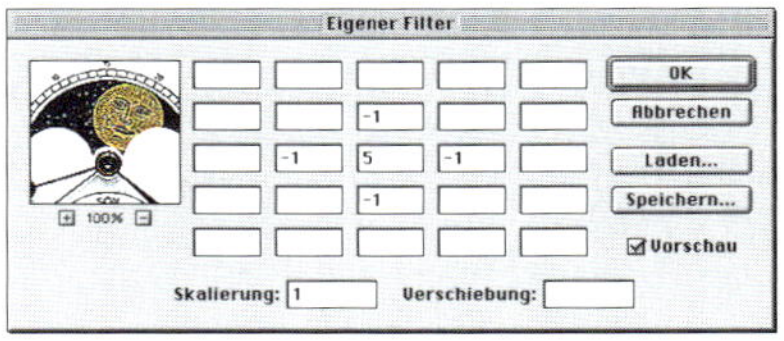

Werkzeug zum Erstellen eigener Filter: der Filter Eigener Filter

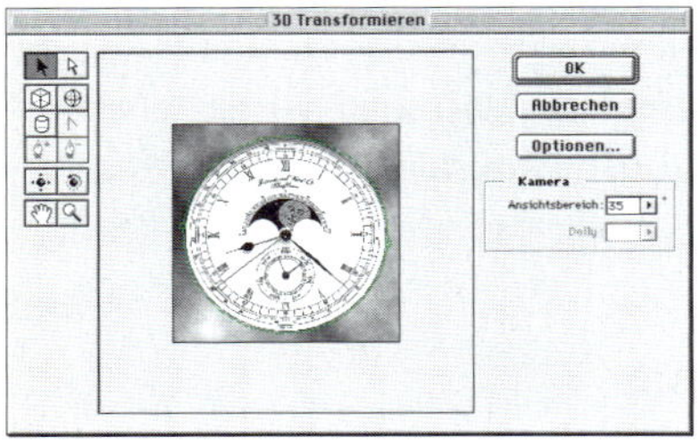

Beispiel für einen komplexen Filterdialog: der Filter 3D-Transformieren

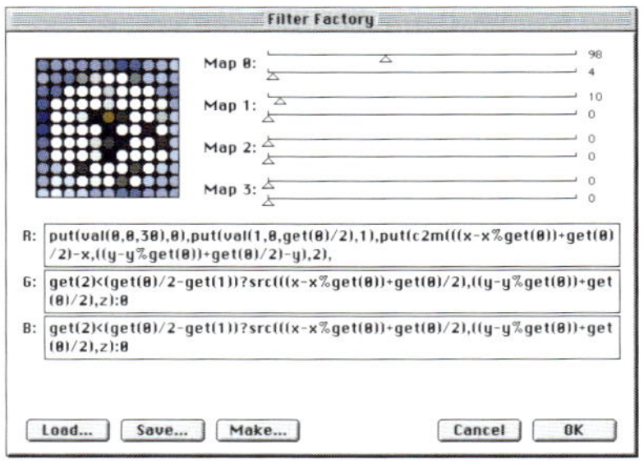

Werkzeug zum Erstellen eigener Filter: die programmierbare Filter Factory

Filterwirkung abschwächen

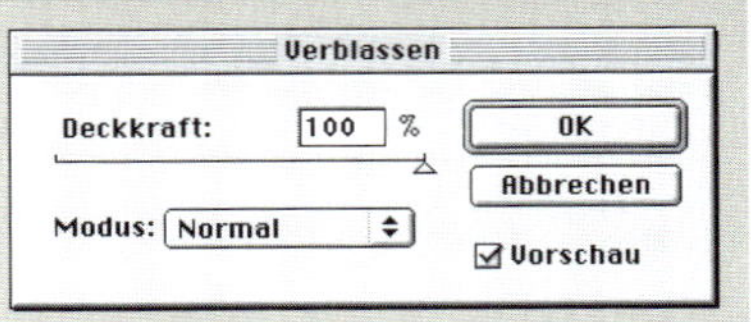

Falls die Wirkung eines Filters zu stark ausfällt, muß die Anwendung nicht unbedingt wieder rückgängig gemacht und der Filter erneut mit niedrigerer Stärke angewendet werden. Die Funktion **Verblassen** aus dem Menü Filter ermöglicht die nachträgliche Abschwächung der Filteraktion. Dies kann vor allem bei rechenintensiven Filtern eine Erleichterung bedeuten.

Die Funktion Filter verblassen verhält sich so, als würde man den Filter auf eine Ebenenkopie anwenden und dann die Ebenendeckkraft reduzieren. Das Ergebnis ist also nicht identisch mit einer Anwendung des Filters, bei der niedrigere Einstellungen gewählt werden. Davon abgesehen läßt sich mit der Verblassen-Funktion aber auch einer der Deckmodi nachträglich anwenden. Die Funktion kann nur unmittelbar nach der Filteranwendung ausgewählt werden.

Letzten Filter wiederholen

Das Tastenkürzel **Strg/⌘ + F** wendet den zuletzt gewählten Filter mit den zuletzt gewählten Einstellungen erneut an, ohne den Filterdialog zu öffnen. Vorher kann ein neuer Auswahlbereich umgrenzt, eine andere Ebene oder auch eine andere Datei aktiviert werden. Um dennoch den Filterdialog einzublenden, können die Tasten **Strg/⌘ + Alt/⌥ + F** gedrückt werden.

Kunstfilter

Aquarell

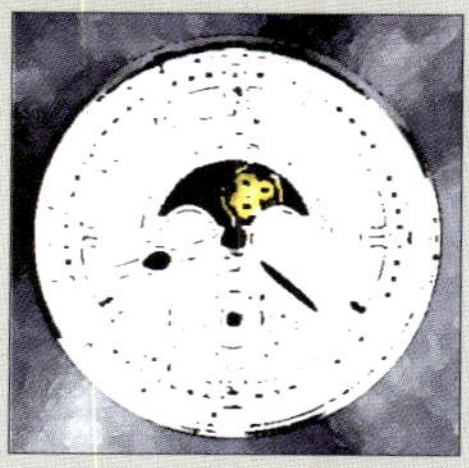

Details 5, Abdunklungsbereich 1, Struktur 2

Buntstiftschraffur

Strichstärke 3, Druck 6, Papierhelligkeit 36

Diagonal verwischen

Strichlänge 2, Aufhellungsbereich 1, Intensität 9

Farbpapier-Collage

Anzahl der Stufen 4, Abstraktionsgrad 4, Genauigkeit 2

Fresko

Pinselgröße 2, Details 7, Struktur 2

Grobe Malerei

Pinselgröße 2, Details 9, Struktur 1

Grobes Pastell

Strichlänge 6, Details 4, Struktur Sackleinen, Skalierung 100%, Relief 20, Lichtposition oben rechts

Körnung & Aufhellung

Körnung 12, Aufhellungsbereich 5, Intensität 10

Kunststoffverpackung

Glanz 15, Details 9, Glättung 7

Malgrund

Pinselgröße 6, Strukturbereich 16, Struktur Leinwand, Skalierung 100%, Relief 4, Lichtposition oben

Malmesser

Strichstärke 16, Details 2, Glättung 1

Neonschein

Größe 5, Helligkeit 15, Farbe C 87%, M 85%, Y 0%, K 0%

Ölfarbe getupft

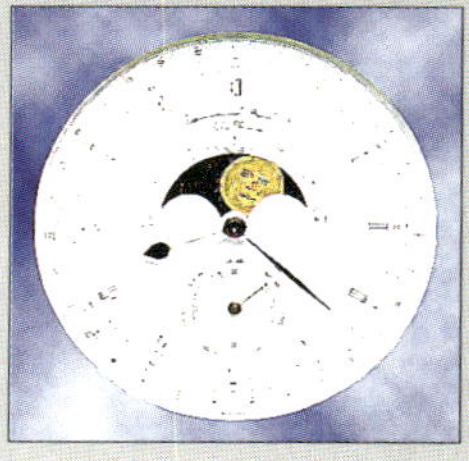

Pinselgröße 4, Scharfzeichnung 9, Pinselart Einfach

Schwamm

Schwammgröße 2, Struktur 12, Glättung 5

Tontrennung & Kantenbetonung

Kantenstärke 3, Kantendeckkraft 1, Tontrennung 1

Malfilter

Dunkle Malstriche

Balance 5, Schwarz-Intensität 6, Weiß-Intensität 2

Gekreuzte Malstriche

Balance 50, Strichlänge 15, Scharfzeichnung 3

Kanten betonen

Kantenbreite 2, Kantenhelligkeit 38, Glättung 5

Konturen nachzeichnen

Strichlänge 4, Tiefen-Intensität 20, Lichter-Intensität 10

Kreuzschraffur

Strichlänge 9, Scharfzeichnung 6, Stärke 2

Spritzer

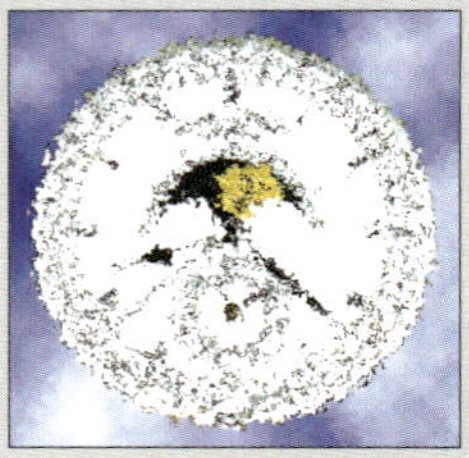

Radius 10, Glättung 5

Sumi-e

Strichbreite 10, Druck 2, Kontrast 16

Verwackelte Striche

Strichlänge 12, Radius 11, Richtung links unten → rechts oben

Rendering-Filter

3D-Transformieren

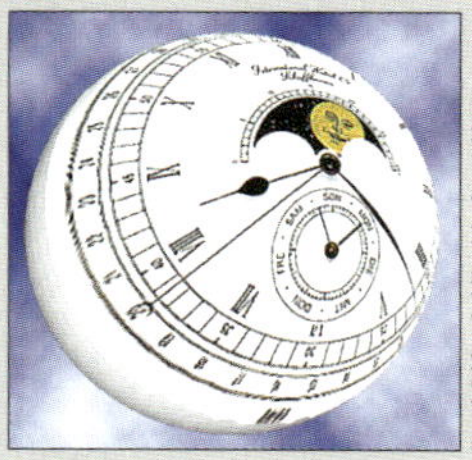

Kugel, Bildwinkel (Ansichtsbereich) 35°, Entfernung (Dolly) 50 %, Auflösung hoch, Glätten hoch

Beleuchtungseffekte

Siehe Abbildung zu Beginn des Abschnitts

Blendenflecke

Helligkeit 196 %, Objektivart 50–300 mm Zoom

Differenz-Wolken

Vordergrundfarbe 84/77/0/0, Hintergrundfarbe 1/0/1/0

Wolken

Vordergrundfarbe 84/77/0/0, Hintergrundfarbe 1/0/1/0

Scharfzeichnungsfilter

Konturen scharfzeichnen

Scharfzeichnen

Stark scharfzeichnen

Unscharf maskieren

Stärke 310 %, Radius 2,1 Pixel, Schwellenwert 0 Stufen

Stilisierungsfilter

Extrudieren

Form Quader, Größe 30 Pixel, Tiefe 30, Zufällig

Kacheleffekt

Anzahl der Kacheln 10, Maximale Verschiebung 10 %, Undefinierte Bereiche füllen mit Hintergrundfarbe

Konturen finden

Konturwerte finden

Stufe 128, Grenze unterhalb

Korneffekt

Modus normal

Leuchtende Konturen

Konturenbreite 2, Helligkeit 6, Glättung 5

Relief

Winkel 135°, Höhe 3 Pixel, Stärke 100 %

Solarisation

Windeffekt

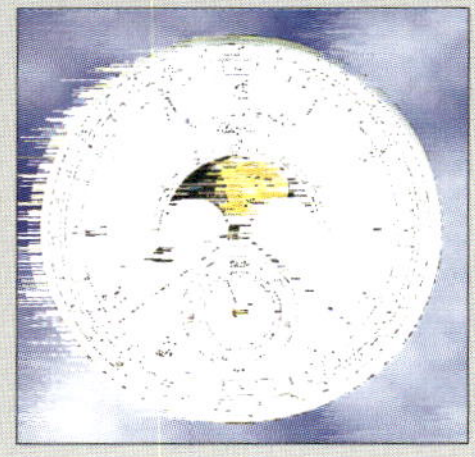

Methode Sturm, Richtung Links

Störungsfilter

Helligkeit interpolieren

Radius 4 Pixel

Staub & Kratzer entfernen

Radius 2 Pixel, Schwellenwert 16 Stufen

Störungen entfernen

Störungen hinzufügen

Menge 100, Verteilung Gleichmäßig

Strukturierungs-filter

Buntglas-Mosaik

Mosaikgröße 9, Fugenbreite 3, Lichtintensität 3

Kacheln

Kachelgröße 28, Fugenbreite 6, Fugen aufhellen 5

Körnung

Intensität 69, Kontrast 30, Körnungsart Regelmäßig

Mit Struktur versehen

Struktur Leinwand, Skalierung 100 %, Relief 23, Lichtposition Oben

Patchwork

Quadratgröße 4, Relief 8

Risse

Abstand 45, Tiefe 6, Helligkeit

Vergröberungs-filter

Facetteneffekt

Farbraster

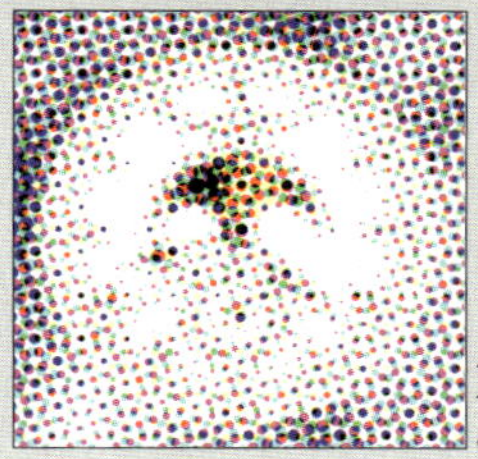

Standard

Kristallisieren

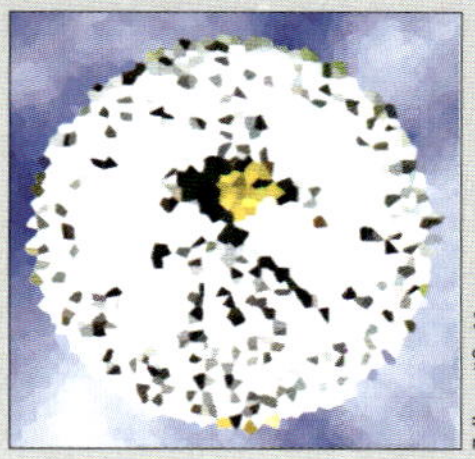

Zellengröße 11

▶ Vergröberungsfilter

Mezzotint

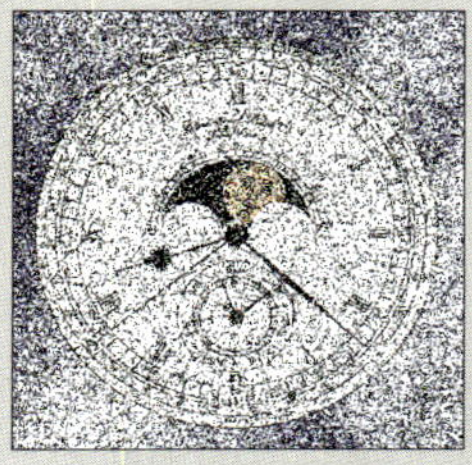

Rasterform Kleiner Punkt

Mosaikeffekt

Zellengröße 6 Quadratpixel

Punktieren

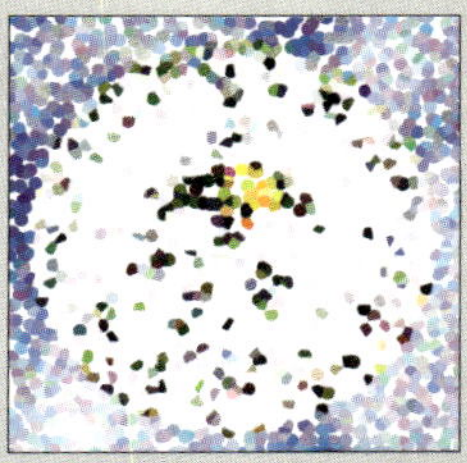

Zellengröße 12

Verwacklungseffekt

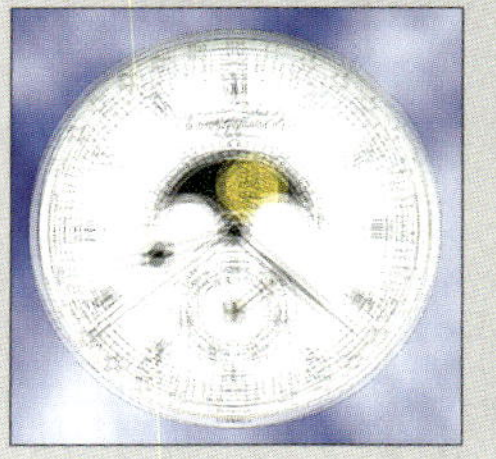

Verzerrungsfilter

Distorsion

Stärke –55 %

Glas

Verzerrung 5, Glättung 3, Struktur Riffelglas, Größe 100 %

Kräuseln

Größe 100 %, Frequenz Hoch

Ozeanwellen

Wellenabstand 9, Wellenhöhe 9

Polarkoordinaten

Polar → Rechteckig

Schwingungen

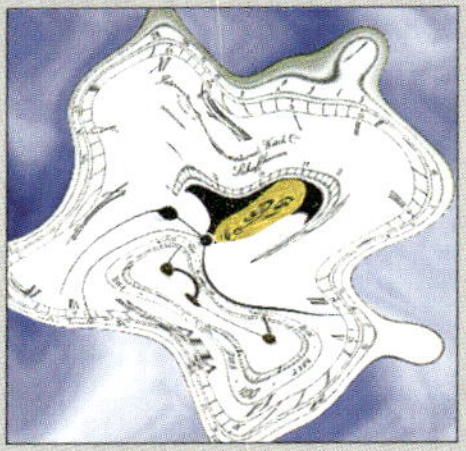

Zufallsparameter

Strudel

Winkel 211°

Verbiegen

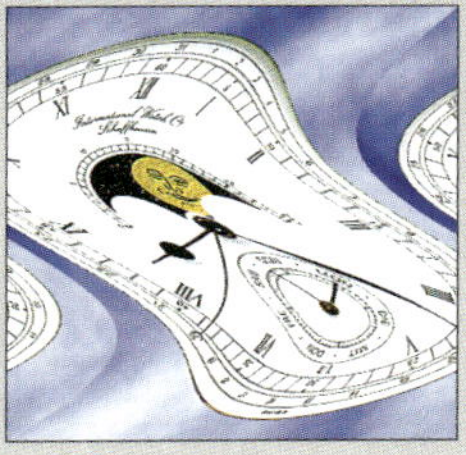

Senkrechte Wellenlinie, Undefinierte Bereiche durch verschobenen Teil ersetzen

Versetzen

Skalierung 10/10, Auf Auswahlgröße, Kantenpixel wiederholen, Verschiebungsmatrix Freie Striche 25 %

Weiches Licht

Körnung 6, Lichtmenge 10, Kontrast 15

Wellen

Stärke 10 %, Wellen 5 %, Art Kreisförmig um die Mitte

Wölben

Stärke 100 %, Modus Vertikal

Weichzeichnungsfilter

Bewegungsunschärfe

Winkel 0°, Distanz 10 Pixel

Gaußscher Weichzeichner

Radius 2,1 Pixel

Radialer Weichzeichner

Stärke 10, Methode Kreisförmig, Qualität Gut

Selektiver Weichzeichner

Radius 25,0, Schwellenwert 50,0, Qualität Hoch, Modus Nur Kanten

Stark weichzeichnen

Weichzeichnen

Zeichenfilter

Basrelief

Details 13, Glättung 3, Lichtposition Unten

Chrom

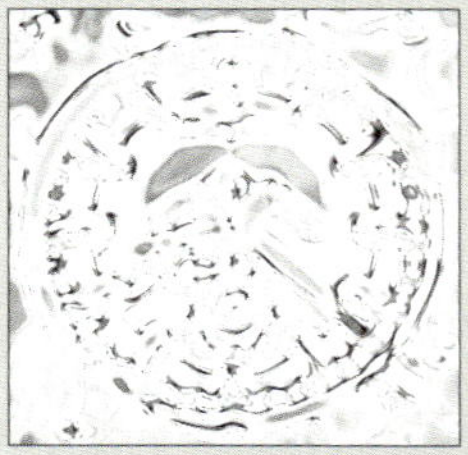

Details 4, Glättung

Conté-Stifte

Vordergrund 11, Hintergrund 7, Struktur Leinwand, Skalierung 100 %, Relief 4, Lichtposition Oben

Feuchtes Papier

Faserlänge 15, Helligkeit 60, Kontrast 80

Fotokopie

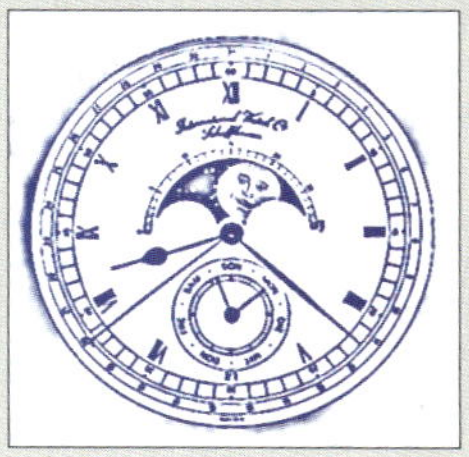

Details 7, Farbverhältnis 8

Gerissene Kanten

Farbverhältnis 38, Glättung 11, Kontrast 17

▶ Zeichenfilter

Kohleumsetzung

Stärke 2, Details 4, Farbverhältnis 50

Kreide & Kohle

Kohle 6, Kreide 6, Druck 1

Prägepapier

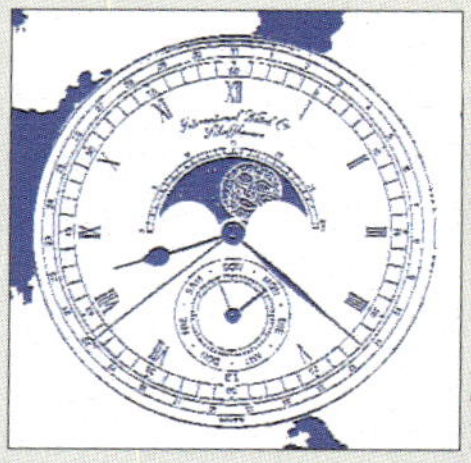

Reliefbalance 25, Körnung 10, Reliefhöhe 11

Punktierstrich

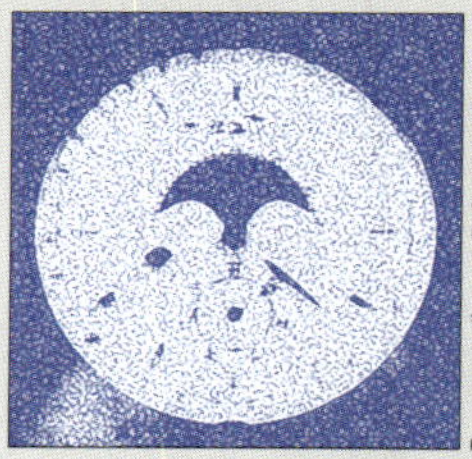

Tonwertverteilung 12, Tiefen 40, Lichter 5

Rasterungseffekt

Größe 2, Kontrast 5, Rasterart Punkt

Stempel

Farbverhältnis 25, Glättung 5

Strichumsetzung

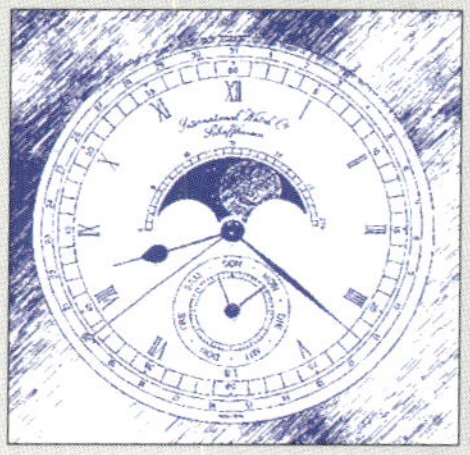

Strichlänge 12, Farbverhältnis 50, Richtung Links unten

Stuck

Farbverhältnis 20, Glättung 2, Lichtposition Oben

Sonstige Filter

Dunkle Bereiche vergrößern

Radius 2 Pixel

Helle Bereiche vergrößern

Radius 1 Pixel

Hochpaß

Radius 10,0 Pixel

HSL & HSB

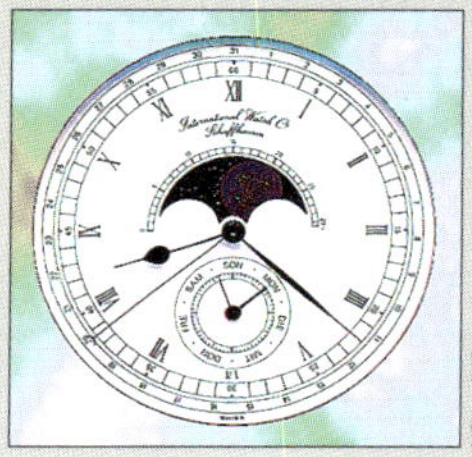

HSL → RGB

Kacheln erstellen

Kanten verwischen, Breite 15 % (Anwendung nur auf Zifferblatt in transparenter Ebene)

Verschiebungseffekt

Horizontal 20 Pixel nach rechts, Vertikal 15 Pixel nach unten, Undefinierte Bereiche Durch verschobenen Bereich ersetzen

Einstellen

Wie sich mit den Einstellen-Befehlen Bildkorrekturen und Bildmanipulationen vornehmen lassen

Das Ausgangsbild

Auto-Tonwertkorrektur

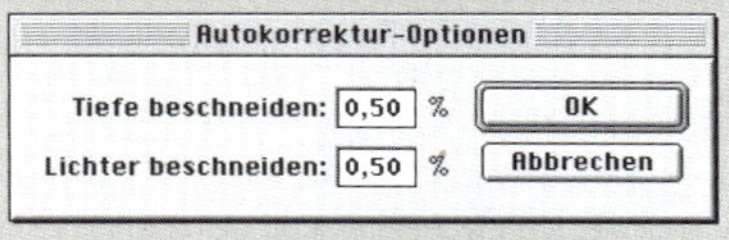

Führt eine automatische Tonwertkorrektur durch. Diese Funktion ist identisch mit den Schaltflächen Auto in den Dialogen Tonwertkorrektur und Gradationskurven. Wie stark die Tiefen und Lichter beschnitten werden sollen, wird im Dialog **Auto-Korrektur-Optionen** festgelegt (im Dialog Tonwertkorrektur oder Gradationskurven mit Alt/⌥-Taste auf die Schaltfläche Auto klicken).

Auto-Kontrast

Führt eine automatische Kontrastkorrektur durch. Die der Korrektur zugrundeliegenden Werte lassen sich nicht ändern.

Tonwertkorrektur

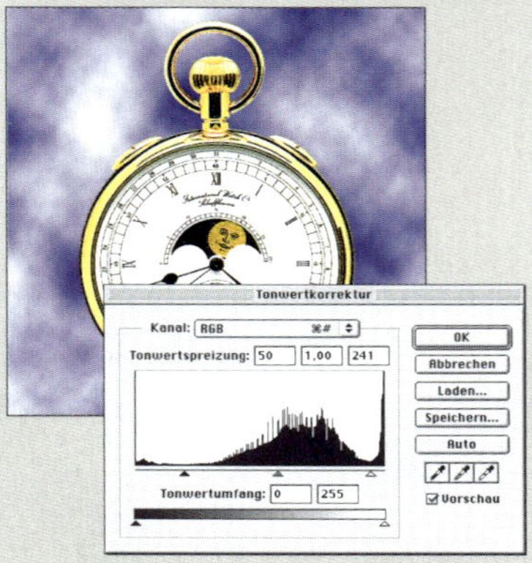

Dient zur Korrektur von Helligkeit, Kontrast und Gamma. Mit dem **schwarzen und weißen Regler** unter dem Histogramm können die Lichter und Tiefen so beschnitten werden, daß ein engerer Tonwertbereich über die gesamte zur Verfügung stehende Skala gespreizt wird. Das Neusetzen von Schwarzpunkt und Weißpunkt erhöht den Kontrast im Bild. Der **graue Regler** (Gamma) verschiebt die Helligkeit in den Mitteltonbereichen.

Die **Pipetten** dienen zur Kompensierung von Farbstichen in den Lichtern, Mitteltönen oder Tiefen. Die im Bild angeklickte Farbe wird neutral, das heißt zu einem nicht farbstichigen Grauton.

Die Regler unter dem Graustufenbalken **(Tonwertumfang)** im unteren Bereich des Dialogs verringern den Bildkontrast. Sie können für Verfremdungseffekte eingesetzt werden, etwa um ein Bild durch massives Aufhellen als Fond für Text aufzubereiten.

Gradationskurven

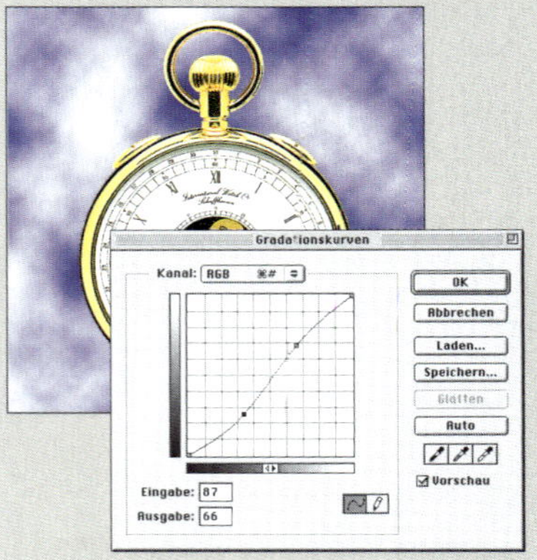

Ermöglicht die Korrektur von Helligkeit und Kontrast mit Hilfe von Gradationskurven. Eine steile Kurve (oder ein steiles Kurvensegment) erhöht den Kontrast, eine flache verringert ihn.

Um eine glatte Kurve zu zeichnen, wird das **Stiftsymbol** gewählt und ins Diagramm geklickt; Photoshop setzt an der Klickstelle einen neuen Kurvenpunkt. Ein gesetzter Kurvenpunkt läßt sich mit der Maus an jede andere Stelle verschieben oder über **numerische Eingabe-Ausgabe-Werte** exakt im Diagramm positionieren (dazu den Punkt anklicken und Werte eingeben).

Ein Mausklick bei gedrückter **Alt/⌥-Taste** ins Diagramm stellt ein feineres Gitternetz ein. Bei Positionierschwierigkeiten läßt sich der Dialog auch vergrößern (Feld rechts in der Titelzeile).

Der Dialog kennt zwei Anzeigemodi: die **Tonwertanzeige** (gemäß den Tonwerten in den Farbkanälen) und die **Prozentwertanzeige** (gemäß dem Farbauftrag beim Druck). Ein Mausklick auf den Doppelpfeil im Graustufenbalken schaltet zwischen beiden Anzeigearten um.

Farbbalance

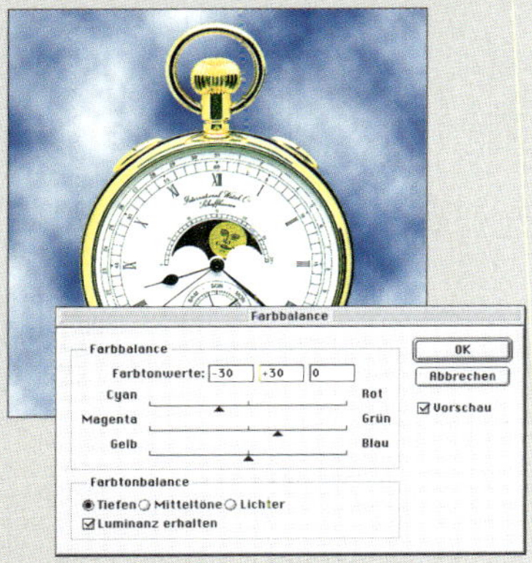

Reguliert die Farbmischung in Farbbildern für Tiefen, Mitteltöne und Lichter getrennt. So lassen sich Farben verstärken oder unerwünschte Farben herausfiltern, beispielsweise um Farbstiche zu korrigieren. Die Regler entsprechen den drei Achsen im Farbkreis. Bei eingeschalteter Option **Luminanz erhalten** werden nur Farbton und Sättigung verändert.

Helligkeit/Kontrast

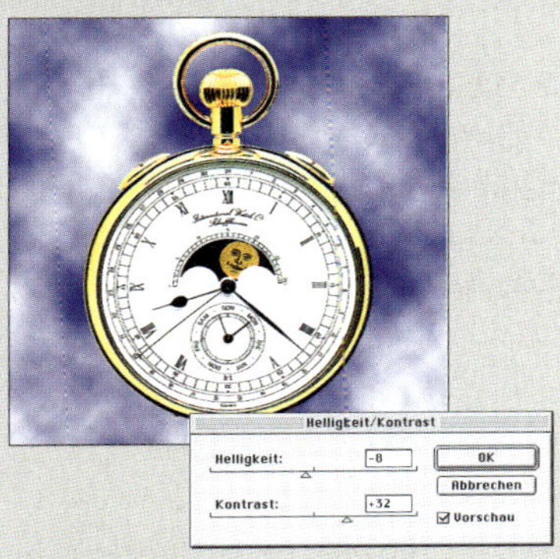

Verstärkt oder verringert die Helligkeit oder den Kontrast.

Farbton/Sättigung

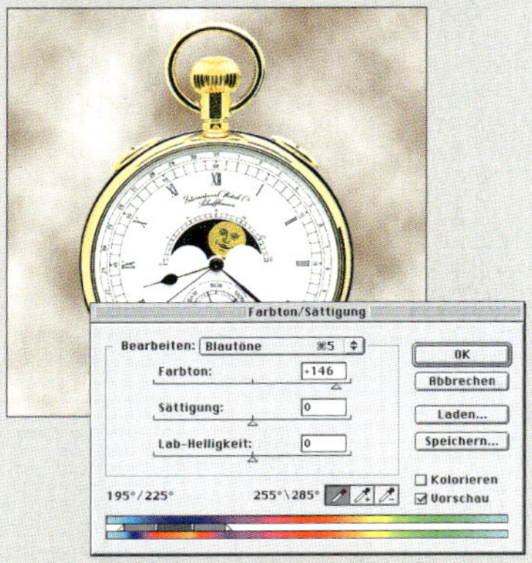

Erlaubt eine getrennte Änderung der Farbkomponenten Farbton, Sättigung und Helligkeit. Der obere Spektralverlauf zeigt die ursprüngliche Farbverteilung, der untere die Zuordnung der neuen Farben. Durch Auswahl eines **Farbbereichs** im Einblendmenü läßt sich dieser unabhängig von anderen Farbbereichen umfärben. Im dunkelgrau gekennzeichneten Intervall werden alle Farben in die im unteren Verlauf sichtbaren Farben umgewandelt. Bei den hellgrauen Bereichen handelt es sich um **Übergangsbereiche**, die harte Farbabrisse verhindern. Die **Regler**, die diese Bereiche eingrenzen, lassen sich beliebig verschieben. Um einen Übergangsbereich komplett zu verschieben, wird mit der Maus in die hellgraue Fläche geklickt und gezogen. Soll der gesamte Bereich verschoben werden, faßt die Maus an der dunkelgrauen Fläche an. Die **Pipetten** erlauben eine Farbbereichsfestlegung durch Anklicken von Bildstellen.

Mit der Option **Färben** bzw. **Kolorieren** kann das Bild als Ganzes eingefärbt werden.

Entfärben

Durch Verringern der Sättigung auf Null entzieht diese Funktion dem Bild jegliche Farbe (die Bezeichnung **Sättigung verringern** in Photoshop ist deshalb eher ungenau). Das Bild erscheint in Grautönen, der ursprüngliche Farbmodus bleibt jedoch erhalten. Die Wirkung dieser Funktion ist identisch mit einer vollständigen Reduzierung der Sättigung im Dialog Farbton/Sättigung.

Lab-Farbe

CMYK-Farbe

Das Ergebnis des Farbentzugs fällt je nach aktuellem Farbmodus unterschiedlich aus. Während das Entfärben im **RGB-Modus** zu einer – im Vergleich zum Farbbild – kontrastarmeren Darstellung führen kann (Bild oben), behält die Umsetzung im **Lab-Modus** den natürlichen Helligkeitseindruck der Farben bei (diese Umsetzung ist auch die Grundlage für die Konvertierung in den Graustufenmodus). Die Anwendung im **CMYK-Modus** hingegen führt zu keiner helligkeitsgetreuen Darstellung.

Farbe ersetzen

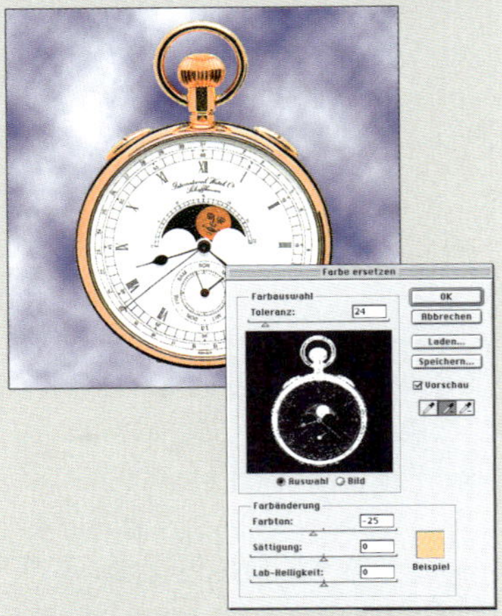

Bietet die Kombination aus einer Farbbereichsauswahl und einer darauf basierenden Farbkorrektur. Im oberen Teil des Dialogs wählt der Anwender Bildpixel gleicher oder ähnlicher Farbe aus. Die **Pipetten** können dabei im Vorschaubild und im Bild selbst benutzt werden. Die **Plus-Pipette** fügt der Auswahl weitere Farbbereiche hinzu, die **Minus-Pipette** zieht Farbbereiche ab. Im unteren Teil läßt sich dann für die ausgewählten Farben eine Farbänderung nach den Komponenten Farbton, Sättigung und Helligkeit vornehmen.

Einstellungen rückgängig machen

Wird bei gedrückter **Alt/⌥-Taste** auf die Abbrechen-Schaltfläche in einem der Einstellen-Dialoge geklickt (die Schaltfläche heißt dann »Zurück«), werden alle Änderungen seit Aufruf des Dialogs rückgängig gemacht. Um nur die letzte Änderung zu widerrufen, kann – bei weiterhin geöffnetem Dialog – die Funktion **Bearbeiten, Widerrufen** gewählt werden.

Selektive Farbkorrektur

Dient speziell der Farbabstimmung in CMYK-Bildern (kann aber auch bei RGB-Bildern verwendet werden). Im Dialog lassen sich die Anteile der vier Druckfarben in ausgewählten Helligkeits- und Farbbereichen verstärken oder abschwächen. Um beispielsweise in den Gelbtönen einen Grünstich zu entfernen, wird im Einblendmenü der Farbbereich Gelbtöne gewählt und der Cyan-Regler nach links bewegt.

Die Option **Relativ** verstärkt oder verringert den Anteil einer Druckfarbe nur in den Bereichen, in denen die Druckfarbe bereits Anteile enthält. Um welchen Prozentwert Druckfarbe hinzugegeben oder entfernt wird, hängt von ihrem ursprünglichen Anteil ab. Die Option **Absolut** orientiert sich bei der Zugabe oder Zurücknahme einer Druckfarbe allein am Druckfarbenanteil des ausgewählten Farbbereichs (nicht der veränderten Druckfarbe). Ist der Anteil des ausgewählten Farbbereichs hoch, erzielt die Druckfarbenänderung eine starke Wirkung, ist er niedrig, eine geringe.

Kanalmixer

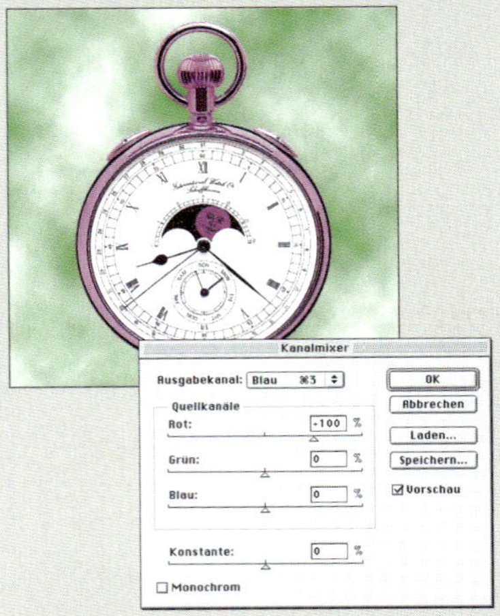

Ändert die Farbanteile in ausgewählten Farbkanälen abhängig von den Anteilen anderer Farbkanäle. Der **Ausgabekanal** ist der Kanal, dessen Farbanteile verändert werden. Die **Quellkanäle** dienen dabei als Masken, durch die die Farbzugabe oder -verringerung wirkt. Eine Erhöhung oder Verringerung einer der Quellfarben verändert nicht deren Anteil, sondern den des Ausgabekanals. Die »Arbeitsanweisung« an den Kanalmixer lautet etwa so: »Erhöhe oder verringere im Ausgabekanal den Farbanteil an den Stellen, an denen der Quellkanal Farbe enthält.«

Die Option **Monochrom** dient zum Erstellen von Graustufenbildern, in die unterschiedliche Anteile der Farbkanäle einfließen können. Ergeben die eingestellten Werte zusammen nicht 100 %, muß, um einen getreuen Helligkeitseindruck zu erreichen, die Konstante entsprechend nachgeregelt werden. **Achtung:** Wenn die Option wieder ausgeschaltet wird, aktiviert der Kanalmixer einen dritten Modus für getönte Effekte.

Umkehren

Kehrt die Tonwerte des Bildes um und erzeugt so ein Negativ.

Gamma

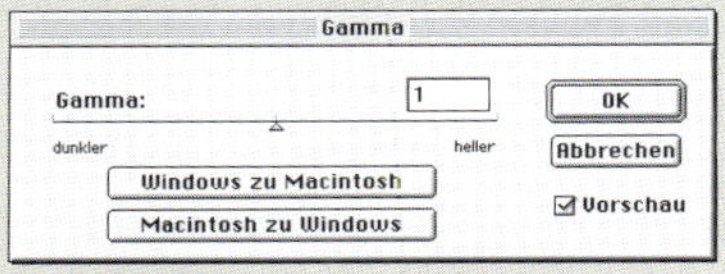

Kompensiert die vom Betriebssystem – Mac OS oder Windows – abhängige Gammakorrektur bei der Bildwiedergabe auf einem Monitor.

Tonwertangleichung

Spreizt die Tonwerte in jedem Farbkanal weiter über die gesamte zur Verfügung stehende Skala und orientiert sich dabei vorrangig an der statistischen Verteilung.

Schwellenwert

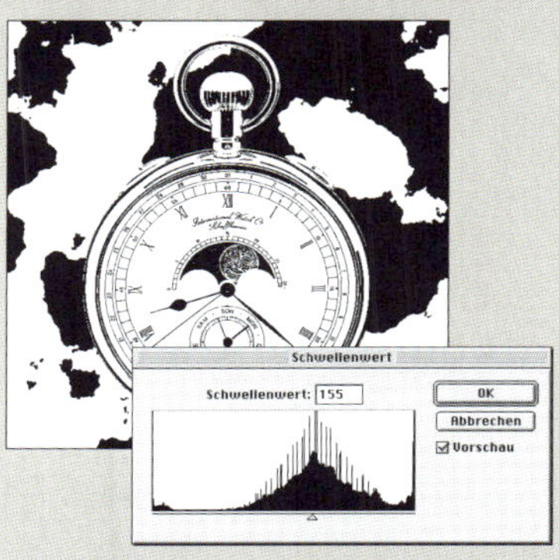

Wandelt Graustufen- und Farbbilder in Bilder mit ausschließlich schwarzen und weißen Pixeln um. Im Dialog läßt sich der Schwellenwert – ein bestimmter Helligkeitswert – festlegen: Alle Pixel, die dunkler sind als der Schwellenwert, werden schwarz, alle helleren oder gleich hellen weiß.

Tontrennung

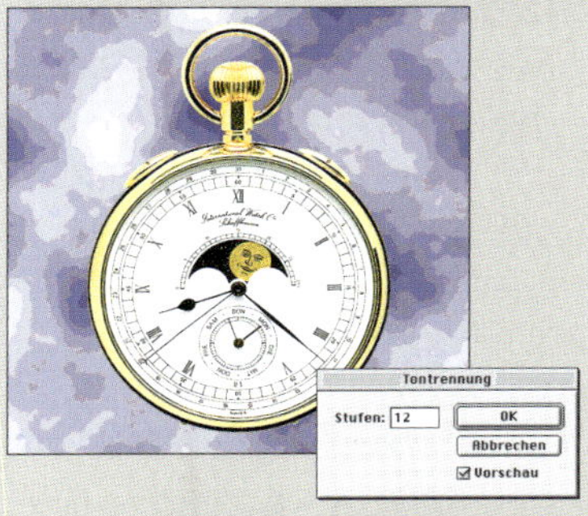

Reduziert die Anzahl der Helligkeitsstufen in jedem Farbkanal auf den im Dialog eingestellten Wert. Bei Farbbildern kann deshalb durch die Farbmischung der Kanäle die Anzahl der sichtbaren Farben höher liegen.

Variationen

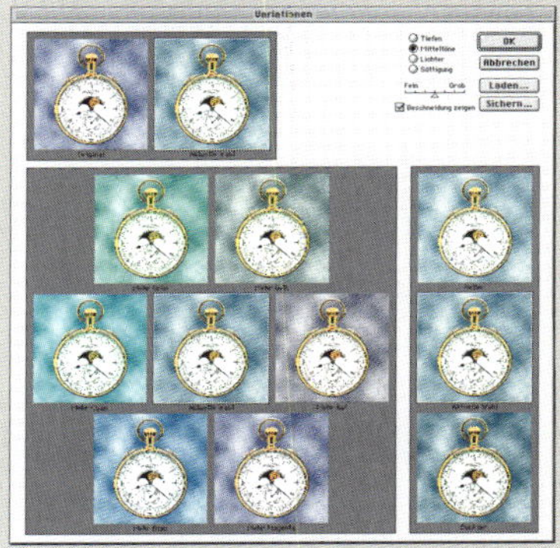

Erlaubt eine nach Tiefen, Mitteltönen und Lichtern getrennte Änderung der Farbbalance und der Helligkeit sowie eine Anhebung oder Absenkung der Sättigung. Im Gegensatz zum Dialog Farbbalance erfolgt die Farbkorrektur im Dialog Variationen anhand der Vorschaubilder nach Augenmaß – es muß nur das Bild mit der besseren Wirkung angeklickt werden. Über den Regler läßt sich die Stärke der Änderung einstellen. Oben links im Dialog werden das Original und das veränderte Bild zum Vergleich nebeneinander gezeigt. Um alle Änderungen rückgängig zu machen, genügt ein Mausklick auf das Originalvorschaubild.

Ansicht

Über die Funktionen von Photoshop und ImageReady, die die Darstellung von Bildern auf dem Bildschirm und die Form des Mauszeigers betreffen

Hand

Verschiebt den im Fenster sichtbaren Bildausschnitt (nur bei Fenster- und Darstellungsgrößen, bei denen das Bild nicht vollständig im Fenster sichtbar ist).

- **Doppelklick** auf das Handsymbol in der Werkzeugpalette zoomt – wie die Funktion Ganzes Bild aus dem Menü Ansicht – auf die größtmögliche Ansicht, bei der das Bild noch vollständig auf dem Bildschirm dargestellt werden kann. Dabei wird auch die Fenstergröße mit angepaßt.
- **Alt/⌥-Taste** aktiviert das Zoomwerkzeug im Auszoom-Modus.
- **Strg/⌘-Taste** aktiviert das Zoomwerkzeug im Einzoom-Modus.

Hand vorübergehend aktivieren

Jedes Werkzeug der Werkzeugpalette verwandelt sich bei einem Druck auf die **Leertaste** vorübergehend in die Hand.

Schnellauswahl: Darstellungsgröße	
Tasten	**Operation**
Strg/⌘ + Plus-Taste	einzoomen
Strg/⌘ + Bindestrich oder Minus-Taste	auszoomen
Strg/⌘ + 0	bildschirmfüllend zoomen (Ganzes Bild)
Strg/⌘ + Alt/⌥ + 0	100%-Ansicht (Tatsächliche Pixel)
Strg/⌘ + Leertaste	Zoomwerkzeug aktivieren (einzoomen)
Alt/⌥ + Leertaste	Zoomwerkzeug aktivieren (auszoomen)

Zoomwerkzeug

Vergrößert oder verkleinert die Darstellung des Bildes. **Klicken** mit der Lupe in das Bild vergrößert auf die nächste Vergrößerungsstufe. Beim **Ziehen** mit der Maus über das Bild wird der umgrenzte Bildbereich auf die maximale, im Fenster darstellbare Anzeigegröße gebracht.

- **Alt/⌥-Taste** und **Klicken** ins Bild zoomt die Darstellung auf die nächstkleinere Ansicht.
- **Doppelklick** auf das Lupensymbol in der Werkzeugpalette stellt – wie die Funktion Tatsächliche Pixel aus dem Menü Ansicht – die 100%-Ansicht ein.

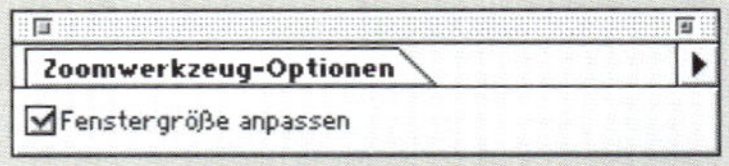

Die Option **Fenstergröße anpassen** in der Optionenpalette des Zoomwerkzeugs paßt die Fenstergröße stets der gewählten Darstellungsgröße an (maximal bis Bildschirmgröße). Reicht die Bildschirmgröße nicht zur Darstellung des gesamten Bildinhalts aus, rückt Photoshop den angeklickten oder umgrenzten Bildbereich beim Einzoomen in die Mitte des Bildfensters.

Ein- und Auszoomen

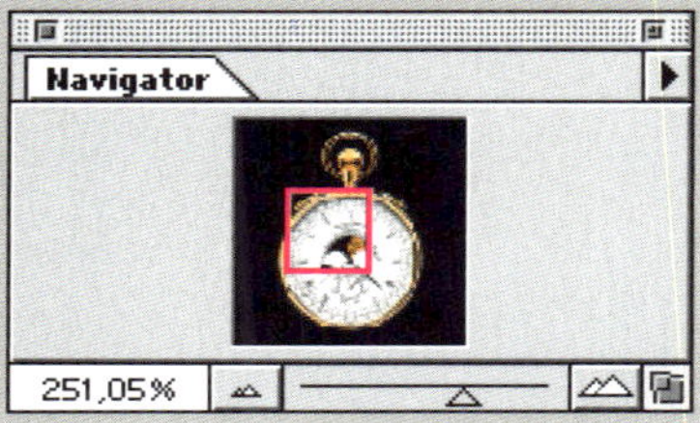

Zoomstufe optisch festlegen

Eine Alternative zum Zoomwerkzeug ist der Schieberegler der Navigatorpalette und die beiden Symbole links und rechts von ihm. Mit dem Schieberegler läßt sich der im Bildfenster sichtbare Ausschnitt (in der Navigatorpalette durch einen farbigen Rahmen gekennzeichnet) stufenlos vergrößern oder verkleinern. Die Bergsymbole links und rechts verkleinern bzw. vergrößern die Darstellung auf vordefinierte Standardvergrößerungen wie 66,7 % oder 200 %.

Zoomstufe numerisch festlegen

Ein beliebiger, von den vorgegebenen Stufen unabhängiger Zoomfaktor kann als Prozentwert direkt in das kombinierte Eingabe- und Anzeigefeld in der linken unteren Ecke der Navigator-Palette eingegeben werden. Ein zweites Eingabefeld befindet sich unter Windows am linken Ende der Informationsleiste des Programmfensters, unter dem Mac OS direkt links unten im Rahmen des Bildfensters. Die eingestellten Zoomwerte gelten immer nur für das aktuelle Bild.

Zoomfaktor auswählen

Anstelle eines Eingabefelds besitzt ImageReady in der linken unteren Ecke des Bildfensters ein Auswahlmenü mit vorgegebenen Zoomstufen.

Zoomen mit der Tastatur

Die Darstellungsgröße eines Bildes läßt sich auch mit den Tastenkürzeln **Strg/⌘ + Plus** bzw. **Strg/⌘ + Minus** (bzw. Bindestrich) in vorgegebenen Stufen verändern.

Unter Windows bleibt die Fenstergröße beim Ändern der Darstellungsgröße mit den Tastenkürzeln unverändert. Um die Fenstergröße beim Zoomen automatisch an die Darstellungsgröße des Bildes anzupassen, muß zusätzlich die Alt-Taste gedrückt werden.

Bei der Standardinstallation verhält es sich unter dem Mac OS genau umgekehrt: Die Fenstergröße paßt sich automatisch an, mit der ⌥-Taste wird sie fixiert. Um die Zoommethode von Photoshop und ImageReady an ihre Windows-Versionen anzugleichen (praktisch für Leute, die an beiden Systemen arbeiten), sollte das Zusatzmodul **Zoommethode umkehren** im Ordner Zusatzmodule installiert werden. Es befindet sich im Ordner Weitere Zugaben, Weitere Erweiterungen.

In ImageReady wird das Bildfenster maximal auf die freie Fläche des Bildschirms vergrößert, die nicht von Paletten verdeckt wird. Um das Fenster weiter zu vergrößern, muß es von Hand aufgezogen werden.

Navigieren

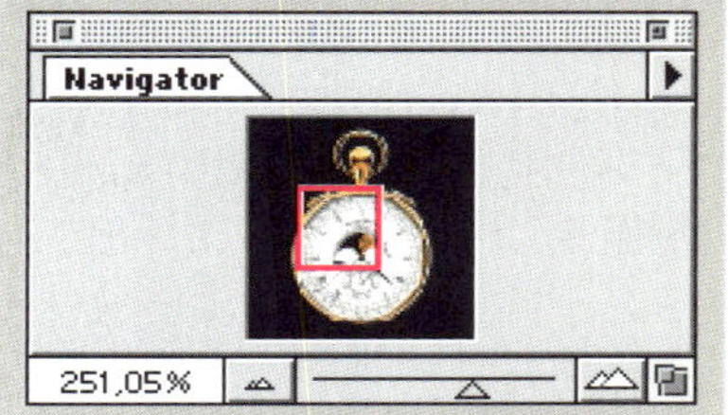

Die Navigatorpalette faßt die Funktionen von Lupe und Hand in einem Tool zusammen. Sie zeigt das gesamte Bild und, durch einen farbigen Rahmen eingefaßt, den derzeit im Fenster sichtbaren Ausschnitt. Der Ausschnitt läßt sich innerhalb der Navigatorpalette an eine andere Stelle verschieben (mit der Maus ziehen) oder setzen (klicken). Außerdem ist es möglich, die Ausschnittsgröße durch Aufziehen eines neuen Rahmens vollkommen neu zu bestimmen (bei gedrückter **Strg/⌘-Taste** ziehen).

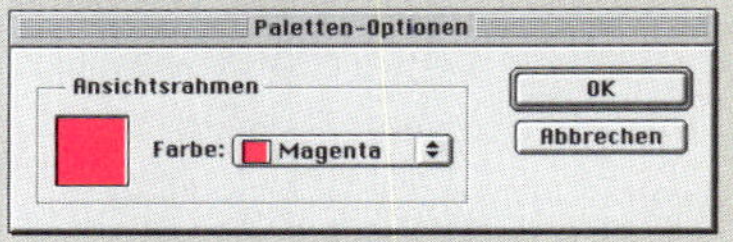

Über den Befehl Paletten-Optionen im Menü der Navigatorpalette kann die **Farbe des Ausschnittrahmens** geändert werden. So läßt sich immer eine Farbe finden, die einen ausreichenden Kontrast zur Farbgebung des Bildes aufweist und gut sichtbar ist.

Zwei Fenster einer Datei

Die Funktion **Neue Ansicht** aus dem Menü Ansicht öffnet die aktuelle Datei in einem zweiten Fenster. Der Vorteil: So lassen sich gleichzeitig zwei entfernte Bereiche eines Bildes betrachten oder unterschiedliche Darstellungsgrößen (beispielsweise Detailvergrößerung und 100%-Ansicht) vergleichen. Alle Bearbeitungen in einem der beiden Fenster wirken sich natürlich auch auf den Inhalt des anderen Fensters aus.

Ansicht wie gedruckt?

Die Funktion Ansicht, **Ausgabegröße** soll das Bild mit den Abmessungen zeigen, wie es bei der festgelegten Bildauflösung (Bild, Bildgröße) gedruckt würde. Diese Ansicht berücksichtigt jedoch nicht die aktuell eingestellte Bildschirmauflösung. Photoshop geht davon aus, daß die 100%-Ansicht bei einer Bildschirmauflösung von 72 ppi der Ausgabegröße entspricht. Bei anderen Monitorauflösungen wird das Bild im Verhältnis skaliert dargestellt – die »Ausgabegröße« entspricht dann leider doch nicht der tatsächlichen Größe im Druck.

Paletten ein- und ausblenden

Wenn die Paletten beim Betrachten eines Bildes stören, müssen sie nicht geschlossen werden. Die **Tabulatortaste** blendet alle Paletten vorübergehend aus (und auch wieder ein). Die Kombination **Umschalt + Tabulatortaste** blendet alle Paletten mit Ausnahme der Werkzeugpalette aus (und ebenfalls wieder ein).

Bildschirmansicht F

Die drei Symbole am unteren Rand der Werkzeugpalette wechseln zwischen unterschiedlichen Anzeigeformen für das aktuelle Bildfenster. Die **Standardansicht** (linkes Symbol) zeigt das Bild in einem frei verschiebbaren Fenster. Die beiden anderen Darstellungen stellen das Bild in den Mittelpunkt des Bildschirms und umgeben es entweder mit der Montagefläche, bei der am oberen Rand noch die Menüleiste zur Verfügung steht **(Vollschirm mit Menüleiste)** oder mit einem vollständig schwarzen Hintergrund **(Vollschirm).** Unter Windows können die Menübefehle bei ausgeblendeter Menüleiste über ein Menü an der Werkzeugpalette ausgewählt werden.

Bildschirmfüllend zoomen

Die Funktion **Ganzes Bild** zeigt das Bild in der größtmöglichen Darstellung, bei der es noch vollständig im Dateifenster sichtbar ist. Diese Ansicht kann auch mit einem Doppelklick auf das Symbol des Handwerkzeugs in der Werkzeugpalette eingestellt werden.

Vorschau im Browser

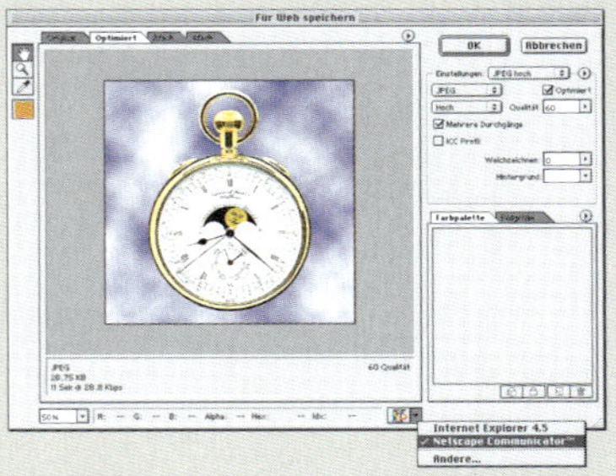

Ob sich ein Bild mit den aktuellen Optimierungseinstellungen (Optimieren-Palette) in einem Browser wiedergeben läßt, kann in ImageReady mit dem Befehl Datei, **Vorschau in, ‹Browsername›** oder in Photoshop mit dem Browser-Menü im Dialog Für Web speichern überprüft werden. Das Bild wird automatisch im ausgewählten Browser geöffnet.

Originalgröße einstellen

Der Befehl **Tatsächliche Pixel** aus dem Menü Ansicht zeigt das Bild in Originalgröße, wobei ein Bildpixel durch genau ein Bildschirmpixel wiedergegeben wird. Diese Ansicht kann auch mit einem Doppelklick auf das Symbol des Zoomwerkzeugs in der Werkzeugpalette eingestellt werden.

Hintergrundmuster

Standardmäßig werden Bilder in Photoshop und ImageReady mit einem Schachbrettmuster aus grauen und weißen Feldern unterlegt. Dieses Muster ist quasi die »Leinwand« hinter den Pixeln und wird an den Stellen sichtbar, an denen das Bild vollständig oder teilweise transparent ist.

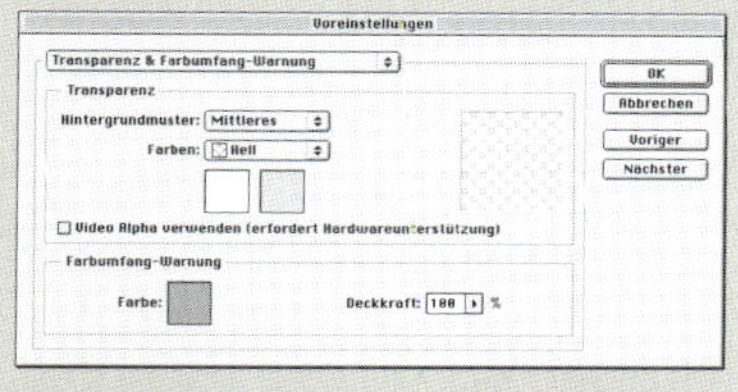

Die Eigenschaften des Hintergrundmusters werden im Dialog Voreinstellungen (Menü Datei) auf der Seite Transparenz (ImageReady) bzw. Transparenz & Farbumfangwarnung (Photoshop) festgelegt. Hier läßt sich die Größe der Schachbrettfelder und ihre Farbe ändern (die weißen Felder bleiben immer weiß). Wenn das Hintergrundmuster bei der Bearbeitung eines Bildes stört, kann es auch ganz ausgeblendet werden (Option Hintergrundmuster, Ohne).

Zeigerdarstellung

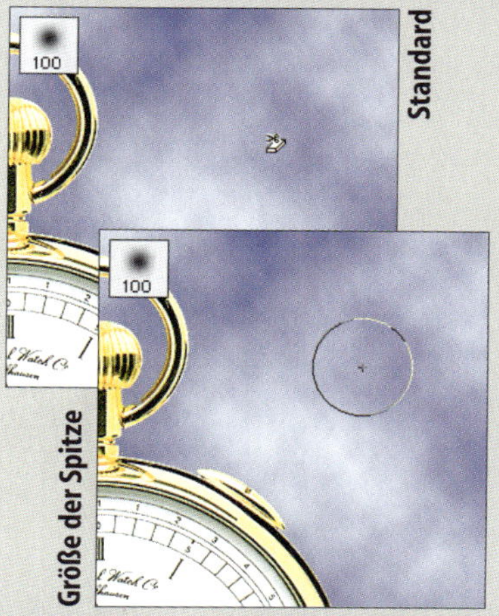

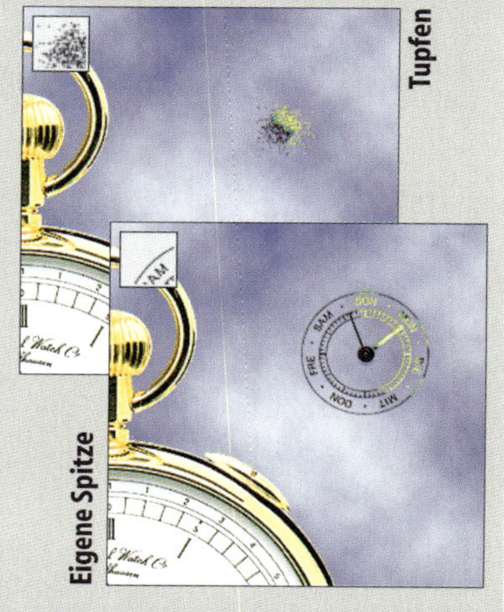

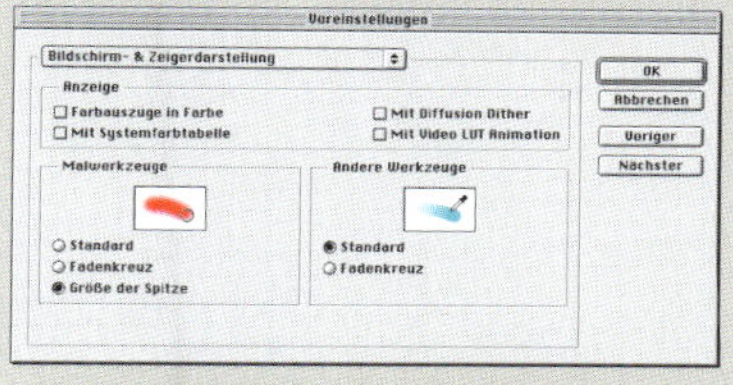

Im Dialog Voreinstellungen (Menü Datei) kann auf der Seite Bildschirm- & Zeigerdarstellung festgelegt werden, welche Form der Mauszeiger bei gewählten Malwerkzeugen und anderen Werkzeugen annehmen soll. **Standard** zeigt das normale Werkzeugsymbol, dem die tatsächliche Größe der Spitze nicht anzusehen ist. **Größe der Spitze** kennzeichnet den Werkzeugradius mit einem Kreis. Die Option **Fadenkreuz** kann auch vorübergehend mit der Feststelltaste aktiviert werden, ohne den Dialog zu öffnen.

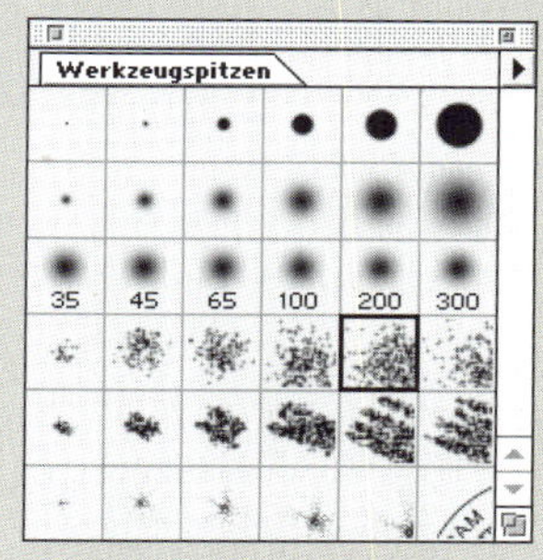

In Photoshop ist die Darstellung der Mauszeiger außerdem davon abhängig, welche Spitze in der Palette Werkzeugspitzen gewählt ist. Wenn im Dialog Voreinstellungen die Option **Größe der Spitze** aktiviert ist, zeigt Photoshop bei den neuen Kunst-Werkzeugspitzen (Tupfen), bei den Spitzen ladbarer Spitzenbibliotheken und bei eigenen Spitzen anstelle des Werkzeugradius die tatsächliche Spitzenform.

Vorher-nachher-Vergleich

Mit den Reitern über dem Bild lassen sich unterschiedliche Ansichten einstellen. Die Ansicht **Original** zeigt nur ein Bild, und zwar im aktuellen Bearbeitungszustand. Die Bezeichnung »Original« darf daher nicht so mißverstanden werden, daß hier die ursprüngliche Fassung des Bildes gezeigt würde. Unter »Original« versteht ImageReady immer die RGB-Version eines Bildes, während die farbreduzierte Variante, die sich nach dem Speichern in einem Webformat ergibt (GIF, JPEG oder PNG), als »Optimiert-Version« bezeichnet wird. Für letztere bietet der Reiter **Optimiert** eine Vorschau. Maßgeblich für die weboptimierte Vorschau sind die aktuellen Einstellungen in der Palette Optimieren.

Um mehrere unterschiedliche Optimierungseinstellungen auszuprobieren und nebeneinander vergleichen zu können, bietet ImageReady die Ansichten **2fach** und **4fach** an. Die Einstellungen in der Palette Optimieren gelten dann immer nur für die in der Mehrfachübersicht ausgewählte Version, das heißt sie können für jede Version individuell in der Optimieren-Palette geändert werden.

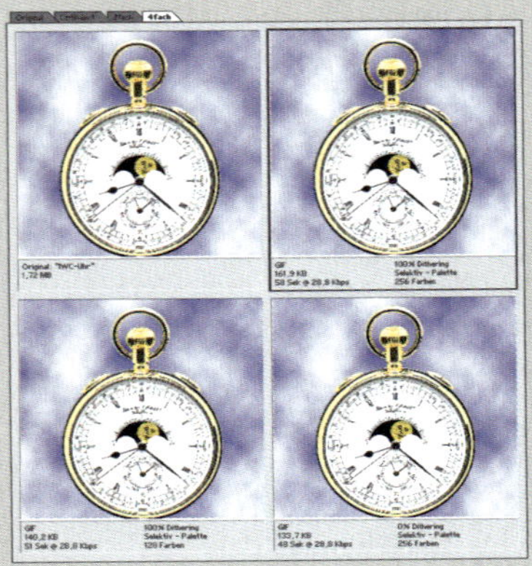

Beim Umschalten von der Originalansicht zur optimierten Darstellung übernimmt ImageReady die aktuellen Einstellungen der Optimieren-Palette. Welche Optimierungseinstellungen ImageReady in der 2fach- und in der 4fach-Übersicht auf die unterschiedlichen Versionen anwendet, hängt von den Vorgaben im Dialog Voreinstellungen (Seite Optimierung) ab.

In der Standardeinstellung zeigt ImageReady das rechte Bild (bei der 2fach-Ansicht) bzw. das obere rechte Bild (bei der 4fach-Ansicht) mit den aktuellen Einstellungen der Optimieren-Palette an. Diese Vorgaben können von einer Ausnahme abgesehen beliebig geändert werden: Die Originalversion kann immer nur links bzw. links oben angezeigt werden.

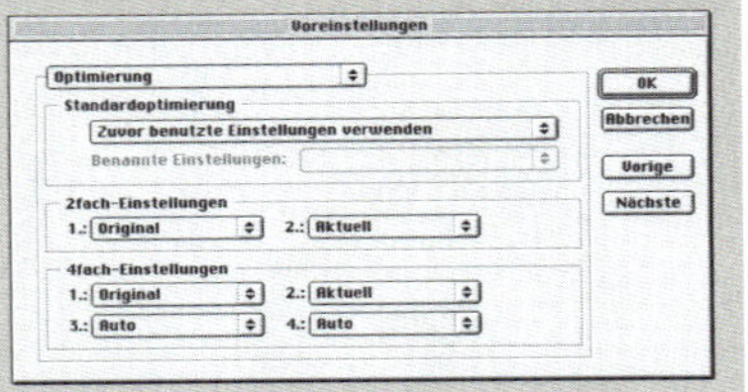

Unter der aktuellen Version (Option **Aktuell** im Dialog Voreinstellungen) versteht ImageReady immer die Version, für die zuletzt Einstellungen in der Optimieren-Palette geändert wurden bzw. die zuletzt in der 4fach-Übersicht ausgewählt war (das Auswählen einer Version aktiviert deren Einstellungen in der Optimieren-Palette). Beim Wechsel von der 4fach-Darstellung zur 2fach-Ansicht oder zur Darstellung Optimiert verhält sich ImageReady daher wie folgt:

- Die aktuell in der 4fach-Übersicht ausgewählte Version wird zur Optimiert-Version, sofern für sie in der Optimieren-Palette nicht die Einstellung Original gewählt ist.
- Wenn in der 4fach-Übersicht eine Version ausgewählt war, für die in der Optimieren-Palette die Einstellung Original aktiviert ist, übernimmt ImageReady für die Optimiert-Version die letzten Einstellungen in der Optimieren-Palette.

Beispiel: Zeigt die Übersicht vier GIF-Varianten und wird eine davon zuerst auf JPEG und dann auf Original gestellt, wird die Optimiert-Version in der 2fach-Ansicht mit den JPEG-Einstellungen wiedergegeben, obwohl diese Einstellungen in der 4fach-Ansicht für keines der Bilder mehr aktuell waren. Sie waren aber zuvor in der Optimieren-Palette aktuell.

Ansicht regenerieren

Standardmäßig aktualisiert ImageReady die Optimiert-Ansicht (auch in der 2fach- und 4fach-Darstellung) automatisch, sobald in der Optimieren-Palette eine neue Einstellung gewählt wird. So gibt die Vorschau stets die aktuellen Optimierungseinstellungen wieder.

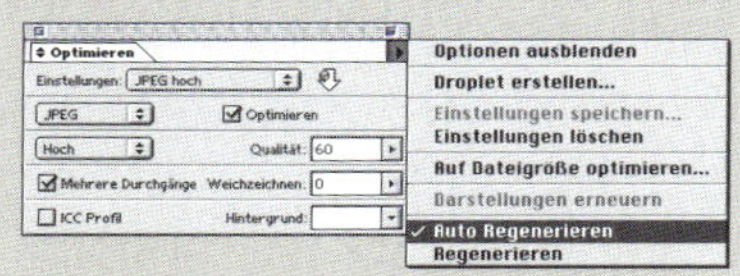

Wenn jedoch in der Optimieren-Palette die Option **Auto-Regenerieren** deaktiviert wird, aktualisiert ImageReady die Anzeige nicht mehr automatisch. Ein Warndreieck in der rechten unteren Bildecke zeigt an, daß die Anzeige nicht mehr mit den aktuellen Optimierungseinstellungen übereinstimmt. Das Arbeiten ohne Auto-Regenerieren beschleunigt den Arbeitsfluß, weil der Bildneuaufbau entfällt, und bietet sich an, wenn die Einstellungen festliegen und nicht am Bild überprüft werden müssen.

Zur Aktualisierung der Ansicht genügt ein Mausklick auf das **Warndreieck** (oder den Befehl Regenerieren aus dem Menü der Optimieren-Palette wählen). Natürlich kann das Auto-Regenerieren jederzeit wieder eingeschaltet werden.

Slice-Ansicht Q

Mit den beiden Symboltasten unterhalb des Farbfeldes in der Werkzeugpalette läßt sich die Slice-Ansicht ein- und ausschalten. Slices werden mit blauen Begrenzungslinien und aufgehellt dargestellt – dies betrifft jedoch nur die Darstellung am Bildschirm und nicht die Farbgebung der Slices selbst. Ein ausgewähltes Slice erscheint mit gelbem Rahmen und zeigt immer die Originalfarben.

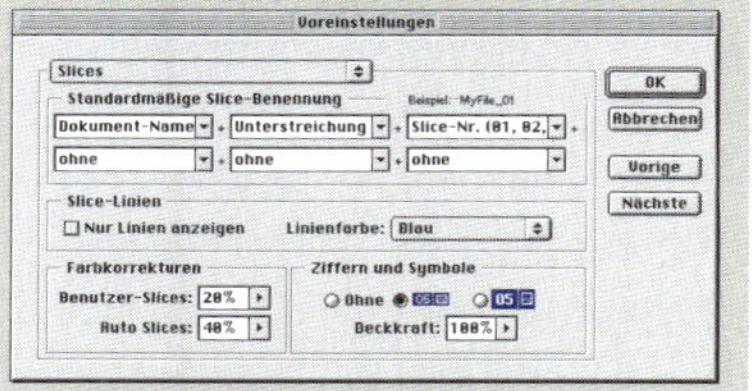

Im Dialog Voreinstellungen (Menü Datei) läßt sich auf der Seite Slices unter der Option **Farbkorrekturen** der Grad der Aufhellung für Benutzer- und Auto-Slices getrennt einstellen (eine irreführende Bezeichnung, denn es werden keine Farben im Bild verändert). Die Farbe der Begrenzungslinien wird unter **Linienfarbe** gewählt. Ausgewählte Slices erscheinen automatisch in der Komplementärfarbe. Art und Deckkraft der Slice-Etiketten wird unter **Ziffern und Symbole** eingestellt. Die Option **Nur Linien anzeigen** blendet die Etiketten aus.

Maskierungsmodus Q

Der Maskierungsmodus (Symboltasten unterhalb des Farbfeldes in der Werkzeugpalette) dient zum Bearbeiten von Auswahlen. Der Maskierungsmodus ist ein temporärer Alphakanal, der eine bestehende Auswahl in eine Maske umwandelt und diese in roter Maskenfarbe anzeigt. Nach dem Wechsel in den Standardmodus wird die Maske wieder in eine Auswahl zurückverwandelt.

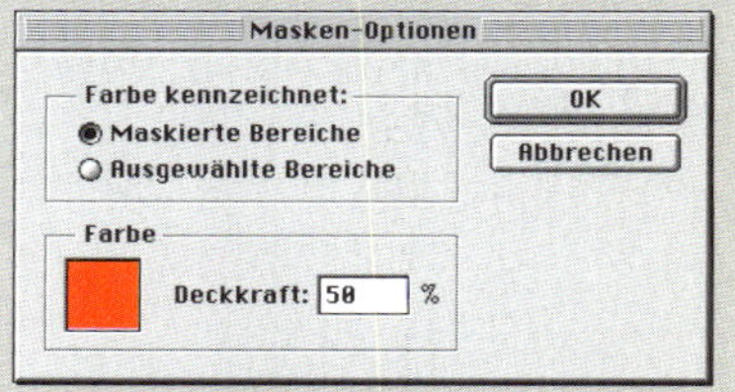

- **Doppelklick** auf eines der beiden Symbole öffnet den Dialog Masken-Optionen, in dem die **Maskenfarbe** und ihre Deckkraft gewählt werden kann. Außerdem kann eingestellt werden, ob die Maskenfarbe die maskierten oder die ausgewählten Bereiche kennzeichnet.

- **Alt/⌥-Taste** und **Klicken** auf eines der beiden Symbole wechselt zwischen den Dialogoptionen Maskierte Bereiche und Ausgewählte Bereiche, ohne den Dialog zu öffnen.

Aktionen und Droplets

Wie die Aktionenpalette und die Droplet-Funktion helfen, Arbeitsprozesse zu automatisieren und zu vereinfachen

Aktion aufzeichnen

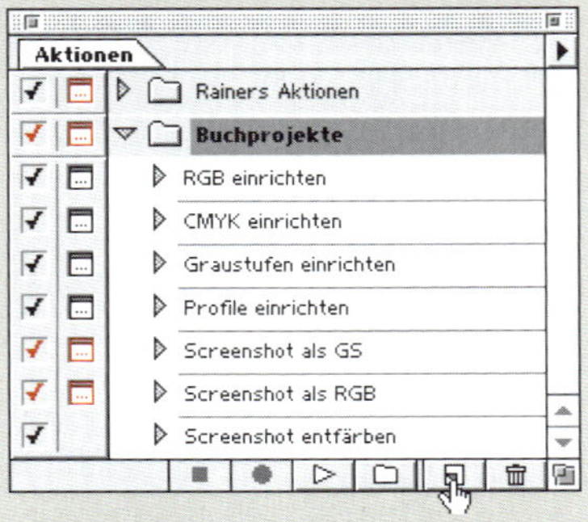

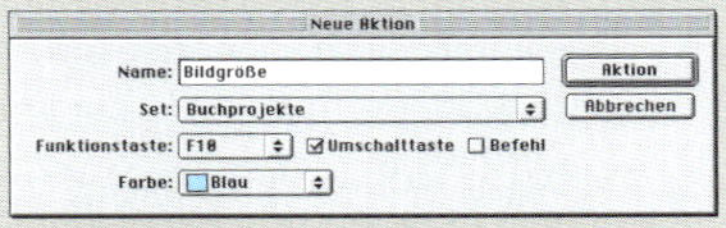

Ein Mausklick auf das Symbol in der Symbolleiste der Aktionenpalette (oder die Funktion Neue Aktion aus dem Palettenmenü) startet die Aufzeichnung einer neuen Aktion. Im Dialog können ein **Name** vergeben und das **Set** ausgewählt werden, in dem die Aktion abgelegt werden soll. Durch Festlegung einer Tastenkombination aus **Funktionstaste** und eventuellen Zusatztasten kann die Aktion später tastaturgesteuert gestartet werden. Wird eine Taste ausgewählt, die bereits vergeben ist, aktiviert Photoshop automatisch die Option Umschalttaste oder Befehlstaste (Mac) bzw. Strg-Taste (Windows). Die **Farbe** für das Etikett der Aktion wird nur bei aktivem Schaltermodus sichtbar (nur Photoshop).
Sobald die Einstellungen wie gewünscht vorgenommen wurden, wird die Aufzeichnung mit der Schaltfläche Aktion gestartet. Die einzelnen Operationen sollten nun in der Reihenfolge ausgeführt werden, in der sie später angewendet werden sollen. Die Stoptaste (■) beendet die Aufzeichnung.

Aktion erweitern

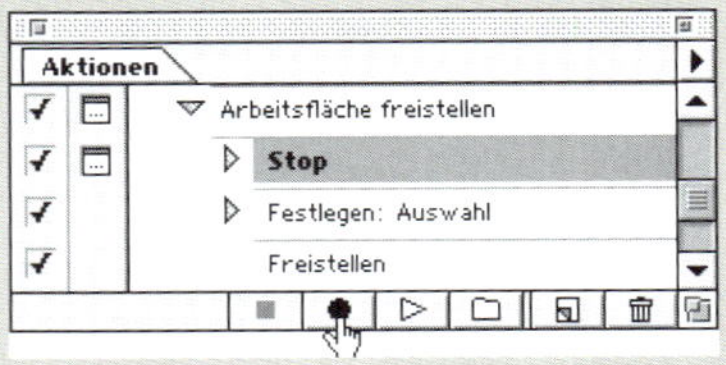

Um weitere Schritte in eine fertig aufgezeichnete Aktion einzufügen, wird der Schritt aktiviert, dem die neuen Operationen folgen sollen, und auf die Aufzeichnen-Taste (●) geklickt. Beendet wird die Aufzeichnung mit der Stoptaste (■).

Schritte korrigieren

Aufgezeichnete Einstellungen in Dialogen können jederzeit korrigiert werden, indem der Dialog mit einem Doppelklick auf das Schrittetikett in der Aktionenpalette geöffnet wird. Die geänderten Einstellungen müssen mit OK bestätigt werden. Zu beachten ist, daß die Änderungen bereits am aktuellen Bild ausgeführt werden. Deshalb empfiehlt es sich, für Aktionskorrekturen eine Probedatei zu verwenden.

Reihenfolge der Schritte ändern

Wenn die Schritte in einer anderen Reihenfolge, als sie aufgezeichnet wurden, abgespielt werden sollen, müssen die Etiketten in der Aktionenpalette entsprechend sortiert werden. Dazu werden die Etiketten einfach an eine andere Position verschoben.

Dialog mit neutralen Einstellungen aufnehmen

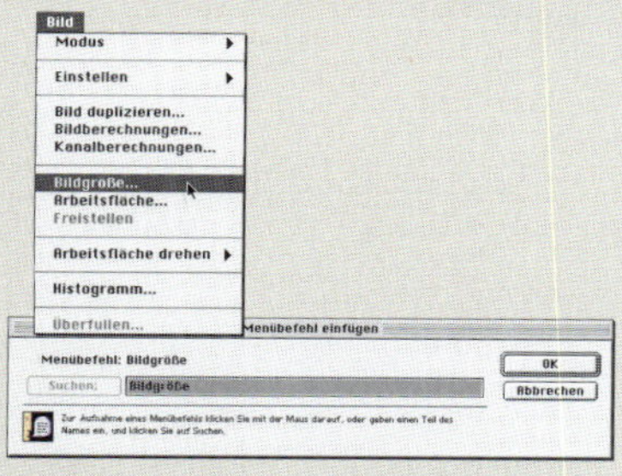

Um eine Aktion auf ganz unterschiedliche Bilder anwenden zu können, empfiehlt es sich oft, bestimmte Befehle nicht aufzuzeichnen, sondern einzufügen. Wird beispielsweise der Befehl Bildgröße aus dem Menü Bild aufgezeichnet, speichert Photoshop im Aktionsschritt die Maße des aktuellen Bildes. Wird die Aktion dann bei einem Bild mit anderen Abmessungen und anderer Auflösung gestartet, erscheint im Dialog die aufgezeichnete Größe und nicht die aktuelle Bildgröße. In diesem Fall ist es besser, den Befehl Bildgröße mit der Funktion **Menübefehl einfügen** (Menü der Aktionenpalette) in die Aktion aufzunehmen, weil dieser keine Dialogwerte speichert.

Hinweise für den Anwender einfügen

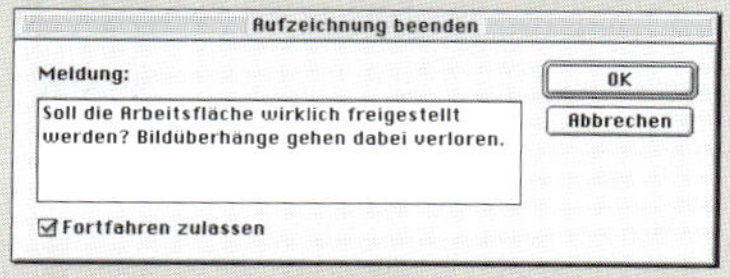

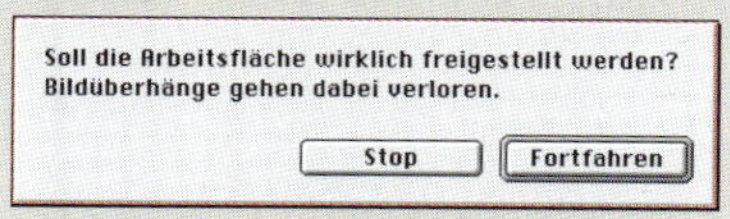

Mit dem Befehl **Unterbrechung einfügen** lassen sich Hinweisfenster in eine Aktion aufnehmen, die beim Abspielen geöffnet werden, um den Anwender über bestimmte Eigenschaften der Aktion oder notwendige Benutzereingaben zu informieren. Bei aktivierter Option **Fortfahren zulassen** wird die abgespielte Aktion weiter ausgeführt, wenn der Anwender auf Fortfahren klickt. Bei deaktivierter Option stellt Photoshop im Hinweisfenster nur die Stop-Schaltfläche zur Auswahl, die die Aktion anhält, auch wenn weitere Schritte folgen.

Aktion anwenden

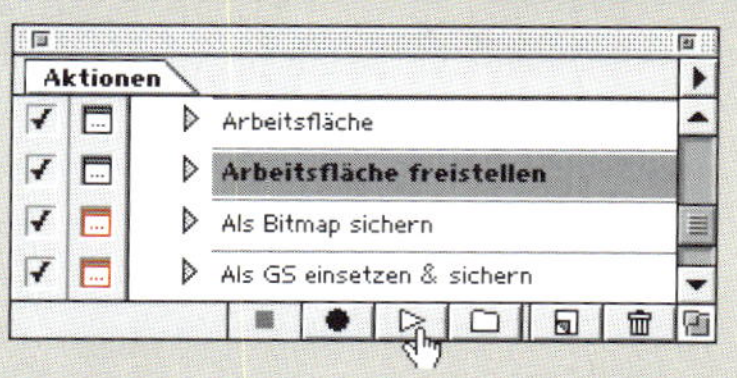

Eine aufgezeichnete oder modifizierte Aktion wird auf eine Datei angewendet, indem ihr Etikett in der Aktionenpalette markiert und auf das Symbol ▷ geklickt wird. Falls für die Aktion eine Funktionstaste festgelegt wurde, kann sie auch mit dieser Taste bzw. dem definierten Tastenkürzel gestartet werden.

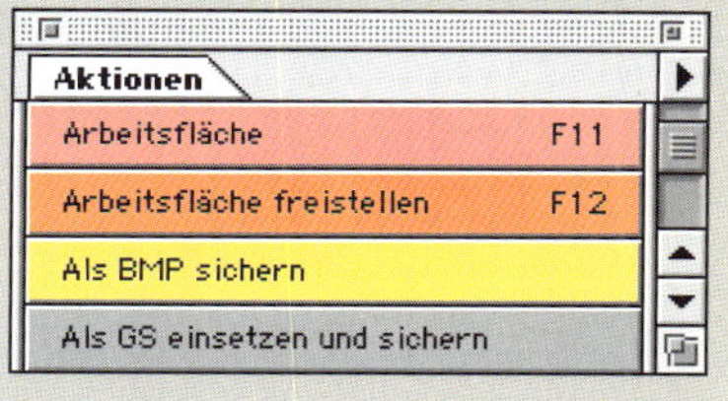

Mit der Funktion Schaltermodus aus dem Menü der Aktionenpalette werden die Etiketten der Aktionen als Schaltflächen dargestellt. Die Aktion kann dann mit einem einfachen Mausklick auf das Etikett gestartet werden.

Aktionen speichern

Aktionen können in einer Einstellungsdatei gesichert werden (Aktionen speichern aus dem Menü der Aktionenpalette). Photoshop speichert nicht einzelne Aktionen, sondern immer das gesamte Set. Deshalb muß vor dem Aufruf des Speichern-Befehls das gewünschte Set in der Palette markiert sein. Es können nicht mehrere Sets in einer Datei gespeichert werden.

Aktionen laden

Mit der Funktion Aktionen laden aus dem Menü der Aktionenpalette läßt sich die Liste der Aktionensets um gesicherte Sets ergänzen. Das geladene Set wird zu den vorhandenen Sets hinzugefügt.

Vorsicht beim Löschen und Ersetzen!

Die Funktionen **Aktionen löschen** und **Aktionen ersetzen** aus dem Menü der Aktionenpalette löschen nicht nur das ausgewählte, sondern alle Sets aus der Palette; letztere lädt danach das ausgewählte Set. Die gelöschten Sets gehen dabei unwiederbringlich verloren, wenn sie nicht vorher gesichert wurden.

Schritt, Aktion oder Set kopieren

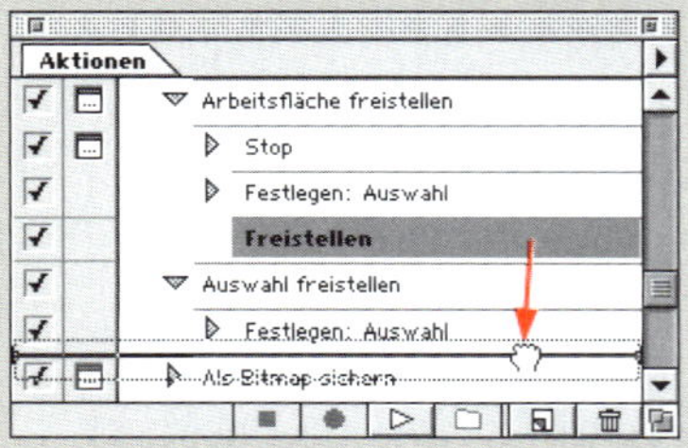

Ein Schritt, eine Aktion oder ein ganzes Set läßt sich kopieren, indem das jeweilige Etikett auf das Symbol ◰ in der Aktionenpalette gezogen oder bei gedrückter **Alt/⌥-Taste** an eine andere Position verschoben wird. Beim Kopieren von Aktionen werden alle darin enthaltenen Schritte, bei Sets alle darin enthaltenen Aktionen mitkopiert. Ein Schritt läßt sich auch in eine andere Aktion und eine Aktion in ein anderes Set kopieren.

Was bedeutet »Droplet«?

Alle Programme, auf die man andere Objekte (Dateien, Ordner etc.) ziehen kann und die diese Objekte dann öffnen oder bestimmte Operationen mit ihnen ausführen, werden als Droplet bezeichnet. Im wörtlichen Sinne heißt das, daß Objekte über dem Programm »fallengelassen« werden können (engl. drop).

Stapelverarbeitung

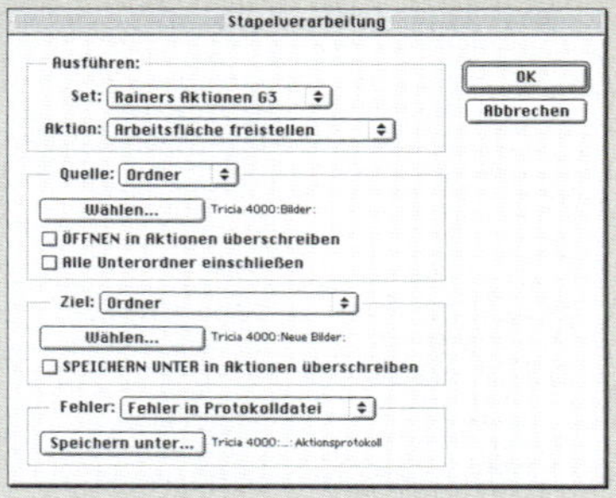

Photoshop ermöglicht es, eine Aktion auf eine ganze Reihe von Bildern anzuwenden. Diese Bilder müssen sich in einem gemeinsamen Ordner befinden. Dazu wird der Befehl Datei, Automatisieren, Stapelverarbeitung aufgerufen. Im Dialog können die gewünschte Aktion und der Bilderordner ausgewählt werden. Darüber hinaus kann der Anwender entscheiden, ob die bearbeiteten Dateien überschrieben oder in einem anderen Ordner gesichert werden sollen. Wenn unter **Ziel** die Option **Speichern und Schließen** gewählt wird, muß die Aktion keinen Speichern- oder Schließen-Befehl enthalten; wird hingegen die Option **Ordner** gewählt, sind, wenn diese Befehle ausgeführt werden sollen, entsprechende Aktionsschritte nötig.

Sobald alle nötigen Einstellungen im Dialog vorgenommen sind, kann die Stapelverarbeitung mit **OK** gestartet werden. Enthält die ausgewählte Aktion Unterbrechungen oder öffnet sie Dialoge, ist die Anwesenheit eines Anwenders erforderlich. Ansonsten kann eine Stapelverarbeitung auch unbeaufsichtigt ablaufen. Es empfiehlt sich jedoch, den ordnungsgemäßen Ablauf der Stapelverarbeitung an einem Ordner mit Probedateien zu testen.

Droplet-Einstellungen

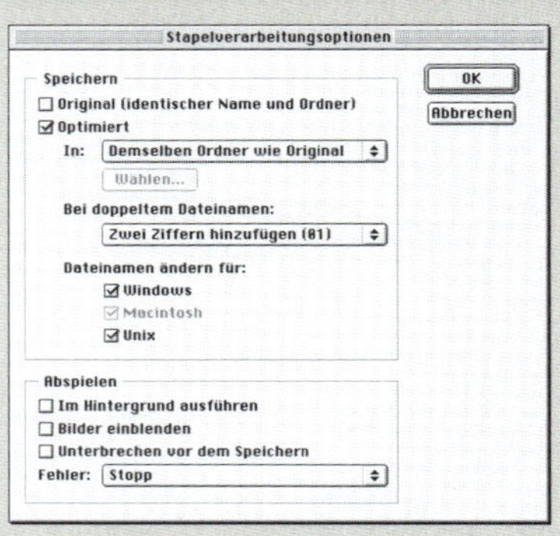

Auch ImageReady verfügt über Automatisierungsfunktionen, um bestimmte Aktionen auf eine ganze Reihe von Bildern anzuwenden. Die Funktion **Stapelverarbeitungsoptionen** aus dem Menü der Aktionenpalette startet jedoch – anders als in Photoshop – keine Stapelverarbeitung, sondern dient nur zur Festlegung der Einstellungen für Droplets. Bei aktiver Option **Original** wird das Droplet angewiesen, die RGB-Version der bearbeiteten Dateien zu sichern (als PSD-Datei). Ist die Option **Optimiert** eingeschaltet, speichert das Droplet eine farbreduzierte Version im GIF-, JPEG- oder PNG-Format – je nachdem, welche Einstellungen in der Aktion oder in der Optimieren-Palette festgelegt wurden. Im Dialog läßt sich ein Ordner vorgeben, in dem die Optimiert-Versionen gespeichert werden sollen. Um Namenskonflikte zu umgehen, können Dateien, deren Name bereits im Zielordner existiert, Ziffern oder Buchstaben angehängt werden. Wenn die Option **Bilder einblenden** deaktiviert ist, führt das Droplet die Stapelverarbeitung aus, ohne die Bilder auf dem Bildschirm anzuzeigen. Das verkürzt die Verarbeitungsdauer.

Droplet erstellen

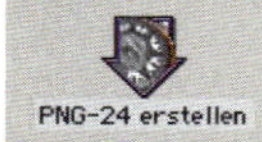

Der Befehl Droplet erstellen aus dem Menü der Aktionenpalette speichert die in einer Aktion aufgezeichneten Schritte und die im Dialog Stapelverarbeitungsoptionen vorgenommenen Einstellungen in einer Datei. Bei dieser Datei handelt es sich um ein kleines Skriptprogramm, das erstens ImageReady startet bzw. aktiviert und zweitens die gespeicherten Aktions- und Stapelverarbeitungseinstellungen auf Bilddateien anwendet.

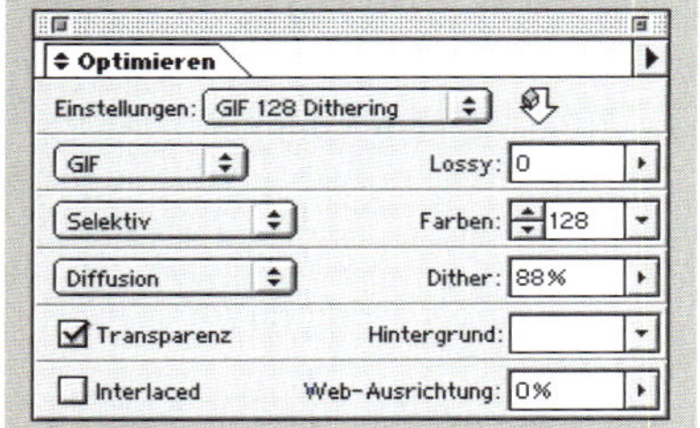

Wenn nur Optimierungseinstellungen der Optimieren-Palette auf Bilder angewendet werden sollen, ist es nicht einmal nötig, eine Aktion aufzuzeichnen, um ein Droplet zu erstellen. Dann genügt es, das Symbol in der **Optimieren-Palette** auf den Desktop zu ziehen. Alternativ kann auch auf das Symbol geklickt oder der Befehl Droplet erstellen aus dem Menü der Optimieren-Palette (nicht der Aktionenpalette!) gewählt werden, um den Speichern-Dialog zu öffnen.

Das Symbol läßt sich übrigens auch auf die Aktionenpalette ziehen: Die Optimieren-Einstellungen werden dann als Schritt in eine vorhandene Aktion aufgenommen.

Droplet anwenden

Um Bilder einer Stapelverarbeitung zuzuführen, werden sie im **Finder** des Mac OS bzw. im **Explorer** (oder Arbeitsplatz) von Windows ausgewählt und auf das Droplet gezogen. Es kann auch das Symbol des Ordners, in dem sich die Bilder befinden, auf das Droplet gezogen werden. In diesem Fall werden alle darin befindlichen Dateien verarbeitet.

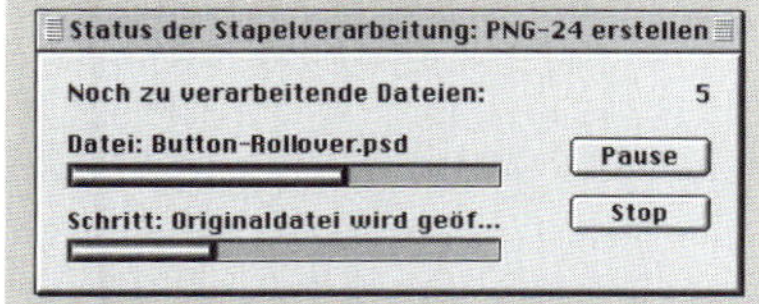

Das Droplet startet bzw. aktiviert ImageReady und beginnt mit der Verarbeitung der Dateien. Wenn das Droplet mit deaktivierter Einstellung Bilder einblenden (Dialog Stapelverarbeitungsoptionen) gesichert wurde, erscheint in ImageReady nur ein Status-Dialog, der anzeigt, welche Datei gerade bearbeitet und welcher Aktionsschritt ausgeführt wird. Mit **Pause** kann die Stapelverarbeitung vorübergehend unterbrochen werden, **Fortfahren** setzt sie an der angehaltenen Stelle fort. Mit **Stop** kann die Stapelverarbeitung beendet werden.

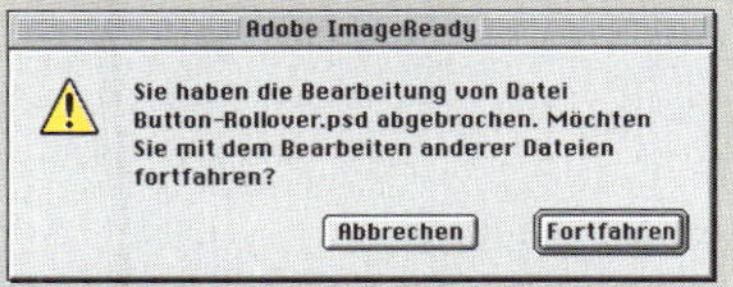

Nach dem Stoppen erscheint eine Abfrage, ob die Bearbeitung nur für die aktuelle Datei oder für alle noch ausstehenden Dateien abgebrochen werden soll. **Fortsetzen** führt die Stapelverarbeitung der noch ausstehenden Dateien fort, **Abbrechen** beendet sie.

Droplet-Einstellungen nachträglich ändern

Die Aktions- und Stapelverarbeitungseinstellungen werden fest in die Droplet-Datei geschrieben. Nachträgliche Änderungen an der Aktion oder den Einstellungen im Dialog Stapelverarbeitungsoptionen wirken sich nicht auf das Droplet aus.

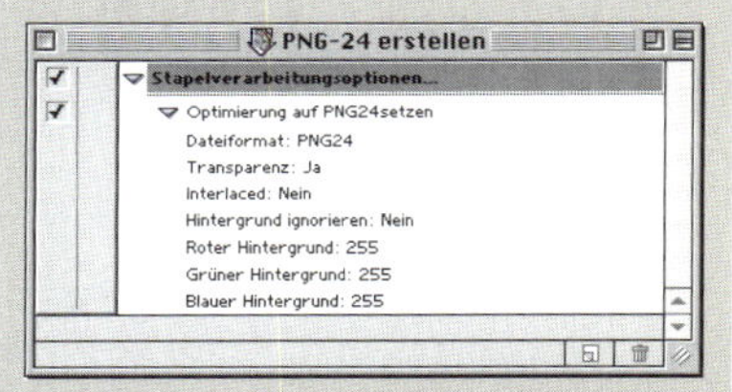

Wenn aber Änderungen an den gespeicherten Einstellungen nötig sind, kann die Droplet-Datei mit einem **Doppelklick** auf ihr Symbol in ImageReady geöffnet werden (ein Doppelklick startet nicht die Stapelverarbeitung). Die Droplet-Datei wird in ImageReady in einem eigenen Fenster dargestellt. Die Einstellungen werden exakt wie in der Aktionenpalette mit ihren entsprechenden Etiketten aufgeführt, und auch die Bearbeitung erfolgt analog zur Aktionenpalette. Um die **Stapelverarbeitungsoptionen** zu ändern, wird der Einstellungsdialog mit einem Doppelklick auf das oberste Etikett im Fenster geöffnet. Auch Aktionsschritte lassen sich auf diese Weise korrigieren. Mit den beiden Symbolen am unteren Fensterrand lassen sich Schritte kopieren und löschen. Natürlich lassen sich auch Aktionsschritte aus der Aktionenpalette per Drag-and-drop in das Droplet-Fenster kopieren.

Appendix

Index